戦後労働立法史

[編著]
島田陽一
菊池馨実
竹内(奥野)寿

旬報社

刊行にあたって

　石田眞先生は、2016（平成 28）年 11 月 20 日に古稀を迎えられました。2017（平成 29）年 3 月に早稲田大学を定年退職されましたが、今なお研究の第一線において現代的課題に挑戦し続けていらっしゃいます。
　早稲田大学におきまして、社会法グループとして石田先生と研究教育に携わってきた私どもは、先生の古稀をお祝いするにあたり、これまでの労働法学には類書のない研究書を先生御自身にも参加していただいて刊行したいと考えました。

　石田先生の代表的な研究業績が『近代雇用契約法の形成──イギリス雇用契約法史研究』（日本評論社、1994 年）であることは衆目の一致するところでしょう。大学院時代にイギリスの団結権史を研究されたうえで（「イギリス団結権史に関する一考察（上）（中）」早稲田法学会誌 26 号（1976 年）、27 号（1977 年））、先生の研究は、労働法の基礎概念である雇用契約が歴史的に成立する過程の分析へと向われました。この研究は、それまでの労働法学において、市民法原理に基づく「雇用契約」と労働法原理に基づく「労働契約」とを対立的に異なる概念と理解する理論に対して、歴史的実証を踏まえた批判を展開されたものと位置づけることができます。
　そして、法社会学者でもある石田先生の真骨頂ともいうべきこの研究姿勢は、その後の「イギリスにおける雇用関係の『契約化』と雇用契約の起源」（『西谷敏先生古稀記念論集・労働法と現代法の理論（下巻）』日本評論社、2013 年）においても、また、日本の労務供給契約を対象とする研究（「日本における労務供給契約に対する法規制の歴史的研究（１）」早稲田法学 92 巻 1 号、2016 年）においても貫かれています。さらに、この歴史法社会学的研究で培われた観点から、日本の雇用システムと労働法との相互構築という仮説を提示するに至っています（「高度成長と労働法──日本的雇用シス

テムと労働法の相互構築」日本労働研究雑誌 634 号、2013 年）。

　私たちはこのような石田先生のご業績を振り返り、先生の古稀をお祝いするにあたっては、労働法の歴史研究をテーマとすることがふさわしいだろうと考えました。労働法の歴史研究は、これまで多くの優れた業績がありますが、基本的には時期区分を設けて、その時期ごとに労働法制史を全体的に検討するという手法でした。これに対して、本書は、1980 年代以降、多くの労働立法が展開されていることも踏まえて、日本において労働法制が本格的に展開することになった第 2 次世界大戦後の労働立法それぞれの成立と展開を描く「労働立法史」としました。

　本書は、第Ⅰ部「戦後労働立法史の歴史的前提」と第Ⅱ部「戦後労働立法史」の 2 部構成となっています。
　第Ⅰ部は、第 1 章「戦前における労働立法形成の歴史的前提」、第 2 章「戦前の労働市場立法」、第 3 章「戦前の雇用関係法」および第 4 章「戦前の労使関係立法」と 4 章構成となっており、石田先生自らがその全体を執筆されています。第Ⅰ部は、労働市場法、雇用関係法および労使関係法という現在の労働法体系における法領域に即して戦前の労働立法が分析されています。このことによって、戦後のそれぞれの労働立法の分析との接続が図られていると言えます。そして、戦前の労働立法を踏まえて、労働立法史を分析する視点として、①戦前戦後の断絶と連続、②ＩＬＯを中心とする国際的影響および③雇用システムと労働立法の相互構築という興味深い視点が提起されています。
　第Ⅱ部は、15 章構成となっており、労働基準法、労働契約法、最低賃金法、賃金の支払の確保等に関する法律、男女雇用機会均等法、パートタイム・有期雇用労働法、労働安全衛生法、労災保険法、職業安定法、職業能力開発促進法、雇用保険法、労働組合法、労働紛争処理法、公務労働法が取り上げられています。

　執筆者は、早稲田大学の社会法グループとして石田先生とともに研究教育に関わり、または先生の指導を受けた研究者、さらに早稲田大学において長

年授業をご担当いただいた研究者、先生の大学を超えた研究仲間である研究者の方々です。本書の作成にあたっては、執筆者による研究会を組織して、共同研究とするという方法も考えないではなかったのですが、現実的には困難と判断しました。そこで、編者が執筆者の方々に立法を割り当て、内容についてそれぞれにお任せすることといたしました。

　また、本来は戦後の労働立法のすべてを検討対象とすべきでしたが、種々の事情からそれは実現できませんでした。本書の足らざる部分を補う研究が出てくることを願うところです。

　本書が労働法学における労働立法史研究の活性化の契機となることを願ってやみません。

　最後に、本書の刊行にあたっては、編集作業を一手に引き受けていただいた旬報社の木内洋育氏に一方ならぬご尽力をいただきました。石田先生と私の大学院の後輩でもある同氏には、心よりの感謝の意を表します。

2018年8月

編者を代表して
島田陽一

戦後労働立法史●目次

刊行にあたって　3

第Ⅰ部　戦後労働立法史の歴史的前提——戦前の労働立法史 …石田　眞　19

はじめに　21

第1章　戦前における労働立法形成の歴史的前提
——労働関係における市民法秩序の形成 …… 23
はじめに　23
一　「株仲間」の解体と「営業の自由」　23
二　労働関係における「人身の自由」と「契約の自由」　24
三　職工・徒弟条例案　26
　1　職工・徒弟条例案の背景　26
　2　職工・徒弟条例案の内容と特徴　27
四　民法典の編纂と労務供給契約規定の成立　30
　1　はじめに　30
　2　ボアソナード草案および旧民法典における労務供給契約規定　31
　3　現行民法典における労務供給契約規定　33

第2章　戦前の労働市場立法 ……………………… 37
はじめに　37
一　職業紹介・労働者供給など就業の仲介に関する立法　37
　1　営利職業紹介事業規制の先駆け　38
　2　労働者の委託募集の取締り　39
　3　職業紹介法　40
　4　労働者募集取締令と営利職業紹介取締規則　43
　5　職業紹介法の改正と労務供給事業の規制　46

二　失業に直接対処するための立法　48
　　1　失業保険制度の試み　48
　　2　退職積立金及退職手当法　49

第3章　戦前の雇用関係立法……………………………………………53
　一　雇用関係立法の源流　53
　二　鉱業条例と鉱業法　55
　　1　鉱業条例　55
　　2　鉱業法　58
　三　工場法　59
　　1　工場法の制定過程　59
　　2　工場法の内容　64
　　3　改正工場法　67

第4章　戦前の労使関係立法……………………………………………73
　はじめに——戦前における労使関係立法史の起点と問題　73
　一　治安警察法17条　74
　　1　背景——日清戦争後の労働組合運動勃興と治安警察法　74
　　2　治安警察法17条の内容　75
　　3　治安警察法17条の適用実態　77
　二　労働組合法の制定問題　79
　　1　労働組合法制定への模索　79
　　2　臨時産業調査会（1920年）における農商務省案と内務省案　81
　　3　内務省社会局の労働組合法案　84
　　4　若槻内閣の労働組合法案　86
　　5　浜口内閣の労働組合法案　88
　三　労働争議調停法　90
　　1　労働争議調停法の成立過程　90
　　2　労働争議調停法の特質と内容　92
　　3　労働争議調停法の機能　93

むすびにかえて　97

第Ⅱ部　戦後労働立法史

第1章　労働基準法──全体的な概観……………………………中窪裕也　103
はじめに　103
一　法制定の背景と準備　105
　1　戦前の保護規定の復活　105
　2　労働保護課の発足と基本方針の決定　106
二　法案の起草過程　107
　1　初期の草案（第4次案まで）　108
　2　労務法制審議会での議論と新聞発表・公聴会（第5次案～第6次案）　111
　3　公聴会後の検討と小委員会（第7次案～第8次案）　114
　4　労務法制審議会の答申と最終調整による完成（第9次案以降）　116
三　議会における審議　119
　1　審議の経過　119
　2　いくつかの論点　120
四　労基法の施行　122
　1　施行規則の作成と行政機構の整備　122
　2　附則による施行猶予　123
五　その後の法改正　124
　1　初期の改正　124
　2　職業訓練法、最低賃金法、労働安全衛生法の制定にともなう改正　125
　3　女子保護規定、労働時間規制の見直し　126
　4　近年の改正──労働時間と労働契約　127
おわりに　128

第2章　労働基準法の労働時間規制の変遷過程…………………和田　肇　131
はじめに　131
一　労基法第4章の変遷　131
　1　労基法制定当初　132
　2　1950年代の法改正　135
　3　1987年法改正　135

4　1993年法改正　139
　　5　1998年法改正　141
　　6　2003年法改正　143
　　7　2008年法改正　144
　　8　2018年法改正　146
　　9　事項ごとの変遷　152
　二　労働時間規制の変遷過程の分析　154
　　1　労基法制定の趣旨　154
　　2　高度成長期の展開　156
　　3　1987年法改正の背景　157
　　4　1987年法改正の内容　159
　　5　労働時間短縮に係るその後の改正　161
　　6　ホワイトカラーと労働時間規制　166
　　7　過半数代表者・労使委員会制度　168
　　8　2015年以降の法改正論議と2018年法改正　169
　三　労働時間規制の効果・影響　174
　　1　労働時間はどの程度短縮したか　174
　　2　労働時間の配置と変形労働時間制　177
　　3　みなし労働時間制　178
　　4　労働時間主権という側面からみて　178
　まとめ　180

第3章　労働契約法 ………………………………… 大木正俊　183
　はじめに　183
　一　労働契約法理形成期　186
　　1　戦前の状況：労働契約法前史　186
　　2　労働基準法の制定　188
　　3　初期の解雇制限法立法構想　191
　　4　判例による労働契約法理の形成　194
　　5　小括　197
　二　労働契約法成立期　198
　　1　労働契約法制定論議の始まり　198

		2　労働契約法の制定　206
		3　労働契約法の改正　216
		4　小括　218
	結語　221

第4章　最低賃金法──「最低賃金」立法の史的展開 ………… 唐津　博　227
	はじめに──本稿の課題　227
	一　「最低賃金」立法のあり方──制度設計上の論点（選択肢）　230
	二　国家総動員法（1938年）と賃金統制令　232
		1　1939年賃金統制令　233
		2　1939年賃金臨時措置令　236
		3　1940年改正賃金統制令（第2次賃金統制令）　237
		4　小括　242
	三　労働基準法と「最低賃金」条項　243
		1　前史　243
		2　労基法における「最低賃金」条項　251
		3　小括　254
	四　最低賃金法の制定と改正　257
		1　1959年最低賃金法（1959年最賃法）の制定　257
		2　1968年の法改正（1986年最賃改正法）　265
		3　2007年の法改正（2007年最賃改正法）　266
		4　小括　270
	五　「最低賃金」立法小史──戦前・戦後の労働立法の「断絶」と「継承」　272
	おわりに──「最低賃金」立法と「賃金の法原則」　274

第5章　賃金の支払の確保等に関する法律 ………………… 藤本　茂　279
	はじめに　279
	一　法制定前史　282
		1　社会的経済的背景　282
		2　労働側の動き　283
		3　賃金確保に向けた理論的背景　286
		4　特定領域における先行的対策　289

二　賃金支払確保法案　291
　　1　制定に至る議論　291
　　2　状況認識　293
　　3　立替払制度の対象限定と労使紛争の取引材料としての賃金不払　294
　　4　賃金支払の確保措置の政策理念　295
　三　労働側の賃金支払確保の方策　297
　　1　賃金確保制度に関する労働側の基本姿勢　298
　　2　労働側の不払賃金確保法案　299
　　3　政府の賃金支払確保法案に対する批判　301
　おわりに——制定後の賃金支払確保法　302

第6章　雇用の分野における男女の均等な機会及び待遇の確保等に関する法律　浅倉むつ子　305

　はじめに　305
　一　前史　305
　　1　先行した裁判　305
　　2　国際的動向　306
　　3　男女別雇用管理の実態　307
　二　均等法の制定過程　307
　　1　野党各党の法案　307
　　2　労使の攻防——婦人少年問題審議会「建議」の三論併記　309
　　3　法形式をめぐる内情　311
　　4　国会における審議　313
　　5　施行に向けて　314
　三　「福祉法」としての1985年均等法　316
　　1　1985年法の構成と特色　316
　　2　労基法改正　319
　　3　1986年施行後に生じたこと　320
　四　均等法の展開過程（その1）——1997年第1回目の法改正　322
　　1　均等法施行後の社会・経済的背景　322
　　2　1997年改正に至る経緯　324
　　3　1997年改正均等法　326

4　一般女性保護規定の廃止にともなう法改正　328
　　5　97年改正均等法の施行と裁判への影響　330
　五　均等法の展開過程（その2）——2006年第2回目の法改正　331
　　1　改正に至る経緯　331
　　2　2006年改正均等法　333
　　3　附帯決議等　335
　六　均等法の現在　336
　　1　その後の改正動向　336
　　2　女性活躍推進法の制定　338
　おわりに　338

第7章　短時間労働者及び有期雇用労働者の雇用管理の改善等に関する法律……………………………………… 水町勇一郎　343

　一　前史　343
　　1　戦前から戦後へ——臨時工をめぐる問題　343
　　2　臨時工問題からパートタイム労働問題へ　344
　　3　パートタイム労働対策とその立法化へ向けた動き　345
　二　1993（平成5）年パートタイム労働法制定　347
　　1　経緯　347
　　2　概要　348
　　3　意義と課題　349
　三　2007（平成19）年改正　351
　　1　経緯——1993年制定から2007年改正までの動き　351
　　2　改正の概要　354
　　3　改正の意義と課題　356
　四　2014（平成26）年改正　357
　　1　経緯——2007年改正から14年改正までの動き　357
　　2　改正の概要　359
　　3　改正の意義と課題　361
　五　働き方改革関連法——2018（平成30）年改正　363
　　1　経緯——「一億総活躍」「働き方改革」と法改正　363
　　2　改正の概要　368

3　改正の意義と課題　371
  六　結び――要約と課題　373

第8章　労働安全衛生法 ………………………………… 鈴木俊晴　375
  はじめに　375
  一　立法の背景事情と経緯　376
    1　労働災害の発生状況　376
    2　労働基準法研究会報告の骨子　378
    3　その後の制定経緯　379
  二　労働安全衛生法の概要と単独立法化の理由　380
    1　労働安全衛生法の概要　380
    2　単独立法化の理由　382
    3　単独立法化に対する批判　383
    4　その後の労働災害の状況　384
  三　その後のおもな法改正　386
    1　2003（平成15）年改正まで　386
    2　2005（平成17）年改正　393
    3　2014（平成26）年改正　397
  おわりに　402

第9章　労働者災害補償保険法 ………………………… 有田謙司　407
  はじめに　407
  一　労災保険法の形成　408
    1　戦前の労災扶助制度と社会保険化　408
    2　労災保険法の制定　411
  二　労災保険法の展開　414
    1　費用の負担　414
    2　適用対象の拡大　418
    3　補償水準の向上と給付の拡大　421
    4　保険事故の拡大　428
  三　労災保険法の立法史の今日的意義――その将来の発展の方向　431

第10章　職業安定法——その制定と労働力需給システムの転換　……　島田陽一　435

はじめに　435

一　第2次世界大戦前の労働力需給システムの概要　438
   1　労働力需給システムの法制化　438
   2　戦前における労務供給事業　440
   3　小括　441

二　占領政策の展開のなかでの職業安定法の成立　442
   1　労働力受給システムの民主化を目指す占領政策の展開　442
   2　職業安定法の制定　448
   3　職業安定法の概要　450

三　職安法による有料職業紹介の厳格な規制と労働者供給事業の禁止　452
   1　有料職業紹介事業の厳格な規制　453
   2　労働者供給事業の禁止　455

四　GHQの雇用政策の変化と労働者供給事業の取締緩和　462
   1　職安法施行規則の改正とその背景　462
   2　職安法施行規則改正による労働者供給事業の取締緩和　465

おわりに　471

第11章　職業能力開発促進法　……………………………………　矢野昌浩　475

一　課題設定と時期区分　475
   1　課題設定と用語の整理　475
   2　戦後日本の職業訓練法に関する時期区分　477
   3　前史　478

二　第1期——基軸としての公共職業訓練　481
   1　職業訓練法制定前　481
   2　1958年職業訓練法制定（旧法）　485
   3　1969年旧法廃止・職業訓練法制定（新法）　488
   4　形成期の職業訓練法に関する全体的な評価　494

三　第2期——企業内職業訓練への基軸の移行　495
   1　1974年職業訓練法改正　495
   2　1978年職業訓練法改正　498
   3　1985年職業訓練法改正・職業能力開発促進法制定　501

         4　1992 年職業能力開発促進法改正　506
　四　第 3 期——個人主導の強調　509
         1　1997 年職業能力開発促進法改正　509
         2　2001 年職業能力開発促進法改正　511
         3　2006 年職業能力開発促進法改正　513
         4　2015 年職業能力開発促進法改正　515
　五　展望　517
         1　近年におけるＩＬＯの動向との対比で　517
         2　職業能力形成・発展に関する法規制の展望　518

第 12 章　雇用保険法　………………………………… 菊池馨実　521
　はじめに　521
　一　雇用保険の歴史的沿革　522
         1　第 2 次世界大戦前の状況　522
         2　失業保険法の成立　523
         3　失業保険の発展　525
         4　雇用保険法の制定　527
         5　雇用保険の展開　529
　二　現行の仕組みと適用状況　541
　三　歴史的展開からみた雇用保険の特徴と限界　542

第 13 章　第 2 次世界大戦後における労働組合法立法史
　　　　　　——総則、労働組合、団体交渉および労働協約にかかわる事項に焦点をあてて
　　　　　　………………………………… 竹内（奥野）寿　547
　はじめに　547
　一　労働組合法の制定と改正の経過　548
         1　20 年労組法　548
         2　（24 年労組法による全面改正に先立つ）20 年労組法の改正　550
         3　24 年労組法　550
         4　その後の労組法改正　552
         5　小括　556
　二　目的、刑事民事免責　557

1　目的（1条1項）　557
　　　2　刑事民事免責　563
　三　労働組合の定義、労働者の定義、労働組合の設立や運営にかかる規定　568
　　　1　20年労組法　568
　　　2　24年労組法　576
　　　3　小括　582
　四　団体交渉、労働協約　584
　　　1　20年労組法　584
　　　2　24年労組法　589
　むすび　596

第14章　労働紛争処理法
　　　──個別労働紛争を対象とした労働紛争処理法の生成と課題…　浜村　彰　599

　はじめに　599
　一　なぜ個別的労働紛争処理システムが立法課題となったのか　601
　　　1　90年代以降における個別的労働紛争の増加　601
　　　2　日本的雇用慣行の変化と集団的労使自治の後退　602
　　　3　裁判所と既存の調整的解決制度の限界　603
　二　90年代からどのような議論がなされてきたのか　604
　　　1　学界における議論の活発化──利益調整的解決制度の導入論　604
　　　2　比較法研究の進展──労使参加型の調整前置的紛争処理制度　607
　　　3　労使の見解の対立──労働委員会活用案か労働調停活用案か　608
　　　4　ワン・ストップ・サービスの導入提案──労働省・労使関係法研究会報告　609
　三　個別労働関係紛争解決促進法の制定　610
　　　1　都道府県労働局による紛争解決援助制度の導入　610
　　　2　個別労働関係紛争解決促進法制定に際しての政労使の攻防　611
　四　司法制度改革と労働審判制度の登場　614
　　　1　司法制度改革から吹く新しい風　614
　　　2　司法制度改革審議会の設置と意見書　615
　　　3　労働検討会での激しい議論の応酬と妥協的解決　616
　　　4　労働審判制度の特徴とその評価　617

五　労働紛争処理システムの実情と課題　618
　　1　行政型紛争処理システムの現状と課題——労政主幹事務所、労働局および労働委員会の役割と課題　619
　　2　司法型紛争処理システムの現状と課題　622
　むすびにかえて——行政型紛争処理システムと司法型紛争処理システムの関係　627

第15章　労働基本権制約理論の歴史的検討
　　　——「全体の奉仕者論」を中心に……………………清水　敏　629
　はじめに　629
　一　旧労働組合法制定過程における公務員の労働基本権　631
　二　旧労働関係調整法と公務員の労働基本権　635
　三　官吏法案要綱　639
　四　教育基本法および教員身分法案要綱案　640
　　1　教育基本法　640
　　2　教員身分法案要綱案　641
　五　マッカーサー書簡と国家公務員法の制定　645
　　1　フーバー勧告と旧国公法　645
　　2　マッカーサー書簡　648
　　3　国公法の改正　649
　まとめにかえて　653

労働立法史年表……………………………………………岡田俊宏　657

凡　例

1　法令・通達

育児介護休業法	育児休業、介護休業等育児又は家族介護を行う労働者の福祉に関する法律
均等法	雇用の分野における男女の均等な機会及び待遇の確保等
国公法	国家公務員法
最賃法	最低賃金法
職安法	職業安定法
パートタイム労働法	短時間労働者の雇用管理の改善等に関する法律
地公法	地方公務員法
賃金支払確保法	賃金の支払の確保等に関する法律
労安衛法	労働安全衛生法
労基法	労働基準法
労災保険法	労働者災害補償保険法
労組法	労働組合法
労調法	労働関係調整法
労働者派遣法	労働者派遣事業の適正な運営の確保及び派遣労働者の保護等に関する法律
基発	労働基準局長通達
発基	（厚生）労働事務次官通達
基収	労働基準局長が疑義に応えて発する通達

2　判例集・雑誌等の略語

刑集	最高裁判所刑事判例集
民集	最高裁判所民事判例集
判時	判例時報
判タ	判例タイムス
労経速	労働経済判例速報
労判	労働判例
労民集	労働関係民事裁判例集
季労	季刊労働法
ジュリ	ジュリスト
労旬	労働法律旬報

第Ⅰ部
戦後労働立法史の歴史的前提
——戦前の労働立法史——

石田　眞

はじめに

　この「第Ⅰ部」は、本書の本体である「第Ⅱ部　戦後労働立法史」の歴史的前提にあたる戦前の労働立法史の検討を目的としている。まず、はじめに、戦前の労働立法の歴史的展開を跡づけるに際して留意した点を述べておきたい。

　第1は、労働立法における「立法」の意義である。立法とは、通常は、〈議会の議決を経て成立する国家制定法〉のことを意味する。しかし、戦前においては、そもそも最初の議会（第1回帝国議会）の開催が1890（明治23）年11月であるので、それ以前は上記の意味での立法は存在していない。労働立法が制定されるのは、総じて第1回帝国議会以降であるが、それ以前においても、労働関係における市民法秩序を形成した諸法令は、「太政官布告」、「条例」、「規則」などさまざまな形式で存在した。したがって、本稿では、そうしたものも含めて、労働立法あるいはその前提となる立法として扱っている。また、立法そのものではないが、法案も、たとえば労働組合法案のように、戦前の労働立法史上重要なものについては現に制定された立法に準じて検討の対象としている。

　第2は、検討の対象である「労働立法」の意義である。本稿でいう労働立法とは、〈労働法といわれる法領域における立法、およびそれに関連する法令、あるいはその前提となる法案など〉である。問題は、〈労働法といわれる法領域〉とは何かであるが、本稿では、それを、①労働力取引にかかわる労働市場を規律する「労働市場法」、②労働者と使用者の個別の関係を規律する「雇用関係法」、③労働組合と使用者との集団的な関係（労使関係）を規律する「労使関係法」の総体である、として出発している。このような労働法の体系的なとらえ方は、現代のそれであるが、この「第Ⅰ部」が現代労働法を構成する戦後労働立法の歴史的前提を扱う以上、戦前の労働立法史の検討にあたっても、現代労働法の体系にそくしてその歴史的展開を跡づけることが必要であると考えた。したがって、以下では、①労働市場立法、②雇用関係立法、③労使関係立法のそれぞれの領域について、戦前の労働立法の

歴史的展開を追うことにする。

　なお、本稿は、以上のような構成をとるため、通常立法史研究で行われる上記三つの労働立法領域を横断した時代（時期）区分は行っていない[1]。

1）　一定の時期区分のもと戦前の労働立法の歴史的展開を検討している文献としては、沼田稲次郎「労働法（法体制再編期）」『講座日本近代法発達史〔第5巻〕』（勁草書房、1958年）35頁、野村平爾・島田信義「労働法（法体制崩壊期）」『講座日本近代法発達史〔第8巻〕』（勁草書房、1959年）1頁、秋田成就「日本労働法史―戦前」日本労働法学会編『新労働法講座〔第1巻〕』（有斐閣、1966年）253頁、甲斐祥郎「日本労働法史」日本労働法学会編『現代労働法講座〔第1巻〕』（総合労働研究所、1981年）288頁。また、時期区分自体を検討したものとしては、前田達男「労働法と国家――日本労働法史のための覚書」前田達男・萬井隆令・西谷敏編『労働法学の理論と課題』（有斐閣、1988年）22頁以下。なお、本書とは異なる領域区分であるが、労働法政策を、「労働市場法政策」、「労働条件法政策」、「労働人権法政策」、「労使関係法政策」の四つの分野に分け、それぞれの労働法政策分野の歴史的展開を詳細に跡づけた著作として濱口桂一郎『労働法政策』（ミネルヴァ書房、2004年）がある。

第1章
戦前における労働立法形成の歴史的前提
労働関係における市民法秩序の形成

はじめに

　労働法は、労働関係における当事者(使用者と労働者)を「対等」な市民として扱う市民法秩序のもとでの労働者の不自由・不平等あるいは悲惨な状況を是正すべく、市民法原理を修正し、労働者を保護するとともに労働者団結を法認する法分野として生成してきた。したがって、労働立法の成立には、「営業の自由」「契約の自由」「移動の自由」といった労働関係における最低限の市民法秩序の形成が、歴史的にも論理的にも先行することになる。

　わが国の労働関係における市民法秩序形成の起点は、明治維新である。明治維新は、封建的・身分的秩序を基礎とした江戸幕藩体制を崩壊させ、わが国における中央集権的統一国家と資本主義形成の出発点となった政治的・社会的変革であり、その変革の過程で、労働関係における市民法秩序も形成されることになる。

　以下、戦前における労働立法形成の歴史前提として、明治維新後の労働関係における市民法秩序の形成を跡づけることにする。

一　「株仲間」の解体と「営業の自由」

　江戸幕藩体制において、労働関係が完全な契約関係として立ち現れるのを妨げていたのは、「株仲間」といわれる同職団体であった。株仲間とは、幕府によって認可された営業特権である「株」をもつ商人や手工業者の強制加入団体であり、それぞれの株仲間は成文化された規約をもち、雇用する徒弟

および職人の数、労働条件などに強力な規制をおよぼしていた[1]。

維新後の明治政府は、徴税および商業勧奨の機関として商法司を設立した。商法司は、1868（慶応4）年5月、有名な「商法大意」[2]を布達した。そこでは、①幕府と結びついていた特権的な株仲間の閉鎖性を打破すること、②従来の冥加金を廃止して税に代えること、③売買の自由（売値の自由）を保障すること、などの政策が示されていた。「商法大意」は、その後の株仲間の解散と、それによる徒弟および職人の同職団体的規制からの解放へ道筋をつけるとともに、「営業の自由」実現への第一歩をしるした。

二 労働関係における「人身の自由」と「契約の自由」

明治維新後最初の労務供給契約に関する法令は、奉公人・職人・雇夫の給金・雇料に関する「取極」を当事者の「相対」「勝手次第」とした1872（明治5）年8月27日の太政官布告240号[3]である。この布告により、奉公人・職人らの賃金（給金・雇料）が相対（合意）で取り決められるようになると同時に、奉公人・職人らを雇わないよう他の雇主対して働きかけることも禁止され、雇入れの自由が認められた。

また、1872（明治5）年10月2日の太政官布告295号[4]は、マリア・ルス号事件[5]を契機に問題となった芸娼妓の人身売買を禁止するとともに、奉公人および弟子奉公人の年季に上限を設けた。すなわち、①芸娼妓については、奉公の名を借りた人身売買を禁止し、②芸娼妓たちの前借金等に関す

---

1) 株仲間とその機能については、宮本又次『株仲間の研究』（有斐閣、1938年）が必読である。また、株仲間の労働関係への規制機能については、岡崎哲二「近世日本の経済発展と株仲間――歴史制度分析」岡崎哲二編『取引制度の経済史』（東京大学出版会、2001年）23頁以下を参照。
2) 「商法大意」の歴史的性格については、利谷信義・水林彪「近代日本における会社法の形成」高柳信一・藤田勇編『資本主義法の形成と展開3――企業と営業の自由』（東京大学出版会、1973年）4-5頁を参照。
3) 内閣官報局編『法令全書』（明治5年）186頁。「諸奉公人諸雇夫等給金雇料ノ儀是亦自今双方共相対ヲ以テ取極メ候処儀勝手次第タルヘシ」「諸職人等是迄得意或ハ出入場ト唱ヘ常ニ備ハレ先ヲ極メ置候分雇主ニテ他ノ職人雇人候節彼是故障筋申掛ノ者モ有之由向後右様心得違無之様可致事」

る貸借訴訟を一切受け付けないこととし、③弟子奉公人の年季を最長7年と定め、④「平常の奉公人」の年季は1年を原則とした。

　かくして、以上の二つの太政官布告により、労働関係における「契約の自由」と「人身の自由」の第一歩がしるされることになった。

　また、こうした流れの中で、労働関係における当事者の訴権の対等性も実現された。すなわち、江戸幕藩体制下では、奉公人が主人に対して訴えを起こすことは、「忠」の規範に反するとして禁止され、民事上奉公人に訴権はなかったが[6]、1873（明治6）年7月17日の太政官布告247号（「訴答文例」）[7]には、その12条「奉公人違約ノ訴状」の3項に、奉公人・弟子らからの主人・師匠に対する給金支払請求訴訟が例示された。これにより、明治維新後になってはじめて、被傭者側にも訴権が認められ、被傭者は雇傭者の債務不履行に対して裁判上の訴権をもって対抗することができるようになっ

4）　内閣官報局編『法令全書』（明治5年）200-201頁。
　「一　人身売買致シ終身又ハ年期ヲ限リ其ノ主人ノ存意ニ任セ虐使致シ候ハ人倫ニ背キマシキ事ニ付古来制禁ノ処従来年期奉公等種々ノ名目ヲ以テ奉公為致其実売買同様ノ所業ニ至リ以ノ外ノ事ニ付自今可為厳禁事
　一　農工商ノ諸業習為メ弟子奉公為致候儀ハ勝手ニ候得共年限満七年ヲ過ク可カラサル事　但双方和談ヲ以テ更ニ期ヲ延ハ勝手タルヘキ事
　一　平常ノ奉公人ハ一ケ年宛タルヘシ尤奉公取続候者ハ証文可相改事
　一　娼妓芸妓等年季奉公人一切解放可致右ニ付テノ貸借訴訟総テ不取上候事」
5）　マリア・ルス号事件とは、1872（明治5）年7月、ペルー船籍のマリア・ルス号が横浜港に入港しているときに、同船から清国人の苦力（クーリー）が逃亡したことに端を発する日本・ペルー間の紛争事案である。日本側は、奴隷売買を不当として苦力を解放したが、その過程で、日本における芸娼妓売買も奴隷売買ではないかが問題となった。マリア・ルス号事件と人身売買を禁じ芸娼妓の解放を命じた太政官布告295号との関係については、牧英正『人身売買』（岩波新書、1971年）169頁以下を参照。
6）　この点に関しては、金田平一郎「徳川時代に於ける雇傭法の研究（二）」国家学会雑誌41巻8号（1926年）123頁。
7）　内閣官報局『法令全書』（明治6年）324頁（「訴答文例」）
　第一二条　奉公人違約ノ訴状
　「奉公人ニ年期ヲ約シ前金ヲ渡シ其ノ年期未満内ニ其家ヲ出テ還ラサル者ヲ取返サントスルノ訴状モ住所氏名ノ次ニ抱入レタル年月日ト約定ノ年期ト前渡シノ金敷トヲ標記シ次ニ其証書ノ全文ヲ写載シ次ニ違約ノ事情ヲ書ス可シ」
　「職業伝習ノ弟子職業練熟ノ後ハ礼奉公ノ年期ヲ約シ年期未満内ニ其家ヲ出テ還ラサル者ヲ取戻サントスルノ訴状モ亦本条に照ラス可シ」
　<u>「奉公人又ハ弟子奉公ノ者等其主人師匠ヨリ受取ル可キ給米金渋滞ノ訴状モ亦本条ニ照ス可シ」</u>

た[8]。

三 職工・徒弟条例案

1 職工・徒弟条例案の背景

「営業の自由」「人身の自由」「契約の自由」を保障し徒弟の年季を制限する維新直後の解放措置は、他方で、江戸幕藩体制以来の労働関係秩序を混乱におとしいれた。その様子を、当時の『興業意見』は、概略次のように記していた[9]。すなわち、〈従来、傭主と被傭者、あるいは師匠と弟子は、慣習にもとづいて「約束」や「契約」を結び、それらは法律に匹敵する効力を持っていたが、維新後は旧弊を一新したので、被傭者や弟子は、まるで日雇のように賃銀の多寡により仕事をかわるので技術が向上せず、そのことが工業上に与える影響は少なくない。また、傭主や師匠の側も、忙しい時期には、他の傭主や師匠のもとにいる被傭者や弟子を、権謀術数を用いて引き抜き、暇な時期には、口実をもうけて放逐するなどの問題がある〉ということであった。

こうした労働関係の混乱状況に対処するため、1881（明治14）年に内務省から分離・独立した農商務省は、諸外国の労役法および工場条例に関する資料を収集すると同時に、国内の職工や工場の現状・慣習等の調査にのりだし、1883（明治16）年12月、東京商工会に「工場傭主と被傭者間及師弟間取締法」について諮問を行った。この諮問において農商務省は、東京商工会に対して、西欧では法律を設けて傭主・被傭主間および師弟間の双方において両者の権利義務を明らかにしているが、わが国でもそのような法律の制定を望むかを問いかけた。この諮問に示された上記取締法こそ、1880年代に

8） この点に関しては、服藤弘司「明治前期の雇傭法」金沢大学法文学部論集（法経篇）8巻（1960年）58-59頁、宇野文重「明治前期『弟子年季奉公』の雇用契約をめぐる下級審判例の分析」法政研究81巻3号（2014年）251-252頁などを参照。
9） 大内兵衛・土屋喬雄編『明治前期財政経済資料集成』18巻-1（明治文献資料刊行会、1964年）92頁。

展開する「職工・徒弟条例案の原型」[10]であった。

2 職工・徒弟条例案の内容と特徴

職工・徒弟条例案としては、1883（明治16）年から87（明治20）年にかけて、以下の六つの案が策定された[11]。

① 1883（明治16）年12月、農商務省より東京商工会への諮問案「傭主被傭者間取締法の要領」「師弟間取締法の要領」

② 1884（明治17）年1月、農商務省より第一次勧業会への諮問案「傭主被傭者間取締法の要領」「師弟間取締法の要領」

③ 1884（明治17）年5月、東京商工会より農商務省への復申請書中の「傭主被傭者間取締法要領」「師弟間取締法要領」

④ 1884（明治17）年12月、『興業意見』〈定本〉「方針一」の中の「職工条例の要領」「徒弟条例の要領」

⑤ 1886（明治19）年2月、農商務省より第三次勧業会への諮問案「工業上傭主被傭者間並に師弟間に係る権利義務の規程及傭役の制限」

⑥ 1887（明治20）年6月、農商務省作成 （イ）「職工条例案規定事項の要領」、（ロ）「職工徒弟条例案規定事項の要領」

こうした職工・徒弟条例案は、どのような内容と特徴をもっていたのであろうか。以上の条例案を詳細に分析した矢野達雄の研究によると[12]、職工・徒弟条例案は、職工条例案と徒弟条例案から成るが、まず、(1) 職工条例案は、(a) 契約条項、(b) 予告解約条項、(c) 即時解約条項、(d) 団結・同盟罷業禁止条項、(e) 労務放棄防止条項、(f) 職工横奪防止条項、(g) 秘密漏洩防止条項、(h) 解約証書条項、(i) 職工保護条項から構成されており、(2) 徒弟条例案は、職工条例案の (d)、(h)、(i) を除く条項と、その他 (j) 卒業証書条項、(k) 授業者資格制限条項、(ℓ) 徒弟年季条項、(m) 試用期間条項から構成されていた。以下、(1) の職工条例案を中心に、それぞれの条項の内容をみると、以下の諸点を指摘できる。

---

10) 矢野達雄『近代日本の労働法と国家』（成文堂、1993年）36頁。
11) これらの案については、矢野・同上36-47頁に紹介がある。
12) 以下の叙述については、矢野・同上62-71頁に依拠している。

第1に、（a）の契約条項では、傭主と職工の関係は契約（合意）によって定まることが明示（⑥（イ））ないし前提とされ、契約に際して契約書の作成を要求するもの（⑤）、契約書に記載すべき項目を列挙するもの（③・⑤）もあった。労働関係は契約関係であり、そこには「契約の自由」の原則が働くこと、契約内容を確定するためには書面によることが望ましいことが示唆されていた。

　第2に、（b）の予告解約条項では、契約期間中でもやむを得ない事由があれば、当事者の一方は、一定の予告期間をおいて、申し出により解約ができるとされていた。予告期間は、⑤では2週間、⑥（ロ）では30日とされていた。

　第3に、（c）の即時解約条項では、一定の事由に該当する場合には、契約期間中であっても、傭主あるいは職工からの申し出により即時に解約できるとされるものがあった（6（ロ））が、この場合、傭主側から職工を解雇しうる事由と職工側から解約しうる事由に差異があった。

　第4に、（d）の団結・同盟罷業禁止条項に関しては、①・②・④に「被傭者随意の休業又は徒党等の禁制」という条項が存在した。これらの条項は、団結・同盟罷業禁止の萌芽的形態とみることがでる。

　第5に、（e）の労務放棄防止条項に関しては、⑤に「約定期限中職工……恣に退去するときは傭主……残余日数の復業を請求することを得せしむへきや」とあり、⑥には「其の他不法の退職に対する賠償」という規定が存在した。いずれも違反に対して、復業や損害賠償の手段で臨もうとしているので、一応私法的規定の形態をとっているが、復業に応じない場合には罰則を予定することも考えられていた。

　第6に、（f）の職工横奪防止条項に関しては、他人の雇傭中の職工を雇入れた者は、旧傭主に対して損害賠償（③・⑤・⑥（ロ））あるいは前借金の返済（③）の責に任じるなどの規定が存在した。当時、傭主側における職工の奪い合いをどう防止するのかが深刻な問題となっていたことがわかる。

　第7に、（h）の解約証書条項に関しては、「証明書」（①・③）、「履歴書又は手帳」（④）、「解約証書」（⑤）、「勤務証書」（⑥（ア））とさまざまな名称が使用されているが、解約に際して、職業・前傭主名・解約事由、場合に

よっては熟練度や品行を記した証書を付与することを求める規定が存在した。証明書を保持しない者の雇入れを禁じようとするもので、職工の恣意的な移動を規制しようとする意図がみてとれる。

　第8に、（ⅰ）の職工保護条項に関しては、案によって扱いが一定していないが、主には、（1）幼年工保護条項と（2）女工保護条項が重要である。前者（幼年工保護条項）では、①・②・④までは、「童工……使役の制限」という抽象的な表現であったものが、⑤・⑥（イ）にいたると、一定の年齢に満たない幼者の使用禁止、就業時間の制限、夜間使用の制限など詳細かつ具体的な規定になっている。後者（女工保護条項）でも、①・②・④までは、「女工使役の制限」という簡単な項目があるにとどまったが、⑥（イ）では、婦女の夜間使用禁止が掲げられている。

　以上が職工・徒弟条例案の概要である。そこでは、同条例案自体が時代によって変遷し、職工保護条項は最後の⑤・⑥で拡充さているのがわかる。ただし、そうした変遷にもかかわらず同条例案を貫いているのは、労働関係を「契約の自由」にもとづく契約的秩序ととらえたうえで、労務供給契約に特有の条項を盛り込みつつ、その大枠を規制し、使用者・労働者双方による労務供給契約の遵守を義務づけるというものであった。

　1887（明治20）年の職工・徒弟条例案（⑥）は、参事官会議を経て関係各局との協議にかけられたが、意見の一致をみることができず、結局流産に終わる。なぜ流産に終わったのかであるが[13]、その理由の一つには、職工・徒弟条例が労働関係における市民法的秩序の形成を一貫して追求しつつ、最後にはその修正形態ともなりうる職工保護にも取り組もうとしたことにあったと考えられる[14]。

13）　職工・徒弟条例案の流産の理由については、古庄正「初期労働立法の展開と経済団体」駒沢大学経済学論集1巻1・2号合併号（1969年）324頁以下を参照。そこでは、条例案を策定した農商務省官僚と経済団体の間で、契約規制をどこまで細かく規定するのか、職工保護条項など工場法的要素を盛り込むのかなどについて対立があり、それが最後まで解消できなかったことなどに流産の原因があるとされている。

四　民法典の編纂と労務供給契約規定の成立

1　はじめに

　明治政府は、明治中期以降、維新後の国家的課題である不平等条約の改正のため、民法、商法、民事訴訟法などの民事法にかかわる基本法典の編纂を急いだ。近代的な労務供給契約規定をもつことになる現行民法典は、1898（明治31）年に施行されたが、その成立への過程は、①御雇い外国人ボアソナードを中心とした旧民法典の編纂（1879〈明治12〉-90〈明治23〉年）、②法典論争による旧民法施行延期（1890〈明治23〉-92〈明治25〉年）、③法典調査会による現行民法典の編纂（1893〈明治26〉-98〈明治31〉年）という三つの階梯をたどった。

　以下では、戦前における労働立法形成の歴史的前提として、旧民法典（①）と現行民法典（③）における労務供給契約規定の成立をみておくことにする。

---

14)　このように、職工・徒弟条例案自体は時代の変遷の中で多様な要素を含むことになったので、その歴史的性格をめぐっては「論争」がある。一方では、職工・徒弟条例案を「工場法に結晶する労働保護原理のイデオロギー的起点」と性格づけ、工場法の前史と捉える見解（沼田稲次郎「労働法（法体制再編期）」『講座日本近代発達史〔第5巻〕』〈勁草書房、1958年〉36頁）があるが、他方では、同条例案を、工場法の前史ではなく、イギリス絶対主義下のエリザベス「職人条例」や「徒弟条例」に対応する絶対主義的労働政策を体現するものであると捉える見解（隅谷三喜男『日本賃労働史研究』〈東京大学出版会、1955年〉301頁以下）がある。
　　筆者は、19世紀の職工・徒弟条例案を、封建体制の維持をめざした16世紀のエリザベス「職人条例」と同列におく隅谷の見解を支持することはできないが、同条例案を単純に工場法の前史とみることもできないと考えている。職工・徒弟条例案の中心は、本文で述べたように、労働関係における契約秩序の確立をめざそうとしたことにあり、その意味では、同条例案を「労働者の移住の自由、職業選択の自由、契約の自由などの労働者個人の法的な市民的自由を基本的に認めたうえで、契約の大枠を規制し、その契約の労資双方による遵守を義務づける」ことをねらったものであると捉える見解（池田信『日本社会政策思想史論』〈東洋経済新報社、1978年〉21頁）が妥当であると考えている。

2　ボアソナード草案および旧民法典における労務供給契約規定

(1) ボアソナード草案

1880（明治13）年6月、元老院内に民法典編纂局が設けられ、同法典の編纂作業が本格化する。民法典は、その編纂作業において、財産法と身分法に分けられ、前者はフランス人の御雇い外国人であるボアソナードに起草が委ねられ、後者は日本人の委員に委ねられた。ボアソナードは、労務供給契約に関する規定がおかれた財産法に関し、いくつかの草案と自らの手になる注釈書を著している[15]。

ボアソナードが起草した民法典草案（以下、「ボアソナード草案」という）は、労務供給契約について、第3編財産取得編の第21章に「労務および仕事または勤労の賃貸借」という章を設け、その中に、第1節「労務の賃貸借」（956条以下）、第2節「習業契約」（963条以下）、第3節「陸上および水上運送の賃貸借」（971条以下）、第4節「仕事または勤労の賃貸借」（981条以下）の四つの節を置いた。また、今日の委任に相当するものは、第20章「代理」として別に規定された（925条以下）[16]。

こうしたボアソナード草案における労務供給契約に関する規定は、いくつかの特徴を持っていた。

第1に、以上のようなボアソナード草案の分類は、労務供給契約を「家事使用人・労働者の賃貸借」・「陸上および水上輸送人」・「見積請負および請負」の三つからなる「仕事および勤労の賃貸借」と構成し、委任を「代理」として別に規定するフランス民法典を参考にしたものであった[17]。

第2に、ボアソナード草案は、今日の雇傭と請負をともに、フランス民法

---

15)　ボアソナードの手になる草案およびその注釈書の主要なものについては、矢野達雄「日本民法典における雇傭規定の成立（一）」愛媛法学雑誌13巻1号（1986年）128-129頁に示されている。
16)　ボアソナード草案については、水町勇一郎「民法623条」土田道夫編『債権法改正と労働法』（商事法務、2012年）2頁以下、野原香織「ボアソナードの雇傭契約論―労働者保護に注目して（上）」法学研究論集39号（2013年）257頁以下、『ボアソナード氏起稿　再閲修正民法草案注釈〔第三編・下巻〕』（司法省、年代不詳）149頁以下を参照した。
17)　水町・同上3-4頁。

典にならい、「賃貸借」と構成していた[18]。同草案は、今日の雇傭にあたる「労務の賃貸借」について、「使用人、番頭、手代、その他主人の身に扶持し又は家に奉仕する僕婢、肉体労働者、日雇労働者、農業労働者、及び産業労働者が、年、月、又は日をもって定められる報酬又は給料のために自己の労務を賃貸する」ものと規定した（956条1項）。

　第3に、ボアソナード草案では、「自己の労務を賃貸する」労働者の職業を上記のように列記していたが、そこに含まれない「医師、弁護士、及び科学・文学・芸術・自由学芸の教師」のような高尚な労務を提供している職業については、「労務の賃貸借」にあたらないとして特別の規定（962条）を設けていた。ただし、「俳優、音楽家、舞踏家、格闘家又は手品師と演劇その他大衆娯楽の興行者」（961条1項）や、「剣術・武芸・手芸・工芸の指導者又は教師、及び獣医」（961条2項）の労務については、「労務の賃貸借」の対象となるとしていた。つまり、同草案では、「労務の賃貸借」の対象となる職業を条文中に列挙することにより、労務の内容を明らかにしようとしていたのである。

（2）旧民法

　ボアソナード草案は、民法編纂局・法律取調委員会での日本人委員による審議の結果、条文の構成や語句の修正を受けたうえで、1890（明治23）年4月21日、民法中財産編・財産取得編・債権担保編・証拠編として公布された。この旧民法の財産法に関する部分においては、労務供給契約に関して、財産取得編は、第12章「雇傭及ひ仕事請負の契約」という章を設け、その中に、第1節「雇傭契約」（260条以下）、第2節「習業契約」（267条以下）、第3節「仕事請負契約」の三つの節を置いた。また、委任については、「代理」として第11章（203条以下）で扱われた。

---

[18]　ボアソナード草案においては、「物の賃貸借」が「物権」として構成されていたのに対し、雇傭にあたる「労務の賃貸借」や請負にあたる「仕事または勤労の賃貸借」は「債権」として構成され、両者を区別していた（『ボアソナード氏起稿　再閲修正民法草案注釈（第二編物権・全）』〈司法省、年代不詳〉284頁）。この点は、野原・前掲注16）267頁も参照。

労務供給契約に関する規定で、ボアソナード草案と公布された旧民法とので異なるのは以下の点であった。

第1に、ボアソナード草案では「労務の賃貸借」「仕事または勤労の賃貸借」とし表記されていた部分が、公布された旧民法では、「雇傭契約」「仕事請負契約」とされ、雇傭・請負を賃貸借とする表現は避けられた。すなわち、雇傭契約は、「使用人、番頭、手代、職工其他の雇傭人は年、月又は日を定めたる給料又は賃銀を受けて労務に服することを得」（260条1項）と規定され、仕事請負契約は、「工技又は労力を以てする或る仕事を全部又は一分に付き豫定代値にて為すの合意は注文者より主たる材料を提供するときは仕事の請負なり」（275条）と規定された[19]。

第2に、ボアソナード草案では、「俳優、音楽家、舞踏家、格闘家、又は手品師」（草案961条1項）、および「剣術・武芸・手品・工芸の指導者又は教師、及び獣医」（同条2項）は、雇傭にあたる「労務の賃貸借」の対象となるとしていたが、旧民法では、「角力、俳優、音曲師其他の芸人と座元興行者との間に取結ひたる雇傭契約に適用す」（旧民法財産取得編265条）とだけ規定され、同草案の上記第2項は削除された[20]。

3　現行民法典における労務供給契約規定

はじめに

旧民法典は、1893（明治26）年から施行予定であったが、周知のように、「民法典論争」が勃発し、1892（明治25）年に、民商法については1896（明治29）年12月31日まで施行を延期する民法及商法施行延期法が成立した。また、こうした経過の中で、1893（明治26）年に内閣直属の法典調査会が設置され、旧民法典の修正というかたちで全条文を見直す審議が行われ、総則・物権・債権編が1896（明治29）年4月27日、親族・相続編が1898（明治31年）6月21日に公布され、民法典全体としては、同年7月16日から施行された。以下、このようにして制定・施行された現行民法における労務

---

[19]　岸本辰雄著述『民法［明治23年］正義　財産取得編巻之弐』日本立法資料全集別巻58（信山社、1995年）314頁、368頁。
[20]　野原・前掲注16）274-275頁。

供給契約に関する規定はどのようなものであったかをみてゆくことにする。

(1) 労務供給契約の全体的編成

現行民法は、労務供給契約として、雇傭・請負・委任・寄託・組合を規定した。起草者として提案説明に立った穂積陳重（以下、「起草者・穂積」と略す）は、これらを「人の行為に関しまする債務[21]」と位置づけている。物の保管に関する特殊な契約である「寄託」や出資が労務でもよい団体契約たる「組合」を除くと、現行民法は、労務供給契約を、主に、雇傭（623条以下）・請負（632条以下）・委任（643条以下）の三つに区分して規定した。こうした現行民法の労務供給契約規定の全体的編成に関しては、旧民法と比較すると、以下のような特徴がある。

第1に、旧民法は雇傭と請負を同一の章（第12章）の下で節を分け、第1節に雇傭契約、第2節に仕事請負契約として規定したが、現行民法は、両者を異なる種類の契約類型とみて、別々の典型契約として規定した。起草者・穂積は、その理由として、「労力自身を目的」とする雇傭と「労力の結果を終始目的」とする請負とは「法理上の違ひ」があること、両者に同じ規定を適用すると実際上も不都合が生じることの2点をあげていた[22]。

第2に、「習業契約」は、「特別に民法に置きまするは不適当[23]」として、現行民法の規定から除かれた。習業契約は、諸外国では特別法で規定され、民法の一般通則で規定するところはないというのがその理由であった[24]。

(2) 雇傭

雇傭は、「当事者の一方か相手方に対して労務に服することを約し其の相手方か之に報酬を与ふることを約するに因りて其効力を生す」と規定された。この雇傭の規定に関して、起草者・穂積は、次の点に注意を促している。

---

21) 法務大臣官房・司法法制調査部監修『法典調査会・民法議事速記録第85回-第102回』（日本近代立法資料叢書4）（商事法務研究会、1984年）455頁、456頁［穂積］。
22) 同上456頁［穂積］。
23) 同上457頁［穂積］。
24) 同上457頁［穂積］。

第1に、「労務に服する」であるが、この表現自体は旧民法にも出てくるが、現行民法がその表現を用いた意図は、「労務自身か……契約の目的である」雇傭と「労力の結果」を契約の目的とする請負を区別するためであった[25]。

　第2に、対象とする労務の内容に関して、旧民法は、ボアソナード草案を引き継ぎ、「医師、弁護士、及び科学・文学・芸術・自由学芸の教師」のような高等な労務を雇傭の対象から除外していたが、現行民法は、「高等の労務とか劣等の労務とか云ふ区別をしない[26]」として、すべての労務を雇傭の対象とした。

　第3に、雇傭の性格であるが、旧民法はボアソナード草案にあった雇傭の賃貸借構成を想起させる表現を避け、現行民法も賃貸借とは区別しているが、雇傭は「賃貸借と極隣りであつて然うして性質か能く似て居ります[27]」として、雇傭と賃貸借との類似性を強調していた。起草者たちは[28]、雇傭を「売買」のアナロジーではなく、「賃貸借」のアナロジーで理解していたのである。

(3) 請負

　請負は、「当事者の一方か或仕事を完成することを約し相手方か其仕事の結果に対して報酬を与ふることを約するに因りて其の効力を生す」と規定された。この請負の規定に関して、起草者・穂積は、旧民法の規定と比較して、次のように述べていた。すなわち、旧民法では、請負につき、「工技又は労力を以てする或る仕事を全部又は一分に付き豫定代値にて為すの合意は注文者より主たる材料を提供するときは仕事の請負なり」(275条)と規定していたが、「豫定代価」は必ずしも必要ではなく、代価を予定していなくても、その代価または報酬が仕事の出来栄えに対して支払われればそでよいとして、

---

[25]　同上 458 頁［穂積］。
[26]　同上 459 頁［穂積］。
[27]　同上 461 頁［穂積］。
[28]　起草者の一人である梅謙次郎も、「雇傭」は「物ノ賃貸借ト其性質ヲ同シウスル」と述べていた。梅謙次郎『民法要義・債権編巻之三』(有斐閣、1912 年) 683 頁。

旧民法にあった「豫定代償」を削除した[29]。

(4) 委任

委任は、「当事者の一方か法律行為を為すことを相手方に委任し其の相手方か之を承諾するに因りて其効力を生す」と規定された。委任の対象を「法律行為」としたことについて、起草者・富井政章（以下、「起草者・富井」と略す）は、委任の対象を「事務を処理する」とすると、漠然としてしまい、「雇傭との分界かはつきり立たない」ので、「法律行為を為すを目的とするものに限る」とした、と当初の提案説明では述べていた[30]。

ところが、その後、起草者・富井は、委任の目的を法律行為に限定すると、不都合が生ずると感じ、たとえば自分に代わって病人の見舞いに往くとか葬式に往くことを依頼する「法律行為に非さる事務の委託」についても参照される規定を置くため、法律行為でない事務の委託に委任の規定を準用する規定（準委任）を付け加えた[31]。

(5) 各規定の相互関係

このようにみてくると、現行民法の労務供給契約各規定の相互関係について、起草者たちは、（1）雇傭と請負については、〈労務それ自体を目的とする〉か〈労務の結果を目的とする〉かによって区別する一方、（2）雇傭に高級労務を含ませた結果、雇傭と委任の区分に苦慮し、一旦は委任の目的を法律行為に限定したが、その後、実際上の便宜を考慮して法律行為以外の事務の処理にも委任の規定を及ぼすことにしたのであるが、その結果、法の起草過程においてすでに、雇傭と「法律行為に非さる事務の委託」である準委任との区別に苦慮することになったのである。

---

29) 法務大臣官房・司法法制調査部監修・前掲注21) 527頁〔穂積〕。
30) 前掲注21) 584頁〔富井〕。
31) 法務省大臣官房司法法制調査部監修『法典調査会民法整理会議事速記録』（商事法務、1988年）306頁〔富井〕。なお、この点に関しては、水町・注16) 6頁、鎌田耕一「雇傭・請負・委任と労働契約」横井芳弘・篠原敏雄・辻村昌昭編『市民社会の変容と労働法』（信山社、2005年）151頁以下を参照。

第2章
戦前の労働市場立法

はじめに

　労働市場法とは、労働力の需給調整をめぐる社会的な仕組みである労働市場に関わる法規制の総体であるが、かかる労働市場法を構成する立法としては、①職業紹介や労働者供給など労働者の募集や就業の仲介に関する立法、②失業に対処するための立法、③職業能力開発に関する立法がある[1]。もとより、これらの立法は、その役割と機能が相互に重複することが多く、戦前においては、失業に対処するために職業紹介制度が構想されたように、相互の重複は顕著であった。ただし、以下の叙述では、そうした重複を認識しつつも、便宜上、「職業紹介や労働者供給など就業の仲介に関する立法」と「失業に直接対処するための立法」の二つの領域に分け、戦前における労働市場立法の変遷を跡づけることにする。

一　職業紹介・労働者供給など就業の仲介に関する立法

　労働力を調達するためには、まず労働者を募集する必要がある。その方法としては、使用者による直接募集（縁故や広告など）と、なんらかの仲介者

---

[1]　労働市場法の概念および労働市場法を構成する法規制の諸類型については、有田謙司「労働市場法学」日本労働研究雑誌621号（2012年）76頁以下、鎌田耕一「労働市場法講義（上）」東洋法学57巻3号（2014年）336頁以下、菅野和夫『労働法〔第11版補正版〕』（弘文堂、2017年）41頁、諏訪康雄「労働市場法の理念と体系」日本労働法学会編『講座21世紀の労働法〔第2巻〕』（有斐閣、2000年）2頁以下などがある。

が介在する間接募集があり、後者の間接募集には、さらに、仲介者の性格によって、職業紹介、労働者供給、募集人を介した委託募集などがある。

1 営利職業紹介事業規制の先駆け

明治維新直後のわが国において職業紹介の中心的機能を果たしていたのは、徳川時代から巷では桂庵、肝煎、口入屋などと呼ばれ、公的には人宿・請宿と称されていた営利職業紹介業者であった[2]。これらの業者は、明治時代になっても奉公人制度が残存している領域では、徒弟、女中、下男、小僧などの口入れを主とし、それ以外でも、人夫の供給や、芸娼妓や酌婦の（人身）売買の仲介を行っていた[3]。明治初期の労働市場法政策は、これらの営利職業紹介事業にともなうさまざまな弊害を防止するための取締りから出発した。

明治維新後の営利職業紹介事業に関する取締規則の制定は、1872（明治5）年の東京府・雇人請宿規則をもって始まる。その後、他府県においても、おおむね東京府の規則にならった同様の取締規則が制定されたが、東京府における同規則の概要を示すと、それは、①免許鑑札を有しない請宿業者の営業禁止、②手数料を給金の五分に制限すること、③逃亡人、無籍者等の周旋・紹介の禁止などから構成されていた。東京府の同規則は、その後数次の改正を経るが、たとえば、1873（明治6）年には、業者に組合を組織させて自治的取締にまかせる改正が行われた[4]。東京府では、娼妓の周旋は公認されていなかったが、1905（明治38）年の芸娼妓口入営業規則（警視庁令16号）により、芸娼妓の営利紹介事業は、所轄警察署における許可を条件に公認されるとともに、他の口入業との兼業が禁じられた[5]。

---

2) 濱口桂一郎「雇用仲介事業の法政策」季労251号（2015年）150頁、中島寧綱『職業安定行政史』（雇用問題研究会、1988年）43頁以下。なお、金田平一郎「徳川時代に於ける雇傭法の研究（四）」国家学会雑誌41巻10号（1926年）131頁によると、徳川時代に人宿・請宿が仲介したのは、日用取といわれる日雇労働者であった。
3) 労働省編『労働行政史〔第1巻〕』（労働法令協会、1961年）159頁
4) 濱口桂一郎『労働法政策』（ミネルヴァ書房、2004年）58頁。
5) 労働省編・前掲注3）160-161頁。

2　労働者の委託募集の取締り

　明治中期以降のわが国の産業の発展は、大量の労働力需要を生み出し、**1**で述べた営利職業紹介事業者の紹介活動とともに、使用者による労働者の募集活動を活発化させた。とくに、明治中・後期から大正中期にかけて、繊維工業（製糸業、紡績業、織物業）における女性労働者（女工）の獲得は、縁故募集に頼っているだけでは難しくなり、使用者から独立した募集人による委託募集に強く依存するようになる。『女工哀史』において、細井和喜蔵が「女工募集の第二期」と名づけ、「各会社に『募集人』が置かれ、女工募集事務がようやく重要な地位を占め出だした[6]」時代である。

　募集人を介した委託募集が積極的に行われるようになると、次第にその弊害も顕著になる。そうした弊害については、『職工事情』[7]や『女工哀史』[8]などで明らかにされているが、そこでは、①工場と遠く隔たった土地で生まれ育った応募者の無知や不案内を悪用し、不当な雇用条件をおしつける、②募集に際して詐欺や誘拐まがいの手段が用いられ、しかも前借金を払うことにより人身売買と異ならないような結果に陥れる、③募集人が応募者の賃金や前借金からピンはねを行う、などが「弊害」の例として紹介されていた。募集人は、多数の女工を工場に送り込めば、それだけ手数料（報酬）が多くなるため、募集の方法も悪質で、人間としての資質にも問題がある人物が多かったといわれている[9]。

　こうした労働者の募集をめぐる「弊害」に対処するため、明治後期から大正初期にかけて、いわゆる「労働者募集取締規則」（以下、「取締規則」とい

6）　細井和喜蔵『女工哀史』（岩波クラシックス、1982年）63-64頁。
7）　『職工事情（上）』（犬丸義一校訂）（岩波文庫、1998年）、綿糸紡績職工の募集については83頁以下、生糸織物職工の募集については240頁以下、織物職工の募集については320頁以下。
8）　細井・前掲注6）54頁以下。
9）　西成田豊『近代日本の労務供給請負業』（ミネルヴァ書房、2015年）41頁には、「募集行為ノ直接ノ衝ニ当ル募集員ナルモノハ……多クハ地方ニ於ケル無職ノ徒並工場ニ於ケル下回リ等ニシテ、従テ学歴少ナク常識ニ乏シキモノ多キ為メ、募集行為ハ依然トシテ悪辣ナル手段ヲ弄シ、何等改メザル……」とする当時の岐阜県当局の報告書が引用されている。

う）が道府県令として制定された。1896（明治29）年の兵庫県「職工営業主及紹介人取締規則」から1916（大正5）年の熊本県「周旋業取締規則」に至るまでの57に及ぶ取締規則を分析した西成田豊の研究によると、それらの特徴は、以下のようなものであった[10]。

第1に、取締規則には、①女工をはじめとする職工や労働者のみの募集を斡旋する募集人に対する規則（規則A）と、②芸娼妓や酌婦などの募集を斡旋する一環としてそれを行う募集人に対する規則（規則B）という性格の異なる二つの取締規則が併存していた。ただし、府県によってそれらは同一の取締規則の中に含まれている場合と別々の規則として存在する場合とがあった。

第2に、取締の内容としては、規則A・Bともに、①募集人に対して、募集地の所轄警察署（ないし県知事・県当局）への届出を義務づけ、②規則に違反した者に対して罰則が設けられていた。届出事項としては、（a）募集区域、（b）募集期間、（c）募集主および募集人の住所・氏名・年齢、（d）募集すべき人員およびその種類などであった[11]。また、規則Aには、③届出項目の中に職工・労働者保護の項目が含まれ、④すでに雇用されている者の募集・引き抜きの禁止と、⑤募集の際の虚偽の言行などの不正行為を行うことの禁止なども含まれていた。

このように、労働者の委託募集に対する法政策の特徴は、募集人の存在を一応認めたうえで、それらを警察的取締の下に置き、「弊害」に対処しようとするところにあった。

3　職業紹介法

（1）制定の背景

第一次世界大戦（1914〈大正3〉-18〈大正7〉年）後の世界的不況は、わが国にも影響を及ぼし、軍需産業を中心に各産業部門で大量の失業者を生み出した。わが国は、明治維新後はじめて、未曾有の失業問題に直面すると

---

10) 西成田・同上86-103頁。
11) 清正寛「戦前における雇用保障法の生成過程」同『雇用保障法の研究』（法律文化社、1987年）199頁。

同時に、全国各地で米騒動が勃発し、資本主義の動揺がもたらす深刻な社会問題への対応を迫られることになる。

　こうしたなか、1918（大正7）年12月、床次内相は、当時社会政策一般を調査範囲として設置された救済事業調査会に対し、失業保護に関する諮問を行った。同調査会は、翌1919（大正8）年3月、諮問への答申として、「失業保護に関する施設要綱」[12]を提出し、その中で、①労働需給の状況の把握、②失業緩和に対する事業主の協力、③失業救済土木事業の起工、④失業者の帰農などと共に、⑤公益職業紹介所の設置およびその相互連絡（第三項）を失業対策として提案した。政府は、1920（大正9）年4月、地方長官宛内務次官通牒「失業保護に関する件」を発し、上記答申と同様の施策を奨励した。

　その後、上記答申もあり、以前から都市において存在していた無料の公営職業紹介所の設置が政府の「勧奨」[13]により一定の広がりを見せたたが[14]、政府は、こうした行政措置だけでは失業者の増大に対処することはできないと考え、また、1919（大正8）年に国際労働機関（ILO）の第1回総会で採択された「失業に関する条約」（第2号）の批准問題もあり、最終的には、職業紹介法の制定を目指すことにした[15]。

（2）国際的要因としてのILOの条約・勧告

　ILOは、第1次大戦直後の1919（大正8）年に設立され、第1回総会において、「労働時間（工業）条約」（第1号）などとともに、「失業に関する条約」（第2号）と「失業に関する勧告」（第1号）が採択された。「失業

---

12)　「失業保護ニ関スル施設要綱」は、労働省編・前掲注3）169-170頁を参照。
13)　労働省編・同上174頁。
14)　1919（大正8）年京都市が京都市職業紹介所を、大阪市が大阪市九条所業紹介所のほか9か所（うち1か所は労働紹介所）を、横浜市、横須賀市、和歌山市がそれぞれ職業紹介所を設置している（労働省編・同上173頁）。
15)　神林龍は、法制定の背景について、「内務省は、公営紹介の停滞の原因は、全国的な連携がとれていないことと財政的な基盤がぜい弱であると考え」、「従来の行政指導ではなく、法律を制定することによって、この手当をしようとした」と述べている（神林龍「国営化までの職業紹介制度—制度史的沿革—」日本労働研究雑誌482号〈2000年〉17頁）。

に関する条約」では、①一定期間ごとに、失業に関する統計や失業防止のための措置に関する一切の情報をＩＬＯ事務局に通告すること（1条）、②中央官庁の管理の下に公の無料職業紹介所の制度を設けるため、使用者・労働者の代表が参加した委員会を任命すること（2条1項）、③公私の無料職業紹介所がともに存在する場合には、これらの紹介所の運用は全国規模で調整が求められること（2条2項）が定められていた。また、「失業に関する勧告」では、①営利職業紹介所の設立禁止と、②営利職業紹介所が現に存在する場合には、政府の免許の下においてのみ経営することが許され、そうでない場合には、速やかに廃止の為の一切の措置を執ることが勧告されていた。

このように、「条約」においては、公共職業紹介所の設置促進がうたわれたが、営利職業紹介事業の廃止が明記されていたわけではなかった。また、「勧告」においても、営利職業紹介事業の廃止の方向がうたわれたが、政府の免許を条件に営利職業紹介事業の存続が許されていた。

わが国は、「工業的企業における労働時間を1日8時間1週48時間に制限する条約」（第1号）のような労働条件の基本原則にかかわる条約については批准しようとしなかったが、ＩＬＯの常任理事国という立場もあり、実質的に労働条件の引き上げをともなわない条約については、「失業に関する条約」（第2号）を含め、批准する態度をとった[16]。したがって、職業紹介法も「ＩＬＯの第2号条約の批准を考慮して制定されたという一面をもっていた[17]」。

（3）法の内容

1921（大正10）年1月、床次内相は、従来の救済事業調査会を改組した社会事業調査会に対し、「職業紹介法案要綱」を諮問し、その答申にもとづいて、職業紹介法の政府案を作成し、それを同年3月の第44回帝国議会に

---

[16] 職業紹介法のほか、1922（大正11）年の船員職業紹介法は、1920（大正9）年の「海員紹介条約」（第9号）の批准にともなう立法であり、1923（大正12）年の海員最低年齢法は、1920（大正9）年の「最低年齢（船員）条約」（第7号）の批准にともなう立法であった。

[17] 荒木誠之「戦前における失業対策と失業立法―その形成と特質」『法政研究（九州大学）』39巻2・4合併号（1973年）505頁。

提出した。法案の提出にあたって、床次内相は、「失業救済に関する所の社会政策立法の一として提出せられた[18]」と述べている。同法案は、帝国議会において、原案どおり可決され、1921（大正10）年4月9日、法律55号として公布された。

制定された職業紹介法[19]の内容は、以下のようなものであった。

第1は、職業紹介事業の公営化・無料化を主眼とし、①公営化に関しては、内務大臣の監督のもと、一定規模以上の市町村が事務を掌り、職業紹介所を設置・管理すること（1条-4条）、②無料化に関しては、本法による職業紹介所は無料とし（6条）、その経費は、市町村立の場合は、当該市町村が負担し、国庫はその支出額の半額以内を補助すること（9条、10条）とした。

第2は、職業紹介事業の全国的統一化をめざし、内務大臣の監督のもと、中央および地方に職業紹介所事務局を置くこととした（7条）。

第3は、有料の営利職業紹介事業に関しては、「別に命令を以て之を定む」（14条）とした。

このように、職業紹介法は、公営の無料職業紹介所の整備を目的として制定されており、必ずしも民営の有償営利職業紹介事業を禁止する立場にはなかった[20]。

4　労働者募集取締令と営利職業紹介取締規則

（1）労働者募集取締令

第1次大戦後の経済状況は、上述の不況と失業と同時に、わが国産業の一層の発展をもたらし、それにともなって労働者の需要が増大した。その中でも、労働者（職工）の不足がとくに深刻であったのは製糸業であった[21]。

しかし、こうした日本経済の急激な発展にともなう労働力需給関係の変化にもかかわらず、労働者募集の取締は、依然として上記2で述べた都道府県

---

[18] 労働省編・前掲注3）177頁。
[19] 職業紹介法（大正10年4月9日法律55号）の全文は、労働省編・前掲注3）178-179頁を参照。
[20] 同旨、神林・前掲注15）18頁。
[21] 西成田・前掲注9）103頁。

令によって行われていた。しかも、これら各道府県の「労働者募集取締規則」は、その内容に統一性を欠いていたことから、取締上の支障をきたし、経済の拡大による労働者（職工）の大量募集にともなう弊害に十分な対処ができなかった。そこで、内務省社会局は、1923（大正12）年4月、道府県ごとの「労働者募集取締規則」を全国的に統一するかたちで労働者募集取締令の社会局案を作成し、各地方庁および業者等当事者の意見を聴取したうえで、1924（大正13）年12月29日、「労働者募集取締令」（内務省令39号）（以下、「本取締令」という）[22]を公布し、1925（大正14）年3月1日から施行した。

なお、本取締令の公布と同時に、社会局長官から地方長官宛に「労働者募集取締令の公布に関する件」[23]と題する通牒が発せられ、募集従事者（募集人）に対する許可方針等が示された。そこでは、募集従事者に人を得ることが重要であり、各種犯罪歴のある者はもちろん、芸娼妓や酌婦などの紹介業者に許可を与えてはならにことなどの指示が述べられており、ここに同取締令の眼目があることがわかる。

本取締令の主要な内容は、以下のとおりである。

第1に、取締の対象は、募集主（募集した労働者の雇主）から「委託」を受けて、労働者（職工、鉱夫、土工夫その他の人夫）の募集に従事する募集従事者である（1条・2条）。ただし、この場合の募集従事者の「募集」とは、募集主が特定されていることが条件であり、不特定多数の雇主のための募集は容認されていないと解釈されていた[24]。

第2に、募集従事者は、その者の居住地の地方長官に必要書類を提出して許可を受けると同時に募集従事者証の公布を受ける必要があった（4条、5条）。上記2で述べた道府県の各種「労働者募集取締規則」では、おおむね募集地の所轄警察署（一部は知事）への届出で済んでいたのとは大きく異なる。その理由は、「募集従事者の素行身元を最も良く知る」のは「住所地の

---

[22] 「労働者募集取締令」の全文は、労働省編・前掲注3）539-543頁を参照。西成田は、前掲注9）103-111頁において、「労働者取締令」に関する優れた分析を行っている。
[23] この通牒の全文は、労働省編・前掲注3）544頁を参照。
[24] 木村清司『労働者募集取締令釈義』（清水書店、1926年）66-67頁。

地方長官」であるという認識であった[25]。

　第3に、募集従事に対して10項目に及ぶ禁止事項が定められていた（12条）。具体的には、①募集従事者証の第三者への譲渡・貸与、②募集に関して事実を隠蔽し、誇大虚偽の言辞を弄し、その他不正の手段を用いること、③応募者を強要すること、④募集する女子に風俗を紊す虞のある行為をすること、⑤応募者を遊興に勧誘すること、⑥応募者の外出や通信・面接を妨げ、応募者の自由を拘束し過酷な取扱いすること、などであった。

（2）営利職業紹介取締規則

　すでに上記3（2）および（3）で述べたように、営利職業紹介事業に関しては、①ＩＬＯ「失業に関する勧告」においては、その廃止の方向と、現存する場合には政府の免許のもと管理することが勧告され、②職業紹介法においては、14条において、「別に命令を以て定む」とされていた。

　そうした経緯の中で、政府は、当時の実情から、営利職業紹介事業の全面禁止は困難であると判断し、それに対する監督強化策をとることにし、1925（大正14）年12月19日、「営利職業紹介取締規則」（内務省令30号）（以下、「本取締規則」という）を制定した。

　1927（昭和2）年1月から施行された本取締規則の内容は、①営利職業紹介事業には地方長官の許可を要すること（2条）、②営利紹介業者の芸娼妓周旋業や貸金業などとの兼業の禁止（3条）、③職業紹介所の名称使用の禁止（5条）、④誇大・虚偽広告の禁止、求職者の意に反する紹介の禁止、他に雇用されている者の勧誘・紹介の禁止（8条）などであった[26]。

　本取締規則の公布の結果、営利職業紹介業者の数は、1926（大正15）年に9712人であったのが、1934（昭和9）年には、2541人に激減し、これら業者による就職者数も、同期間において、62万人から52万人へと16％減少した[27]。

---

25)　木村・同上52-53頁。
26)　「営利職業紹介事業取締規則」の全文は、労働省編・前掲注3）547-550頁を参照。

5　職業紹介法の改正と労務供給事業の規制

（1）職業紹介法の改正

　1921（大正10）年の職業紹介法は、その後数次の改正を経ているが、そうした改正の中で最も重要なのは、1938（昭和13）年の改正である。なぜならば、この改正によって、職業紹介所は、従来の市町村営から、政府が「事業を管掌」（1条）する国営に転換され、また、「何人と雖も職業紹介事業を行ふことを得ず」（2条）として、従来容認されていた民営の営利職業紹介は原則禁止とされたからである[28]。

　この職業紹介所の国営化と民営原則禁止への道は複雑である。一方では、職業紹介事業の現場において、市町村営では職員達が変動する労働力需給調整に誇りをもって十分に対応できないという理由から、職業紹介所の国営化を求める運動があり[29]、内務省（のちの厚生省）社会局も、ある時期までは、〈職業紹介所の国営化と営利職業紹介の廃止〉という見解をもっていた[30]。しかし、他方では、1933（昭和8）年に採択されたＩＬＯ「有料職業紹介所廃止に関する条約」（第34号）の批准は、枢密院において、なお営利職業紹介を肯定する観点から見送られていた[31]。

　こうした状況があるにもかかわらず、なぜ、改正職業紹介法において、職業紹介所の国営化と営利職業紹介の原則禁止は実現したのであろうか。その理由は、職業紹介法改正法案の国会審議の中に垣間見ることができる。すなわち、法案提出にあたって提案理由の説明を行った木戸厚生相は、「国家の遂行する諸政策に順應せしめるため、労務の適正なる配置を図はかることが、極めて緊要である」と述べ、「生産力の拡充計画遂行」のためにも「職業紹

---

27) 労働省編・前掲注3）546頁。なお、この点について、業者あたりの求人・求職・就職数はともに増加していることに注目する必要があるという指摘もある（神林・前掲注15）19頁）。
28) 改正職業紹介法の全文は、労働省編・前掲注3）729-731頁を参照。
29) 職業紹介事業国営化論の代表的論者は、東京府職業紹介所長であった豊原又男であり、同氏には『労働紹介』（丁未出版、1920年）などの著作があった。
30) この頃の社会局の動向については、神林・前掲注15）23頁。
31) 神林・同上24頁。

介事業を政府自ら管掌し、是が機関を整備拡充し、以て現下並将来の時局に対応せんと致しまして[32)]」職業紹介法の改正を提案しているとした。

つまり、1938（昭和13）年の職業安定法の改正は、従前から要求されていた職業紹介所の国営化の実現というより、人的資源としての労働力の「適正なる配置」という国家総動員的な発想にもとづくものであり、前年（1937年）の日中戦争勃発による戦時経済体制への移行の中で、軍需工場等での労働力不足に対処するという「時局に対応」する戦時法制としての性格を色濃くもつものであった。

（2）労務供給事業の規制

以上のように、改正職業紹介法は、職業紹介所の国営化を主眼とするものであったが、同時に、戦前の労働市場立法史上はじめて、労務供給事業を規制する条項を定めた。すなわち、同法8条では、「労務供給事業を行はんとする者又は労務者の募集を行はんとする者」と規定する労務供給事業等を許可事業とし、その取締のため同条2項にもとづいて1938（昭和13）年労務供給事業規則（厚生省令18号）[33)]を定めた。

従来、労務供給事業については、若干の地方庁令での取締のほか全国的にはなんらの規制も存在しなかったが、同上の規則の制定によってはじめて、同事業は、その存在が公的に認められ、監督・規制の対象になったと言える[34)]。同上の規則は、1条で、「本令は職業紹介法（以下、法と称す）第八条の規定に依る労務供給事業に之を適用す」とし、2条で、その事業を「労務供給事業は臨時の使用せらるる労務者を有料にて又は営利の目的を以て常時三十人以上供給する事業」としていた。

同上の規則の公布後の1939（昭和14）年10月現在の状況によると、労務供給事業者数は2461、所属労働者数は12万4805人であり、その職種では、人夫、沖士、職夫、土工、大工、左官、雑役などとなっていた[35)]。

---

32) 改正法案の提案理由の説明については、労働省編・前掲注3）728-729頁を参照。
33) 労務供給事業規則の全文は、労働省編・前掲注3）738-741頁を参照。
34) 西成田・前掲注9）341頁。
35) 労働省編・前掲注3）738頁。

二　失業に直接対処するための立法

1　失業保険制度の試み

　すでに述べたように、戦前のわが国においては、第 1 次大戦後から昭和初期にかけて失業問題が重大な社会問題として意識されたが、政府により実際に採用された失業対策は、上記「一」で述べた職業紹介法の制定による公営の職業紹介事業の展開のほか、失業救済土木事業の恒常化だけであった。失業に直接対処するための失業保険等の給付政策に関して政府は、その検討は行ったものの、一貫して消極的であった。

　他方、国際的にみると、1911（大正元）年にイギリスにおいて、世界に先駆けて国が管掌する失業保険制度が創設されていたが、ドイツにおいても、1927（昭和 2）年に職業紹介・失業保険法により連邦公社が運営する事業として同様の制度が設けられていた[36]。

　こうした状況の下、政府自体は失業保険制度の導入に慎重であったが、政党人・内務官僚・社会政策論者の中には、失業給付制度を採用すべきであるという主張も根強く存在し、具体的な構想としても提示されていた[37]。とくに当時の野党憲政会は、米騒動以降、社会政策に積極的姿勢をみせ、1921（大正 10）年 8 月、イギリスの制度を参考にした「失業保険眼目」[38]を発表し、1922（大正 11）年 2 月、第 45 回帝国議会に国民党と共同で「失業保険法案」を提出した。法案の概要は、①失業保険の機関は失業保険組合とし、②被保険者は「職工、傭人」と「事務員及技術員」、③保険料は国、雇用主、被保険者それぞれ 3 分の 1 を負担、④保険給付額は失業時の基本給の 2 分の 1 から 3 分の 2 の範囲で勅令により定め、⑤支給期間は失業後 1 年までとする、というものであった。ただし、この法案は、第 45 回帝国議会で否決さ

---

36)　濱口・前掲注 4) 99-100 頁。
37)　加瀬和俊「戦前日本の失業保険構想」社会科学研究 58 巻 1 号（2006 年）125 頁以下。
38)　労働省職業安定局失業保険課編『失業保険十年史』（労働行政研究所、1960 年）99-104 頁。

れた後、第46回帝国議会にもほぼ同様の内容で提出されたが再び否決された[39]。

2　退職積立金及退職手当法

　1929（昭和4）年の世界恐慌による不況は失業問題をさらに深刻化させた。政府は、こうした失業問題に対処するため、1932（昭和7）年に内務省社会局内に失業対策委員会を設け、失業保険制度や解雇退職手当制度の検討を行った[40]。

　1934（昭和9）年、ＩＬＯ第17回総会において、「非任意的失業者に対し給付又は手当を確保する条約（失業給付条約）」（第44号）と「失業保険及び失業者の為の扶助に関する勧告」（第44号）が採択され、国内においても、これに刺激され、失業保険の制度化を望む声が噴出した。しかし、事業主（使用者）の団体である全国産業団体連合会（以下、「全産連」という）は、失業保険制度反対の立場を明確に打ち出し、わが国では企業が自発的に行っている解雇慰労金や解雇手当金の慣行があるので、失業保険制度を設ける必要はないと主張した[41]。

　そこで、政府の失業対策委員会は、失業保険制度については将来の検討課題とし、解雇手当制度（労働者が事業の都合によって解雇された場合に手当金を支給する制度）について検討したが、同制度も、事業の都合による解雇という客観的に不明確な事実を制度の基礎とすることは妥当でないとの理由から排除され、広く労働者が退職する場合のすべてに対して一定の標準によって手当を支給する退職手当制度の法制化の方向を打ち出し、「退職積立金法案要綱」を決定した。この法案要綱に対しては、労働組合はおおむね支持を表明したが、使用者側の全産連は退職手当制度の法制化はわが国独特の美風に反するとして反対を表明した。しかし、全産連も1936（昭和11）年

---

39)　なお、憲政会は、その後与党になった段階では失業保険法案を提出していない。
40)　労働省編・前掲注3）310-311頁。
41)　全産連は、ＩＬＯ条約の批准に反対する声明の中で、「本邦に於いては諸外国と異なり解雇又は退職に際し慰労金若は手当金を支給する制度相当発達し、労資の情誼及道徳的連携を保つに多大の貢献を為しつつあり」「失業保険制度に関する国際条約を採択するの必要なかるべし」としていた（労働省編・前掲注3）311頁）。

第2章　戦前の労働市場立法　49

の2・26事件をきっかけに退職手当の法制化を容認する方針に転換した。

　なぜ全産連が2・26事件を契機に退職手当制度の法制化容認へ舵を切ったのかは、一つの問題である。西成田豊によると、その理由には、2・26事件の背景の一つに「農村の疲弊」があり、「企業経営者にとってこの事件は、"労働者の疲弊"を許している自分たちに、軍部の矛先が向かってくるかもしれないという恐怖の念を抱かしめた」ことがあったという[42]。時代の空気を感じさせるものである。

　以上のような紆余曲折を経たが、退職積立金及退職手当法案は、1936（昭和11）年5月26日、第69回特別議会で可決成立し、同法は翌1937（昭和12）1月1日から施行された。

　同法の概要は、以下のとおりである[43]。①適用事業は、工場法・鉱業法の適用下の事業で常時50人以上を使用するものとし、②退職積立金として、事業主は賃金から2％を控除して労働者名義で積立て、労働者の解雇時にその積立金を支払うこととし、③退職手当として、事業主は労働者の賃金の2％相当額と事業の負担能力に応じた額（2％と合わせて賃金の5％以内）を積立て、労働者の退職手当として備え、④退職手当には普通手当と特別手当を設け、後者は事業の都合により解雇した場合の加算がふくまれることとした。

　かくして、戦前のわが国においては、「失業保険の代替物」[44]として、最終的には、退職金制度の法制化の途が選択された。退職金制度の法制化は、1920年代に大企業や中規模以上の企業を中心に成立した解雇手当を含んだ退職手当制度[45]を統一し、その標準化をはかるとともに、小規模企業にも同制度の普及をはかるものであった。したがって、その意味で、退職金積立及退職手当法は、「労働者が賃金の一部を拠出するという本来の姿とは異な

---

42)　西成田豊『退職金の140年』（青木書店、2009年）225頁。
43)　退職積立金及退職手当法の全文は、労働省編・前掲注3）314-320頁を参照。
44)　「失業保険の代替物」という観点から退職積立金及退職手当法を扱うものとして、佐口卓『日本社会保険制度史』（勁草書房、1977年）211頁以下がある。
45)　この点に関しては、西成田・前掲注42）133頁以下、山崎清『日本の退職金制度』（日本労働協会、1988年）17頁以下を参照。

る点があるものの、退職金制度の立法的確立を示すものであった[46]」。

　退職積立金及退職手当法は、その後、戦時下の労働動員政策によって無意味化され、1944（昭和19）年の厚生年金保険制度の設立により、同年10月に廃止された。同法の存続期間は8年であった。

[46)] 西成田・前掲注42) 246頁。

第3章
戦前の雇用関係立法

一　雇用関係立法の源流

　雇用関係立法とは、個々の労働者と使用者との間の労働契約の締結、展開、終了をめぐる関係を規律する立法領域であり、現代的には、労働保護立法と労働契約法からなるが、その明治期における源流は、以下の二つである。

　第1は、官営工場の労働者に対する労働保護立法の系譜である。その嚆矢は1875（明治8）年の「官役人夫死傷手当規則」（太政官達54号）であり、それは、官庁における業務上の死傷に療養・扶助および埋葬料を支給するものであった。同旨の手当を技術工芸者（機械工・金属工等）に適用したのが1879（明治12）年の「各庁技術工芸の者就業上死傷の節手当規則」（太政官達4号）である。また、官営軍事工場においては、1876（明治9）年の「造船所定雇職工規則」（海軍省達甲2号）、1878（明治11）年の「兵器局定雇職工規則」（海軍省達甲3号）──後に併せて1883（明治16）年の「海軍工夫規則」（海軍省達乙9号）となる──が採用条件、雇用期間、賃金、昇進、解雇、労災扶助、退職金および使用証明書等の定めを有しており、そこに少しばかりではあるが近代的な雇用関係立法の萌芽をみることができる[1]。

　第2は、民営工場の労働者に対する労働保護立法の系譜である。この系譜の嚆矢は1879（明治12）年の「西洋形商船海員雇入雇止規則」（太政官布告

1）　沼田稲次郎「労働法（法体制再編期）」『講座日本近代法発達史〔第5巻〕』（勁草書房、1958年）9-10頁。

9号）である。同規則には、海員の雇入・雇止（解雇）、虐待・給料不払等に関する規定が含まれている。このように、民営事業の中でも海運業において比較的早く労働法的規制を必要としたのは、当時の海運業が官業と同じく政府の保護・監督の下におかれていたからである[2]。ただし、同規則には、保護と同時に、「船中に於て徒党を謀る者」「脱船する者（雇入期間内に逃亡する者を云ふ）」は「其の事情に因り百日以内の懲役に処す」（11 条）とするなどの取締規定も含まれていたことに注意する必要がある[3]。

　民業の中の鉱山業に関する最初の立法は、1873（明治 6）年の「日本抗法」（太政官布告 259 号）である。同法の中には、不完全ながら災害予防に関する規定が含まれていたが[4]、鉱夫保護に関する規定は存在しなかった。それは、当時の鉱山における労働過程が技術的に未熟な段階にあり、多くは納屋制度や飯場制度などの親方制度よって遂行されていたので鉱山主が労働過程そのものを把握していなかったからである[5]。しかし、その後、産業の発展により石炭需要が増大し、筑豊地帯を中心に次第に大規模な採炭が行われるようになる一方、「高島炭坑の惨状」といわれる高島炭坑事件[6]が発生するなどの情況の変化の中で、政府としても鉱業の発展を促進するとともに、それにともなう弊害を除去する必要を認め、1890（明治 23）年に至って日本抗法が廃止され、「鉱業条例」が制定されることになる。

---

[2]　この点に関しては、川口美貴『労働法』（信山社、2015 年）15 頁。
[3]　この点に関しては、沼田・前掲注 1）12 頁。
[4]　労働省編『労働行政史〔第 1 巻〕』（労働法令協会、1961 年）70 頁。
[5]　この点に関しては、石村善助「鉱業法（法体制確立期）」『講座日本近代法発達史〔第 3 巻〕』（勁草書房、1958 年）187 頁を参照。
[6]　高島炭坑問題は、1888（明治 21）年 6 月、国粋主義雑誌『日本人』に掲載された松岡好一の「高島炭坑の惨状」と題する同炭坑の坑夫の悲惨な状況を訴えた一編の論文から始まる。1881（明治 14）年当時、最大の民営炭坑であった高島炭坑は、後藤象二郎から三菱の手に渡ったが、周囲 50 町の小島に集められた坑夫 3000 人の使役についてはとかく風評があり、松岡の論文は、みずから体験した「修羅場」のルポルタージュだけに多大の反響を巻き起こした。高島炭坑事件については、隅谷三喜男『日本賃労働史論』（東京大学出版会、1955 年）261 頁以下を参照。

二　鉱業条例と鉱業法

1　鉱業条例

はじめに

　鉱業条例は、炭鉱業の発展にともなう鉱業への労働者の流入・集積と高島炭鉱事件に象徴される炭鉱労働の惨状に対応することを一つの目的として、1890 (明治 23) 年 9 月 26 日法律 87 号をもって公布され、2 年後の 1892 (明治 25) 年 6 月 1 日より実施された。

　当時の農商務省鉱山局長であった和田維四郎は、従前の日本坑法の欠陥の一つとして「鉱業人と鉱夫との間に傭役契約に関する規定なきか為其の保護の道なきこと」を挙げていた[7]。したがって、政府が発表した「鉱業条例制定の理由」には、「鉱業上国民の権利を確定し、鉱業発達の道を開き、鉱業人を保護奨励する」ことだけでなく、「職工の保護、公益の安全」も制定理由の一つとして掲げられていた[8]。鉱業条例の主要な目的は鉱区所有の資本制的な変革であったが[9]、「鉱夫の傭役保護」もその重要な柱であったのであり、その意味で、鉱業条例はわが国における初めての本格的な労働保護立法であった。以下、労働保護法という観点から鉱業条例の特徴をみておくことにする。

（1）鉱山保安と鉱業警察

　第 1 の特徴は、鉱業条例においてはじめて、鉱山の保安に関する法規制が鉱業警察として体系的に整備されたことである。同条例には、「鉱業警察」に関する第五章が設けられ、「坑内及鉱業に関する建築物の安全」「鉱夫の生

7）　この和田維四郎の日本坑法の欠陥の指摘（同『坑法論』明治 23 年 98-99 頁）は、隅谷三喜男『日本石炭産業分析』（岩波書店、1968 年）280 頁に引用されている。
8）　「鉱業条例制定の理由」については、労働省編・前掲注 4）71 頁を参照。
9）　鉱業条例の主要な目的は、従来の鉱業の国家専権主義を鉱業自由主義に改め、一定の条件をもって平等に私人に対して鉱業の経営を許可することであった。鉱業条例の詳細については、石村善助『鉱業権の研究』（勁草書房、1960 年）147 頁以下を参照。

命及衛生上の保護」「地表の安全及公益の保護」に関する警察事務について、農商務大臣が監督して鉱山監督署長がそれらを行うことが規定された（58条）。1892（明治25）年に公布された「鉱業警察規則」（農商務省令7号）は、鉱夫の安全・衛生上の保護に関して技術的な取締規定も含むものであり、「その限りで労働保護の機能を営むもの[10]」であった。

（2）鉱業人－鉱夫間の雇用関係の規律と鉱夫の保護

第2の特徴は、鉱業条例においてはじめて鉱夫に関する章（「第六章 鉱夫」）がおかれ、〈使用者たる「鉱業人」と労働者たる「鉱夫」との間の雇用関係についての規律〉と〈鉱夫の保護〉が規定された。

① 鉱夫

鉱業条例は、六章の冒頭に「鉱夫」についての定義規定をおき、「鉱夫」とは「鉱物の採掘及之に附属する業務に従事する男女の職工を謂ふ」（64条1項）としていた。炭鉱業における「納屋制度」や金属鉱山業における「飯場制度」といった親方制度を介在させた間接雇用が広汎に残っていた当時の鉱業にあっては[11]、そこで労務を提供する者を広く「鉱夫」に含める定義規定がおかれていた[12]。

② 使役規則・鉱夫名簿・救恤規則の作成義務

同条例は、鉱業人に対して、雇用関係の規律および鉱夫の保護に関わって三つのことを義務づけている。

第1は、鉱業人に対して、今でいう就業規則にあたる「鉱夫の使役規則を定め所轄鉱山監督署の許可を受くる」ことを義務づけている（64条2項、85条）。「その後の就業規則法制の萌芽的規定[13]」を含み、鉱夫の労働条件の明確化をめざしたものであるが、実際の「鉱夫使役規則」をみてみると、

---

[10] 沼田・前掲注1) 23頁。
[11] 当時の鉱業における間接雇用の実態については、森本真世「近代鉱山業における労働市場と労働組織・鉱業」深尾京司・中村尚史・中林真幸編『岩波講座・日本経済の歴史3〔近代1〕』（岩波書店、2017年）78-84頁を参照。
[12] 鉱業条例・鉱業法における「鉱夫」の定義に関しては、古川景一「労働者概念を巡る日本法の沿革と立法課題」季労219号（2007年）153頁以下も参照。
[13] 浜田富士郎『就業規則の研究』（有斐閣、1994年）8頁。

鉱夫の労働条件を現実に統括支配していたのは、鉱業人と鉱夫の中間に介在する「組長」である納屋頭や飯場頭であることがわかる[14]。

第2は、鉱業人に対して、「鉱夫名簿を備え置き氏名、年令、本籍、職業、雇入及解雇の年月日を記入」することを義務づけている（70条、86条）。鉱業条例が公布された1890年代においては、すでに述べたように、依然として大多数の鉱山は納屋頭や飯場頭を介在させた間接雇用に依存しており、鉱業人が直接鉱夫の個人情報を取得することは容易ではなかった。しかし、条例が鉱業人に鉱夫名簿作成義務を課したことは、結果的に、直接雇用への条件を整えることになったといわれている[15]。

第3は、鉱業人に対して、「救恤規則」を作成し「所轄鉱山監督署の許可を受」けることを義務づけ、一定の場合に鉱夫に対する救恤を命じた（72条、85条）。具体的には、①「鉱夫自己の過失に非すして就業中」に負傷した場合の診療費及療養費の補給、②「療養中相当の日給」の支給、③負傷により死亡したときの埋葬料と遺族手当の支給、④廃疾となったときの「期間を定めて」の補助金の支給であった。

③ 雇傭（雇役）契約規制

鉱業条例は、雇傭（雇役）契約の規制として、「鉱業人と鉱夫との間に特別の約定なき場合に於て」は、「双方とも14日以前に通知するときは雇役の解約をなすことを得」と規定し（65条）、あわせて、鉱業人が「何時たりとも鉱夫を解雇」しうる場合（65条）と、鉱夫が「何時たりとも其の雇役を罷むることを得」る場合（67条）とを規定した。雇傭（雇役）契約の解除に予告期間を設け、即時解約を一定の事由に制限している。

また、鉱夫の退職保護として、その請求により鉱業人は使用証明書を付与しなければならないことになっていた。具体的には、「鉱業人又は其の代理人は解雇する鉱夫の請求に依り従来の業務年限、本人の技能、賃銀又は解雇の

---

[14] 隅谷三喜男は、北海道炭礦鉄道の「鉱夫使役規則」の各条項の主語が、「会社」ではなく「組長」であることに注意を促している。隅谷・前掲注7）289-290頁。
[15] 森本真世「労働市場と労働組織―筑豊炭鉱業における直接雇用の成立」中林真幸編『日本経済の長い近代化―統治と市場、そして組織　1600-1970』（名古屋大学出版会、2013年）232頁。

事由を記載した証明書を与ふへし」(68条1項) とし、鉱業人が証明書を与えるのを拒否する場合や、証明書の内容が不当である場合には、鉱夫は、「所轄鉱山監督署若は警察官に申告することを得」(68条2項) と規定していた。

④ 労働条件（賃金）の保護

鉱業条例は、鉱夫の労働条件保護として、現物給付の禁止と通貨払いの原則を定めている。具体的は、「鉱業人は鉱夫の賃銭を通貨にて仕払ふへし」（69条前段）としている。しかし、「鉱夫の請求」があれば現物給付が可能であるという余地を残していた（69条後段）。

2 鉱業法

鉱業条例制定後15年を経た1905（明治38）年3月8日、法律45号をもって鉱業法が公布された。鉱業法の制定は、鉱業条例の実施経験からいくつかの不備が明らかになったためであったが、大筋において同条例と変わるところはなかった。鉱夫に関する規定で修正されたのは以下の諸点であった。

第1は、第一章の「総則」8条に「鉱夫」の定義規定を移し、その内容も「本法において鉱夫と称するは鉱業に従事する労役者を謂ふ」と、表現は若干変化したが、鉱業条例以来の広い「鉱夫」の定義が維持された。

第2は、鉱夫の章（第四章）における規定ぶりにいくつかの修正がみられた。具体的には、①鉱業条例では鉱業人および鉱夫双方の雇傭（雇役）契約解除に関する規定を設けていたが、民法が制定されたので、それらの規定が削除された、契約解除に関しては民法の一般原則にゆだねられ、②鉱業条例では鉱夫の請求があるときは物品（現物）による賃金の支払いを認めていたが、それを禁止し、「毎月1回以上の期日を定め通貨を以て鉱夫に其の賃金を支払うへし」(78条) とした。

第3は、1905（明治38）年6月に公布された鉱業法施行細則中に雇傭労役規則（就業規則）に関する詳細な規定を定めた。すなわち、同細則64条では、「鉱業法第75条の規定に依りて定むへき鉱夫の雇傭及労役に関する規則には左に掲くる事項又は之に相当すへき事項を定め鉱業に着手の日より30日以前に差出して許可を受くへし之を変更したるとき亦同し」とされ、

掲げるべき事項として、①業務の種類、等級、②雇傭及解雇、③各種類及各等級に於ける賃金、④賃金支払期日、⑤各種類の就業時間並其の交替の方法、⑥休業日其の他休業に関する事項、⑦年齢及婦女、幼者の労役に関する制限、⑧賞罰の定めあるときは其の事項が定められた。また、67条では、鉱業権者による雇傭労役規則の鉱夫への告知義務も定められた。このように、鉱業法と同施行細則により、わが国における「就業規則法制はひとつのほぼ完結的な形で、その姿を現わす[16]」のである。

三 工場法

1 工場法の制定過程

(1) 工場法制定史の起点

　わが国における工場法の制定は、官僚の主導により、1880年代から問題となっていたといわれている。とくに、農商務官僚として工場法の制定に奮闘した岡実は、工場法制定の沿革を1881（明治14）年の農商務省設置時点から説きおこし、1911（明治44）年の制定までに30年の歳月を要したと記している[17]。しかし、日清戦争（1894〈明治27〉－95〈明治28〉年）以前の農商務省による職工・徒弟条例制定の試みは、すでに述べたように[18]、工場法の前史というよりは、使用者・労働者双方に労務供給契約の遵守を義務づけようとするものである。その意味で、労働者保護を目標とする工場法が問題となるのは、日清戦争後、1896（明治29）年の第1回農商工高等会議[19]への「職工の取締及保護に関する件」の諮問以後とするのが現在の通説である[20]。

　日清戦争が終わり、労働争議が頻発する一方、労働条件の劣悪さがようや

---

16) 浜田・前掲注13) 8頁。
17) 岡実『改定増補・工場法論』〔大正6年版復刻〕（有斐閣、1985年）冒頭には、「制定セラルル迄ニハ實ニ三十箇年ノ星霜ヲ積ミ」（1頁）と記されている。なお、工場法の歴史については、渡辺章「工場法史が今に問うもの」日本労働研究雑誌562号（2007年）101頁以下も参照。
18) この点は、本書第1章注14)（本書30頁）を参照。

く社会の注目を引くようになった1896(明治29)年秋、政府は、第1回農商工高等会議に上記の諮問を行った。しかし、労働者保護を意識した労働立法の制定に対しては賛否両論があり、第2回農商工高等会議では「握り潰し」[21]になったといわれている。

(2) 明治31年法案と明治35年法案

① 明治31年法案

そこで、政府は、1897(明治30)年、工務局を設けて工場の調査を行い、翌年の1898(明治31)年9月に、完全な法案形式をとった「工場法案」(「明治31年法案」)を作成し、第3回農商工高等会議に諮問した。

この明治31年法案には、「制定の理由」と題する工場法制定理由書[22]が添付されており、そこでは、①わが国工業の家内工業から工場制工業への移行の中で、工場設備が不完全なため人命を危うくし公衆に重大な傷害を与える事態があること、②かかる工場の雇傭主と職工との関係においては、「情誼の関係」が衰退している一方、いまだ「法律上の関係」は確立していないこと、③その結果、雇傭主は職工が「転々移動するに苦み」、職工は雇傭主の「抑圧」に苦しんでいること、④したがって、「法規を設けて二者の関係を律する」ことが必要であることなどが述べられていた。つまり、明治31年工場法制定の理由は、工場設備の不完全による弊害、職工の不当使役による弊害、職工の誘拐・引抜による弊害など、家内工業から工場制への移行に

---

19) 「農商工高等会議」は、佐野常民を議長とし、大倉喜八郎、藤田伝三郎、原善三郎、益田孝、中上川彦次郎、渋沢栄一等の実業界の実力者と、安藤太郎、金子堅太郎、添田寿一等の政府関係者から構成され、政府の重要経済政策に対する諮問機関として設置されたものである(労働運動史料委員会編『日本労働運動史料〔第3巻〕』(東京大学出版会、1968年) 179頁。

20) こうした工場法史の位置づけ、とくに工場法制定史の起点をどこに求めるのかについては、隅谷三喜男「工場法体制と労使関係」隅谷三喜男編『日本労使関係史論』(東京大学出版会、1977年) 1頁、東条由紀彦「工場法の法理」高村直助編『日露戦後の日本経済』(塙書房、1988年) 211頁を参照。

21) 金井延は、第1回社会政策学会(1907〈明治40〉年12月22-23日)における講演の中で、明治29年諮問案は「種々の事情の為に所謂握り潰しの運命に出遭ったかも知れぬ」と述べていた。社会政策学会編『工場法と労働問題』〔復刻版〕(御茶ノ水書房、1977年) 19頁。

22) 労働省編・前掲注4) 33-34頁。

よって発生している各種の弊害の除去を、従来の「情誼の関係」ではなく「法律上の関係」をもって実現しようとするところにあった[23]。

明治 31 年法案[24]の概要は以下のようなものであった。

第 1 に、法律の適用範囲を、原則として「50 名以上の職工徒弟を使役する工場」（1 条）とし、例外的に危険有害事業等「特別の事由あるもの」（2 条）としていた。

第 2 に、職工の保護としては、①10 歳未満の幼者の使役の禁止（9 条）、②14 歳未満の職工の 10 時間以上の使役の禁止（10 条）、③1 か月に 2 日の休暇および 1 日 1 時間の休憩の付与（11 条）、④職工の業務上災害に対する工場主の扶助（13 条）などが定められていたが、女性の職工にたいする特別の保護規定は含まれていなかった。

第 3 に、「かなり周到な就業規則規制[25]」が含まれていた。法案では、「職工規則」と呼ばれ、①行政罰を背後においた職工規則の作成・届出義務（16 条、31 条）、②広範囲な労働条件に関する必要記載事項の定め（17 条 1 項）、③職工規則の拘束力の一般的承認（17 条 2 項では、「職工規則は工業主及職工を羈束す」との規定が存在した。）、④職工規則に関する紛議について工場監督吏の裁定をうけうること（30 条）などが定められていた。

第 4 に、職工・徒弟の誘拐・引抜の弊害を抑止するために、雇傭契約期間中であることを知りながら、他の工業主の職工・徒弟を無断で使役する工業主または媒介者について過料の制裁を課す規定（33 条）を定めていた。

明治 31 年法案をめぐって注目すべきなのは、労働組合がこの法案に反応したことである。すなわち、その前年（明治 30 年）に発足した労働組合期成会[26]は、法案に対して原則的に賛意を表しつつ、法の適用範囲や保護規定などがきわめて不十分であるとして修正運動を展開した[27]。

農商工高等会議は、審議のうえ、上記明治 31 年法案に大修正を加え、25 箇条の法案とした[28]。主な修正点は、①適用範囲を原動力使用工場および

---

23) 岡・前掲注 17) 206 頁以下。
24) 明治 31 年法案の全文（40 条）については、労働省編・前掲注 4) 34-38 頁を参照。
25) 浜田・前掲注 13) 5 頁。なお、野原香織「日本工場法における就業規則法制の成立」法学研究論集 44 号（2016 年）203 頁以下も参照。

危険有害工場に限定し（5条）、②職工の保護としては、法案に規定されていた14歳未満の職工の10時間以上の使役の禁止を女性も含めた12時間以上の就業禁止に修正し（9条）、③職工規則については、同規則が当事者を拘束することは当事者自身が明らかにすべきであるとして、覊束条項を職工規則の必要記載事項とした（13条）などであった。この修正案においてはじめて、女性の保護規定が含まれることになった。

政府は、翌1899（明治32）年、農商工高等会議の修正案を各地方長官に諮問したところ、大部分が制定に賛成したので、それを法案として議会に提出しようとしたが、その矢先に内閣が交替し、結局この法案は陽の目を見ることはなかった。ただし、農商工高等会議が上記の修正案に「工場及労働に関する事実の調査は最も重要事項に属する」旨を付記したところ、政府は、1900（明治33）年から、臨時工場調査係を設け、専門家を動員して、工場調査を行った。この調査結果は、のちに『職工事情』全5巻に結実する[29]。

② 明治35年法案

農商務省は、上記の調査にもとづいて、「工場法案の要領」[30]を起草し、1902（明治35）年11月各地方長官および商業会議所に諮問した（「明治35年法案」）。「要領」のポイントは、次の点にあった。

第1に、法律の適用範囲を「常時30人以上の職工徒弟を備使する」工場とし、官立工場もこれに含ませた（第一「法令適用の範囲」）。

第2に、職工の保護に関しては、①11歳未満の幼者の使役の禁止（第四

---

26) 労働組合期成会は、1897（明治30）年に設立された労働組合結成の促進を目的とした団体である。日清戦争後の生活の困窮から自然発生的にストライキが頻発するといった社会状況を背景に、当時アメリカから帰国した高野房太郎、片山潜などが中心となり、各地で演説会を開いて職業別組合の結成を促し、鉄工組合、日本鉄道矯正会などが結成された。機関紙『労働世界』を発行し、1899（明治32）年には会員が5700人に達したが、1900（明治33）年に治安警察法が施行されると衰退し、1901（明治34）年に解散した。
27) この点については、片山潜・西山光次郎『日本の労働運動』（労働新聞社、1901年）29-42頁。なお、労働組合期成会の「工場法案に対する意見書」の全文は、労働運動史料委員会編・前掲注19) 194-198頁を参照。
28) 農商工会議の修正案の全文は、労働省編・前掲注4) 38-40頁を参照。
29) 『職工事情』も含めた明治期の職工調査については、隅谷三喜男「職工事情の調査」『隅谷三喜男著作集〔第1巻〕』（岩波書店、2003年）375頁以下を参照。
30) 農商務省の「工場法案の要領」の全文は、労働運動史料委員会編・前掲注19) 198-201頁。

「職工徒弟の年齢の制限」)、②16歳未満の年少者および女性について、交替制の場合の例外を設けたものの、「午後10時より午前4時に至る間」の使用の禁止（第五「徹夜業の制限」）、③16歳未満の年少者および女性の12時間以上の就業禁止（第六「就業時間の制限」）、④職工徒弟の業務上災害に対する工場主の扶助（第十「業務上の死傷の扶助」）を規定した。

第3に、職工規則に関する規定はことごとく削除され、「職工徒弟の雇入紹介の取締」に関する事項については「命令を以て定ること」となった（第十二「職工徒弟の雇入紹介の取締」）。

この明治35年法案についても賛否両論あったが、原則的に賛成のものが多数を占めたので、政府は、諮問案に修正を加え、議会に提出しようとしたが、日露が交戦状態となったため、法案の検討は再度中断された。

（3）明治42年法案と明治43年法案

日露戦争が終わると、農商務省は、再び法案作成にとりかかり、「工場法案の説明」を編纂し、各方面から意見を聴取した。この段階では、工場法制定そのものに反対する意見はきわめて少数になっており、また、意見の中で最も重要なものは、中央衛生会の「法律施行後5年を期して、16歳未満の者及女子の夜間就業を禁止」すべしとするものであった。工場調査を通じて、当時の工場労働における最大の弊害が女性職工の深夜業にあることを熟知していた農商務省は、こうした意見に力を得て、1909（明治42）年12月召集の第26回帝国議会に提出した工場法案（「明治42年法案」）[31]に、その実施を中央衛生会のいう5年後ではなく10年後に改めた深夜業禁止規定（3条）を挿入した。ところが、議会提出法案が発表されると深夜業禁止に対して産業界から批判が巻き起こり、とくに紡績業者の反対は激烈を極めた。そこで、この状況をみた農商務省は、深夜業禁止のために工場法案自体が葬り去られることを回避するため、一時これを撤回することにした[32]。

農商務省は、その後検討を重ねたが、最大の争点であった深夜業禁止につ

---

31) 明治42年法案の全文は、労働運動史料委員会編・前掲注19) 206-208頁を参照。
32) この間の事情は、岡・前掲注17) 37-38頁。

いては、これを撤回することは建前上許されないと考え、施行を15年後とする妥協案（「明治43年法案」）を作成し、前回より詳細な「工場法案の説明」を添付して関係方面に配布・諮問し[33]、その答申を待って、これをさらに生産調査会に付議した[34]。生産調査会は、渋沢栄一[35]を委員長とする特別委員会にこれを付託し、同委員会は審議の末、修正案を作成した。農商務省もこの修正案に同意し、1911（明治44）年2月にこれを第27回帝国議会に提出した。議会では適用範囲を15人以上にする修正を加え、同年3月20日に通過した。貴族院もこの修正に賛成したので、ここにようやく工場法は成立をみたのである[36]。

2 工場法の内容

工場法[37]は、1911（明治44）年3月29日に公布された。しかし、種々

---

33) 明治43年法案に関する「工場法案の説明」は、労働運動史料委員会編・前掲注19）209-219頁を参照。
34) 工場法案と生産調査会については、坂本悠一「工場法制定と『生産調査会』」大樟論叢9号（1976年）17頁以下参照。
35) 渋沢栄一は、日露戦争以前は一貫して工場法反対の急先鋒であったが、同戦争の終結後は賛成論に転じた。渋沢は、第1回社会政策学会（1907（明治40）年12月22-23日））に来賓として招かれ、その講演において、「今日に於て工場法が尚ほ早いか、或は最早宜しいかと云ふ問題におきまして、私はもう今日は尚ほ早いとは申さぬで宜かろうと思ふのであります」（社会政策学会・前掲注21）50-51頁）と述べ、工場法制定への協力を表明していた。
36) 「ようやく」ではあったが、なぜ日露戦争後の明治40年代になって工場法は成立したのか。その最大の理由は、日露戦争を契機に、大資本の中では、共済制度や住宅等の福利施設をはじめとして、労働条件が少しずつ改善され、工場法の諸規定の多くは、もはや大工場の実情に抵触するものではなくなっていたことである。ただし、それゆえに、工場法の規定が大工場＝紡績工場の利益に衝突した深夜業禁止に関しては、資本は断固としてそれに反対し、そのため明治42年法案は撤回を余儀なくされ、15年間の猶予期間を置くことにより工場法は議会を通過したのである。つまり、わが国の工場法の成立を説明するためには、次の二つの事情が考慮されなければならない。すなわち、一つは、支配的資本の間に、工場法で規定されている程度の労働条件が実現されていることであり、もう一つは、競争的企業の間に、この労働条件が一般化されていることである。以上については、隅谷三喜男「社会政策論の再構成―論争の遺産と課題」『隅谷三喜男著作集〔第2巻〕』（岩波書店、2003年）248-249頁、同「労働保護立法の理論―大河内理論再構成の一つの試み」大河内一男先生還暦記念〔第1巻〕『社会政策の基本問題』（有斐閣、1966年）215頁以下を参照。
37) 工場法の全文は、労働省編・前掲注4）51-54頁を参照。

の抵抗があり、工場法が実際に施行されるのは、1916（大正5）年8月3日に工場法施行令[38]が公布され、工場法施行規則[39]およびこれにともなう訓令も公布された後の同年9月1日であった。以下、工場法施行令・同施行規則も含めて工場法の内容をみてゆくことにする。

（1）適用範囲

工場法が適用される「工場」の範囲は、①「常時15人以上の職工を使用するもの」および②「事業の性質危険なるもの又は衛生上有害の虞あるもの」（危険有害事業）であるが、勅令で適用除外が可能となっている（法1条、施行令1条）。

（2）職工と保護職工

① 「職工」

工場法に「職工」の定義はないが、「職工とは主として工場内に在りて工場の目的とする作業の本体たる業務に付労務に従事するもの及直接に其のご業務を助成する為労役に従事するもの[40]」とされ、「雇傭関係の存在は必要の条件に在らす[41]」と考えられていた。

② 「保護職工」

「保護職工」とは、「職工」一般の保護とは別に就業時間等につき特別の保護が与えられる者である。具体的には、「女工は其の年齢の如何を問はす総て之を保護職工とし、男工は12歳未満の者に対し工場労働を禁止し、12歳以上15歳未満の者を保護職工とせり[42]」とする記述あるがように、「保護職工」とは、女性（年齢を問わない）と15歳未満の者である。

---

38) 工場法施行令の全文は、労働省編・前掲注4）54-60頁を参照。
39) 工場法施行規則は、労働省編・前掲注4）60-63頁を参照。
40) 岡・前掲注17）293頁。行政の解釈例規も同様で「職工とは主として工場内に在りて工場の目的とする作業の本体たる業務に付労役に従事する者及直接に其の業務を助成する為労役に従事するものを謂ふ」（大正5年10月16日商局1182号）とされていた。
41) 岡・前掲注17）295頁。工場法における「職工」の意義については、鎌田耕一「労働者概念の生成」日本労働研究雑誌624号（2012年）5頁、古川・前掲注12）153頁を参照。
42) 岡・前掲注17）385頁。

(3) 幼年者の就業禁止

12歳未満の幼年者の就業を原則禁止したが（法2条1項）、軽易業務について行政官庁が許可した場合には10歳以上の幼年者の就業が認められた（同条2項）。

(4) 保護職工に対する就業時間規制と就業制限
① 就業時間の上限規制

保護職工の1日の就業時間の上限を12時間に制限した（法3条1項）。しかし、2項では、「主務大臣は業務の種類に依り本法施行後15年間を限り前項の就業時間を2時間以内延長することを得」と規定し、生糸製造と輸出絹織物は法施行時から5年間14時間、その後10年間13時間までの延長を、また織物と編物の業務は法施行後2年間14時間までの延長を認めた（施行規則3条）。

② 深夜業の禁止

保護職工の深夜業（午後10時－午前4時）を禁止した（法4条）。しかし、生鮮食料品（魚介、果実）等の製造業務と新聞印刷の業務を禁止対象から除外する例外を設け（法5条1項但書・2項、施行規則4条）、最長10日ごとの昼夜2交替制をとる工場には法施行後15年間の猶予を認めた（法6条）。

③ 休日・休憩

保護職工に対し、①毎月原則2日（2交替制深夜業をさせる者には4日）の休日と、②就業時間が6時間を超えるときは最低30分、10時間を超えるときは1時間の休憩を就業時間中に与えることを工場主に義務づけた（法7条）。

④ 危険有害業務への就業禁止と産後5週間の就業禁止

保護職工の危険有害業務（その範囲は施行規則5条－7条）への就業を禁止し（法9条－11条）、産後5週間（医師が支障なしと認めた場合は3週間）以内の女性の就業を禁止した（法12条、施行規則9条）。

(5) 職工一般に対する保護的規制
① 業務上災害に対する扶助

職工一般に対して、業務上の傷病死亡について、本人またはその遺族に対

する扶助制度を設け、工業主に扶助規則の作成を義務づけている（法15条、施行令第二章「職工又は其の遺族の扶助」）。

② 契約保護

職工一般の契約保護に関しては、「職工の雇入、解雇、周旋の取締及徒弟に関する事項は勅令を以て之を定む」（法17条）とする規定を置き、施行令第三章に「職工の雇入、解雇及周旋」に関するいくつかの規定をおいた。そこでは、（1）職工名簿の作成・備え付義務（令22条）、（2）賃金に関する通貨払い・毎月最低1回払いの原則（令23条）、（3）違約金の定めもしくは損害賠償額を予定する契約の禁止（令24条）、（4）貯蓄金管理の場合の認可（令25条）、（5）未成年者や女性あるいは負傷・疾病の職工が解雇された場合の帰郷旅費の負担（令27条）などが定められている。以上の契約保護規定には戦後の労働基準法につながるものもあるが、明治31年法案に存在した職工規則（就業規則）に関する事項は法律本体にも勅令にも規定されなかった。

3　改正工場法

（1）工場法改正の背景と経緯

① 改正の背景

内務省社会局官僚として工場法の改正に携わった北岡寿逸によると、工場法改正の機運は、就業年齢や就業時間の規定を中心に、「法施行の当初に存して居た[43]」とのことであるが、1923（大正12）年の工場法改正の具体的背景としては次の二つのことがあげられる。

第1は、1919（大正8）年のベルサイユ条約によって創設され、わが国も原加盟国となった国際労働機関（ＩＬＯ）の第1回総会（同年10月）において採択された国際条約によって後押しされたことである[44]。すなわち、工場法の保護基準は、すでに述べたように、きわめて低位で、しかも主要な原則も例外規定をもって無力化されていたので、同法の内容は、ＩＬＯ第1

---

43)　北岡寿逸「工場法の改正に就て（一）」国家学会雑誌40巻10号（1926年）21頁。
44)　この点については、中山和久『教材国際労働法』（三省堂、1998年）21頁以下参照。

回総会おいて採択された第1号条約(「工業的企業における労働時間を1日8時間1週48時間に制限する条約」)、第4号条約(「工業において使用される女子の夜業に関する条約」)、第5号条約(「工業において使用される児童の最低年齢を制限する条約」)、第6号条約(「工業において使用される年少者の夜業に関する条約」)などの水準に遠く及ばなかった。そのため、わが国は国際的な非難を浴びており、政府はこうした事態に対応する必要があった。

第2は、内務省社会局が創設されたことである。工場法の制定を含め明治以来の労働行政を所掌していたのは農商務省であったが、同省は、ILOの第1回総会で採択された国際労働条約の国内法化に一貫して消極的であった[45]。そのため、政府は、上記のような国際的非難および国内からの批判も受けており、かかる状況を打開する必要があった。そこで、政府は、「社会局管制」(大正11勅令460)を制定し、内務省の外局[46]として社会局を設置し、内務省の内局であった旧社会局と警保局、農商務省や外務省等に分散していた労働行政事務の多くをそこに集約する措置をとった。この社会局は、以上の設置の背景から、国内外から批判を受けている工場法の改正にまず着手する必要があった。

② 改正の経緯

上述のように、1922(大正11)年11月、社会局はその設置後ただちに工場法の改正に着手し、工場法改正案要旨[47](以下、「改正案要旨」という)を作成して、それを各府県知事、全国の商業会議所その他の工業団体に諮問した。改正案要旨の内容は、①法の適用範囲を職工15人以上から10人以上に拡げること、②保護職工たる少年職工の範囲を15歳未満から16歳未満に引き上げること、③保護職工の最長就業時間を12時間から11時間へと1時間短縮すること、④深夜業の時間帯を「午後10時から午前4時迄」を「午

---

45) このような点も含め社会局創設の背景については、北岡寿逸「旧社会局の思い出」『労働行政史余禄』(労働法令協会、1961年)1-4を頁参照。
46) 「外局」とは、業務の専門性・特殊性が高いため、府省に対する独立性が高く、規則制定や通達発令の権限をもつ組織のこと。内務省社会局については、川口・前掲注2)19頁も参照。
47) 工場法改正案要旨の全文は、労働省編・前掲注4)212頁を参照。

後10時から午前5時迄」とすること、⑤特定保護職工（2交替制の下で働く保護職工）の夜業禁止の例外を改正法施行後3年で廃止することなどであった。

　改正案要旨は、社会局私案としてひろく議論の対象となったが、それをもとにした工場法改正法案は、幼年者の就業禁止を内容とする「工場労働者最低年齢法案」とともに、ほぼ無修正で衆議院・貴族院を通過し、1923（大正12）年3月29日法律33号をもって公布された。ところが、同年9月の関東大震災により、わが国経済が一大打撃を受けたこと等の原因により本改正法の施行も延引され、1926（大正15）年7月に至って、改正された施行令・施行規則[48]とともに施行の運びとなった。

（2）改正工場法の内容

　改正工場法の主要な内容は以下のとおりである。

①　適用範囲

　工場法の適用範囲を旧法の職工15人以上から10人以上に拡げ（法1条）、また使用職工の人数にかかわらず法を適用する危険有害業務の範囲を拡大した（施行令3条）。その結果、新たに約6000の工場が法の適用を受けるようになったが、それでも当時の全工場数（約8万8000）の34％程度であった[49]。

②　幼年者の就業禁止と保護職工の年少者年齢の引上げ

　旧工場法における幼年者の就業禁止規定（法2条）を削除し、新たに「工業労働者最低年齢法」（大正12年法律34号）を制定し、旧法の12歳を原則14歳に引き上げた。また、そのうえで、保護職工の年少者の年齢を15歳未満から16歳未満に引き上げた（法3条、4条、7条、9条-11条、附則3項）

③　保護職工に対する就業時間規制と就業制限

（ア）就業時間の上限規制

　保護職工の就業時間の上限を1日11時間として、旧法より1時間短縮し

---

48) 工場法施行令等の改正については、労働省編・前掲注4）214-224頁。
49) 北岡・前掲注43）82頁。

た（法3条）。しかし、機器生糸製造、紡績および輸出絹織物の業務については、5年間12時間まで1時間の延長を認めた（施行規則3条）。

（イ）深夜業の禁止

保護職工の使用を禁止する深夜の時間を午後10時から午前5時（旧法は4時）までと1時間延長した（法4条）。また、2交替以上の交替制をとる場合の深夜業の禁止の猶予期間に関する旧法の規定（旧法施行後15年間）を削除し、猶予期間を改正法施行後3年間とし（附則）、特定業務に関する深夜業禁止の例外は廃止した（法5条）。

（ウ）休憩

休憩時間は一斉に付与するものとし（一斉付与の原則）、夏季において1時間を超える休憩時間を設ける場合には1時間に限り、その超える時間の範囲内で就業時間の延長をなしうることとした（法7条）。

（エ）産前・産後休業と育児時間

産後休業を4週間から5週間に延長し、産前4週間の休業を加え、1歳未満の生児のための育児時間につき、30分2回を認めた（法12条、施行規則9条、9条の2）。

④　職工一般に対する契約保護

職工一般の契約保護に関して旧工場法は、「職工の雇入、解雇、周旋の取締及徒弟に関する事項は勅令を以て之を定む」（旧法17条）とする規定を置き、施行令第三章に「職工の雇入、解雇及周旋」に関するいくつかの規定をおいていた。

改正工場法は、法の規定自体は旧法のままであったが、施行令・施行規則を改正し、職工一般に対する契約保護を手厚くした。

（ア）職工解雇の制限

工場主に対し、職工を解雇する場合には、少なくとも14日前に予告するかまたは14日分の解雇予告手当の支払いを義務づけた（施行令27条の2）。

（イ）解雇証明書の付与

職工解雇の場合に、職工から請求があったときは、工場主は、雇用期間、業務の種類および賃金を記載した証明書を与えることを要するものとした（施行令27条の3）。

(ウ) 就業規則

　明治31年工場法案に存在し、その後消えていた職工規則に関する規定が、「就業規則」と名称が変更され、改正工場法施行令において蘇った。そこでは、①常時50人以上を使用する工場主の就業規則作成、および地方長官への届出義務（施行令27条の4第1項）、②就業規則の必要記載事項（就業時間、賃金、制裁、解雇などに関する事項）（施行令27条の4第2項）、③地方長官による就業規則変更命令権（施行令27条の4第3項）、④工場主の就業規則周知義務（施行規則12条、同12条の2）が規定された。ここに、わが国においてはじめて一般労働者に対する就業規則法制の原型が形成された[50]。

---

50) このように、わが国において一般労働者に対する就業規則法制が登場したのは、工場法改正にともなう1926(大正15)年の改正工場法施行令・同施行規則においてであった。この施行令・施行規則の改正作業を分析した野崎香織は、「（改正作業の過程で）就業規則作成段階での労働者の意見聴取機会が削除され、就業規則制定における最低限度の『労働者の参加』も認められなかったことは、現在でも使用者の一方的な制定権を前提としている、現行の就業規則法制の一つの歴史的背景とみることもできる」としている（野崎・前掲注25）221頁）。

第4章
戦前の労使関係立法

はじめに——戦前における労使関係立法史の起点と問題

　労使関係立法とは、団体的労使関係を規律するさまざまな法律群の総称である。この場合の団体的労使関係とは、①労働者の利益を代表する団体（「労働者団体」）と使用者またはその団体との関係および②労働者団体と労働者との関係のことである。

　戦前のわが国において、以上のような意味での労使関係立法の範疇に属するものとして制定にまでこぎつけたのは労働争議調停法のみであった。後にみるように、労使関係立法の中心となるべき労働組合法の制定は、かなり熱心な試みがなされたにもかかわらず、実現しなかった。また、労使協調の委員会の設立を構想した労働委員会法案も陽の目をみることはなかった。したがって、戦前における労使関係立法史としては、制定された労働争議調停法だけでなく、ついに陽の目をみることなかった立法案（労働組合法案や労働委員会法案）も扱うことなる。

　ところで、戦前の労使関係立法史の起点をどこに求めるかであるが、本稿が注目したのは、労働組合の法的取扱が政策課題として意識されはじめた1918（大正7）年6月に内務大臣の諮問機関として設置された「救済事業調査会」の答申である。同調査会は、内務省・司法省・文部省・農商務省の関係官僚および学識経験者を構成員とし[1]、社会事業、救済事業、労働政策に

1）　救済事業調査会の構成メンバーの詳細は、労働省編『労働行政史〔第1巻〕』（労働法令協会、1961年）131頁にある。労働政策にかかわる学識経験者としては、桑田熊蔵、高野岩三郎、矢作栄蔵、神戸正雄など7名の社会政策学会の会員が含まれていた。

ついて答申をすることが求められた委員会であった。同調査会は、諮問事項の一つである「資本と労働との調和を図る方法如何」に関し、翌1919（大正8）年3月、①「労働組合は之を自然の発達に委すること」、②「治安警察法第十七条第一項第二号は之を削除すべきこと」ことなどを答申した[2]。同調査会は、治安警察法17条の改正によって労働組合運動への規制を解除し、労働組合そのものについては放任する——法的規制はしない——という方向性を打ち出した。ところが、時の政府は、これに対して、治安警察法17条の改正に反対の態度を示すとともに[3]、翌1920（大正9）年2月に設置した「臨時産業調査会」[4] に労働組合法案の起草を求めるという上記調査会の答申とは異なった方向性を打ち出すのである。

　このような経過をみてくると、戦前における労使関係立法史の起点に関する問題とは、〈時の政府はなぜ治安警察法17条の改正に反対しつつ労働組合法の制定に向ったのか〉である。以下、この問題を出発点として、戦前の労使関係立法史を労働組合法と労働争議調停法を中心に検討するが、そこでも常に治安警察法17条の帰趨が問題となっているので、まずは、歴史をさかのぼって治安警察法17条からみておくことにする。

一　治安警察法17条

1　背景——日清戦争後の労働組合運動勃興と治安警察法

　日清戦争（1894-95年）を機にわが国の資本主義は飛躍的な発展をとげ、そのことは同時に、労働組合運動勃興の条件も準備した。とくに、戦後の好

---

[2]　治安警察法17条の問題に関しては、調査会内で、その廃止を答申に盛り込むかどうかで高野岩三郎と関係官僚との間で激論がたたかわされ、結局同条1項2号削除の意見は8対6の多数で可決されたとのことである。この点に関しては、矢野達雄『近代日本の労働法と国家』（成文堂、1993年）92頁を参照。

[3]　政府は治安警察法17条の削除には反対したが、政府部内においては、後に本論で詳しく述べるように、その適用を緩和しようとする内務省と適用緩和も許さない司法省が対立していた。

[4]　「臨時産業調査会」に関しては、本章「二」（81頁以下）で詳しく述べることにする。

況と生産の増強にともない、物価が高騰し、それが労働者の生活を圧迫した。1896（明治29）年以降、賃上げを要求する労働争議が頻発するようになり、労働者が団結する機運が高まるようになる。

　こうした状況のなか、アメリカで「日本に於ける労働問題の解決に備え」るため「欧米諸国における労働問題の実相を研究」して帰朝した片山潜や高野房太郎らは、1897（明治30）年7月、労働組合期成会を結成した[5]。片山らが範としたのはアメリカのＡＦＬ（アメリカ労働総同盟）であり、同会がめざしたのは、労働者の経済的地位の向上を主目的とする改良主義的労働組合運動であった。労働組合期成会は、それ自体は労働組合ではなく、労働組合の結成を支援する団体であった。同会は、各地で演説会を開き、出版啓蒙活動を通じて労働組合の結成をすすめた。その結果、1897（明治30）年12月に「鉄工組合」がわが国最初の労働組合として結成され、続いて、家具指物職、洋服職工、木挽、石工・左官などの労働組合が結成された。また、1898（明治31）年には、「日本鉄道矯正会」や「活版工組合」という有力組合が結成され、この時期は、まさに労働組合運動の開花期となった。

　こうした生成期の労働組合の活動に対して、府県令による同盟罷業の直接禁止措置がとられる一方、警察官に工場を臨検させて労働者の行動を監視することも試みられたが[6]、政府は、1900（明治33）年の第14回帝国議会に労働組合運動の禁圧を目的とする治安警察法案を提出した。

2　治安警察法17条の内容

　治安警察法案は、政治結社と政治活動の規制を内容とした集会及政社法の改正案というかたちをとるものであったため、衆目の関心を集めるものではなかったが、その17条（法案では18条）に、労働組合運動を直接規制する条文を挿入した。ただし、同法案自体は、法案18条（法17条）を含め、ほとんど議論らしい議論もなく議会を通過し、1900（明治33）年3月10日に法律36号として公布された[7]。

5）　片山潜『日本の労働運動』［岩波文庫版］（岩波書店、1952年）18頁。
6）　同盟罷業を直接禁止する条項をもった府県令の例については、労働省編・前掲注1）101-102頁を参照。

労働組合運動を規制の対象とした治安警察法17条（以下、「治警法17条」と略すこともある）は、次のようなものであった。すなわち、同条1項は、①「労務の条件又は報酬に関し協同の行為を為すへき団結に加入せしめ又は其の加入を妨くること」（1号）、②「同盟解雇若は同盟罷業を遂行するか為使用者をして労務者を解雇せしめ若は労務に従事するの申込を拒絶せしめ又は労務者をして労務の停廃せしめ若は労務者として雇傭するの申込を拒絶せしむること」（2号）、③「労務の条件又は報酬に関し相手方の承諾を強ゆること」（3号）の①から③のいずれかの目的をもって「他人に対して暴行、脅迫し若は公然誹毀」すること、②の目的をもって「他人を誘惑若は煽動」することを禁止し、同法30条は、以上の禁止に違反した者を1月以上6月以下の重禁固に処すと定めていた。

　要するに、治警法17条1項は、労働組合運動との関係では、①の団結活動への勧誘（1号）、②の同盟罷業（2号）、③の団体交渉（3号）に際しての暴行・脅迫・公然誹毀の禁止（以下、「暴行・脅迫等禁止規定」という）と、②の同盟罷業（2号）に際しての勧誘・煽動の禁止（以下、「勧誘・煽動禁止規定」という）から成っており、双方の禁止は刑罰によって担保されていた（法30条）。

　治警法17条が労働者の団結行為や同盟罷業（ストライキ）を全面的に禁止する趣旨でなかったことは、制定当時の議会議事録からも窺い知ることができる。内務省で立法作業に携わり議会においても趣旨説明に立った有松英義は、「労働者互に団結し、……同盟罷業するは元其の権利なり」と述べていた[8]。しかし、後に末弘厳太郎が鋭く指摘するように、「何人かの主唱なく又勧誘なくして同盟罷業の成立するが如きは到底不可能」であるので、「勧誘煽動を罰するが如きは畢竟同盟罷業そのものを罰せしむとするもの」であり、「口に罷業そのものの適法を唱えつつ誘惑煽動は之を罰すと言ふが

7）　治安警察法の立法経緯については、伊藤孝夫「治安警察法第十七条問題（一）」法学論叢129巻4号（1991年）3頁以下に詳しい。なお同法全文は、労働省編・前掲注1）108-111頁を参照。

8）　東京大学法学部近代立法過程研究会「有松英義関係文書（7）」国家学会雑誌87巻3・4号（1974年）136頁。

如きは甚だしき自己撞着の論⁹⁾」であった。したがって、治警法17条問題の中心は、組合結成や団結活動に際しての暴行・脅迫・公然誹毀の禁止にあるというよりは、同盟罷業に際しての誘惑・煽動の禁止に存在した。冒頭に述べたように、「救済事業調査会」の答申が治警法17条1項の中でも同盟罷業に関わる2号の削除を求めたのはこのためであったと考えられる。

3　治安警察法17条の適用実態

　治安警察法の制定後、同17条は、ただちに、生まれ出たばかりの労働組合運動の抑圧に用いられ、その結果、労働組合期成会およびその指導のもとで生まれた鉄工組合や活版工組合は、いずれも1900（明治33）年頃より衰退しはじめ、日本鉄道矯正会も、1901（明治34）年末の偶発的事故をきっかけに政府の解散命令を受けて解散した¹⁰⁾。こうして、初期の改良主義的労働組合運動は芽のうちに摘み取られ、再び労働組合運動が息を吹き返すのは日露戦争（1904–05年）後を待たなければならなかった。

　ところで、治警法17条の適用実態を知ることができるのは、官庁統計¹¹⁾（内務省警保局の統計）が存在するようになる1914（大正3）年以降である。その分析を行った上井喜彦によると¹²⁾、治警法17条1項2号にかかわる「誘惑・煽動禁止規定」の適用は、1914（大正3）年以降、同盟罷業の件数や参加人数に比例して厳格に適用されたのではなく、1919（大正8）年あたりからその適用が制限をされるようになるということである。すなわち、1919年2月の第41回帝国議会予算委員会の席上、床次内相は、「労働組合は……今日は自然の発達に委せると云ふ考を持つて居ります」と述べて労働

---

9)　末弘厳太郎『労働法研究』（改造社、1926年）78頁。
10)　こうした経過については、労働省編・前掲注1）112-116頁。
11)　内務省警保局『自大正三年至大正十年労働争議に伴う犯罪』（『米国国立図書館所蔵米軍没収資料マイクロフィルム』（早稲田大学文学部所蔵）所収）。なお、同様の資料は、秋田成就「戦前における我国労働争議調停制度の機能と展開（一）」社会労働研究11号（1959年）86頁以下に全文掲載されている。また、川口美貴『労働法』（信山社、2015年）15頁にも引用されている。
12)　上井喜彦「第一次大戦直後の労働政策─治警法17条の解釈・適用問題を中心として」労働運動史研究会編『黎明期日本労働運動の再検討』労働運動史研究62号（労働旬報社、1979年）150頁以下。

組合放任主義の立場を表明しつつも、横断的な労働組合には否定的な考えを示したが、「縦断組合」なら「ストライキ」も「自から少なくなる」として、「縦断組合」の設立を奨励した[13]。そして、こうした内務省の考え方は、一方では、横断的な労働組合を否定する観点から治警法17条の「誘惑・煽動禁止規定」の廃止に反対するが、他方では、縦断組合を奨励する観点から同規定の解釈を変更し、その適用を制限するというものであった。事実、床次内相は、「工場内で、従業員と資本家と互に意思の疎通を図り……そう云ふ風の組合を……作らんとするに就ては、此治安警察法があつては、甚だ阻碍をする」が、問題は「『誘惑せん』と云ふ事項の解釈如何」であって、「其工場内に居る人が申合せてやろうと云ふ時に、之に向って圧迫を加へることは如何なるものであらうか、或はそう云ふ者は、此箇条に依て取締る必要はあるまい[14]」と述べていた。つまり、工場横断的な労働組合運動に対しては治警法17条による抑圧方針で臨みつつ、他方では、工場内部の自然発生的な労働争議に対しては適用制限政策で対応しうると床次は考えていたとみてよいであろう。

　床次内相に代表される内務省の適用制限政策に対して、司法省は、工場内外を問わず同盟罷業には治警法17条を厳格に適用してこれを禁圧するという厳罰方針を堅持して内務省と対立するにもかかわらず[15]、現実の労働行政は、同条の適用制限を主張する内務省の政策路線にそって展開していくことになる[16]。実際、1918（大正7）年に同盟罷業参加人数66457人のうち159人を記録した治警法17条の誘惑・煽動禁止規定違反の検挙人数は、1919（大

---

13)　『第四一回帝国議会衆議院予算委員会第二分科会議録（速記）第二回』15-16頁（上井・同上163頁）

14)　同上17頁（上井・同上164頁）。

15)　司法省の動向については、渡辺治「1920年代における天皇制国家の治安法制再編成をめぐって―治安維持法成立史論」社会科学研究27巻5・6号（1976年）195頁を参照。

16)　司法省や海軍省と調整を経た後の「治安警察法第一七条の適用に関する件」と題する内務省の「依命通牒」（大正8年8月25日）も「同盟罷業か一工場内に於ける自発的のものなる場合と部外者の誘惑煽動に基く場合とを区別し前者に付てはその取扱上慎重の考慮を払い後者に付ては充分之を取締るを可とする」として同省の治警法17条適用制限方針を踏襲するものであった。この「依命通牒」の原文は、矢野・前掲注2)90頁に掲載されている。

正 8) 年には同盟罷業参加人数 6 万 3137 人のうちの 58 人に激減した[17]。

二　労働組合法の制定問題

1　労働組合法制定への模索

　政府は、当初、労働組合禁止法制のないわが国の場合、イギリスと異なって、その禁止を解く労働組合法は必要ないと考えていた[18]。にもかかわらず政府に労働組法案の検討を決断させる直接の契機となったのは、1919（大正 8）年 6 月に調印されたベルサイユ条約とそれにもとづいて創設された国際労働機関（ＩＬＯ）の第 1 回総会の開催（同年 10 月）であった。ベルサイユ条約は、労働者の「結社の自由の原則の承認」を締約国に求めており、また、ＩＬＯ総会に出席する労働代表の選出に関しては、労働者を最もよく代表する団体との協議にもとづく選出が求められていたからである[19]。

　労働組合法の立法準備は、内務省と農商務省で、それぞれ独自にすすめられた。

　内務省では、1919（大正 8）年 7 月頃から南原繁ら若手の官僚を中心に外国の労働立法の研究がはじめられ、同年 9 月には、内務省が第 42 回帝国議会に向けて労働組合法案を準備中であることが報じられた[20]。ところが、内務省は、床次内相のイニシアティブのもと、工場内の労資協調制度を労働委員会制度として構想し、1919 年 12 月、労働委員会法案要綱とこれにもとづく労働委員会法案[21]を作成・公表した。同法案は、イギリスのホイットレー委員会報告の工場委員会制度にヒントを得た構想といわれ、企業内に使

---

17) 治警法 17 条の誘惑・煽動禁止規定違反の検挙人数の統計資料としては、上井・前掲注 12) 172 頁のものを参照した。
18) この点は、三和良一「労働組合法制定問題の歴史的位置」安藤良雄編『両大戦間の日本資本主義』（東京大学出版会、1979 年）252 頁注 7）に引用されている川村竹治警保局長の談話（大阪毎日新聞 1919 年 3 月 8 日）。
19) この点は西岡孝男「労働組合法案をめぐる十年間」日本労働協会雑誌 59 号（1964 年）22 頁以来の戦前の労働組合法案を扱った文献がほぼ共通して指摘している。
20) 大阪時事新報 1919 年 9 月 28 日（三和・前掲注 18）240 頁）。
21) 労働委員会法案の全文は、労働省編・前掲注 1）146-150 頁を参照。

用者指名委員と労働者選出委員により構成される労働委員会を設け、そこに労働条件に関する提議や紛争の調停を行わせようとするものであった。内務省内部において、この労働委員会法案と労働組合法案がどのような関係にあったのかは不明であるが、労働委員会法案を主導したのが労資協調論者[22]である床次内相である以上、労働委員会法案の制定が優先されたことは事実であろう。ただ、労働委員会法案については、その構想が報道された当初から、労働委員会によって労働組合を代替するものだという批判が根強く、床次内相は、労働委員会構想と労働組合法制定問題とは別個のものであると弁解することによって上記の批判をかわしていた[23]。

　他方、農商務省では、一部に工場ごとの労資協調委員会を法制化する構想があり[24]、同時に労働組合法の法制化にも取り組んでいた。1920（大正9）年1月に省議決定された職業組合法は、労働組合運動を法的に規制する色彩の強いものであったが、その1条では「同一又は類似の職業に於ける労務者は本法に依り職業組合を設立することを得　同一又は類似の職業に於ける使用者並労務者及使用者に付亦同じ[25]」とされ、労働者（労務者）の組織だけではなく、使用者の組織、さらには「労務者及使用者」の組織も職業組合として設立可能となっており、「職業組合」という同じ範疇のもとで、運用によっては労資協議機関としても機能できる余地を残していた。

22）　床次内相は、労資協調を目的として、1919年自ら企画し、渋沢栄一ら財界人の協力をえて、財団法人・協調会を設立している。この点は、安田浩「政党政治体制下の労働政策―原内閣期における労働組合公認問題」歴史学研究420号（1975年）16頁以下を参照。
23）　詳細は、安田・同上16頁以下を参照。
24）　農商務省工場課長は、1919（大正8）年6月14日付の『時事新報』紙上で、工場主と職工との間の紛争に対しては、「官吏、工場主職工の代表者から成り立つた委員会を作って、此委員会へ法律を以て絶対の権能を與へ、同盟罷業の起こる前即ち職工がある条件を要求した時委員会が裁判官となって、職工の要求の可否を定める様に是非したい」と述べていた（大原社会問題研究所編『日本労働年鑑』〔大正9年版・復刻版〕（法政大学出版局、1967年）847頁）。
25）　職業組合法案の全文は、大原社会問題研究所編『日本労働年鑑』〔大正10年版・復刻版〕（法政大学出版局、1967年）482-483頁を参照。

2　臨時産業調査会（1920年）における農商務省案と内務省案

　政府は、1920（大正9）年2月、内閣直属の諮問機関として臨時産業調査会[26]を設置し、労働組合法案の起草・答申を求める方向にすすんだ。

　同調査会が設置されると、まず、農商務省の職業組合法案が提出され、ついで内務省から労働委員会法案が提出されたが、幹事会の段階で両省の意見が対立し、結局、数回の幹事会ののち、各省でなお検討することとして一時会議の開催が中断された[27]。

　調査会が再開されると、農商務省は、職業組合法案の内容を一部修正して[28]、労働組合法案に純化したものを提出し、他方、内務省は、「農商務省が、この問題について指導権を握るのを牽制しようと[29]」、急遽、省内で検討していた労働組合法案を提出した。これら後に、「農商務省案」といわれ、「内務省案」といわれた「20年代の労働組合法案の基調を形成する二系列の法案[30]」の間には、その立案の精神および内容に顕著な差異がみられた。

　まず、農商務省案は、生まれ出でたわが国の労働組合運動への国際的影響を未然に防止するという予防的観点と、それと結びついた産業保護的観点から構想されており、したがって、取締主義的性格を強く帯びたものであった。すなわち、農商務省案[31]は、①同法による労働組合以外、一切の団結を禁止し（1条、24条、違反に対しては「三百円以下の罰金」）、しかも、②1条の目的規定の要件を具備するだけでは労働組合と認めず、さらに、（a）

---

26)　臨時産業調査会は、勅令32号をもって、産業に関する重要事項を調査審議させるとともに、労働組合法案を起草答申させることを目的として設置された。会長は内閣総理大臣（原敬）が務め、副会長には内務大臣（床次竹二郎）と農商務大臣（山本達雄）、委員には両院議員、財界代表者等が任命されていた。同調査会の会長、副会長、委員、臨時委員、幹事の名簿は、労働省編・前期注1）132-133頁を参照。
27)　東京朝日新聞1920年4月12日（三和・前掲注18）242頁）。
28)　修正は、「使用者」または「労務者及使用者」の組織に関する箇所を削除し、職業組合が労資協調機関として機能できる余地を切り捨てることに関するものであり、その意味で、農商務省案は、労働組合法案に純化した。
29)　池田信「日本的労働組合法構想の模索」日本労働協会雑誌267号（1981年）32頁。
30)　西成田豊「両大戦間期労働組合法案の史的考察」同『近代日本労資関係史の研究』（東京大学出版会、1988年）246頁。
31)　農商務省労働組合法案の全文は、労働省編・前掲注1）133-135頁を参照。

組合の設立に際しては行政官庁の認可を必要とし（4条、認可主義）、（b）認可を受けた組合はすべて法人格の取得が強制され（3条、法人強制主義）、（c）組合の構成と行動にさまざまな制約が課せられた。たとえば、労働組合の組織範囲を「同種又は緊密の関係ある職業」（2条）および道府県区域内に限定した（4条）。他方、同法案には、労働組合を保護する規定は何もなく、「夫は『労働組合取締法案』の赤裸な姿であった[32]」。

　これに対して内務省案[33]は、労働組合を「自然に発し来つた労働者結合[34]」（制定要旨）ととらえ、その現実態のまま容認すると同時に、これに法的保護を与えることによって、その穏健化を図ろうとするものであった。したがって、内務省案は、労働組合を特定の鋳型におし込んで監督・指導しようとする農商務省案とは鋭く対立するものであった。すなわち、内務省案は、まず、①農商務省案の認可主義に対して届出主義をとり（2条）、労働組合の範囲や組織形態について何らの制限も加えなかった。また、②法人格の取得についても組合の任意とした（4条、法人任意主義）。さらに重要なことは、③「雇傭者又は其の使用人は労働者か労働組合の組合員たるの故を以て解雇し又は組合に加入せす若は組合より脱退することを雇傭条件となすことを得す」（9条）と規定し、差別解雇と黄犬契約を罰則（17条）付で禁止した。もちろん、内務省案にも、民法44条1項を準用することにより争議行為に関し労働組合に損害賠償責任があることを認め（6条）、行政官庁による監督規定も存在したが（12条、13条）、全体としては、農商務省案と対照的であった。

　臨時産業調査会は、その後、農商務省案をもとに同案の逐条審議に入ったが、結局、成案を得るに至らなかった。その間の事情については、いまだに不明なところが多いようであるが、①調査会において最後まで農商務省と内務省の対立が止揚されなかったこと[35]、②使用者側も労働者側も労働組合

---

32)　山中篤太郎『日本労働組合法案研究』（岩波書店、1926年）42頁。
33)　内務省案の全文は、労働省編・前掲注1）135-137頁を参照。
34)　内務省案制定要旨は、労働省編・前掲注1）129頁に農商務省案制定理由とともに掲載されている。
35)　西成田・前掲注30）246頁。

法案をめぐる現実に対してリアルな認識を欠いていたこと[36]、にその原因を求めることができるようである。

【南原繁と内務省案】

　内務省において1920年労働組合法案（内務省案）の起案の中心となったのが後に東京大学総長になる南原繁であることは、よく知られた事実である。南原は、東京帝国大学法学部卒業後の1914（大正3）年に、「地方に行って……国民生活の実態に触れる仕事をしてみたい」という思いから内務省に入省し、富山県の郡長をしていたところ、1919（大正8）年1月に本省の警保局に呼び戻され、労働組合法案の起案を担当することになる。その間の事情について南原は、後に次のように回想している。その年のある晩、内相から事務官まで参加する懇談会があり、その席上、南原が「（労働問題を）治安警察法の取締の対象などに加えないで、むしろ積極的に労働者の団体を作らして、それを承認し、資本家の人たちと同じレベルの上で話し合いをするという体制にもっていくのが一番いいことじゃないかというようなことを進言」すると、「それじゃ君、労働組合法案を作って見ろ」ということになり、南原を中心とする調査室が発足し、そこで諸外国の労働立法の調査研究が開始されたとのことである（南原繁「内務省労働組合法案のことなど」労働省編『労働行政史余禄』〈労働法令協会、1961年〉27-28頁）。

　南原らの労働組合法構想では、労働組合の保護がさまざまな観点から検討され、とくに「『労働組合員たるの故をもって解雇することを得ず』という規定は、いろいろな意見はありましたが、労働団体が資本家団体と同じレベルの上で互いに話合うという趣旨から、組合法を作るならば、それの点を大事の点と考えたもので、これを諸外国の立法例から参酌した」としている（南原・同上28頁。なお、南原繁「労働組合法を論ず」『工場研究』大正9年6月号29頁よると、差別解雇の禁止に関しては「米国の法制」を参照したとされている）。

　南原は、労働組合法の制定が頓挫した後の1921（大正10）年、「こういう法案が日本でとおるには、もっともっと時がかかる。約20〜30年かかる」と考え、

---

[36]　三和・前掲注18）260頁。

また自らの思想的疑問に立ち向かうためドイツ哲学の研究に向い、最終的には、東京帝国大学助教授に転任してゆくことなる。ただし、南原は、回想の最後で、「組合法とか、労働法そのものは、その後私は扱いませんけれども、労働や社会問題にはやっぱり関心を持っています」と述べていた（南原・同上 29-30 頁）。

3　内務省社会局の労働組合法案

再び労働組合法案が問題にされるようになるのは、1924（大正 13）年以降であるが、その間の状況の変化で注目 p091 すべき第 1 は、1922（大正 11）年 11 月、内務省の外局として社会局が設置され、懸案であった労働行政の一本化が実現したことである。社会局では、その設置直後から労働組合法案の調査立案が開始された。

状況の変化で注目すべき第 2 は、1923（大正 12）年末から 24 年にかけてのわが国の労働組合運動の変化である。それは、労働組合法の法制化に絶対反対の態度をとっていた日本労働総同盟が、1924（大正 13）年 2 月の大会で、いわゆる「現実主義」への転換をはかったからである。このような労働運動主流の方向転換は、政府の労働政策の転換（国際労働総会の労働代表選出権を組合員 1000 人以上の労働組合に与えるなど、労働組合の事実上の認知）に対応するものであった。

こうした状況の変化を背景に政府が労働組合法の制定を本格的に取り上げるのは、1925（大正 14）年 8 月の第 2 次加藤高明（憲政会）内閣発足以降のことである。同年 8 月 5 日、内務省社会局は、成案となった労働組合法案を、労働争議調停法案、治安警察法中改正法律案とともに「行政調査会」に付議し、ついで 8 月 18 日、その全文を公表した。この内務省社会局の労働組合法案[37]（以下、「社会局案」という）は、1920（大正 9）年の内務省案を継承したものであり、その特徴は以下の諸点にあった。

第 1 は、法における労働組合の位置づけである。かつての農商務省案は、労働組合を法律上の定義の鋳型に押し込み、その定義に合致しない労働組合を禁止することによって、その社会的存在も抹殺するものであった。これに

---

[37] 内務省社会局労働組合法案の全文は、労働省編・前掲注 1 ）421-423 頁を参照。

対して、内務省案の系譜を引く社会局案は、①労働組合の定義を設けるものの（1条）、それは、法が与えようとする法律的取扱を定義に合致する労働組合に限定するためだけのものであって、定義にあてはまらない労働組合の社会的存在を抹殺するというものではなく、②法における労働組合の定義も「連合」を認める（1条）と同時に職業的地域的制限を設けない広汎なものであった。

　第2は、刑罰法令廃止をめぐる問題である。社会局案は、労働組合運動を制限・禁止している各種の刑罰法令に関しては一切ふれていない。それは、社会局がその処理を別個の法案に委ねたからである。行政調査会には、労働組合法案とともに治安警察法17条と30条の撤廃を定めた治安警察法中改正法律案が付議された。

　第3は、差別解雇・黄犬契約の禁止にかかわる問題である。かつての内務省案の特色は、労働組合の組合員であることを理由とする労働者の解雇（差別解雇）と労働組合に加入しないことや脱退することを雇傭条件とすること（黄犬契約）を罰則付で禁止するところにあったが、社会局案も同様の規定を置いた（11条、罰則は21条）。

　第4は、団体交渉拒否の禁止と労働協約にかかわる問題である。当時の労働法学者――とくに末弘厳太郎――は、資本家による労働組合運動への「事実上の障害」の例として団体交渉の拒否をあげ、「労働組合法制定に際しては、必ず資本家をして一定の条件の下に団体交渉を受け付くる義務を負担せしむべき規定を設けなければならない[38]」と主張していたが、社会局案には団体交渉拒否に対応する規定は存在しなかった。しかし、社会局案は、団体交渉の結果である労働協約の規範的効力を承認する規定（12条）を設けた。かつての内務省案には存在しない新たな規定であった。

　第5は、労働争議と民事責任にかかわる問題である。かつての内務省案は、民法44条1項を準用することにより、労働争議に関して労働組合に損害賠償責任があることを認めたものと解釈されていた。ところが、社会局案は、内務省案とは異なり、同条の民法の条項を準用規定から除外することによっ

38）　末弘・前掲注9）184頁。

て、法人たる労働組合の損害賠償責任を否定した（6条）。

第6は、労働組合の法人格取得と設立にかかわる問題である。社会局案は、内務省案を引き継ぎ、前者（法人格取得）につき任意主義（4条）を、また後者（設立）につき届出主義（2条）を採用した。

第7は、労働組合に対する監督規定にかかわる問題である。社会局案では、労働組合の決議あるいは規約が法令に違反する場合、地方長官は、その取消と変更を命じることができることになっていた（15条、16条）。自由設立主義とこうした監督的規定がはたして整合するのかという批判[39]が存在したように、社会局案も限界をもつものであった。

以上のような特徴をもった社会局案は、かつての内務省案を踏襲しつつ、さらに、①労働協約の規範的効力を確認し、②法人となった労働組合に損賠賠償の民事免責を認めている点で、「戦前の政府側の法案としては最も進歩的な色合い[40]」をもつものであった。

4 若槻内閣の労働組合法案

すでに述べたように、社会局案は、公表に先立って「行政調査会」に付議されていた。ところが、行政調査会は「行政事務刷新に関する調査審議を為す」（「行政調査に関する件」大正14年5月1日閣議決定）ことを目的として設置されたもので、ここに労働組合法案を付議することは、明らかに「管制上の無理[41]」があった。にもかかわらず、労働組合法案を行政調査会に付議したのは、同法案について閣内でも社会局および内務省の方針への根強い反対があり、そのため閣議で容易に結論を出すことができないという事情が存在したからである。政府としては、閣議にかける前にどうしても各省間の意見の調整・統一をしておく必要があり、その場として行政調査会が利用されたのである[42]。

---

39) 末弘・前掲注9) 203頁。
40) 池田順「1920年代ブルジョワジーの動向—労働組合法制定問題をめぐって」鹿野政直・油井正臣編『近代日本の統合と抵抗〔第3巻〕』（日本評論社、1982年）306頁。
41) 矢野・前掲注2) 166頁。
42) 矢野・同上167頁。

したがって、以上のような経過からすると、行政調査会において先の社会局案が大幅な後退を余儀なくされることは必至の情勢であった[43]。事実、1925（大正14）年11月末に同調査会で決議され、同年12月8日に閣議で承認された労働組合法案要綱[44]は、①労働組合の組織形態を職業別・産業別に制限し、②「連合」を労働組合の規定から除外し、③労働組合に法人格を強制し、④差別解雇と黄犬契約の禁止は維持するものの、その禁止違反の効果を「処罰」から「無効」に改め、⑤労働協約の規範的効力に関する規定を削除し、⑥組合解散命令を規定した。末弘は、この法案要綱について、「法案は今や一変して『労働組合取締法案』となりたる感がある[45]」と批判した。

　加藤高明内閣の後をうけて成立した若槻礼次郎（憲政会）内閣は、上記の労働組合法案要綱にもとづき、あらためて労働組合法案[46]を起草し、1926（大正15）年2月、労働争議調停法案、治安警察法中改正法案とともに、第51回帝国議会に提案した。

　若槻内閣の労働組合法案は、西成田豊がいうように[47]、「団結放任思想」を基調としつつ、「団結権公認思想」と「団結規制取締思想」の二つの思想の入り混じった複雑な性格をもっていた。まず、前者の団結権公認思想の系列としては、①労働組合の主目的を「労働条件の維持又は改善」とすることによって（2条）、団結権の主体である労働組合と会社組合との区別を明確にしたこと、②労働組合の設立に関して届出制としたこと（4条）、③組合総会等の承認者であれば非組合員の組合加入も認めたこと（12条）、④組合

---

43)　行政調査会における社会局案の審議は幹事会を中心に逐条審議というかたちで行われ、そこでの意見分布は、西成田の整理よると、①社会局案反対（時期尚早）を明確に打ち出した農林省の見解、②社会局案の主要な条項についてことごとく反対の立場に立つ司法省と商工省の見解、③企業別組合を主張している点で社会局案と異なるものの、社会局案のもっとも重要な規定である差別解雇・黄犬契約の禁止規定と労働協約の規範的効力の規定をそのまま承認する海軍省の見解、④社会局案を全面的に支持する内閣拓殖局の見解に分かれていた。西成田・前掲注30）264-265頁。
44)　労働組合法案要綱については、労働省編・注1）前掲書415-418頁を参照。
45)　末弘・前掲注9）212頁。
46)　若槻内閣の労働組合法案の全文は、労働省編・前掲注1）424-427頁を参照。
47)　西成田・前掲注30）279-285頁。

員の差別解雇・黄犬契約を禁止したこと（14条、ただし禁止違反者に対する罰則規定はない）、⑤争議行為の民事免責を規定したこと（15条）である。

他方、後者の団結規制取締思想の系列としては、①組合の組織形態について「同一又は類似の職業又は産業の労働者」に限定したこと（1条）、②法人格の強制を規定したこと（3条）、③法令違反や「公益を害するとき」における、行政官庁による決議取消権（17条）、規約変更権（18条）、主務大臣による組合解散権（19条）が明記されたことである。

若槻内閣の政府提出労働組合法案は、当時の経営者側にもおおむね受け入れやすいものであったが、結局、同法案は審議未了に終わり、労働争議調停法案と治安警察法改正案、そして、暴力行為等処罰法案が議会を通過した。治安警察法が改正され、同法17条および30条が削除されたことは、労働組合活動の自由を一歩拡大させることであったが、それはあくまで団結の放任にすぎなかった。

5　浜口内閣の労働組合法案

若槻内閣の後の田中義一（政友会）内閣（1927年4月-29年7月）は労働組合法の制定に否定的であったが、1929（昭和4）年7月に浜口雄幸（民政党）内閣が成立すると、事態は大きく変化した。浜口内閣が発表した十大政綱には社会政策の確立が掲げられており、同年7月19日には、社会政策審議会[48]が設けられ、政府は、同審議会に対して、「現下の社会状態に鑑み労働組合法制定に関するその会の意見を諮ふ」との諮問を行った。社会政策審議会は、同年12月、諮問に対する答申[49]を行い、①組合を職業別または産業別のものに限定しないこと、②組合の連合組織を認めること、③法人格の取得を任意とすること、④差別解雇・黄犬契約を禁止するが、制裁規定を設けないこと、⑤争議行為の民事免責を認めること、⑥主務大臣の組合解散命

48）　社会政策審議会は、総理大臣を会長とする内閣の諮問委員会であり、委員（臨時委員も含む）に任命されたのは、内務・大蔵・農林・商工・司法・逓信の各大臣と、貴族院議員4名、衆議院議員5名、学識経験者2名で、衆議院議員は全員が民政党所属であった。委員および幹事の名簿は、西成田・前掲注30）290頁にある。
49）　答申の全文は、労働省編・前掲注1）431-434頁を参照。

令権を含む監督規定を設けること、⑦労働協約に関する規定は設けないことなどの意見を表明した。

　一方、内務省社会局は、社会政策審議会の審議過程で労働組合法草案を提出していたが、同審議会の答申発表後は、その答申にもとづいて法案を整え、1929（昭和4）年12月11日に社会局草案[50]を発表した。それは、労働協約の規範的効力に関する規定を欠いている点でかつての社会局案より後退していたが、組合組織に限定を設けていない点および法人格の取得を任意としている点で若槻内閣の労働組合法案より進んだ内容をもっていた。

　社会局草案が公表されると、経営者諸団体から猛烈な反対運動が起こった。それは、金解禁後の経済の破局的な様相により大量の失業者が発生し、労働争議が空前の記録を示すなか、労働運動の勢力増大と先鋭化を恐れた経営者の反応を示していた。そのため、政府が1931（昭和6）年2月21日の第59回帝国議会に提出した労働組合法案[51]は、社会局草案からの大幅な修正を余儀なくされたものであった。具体的には、①労働組合の目的に関して、社会局草案では労働条件の維持改善を主目的とし、共済・修養その他共同利益の保護増進も目的とすることができるとしていたが、法案では、「労働条件の維持改善」という目的と「共済、修養その他共同利益の保護増進」という目的を「及び」でつなぎ、共済・修養を目的とすることを労働組合の要件としたこと、②労働組合の組織形態に関して、社会局草案はとくに限定していなかったが、これを職業別または産業別に限定したこと、③社会局草案にあった労働争議の民事免責規定を削除したこと、④社会局草案は、労働者以外の者も組合総会の決議によって組合に加入しうるとする規定を設けていたが、これを削除したこと、⑤社会局草案になかった各種選挙に際する政治資金の組合員からの徴収とその支出を禁止する規定を設けたこと、⑥組合の共同利益増進の目的で行う購買・販売事業に対しては所得税・営業収益税を免除する規定を新設したことなどである。

　このように、浜口内閣の政府提出労働組合法案は、同内閣の初期の労働組

---

50)　社会局草案の全文は、労働省編・前掲注1）448-451頁を参照。
51)　浜口内閣政府提出労働組合法案の全文は、労働省編・前掲注1）454-458頁を参照。

合構想である社会政策審議会の答申や社会局草案から後退を余儀なくされたものであったが、それでも差別解雇・黄犬契約の禁止という重要な労働組合保護条項を残していた。しかし、そうであるが故にまた、同法案は、当時の経営者側には許容されなかった。同法案は、衆議院を通過したものの、貴族院の労働組合特別委員会では、財界の重鎮である郷誠之助（東京商工会議所会頭）、内藤久寛（日本工業倶楽部理事）などが委員に指名され、法案への抵抗は強烈で、最終的には審議未了の廃案に追い込まれた。

　こうして、戦前における最後の政府提出の労働組合法案は不成立に終わり、第2次世界大戦の終戦まで、労働組合法の制定を模索する内閣は二度と再び現れることなかった。

三　労働争議調停法

1　労働争議調停法の成立過程

　内務省で労働争議調停法に関する本格的な検討がはじめられるのは、1919（大正8）年ころのことである。すでに述べたように、当時の内務省では、南原繁が中心となって労働組合法案の調査立案作業がすすめられていたが、そこでは、「労働組合法、労働争議調停法、治安警察法一七条の撤廃（が）……一連のものとして」構想されていたのである[52]。労働争議調停法案の立案作業に関していうと、1920（大正9）年には、議会への提出が目ざせる

---

52)　北岡寿逸・黒川小六・安井英二他「（座談会）戦前の労働行政を語る」（労働省編『労働行政史余禄』〈労働法令協会、1961年〉17頁）では、「労働組合法案の頃」について、安井英二と北岡寿逸の間で次のようなやり取りが行われている。安井「私が警保局に入ったのは、大正八年だと思うのです。そのときに、南原君がやはり警保局の事務官でもっぱらこれに当つておった。『これ』というのは労働組合法、労働争議調停法、治安警察法一七条の撤廃、これを一連のものとして。はじめは南原君がやっておりました。」／北岡「それじや、治安警察法一七条の撤廃はその頃から南原あたりは主張しておられたのですか。」／安井「むろんそうです。むろんそのほうが急であったのです。順序はそのほうが早いでしょう。しかし、それをやるについては調停法もいる、同時に組合法もいるということであったのです。」／北岡「内務省のほうがうんと進歩的だったわけですね。」

までになっており、同年9月7日の新聞報道では、「内務省自慢の労働争議法案」[53]として紹介されていた。ただし、この段階では、治安警察法17条の撤廃は、一連の労働法制の調査立案に携わっていた内務省の若手事務官の間では共通認識になっていたようであるが、省全体の方針にはなっていなかったものと思われる。

　1922（大正11）年に設置された内務省社会局は、その創設以来、労働組合法案、労働争議調停法案、治安警察法中改正案の立案をすすめてきたが、1925（大正14）年8月、上記3法案を行政調査会に付議した。まず、治安警察法の改正法案については、暴行・脅迫・公然誹毀については別に立法をすることを条件に同法17条の廃止が決まった（これが後の暴力行為等処罰法の制定につながる）。また、労働争議調停法案については、①法案1条（公益事業と私益事業の峻別条項）における公益事業の範囲、②法案19条（調停委員会開設中の争議行為制約条項）における争議行為規制の範囲とあり方などが主に議論されたが、最終的には、①公益事業に陸海軍の直営事業を加え、②調停委員会開設中の争議行為規制に関しては、公益事業における調停手続進行中の当事者以外の者の争議行為「勧誘」を禁止すること、などで決着した。

　若槻礼次郎（憲政会）内閣は、1926（大正15）年1月20日、第51回帝国議会に労働争議調停法案と治安警察法中改正法律案を提出し、遅れて2月9日に労働組合法案を提出した[54]。議会委員会での労働争議調停法案の審議においては、①法案19条（調停委員会開設中の争議行為制約条項）は労働争議を認めて調停を行うという法の根本精神に反するという批判、あるいは②法案19条における「勧誘」は治警法17条の「誘惑煽動」より範囲が広がる可能性があるという批判など、法案19条について議論が白熱した[55]。

---

53) 中外商業1920年9月7日。これを紹介した矢野達雄によると、その内容は、従来世間に伝えられたような「干渉を本旨とした官僚式の法規」ではなく、「資本家と労働者に於て互に之が解決を行ひ官憲は局外に在って監視する点に法の根拠を置き」「英国の長所を採用した」「今後の労働争議調停に於て最も実社会に適切で而も相互に自由な天地を与えた」制度と評されていたという。矢野・前掲注2）109頁。
54) この遅れが労働組合法案の成否を分けたことについては、矢野・前掲注2）134-135頁を参照。

結局、議会委員会においては、労働争議調停法案について、19条に修正を加えたうえで原案を可決し、治安警察法中改正法律案については原案どおり可決した。これにより、両法案は、衆議院（3月22日）および貴族院（3月25日）の本会議でそれぞれ可決・成立した。労働争議調停法[56]は、同年4月8日付法律57号として、治安警察法中改正法律[57]は、同日付法律58号として公布された。また、治安警察法17条廃止の条件となった暴力行為等処罰法案はスピード審議で可決され、4月9日付法律60号として公布されたが、他方、労働組合法案は審議未了で会期末を迎え、廃案となった。

2　労働争議調停法の特質と内容

成立した労働争議調停法の第1の特質は、公益事業において強制調停方式をとる一方、私益事業においては任意調停方式をとったことである。ここでいう公益事業とは、1条1項（1-6号）に記載されている事業（交通機関、郵便・電信・電話、水道・電気・ガス、陸海軍直営事業など）のことであり、私益事業とは、これ以外の事業のことである。公益事業においては、労働争議の当事者のいずれか一方の請求ある場合はもちろん、当事者の請求がない場合でも「行政官庁に於て必要ありと認めたるとき」は、職権で調停委員会を開設することが可能となっている（1条1項）。この意味で、公益事業は強制調停方式を採用しているが、私益事業では、当事者双方から請求があった場合に調停委員会が開設される（1条2項）という意味で任意調停方式が採用されていた。

第2の特質は、公益事業と私益事業の区別に関連することであるが、公益事業においては、調停が開始されてから終了するまでの間、現にその争議に関係のある使用者および労働者ならびにその加盟団体以外の第三者が、①使用者に作業所の閉鎖や作業の中止、雇傭関係の破棄等を、②労働者の集団に労務の中止や作業の進行阻害、雇傭関係の破棄等を、それぞれ「誘惑若は煽

---

55)　労働省編・前掲注1）561頁。
56)　労働争議調停法の全文は、労働省編・前掲注1）465-467頁を参照。
57)　治安警察法中改正法律は、「治安警察法中左ノ通リ改正ス」として、17条と30条の削除を規定するのみである。労働省編・前掲注1）467頁。

動すること」が罰則付きで禁じられていることである（19条、22条）。19条は、公益事業における争議に際しての他団体の争議指導や支援を「誘惑・煽動」ととらえ、これを禁止しようとしたものであるが、私益企業における争議に関しては、こうした制限規定は存在しなかった。

第3の特質は、調停委員会が三者構成であることである。調停委員の選出は、まず、争議の当事者である労使がそれぞれ3名の当事者委員を選定し、そのようにして選定された6名の当事者委員がさらに3名の中立委員を選定するというものである（3条）。三者構成の調停委員会の議長は、中立委員の互選により選定された（7条）。また、委員会は、係属した労働争議の調査審理および調停を行う権限を有し（8条）、必要な場合には、当事者・関係者の出席説明を求め（13条）、作業場など関係個所に立ち入り視察する権限（14条）も有していた。

第4の特質は、調停案の受諾は当事者の任意であり、受諾された調停条項の順守も任意であることである。調停委員会の調停案に関しては、その受諾が不調に終わった場合のみ、公表されることになっていた（17条）が、他方、受諾された調停条項であっても、それに強制執行力や法律上の拘束力はなく、結局のところ、その遵守は当事者の力関係や努力にまかされていた。

3　労働争議調停法の機能

（1）「法上調停」について

労働争議調停法は、1926（大正15）年7月1日より施行されたが、それから廃止にいたる20年間で、同法が発動され、調停委員会が設けられたいわゆる「法上調停」の事例は、1930（昭和5）年から1934（昭和9）年にかけての6件を数えるだけであった。このうち4件[58]は、私益事業に関する争議で、いずれも大阪の事例であり、残りの2件[59]は、公益事業たる東京市電気局の二つの争議に関するものであった。

この6件の「法上調停」を詳細に検討した矢野達雄によると[60]、その特

---

58)　①湯浅伸銅株式会社争議（1930年）、②日本エナメル株式会社争議（1931年）、③中桐鉄工所争議（1933年）、④日本防水布株式会社争議（1933年）の4件。
59)　①東京市電気局1932年争議、②東京市電気局1934年争議の2件。

徴は以下の点にあった。すなわち、第1は、それぞれの争議の性格である。私益事業の4件は、すべて中小企業を舞台にした労働者側の防衛的争議であるという意味で当時の平均的争議であったが、公益事業の2件は、東京市電争議という極めて大規模なものであった。第2は、それぞれの調停の意義である。私益事業の4件は、平均的争議を公式の調停委員会にかけることによってそれまで密室で行われる傾向にあった争議調停の様子をある程度公開し、そのことによって経営者側・労働者側双方の不安を取り除きつつ以後発生する争議に対して調停を奨励するという意義をもった。これに対して、公益事業の2件は、当該事例のもつ重要性からその争議の穏便な解決自体に意義があった。ただ、このような意義をもった6件の「法上調停」ではあったが、それがさらなる調停の呼び水になることはなかった。その原因は、①「法上調停」の実際の進行が法によらない「事実調停」と変わらなかったこと、②法自体に調停事項の履行を確保するシステムが存在しなかったため、結局争議の再燃を防げなかったことにあった。

(2)「事実調停」について

ところで、法施行にともない、全国の道庁府県には、争議調停事務を官掌するため専任または兼任の調停官吏がおかれた。専任・兼任の調停官吏の数は、道庁府県を通じて法施行時80名であった。事務官である調停官が配置された府県にあっては警察部（東京は警視庁）に調停課が新設され（東京・大阪・兵庫・愛知・福岡）、その他の府県においては、それぞれの状況により、工場課（または監督課）、保安課、高等警察課、特別高等警察課が調停事務を官掌した[61]。

すでに述べたように、法施行後、「法上調停」は6件にすぎなかったが、法にもとづく調停委員会によらない「事実調停」の件数は、飛躍的に増大した。統計によると[62]、1925（大正14）年の1年間で120件であった調停総件数は、施行後の半年でこれを凌駕し、1927（昭和2）年には、調停総件数が351件

---

60) 矢野・前掲注2) 250-251頁。
61) この点の詳細は、労働省編・前掲注1) 462頁参照。
62) 統計資料については、矢野・前掲注2) 261-262頁を参照した

に達し、争議総件数の29.2%、争議行為をともなう争議の58.5%が「事実調停」に付されている。そして、この割合は、1937（昭和12）年まで40-50%台を維持しているのである。また、こうした「事実調停」の増加を担ったのは、上に紹介した調停官吏であり、警察官であった。

このようにみてくると、労働争議調停法下の争議調停の圧倒的多数が調停官吏と警察官による「事実調停」であったことがわかるのである。もとより、「法上調停」がなぜ6件にとどまり圧倒的多数が「事実調停」であったのかの究明は重要であり、この点に関しては、①法自体に欠陥があったとみる見解[63]、②法と実態が乖離していたとみる見解[64]、③「法上調停」と「事実調停」が手続的には大差がなかった故であるとみる見解[65]などがある。それぞれの見解は、「法上調停」件数が少なかった原因のある側面をついていると思われるが、その本格的な究明は他日を期したい。

最後に、労働争議調停法は、その後、2度ほど改正が試みられるが、いずれも挫折し、1938（昭和13）年の国家総動員法に労働争議の予防・解決の命令に関する条項（7条）が規定され、命令も発出されたが、それが実質的に機能することはなかった。

---

63) 氏原正治郎・萩原進「産業報国運動の背景」東京大学社会科学研究所編『ファシズム期の国家と社会6―運動と抵抗（上）』（東京大学出版会、1979年）222頁。
64) 上井喜彦「第一次大戦後の労働政策―1926年労資関係法をめぐって」社会政策学会編『「構造的危機」下の社会政策』（御茶ノ水書房、1979年）152頁。
65) 矢野・前掲注2）304頁。

むすびにかえて

　以上、戦前の労働立法の歴史的展開過程を、①労働市場立法、②雇用関係立法、③労使関係立法という労働立法の各領域に分けて検討してきた。もとより、それぞれの領域における戦前の労働諸立法について、細部にわたって余すところなく検討できたわけではない。とくに戦時体制下の労働諸立法については、一部を除いて検討できなかった。その意味で、この「第Ⅰ部」における戦前の労働立法史は完全なものではない。しかし、そうした限界はありつつも、以上の戦前労働立法の歴史的検討から、戦後労働立法史を含め労働立法史研究一般について、いくつかの研究の視点と課題を得ることができるように思う。最後にそのことを記してむすびにかえたいと思う。

　第1は、〈連続と断絶〉という視点である。戦後の労働立法は、「敗戦」と戦後改革という国家的な政治的・社会的変革を経験した後に形成された。その意味でこれまでは、戦後の労働立法と戦前のそれとの〈断絶〉が強調されてきた。しかし、戦前の労働立法史を見直してみると、戦後労働立法の様々な道具だてが戦前にすでにつくられていたことがわかる。詳しくは、本論をお読みいただくしかないが、それぞれの領域で一例をあげると、①労働市場立法の領域では、職業紹介の国営化と営利職業紹介の禁止が——その意図はともかく——1938（昭和13）年の改正職業紹介法によって実現していたし[1]、②雇用関係立法の領域では、就業規則に関する一般的な法規制が1926（大正15）年の改正工場法および同施行令によって準備されていたし[2]、③労使関係立法の領域では、労働関係委員会の「三者構成」制が1926（大正15）年の労働争議調停法において（調停委員会の構成として）実現していた[3]。たしかに、「敗戦」を契機とした労働立法の転換においては、以上述べた〈連続〉面よりは〈断絶〉面が大きいことは確かであるが、にもかかわ

---

1) 詳しくは、本書46-47頁を参照。
2) 詳しくは、本書71頁を参照。この点は渡辺章「工場法史が今に問うもの」日本労働研究雑誌562号（2007年）108頁も参照。
3) 詳しくは、本書93頁を参照。

らず、先に述べたような連続面があることも事実である。そして、もしそうであるとすると、そのような連続面をもつのはなぜなのか、どのような意味でそれは連続しているのかが労働立法史の重要な研究課題になるはずである。

第2は、〈国際的影響〉という視点である。戦前の労働立法の歴史的展開を検討してみて特徴的なことは、わが国の労働立法が国際的な影響をうけながら形成されてきたことである。とくに、第1次世界大戦後の戦後処理のなかで創設された国際労働機関（ＩＬＯ）とその総会で採択されたＩＬＯ条約・勧告は、わが国の労働立法の形成に大きな影響を及ぼした。それぞれの領域で一例をあげると、①労働市場立法の領域では、「失業に関する条約」（第2号）や「失業に関する勧告」（第1号）が1921（大正10）年の職業紹介法制定の契機となり[4]、②雇用関係立法の領域では、「工業的企業における労働時間を1日8時間1週48時間に制限する条約」（第1号）や「工業において使用される女子の夜業に関する条約」（第4号）などが1923（大正12）年の工場法改正を後押しし[5]、③労使関係立法の領域では、ＩＬＯ総会に出席する労働者代表の選出（労働者を最もよく代表する団体との協議にもとづく選出）問題が1920年代の労働組合法制定への動きの直接的な背景となっている[6]。

このように、戦前の主要な労働立法の成立や制定問題にＩＬＯを中心とした国際的な影響を色濃くみることができるが、実際に成立した戦前のわが国の労働立法とＩＬＯ条約の水準との落差は決して小さいものではなかった。むしろ、わが国は、国際的な影響を受けつつ、日本的な労働立法の制定を模索してきたといってもよいかもしれない。そして、もしそうであるとすると、なぜそのようになったのか、また、その際考慮されたのは何であったのかが労働立法史研究の重要な研究課題となるはずである。

第3は、〈雇用システムと労働立法の相互構築〉という視点である。労働立法は、その時代の〈労働市場のあり方および雇用関係と労使関係を含む雇用システム〉（以下、〈雇用システム〉という）を背景に、一定の政治的決断

4）　詳しくは、本書41頁を参照。
5）　詳しくは、本書67-68頁を参照。
6）　詳しくは、本書79頁を参照。

のもとで制定されるが、同時に、そのようにして制定された労働立法は、その時代の雇用システムのあり方に影響を与える。これを〈雇用関係システムと労働立法の相互構築〉[7]というが、戦前の労働立法史研究からも、そうした視点の重要性がわかる。たとえば、①労働市場法の領域では、「失業保険の代替物」として 1936（昭和 11）年に退職積立金及退職手当法が成立するが、その理由として当時の中規模以上の企業を中心に解雇手当を含んだ退職手当制度が一般化していたことがあげられること[8]、②雇用関係立法の領域では、「工場法」は日露戦争後の明治 40 年代になってようやく制定されることになるが、その理由の一つに、工場法の諸規定がその時代の大企業の雇用関係の実情に抵触しなくなっていたことがあげられること[9]、②労使関係立法の領域では、労働組合運動の抑圧のために制定された治安警察法 17 条が、大正中期以降、工場横断的な労働組合には適用されたが、工場内の縦断的な労働組合には適用されなくなっていたこと[10]などは、時代の雇用システムのあり方と労働立法の相互関係を示す一例である。もとより、本稿では、〈雇用システムと労働立法の相互構築〉という視点からの戦前の労働立法の歴史分析が全面的に行われたわけではないが、戦前の労働立法史研究の断片からも、かかる視点からの検討が今後の労働立法史研究の重要な課題であることがわかる。

---

7) この点に関しては、石田眞「高度成長と労働法—日本的雇用システムと労働法の相互構築」日本労働研究雑誌 634 号（2013 年）78 頁以下を参照。
8) 詳しくは、本書 49-50 頁を参照。
9) 詳しくは、本書 64 頁注 36)を参照。
10) 詳しくは、本書 77-78 頁を参照。

第Ⅱ部
戦後労働立法史

第1章
労働基準法
全体的な概観

中窪裕也

はじめに

　日本の労働法体系における労働基準法（以下、労基法）の意義や重要性については、改めて指摘するまでもないであろう。同法は、1947（昭和22）年3月4日、最後の帝国議会である第92帝国議会に法案が提出され、両院で可決された後、4月7日に公布された。その後、施行規則等が整備され、主要部分は同年9月1日に、残りの部分（第5章「安全及び衛生」（全部）、第6章「女子・年少者」の一部、第7章「技能者の養成」（全部）、第7章「寄宿舎」の一部、第12章「雑則」の一部）についても同年11月1日に、それぞれ施行された。

　労基法の制定は、1945（昭和20）年12月の労働組合法（以下、労組法）、翌1946（昭和21）年9月の労働関係調整法（以下、労調法）の制定に続くものであり、これによって、いわゆる労働三法が出そろったことになる[1]。また、注目すべきは、1946年11月3日に日本国憲法が公布され、勤労者の団結権・団体交渉権・団体行動権の保障（28条）と並んで、「賃金、就業時間、休息その他の勤労条件に関する基準は、法律でこれを定める」（27条2項）との規定が設けられたことである。新憲法の草案要綱は同年3月6日に政府によって発表され、6月20日には第90回帝国議会に憲法改正案が提出されて審議が始まった。労基法の起草作業は、まさに同じ1946年の春以降

---

[1]　ただし、労組法は1949（昭和24）年に全面改正され、新法たる現行法に置き換えられた。

に、それを追走するようなかたちで行われたのである。

　労基法は、新憲法の成立と施行を見すえ、その負託に応えるべく作られた点で、また、労働契約そのものへの規制を含む、普遍的な労働条件の基準を定めた点でも、戦後の労働法制における要の位置を占めている。そこには、工場法をはじめとする戦前の保護立法の経験（不十分さへの反省も含む）が反映され、また、ＩＬＯ条約などの国際基準や外国法の影響も見られるが、他方で理想と現実との間の緊張関係が影を落とし、さらに、占領下における連合国軍最高司令部（ＧＨＱ）との関係も加わって、その立法過程は、かなり複雑な様相を呈している[2]。

　以下では、このような労基法制定の経緯を時系列にそって概観したうえで、成立後の動きについても簡単に見ておこう。ただし、労働時間に関する規定に関しては別稿が用意されているので、ここでは、全体を論じるうえで必要な範囲で触れるにとどめる。

　なお、労基法の立法過程については、渡辺章教授を中心とする研究グループ（筆者もこれに加わった）により、包括的な史料分析が行われている[3]。本稿もその成果に多くを負っているが、改めて草案の動きを検討するなかで気づいた点もあり、この機会に筆者なりの整理を行っておきたい[4]。

2）　労基法の立法経過については、寺本廣作『労働基準法解説』（時事通信社、1948 年）15-137 頁、労働省編『労働行政史〔第 2 巻〕』（労働法令協会、1969 年）601-716 頁、松本岩吉『労働基準法が世に出るまで』（労務行政研究所、1981 年）を参照。以下では、とくに注記のない部分についても、これらの文献に依拠していることが多い。

3）　渡辺章編集代表『日本立法資料全集 51 労働基準法〔昭和 22 年〕(1)』（信山社、1996 年）、同『日本立法資料全集 52 労働基準法〔昭和 22 年〕(2)』（信山社、1998 年）、同『日本立法資料全集 53 労働基準法〔昭和 22 年〕(3) 上』（信山社、1997 年）、同『日本立法資料全集 54 労働基準法〔昭和 22 年〕(3) 下』（信山社、1997 年）、渡辺章・野田進編集代表『日本立法資料全集 55 労働基準法〔昭和 22 年〕(4) 上』（信山社、2011 年）、同『日本立法資料全集 56 労働基準法〔昭和 22 年〕(4) 下』（信山社、2011 年）。以下、これらを「立法資料」と略称し、「立法資料 52」、「立法資料 53」といったかたちで引用する。

　　ちなみに、これらの研究の基礎となった旧労働省の労働基準法制定資料（松本岩吉氏が整理・保存されていたもの）は、現在、国立公文書館に収められ、同館のデジタルアーカイブで閲覧が可能となっている。

4）　立法過程の詳細で綿密な解説として、「立法資料 51」3 -69 頁〔渡辺章〕、要を得た概観として、東京大学労働法研究会編『注釈労働基準法（上）』（有斐閣、2000 年）1 -15 頁〔野川忍〕。

一　法制定の背景と準備

1　戦前の保護規定の復活

　労働者の保護立法は、戦前の日本においても実例があり、労基法の制定にあたって一つの基礎を提供した。最も重要なものは、1911（明治44）年に制定された、工場法である[5]。同法およびその施行令は、以後、何度かの改正を経るなかで、「保護職工」と呼ばれる女性および年少者について、就業時間、深夜業、休憩、休憩時間の規制、危険・有害業務の就業禁止、妊産婦の保護等を定めるとともに、一般の成年労働者に関しても、危険予防と衛生、業務上災害に対する扶助、一定の契約保護（たとえば、賃金の通貨払い、解雇予告、就業規則の作成・周知）を定めていた。また、工場法以外でも、鉱業法にもとづく鉱夫就業扶助規則（当初の鉱夫労役扶助規則から改名）、商店法、労働者災害扶助法等に、労働者の保護規定が存在した。

　これらは戦争中、戦時特例によって適用が停止されていたが[6]、戦後、ＧＨＱの指令にもとづき、1945年10月24日の勅令（600号・601号）によって特例が廃止され、効力が回復された。ＧＨＱが占領開始にあたって策定した対日労働政策の目的には、戦時労働統制の撤廃と労働保護基準の強化が含まれており[7]、前者がさっそく実行されたのである。もっとも、鉱夫就業扶助規則については、労働力不足による石炭生産の逼迫から、暫時、戦時特例が残された。しかし、これについても翌1946年4月1日に、11か月の猶予

---

[5]　工場法の歴史と意義については、田村譲『日本労働法史論』（御茶の水書房、1984年）23-217頁、渡辺章「工場法史が今に問うもの」日本労働研究雑誌562号（2007年）101頁。また、渡辺章「立法史料から見た労働基準法」日本労働法学会誌95号（2000年）5頁に、労働基準法の規定と工場法との関係が整理されている（37頁以下）。
[6]　この経緯については、広政順一『労働基準法―制定経緯とその展開』（日本労務研究会、1979年）4-7頁。戦争による断絶は、労働保護法規が機能を停止して空白の期間をもったというだけではなく、戦争遂行のための労務統制が行われたことにより、労働保護の理念そのものが物的資源などと並んで人的資源保護にすりかえられ、労使とも、国の認可した従業規則や貸金規則が法令にかわって法規範として機能するという状態に馴らされた、と指摘されている。同書8頁。
[7]　竹前栄治『戦後労働改革―ＧＨＱ労働政策史』（東京大学出版会、1982年）72-73頁。

期間を付して復活されることとなった。

　しかしながら、「従来の極めて低い水準の女子および年少者保護を中心とする工場法その他の労働保護法規」[8]では、もちろん新しい時代の要請に足りるものではない。この間、進駐軍労働者の死傷事故をめぐって補償対策の必要が生じたり、ＧＨＱから土木工事における多数の強制労働の事例を指摘されたりしたこともあって、厚生省の担当課（次に述べる労政局労働保護課）においても、「従来の労働保護法規は根本的に不備不徹底で、新しい事態に応ずるためにはとても従来の手直し程度では間に合わず、まったく新しい見地から新労働保護立法を行なう必要性を痛感させられて来た」とされる[9]。

2　労働保護課の発足と基本方針の決定

　終戦時の労働行政は、厚生省の勤労局が所掌していたが、戦時動員体制の終了にともなって省内に労政局が新設され、1945年11月以降、復活した工場法等の労働保護法令は、同局管理課の担当となった。その後、1946年3月1日（以下、「1946年」を省略して月日だけを記す）の旧労組法施行の際に労政局の再編が行われ、管理課は労働保護課へと改組された[10]。これが、以後、労基法の草案作成にあたり、中心的な役割を果たすことになる（以下、この厚生省労政局労働保護課を、単に「労働保護課」と呼ぶ）。

　当時、労組法に続いて労調法を制定しようという政府の方針に対し、労働組合側から、労調法よりも実体的な労働保護法の制定を優先すべきであるとの声が高まり、新聞論調もこれを支持した。また、新憲法の要綱が3月6日に発表され、その中に「賃金、就業時間其ノ他ノ勤労条件ニ関スル基準ハ法律ヲ以テ之ヲ定ムルコト」（第25の第2文）と定められていたことから、政府としても立法作業を急ぐ必要があった[11]。

　労働保護課では、約1か月の検討の末、4月11日付けで「労働保護法作成要領」という文書をまとめた。その骨子は、次のとおりである[12]。

8）　松本・前掲注2）30頁。
9）　松本・前掲注2）32頁。
10）　労働省編・前掲注2）55-56頁。
11）　松本・前掲注2）33頁。

(1) 法の適用範囲は、従来のごとく一部局限的なものでなく、広く全労働者を対象とし、(2) 労働条件の最低限度を国際的標準まで高め、(3) 旧来の労働慣習における封建的制度を抜本塞源的に払拭する。(4) 従来バラバラであった労働保護法規の改廃を行い、統一整備された労働保護法を制定する。(5) 労務法制審議委員会は活用するが、本法が労働組合法と異なり技術的専門的事項が多い点に鑑み、まず事務当局案を作成提案し、委員会、官庁合体した案を作成するように進める。(6) その間総司令部との関係を緊密にし、事前連絡をとり疎誤なきを期する。

　つまり、新法の内容として、①成人男性を含む全労働者を対象として、②国際水準にそった高い労働条件を定め、③かつ、日本の封建的で人権侵害的な慣行を根絶する、④統一的な法典、という目標が示された。また、法案の作成にあたっては、最初から労務法制審議委員会で議論がなされた労組法とは異なって、労働保護課で当初の起草作業を行うとの方針が取られ、その間、ＧＨＱとの間で緊密な連絡を取ることとされたのである。

　これにもとづき、労働保護課では法案作成のための資料収集が行われ、外国の立法例や国際労働基準についてもさまざまな資料が集められた[13]。

二　法案の起草過程

　労働保護課では、上記、労働保護法作成要綱の翌日である4月12日付けで、最初の草案となる「労働保護法草案」（第1次案）を作成した。これを皮切りに、以後、翌年3月4日、帝国議会に最終的な「労働基準法案」が提出されるまでの間に、第12次案までの中間的な草案を作成している。もっとも、各次の案には、多くの場合、当初の文章に手書きで加筆修正を行った「修正案」が存在し（その内容は、次の段階の草案と必ずしも同じではない）、そのほかに数字の入っていない草案もいくつかあるので、全体の数はさらに

---

12)　松本・前掲注2) 34-35頁による要約を、ほぼそのまま掲げている。原文は、同書25頁以下、広政・前掲注6) 393頁以下、「立法資料51」175頁以下。
13)　松本・前掲注2) 49頁以下。後にそれらは法案資料として議会に提出された。「立法資料53」225頁以下。また、資料の解説として、同書52頁以下［渡辺章］も参照。

多くなる。

　以下では、このような草案の形成・発展のプロセスを四つの段階に区分したうえで、各次の基本草案に的を絞って概観してみよう[14]。各段階の特徴をあらかじめ述べておけば、①労働保護課内部における「労働保護法」案の検討、②労務法制審議会の議論を通じた「労働基準法」案への発展、③新聞発表・公聴会後の検討による法システムの整備、④労務法制審議会の答申と法務局審査を通じた法案の完成、というイメージとなる。

1　初期の草案（第4次案まで）

　第1次案（4月12日）から第4次案（6月3日）までの初期の草案は、労働保護課の内部で秘密裡に作成されたものであり、部外への発表はなされていない。もっとも、GHQとの間では、随時、協議がなされたようである。とくに第3次案（5月13日）に関しては、労働保護課の寺本（廣作）課長らが5月28日にGHQの労働課を訪問し、逐条的に詳細な説明を行った資料が残されている[15]。

　まず、最初の第1次案は、「労働保護法草案」という名称の、カタカナ書きの草案である。章立てがなされておらず、労働時間の部分には二つの異なるバージョンが綴じ込まれるなど、いかにも原初的な印象を与える。法の適用範囲から始まって、最低年齢、休日、労働時間、休憩、深夜作業、婦人保護、業務禁止、病者保護、契約保護、施設、寄宿舎、福利施設、災害補償と、項目ごとに条文が並べられており、内容的にも工場法の影響が随所に残っている[16]。とはいえ、たとえば労働時間について、当初は女子・年少者は1日8時間・週48時間、その他の者は1日9時間・週50時間となっていたの

---

14) 各草案の内容と分析については、「立法資料51」を参照。同書では、草案の生成過程を、準備期、展開期、調整期、完成期の四つに区分しているが、本稿の区分は、それと若干ずれる部分もある。なお、同書〔資料22〕における「国会提出法案」という言葉は、「帝国議会提出法案」とすべきものであった。同様に松本・前掲注2）209頁以下の「国会」も、「議会」が適切と思われる。
15) 「立法資料52」227頁以下の〔資料3〕。また、同書5頁以下の解説〔中窪裕也〕も参照。
16) 「立法資料51」73頁〔野田進〕。

を、手書きの修正により、男女を問わず1日8時間・週44時間と変更しており（5条。重複分の後者）、より高い普遍的な基準への指向も感じられる[17]。解雇の予告についても、工場法の14日前に対し、最初から30日前と定められていた（27条）。

次の第2次案（4月24日）は、「労働保護法案要綱」という名称の、やはりカタカナ書きの草案であるが、①総則（丸囲みの数字は第1章を意味する。以下も同様）から始まって、②労働者最低年齢、③雇傭契約締結保護、④労働時間、休憩、休日及深夜作業、⑤婦人保護、⑥徒弟、⑦安全及衛生、⑧就業規則、⑨寄宿舎、⑩災害補償、⑪雇用契約解除保護、⑫監督まで、全部で12の章が設けられ、法案らしい体裁が整えられている。なお、手書きの修正で、③から「締結保護」という言葉を削除して「雇傭契約」とする一方で、⑪の章を削除しているようであり、現在の第2章、解雇を含む「労働契約」の章ができる過程を示す資料として、興味深いものがある。また、①の総則では、1条に「人タルニ値スル生活」という言葉が現れ、2条で「国籍、人種又ハ宗教」を理由とする差別的取扱いを禁止し、さらに手書きで「2条の2」として、強制労働の禁止を追加しており、いわゆる労働憲章の端緒的な姿が見られる[18]。

これらに対し、第3次案（5月13日）は、名称こそ「労働保護法草案」であるが、全体がひらがな書きになり、章立ても、①総則、②労働契約、③労働時間、休憩、休日、④安全及び衛生、⑤女子及び年少者、⑥徒弟、⑦災害補償、⑧就業規則、⑨寄宿舎、⑩監督機関、⑪雑則、⑫罰則となって、成立時の労基法のかたちにぐっと近づいた。各章の中においても初出の規定が数多く見られ、成立する労基法のほとんどの条文がこの段階で登場している[19]。ただし、⑫の罰則については「省略」との記載があるのみであり、

---

[17] もっとも、同じ手書きの修正によって書面協定による時間外労働が導入され、労働時間規制そのものが軟式になってしまった。野田進「労働時間規制立法の誕生」日本労働法学会誌95号（2000年）81頁、93頁。同時に、女子・年少者はその対象外とされ、特別な保護という観点は残存している。

[18] 以後の展開については、中窪裕也「労働保護法から労働基準法へ——労働憲章、賃金、女子・年少者の起草過程」日本労働法学会誌95号（2000年）113頁、126頁以下を参照。

[19] 「立法資料51」74頁［野田進］。

ここに具体的な条文が入ってくるのは、かなり先の第8次案（11月20日）からである。

　その点はともかく、注目に値するのは、第2次案では、労働時間、安全衛生、雇傭契約など、それぞれの項目の中で、一般的な基準に加えて女子・年少者に関する特別規定が定められていたのに対し、第3次案では、それらが、最低年齢、婦人保護（産前産後の休業などの母性保護）の規定とともに、一つの章（⑤の「女子及び年少者」）に集められていることである[20]。また、「労働契約」という新しい言葉が用いられたのも、この第3次案からである。第2次案と比べてかなり大きな発想の違いを感じさせるところがあり、第3次案は、草案形成プロセスにおける最初の大きな節目と言うことができよう。前述のように、GHQに対しても、本草案にもとづき詳細な説明がなされている。

　続く第4次案（6月3日）は、第3次案に対して比較的小規模の変更にとどまっており、名称や章立ても不変である。とはいえ、第3次案で採用された、本法および就業規則に定める基準の強行的効力の規定に、手書き修正により直律的効力が追加され（条文番号修正前の8条・78条。手書き修正により後者は88条に改められたが、煩を避けるため、以下、元の番号だけを記す）、また、同じく手書き修正によって、週の法定労働時間が44時間から48時間に延長され（同23条）、割増賃金も1倍半から2割5分増しに変更される（同27条）など、興味深い動きも見られる。

　また、この第4次案は、いわゆるデレヴィヤンコ事件との関係で重要な役割を果たしたことが知られている。この事件は、連合国極東委員会の第9回対日理事会（7月10日）において、ソビエト連邦代表のデレヴィヤンコ中将が、日本の労働立法に関する全22項目の勧告（そのうち17項目が労働保護立法に関するもの）を発表したことに端を発する。これに対してGHQの側が、7月15日、「日本政府において目下準備中の労働保護法草案」を随所に引用しながら、同勧告の内容はすでに現行法令で実現されているか、もしくは上記草案の中で実現が予定されているものであり、何ら新しいものはな

---

20)　中窪・前掲注18）118-120頁を参照。

い、と反駁する声明を発したが、そこでの草案の内容は、ほぼ第4次案にそったものであった。デレヴィヤンコ勧告が出された後、GHQから労働保護課に草案の説明要求があったため第4次案を渡したところ、そのようなかたちで公表されてしまったといわれる。これは労働保護課にとって予期せぬ展開であったが、結果的に草案がGHQのお墨付きを得たかたちとなり、労基法制定に向けて大きな一歩を進めることとなった[21]。

2 労務法制審議会での議論と新聞発表・公聴会（第5次案～第6次案）

デレヴィヤンコ勧告に対するGHQの上記反駁声明が出された翌日である7月16日、河合（良成）厚生大臣が議会において、労働保護法はできるだけ早い機会に制定する旨を言明し、日本政府による法律制定の動きが顕在化した。これを受けて厚生省は、労政局長名で全国の279の事業主団体と649の労働組合に労働保護法に関する質問書を送り、また、東京で労使それぞれの有力団体の代表者を集めた座談会を開催する（7月19日・20日）などの準備作業を開始した。

さらに、政府は7月22日、正式に労務法制審議会を招集し[22]、労働保護法制の起草について諮問を発した。労務法制審議会は、学識経験者（10名）、事業主側（8名）、労働者側（8名）、官庁側（15名）の各委員により構成されていたが、同日の第1回総会において、学識経験者、事業主側、労働者側それぞれ4名の委員による小委員会（委員長・末弘厳太郎博士）を設置し、草案の検討を委任することを決定した[23]。

小委員会は、同月26日以降、事務局が用意した草案（第5次案）を元に、2週間ほどの間に5回の会合を開いて議論を行い、その結果をまとめた草案

---

21) 以上につき、寺本・前掲注2）20頁以下、松本・前掲注2）94頁以下。また、「立法資料51」45-46頁［渡辺章］、「立法資料52」26-30頁［中窪裕也］も参照。
22) 労組法や労調法の立法時に利用された労務法制審議委員会は、1946年4月21日に「労務法制審議会」に改組されたようである。松本・前掲注2）296頁、渡辺・前掲注5）日本労働法学会誌21頁。なお、「立法資料51」では「労務法制審議委員会」という言葉を用いているが、後に「労務法制審議会」に訂正されている。「立法資料52」vi頁。
23) 労務法制審議会および小委員会の委員名簿、総会議事速記録、小委員会の議論のメモ等の資料は、「立法資料52」439頁以下に掲載されている。それらの解説として、同書73頁以下［土田道夫］も参照。

第1章 労働基準法 111

（第6次案）を、8月6日の労務法制審議会第2回総会に提出した。総会の場ではさまざまな意見が述べられたが、同案を公表したうえで、公聴会を開催して広く意見を聴くことが承認された。なお、この草案については、8月21日に末弘委員長がGHQ労働部を訪問し、説明を行ったとされる。

かくして、第6次案は8月26日に新聞発表され、初めて一般公衆の目に触れることとなった。同案にもとづき、9月の5日から17日にかけて、計11回にわたる公聴会が開かれ、労使団体や一般希望者から意見が聴取された[24]。また、それに先立つ9月3日には、商工、運輸、郵政等の関係各省に対する説明会も開催された。

以上のような経過の中で、まず、労務法制審議会の小委員会に提出された第5次案（7月26日）は、「労働条件基準法（労働保護法）草案」という名称が、たいへん特徴的である。カッコ内に「労働保護法」という言葉は残っているものの、「労働条件基準法」という名称が現れ、メインに掲げられたのである。労務法制審議会の第1回総会で、労働者側委員から、「保護」という言葉は労働者を弱者、劣後者としか見ないものであり、新憲法の精神に反するとの批判が提起されたことが、その背景にあるのは明らかであろう[25]。「基準」という言葉は、当時衆議院で審議中であった新憲法草案の規定（25条2項、現27条2項）にそったものといえる[26]。

第5次案の中身を見ても、第1章の総則では、「労働者は使用者と対等の立場に於て労働条件を決定する権利を有する」（2条）、「使用者は同一価値労働に対しては男女同額の賃金を支払わなければならない」（4条）という新たな規定が加わる一方で、適用事業を列挙した規定が姿を消し、すべての事業が一般的に法の適用を受けるかたちになっている。また、章の数が一つ増え[27]、新設された第3章「賃金」には、休業手当（21条）や出来高払い

---

24) 公聴会の日程、出席者、出された意見の概要については、寺本・前掲注2）89頁以下、「立法資料53」378頁以下。また、「立法資料52」549頁以下では、議事メモ等の資料も掲載されている。解説として、同書117頁以下［渡辺章］も参照。
25) 中窪・前掲注18）113頁。また115頁注2も参照。
26) アメリカの公正労働基準法（Fair Labor Standards Act）も意識されたようである。「立法資料51」61頁注7［渡辺章］を参照。
27) 同時に、第4章の標題の末尾に「年次有給休暇」という言葉が追加された。

の保障給（22条）の規定も追加された。そのほか、書面協定による時間外労働に1日3時間、週9時間、年150時間という上限が付加され（33条）、また、これは第4次案の手書き修正からであるが、就業規則の作成にあたって使用者は労働組合（労働組合がない場合には過半数代表者）の「同意」を得なければならないとされる（85条）など、全体に、かなり大胆で進歩的な内容となっている。初めて外部の目に触れる草案をまとめるにあたり、労働保護課に、何らかの考慮や思いがあったのであろうか[28]。いずれにしても、この第5次案は、小委員会における検討の結果、かなり大きな修正を受け、第5次案修正案が作られる。これを整理したものが、次の第6次案である。

　その第6次案（8月6日）では、名称が完全に「労働基準法草案」となっている点が、まず目を引く。過渡的な第5次案を経て、当時としては斬新な「労働基準法」という言葉が、本草案で明確に採用されたものであり、以後は一貫して、この名称が用いられている。また、章立てについても、第5次案の全13章という構成が維持され、以後、わずかな標題の変更（第7章の「徒弟制度」が第8次案で「技能者の養成」に）はあるものの、そのままのかたちで成立へと至ることになる。したがって、労基法草案の骨格は、この第6次案により固まったということができよう。

　規定の内容面では、第5次案から大きな修正を受けた条項もあれば、そうでない条項もあり、さまざまであるが、先に第5次案で触れたもののなかでは、総則で適用事業の列挙規定が復活し（7条）、時間外労働に関する上限規定は削除され（34条）、就業規則における同意要件は、第4次案までの「意見を徴する」義務に戻された（84条）。その意味で、本草案には、進歩的な第5次案に対する揺り戻しのような面があったのかもしれない。とはいえ、冒頭の総則に労働憲章的な規定を拡充するという方針にもとづき、公民権行使の保障（6条）が追加されるという進展も見られる。

　ちなみに、第6次案がまとまった後の8月25日、GHQの労働諮問委員

---

28) 前掲注4)『注釈労働基準法（上）』6頁［野川忍］は、デレヴィヤンコ勧告によりソ連の干渉に敏感となった労働保護課が、できるだけ徹底した労働者保護を求める同勧告の内容を意識して、かなり理想主義的な規定を含む草案を早急に作成した可能性を指摘している。

会（Labor Advisory Committee）の最終報告書が発表された。同委員会はＧＨＱの招請によって４月にアメリカから来訪し、調査を行ったうえで日本の労働法制全般に関するさまざまな勧告を行った。労働保護立法に関しても、基準の低さ、適用範囲の狭さ、実効的な行政機構の欠如など、従前の法制に関する多くの問題点を指摘したうえで、適用範囲、労働契約、労働時間、児童労働など、計13の項目について勧告を行っている[29]。ただ、基本的に、この分野についてＧＨＱが指令により詳細に基準を定めるのは賢明ではないとの立場を示し、現在、厚生省が準備した改正法案につき労使団体の意見が求められているところであって、適当な内容を有する新立法が民主的手続により定められる合理的な見込みがあるので、ＧＨＱとしては、一般的な方向性を明確に示したうえで、「道義的支持と専門的援助」により改善をはかるのが適切、と述べている[30]。

3　公聴会後の検討と小委員会（第７次案〜第８次案）

第７次案（10月30日）は、第６次案の作成から２か月半以上、新聞発表からでも２か月以上の期間を経て作成された[31]。この間、労働保護課では、公聴会等を通じて集まった意見や要望[32]を整理するとともに、ＧＨＱとの間で調整を重ねた。とくに、９月下旬、ＧＨＱ労働課に、労働基準関係で豊富な経験と知識を有するゴルダ・スタンダー（Golda Standar）女史が着任すると[33]、連日のように綿密な検討がなされた。これらの結果をもとに、第７次案が取りまとめられ、11月１日から再開された労務法制審議会の小委員会に提出された。もっとも、ＧＨＱとの折衝は、小委員会の再開後も、それと併行して続けられたようである。

---

29) 英語原文を含む資料として、「立法資料52」263-337頁。
30) 松本・前掲注２）102頁は、労働保護課としては「他人の見る目」の厳しさを感じつつも「安堵の胸を撫でおろし、そしてよろこんだものだった」と述べている。
31) その間に作られたと思われる第６次案修正案と第７次案覚書が、「立法資料51」294頁・314頁に収録されている。それらの解説として、同書99頁以下［中窪裕也］。
32) それらは「立法資料52」613頁以下に収録されている。解説として、同書147-216頁［野田進、野川忍、和田肇］。
33) スタンダー女史の経歴については、竹前・前掲注７）101頁注６を参照。

第7次案では、上記のような検討の結果であろうが、第6次案に対して、かなり多くの変更が加えられている。たとえば、総則においては、労働条件の向上を図るように努める義務が追加され（1条）、労働者の「権利」とされていた労働条件の対等決定が、「決定すべきものである」というかたちになり（2条）、禁止される差別事由が「国籍、人種、宗教又は社会的地位」から「国籍、信条又は社会的身分」となり（3条）、「同一価値労働に対しては男女同額の賃金を」という規定が、「女子であること」を理由とする賃金差別の禁止となり（4条）、強制労働について「暴行、脅迫、監禁其の他精神又は身体の自由を拘束する手段により」という文言が加わり（5条）、中間搾取の排除の規定が追加される（5条の2）、等の修正が見られる。労働憲章が拡充される一方で、2条や4条のように、第5次案からのさらなる揺り戻しとも思える修正もあり、興味深いところである。

　また、他の章においても、たとえば、労働契約の期間の上限を3年から1年に短縮する（12条。第2次案への復帰）、賃金について直接払いと全額払いを追加する（22条）、年次有給休暇について、「労働者は……請求することができる」という文言を「使用者は……与へなければならない」に変更する（37条）[34]、女子・年少者について、書面協定にもとづく時間外労働を一定の枠内で許容する（57条）、第7章の標題を「徒弟制度」から「技能者の養成」に変更する、休業補償を100分の80から100分の60に引き下げる（73条）、補償を受ける権利に2年の時効規定を新設する（79条）、監督機関に対する労働者の申告権を追加する（95条の2）、といった修正が行われた。

　小委員会は、11月1日、2日、9日、13日、16日、21日と、11月中に計6回の会合を開いた[35]。第8次案（11月20日）は、その終盤に作られたものであるが、実体規定に関するさまざまな修正はあるものの、調整的なものにとどまっている。より重要な特徴は、第13章「罰則」に、初めて具体

34）　公聴会における労働者側意見で、同条に関し、労働者は気の弱いものだから年次有給休暇を会社に「請求」し得ないことがあるので、請求がなくても使用者は与えなければならないというかたちに書き直されるべきである、との指摘があったこと（「立法資料53」393頁を参照）を反映したものと思われる。
35）　これらの議事メモが、「立法資料52」602頁以下に収録されている。解説として、同書98頁以下［土田道夫］。

的な条文が入ったことである。それらの完成度が高く、ほぼ最終的なかたちになっているのは、それまでの間、別途に十分な検討を行っていたためではないかと思われる。そのほか、第12章「雑則」でも、附加金（現在の付加金）の前身である「過怠金」の規定（104条の2）が追加され、また、法案の末尾には、「附則」の規定も新設された。

なお、この第8次案の原本は手書きのガリ版刷りであるが、その第11章「監督機関」の規定を全面的に置き換えるかたちで、タイプ印刷の条文が綴じ込まれている（手書きで「21.12.9」という日付が入っている）。そこでは、それまでの「行政官庁」という抽象的な文言に代えて、「労働基準局」、「都道府県労働基準局」、「労働監督署」等の名称が取り入れられ、主務大臣からの直接的な指揮監督のラインが明示されている（92条～92条の4）。監督機関については、地方政治の影響を排除するため、ＩＬＯ条約にしたがって国の中央機関の直接・専属の管轄下におくという「直轄案」に対し、工場法など戦前の保護立法と同様に、都道府県知事の下に監督組織を設けるという「分権案」も主張され、大きな問題となっていたが、この段階に至り、「直轄案」を採用することが決定されたのである[36]。以上のような、法のエンフォースメントに関する規定の整備によって、草案はいよいよ最終形に近づいた。

4　労務法制審議会の答申と最終調整による完成（第9次案以降）

その後、12月20日に、再開後7回目となる小委員会が開催され、続いて12月24日には労務法制審議会の総会が開かれ、同会として最終的な労働組合法草案の答申がなされた。

第9次案（12月13日）[37]は、そこに至る過程の姿を示すものである。条文番号の整理や細かな文言の修正が中心をなしているが（第8次案で登場し

---

36) 松本・前掲注2) 149-166頁。この問題について、詳しくは、「立法資料51」49-53頁［渡辺章］を参照。
37) 「立法資料51」は、第9次案の日付を、手書きによる修正にもとづき12月20日としているが、本稿では、表紙の地の文に従って、12月13日としておきたい。同日のテキストに、本文で述べる手書き修正を加えたうえで、12月20日の小委員会に提出されたものと思われる。

た「過怠金」は、「未払金」という名称になっている。112条)、手書きによる修正で、いくつか興味深い変更もなされている。たとえば、解雇制限の例外事由として、天災事変その他やむを得ない事由のため事業の継続が不可能となった場合が追加され、これについて解雇予告との並びで行政官庁の認定の制度が導入されたこと（18条）、時間外・休日労働のための書面協定や就業規則作成時の意見聴取の相手方について、それまで労働組合の場合には過半数要件がなかったのに対し、「労働者の過半数で組織する」という限定が付加されたこと（35条、89条）である。また、災害補償の請求権に関する２年の時効規定が削除され、代わりに「賃金、災害補償その他この法律の規定による請求権」に関する一般的な規定として、２年の時効が定められた（112条の２）。そのほか、罰則に関し、初犯者には懲役または禁固の刑を科さない旨の規定も追加されたが（116条の２）[38]、これに対しては12月20日の小委員会で労働者側委員から批判があり、附帯決議に回すこととされたため[39]、次の第10次案では姿を消している。

　第10次案（12月20日）[40]は、総会で承認された、労務法制審議会による答申案である。その中身は、上記第9次案に加えられた手書き修正（116条の２を除く）を入れ込んで、浄書したものである。12月24日付けで、労務法制審議会会長代理の末弘博士から河合厚生大臣宛の表書きを付して、正式に答申がなされた。その際の附帯決議として、①使用者、労働者いずれの責にも帰すべからざる事由による休業に対し、労働者の生活を保障する施策

---

[38]　この規定がアメリカの公正労働基準法の影響を受けたものであるとの指摘として、佐伯仁志「公益通報者不利益取扱い処罰に関する比較法的検討」長井圓先生古稀記念『刑事法学の未来』（信山社、2017年）777頁、782頁注13。
[39]　「立法資料52」609-610頁。また、佐伯・前掲注38)も参照。
[40]　「立法資料51」442頁以下に掲載されている第10次案の、地の文を意味する。これは、文末に句点がない点を除き、同書468頁以下の労務法制審議会答申案と同文である。なお、同書では、第10次案に対する手書き修正がすべて12月20日になされたと考え、それが答申案で元に戻ったことを不可解としている。同書4-5頁[渡辺章]。また、これに関する解釈の試みとして、同書124-125頁[野川忍]、「立法資料52」99-100頁[土田道夫]も参照。しかし、この草案の表紙には手書きで「法制局審査の原本」と記されている。松本・前掲注2）211頁によれば、内閣法制局の審査は翌年1月8日から始まっており、それらの修正は、答申が終わった後、法制局審査の過程で書き加えられたと考えるほうが合理的であろう。

第1章　労働基準法　117

を講じること、②この法律違反事件については、監督官による戒告、起訴猶予その他刑事政策上の考慮を払い、濫りに初犯者に体刑を科し法の運用を苛酷ならしめることなきこと、という2点が記されている。②は、上に述べたような経緯にもとづくものである。①は、休業手当について、当初の第5次案では「労働者の責に帰することのできない事由」によって発生した休業となっていたものが、以後の草案において「使用者の責に帰すべき事由」との間で何度か揺れ動き、最終的に答申案で後者となったこと（25条）を受けたものである。

　年が明けて1947年1月に入ると、労働保護課では、答申案について内閣法制局の審査を受けた。その結果を整理したのが、第11次案（同年1月20日。以下、年は省略）である[41]。句読点を加えたうえで、細かな文言の修正を行う程度であるが、たとえば、総則では、賃金の定義規定が加わるとともに（11条）、労働者の定義においても、「賃金、給料その他これに準ずる収入を得て……使用される者」という言葉が「使用される者で……賃金を支払われる者」に変更されている（9条）。また、監督機関について、それまでの「労働監督署」、「監督官」という言葉が、それぞれ「労働基準監督署」、「労働基準監督官」となり（97条以下）、さらに、雑則で「未払金」が「附加金」に改められた（113条）。これらにより、草案はほとんど完成の域に達したといえる。

　2月には、微修正を加えた第12次案（2月22日）にもとづいて閣議決定がなされた。この草案はもともと2月6日付けであったが、手書きで22日に訂正されている。閣議決定は本来、2月7日に予定されていたが、2・1ゼネストが中止された後の緊迫した情勢のなかで容易に意見がまとまらず、数回の審議を経て、ようやく22日に至って決定を見たとされており[42]、これを反映したものであろう。修正の中身としては、賃金の月1回以上、定期日払い原則を、別の項にする（24条）、徒弟の「禁止」という条文見出しを「弊害排除」に変更する（69条）、といった修文が中心であるが、公務のた

41）　注40）で見たように、第10次案の原本に手書きで加えられた修正はこの段階のものであり、第11次案とほぼ同内容と思われる。
42）　寺本・前掲注2）131頁。

めの臨時の必要にもとづく時間外・休日労働の追加（33 条）、労働基準監督官の司法警察官としての権限の追加（102 条。第 8 次案修正案で削除された規定を若干の修正のうえ復活）といった、注目すべき変化もある。

第 13 次案（2 月 24 日）[43] は、これらを清書した最終版である。この草案は、2 月 26 日に新聞発表された後、3 月 4 日に帝国議会に提出された。そして、次に見るように、審議の結果、そのままのかたちで可決されることになる。

三　議会における審議

1　審議の経過

労基法の法案は、1947 年 3 月 4 日に衆議院に提出され、同月 6 日、8 日、10 日に本会議で議論された後、「労働基準法案委員会」に付託された。同委員会の審議は 17 日に原案どおり可決というかたちで終了し、これを受けて本会議でも、翌 18 日、やはり原案どおりに可決された。なお、委員会および本会議では、日本社会党と国民協同党から修正提案がなされたが、賛成少数で否決されている。

続いて 3 月 19 日に、貴族院の本会議に同法案が上程され、翌 20 日から「労働基準法案特別委員会」で審議が行われたが、25 日に原案どおり可決された。27 日の本会議でも、やはり原案どおり可決され、労基法案は最終的に成立した。

ちなみに、この第 92 帝国議会の終了後、新憲法の発効を控え、衆議院はＧＨＱの指令によって解散される予定となっていた。労働保護課長であった寺本氏は、後に、「主管大臣の見通しによれば本法案がこの議会に提出されても審議未了となることは必至であるとのことであったが、世論は遂にそれを許さなかった」と述べている[44]。当時の状況下においては、とくに使用

---

43) 同案については「立法資料51」596 頁の頭注を参照。ガリ版刷りのものも、国立公文書館のデジタルアーカイブで閲覧が可能である。なお、この法案が「帝国議会提出法案」と呼ばれるべきことにつき、前掲注14) を参照。

者側の反対が強く、法案の成立が決して「当然」ではなかったこと、しかし同時に、それを押し切るだけの社会的な盛り上がりがあったことは、記憶にとどめられてよいであろう。

なお、貴族院での議決に際し、委員会で次のような4項目の「希望決議」がなされ、本会議でも採用された。①本法の施行期日を定めるに当たっては、経済・労働の実情、とくに本法運営のため多くの施設準備を要すべき事情に鑑み、十分の余裕を存するよう考慮すること、②本法施行のための命令規則の制定に当たっては、経済・労働に知識経験ある委員に諮問して行うこと、③本法の運営に当たっては、いたずらに取締・処罰を旨とすることなく指導斡旋に努め、かつ、この方針を行政の末端に徹底せしめること、④本法の施行と併行して、社会保険および公的医療機関の整備充実を図ること。

2 いくつかの論点

衆議院、貴族院における審議の状況については、詳細な資料にもとづく解説・分析がすでになされていることでもあり[45]、深く立ち入る必要はないであろう。ここでは、わずかなりとも議論の感触を伝えるために、三つの場面に言及しておくことにしたい。

第1は、衆議院本会議の冒頭（3月6日）における、河合厚生大臣の提案理由の説明である[46]。労組法・労調法の制定により労働法制は整備されてきたが、労働条件の基準を定める法律をさらに制定する必要性があることを、新憲法27条2項にも言及しながら指摘したうえで、この法案の作成にあたりとくに政府が考慮した事項として、①労働条件の決定に関する基本原則を明らかにすること、②労働関係に残存する封建的遺制（強制労働、長期労働契約、前借金、強制貯蓄など）を一掃すること、③国際労働会議で採択された基本的な制度（8時間労働制、週休制、年次有給休暇など）を一応の基準

---

44) 寺本・前掲注2) 137頁（旧字は新字に直している）。なお、同書を含むいくつかの文献で「第93」帝国議会と書かれているのは、「第92」の誤記であろう。ちなみに、河合厚生大臣と労働保護課との微妙な関係について、松本・前掲注2) 213-216頁も参照。
45) 資料として「立法資料54」。その解説および分析として「立法資料53」33-120頁［野田進、中窪裕也、渡辺章］。
46) 「立法資料54」587-589頁。

として最低労働条件を定めたこと、という3点をあげている。また、①に関し、1条に労働条件の原則として労働者が人たるに値する生活を営むための必要を充たすべきことを規定し、さらに労働憲章的な規定を設けているのは、このような趣旨にもとづく、とされている。労基法の基本的な目的と着眼点を示すものとして、やはり重要な言明であろう。

第2は、衆議院の委員会審議が終わった後、委員長の矢野（庄太郎）議員が3月18日の本会議で行った、経過・結果報告である[47]。そこでは、委員会で行われた議論の例として、①労働時間に関し、法案のような実働8時間制ではなく、すでに多くの事業でとられている拘束8時間制にすべきでないか、②賃金に関し、休電や石炭不足等による休業が頻発しているなか、使用者の責に帰すべき事由による休業の場合のみならず、広く労働者の責に帰すべからざる事由による休業の場合にも、休業手当を支給すべきではないか、③年少労働者に関し、6・3制の義務教育が骨抜きにならないように、最低年齢は満15歳ではなく、満16歳とすべきではないか、④生理休暇に関し、一般の労働条件が悪く衛生施設の低調であるわが国の状況を考えれば、広く全女子労働者に対し、無条件に生理休暇を与えるべきではないか、という四つが紹介されている。他にも多くの議論がなされているなかで、これらが選ばれたことには、それなりの意味があるものと思われる。

第3は、それに引き続く本会議の場で日本社会党の4名の議員が提出し、国民協同党も支持を表明した、法案の修正案である[48]。同じ内容の修正案は、委員会においても最終日（3月17日）に提出されている。提案された修正の内容は、①20条1項の解雇予告期間を「30日」から「60日」に改める、②24条2項の定める毎月「1回以上」の賃金支払いを「2回以上」に改める、③26条の休業手当について「使用者の責に帰すべき事由」を「労働者の責に帰すべからざる事由」に改める、④最低賃金の決定手続に関する30条に新4項として、「賃金委員会は、最低賃金に関する発議権を有する」との規定を加える、⑤32条の労働時間について、休憩時間を「除き」を「含

---

47) 「立法資料54」812-814頁。
48) 「立法資料54」815頁。

み」に改める、⑥34条1項の休憩について、「6時間」を超える場合を「5時間」に、「8時間」を超える場合を「7時間」に、それぞれ改める、⑦56条1項の最低年齢で、原則の「15歳」を「16歳」に、但書における「14歳」を「15歳」に、それぞれ改めたうえで、但書に、「この場合、使用者は、これらの児童で定時制の高等教育を受けようとする者に対して、修学に関する便宜を与えなければならない」との文言を加える、⑧60条2項の児童の労働時間（修学時間を通算）について「7時間」を「6時間」に、「42時間」を「36時間」に、それぞれ改める、というものであった。前述のように、いずれも賛成少数で否決されているが、第2で述べた四つの事項との重なりも含めて、どのような問題に重点な関心が注がれたのかを知るうえで、参考になろう。

四　労基法の施行

1　施行規則の作成と行政機構の整備

　以上のような経過を経て成立した労基法は、冒頭で述べたように、1947年4月7日に公布され、同年9月1日と11月1日の2段階に分けて施行された[49]。施行に至るまでには、二つの重要な準備作業がなされている。

　第1は、労働基準法施行規則（以下、労基則）をはじめとする規則類の制定である。労基則は8月30日に制定されたが、そこに至るまでに、かなりの手間がかけられた。5月以降、数次にわたる草案を作成したうえで、8月には東京と大阪で公聴会を開催し（東京12・13日、大阪15・16日）[50]、労使等の関係者の意見を聴取して、さらに修正を重ねている。また、遅い施行となった部分については、労働安全衛生規則、女子年少者労働基準規則、技能者養成規程、事業附属寄宿舎規程などが、10月31日付で作成された。そのほか、9月13日付で「労働基準法の施行に関する件」という通達（発基

---

49) 労基法の施行に関する詳細な解説として、「立法資料55」3-15頁［渡辺章］。
50) 労働基準法施行規則制定に関する、東京および大阪で開催された公聴会関係資料は、「立法資料55」537-573頁。

17号）が出され[51]、主要な条文について行政当局としての解釈が示された。

第2は、行政機構の整備である。前年8月に発表されたGHQ労働諮問委員会の報告書では、新たな労働保護立法の実施機関は、十分な人員を整えた「新労働省」の局により直接に監督されるべきである、との勧告がなされていた。その後も「分権案」の主張は根強く残ったが、労基法では、最終的に「直轄案」による監督体制が採用された。その頂点となる主管官庁として、労働省設置法により、1947年9月1日に厚生省から分離するかたちで「労働省」が発足し、労働大臣の下に、労政局、労働基準局、婦人少年局、職業安定局、労働統計調査局の5局が置かれた。労基法を担当する労働基準局の下には、都道府県労働基準局、労働基準監督署の組織が整えられ、監督官や事務官が配置された。

2　附則による施行猶予

施行に関して留意すべきは、労基法の附則に置かれた127条および128条により、一部の規定については、同法施行の日から6か月間または1年間、適用が猶予されたことである。

すなわち、第1に、18条2項（貯蓄金管理に関する行政官庁の認可）、49条（経験のない労働者に関する危険有害業務の就業制限）、57条（年少者の証明書）、60条（年少者の労働時間・休日）、61条（女子の労働時間・休日）、62条（年少者・女子の深夜業）、63条（年少者・女子に関する危険有害業務の就業制限）、89条（就業規則の作成・届出義務）、95条（寄宿舎生活の秩序）、106条（法令規則の周知義務）、107条（労働者名簿）、108条（賃金台帳）については、施行の日から6か月間、適用が猶予された（127条1項）。

第2に、法律施行の際、満12歳以上の児童を使用する使用者が引き続きその者を使用する場合には、施行の日から6か月間、その者について56条（最低年齢）の適用が猶予され（128条1項）、また、法律施行の際、満16歳以上の男子を使用する使用者が引き続きその者を使用する場合には、施行の日から1年間、その者について64条（坑内労働の禁止）の適用が猶予さ

---

51)　この通達は「立法資料56」948頁に再録されている。

れた（同条2項）。

　これら適用猶予になった規定について、渡辺教授は、「労働基準法の施行期の経済的窮乏あるいは事業経営体制の混乱から経済復興ないし事業整備への準備の時期に当たることを考慮したと考えられる事項」も存在するが、むしろ、「戦前から依然引き継がれている戦後日本の労働関係の特別な事情（端的には旧習であり、弊習というべき雇用慣行）を考慮し、法律の施行によって一挙に排除・是正することが困難と考えられる事項」が多く、「労働基準法の目指した日本の労働関係の近代化、最低労働基準の統一化、国際化等の理念なり具体的制度がどのような時勢の困難に直面したかを如実に物語っている」と述べておられる[52]。まことに正当な指摘であるが、他方で、それらを猶予期間付きではあっても排除・是正する点に労基法制定の重要な意義があったことも、また確かであろう。

五　その後の法改正

　労基法は、今日までに多くの改正を受けてきた[53]。それらのうち重要と思われるものを、以下に記しておこう。

1　初期の改正

　労基法は、制定から半年もたたない、施行前の1947年8月31日に、早くも最初の改正を受けている。労働省の設置に当たり、婦人労働局が設けられることとなったため、女子・年少者に関する規定については婦人少年局長が担当する旨の規定を追加したものである。

　また、1949（昭和24）年5月16日には、鉱山の安全につき労働省と商工省のどちらが所管するかという対立を、後者を支持するかたちで決着させ、労基法第5章「安全及び衛生」の規定は、鉱山における保安については適用しない旨を定める改正が行われた。

---

52)　「立法資料55」9頁。
53)　労基法の各改正の概要については、厚生労働省労働基準局編『平成22年版・労働基準法（上）』（労務行政、2011年）34頁以下を参照。

初期における一つの節目は、1952（昭和27）年7月31日の改正であろう。平和条約の締結による占領の終了（同年4月28日）を控え、前年より、独立後の労基法をどう変更するか、しないかについて検討が行われ、同法に対する使用者側の根強い批判もあって、議論が沸騰した。しかし、中央労働基準審議会の審議の結果、公労使三者の意見が一致したものに絞った、小規模な（とはいえ、初めての実質的な）改正案がまとめられた[54]。

　主な内容は、①いくつかの手続を簡素化する、またはこれを労使の自主的協定に委ねる、②女子の時間外労働の制限および深夜業の禁止に、若干の例外を拡大する、③16歳以上の年少者の男子に、技能者養成のための坑内労働を認める、等である。なお、①により、貯蓄金管理、賃金の一部控除、年次有給休暇で支払う賃金について、新たに労使協定の制度が導入された点には、注目しておきたい（それまでの労使協定は36協定のみであった）。

2　職業訓練法、最低賃金法、労働安全衛生法の制定にともなう改正

　1950年代後半になると、他の法律の制定にともない、労基法の規定がそちらに発展的に吸収される、という現象が生じた。

　第1は、1958（昭和33）年5月2日の改正である。職業安定法（現在は職業能力開発促進法）の制定に当たり、第7章「技能者の養成」のうち職業訓練に関する部分が同法に移され、労基法では労働条件の確保に関する規定のみが残された。

　第2は、1959（昭和34）年4月15日の、最低賃金法の制定にともなう改正である。当初の労基法では、行政官庁が「必要であると認める場合」に最低賃金を定めることができるとされていたが（28条）、実際にこれが発動されることはなかった。そのような状況を改めて最低賃金を定めるべく、最低賃金法が別個に作られたので、労基法の最低賃金の規定は、参照規定（現28条）のみを残して削除された。

　その後、1970年代にも、同様の例として、1972（昭和47）年6月8日、

---

54) この間の経緯については、有泉亨『労働基準法』（有斐閣、1963年）14-18頁、労働省編・前掲注2）751-776頁、広政・前掲注6）60-90頁を参照。

労働安全衛生法の制定にともなう改正が行われた。労基法の第5章「安全及び衛生」の規定は、同法に移行するかたちで、参照規定（現42条）のみを残して削除された。

3　女子保護規定、労働時間規制の見直し

次の重要な改正は、1980年代に、二つの方面で行われた。

第1は、1985（昭和60）年6月1日の、いわゆる男女雇用機会均等法（以下、均等法）の制定にともなう、女子保護規定の見直しである。妊娠・出産に関する保護を強化する一方で、女子労働者一般に関しては、時間外・休日労働や深夜業の規制の緩和、帰郷旅費の規定の削除等が行われた。また、それまでの第6章「女子及び年少者」が、第6章「年少者」と第6章の2「女子」に分けられた。

第2は、1987（昭和62）年9月26日の、労働時間制度の大きな改正である。労働時間の短縮のために、週の法定労働時間を48時間から40時間に削減し（本則。経過措置により実際上は46時間）、また、年次有給休暇の日数を増やす一方で、1か月単位および3か月単位の変形労働時間制、フレックスタイム制、事業場外労働および裁量労働に関するみなし労働時間制など、新たな制度も導入された。なお、このときの改正では、そのほかに、給与振込みに対応するための賃金規定の改正や、退職手当に関する規定の整備もなされている。

その後、これらのフォローアップというべき改正も行われ、1993（平成5）年7月1日の改正では、労働時間について、週40時間労働制の実施、1年単位の変形労働時間制の導入、時間外・休日労働の割増賃金率の引き上げを可能とする規定変更、年次有給休暇の権利発生までの期間の短縮などが行われた。

また、1997（平成9）年6月18日の均等法改正にともなう改正では、多胎妊娠の場合の産前休業が14週に延長される一方で、「女子」という言葉がすべて「女性」に改められ、満18歳以上の女性について、時間外・休日労働の制限と深夜業の禁止が撤廃された。

4 近年の改正——労働時間と労働契約

　1998（平成10）年9月30日の改正は、労働時間と並んで労働契約に関しても重要な改正がなされた点で、21世紀の動向の先駆けのようなかたちとなった。第1に、労働時間については、36協定で定める労働時間の延長の限度等に関し、労働大臣が「基準」を定める権限を明記したことと、企画業務型裁量労働制を新設したことが、主要な改正点である。他に、変形労働時間制、一斉休憩、年次有給休暇日数等に関しても若干の改正が行われた。第2に、労働契約に関しては、一定の労働者について契約期間の上限を3年に延長する、退職時の証明に退職の事由（解雇の場合には解雇理由）を追加する、等の改正がなされた。第3に、それら以外では、適用事業の列挙方式をやめたこと、最低年齢を満15歳に達した日以後の最初の3月31日まで引き上げたことも、見落とすことのできない改正点である。

　その後、2003（平成15）年7月4日の改正では、①有期労働契約の上限を、原則3年、一定の者については5年に延長する、②解雇権濫用法理を法文化するとともに（18条の2）、解雇の事由を就業規則に記載する義務を明確化する、③裁量労働制について、専門業務型、企画業務型のそれぞれで要件を少し変更する、等の改正が行われた。

　もっとも、2007（平成19）年12月5日、労働契約法が制定された時に、解雇権濫用法理の規定はそちらに移すこととされ、労基法の上記規定（18条の2）は削除された。また、同じ改正で、労働契約に対する就業規則の強行的・直律的効力の規定も労働契約法に移され、労基法では参照規定のみとなった（現93条）。

　翌2008（平成20）年12月12日の改正では、月60時間を超える時間外労働の割増賃金が5割に引き上げられ、また、年次有給休暇の時間単位の取得が可能とされた[55]。

　なお、この間、第1に、国の行政組織の変更にともなって、1999（平成

---

55) このときの改正では、もう一つ、労働時間に関する「自己管理型労働制」が法案要綱の段階では含まれていたが、最終法案では落とされた。

11）年12月23日の改正により、「労働大臣」は「厚生労働大臣」に、「労働省」は「厚生労働省」に、それぞれ改められた。第2に、2006（平成18）年6月21日の、均等法改正にともなう改正では、女性の坑内労働に関する規制の緩和がなされるとともに、第6章の2のタイトルが「女性」から「妊産婦等」に改められた。

おわりに

　以上、労基法の制定から現在までの動きを概観してきた。最も直近の動きとしては、2018（平成30）年4月に「働き方改革」のための法案が国会に提出され、審議が開始された。そのなかで、労基法については、時間外労働の上限規制の強化とともに、廃案となった2015（平成27）年の政府法案を微修正した、いわゆる高度プロフェッショナル制度の導入などの労働時間規定の改正が盛り込まれ、議論が分かれているところである。

　広範な内容を持つ労基法に関し、このような経緯から何を引き出すべきかは、簡単ではない。ただ、あの時点で、この法律が成立したこと自体が、日本の労働法制において極めて重要な一歩となり、また、以後のさまざまな法律の制定に対しても、直接あるいは間接に影響を及ぼしたことは、疑問の余地がない。労基法の規定のなかに多くの問題があることは確かであるが、同法が果たしてきた役割は正当に認識したうえで、制定時において、また、その後の時代の変遷のなかで、どのような解決がありえたのかを考えるべきであろう。

　最後に、まとめに代えて記すならば、終戦直後の打ちひしがれた状況の下で、あるべき労働者保護立法を求めて苦闘した人々の努力に思いをはせつつ、成立時の労基法の条文を一読されることを、ぜひお勧めしたい。それを、増築・改築・減築を繰り返した建物のような、現在の労基法の条文と比較することによって、70年にわたる日本の労働法制の発展と、社会経済状況の変化が、ひしひしと感じられるであろう。そのうえで、今日の労働法の体系の中で、罰則付きの強行規定である労基法をどのように位置づけ、再整理すべきか、という課題も浮かび上がってくるはずである。また、筆者としては、実体的な内容もさることながら、条文の読みやすさ、理解のしやすさという

点にも格段の配慮がなされることを、強く求めておきたい[56]。

【追記】

「おわりに」の最初に記した働き方改革関連法案は、衆参両院で可決され、2018年6月29日に成立した（7月6日公布）。労基法に関しては、時間外労働の上限規制の強化と、いわゆる高度プロフェッショナル制度の新設のほか、フレックスタイム制の清算期間の延長、月60時間を超える時間外労働に対する割増賃金の中小企業に対する猶予措置の撤廃、使用者が時季を定めることにより年次有給休暇を与える義務の導入が行われる（一部を除き、2019年4月1日施行）。

これらの評価や位置づけについては、労働時間規定に関する別稿にゆだねたいが、「おわりに」の末尾で述べた、条文の読みやすさ、理解のしやすさという面からいえば、状況はさらに悪化したといわざるを得ない。とくに、労働時間等に関する規定の適用除外として、41条の後ろに、かくも複雑な41条の2の規定を設ける感覚は、筆者には理解不能である。

---

56) そのための一つのアイデアとして、労基法に頻出する「当該事業場の労働者の過半数で組織する労働組合があるときはその労働組合、労働者の過半数で組織する労働組合がないときは労働者の過半数を代表する者」という言葉に、たとえば「事業場の労働者代表」という名称を与え、総則に定義規定を設けることを提案したことがある。中窪裕也「労使紛争の現状と政策課題—法律学の立場から」日本労働研究雑誌631号（2013年）19頁、26頁注29。そこには、従業員代表制度の構築に向けた、ささやかな一歩という意義も込められている。

第2章
労働基準法の労働時間規制の変遷過程

和田　肇

はじめに

　労働基準法（以下、労基法）の労働時間に関する規定は、「労働時間」の理解の仕方によって異なってくる。これを日、週、月の労働時間（狭義の労働時間）と捉えると、制定当時の労基法第4章のうちの39条を除いた部分と第6章のうちの60条や61条等の規定が対象となる[1]。これとは異なり、休暇や休業規定も含まれる（広義の労働時間）と解すると、労基法39条以外に、女性労働者に関する65条、68条も、さらには育児介護休業法も含まれることになる。労働時間の内容の理解は左様に難しいが、本稿では便宜的に労基法第4章のみを対象とし、その変遷過程を検討してみたい。

一　労基法第4章の変遷

　まず最初に、労基法の労働時間に関する規定内容がどのように変遷してきたのかを、時系列にそって紹介しておきたい。

1）　たとえばドイツでは、労働時間法（Arbeitszeitgesetz）が規定するのはこの範囲で、年次有給休暇（保養休暇）は連邦休暇法（Bundesurlaubsgesetz）が規定している。前者が刑事法の要素を含む労働者保護法であるのに対して、後者がそういう要素がない純粋に労働契約法（Arbeitsvertragsrecht）である点に違いがある。なお、1938年労働時間法には女性の保護規定が存在したが、性差別で憲法違反とされ、後に法改正が行われている。以上については、和田肇『ドイツの労働時間と法』（日本評論社、1998年）101頁以下等を参照。

1　労基法制定当初

1947年制定（昭和22年4月7日法律第49号）当時の規定は以下のとおりである。

（労働時間）
第32条　使用者は、労働者に、休憩時間を除き1日について8時間、1週間について48時間を超えて、労働させてはならない。
2　使用者は、就業規則その他により、4週間を平均し1週間の労働時間が48時間を超えない定をした場合においては、その定により前項の規定にかかわらず、特定の日において8時間又は特定の週において48時間を超えて、労働させることができる。
第33条　災害その他避けることのできない事由によつて、臨時の必要がある場合においては、使用者は、行政官廳の許可を受けて、その必要の限度において前条又は第40条の労働時間を延長することができる。但し、事態急迫のために行政官廳の許可を受ける暇がない場合においては、事後に遅滞なく届け出なければならない。
2　前項但書の規定による届出があった場合において、行政官廳がその労働時間の延長を不適当と認める場合においては、その後にその延長時間に相当する休憩又は休日を與えるべきことを、命ずることができる。
3　公務のために臨時の必要がある場合においては、第1項の規定にかかわらず、第8条第16号の事業に従事する官吏、公吏その他の公務員については、前条若しくは第40条の労働時間を延長し、又は第35条の休日に労働させることができる。

（休憩）
第34条　使用者は、労働時間を6時間を超える場合においては少なくとも45分、8時間を超える場合においては少なくとも1時間の休憩時間を労働時間の途中に與えなければならない。
2　前項の休憩時間は、一せいに與えなければならない。但し、行政官廳の許可を受けた場合においては、この限りでない。

3 　使用者は、第1項の休憩時間を自由に利用させなければならない。

(休日)

第35条　使用者は、労働者に対して、毎週少なくとも1回の休日を與えなければならない。

2 　前項の規定は、4週間を通じ4日以上の休日を與える使用者については適用しない。

(時間外及び休日の労働)

第36条　使用者は、当該事業場に、労働者の過半数で組織する労働組合がある場合においてはその労働組合、労働者の過半数で組織する労働組合がない場合においては労働者の過半数を代表する者との書面による協定をし、これを行政官廳に届け出た場合においては、第32条若しくは第40条の労働時間又は前条の休日に関する規定にかかわらず、その協定で定めるところによつて労働時間を延長し、又は休日に労働させることができる。但し、坑内労働その他命令で定める健康上特に有害な業務の労働時間の延長は、1日について2時間を超えてはならない。

(時間外、休日及び深夜の割増賃金)

第37条　使用者が、第33条若しくは前条の規定によつて労働時間を延長し、若しくは休日に労働させた場合又は午後10時から午前5時(労働に関する主務大臣が必要であると認める場合においては、その定める地域又は期間については11時から午前6時)までの間において労働させた場合においては、その時間又はその日の労働については、通常の労働時間又は労働日の賃金の計算額の2割5分以上の率で計算した割増賃金を支拂わなければならない。

2 　前項の割増賃金の基礎となる賃金には、家族手当、通勤手当その他命令で定める賃金は算入しない。

(時間計算)

第38条　労働時間は、事業場を異にする場合においても、労働時間に関する規定については通算する。

2 　坑内労働については、労働者が坑口に入つた時刻から坑口を出た時刻までの時間を、休憩時間を含め労働時間とみなす。但し、この場合においては、第34条第2項及び第3項の休憩に関する規定は適用しない。

(年次有給休暇)

第39条 使用者は、1年間継続勤務し全労働日の8割以上の出勤した労働者に対して、継続し、又は分割した6労働日の有給休暇を与えなければならない。

2 使用者は、2年以上継続勤務した労働者に対しては、1年を超える継続勤務年数1年について、前項の休暇に1労働日を加算した有給休暇を与えなければならない。但し、この場合において総日数が20日を超える場合においては、その超える日数については有給休暇を与えることを要しない。

3 使用者は、前2項の規定による有給休暇を労働者の請求する時季に与えるとともに、その期間について平均賃金を支払わなければならない。但し、請求された次期に有給休暇を与えることが、事業の正常な運営を妨げる場合においては、他の時季にこれを与へることができる。

4 労働者が業務上負傷し、又は疾病にかかり療養のために休業した期間及び産前産後の女子が第65条の規定によつて休業した期間は、第1項の規定の適用については、これを出勤したものとみなす。

(労働時間及び休憩の特例)

第40条 第8条第4項、第5号及び第8号及至第17号の事業で、公衆の不便を避けるために必要なものその他特殊の必要があるものについては、その必要避くべからざる限度で、第32条の労働時間及び第34条の休憩に関する規定について、命令で別段の定めをすることができる。

2 前項の規定による別段の定めは、この法律で定める基準に近いものであつて、労働者の健康及び福祉を害しないものでなければならない。

(適用の除外)

第41条 この章及び第6章で定める労働時間、休憩及び休日に関する規定は、左の各号の一に該当する労働者については適用しない。

一 第8条第6号又は第7号の事業に従事する者

二 事業の種類にかかわらず監督若しくは管理の地位にある者又は機密の事務を取り扱う者

三 監視又は断続的労働に従事する者で使用者が行政官廳の許可を受けた者

2　1950年代の法改正

労基法の労働時間に関する規定の最初の大改正は1987年であるが、それまでにもいくつかの細かな修正が行われている。たとえば1952年法改正では、労基法39条3項が修正され、また新たに第4項が追加されている（そのため改正前の第4項が第5項となる）。それ以外は、主として漢字の現代語化やひらがな表記への変更である（33条1項、2項参照）。

> 3　使用者は、前2項の規定による有給休暇を労働者の請求する時季に与えなければならない。ただし、請求された時季に有給休暇を与えることが事業の正常な運営を妨げる場合においては、他の時季にこれを与えることができる。
> 4　使用者は、第1項又は第2項の規定による有給休暇の期間については、就業規則その他で定めるところにより、平均賃金又は所定労働時間労働した場合に支払われる通常の賃金を支払わなければならない。（略）

3　1987年法改正

1987年法改正では、33条3項、36条、40条等において、字句の修正や、条文が変更されたことにともなう表示上の変更があるが、大きな改正は次の点である。

①　32条1項を、1週間単位の労働時間規制を主位とするために、「1日について8時間」を削り、また「48時間」を「40時間」に改め、法定労働時間を短縮し、また、同条2項を改める。

> **第32条**　使用者は、労働者に、休憩時間を除き1週間について40時間を超えて、労働させてはならない。
> 2　使用者は、1週間の各日については、労働者に、休憩時間を除き1日について8時間を超えて、労働させてはならない。

なお、附則131条に以下のような規定が置かれ、週40時間制への移行を段階的に行うことを明らかにしている。

第131条　第32条第1項……の規定の適用については、当分の間、第32条第1項中「40時間」とあるのは、「40時間を超え48時間未満の範囲内において命令で定める時間」とする。

（第2項以下略）

②　32条の次に、変形労働時間制に関する4か条を加える。

第32条の2　使用者は、就業規則その他これに準ずるものにより、1箇月以内の一定の期間を平均し1週間当たりの労働時間が前条第1項の労働時間を超えない定めをした場合においては、同条の規定にかかわらず、その定めにより、特定された週において同項の労働時間又は特定された日において同条第2項の労働時間を超えて、労働させることができる。

第32条の3　使用者は、就業規則その他これに準ずるものにより、その労働者に係る始業及び終業の時刻をその労働者の決定にゆだねることとした労働者については、当該事業場の労働者の過半数で組織する労働組合がある場合においてはその労働組合、労働者の過半数で組織する労働組合がない場合においては労働者の過半数を代表する者との書面による協定により、次に掲げる事項を定めたときは、その協定で第2号の清算期間として定められた期間を平均し1週間当たりの労働時間が第32条第1項の労働時間を超えない範囲内において、同条の規定にかかわらず、1週間において同項の労働時間又は1日において同条第2項の労働時間を超えて、労働させることができる。

一　この条の規定による労働時間により労働させることができることとされる労働者の範囲

二　清算期間（その期間を平均し1週間当たりの労働時間が第32条第1項の労働時間を超えない範囲内において労働させる期間をいい、1箇月以内の期間に限るものとする。次号において同じ。）

三　清算期間における総労働時間

四　その他命令で定める事項

第32条の4　使用者は、当該事業場に、労働者の過半数で組織する労働組合がある場合においてはその労働組合、労働者の過半数で組織する労働組合がな

い場合においては労働者の過半数を代表する者との書面による協定により、3箇月以内の一定の期間を平均し1週間当たりの労働時間が40時間を超えない定めをしたときは、第32条の規定にかかわらず、その定めにより、特定された週において同条第1項の労働時間又は特定された日において同条第2項の労働時間を超えて、労働させることができる。

2　労働大臣は、中央労働基準審議会の意見を聴いて、命令で前項の協定で定める1日及び1週間の労働時間の限度並びに連続して労働させる日数の限度を定めることができる。

3　使用者は、命令で定めるところにより、第1項の協定を行政官庁に届け出なければならない。

第32条の5　使用者は、日ごとの業務に著しい繁閑の差が生ずることが多く、かつ、これを予測した上で就業規則その他これに準ずるものにより各日の労働時間を特定することが困難であると認められる命令で定める事業であつて、常時使用する労働者の数が命令で定める数未満のものに従事する労働者については、当該事業場に、労働者の過半数で組織する労働組合がある場合においてはその労働組合、労働者の過半数で組織する労働組合がない場合においては労働者の過半数を代表する者との書面による協定があるときは、第32条第2項の規定にかかわらず、1日について10時間まで労働させることができる。

2　使用者は、前項の規定により労働者に労働させる場合においては、命令で定めるところにより、当該労働させる1週間の各日の労働時間を、あらかじめ、当該労働者に通知しなければならない。

3　前条第3項の規定は、第1項の協定について準用する。

③　38条の次に、みなし労働時間制に関する次の1条を加える。

第38条の2　労働者が労働時間の全部又は一部について事業場外で業務に従事した場合において、労働時間を算定し難いときは、所定労働時間労働したものとみなす。ただし、当該業務を遂行するためには通常所定労働時間を超えて労働することが必要となる場合においては、当該業務に関しては、命令で

定めるところにより、当該業務の遂行に通常必要とされる時間労働したものとみなす。
2　前項ただし書の場合において、当該業務に関し、当該事業場に、労働者の過半数で組織する労働組合があるときはその労働組合、労働者の過半数で組織する労働組合がないときは労働者の過半数を代表する者との書面による協定があるときは、その協定で定める時間を同項ただし書の当該業務の遂行に通常必要とされる時間とする。
3　使用者は、命令で定めるところにより、前項の協定を行政官庁に届け出なければならない。(略)

④　39条1項中、「6労働日」を「10労働日」に改める。また、同条第2項の後に、短時間労働者の年休付与に関する次の1項を加える。

3　次に掲げる労働者（1週間の所定労働時間が命令で定める時間以上の者を除く。）の有給休暇の日数については、前2項の規定にかかわらず、これらの規定による有給休暇の日数を基準とし、通常の労働者の1週間の所定労働日数として命令で定める日数（第1号において「通常の労働者の週所定労働日数」という。）と当該労働者の1週間の所定労働日数又は1週間当たりの平均所定労働日数との比率を考慮して命令で定める日数とする。
一　1週間の所定労働日数が通常の労働者の週所定労働日数に比し相当程度少ないものとして命令で定める日数以下の労働者
二　週以外の期間によつて所定労働日数が定められている労働者については、1年間の所定労働日数が、前号の命令で定める日数に1日を加えた日数を1週間の所定労働日数とする労働者の1年間の所定労働日数その他の事情を考慮して命令で定める日数以下の労働者

同条3項の次に、計画年休制に関する次の1項を加える。その結果、その他の項が順送りされる（第3項が第5項に、第4項が第6項に）。

4　使用者は、当該事業場に、労働者の過半数で組織する労働組合がある場合

においてはその労働組合、労働者の過半数で組織する労働組合がない場合においては労働者の過半数を代表する者との書面による協定により、第1項から第3項までの規定による有給休暇を与える時季に関する定めをしたときは、これらの規定による有給休暇の日数のうち5日を超える部分については、前項の規定にかかわらず、その定めにより有給休暇を与えることができる。

4 1993年法改正

1993年改正では、以下のような改正が行われている。
① 1994年4月からの週40時間制を完全実施するが、他方で一定規模・業種の事業場については1997年3月31日まで猶予措置を設ける（附則131条）。
② 3か月単位変形労働時間制を最長1年単位の変形労働時間制に改正する（32条の4）。法定休日の弾力的運営を可能にした反面で、変形制の調整期間がより長期になったことに対処するために、1日、1週の所定労働時間の限度を厳しくしている。

第32条の4 使用者は、当該事業場に、労働者の過半数で組織する労働組合がある場合においてはその労働組合、労働者の過半数で組織する労働組合がない場合においては労働者の過半数を代表する者との書面による協定により、次に掲げる事項を定めたときは、第32条の規定にかかわらず、その協定で第2号の対象期間として定められた期間を平均し1週間当たりの労働時間が40時間を超えない範囲内において、当該協定（次項の規定による定めをした場合においては、その定めを含む。）で定めるところにより、特定された週において同条第1項の労働時間又は特定された日において同条第2項の労働時間を超えて、労働させることができる。
一 この条の規定による労働時間により労働させることができることとされる労働者（次号の対象期間の初日に使用している労働者であって、その使用期間が当該対象期間の前日までに満了しない者に限る。）の範囲
二 対象期間（その期間を平均し1週間当たりの労働時間が40時間を超えない範囲内において労働させる期間をいい、1箇月を超え1年以内の期間に

三　特定期間（対象期間中の特に業務が繁忙な期間をいう。第3項において同じ。）

　　四　対象期間における労働日及び当該労働日ごとの労働時間（対象期間を1箇月以上の期間ごとに区分することとした場合においては、当該区分による各期間のうち当該対象期間の初日の属する期間（以下この条において「最初の期間」という。）における労働日及び当該労働日ごとの労働時間並びに当該最初の期間を除く各期間における労働日数及び総労働時間）

　　五　その他命令で定める事項

2　使用者は、前項の協定で同項第4号の区分をし当該区分による各期間のうち最初の期間を除く各期間における労働日数及び総労働時間を定めたときは、当該各期間の初日の少なくとも30日前に、当該事業場に、労働者の過半数で組織する労働組合がある場合においてはその労働組合、労働者の過半数で組織する労働組合がない場合においては労働者の過半数を代表する者の同意を得て、命令で定めるところにより、当該労働日数を超えない範囲内において当該各期間における労働日及び当該総労働時間を超えない範囲内において当該各期間における労働日ごとの労働時間を定めなければならない。

3　労働大臣は、中央労働基準審議会の意見を聴いて、命令で、対象期間における労働日数の限度並に1日及び1週間の労働時間の限度並びに対象期間（第1項の協定で特定期間として定められた期間を除く。）及び同項の協定で特定期間として定められた期間における連続して労働させる日数の限度を定めることができる。

4　第32条の2第2項の規定は、第1項の協定について準用する。

　③　時間外労働や休日労働の割増率を本則で定めていたが、これを政令（割増令）で定めることにする（37条1項、2項）。このときに時間外労働の割増率はそのままとしたが、休日労働の割増率が2割5分から3割5分に引き上げられている。

　④　裁量労働制の適用対象業務を、1987年法改正では「研究開発の業務その他の業務」について労使協定で定めることにしていた（当初は対象業務

を昭和63年1月1日基発第1号で例示)、「命令で定める業務のうちから」とし、労基則で具体的業務を定めることに改正されている（38条の2第4項、労基則24条の2第6項）。

⑤　年休権が発生するための継続勤務期間を1年から6か月に短縮し（39条1項）、1年6か月以上勤務継続した場合に1年ごとに年休が1日ずつ増加するようになった（同条2項）。また、休業しても年休の取得要件で出勤したものとみなす期間に育児休業法の規定する育児休業期間が加わる（同条7項）。

5　1998年法改正

1998年法改正の中心は、変形労働時間制等の導入の規制を緩和するものである。

①　1か月単位変形労働時間制について、労使協定または就業規則等で導入できるようになる（32条の2）。

②　1年単位の変形労働時間制について、中途採用と中途退職の場合の適用要件、労働日と労働時間の特定方法の定め方、対象期間における労働日数の限度等の定めが規定される（32条の4、32条の4の2）。

③　一斉休憩の原則の次に但書きで、労使協定の定めによってその例外設定ができることを認める（34条2項）。

④　三六協定で定める労働時間の延長の限度等に関する基準を定めることとされる（36条2項）。また、労使協定当事者は労働時間の延長時間を定めるに当たり、同項の「基準に適合したものとなるようにしなければならない」とされる（同条3項）。

⑤専門業務型裁量労働時間制の規定が、38条の2から分離され、ほぼそのまま38条の3とされる。それとともに対象業務が拡大されている（労基則24条の2の2第2項、平成9年2月14日労告第7号）。

⑥　新たに企画業務型裁量労働時間制が導入される（38条の4）。専門業務型裁量労働制と異なるのは、労使委員会の設置が要件となっている点と、導入に際しては対象労働者の同意を得ることが求められている点である。

第38条の4 　賃金、労働時間その他の当該事業場における労働条件に関する事項を調査審議し、事業主に対し当該事項について意見を述べることを目的とする委員会（使用者及び当該事業場の労働者を代表する者を構成員とするものに限る。）が設置された事業場において、当該委員会がその委員の全員の合意により次に掲げる事項に関する決議をし、かつ、使用者が、命令で定めるところにより当該決議を行政官庁に届け出た場合において、第2号に掲げる労働者の範囲に属する労働者を当該事業場における第1号に掲げる業務に就かせたときは、当該労働者は、命令で定めるところにより、第3号に掲げる時間労働したものとみなす。

一　事業の運営に関する事項についての企画、立案、調査及び分析の業務であつて、当該業務の性質上これを適切に遂行するにはその遂行の方法を大幅に労働者の裁量にゆだねる必要があるため、当該業務の遂行の手段及び時間配分の決定等に関し使用者が具体的な指示をしないこととする業務（以下この条において「対象業務」という。）

二　対象業務を適切に遂行するための知識、経験等を有する労働者であつて、当該対象業務に就かせたときは当該決議で定める時間労働したものとみなされることとなるものの範囲

三　対象業務に従事する前号に掲げる労働者の範囲に属する労働者の労働時間として算定される時間

四　対象業務に従事する第2号に掲げる労働者の範囲に属する労働者の労働時間の状況に応じた当該労働者の健康及び福祉を確保するための措置を当該決議で定めるところにより使用者が講ずること。

五　対象業務に従事する第2号に掲げる労働者の範囲に属する労働者からの苦情の処理に関する措置を当該決議で定めるところにより使用者が講ずること。

六　使用者は、この項の規定により第2号に掲げる労働者の範囲に属する労働者を対象業務に就かせたときは第3号に掲げる時間労働したものとみなすことについて当該労働者の同意を得なければならないこと及び当該同意をしなかつた当該労働者に対して解雇その他不利益な取扱いをしてはならないこと。

七　前各号に掲げるもののほか、命令で定める事項
2　前項の委員会は、次の各号に適合するものでなければならない。
　一　当該委員会の委員の半数については、当該事業場に、労働者の過半数で組織する労働組合がある場合においてはその労働組合、労働者の過半数で組織する労働組合がない場合においては労働者の過半数を代表する者に命令で定めるところにより任期を定めて指名されていること。
　二　当該委員会の議事について、命令で定めるところにより、議事録が作成され、かつ、保存されるとともに、当該事業場の労働者に対する周知が図られていること。
　三　前二号に掲げるもののほか、命令で定める要件
3　労働大臣は、対象業務に従事する労働者の適正な労働条件の確保を図るために、中央労働基準審議会の意見を聴いて、第1項各号に掲げる事項その他同項の委員会が決議する事項について指針を定め、これを公表するものとする。
4　第1項の規定による届出をした使用者は、命令で定めるところにより、定期的に、同項第四号に規定する措置の実施状況を行政官庁に報告しなければならない。
（略）

⑥　年休について、2年6か月を超える継続勤務年数1年につき2日ずつ追加付与するとされる（39条）。

⑦　労基法制定当時から過半数代表者の資格や選出方法についてはとくに何も規定されていなかったが、ようやくこれが労基則6条の2として定められた。

6　2003年法改正

2003年改正により裁量労働制の規定の整備等が行われている。
①　労基法38条の3第1項が次のように改正されている。

第38条の3　使用者が、当該事業場に、労働者の過半数で組織する労働組合が

あるときはその労働組合、労働者の過半数で組織する労働組合がないときは労働者の過半数を代表する者との書面による協定により、次に掲げる事項を定めた場合において、労働者を第1号に掲げる業務に就かせたときは、当該労働者は、厚生労働省令で定めるところにより、第2号に掲げる時間労働したものとみなす。

一　業務の性質上その遂行の方法を大幅に当該業務に従事する労働者の裁量にゆだねる必要があるため、当該業務の遂行の手段及び時間配分の決定等に関し使用者が具体的な指示をすることが困難なものとして厚生労働省令で定める業務のうち、労働者に就かせることとする業務（以下この条において「対象業務」という。）

二　対象業務に従事する労働者の労働時間として算定される時間

三　対象業務の遂行の手段及び時間配分の決定等に関し、当該対象業務に従事する労働者に対し使用者が具体的な指示をしないこと。

四　対象業務に従事する労働者の労働時間の状況に応じた当該労働者の健康及び福祉を確保するための措置を当該協定で定めるところにより使用者が講ずること。

五　対象業務に従事する労働者からの苦情の処理に関する措置を当該協定で定めるところにより使用者が講ずること。

六　前各号に掲げるもののほか、厚生労働省令で定める事項

②　38条の4について、委員会の全員合意から「委員の5分の4以上の多数による議決」に変更されている。

7　2008年法改正

①　37条1項に次の規定が挿入される。過労死ラインの目安は月の時間外労働が80時間を超える場合であるが、60時間を超える場合にも健康保護の観点から割増率を引き上げることが妥当との考えから挿入される。なお、中小事業等の一定の事業においては、当面の間労基法37条1項但書きは適用されない（法138条）。

ただし、当該延長して労働させた時間が1箇月について60時間を超えた場合においては、その超えた時間の労働については、通常の労働時間の賃金の計算の5割以上の率で計算した割増賃金を支払わなければならない。

なお、同条文の追加にともない、労使協定の締結により代替休暇を付与する方式が同条3項において導入される。

> 3　使用者が、当該事業場に、労働者の過半数で組織する労働組合があるときはその労働組合、労働者の過半数で組織する労働組合がないときは労働者の過半数を代表する者との書面による協定により、第1項ただし書の規定により割増賃金を支払うべき労働者に対して、当該割増賃金の支払に代えて、通常の労働時間の賃金が支払われる休暇（第39条の規定による有給休暇を除く。）を厚生労働省令で定めるところにより与えることを定めた場合において、当該労働者が当該休暇を取得したときは、当該労働者の同項ただし書に規定する時間を超えた時間の労働のうち当該取得した休暇に対応するものとして厚生労働省令で定める時間の労働については、同項ただし書の規定による割増賃金を支払うことを要しない。

②　39条の3項の後に、年休の時間付与に関する次の規定が追加された。これは公務員において認められていたし（人事院規則15-14第20条）、現実に実施されており、ワーク・ライフ・バランスにも資するものとして挿入された。

> 4　使用者は、当該事業場に、労働者の過半数で組織する労働組合があるときはその労働組合、労働者の過半数で組織する労働組合がないときは労働者の過半数を代表する者との書面による協定により、次に掲げる事項を定めた場合において、第1号に掲げる労働者の範囲に属する労働者が有給休暇を時間を単位として請求したときは、前3項の規定による有給休暇の日数のうち第2号に掲げる日数については、これらの規定にかかわらず、当該協定で定めるところにより時間を単位として有給休暇を与えることができる。

一　時間を単位として有給休暇を与えることができることとされる労働者の範囲

　二　時間を単位として与えることができることとされる有給休暇の日数（5日以内に限る。）

　三　その他厚生労働省令で定める事項

8　2018年法改正

　2018年労基法改正は、いわゆる「働き方改革関連法案[2]」の一貫として行われたものであるが、いくつか大きな改正が行われている。

　①　フレックスタイム制の清算期間の上限を、従来の1年から3年に引き上げる（32条の3第1項）。その場合の労使協定の行政官庁への届出を求める（同条第4項）。清算期間が1年を超える場合について、各期間の平均週労働時間の上限を50時間とし（同条2項の追加）、また、実際に就労した期間が当該清算期間より短い労働者について、その期間中の平均労働時間が1週当たりで40時間を超えた場合の割増賃金支払いを定める（32条の3の2）。フレックスタイム制が適用される場合で、週所定労働日数が5日の労働者について、特別な法定労働時間を設定する（32条の3第3項）。

　②　時間外労働に関する36条が改正される。すなわち、以下のように2項ないし6項、そして10項（9項に定める行政官庁の助言及び指導を行うに当たつては、労働者の健康が確保されるよう特に配慮すること）および11項（新たな技術、商品又は役務の研究開発に係る業務については一部規定を適用しない）を新たに設置する。これらの規定は、従来は行政官庁に届出が必要であった様式9号（労基則17条）において取り決めが必要とされていた事項を法定化したり、「労働基準法第36条第1項の協定で定める労働時間の延長に限度等に関する基準」（労告154号平成10.12.28）で定められ

---

[2]　法案の全体については、和田肇「労働基準法の労働時間規定の改正案」日本労働法学会誌126号（2015年）210頁以下、名古道功「労働基準法（労働時間規制）改正案の検討」季労251号（2015年）48頁以下、桑村裕美子「労働時間の法政策的検討」日本労働研究雑誌679号（2017年）9頁以下等がある。他に、浜村彰「高度プロフェッショナル制度は働き方改革なのか」法セミ2018年7月号17頁以下、森岡孝二「時間外労働の上限規制で過労死はなくなるか」同23頁以下も参照。

ていた目安となる延長限度時間、臨時の場合の特別条項等を法定化したものである。

なお、限度時間は、従来は労使が遵守努力義務を負う基準にすぎなかったが、改正により強行規定となる（4項）。

第36条2 前項の協定においては、次に掲げる事項を定めるものとする。
　一　この条の規定により労働時間を延長し、又は休日に労働させることができることとされる労働者の範囲
　二　対象期間（この条の規定により労働時間を延長し、又は休日に労働させることができる期間をいい、1年間に限るものとする。第4号及び第6項第3号において同じ。）
　三　労働時間を延長し、又は休日に労働させることができる場合
　四　対象期間における1日、1箇月及び1年のそれぞれの期間について労働時間を延長して労働させることができる時間又は労働させることができる休日の日数
　五　労働時間の延長及び休日の労働を適正なものとするために必要な事項として厚生労働省令で定める事項
3　前項第4号の労働時間を延長して労働させることができる時間は、当該事業場の業務量、時間外労働の動向その他の事情を考慮して通常予見される時間外労働の範囲内において、限度時間を超えない時間に限る。
4　前項の限度時間は、1箇月について45時間及び1年について360時間（第32条の4第1項第2号の対象期間として3箇月を超える期間を定めて同条の規定により労働させる場合にあつては、1箇月について42時間及び1年について320時間）とする。
5　第1項の協定においては、第2項各号に掲げるもののほか、当該事業場における通常予見することのできない業務量の大幅な増加等に伴い臨時的に第3項の限度時間を超えて労働させる必要がある場合において、1箇月について労働時間を延長して労働させ、及び休日において労働させることができる時間（第2項第4号に関して協定した時間を含め百時間未満の範囲内に限る。）並びに1年について労働時間を延長して労働させることができる時間

（同号に関して協定した時間を含め720時間を超えない範囲内に限る。）を定めることができる。この場合において、第１項の協定に、併せて第２項第２号の対象期間において労働時間を延長して労働させる時間が１箇月について45時間（第32条の４第１項第２号の対象期間として３箇月を超える期間を定めて 同条の規定により労働させる場合にあつては、１箇月について42時間）を超えることができる月数（１年について６箇月以内に限る。）を定めなければならない。

6 　使用者は、第１項の協定で定めるところによつて労働時間を延長して労働させ、又は休日において労働させる場合であつても、次の各号に掲げる時間について、当該各号に定める要件を満たすものとしなければならない。
一　坑内労働その他厚生労働省令で定める健康上特に有害な業務について、１日について労働時間を延長して労働させた時間　２時間を超えないこと。
二　１箇月について労働時間を延長して労働させ、及び休日において労働させた時間　100時間未満であること。
三　対象期間の初日から１箇月ごとに区分した各期間に当該各期間の直前の１箇月、２箇月、３箇月、４箇月及び５箇月の期間を加えたそれぞれの期間における労働時間を延長して労働させ、及び休日において労働させた時間の１箇月当たりの平均時間　80時間を超えないこと

　なお、労基法36条の規定については、工作物の建設事業その他これに関連する事業（139条）、旅客輸送・貨物輸送の事業（140条）、医師（141条）等について、当分の間（５年間あるいはその後の一定期間）の例外が設けられている。

　③　年次有給休暇について、その一部を使用者が時季を定めて付与する規定が導入された（39条の７項、８項）。それに伴い以下の項目が順送りされている。７項に違反した者に対しては、罰金が科される（120条１項）。

第39条７　使用者は、第１項から第３項までの規定による有給休暇）（これらの規定により使用者が与えなければならない有給休暇の日数が10労働日以上である労働者に係るものに限る。以下この項及び次項において同じ。）の日数

のうち5日については、基準日（継続勤務した期間を6箇月経過日から1年ごとに区分した各期間（最後に1年未満の期間を生じたときは、当該期間）の初日をいう。以下この項において同じ。）から1年以内の期間に、労働者ごとにその時季を定めることにより与えなければならない。ただし、第1項から第3項までの規定による有給休暇を当該有給休暇に係る基準日より前の日から与えることとしたときは、厚生労働省令で定めるところにより、労働者ごとにその時季を定めることにより与えなければならない。

8　前項の規定にかかわらず、第5項又は第6項の規定により第1項から第3項までの規定による有給休暇を与えた場合においては、当該与えた有給休暇の日数（当該日数が5日を超える場合には、5日とする。）分については、時季を定めることにより与えることを要しない。

④　労働時間等に関する規定の適用除外として、「特定高度専門業務・成果型労働制」、いわゆる高度プロフェッショナル制度が新たに導入される（42条の2）。

第42条の2　賃金、労働時間その他の当該事業場における労働条件に関する事項を調査審議し、事業主に対し当該事項について意見を述べることを目的とする委員会（使用者及び当該事業場の労働者を代表する者を構成員とするものに限る。）が設置された事業場において、当該委員会がその委員の5分の4以上の多数による議決により次に掲げる事項に関する決議をし、かつ、使用者が定めるところにより当該決議を行政官庁に届け出た場合において、第2号に掲げる労働者の範囲に属する労働者（以下この項において「対象労働者」という。）であつて書面その他の厚生労働省令で定める方法によりその同意を得たものを当該事業場における第1号に掲げる業務に就かせたときは、この章で定める労働時間、休憩、休日及び深夜の割増賃金に関する規定は、対象労働者については適用しない。ただし、第3号から第5号までに規定する措置のいずれかを使用者が講じていない場合は、この限りでない。

一　高度の専門的知識等を必要とし、その性質上従事した時間と従事して得た成果との関連性が通常高くないと認められるものとして厚生労働省令で

定める業務のうち、労働者に就かせることとする業務(以下この項において「対象業務」という。)

二　この項の規定により労働する期間において次のいずれかにも該当する労働者であつて、対象業務に就かせようとするものの範囲

　　イ　使用者との間の書面その他の厚生労働省令で定める方法による合意に基づき職務が明確に定められていること。

　　ロ　労働契約により使用者から支払われると見込まれる賃金の額を１年間当たりの賃金の額に換算した額が基準年間平均給与額(厚生労働省において作成する毎月勤労統計における毎月きまつて支給する給与の額を基礎として厚生労働省令で定めるところにより算定した労働者１人当たりの給与の平均額をいう。)の３倍の額を相当程度上回る水準として厚生労働省令で定める額以上であること。

三　対象業務に従事する対象労働者の健康管理を行うために当該対象労働者が事業場内にいた時間(この項の委員会が厚生労働省令で定める労働時間以外の時間を除くことを決議したときは、当該決議に係る時間を除いた時間)と事業場外において労働した時間との合計の時間(第５号ロ及びニ並びに第６号において「健康管理時間」という。)を把握する措置(厚生労働省令で定める方法に限る。)を当該決議で定めるところにより使用者が講ずること。

四　対象業務に従事する対象労働者に対し、１年間を通じ104日以上、かつ、４週間を通じ４日以上の休日を当該決議及び就業規則その他これに準ずるもので定めるところにより使用者が与えること。

五　対象業務に従事する対象労働者に対し、次のいずれかに該当する措置を当該決議及び就業規則その他これに準ずるもので定めるところにより使用者が講ずること。

　　イ　労働者ごとに始業から24時間を経過するまでに厚生労働省令で定める時間以上の継続した休息時間を確保し、かつ、第37条第４項に規定する時刻の間において労働させる回数を１箇月について厚生労働省令で定める回数以内とすること。

　　ロ　健康管理時間を１箇月又は３箇月についてそれぞれ厚生労働省令で定

める時間を超えない範囲内とすること。
　　ハ　1年で1回以上の継続した2週間（労働者が請求した場合においては、1年に2回以上の継続した1週間）（使用者が当該期間において、第39条の規定による有給休暇を与えたときは、当該有給休暇を与えた日を除く。）について、休日を与えること。
　　ニ　健康管理時間の状況その他の事項が労働者の健康の保持を考慮して厚生労働省令で定める要件に該当する労働者に健康診断（厚生労働省令で定める項目を含むものに限る。）を実施すること。
　六　対象業務に従事する対象労働者の健康管理時間の状況に応じた当該対象労働者の健康及び福祉を確保するための措置であつて、当該対象労働者に対する有給休暇（第39条の規定による有給休暇を除く。）の付与、健康診断の実施その他の厚生労働省令で定める措置のうち当該決議で定めるものを使用者が講ずること。
　七　対象業務に従事する対象労働者からの苦情の処理に関する措置を当該決議で定めるところにより使用者が講ずること。
　八　使用者は、この項の規定による同意をしなかつた対象労働者に対して解雇その他不利益な取扱いをしてはならないこと。
　九　前学号に掲げるもののほか、厚生労働省令で定める事項
2　前項の規定による届出をした使用者は、厚生労働省令で定めるところにより、同項第4号から第6号までに規定する措置の実施状況を行政官庁に報告しなければならない。
3　第38条の2第2項、第3項及び第5項の規定は、第1項の委員会について準用する。
4　第1項の決議をする委員は、当該決議の内容が前項において準用する第38条の4第3項の指針に適合したものとなるようにしなければならない。
5　行政官庁は、第3項において準用する第38条の4第3項の指針に関し、第1項の決議をする委員に対し、必要な助言及び指導を行うことができる。

⑤　なお、労基法改正ではないが、「労働時間等の設定の改善に関する特別措置法」2条の改正により、労働者の健康と福祉を確保するために、「就

業から始業までの時間」、いわゆる勤務間のインターバル制度（休息制度）の導入が事業主の努力義務とされた。

9 事項ごとの変遷

以上にみたように、労働時間に関する労基法の規定は、再三にわたって、しかも大きな改正を繰り返してきている。これを事項ごとに主要な点に絞って簡単に整理しておきたい。

① まず、法定労働時間については、1987年改正で週40時間制が導入されたが、次のような段階的な短縮策が採られ（附則131条）、かつ猶予事業も認められてきた（40条）。なお、現在でも労基法40条1項の事業では、週法定労働時間は44時間である（労基則25条の2第1項）。

		1988年4月	1991年4月	1994年4月	1997年4月
原則	48時間	→ 46時間	→ 44時間	→ 40時間	
猶予事業	48時間		→ 46時間	→ 44時間	→ 40時間＊

＊第一種特定事業ではでは1995年4月から44時間

② 1987年法改正により、労働時間が短縮されるとともに、あるいはそれと引き替えに多様な労働時間の弾力化・柔軟化政策が導入された。従来から存在した4週間単位変形制が1か月単位変形制に改められ（32条の2）、それ以外にフレックスタイム制（32条の3）、3か月単位変形制（32条の4）、1週間単位変形制（32条の5）が採用された。その後93年法改正で、3か月単位変形制が1年単位変形制に改められている。また、2018年法改正では、フレックスタイム制の清算期間が1か月から3か月に延長されている。

③ 1987年法改正は、事業場外労働について労基則で規制されていた事業場外労働のみなし時間制を本則に規定し、さらに新たなタイプのみなし時間制として専門業務型裁量労働制を導入した（38条の2）。同条では対象業務についての包括的な定義のみが置かれ、具体的な業務は通達で5専門業務が列挙されていたが、93年改正で省令での列挙方式に変わっている（労基

則24条の2第6項）。98年法改正では、二つめの裁量労働時間制として企画業務型を導入した（38条の4）。それ以後、専門業務型裁量労働制については対象業務が徐々に拡大され（平成14年2月13日厚労告第22号、平成15年10月22日厚労告第354号による拡大））、また企画業務型裁量労働制については、2003年改正で対象業務が拡大されるとともに、導入要件の緩和等が行われている。

　2018年法改正では、企画立案型裁量労働制の対象拡大が企図されたが、政府が提出した調査データの不備が発覚し、法案から削除された。

　④　時間外・休日労働に関する36条および37条については、1987年法改正では手は付けられなかったが、その後いくたびか変更が加えられた。36条に関しては、98年法改正で、三六協定で定める時間外労働の限度時間の基準を定めることとした（36条2項、「労働基準法第36条第1項の協定で定める労働時間の延長に限度等に関する基準」（労告154号平成10.12.28））。同基準により延長限度時間が定められているが、これは労使協定当事者の遵守努力義務とされ、強行規定とはされていない（36条3項）。

　2018年法改正により労基法36条の大きな改正が行われた。すなわち、行政官庁への届出のための様式9号において取り決めが求められていた事項が法定化され（2項）、延長限度時間（1箇月と1年のみ）が強行規定として法定化され（3項）、特別条項が法認された（4項）。なお、この特別条項の最長時間は720時間と設定されたが、この時間をめぐって国会の内外で大きな論争が起きた。なお、36条の規定については、従来も新技術・新商品等の研究開発や工作物の建設、自動車輸送等においての例外が時間外限度時間の中で認められていたが、これがそのまま維持された。

　37条に関しては、93年法改正で割増率を政令で定めることにし、休日労働について割増率を2割5分から3割5分に引き上げ、2008年法改正で1か月に60時間を超える時間外労働については割増率が5割に引き上げられている。それとともに労使協定による代替休暇制度が導入された。

　なお、労基法制定当時から労基法37条2項（現5項）および労基則21条において、割増賃金の基礎となる賃金について除外賃金が定められていた。1999年3月の省令改正により除外賃金に住宅手当が追加されている。

⑤　年休制度が1987年法改正によって手を付けられ、年休日数の増加、パートタイム労働者の比例割合付与、そして計画年休制の導入がされている。その後も年休制度は何回か修正され、93年法改正では年休権が取得できるまでの待機期間（継続勤務期間）が1年から6か月に短縮され、98年法改正で2年6か月以降の日数増加が1日から2日ずつ増やされ、2008年法改正で時間付与規定が追加される。

2018年改正では、年休日数のうち5日（10日以上ある場合に限る）については、使用者が時季を定めて付与することを義務づける規定が導入されている。違反者には罰金も科される。ただし、すでに自由年休として付与した分、あるいは計画年休として付与する分は、この日数から除外される。

⑥　従来からホワイトカラー労働者の新たな労働時間規制として議論されてきたエグゼンプション（適用除外）制度が、2018年法改正により特定高度専門業務・成果型労働制（高度プロフェッショナル制度）として導入された（41条の2）。対象業務の定めは厚生労働省令に委任され、収入基準も、労働者平均の給与の3倍の額を相当程度上回る水準として、その額の設定も厚生労働省令に委任されている。その他、健康管理時間、年間休日数、あるいは休息時間制度（インターバル）、省令の範囲内での健康管理時間の設定、一定の年休付与の三つの措置の内からどれかを定めること、などの規制が設けられている。

二　労働時間規制の変遷過程の分析

1　労基法制定の趣旨

労基法における労働時間規制の趣旨については、同法制定過程の立法史研究に携わった一人である野田進によって詳細に検討されており[3]、次の分析結果が注目される。

1日8時間制としたことについては、戦後経済復興のために短すぎるとい

---

3)　野田進「労働時間規制立法の誕生」日本労働法学会誌95号（2000年）81頁以下。

う意見もあったが、労使協定により25％の割増で時間外労働を無制限に認めることを前提に受け入れられた。1週48時間は、当時の国際水準を参照しながらも、日本の実情に合わせた基準設定であった。これらの時間については、戦前では拘束時間を規制するものであったが、行政当局は一貫して実労働時間の規制を主張し、それが実現した。

戦前には災害や不可抗力のように法律で定められた場合のみ時間外労働を認める硬式時間制が採られていたが、立法過程では比較的早い段階から事由無制限・時間上限無しの軟式時間制に変わっている。その理由としては、労働者が収入の面から厳しい時間規制に賛成しないこと、また1日8時間制を導入する前提、見返りであったことが考えられる。なお、法案の当初は上限規制や割増率についてもより高い案があったが、その後なし崩し的になくなっている。

三六協定のような労使協定の当事者として過半数組合が出てくるが、当初は単に労働組合であり、草案検討の段階で「過半数」という言葉が入れられた。しかし、アメリカのような民主的代表制を意識していたものでもないし、便宜的なものにすぎなかったようである。過半数代表者については、労働組合がない事業が出てきた場合の例外的な対処として入れられた規定と推測される。

年休については、立法過程で使用者の付与義務構成と労働者の請求権構成とが交互に登場してくるが、最終的に後者で落ちついた。「継続した」6労働日という表現は、日本の実情に合わないとして簡単に「継続し又は分割して」に変更にされてしまった。国際的にあまり例をみない8割出勤要件についても、日本の実情に合わせたものと説明されている。

野田はこうした分析の最後に、労基法は労働基準の最低基準として、あるいは現実即応的な基準としての労働時間規制を置き、労使間の自主的努力によるその向上を期待したが、現実にはその水準が標準的かつ固定的なものと理解されるようになり、その後の発展の芽を摘んでしまったと難じる。

労基法制定当時の労働時間規制の大きな問題は、国際的な基準が週40時間規制へと向かっていたなかで週48時間制を採用した点にもあるが、それ以上に36条で時間外・休日労働の上限規制をせずに青天井としてしまい、

しかも必ずしも労働者利益代表とはいえない過半数代表者に規制権限を与えてしまった点にある。

なお、労基法制定当時の労働基準局監督課長の寺本は、労基法制定について、「民主主義を支えるものは究極に於て国民一人一人の教養である。国民の大多数を占める労働者に余暇を保障……することは、その教養を高めるための前提要件である。労働基準法は、……こうした要件を充たし、我が国における民主々義の根底を培わんとする処にその政治的な制定理由を持つ」（筆者が現代語化表記）と、その崇高な理念を述べている[4]。しかし、その反面で、後に尾を引く弱点も抱えていた[5]。

2　高度成長期の展開

労働時間規制は崇高な理念の下に導入されたが、1960年までは経済復興にともない労働時間は増えていき、1960年に労働者平均年総実労働時間はピークの2432時間に達した。その後経済成長下で生活水準が上がり、賃上げとともに労働時間が短縮され、75年には2064時間に達した。しかし、オイルショック後は経済成長が鈍化し、企業の減量経営と生産増加への時間外労働による対応が増え、労働者の強い所得願望といった要因も絡み、労働時間は増加傾向になっていた[6]。

このように労基法は、青天井の時間外労働を許す弱点を抱えて出発したが、この弱点が経済変動のなかで表面化してきた。基本賃金の低さを補うために、余暇よりも割増賃金の支給を選好した労働者、労働組合の事情もそれに拍車をかけた[7]。

---

[4]　寺本廣作『労働基準法解説』（信山社、1998年）144頁以下。
[5]　その後、大きな問題となる労基法36条について、沼田雅之「憲法27条と時間外労働・休日労働規制」唐津博・有田謙司・緒方桂子編『講座労働法の再生3　労働条件論の課題』（日本評論社、2017年）183頁以下を参照。
[6]　この間の事情は、桑原敬一『日本人の労働時間』（至誠堂、1979年）133頁以下が詳しい。また、野見山眞之『労働時間——その動向と課題』（労働基準調査会、1988年）26頁以下も参照。

3　1987年法改正の背景

（1）ソーシャル・ダンピングとしての長時間労働の解消

労基法の労働時間規制は、制定後約30年間ほとんど改正が加えられてこなかった。しかし、1980年代に入ると、先進国のなかでも極端な長時間労働が問題とされるようになる[8]。

たとえば86年に出された「国際協調のための経済構造調整研究会報告書（国際協調のための経済構造調整研究会報告）」（通称、前川レポート）は、「国際協調型経済を実現し、国際国家日本を指向していくためには、内需主導型の経済成長を図るとともに、輸出入・産業構造の抜本的な転換を推進していくことが不可欠である」との認識の下に、「労働時間の短縮により自由時間の増加を図るとともに有給休暇の集中的活用を促進する。労働時間については、公務・金融等の部門における速やかな実施を図りつつ、欧米先進国なみの年間総労働時間の実現と週休2日制の早期完全実施を図る」との方針を提案している。ここでは、国際協調のためにソーシャル・ダンピングと批判を受けていた日本の長時間労働の実態の改善が、政策ターゲットとされた。

第2次世界大戦後、同じ廃墟の状況から出発しながら、（西）ドイツと比較することでも、日本の長時間労働の実態が明らかになる。85年段階で、両国には労働時間と余暇で大きな格差が生じていた[9]。すなわち、年平均総実労働時間は、日本が約2100時間、ドイツが1639時間で、その差は約460時間である。日本の労働時間の内訳は、月所定内労働時間が161時間、時間

7）　この点については、西谷敏「労働時間の思想と時間法制改革」労旬1831・32号（2015年）12頁以下、深谷信夫「長時間労働を生みだす要因を考える」労旬同号39頁以下を参照。
　　第2次世界大戦後から1970年代までの日本とドイツでは、ほぼ同じように経済成長をし（1950年代の経済の奇跡、60年代の成長の安定的成長については、古内博行『現代ドイツ経済の歴史』〈東京大学出版会、2007年〉85頁以下を参照）、同様の賃上げを行いながら（日本労働協会編〈毛塚勝利執筆〉『西ドイツの労働事情』〈日本労働協会、1988年〉75頁以下を参照）、時短の割合は日本の方がはるかに低いことが、それを裏付けている。
8）　改正過程については、東大労働法研究会『注釈労働時間法』（有斐閣、1990年）11頁以下、等を参照。

第2章　労働基準法の労働時間規制の変遷過程　157

外労働が15時間、年休取得日数が1年で7.6日（取得率50％）である。これ以外に、相当数のサービス残業・タダ残業と言われる無報酬の、したがって統計に表れにくい時間外労働があることは公知の事実である[10]。

他方ドイツでは、すでに1970年代初頭に完全週休2日制が実現していたし、年休の付与日数は約30日、取得率は約9割である。法律上は、1938年に制定された労働時間法が適用されており、週労働時間は48時間とされていたが、当時は金属産業を中心に週35時間制の要求が出され、それが実現する過程にあった。法律（連邦休暇法）上の年休日数は18日であった[11]。

このように日本の長時間労働の主要因は、週休2日制の立ち後れ、時間外労働の多さ、そして年休の取得日数の少なさにあった。

（2）時短エンジンの相違

日独の時間短縮には、実態での大きな相違とともに、労働時間短縮の推進方法にも顕著な違いがみられる。すなわち、1985年当時、ドイツの労働時間法はナチス時代の1938年に制定された労働時間法がそのまま維持されていた。そこでは1日8時間1週48時間制が採られていた。それにもかかわらず労働時間短縮が順調に進められてきたのは、経済成長も無視できないが、その成果を労働条件改善につなげる労使自治の仕組み、そしてそれを支える労働組合運動の力が大きく寄与していた。1970年代後半から金属産業労働組合（ＩＧメタル）を中心に展開された週35時間制の実現を求める闘争がとりわけ有名である。「土曜日のパパは僕のもの」をスローガンとした週休

---

9) ドイツやフランスよりも労働時間が長いアメリカなどとの比較が意味を持つとの意見もあるかもしれないが、当時もそうであるが、法制度上の多くの共通点を持つドイツを選んだ。日本については、各年度の「労働白書」を、ドイツについては、西谷敏『ゆとり社会の条件――日本とドイツの労働者権』（労働旬報社、1992年）66頁以下、和田・前掲注1）14頁以下を参照。

10) タダ残業や年休未消化の現象をドイツ人労働社会学者の目から分析したものとして、Christoph Deutschmann/ Claudia Weber, Arbeitszeit in Japan : organisatorische und organisationskulturelle Aspekte der "Rundumnutzung" der Arbeitskraft, Frankfurt 1987 がある。

11) 当時の（西）ドイツの労働時間に関する法制については、山口浩一郎・渡辺章・菅野和夫『変容する労働時間制度――主要五カ国の比較研究』（日本労働協会、1988年）20頁以下［荒木尚志］を参照。

2日制の要求は、すでに1950年代中頃に出ていた[12]。

ところが、日本では、必ずしも労働組合が時短の先頭に立って戦ってきたわけではなく、経済成長や生産性の向上と配分という性格が多分に強かった。春闘もそれに応じた賃上げ要求が中心であった[13]。日本の労働組合は、ドイツとは異なり、一時の春闘を除けば、概して企業の枠を超えて労働政策を実現する力が弱い。それは、主として、産業別、地域別・全国規模で組織されている労働組合と企業別組合という組織形態の違いからくるものである。このことが、否が応でも経済政策の一環として法改正主導型の労働時間短縮政策を採らざるを得ない要因となる。

4　1987年法改正の内容

1987年労基法改正の主たるポイントは3点である[14]。

その1は、法定労働時間の短縮で、本則（32条）で週40時間制が導入された。ただし、週48時間から週40時間までの短縮は段階的に行われ、かつ中小規模事業での例外を設けられた（附則131条）。また39条1項の年休日数が「6労働日」から「10労働日」に増やされた。年休については、短時間（パートタイム）労働者についての付与規定と、計画年休制の規定が新設されている。

その2は、変形労働時間制度の導入である。それまでは4週間単位変形制しか存在しなかったが、これが1か月単位変形制に姿を変え、さらに3か月単位変形制、1週間単位変形制、そしてフレックスタイム制が新たに導入された。3か月単位変形制については、その後1993年改正で単位が1年に引き上げられている。1か月単位変形制については、実際に多くの事業場でこの単位で行われていること、賃金支払期間に合わせたことが、3か月単位変形制については、季節的な業務の繁忙差が大きい事業で時間外労働も含めた

---

[12]　和田・前掲注1）20頁以下を参照。
[13]　隅谷三喜男『日本労働運動史』（有信堂高文社、1978年）224頁以下、兵藤釗『労働の戦後史』（東大出版会、1997年）123頁以下等を参照。
[14]　法改正に至る経緯については、平賀俊行『労働基準法──背景と解説』（日本労働協会、1987年）103頁以下、野見山・前掲注6）119頁以下を参照。

調整が可能となることが、1週間単位変形制については、日ごとに業務に著しい繁閑の差が生じる事業場での時間調整が可能となることが、フレックスタイム制については、労働者が生活と仕事との調和を図りやすくできる制度であることが、それぞれ導入理由である。

1987年法改正の大きな特徴は、時短とともに、あるいはそれとバーターで多くの変形制が導入された点である。法案提出の趣旨説明では、第3次産業の比重の増大という産業構造の変化、工場労働者からホワイトカラー労働者の増加という就業構造の変化、労働者意識の変化に加えて、労働時間短縮を可能にする多様な労働時間制度の可能性を広めることが、その理由としてあげられている。

その3は、みなし労働時間制の拡張である。事業場外労働のみなし時間制は、それまで施行規則22条に定められていたものを本則規定に移し替えたものであるが、その仕事をするために所定労働時間を超えて労働する必要がある場合の労働時間の扱いについて規定を追加している。また、新たに専門職型裁量労働時間制が導入された。1998年法改正ではさらに企画業務型裁量労働時間制が追加されている。専門業務型裁量労働制については、第3次産業化、ソフト化が進行するなかで、使用者の具体的な指揮命令が及ばず勤務するために、労働時間の算定が困難な労働者が増加していることが指摘されている。

内容上のものではないが、労基法制定当時には、過半数代表との協定（労使協定）によって労基法の規制の逸脱や緩和は36条にしか存在しなかったが、1987年改正によりフレックスタイム制、3か月単位変形制、1週間単位変形制、専門職裁量労働制において、あるいは自由年休と並行する計画年休の実施についても導入された。労使協定の適用範囲が大幅に拡張されたが、労基法制定当時から過半数代表者の資格や選出方法についてはとくに何も規定されていなかった。ようやくこれが労基則6条の2として定められたのは、1998年法改正の際においてである。

このように多様な変形労働時間制やみなし時間制が増えたことにより、その濫用の危険性が指摘され、参議院社会労働委員会の附帯決議では濫用にならない運用について言及されている。

5　労働時間短縮に係るその後の改正

その後も労働時間規制については、多くの改正が行われてきている（一、二で紹介したもの以外を中心に）。

（1）労働時間の短縮

まず、労働時間短縮についてであるが、1988年6月には、早急に年間総労働時間を1800時間程度に短縮する計画が閣議決定され、「労働時間短縮推進計画」が策定されている。同年には、金融機関で先駆けて全土曜日を休日とするための銀行法施行令改正が行われている[15]。2002年には労働時間短縮政策について政府、企業が積極的に取り組むことを目指した労働時間短縮促進臨時措置法が制定されている（2005年に労働時間設定改善特別措置法に改正）。

2014年には、過労死防止に向けての国の取り組みを宣言した過労死等防止対策推進法が制定されている。同法は、国の過労死や過労自殺対策が不十分ななかで、過労死遺族会・家族会などが中心となり、国会議員を動かして議員立法として制定されたものであり、その点でそれまでの立法とは性格を異にしている[16]。この立法によって過労死や過労自殺対策のための抜本的な法政策が求められているはずであるが、後にみるように実際に時短に結びつくような効果は現れていない。その大きな要因は、時間外労働規制と年休規制の不十分性にある。

（2）時間外労働規制

労働時間短縮は、何らかの形で時間外労働を規制することによって行われ

---

[15] この改正にともない多くの銀行は、就業規則の変更により週日の労働時間を延長したが、その有効性が争われたものとして、羽後（北都）銀行事件・最三小判平成12.9.12労判788号23頁、函館信用金庫事件・最二小判平成12.9.22労判788号17頁がある。このことは、完全週休2日制の導入だけでは、総実労働時間の短縮には単純につながっていかないことを示した。

[16] 同法6条では、過労死等の概要や政府が過労死等の防止のために講じた施策の状況について、国会に毎年報告を行うことが求められており、最初の白書が「平成28年版過労死等防止対策白書」として公表されている。

る。この規制方法には、労使間の自主規制に委ねる方式、時間外労働の上限を規制する直接規制方式と、高い水準の割増率を設ける間接規制方式（コスト圧力方式）がある[17]が、これまでの法改正は後2者の組合せで行われてきた。すなわち、1993年法改正では、割増令で休日労働の割増率が2割5分から3割5分に引き上げられ、1998年法改正で、三六協定で定める労働時間の延長の限度等に関する基準を定めることとされ（36条2項）、労使協定当事者は労働時間の延長時間を定めるに当たり、同項の「基準に適合したものとなるようにしなければならない」とされた（同条3項）。さらに、2008年法改正で、1か月の時間外労働が60時間を超えた場合においては、その超えた時間の労働について5割以上の率で計算した割増賃金を支払わなければならないとされ（37条1項）、これについては代替休暇制度での対応が可能となった（同条3項）。

　しかし、こうした時間外労働規制は、本当に効果がある（った）のか、いくつかの視点から検討してみる必要がある。一つに、間接規制としての割増率であるが、法定労働時間内に収まらない仕事量に対して、既存従業員の時間外労働で対応するよりも新規に雇用を増やして対応する方が費用が安くなる均衡割増賃金率については、47.1％の試算がなされている[18]。割増率50％は、アメリカ、イギリス、韓国など多くの先進国の水準でもある。その点で、現行の割増率は、コストの面から時間外労働を抑制する機能が弱いといえる。

　二つに、この点とも関係しているが、割増賃金計算の基礎となる賃金には多くの手当が除外賃金とされている（労基法37条5項、労基則21条）。これらは労働の量や内容と関係なく、個人的な事情で支払われる手当を除外する趣旨であるが[19]、2側面から問題が残る。つまり、一方では、日本の正規職員の賃金体系の中でこれら手当の占める割合がかなり高いことから、それらを除外する結果、割増賃金の時間外労働の抑制機能は減殺される。しかも、労基法制定当初よりもその範囲が拡大されてきており、その結果、割増

---

17) 山口ほか・前掲注11) 9頁以下参照。
18) 第106回労働政策審議会労働条件分科会に厚生労働省から出された資料（2013年12月17日）。
19) 寺本・前掲注4) 243頁。

賃金の基礎となる時間賃金が減少する。他方で、これら手当によって正規・非正規雇用の賃金格差が拡大されるのであるから、割増手当にもそれを反映させることにより格差は増幅される。

　三つに、時間外労働の直接規制として三六協定で定める時間外労働の限度に関する基準（平成10年12月28日労告154号）の限度時間があるが、それが強行的な効力を有していない[20]（労基法36条3項）。労働基準監督署も、これを超えた三六協定に意見をいうことはできるが、受付を拒否することはできない。ソフトローの限界を示す典型例である。

　四つに、三六協定では、特別の事情がある場合にはこの限度時間を超えた協定も認められている（限度基準4条）。この場合の特別の事情は、「臨時的なものに限る」とされているが（平成15年10月22日厚労告355号）、現実には経団連会長・副会長企業でも720時間、960時間、1200時間といった非常識な上限時間が協定されている[21]。2018年法改正では、月の最高が100時間、年の最高が720時間であり、これによってそれまでの扱いに根本的な変更がもたらされたとは言えない。

　以上のことから、労基法の時間外労働規制は、一応は日・週の労働時間規制を置きながら、労使協定での例外設定を幅広く（ほぼ青天井で）許容するものであり、その意味で直接規制型としての限界を抱えており、また、割増率の低さや除外賃金の多さから間接規制としても弱点があると言わざるをえない。

　なお、間接的に時間外労働を規制することになる制度として、ヨーロッパで一般的となっている勤務間インターバル制度がある。従来から多くの論者が導入の必要性を主張してきた制度であり、2018年には労働時間設定法という特別法の改正において初めて導入された。ただし、使用者の努力義務とされているにすぎず、これについても強行法規化すべきであろう（その際の時間はヨーロッパで一般的な原則11時間が妥当である）。

---

20) 立法経緯や条文上、強行法規制を認めることができないとする解釈として、菅野和夫『労働法〔第11版補正版〕』（弘文堂、2017年）489頁以下。
21) 松丸正弁護士ブログ http://matumaru-blog.cocolog-nifty.com/blog/2016/12/post-63e3.html

(3) 年休規制

労基法39条については、制定以降たびたび改正が行われてきた。

法改正ではないが、当初の立法者の意図が必ずしもその後活かされてこなかった重要な点がある。それは、年休の付与の仕方である。年休の単位は「時季」であるが、「シーズンを加へた時期の意味」とされたり[22]、「春夏秋冬等の季節を含んだ意味であるが、特定の年月日を指定しての請求を排斥する趣旨ではないと解すべき」とされる[23]。そして、当初の施行規則（労基則25条）では、勤務継続1年経過後に直ちに労働者の請求する時季を聞くこと、1年経過前でも労働者にまとめて休暇を与え、その都度に請求時季を聞かない方法も容認されていた[24]。このことは、年休の取得方法としては、年度当初に使用者が労働者の意見を聴取してあるシーズンに一定の長さの休暇を与えるといった、欧米で一般的となっているものが、原則的なかたちとして構想されていたといえる[25]。しかし、その後の展開は構想どおりにはならず、労働者が具体的な時期を、しかも細切れで指定して請求する方式しか発展しなかった[26]。

こうした事情を反映して学説や判例では、年休権の法的性格に関する議論[27]、労働者の時季指定の時期の制限に関する議論[28]、使用者の時季変更

---

22) 寺本・前掲注4）250頁。
23) 吾妻光俊『労働基準法』（日本評論社、1951年）171頁。
24) 同上。
25) 畠中信夫「『過労死』防止という観点から見た年次有給休暇制度に関する一考察」水野勝先生古希記念論集『労働保護法の再生』（信山社、2005年）213頁以下（同論文は、労基法39条制定時の使用者の年休付与義務の法構造を明らかにする秀作である）。
26) 労基則25条は1954年に削除されている。同条の本文についての削除理由については、請求時季の聴取義務を使用者に課すのは、本則に定めがない義務を新たに使用者に課すもので不当であり、また、この義務にはほとんど実益が見いだせないということにあるとされる（労働基準局編『改正労働基準法関係諸規則の詳解』〈労働法令協会、1954年〉139頁）。しかし、継続勤務2年以上の者に対する同様の義務を課さなかったことは不十分・不適切であるが、良き部分も含めてすべて削除してしまったことには批判も強かった（吾妻光俊編『詳解労働基準法』〈青林書院、1960年〉486頁［蓼沼謙一］、畠中・前掲注25)217頁以下）。このことが日本の年休の貧困化を招いた大きな要因であったと言える。
27) 林野庁白石営林署事件・最二小判昭和48.3.2民集27巻2号191頁、国鉄郡山工場事件・最二小判昭和48.3.2民集27巻2号210頁。
28) 電電公社此花電話局事件・最一小判昭和57.3.18民集36巻3号366頁。

権の要件に関する議論[29]、あるいは全労働日に関する議論[30]が中心であった。欧米型のバカンスのような一定長期の休暇取得に関しても、伝統的な時季変更権に関する理論枠組みで判断しており[31]、その枠組みを超える試みに欠けていた[32]。こうしたことを考えると、大胆な立法上の対応をせずにＩＬＯ有給休暇条約（第132号）が予定するような欧米型の長期休暇を実現することは困難であろう。

長期休暇の取得のために導入されたのが、1987年法改正の計画年休制である。計画化された年休日については、反対意思を有する労働者をも拘束する制度である[33]。労働者の中には時季指定による年休取得である自由年休が本来の姿であるとの理解もあるようであるが、少なくともそれは労基法39条の立法意思とは異なっている。

また、同改正法により、年休取得者に対する不利益取り扱いをしない旨を定めた附則134条が追加されている（2008年改正で附則136条に移される）。

さらに、2008年法改正では、人事院規則15－14第20条で国家公務員について認められていた時間単位の付与を公式に認めたが[34]、労働者のニーズが高かったとはいえ、そのことが年休が基本的には日単位で付与されるものである点を矮小化することになってしまう[35]。

2018年法改正では、年5日までの使用者による休暇付与が義務づけられたが、それではまだ先進国の休暇制度にはとても追い付かない。

---

[29] 弘前電報電話局事件・最二小判昭和62.7.10民集41巻5号1229頁、横手統制電話中継所事件・最三小判昭和62.9.22労判503号6頁。
[30] エス・ウント・エー事件・最三小判平成4.2.18労判609号13頁。
[31] 時事通信社事件・最三小判平成4.6.23民集46巻4号306頁。
[32] 和田肇「長期休暇と時季変更権――時事通信社事件」ジュリ1008号（1992年）73頁以下。
[33] 三菱重工業事件・福岡高判平成6.3.24労民集45巻1・2号123頁。
[34] 労働者の同意がある場合には半日単位の年休付与が認められるとしていた裁判例として、高宮学園事件・東京地判平成7.6.19労判678号18頁。年休制度の趣旨からこれを批判するものとして、野田進・本件評釈・法政研究63巻1号（1996年）339頁以下。
[35] 年休制度の変遷や実態あるいは国際条約等との関係については、拙稿「いつになったら先進国並みの休暇制度に」季労258号（2017年）29頁以下で詳しく論じている。

6　ホワイトカラーと労働時間規制

　労基法制定当時の産業構造は、就業者数割合で、第1次産業が5割弱、第2次産業が2割強、第3次産業が3割弱であったが、1980年代前半では、それぞれが1割弱、3割強、6割弱となっていた[36]。第3次産業の割合が急速に高まり、労働者総体がホワイトカラー化していった。労働者の就労意識でも、余暇を選好する傾向が強くなっていた。こうした変化にともない、工場労働を主たる対象としていた、始業・就業時間、休憩時間、休日を厳格に規制する労働時間法制について、修正が必要になったと考えられた。各種の変形労働時間制や裁量労働制が登場した背景には、こうした背景がある。

　労働時間の算定と賃金支払いの基本は、実労働時間を正確に把握し、法定時間を超えた時間分の労働に対しては労基法37条に従い割増賃金を支給するというものである。その例外として、労基法制定当初から坑口計算制（38条）と事業場外労働のみなし時間制（労基則22条）が採用されてきた。これに対して、1987年法改正で新たに導入されたのが裁量労働制といわれるみなし時間制である。また、98年法改正では新たに企画業務型裁量労働時間制が導入された（38条の4、その際に従来の裁量労働時間制は専門業務型裁量労働制とされた）。後者については、労使委員会方式が採用されたが、2003年に労使委員会での決議方法の要件緩和が行われている。

　制定当時の労基法では、労働時間規制の適用を除外されているのは、労働者の組織上のヒエラルヒーや職務権限では管理監督者のみであった。これらの者は、労基法9条の労働者でありながら、同10条の「使用者」としてのあるいはそれに近似した性格を有していること、自らの労働時間について自己管理ができることが、労働時間規制の適用除外のしたる理由である[37]（職務にふさわしい賃金処遇も当然に必要となる）。

---

36)　厚生労働省『平成25年版労働経済の分析』第2章「産業社会の変化と勤労者生活」。
37)　静岡銀行事件・静岡地判昭和53.3.28労民集29巻3号273頁、昭和22.9.13基発17号等。その後、趣旨変更がされているが（昭和63.3.14基発150号）、これについては、東大労働法研究会『注釈労働基準法下巻』（有斐閣、2003年）757頁以下［和田肇］を参照。

それに対して専門業務型裁量労働者とは、職務権限ではなく、労務の遂行における裁量性に着目した概念として登場した。この概念は収入とは関係なく、いかに高額の収入を得ていても、労使協定の締結という法定の要件を充たしていなければ、裁量労働制は導入できない[38]。

　専門業務型裁量労働時間制の対象業務は、当初は研究業務が中心であったが、その後拡大してきており（労基則24条の2の2第2項）、そのなかで法規制の業務に該当するかを争う裁判例もかなり出ている[39]。企画業務型も含め、裁量労働時間制についてのもう一つの問題は、長時間労働になりやすい点である。みなし時間が実態と合わない（事業場外労働のような両者の合致は法律上は要求されていない）、ノルマが厳しく長時間労働になりやすい、裁量度が小さい等の問題が指摘されてきた。こうしたことを反映して1998年法改正で企画業務型裁量労働時間制が導入された際に、いずれの裁量制にも健康確保のための特別な措置が求められるようになっているが、実態にそれほど変化はないようである[40]。

　裁量労働制では、労働時間と賃金の関係が、管理監督者や通常の労働者と異なっている。すなわち、この者についても、労基法41条2号の管理監督者と異なり、労働時間数の記載が必要である（労基法108条、労基則54条）。ただし、この時間数は労使協定で定める所定労働時間数と同じであり、これは健康管理のために必要な労働者の労働時間の状況（労基則24条の2の2第3項）とは一致しない。その限りでは、実際の労働時間と賃金の関係は切断されているが、労使協定所定の労働時間と賃金とは対応関係がある。

---

[38] 高額の収入を得、自己裁量型で勤務するプロフェッショナル社員について、明確な合意がなく、かつ裁量労働制を採用していないケースで、収入のなかには時間外労働手当分も含んでいるとして別個の請求を否定したモルガン・スタンレー・ジャパン事件・東京地判平成17.10.19労判905号5頁は、ホワイトカラーエグゼンプション制度の先取りであるとしても（菅野・前掲注20）522頁はこの観点から判決に賛成する）、それは立法論であり、明らかに法解釈の域を超えている。

[39] プログラミングについての否定例として、エーディーディー事件・京都地判平成23.10.31労判1041号49頁、税理士補助業務についての否定例として、レガシィ事件・東京高判平成26.2.27労判1086号5頁。

[40] 労働政策研究・研修機構「裁量労働制等の労働時間制度に関する調査結果」（2014年6月）では、実労働時間（月250時間以上）が長い、週休日がないか少ない、仕事が深夜まで及ぶ層が相当数いること、そしてこの傾向は専門業務型の方が強いとされている。

なお、いわゆる高度プロフェッショナル制度もホワイトカラー層の働き方と関係しているが、これについては後に改めて述べる。

7　過半数代表者・労使委員会制度

労基法制定当初は、過半数組合あるいは過半数代表者の制度は、36条や90条にしか存在しなかった。過半数代表者は、同法制定過程の第9次案で「労働組合」に追加されたものである。おそらく戦後民主主義の発展のなかで多くの事業場に従業員の多数を組織する労働組合ができることが期待でき、それが形成されない場合に労働者集団の意思を反映する仕組みが必要と考えられたのであろうが、立法過程からはその趣旨が明確には確認できない。

最初わずか2か条であったが、その後1987年法改正などで過半数代表者制度が積極的に取り入れられ、労基法でも十数か条に及ぶようになる。ところが、多くの事業では過半数組合が存在せず、そのために従業員の過半数代表者が協定締結当事者にならざるをえないが、その要件（資格と選出方法）について法律に定めがないこともあり、実務では過半数代表者の資格に疑問が出てくるケースも多かった[41]。そこでようやく1998年法改正で、労基則6条の2に過半数代表者の資格と選出方法についての規定が置かれた。

1998年法改正は他方で、労使委員会制度を始めて導入している。すなわち、同法改正により企画業務型裁量労働時間制が導入されたが、その実施要件として労使委員会の設置を求めている。労使協定の一方当事者でもある過半数代表者は、組織的基盤あるいは民主的レジティマシー、労務・人事政策についての分析能力、活動保障等の点で、労働組合の代表者とは同列に論じ得ない。そのため以前からドイツのような従業員代表制の設置の必要性が主

---

[41]　たとえば従業員親睦団体の代表者を自動的に締結当事者として締結された三六協定を無効とした事例として、トーコロ事件・東京高判平成9.11.17労判729号44頁。労働政策審議会労働条件分科会（2017年5月12日）に提出された厚生労働省の資料によれば、過半数代表者の選出方法のなかで社員会や親睦会の代表者が自動的に就いている11.2％、会社が指名した28.2％など、過半数代表者の職種では、課長クラス13.2％、次長以上クラス10.6％があり、明白に労基法違反が相当割合で存在している。なお、同調査では、三六協定未締結事業場（全体の45％）のうち36％では労使協定の存在を知らないと回答している。過半数代表制度が機能不全に陥っている例である。

張されていた[42]。そこでの労働者の利益代表・意見提出システムの一環として考案されたのが、労使委員会構想である。これを突破口にしながら、常置の機関を設置したいとの希望があった[43]。

この労使委員会は労使の代表者によって構成される機関であり、独立の従業員代表機関ではないなどの欠陥を抱えている。いずれにしてもこの前後から再び学説でも従業員代表制に関する議論が活発になってくるが[44]、残念ながら立法構想はその後下火になっている。

8　2015年以降の法改正論議と2018年法改正

（1）2015年の労基法改正提案

2008年法改正以降も労働時間規制の変更は、常に議論となってきた。厚労省は2015年4月に、主に以下のような内容の「労働基準法等の一部を改正する法律案」を国会に提出し、継続審議となった。そこで提案されたのは、「特定高度専門業務・成果型労働制（高度プロフェッショナル制度）」の創設、労基法32条の3のフレックスタイム制の清算期間の上限の延長とそれに伴う諸規定の変更や整備、企画業務型裁量労働制の見直し（対象業務として従来の企画立案業務に、「裁量的にPDCAを回す業務」と「課題解決型提案営業」を追加）、そして、年休取得の促進に関する規定の導入である。しかし、同法案は突然の国会解散により継続審議となり、翌年の国会で審議未了で廃案となった。

その後、首相官邸に設置された「働き方改革実現会議」は、2017年3月28日に「働き方改革実行計画」を決定したが、そのなかで労働時間規制に

---

[42]　たとえば坂本重雄「従業員代表制と日本の労使関係」日本労働法学会誌 79号（1992年）37頁以下、毛塚勝利「わが国における従業員代表法制の課題」同129頁以下。

[43]　毛塚勝利「職場の労働者代表と労使委員会」ジュリ1153号（1999年）57頁以下等を参照。

[44]　野川忍「変貌する労働者代表」『現代の法12　職業生活と法』（岩波書店、1998年）103頁以下、毛塚勝利「『労使委員会』の可能性と企業別組合の新たな役割」日本労働研究雑誌485号（2000年）13頁以下、濱口桂一郎「過半数代表制の課題」季労207号（2004年）208頁以下など。最近の文献として、神吉知郁子「従業員代表制設計の検討課題」法時88巻3号（2016年）30頁以下。また、ドイツ法をふまえた体系的な研究として、藤内和公『ドイツの従業員代表制と法』（法律文化社、2009年）がある。

ついていくつか重要な提案を行った。すなわち、三六協定に関する時間外労働限度基準告示等を法律に格上げし、罰則付きの強行規定にする。同協定特別条項に関して、時間外労働（休日労働を含まない）の限度時間を年720時間（休日労働も含むと960時間）とする。勤務間インターバル制度について、使用者に導入の努力義務を課す。

　こうした提案を受け政府は、2018年の第196通常国会に、労基法を含む8本の法律を一緒に改正する、いわゆる「働き方改革関連法案」を提案し、それが可決されている。なお、その前に、裁量労働制については、政府が提出した実態調査をめぐって大きな疑義が出たために、企画立案型裁量労働制の提案は取りやめになった[45]。

　ここでは論争の中心でもある高度プロフェッショナル制度についてのみ検討しておきたい[46]。

（2）　高度プロフェッショナル制度

①　2006年での議論

　2006〜07年の第1次安倍内閣では、「自律的労働にふさわしい制度」、あるいは「自由度の高い働き方にふさわしい制度」として、いわゆるホワイトカラー・エグゼンプション制度の導入が検討された。

　2006年の労働契約法制定に当たって、05年に、厚生労働省の『今後の労働契約法制の在り方に関する研究会報告書』が出されているが、そこでは労基法の労働時間規制について見直しが必要であると述べられていた。その理由としては、就業形態の多様化や事業の高度化・高付加価値化によって、労働者の創造的・専門的能力を発揮できる自律的な働き方への対応が求められている点が指摘されている。具体的には、ホワイトカラー・エグゼンプション制度の導入の検討の必要性を説いている（第7労働時間制の見直しとの関連）。これは、もともと総合規制改革会議の答申を受けて策定された「規制

---

45)　その経緯については、塩見卓也「裁量労働制の提案は何故失敗したのか」法セミ2018年7月号38頁以下を参照。政府は再提出の方向で検討している。
46)　改正労基法の検討として、和田肇「労働時間規制改革の法的分析」日本労働研究雑誌702号（2018年）1頁以下を参照。

改革・民間開放推進3か年計画（改定）」（2005年3月の閣議決定）で提起されている課題でもある。

ところが、この制度の導入案はマスコミや労働組合などから「残業代ゼロ法案」などと批判され、結局は国会提出が見送られた。

② **高度プロフェッショナル制度の内容**

こうしたこともあって第2次安倍内閣の経済政策（アベノミクス）においては、当初は長時間労働政策、ワーク・ライフ・バランス政策、そして高度プロフェショナル制度の「3点セット改革論」が議論されたが、2015年法改正案では最後の部分だけが切り離されて提案され、18年改正でも基本的にそれが受け継がれた。

国会に上程された案によれば、同制度の対象となるのは、「高度の専門的知識等を必要とし、その性質上従事した時間と従事して得た成果との関連性が通常高くないと認められるもの」で、厚労省令で定める業務である（41条の2第1項1号）。この制度であるためには、「書面その他厚生労働省令の定める方法による合意に基づき職務が明確に定められていること」、そして支払われると見込まれる賃金の年換算額が基準年間平均給与額（毎月勤労統計を基準として厚労省令で定める額）の「3倍の額を相当程度上回る水準として厚生労働省令で定める額以上であること」が必要となる（同項2号）

これらで立法委任されている厚労省令は示されていないが、審議会レベルでは以下のような案が検討されている。まず対象業務としては、「金融商品の開発業務、金融商品のディーリング業務、アナリストの業務（企業・市場等の高度な分析業務）、コンサルタントの業務（事業・業務の企画運営に関する高度な考案又は助言の業務）、研究開発業務等」があげられている。また、基準年間平均給与額の3倍の額としては、労基法14条1項1号の規定に基づき厚労大臣が定める基準（平成15.10.22厚労省告示356号、平成20.11.28厚労省告示532号）の五で示されている「1075万円」を参考にする案が示されている[47]。

---

47) 労働政策審議会「今後の労働時間法制等の在り方について（建議）」（平成27年2月13日）。

同制度を導入するためには、労基法38条の4で定められた企画業務型裁量労働制を導入するのに必要な労使委員会の設置とその決議、対象労働者の同意、終業から翌日の始業までの一定時間以上の休息時間、深夜業に従事する回数一定以内であること、1か月または3か月の健康管理時間が一定時間以内であること、1年を通じて104日以上でかつ4週間を通じて4日以上の休日を確保すること、などの要件を充たさなければならない。

　本条が適用された場合の効果として、労基法第4章で定める労働時間の規定（32条、36条、37条1項、38条1項等）、休憩の規定（34条）、休日の規定（35条、36条、37条1項等）および深夜業の割増賃金に関する規定（37条4項）は適用されない。労基法41条では、労働時間の長さではなく位置に関する規定である深夜業に関する規定は適用を除外されないと解されているが[48]、新41条の2では明示的にこの規定の適用も除外されている。

③ 検討

　提案されている高度プロフェッショナル制度には、労働時間政策として重要な問題が含まれていると思われる[49]。

　まず、労基法41条2号の管理監督者の適用除外は、元々はこの者が経営者と一体的な立場にあるために、厳格な労働時間規制になじまないというだけでなく、自らの裁量で時間管理ができることが、その趣旨と解されていた。これに対して高度プロフェッショナル制度の場合、労働時間と収入を切り離す制度とされているだけで、何故に健康の確保が第一義的で、また文化的生活あるいは家族責任の時間確保等の理由から設けられている労働時間規制[50]を適用除外するのか、十分に説明されていない。収入が高額というだけでも、適用除外の理由としては十分でない。

　次に、高度プロフェッショナル制度では、管理監督者においても適用除外されていない深夜業に関する規定の適用が排除されている。推測するに、深夜に外国との為替取引等にリアルタイムで従事するディーラーなどを想定し

---

48) ことぶき事件・最二小判平成21.12.18労判1000号5頁。
49) 詳しくは、和田肇『労働法の復権』（日本評論社、2016年）78頁以下を参照。
50) 労基法の労働時間規制の意義については、和田肇「労働時間規制の法政策」日本労働法学会誌110号（2007年）67頁以下も参照。

ているのであろう。しかし、そうした働き方は、考えられているような高度プロフェッショナルといわれる業務において一般的ではない。例外をもって一般化する弊を犯している。

　さらに、より根本的な問題として、今日の日本の長労働時間問題がある。規制改革会議が2013年12月5日に出した「労働時間規制の見直しに関する意見」において、その解決策として、労働時間の量的上限規制の導入、休日・休暇取得促進に向けた取り組み、労働時間貯蓄制度の導入等が提案されている。そして、こうした改革と一体となった「3点セットの改革」として、労使が合意できるような「新たな労働時間の適用除外制度」の創設が提起されている。

　前回のホワイトカラー・エグゼンプション制度の提案に対して、長時間労働や年休未消化が常態化し、過労死や過労自殺が社会問題化しているなかで、それと異なる環境にあるところで発展してきた制度の導入は適切ではない、という批判が出されていた[51]。先の規制改革会議の案は、こうした批判を意識したものである。今回の法案でそれに対応した規制となっていない。法案は、3点セットの改革構想の一部のみを恣意的に取り出した制度提案となっている[52]。

　このなかでプラスに評価できるのは、告示の法律への引き上げくらいで、特別条項の限度時間の設定は、過労死認定ラインである月100時間までの時間外労働を容認するもので、長時間労働対策に真剣に取り組んでいるとは言えない。「長時間労働対策が喫緊の課題」としている政府の雇用政策のもとで、こうした提案はまったくの羊頭狗肉策と言われても仕方ない。

---

51)　たとえば長谷川裕子「『ホワイトカラー・イグゼンプション調査団報告書』の概要と調査結果から明らかになったこと」労旬1602号（2005年）51頁、「資料」同52頁以下を参照。溝上憲文『2016年残業代がゼロになる』（光文社、2015年）には、制定過程でのエピソードや、この問題に関する現場の声が紹介されており、問題の本質を突く指摘も多く、興味深い。

52)　ホワイトカラー労働者のある部分について、労働時間の長さと報酬額との切り離し制度が必要であると説く論者（島田陽一「正社員改革と雇用政策」季労247号〈2014年〉20頁以下など）から見ても、こうした規制では適用除外制度の導入には十分ではないことになるだろう。

三　労働時間規制の効果・影響

1　労働時間はどの程度短縮したか

労基法制定がどれほど職場や雇用社会の民主化にとって貢献したかを図ることは困難である。しかし、1987年以降の法改正は明確な目的やターゲットを有していたのであるから、その目的が実現したか、実現していないとするとその原因はどこにあるのか、という視点からの検証は避けられない。労働法学はこの点を十分に検証してこなかった。

労働時間規制の変遷がどのような効果を及ぼしたのか、現時点で確認できる指標を示しておきたい（以下の統計資料は、別に文献を示していない限り厚生労働省「過労死防止白書」2018年に拠っている）。

まず、労働時間の短縮についてであるが、全労働者平均の年間総実労働時間は、図表1のように変化しており、この図表だけみると、労働時間は順調に短縮しているようである。しかし、これはパートタイム労働者を含む全労働者平均であり、図表2のように、パートタイム労働者を除いた一般労働者についてみれば、この20年間ほとんど減少傾向がみられない。つまり、この間のパートタイム労働者の増加が、全労働者の平均労働時間の減少を導く

図表1　年間総実労働時間の内訳の推移（パートタイム労働者も含む、事業所規模5人以上）

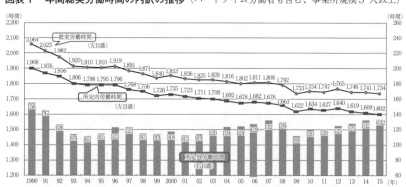

出典：厚生労働省「過労死防止白書」。

図表2　一般労働者の年間総実労働時間およびパートタイム労働者比率の推移

（グラフ：一般労働者の総実労働時間（左目盛、時間）、パートタイム労働者比率（右目盛、％）、パートタイム労働者の総実労働時間（左目盛）の1993年から2015年までの推移）

一般労働者の総実労働時間：2,045、2,036、2,038、2,050、2,026、2,010、2,009、2,026、2,017、2,017、2,024、2,040、2,028、2,041、2,047、2,032、1,976、2,009、2,006、2,030、2,018、2,021、2,026

パートタイム労働者比率：14.4、14.4、14.5、15.0、15.6、16.3、19.5、20.3、21.4、22.4、22.7、25.3、25.3、25.5、26.1、27.3、27.8、28.2、28.8、29.4、29.8、30.5

パートタイム労働者の総実労働時間：1,184、1,172、1,174、1,176、1,162、1,150、1,139、1,168、1,154、1,141、1,151、1,150、1,140、1,138、1,128、1,111、1,082、1,096、1,090、1,105、1,093、1,084、1,068

出典：厚生労働省「過労死防止白書」。

主要因であったといえる。

　その意味で、労基法改正の労働時間短縮効果について、必ずしも積極的に評価することはできない[53]。むしろ 1987 年労基法改正以降、過労死が増加し、現在では高値で推移していること、過労自殺が現在も増加傾向にあることを無視できない。こうした側面からも労働時間政策の効果を評価する必要があることを、それは示唆している。

　とくに深刻なのが、図表 3 にみられるように、この 2000 年代初頭をピークにして、この間減少してきているとはいえ、週 60 時間以上、つまり時間外労働換算で過労死ラインといわれる月に 80 時間超で働いている労働者の割合が 10％を超えており、いまだ高い点である。男性の 30 〜 39 歳、40 〜 49 歳の働き盛りの層では、この割合が 10％台後半に達している。なお、男性ほどではないが、同年齢層の女性でもこの数値が 5％に達している。働き方の男性化、長時間労働の均等化の一例でもあろう。

　年休付与日数や取得日数についても、図表 4 のように、この 30 年間ほと

---

53) 1987 年以降の労働時間に関する法政策が、時短という目標を達成できなかったことについては、島田陽一「労働時間法政策のこれから」日本労働研究雑誌 677 号（2016 年）65 頁も指摘する。

図表3　月末1週間の就業時間が60時間以上の雇用者の割合（週間就業時間35時間以上の雇用者に占める割合）

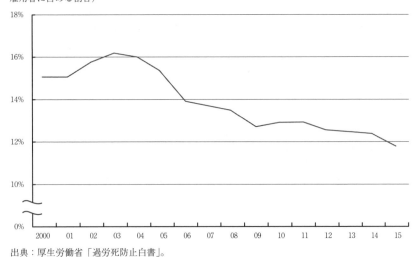

出典：厚生労働省「過労死防止白書」。

図表4　年次有給休暇の取得率等の推移

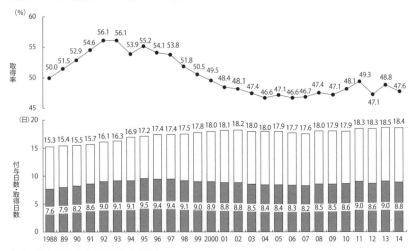

出典：厚生労働省「過労死防止白書」。

図表5　週休2日制の適用労働者の割合

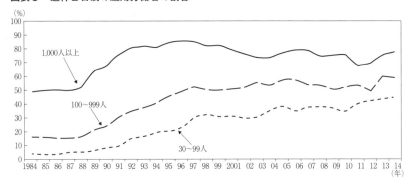

出典：厚生労働省「平成27年就労条件総合調査」。

んど進展がみられない。付与日数は若干増加しているが、実際の取得日数はそれほど伸びておらず、その結果、取得率は20数年前をピークに、その後減少している。この点では、労基法39条の改正はあまり効果を生まなかったということができる。

　なお、年休の取得促進に最も有効なのが計画的付与（計画年休）制度であるが、2010年段階の労働者調査では、導入しているが21.8％、導入していないが34.7％、わからないが42.2％である。導入内容（複数回答）では、計画表による個別付与方式が54.1％、事業場一斉休業方式が24.8％、班・グループ別交代付与方式が8.2％である（労働政策研究・研修機構「年次有給休暇の取得に関する調査」2011年）。

　これらのことは、単純に法定年休日数を増加させるだけでは、年休取得日数は増えないことを教えてくれる。年休の取得促進策としては、ヨーロッパで一般的となっている、使用者が年度当初に労働者の意向を聞きながら年休を計画化する方式が不可欠であることは、多くの論者の共通の認識となっている。

2　労働時間の配置と変形労働時間制

　次に、労働時間の柔軟化の現状をみておきたい（統計資料は厚生労働省「平成27年就労条件総合調査」に拠る）。

まず週休2日制の状況であるが、完全週休2日制あるいはそれ以上を実現している企業は全体の58.7%であるが、週休1日制ないし1・5日制の企業も6.8%存在している。その他34.5%はこの中間の制度を採用している。つまり、完全週休2日制は未だ3分の1の企業で実現していないことになる。導入割合は、企業規模が大きいほど高くなる（図表5参照）。

変形労働時間制については、採用企業52.8%、不採用企業47.2%で、採用企業では（複数回答）1年単位変形制が30.6%、1か月単位変形制が20.3%、フレックスタイム制が4.3%となっている。いずれも企業規模が大きくなるに従って数値が高くなる。

以上についての法改正効果の評価は難しい。ただし、フレックスタイム制について、発祥の地であるドイツではほとんどの企業で実施されているが、日本ではほとんど取り入れられていない。導入要件の厳格さの問題なのか、それとも日本の企業の働かせ方、あるいは労働者の働き方の問題なのか、検証が必要である。なお、私見は両者が絡み合っていると考えている。

3　みなし労働時間制

みなし労働時間制を採用している企業割合は13.0%であり、その内訳（複数回答）は事業場外労働制が11.3%、専門職型裁量労働時間制が2.3%、企画立案型裁量労働時間制が0.6%である。この評価も難しいが、企画立案型裁量労働時間制の導入割合が低いのは、要件の厳しさが影響していると思われる。なお、判例は、事業場外労働のみなし時間制の厳格な解釈をしていることを考えると[54]、実際に行われている事業場外労働のみなし時間制がどれほど要件に合致しているかは、疑問である。

4　労働時間主権という側面からみて

日本では、ドイツのように労働時間について労働時間主権（Arbeitszeit-souveränität）という視点で議論されることがあまりない[55]。しかし、労働

---

[54]　海外旅行等の添乗員に関する阪急トラベルサポート事件・最二小判平成26.1.24労判1088号5頁。

時間の柔軟化や時間算定の弾力化の制度導入の際には、ホワイトカラー層の働き方の変化が議論されたのであるから、労働時間政策には、労働者による労働時間主権の獲得という視点も必要になってくる。

労働時間制度のなかで、労働者に主権が働きうるのは、フレックスタイム制度、裁量労働制、時間外・休日労働命令を自己都合で拒否できる点、そして年休を自由に完全取得できる点においてである。

労基法32条の3の定めるフレックスタイム制では、労働者は一定の幅（フレキシブル・タイム）のなかで出退勤を自由に選択でき、清算期間内で労働時間の調整ができる。また、労基法38条の3以下で定められている裁量労働時間制については、労務遂行の方法と労働時間を自らの裁量で相当程度決めることができる。時間外・休日労働については、労働者は本来、契約で約束した所定労働時間を超えて働く必要はなく、時間外労働等はまったくの例外的な現象で、しかもその決定に労働者の意向が反映できなければならないはずである。労基法39条では、年休取得について完全に労働者にイニシアティブ（時季指定権）が与えられている。統計数値等でみられる労働時間の運用実態は、こうした制度が十分に活用されていないことを示している。今までの立法論や学説では、その原因を探る作業が弱かった。

変形労働時間制や裁量労働制、あるいは青天井ともいえる時間外労働、無計画な年休取得といった実態をみると、日本の労働時間は、制度面でもまた運用面でも柔軟性がかなり高いといえる。そうすると、日の最長労働時間や休息時間を厳格に保つ「正常＝標準労働時間」規制することの方が焦眉の課題であるとの主張[56]に、説得力がある。

なお、労働時間主権という側面からは、ヨーロッパで普及している、時間

---

55) ドイツの議論については、和田・前掲注1) 32頁以下、216頁以下を参照。なお、最近多くの学者らによって提案されている「生活主権」にもとづく生活時間アプローチ（特集「新しい労働時間法―生活時間法の制定に向けて」労旬1884号（2017年）6頁以下を参照）は、この発展系とみることができる。
56) 田端博邦「人間的な労働時間を求めて」労旬1831・32号（2015年）20頁以下。これに対して、日本の労働時間法規制における柔軟化措置が、ホワイトカラー労働者の労働時間規制という側面から不十分であり、これを促進すべきとする見解として、島田・前掲注53) 72頁以下。

外労働や休日労働分について（割増分を含めて）代替休日で調整する労働時間口座が有効であるが、条件付きである。ドイツでも一定期間内に調整し切れずに放棄してしまう、いわゆるタダ残業が生じているが、賃金選好の強い日本では、よほどの工夫をしない限り、画餅に帰してしまう危険がある[57]。

まとめ

労働時間規制に関する労基法改正が常に大きな議論や反対を呼ぶのは、国際的に（ここではＯＥＣＤ加盟国を念頭に置く）みて日本の労働時間が異常に長く、その改善がほとんどなされてこなかったからである。多発する過労死や過労自殺はその悲劇であるが、ワーク・ライフ・バランスの欠如も、主要因は長時間労働にある。この改善を意図していない労働時間規制改革[58]は、雇用の現場からの批判・異議申立に晒され続けるであろう。長時間労働対策をきちんと講じないで進められるその柔軟化策についても同じである。

2014年に過労死等防止対策推進法が制定されたが、それを無視するような立法（案）は、労働法政策としての整合性を欠く。あるいは競争政策としての経済政策の変数に過ぎないと位置づけられる労働政策は、憲法25条に淵源する同政策の意義を甚だしく減殺する。

労働時間規制は、その反面の自由時間を創出することを意味するが、この内容がどのようになっているかは、労基法制定当時、寺本が指摘したように、民主主義に関わる問題である。とすると、長時間労働によって犠牲となり引き起こされる自由時間の貧困は、民主主義の未成熟をもたらすことになる[59]。

労基法1条の趣旨に沿った、あるいは国際基準との比較からみて適切な労

---

[57] 和田肇「拙著『労働法の復権——雇用の危機に抗して』の書評に応えて」法時89巻5号（2017年）136頁参照
[58] 2015年の法改正の一方の部分・柱は、長時間労働の抑制や年休取得の促進等であるが、年休取得についてはよく言えば極めて漸進的な、悪く言えば年休取得の促進への寄与が疑わしい改革である。また、中小企業における月60時間超の時間外労働に対する割増率（50％以上）の猶予措置の廃止、時間外労働に係る助言指導での健康配慮の明確化、計画年休制の要件の緩和があるが、これらも長時間労働に対する抜本的な改善策とはなっていない。
[59] 鴨田哲郎「民主主義を支えるための労働時間規制」労旬1831・32号（2015年）56頁以下。

働時間規制のあり方を、今再び本格的に検討すべきである[60]。ILO条約との関係では、関係労使団体との協議を経て時間外労働、休日労働の上限を設定すべきこと（第１号条約６条２項）、７日の期間毎に24時間以上の休日を付与すべきこと（第106号条約６条以下）、深夜業について労働者の健康診断を講じること、健康上の理由から深夜業に従事できない労働者の配転権を認めることなど（第171号条約）、年休日数は最低３労働週、そのうち１回は２週間以上となること、病気欠勤はこの期間に算入されないこと（132号条約３条、５条、８条等）などが参照されるべきである。ＥＵ指令に関しても、ＩＬＯ条約との重複分を除いて、とくに11時間の連続した休息時間（休憩時間を含めた拘束時間の規制）の規定が参考になる[61]。いずれにしても、微温的・暫時的な改正の法政策では何ももたらさないことは、この30年間の立法政策から明らかである。

---

[60] 労働時間規制のあり方については、日本学術会議・労働雇用環境と働く人の生活・健康・安全委員会提言（2011年４月20日）「労働・雇用と安全衛生に関わるシステムの再構築―働く人の健康で安寧な生活を確保するために」が重要な提案を行っている。
　また、労働時間政策を人権保障の観点から検討する論考として、緒方桂子「労働時間の法政策」唐津ほか・前掲注４）109頁以下が、生活時間の視点から検討する論考として、毛塚勝利「長時間労働解消政策と労働時間法制のあり方」季労257号（2017年）80頁以下がある。
[61] ＥＵの労働時間指令については、濱口桂一郎『ＥＵの労働法政策』（労働政策研究・研修機構、2017年）307頁以下を参照。

第3章
労働契約法

大木　正俊

はじめに

　労働契約法立法史においては、2007年の労働契約法制定が最も重要な転換点となる。同法は日本においてはじめて成立した労働契約に関わる包括的な立法であり、これにより日本の労働法制が大きく変化したからである。

　同法が制定された背景は一般に以下のように説明される。従来、日本の労働関係の特徴は、長期的雇用慣行および年功的賃金制度にあるといわれてきた。しかし、近年、それらの制度は従来ほど強固ではなくなったうえ、労働組合の組織率も年々低下している。これにより、人事管理が個別化・多様化・複雑化し、個別に労働条件が決定・変更される場合が増えてきた。そのため、労使当事者が労働契約の内容をその実情に応じて対等な立場で自主的に決定することが重要となっており、労使当事者の行為規範となる公正かつ透明なルールが求められるようになった。労働契約に関わるルールを新たに整備する必要性はここにある。

　また、新たなルールの実現手段として立法が必要であったことは以下のように説明される。すなわち、①これまで労働契約に関わるルールの源となってきた判例法理は個別の事案に対する解決の積み重ねであり、その内容も抽象的なものが多く、予測可能性が低いという難点をもつ。また、判例法理は判決当時の社会通念を反映したものであるため、今日の労働関係に必ずしも適合しない。他方で、②既存の労働関係の立法では、罰則および監督指導という公法的な規制によって履行の確保がなされてきたが、労働契約関連のルールについては公法的な規制がなじまないものが多く、新たに民事的な性

格を立法が必要とされるのである、と[1]。

こういった説明の前提となっているのは、以下のような筋書きであろう。戦後発展した日本の労働法制では民事的性格をもつ立法はほとんどなされなかったため、解雇や配転、採用などに関するルールは判例によって形成された。そして、判例法理は、長期的雇用慣行と年功的賃金を特徴とする日本的雇用慣行を反映したものとなった。しかし、近年、判例法理が前提とした日本的雇用慣行は変化してきており、その変化に合わせた新しいルールが求められている。新しいルールは判例法理の変更という手段ではなく、立法によりなされるべきだ、というものである。実際に、多くの学説がこのような歴史的な背景のなかに労働契約法を位置づけている[2]。

筆者もこの認識にもとづいて労働契約法を歴史的に位置づける点においては多くの学説と変わりない。しかし、そうであるとするならば、筆者がただそのまま労働契約立法史を記述することは、これまでの学説の説明を繰り返すだけの屋上屋を架すごときものになってしまうであろう。そこで本稿では、以上の認識にもとづいたとしても未だ十分に検討されていない二つの論点に着目して立法史を記述したい。

第1の論点は、なぜ日本では2007年まで労働契約に関わる制定法が存在しなかったかである。これまでの研究では、民事立法が不在であったがゆえに判例法理が形成されたとまでは説明されるが、なぜ民事立法が不在だったのかについては十分な説明がされていない。戦後の労働法制の整備期、解雇権濫用法理の形成期、労働基準法の改正時など2007年以前も新たな民事立法をおこなう機会はいくつか存在した。また、判例法理で対応可能であったということは制定法が不要であることを必ずしも意味するわけではない。実際に2003年には解雇規制について判例法理を成文化するだけの立法がなされており、制定法の存在はたとえ判例法理をリステイトするだけのもので

---

1) 『今後の労働契約法制の在り方に関する研究会報告書』(2005年)。多くの学説も同様の説明を行っている。たとえば、西谷敏・野田進・和田肇編『新基本法コンメンタール労働基準法・労働契約法』(日本評論社、2012年) 310頁 [和田肇]、野川忍『わかりやすい労働契約〔第2版〕』(商事法務、2012年) 3頁以下、大内伸哉『歴史からみた労働法』(日本法令、2012年) 229頁以下など。
2) 西谷・野田・和田・前掲注1)、野川・前掲注1)、大内・前掲注1)。

あってもそれなりの意義があるだろう。判例法理が存在していたというだけでは、制定法の不在を説明するのに不十分なのである。

　第2の論点は、労働契約法はどのような方向へと発展しており、そこにはどのような課題があるのかである。労働契約法の制定にあたっては、さまざまな立場から立法論が複数提示され、それをめぐって華々しい論争がなされた。しかし、それにも関わらず実際にできあがった法律は判例法理の集積にとどまったことは衆知のとおりである。労働契約法がこのように「小ぶり」[3]となってしまった背景については後述するためここではひとまず措くとして、重要なのは多くの論者が同法の将来について、男女雇用機会均等法などを例に出して今後の改正による発展に期待を寄せたことである[4]。そうであるとするなら、労働契約法が2007年の制定以降どのように発展したのか、またするべきかは一つの重要な論点となる。実際に同法は2012年に改正され、有期労働契約に関する5年無期転換ルールおよび不合理な労働条件の相違を禁止するルールなどが新たに定められている。この改正をして労働契約法が「独自の成長・発展を開始した」[5]とみることも可能であり、今後の法改正により、労働契約法の内容がより充実することが見込まれる[6]。労働契約法についてこれまでいかなる議論が提示され、それぞれの議論の根底にはどのような考えがあるのか。それらをふまえて2012年の労働契約法改正をみた場合、2012年改正にいかなる歴史的な説明を付すことができるかは、今後の同法の改正の議論の基盤をなす知見をあたえるであろう。

　以上の二つの論点に着目しつつ、以下では①1970年代までの判例による労働契約法理形成までの労働契約法理形成期、および②1980年代以降の労働契約法成立期の二つに分けて労働契約法立法史を叙述することとする。

---

3)　菅野和夫「労働契約法制定の意義――「小ぶり」な基本法の評価」法曹時報60巻8号（2008年）2381頁。
4)　菅野・同上、野川・前掲注1）など。
5)　荒木尚志「労働契約法の10年――制定・展開と課題」ジュリ1507号（2017年）35頁。
6)　ただし、2018年に成立した働き方改革関連法によって、有期契約に関する労働契約法の条文のうち、20条がパートタイム労働法を改正して新たにできあがるパート・有期法に統合された。したがって、2012年改正自体が労働契約法自体の「発展」と捉えるべきかについては一考の余地がある。

一　労働契約法理形成期

1　戦前の状況：労働契約法前史

　1896年に総則・物権・債権部分が制定された民法（1898年施行）は、雇傭契約に関する規定をおいていたが、条文数はわずか9条であり、雇傭契約の成立、報酬の支払い時期、権利の譲渡、解約・更新などの限定的な領域についてしか定めがなかった[7]。内容をみても、労使双方に2週間の予告による解約を認めるなど、自由を基調とする近代私法の原理が反映されたものとなっている。日本で民法が成立した時期にはすでに欧州では初期の社会立法が成立しており、また、日本でも一部行政などは欧州の社会立法に関心を抱いていたため[8]、当時であっても民法典の中に社会的な規定を入れる余地はあったかもしれない。しかし、当時はまだ欧州でも労働法が独自の法領域として認知されていたわけではなく、日本でも一部の専門家などが関心をもつにとどまり立法として結実することはなかったことに鑑みれば、民法制定時にこのような規定となったのは当然の結果といえるだろう[9]。

　その後、日本でもさまざまな社会立法がなされ、労働者の保護がはかられ

---

[7]　旧民法においても雇傭契約関連の規定は7条しか存在しなかった（旧民法財産取得編260条ないし266条）。ただし、解雇について「雇傭を終了せしむる正当の原因か主人より出て且地方の慣習に従ひ雇傭の新契約を為すに困難なる季節に生したるとき」に裁判所が「事情に従ひて定むる償金」を雇傭人に付与できる旨の規定（263条）があるなど、現行民法上の規定とは異なる定めがあった。なお、雇傭契約以外に習業契約に関する規定（267条ないし274条）があるうえ、医師、弁護士および学芸教師は雇傭人とはならないとされており（266条）、旧民法の雇傭契約は現行民法の雇用契約とは概念がやや異なるものである点にも注意が必要である。また、1890年の旧商法においても雇傭契約の予告期間や不就労の場合の商業使用人の給料支払い義務などに関する規定があった。詳細は、濱口桂一郎『労働法政策』（ミネルヴァ書房、2004年）298頁を参照。

[8]　たとえば、1882年には農商務省において、労役法および工場条例を立案するための資料調査が開始され、1887年には職工条例および職工徒弟条例の草案が作成されている（菊池勇夫『日本労働立法の発展』（有斐閣、1942年）10頁。職工条例および職工徒弟条例の内容については、岡実『工場法論〔改訂増補3版〕』（有斐閣、1919年）125頁以下も参照。）。

[9]　菊地勇夫『日本労働立法の発展』（有斐閣、1942年）も参照。

るようになった。その代表は1911年に制定された工場法である。同法は、労働契約分野に関しては、17条において「職工ノ雇入、解雇、周旋ノ取締及徒弟ニ関スル事項ハ勅令ヲ以テ之ヲ定ム」と定めていた。工場法17条をうけて1916年の工場法施行令では、賃金の毎月1回・通貨払いの原則や賠償予定の禁止、解雇時の旅費などに関する定めがおかれた。その後、1923年の工場法改正を経てなされた1926年の工場法施行令改正において、14日前の予告もしくは予告手当の支給、労働者の請求ある場合の解雇時の雇傭証明書交付などが定められた。また、同時に常時50人以上の職工を使用する工場における工場主の就業規則の作成義務が定められ、必要記載事項として「解雇ニ関スル事項」もおかれた。これら規定の多くは、戦後の労働基準法に引き継がれることとなった[10]。

戦時期の統制経済においては、1936年に退職積立金及退職手当法など労働条件を直接規制する立法が生まれたものの、これは失業者の所得保障という公益に根ざした一種の公法的規制とも評価できるものであり、純粋な私法規制とは言い難いものであった[11]。

以上のように、戦前には労働契約分野においても最低基準立法がある程度の発展をみせていた。他方で、私法的な契約規制は民法の雇傭契約のみであり、量の面でも内容の面でも貧弱であった。裁判例をみても、雇傭契約の成立、就労拒否の場合の危険負担、契約の終了に関する事件において民法上の規定の意味内容を明確にする判決などがみられる程度であり、労働契約の特殊性を前提に民法の条文を大胆に解釈するようなことはなされていなかった[12]。

学説も状況はそれほどかわらず、基本的には民法の条文の解釈論が中心であった[13]。ただし、労働契約法制に関する関心がまったくみられなかったわけではない。欧州では、第一次大戦後頃から労働契約の私法的な規制をおこなう立法がいくつかみられるようになっており、日本でもそのうちのいく

---

[10] 労働基準法の各条文と戦前の社会立法との関係については、渡辺章「立法史料からみた労働基準法——労働基準法立法史料研究の序説」日本労働法学会誌95号（2000年）5頁以下に詳細な表が示されており、便利である。

[11] 戦時期の立法については、野村平爾・島田信義「労働法（法体制崩壊期）」鵜飼信成ら責任編集『講座日本近代法発達史〔第8巻〕』（勁草書房、1959年）1頁など。

第3章　労働契約法　187

つかが紹介されていた[14]。

 ただし、それが具体的な立法の動きにまでつながることはなく、学説による労働契約立法への働きかけとして目立つのは孫田秀春による労働契約法試案くらいであった[15]。試案は全124条からなる大分なものであり、採用から労働契約の終了にいたるまで幅広い範囲にわたる規定がおかれている[16]。もっともそれらは主にドイツの1923年一般労働契約法草案の規定の輸入か、それを修正したものにとどまり、当時の日本の雇用関係の実態や裁判例の傾向を分析して練り上げられたものとは言えない[17]。孫田試案が当時の学会に及ぼした影響はほとんどなく、また、戦後の立法や判例法理の形成においてもほとんど顧みられることはなかったようである。

2 労働基準法の制定[18]

 労働契約法制と戦後の立法との関連でまず取り上げなければならないのは、

---

12) 大判大正4．7.31民録21輯1356頁、大判大正5．2.24民録22輯329頁、大判大正7.12.14民録24輯2322頁、大判大正11．5.29大民集1巻259頁、大判昭和3．6．2大民集7巻413頁、大審昭和10．8.30大審院判決全集1輯21号19頁、大判昭和12.11.13大審院判決全集4輯22号8頁など。たとえば、上記大正11年判決は、争議行為に対抗する措置としての解雇に関する事案であるが、そこでは即時解雇（民法628条）の適用があるかが問題とされており、解雇の有効性自体は問題とされていない。なお、東京区裁判所昭和2．4.28法律学説判例評論全集17巻民法683頁では、雇傭契約の締結にあたり、被傭者に対してのみ過大な違約金を課す特約を公序良俗違反として無効としている。
13) 後藤清『解雇・退職の法律学的研究』（南郊社、1935年）など。
14) 伊藤清『獨逸労働法概論』（酒井書店、1928年）、菊池勇夫「フランス労働契約法の改正」法学志林35巻8号（1933年）55頁、浅井清信「ナチス労働契約法草案について」法と経済10巻4号（1938年）127頁など。1923年のドイツの労働契約法草案およびフランスの労働法典の翻訳として、司法省調査課『獨逸国務契約法草案及評論 附佛國勞働法正文』（1924年）がある。
15) 孫田秀春「我國『労働契約法』試案」法學研究2巻（1933年）87頁。
16) 孫田試案の章立ては、第1章総則（1－4条）、第2章労働契約ノ締結（5－15条）、第3章被傭者ノ義務（16－40条）、第4章傭主ノ義務（41－93条）、第5章労働補助者及ヒ供給被傭者（94－96条）、第6章労働ノ結果ニ對スル被傭者ノ権利（97－99条）、第7章労働契約ノ終了（100－124条）となっている。
17) 孫田試案が主として外国法制を参考にしたものであることは、孫田自身が認めている（孫田・前掲注15）88－89頁）。
18) 本節については、野川忍「立法資料から見た労働基準法――規制と団交から契約と参加へ」日本労働法学会誌95号（2000年）45頁および石田眞「歴史のなかの労働契約法制」労旬1615号（2006年）21頁を参照。

労働基準法の制定である。労働基準法は、雇用契約（労働契約）を直接に規制する個別的労使関係分野の基本法としての性質をもつうえ、「労働契約」と題した章を設けている。それゆえ、同法制定時の議論を検討することで、当時、労働契約分野への規制がどのように捉えられていたかを知ることができる。

まず、「労働契約」と題された同法第2章の規定をみると、最低基準効（13条）という同法の私法上の効力に関する基本規定のほかは、①労働契約締結の場面（契約期間：14条、労働条件の明示：15条）に関する規定群、②不当な人身拘束などに繋がる行為の禁止（賠償予定の禁止：16条、前借金相殺の禁止：17条、強制貯金：18条）に関する規定群および③解雇の場面（解雇制限：19条、解雇予告：20条）に関する規定群の3グループが確認できる。

多くの論者が指摘するように、労働基準法は労働契約分野に関しては、基本的には労働契約締結の場面および解雇の場面しか定めていない。内容をみても、手続的な規制が多少ある程度であり、解雇制限などの実体的な規制に関する条文は限られた場面のみを対象としているにとどまる。労働基準法は、労働契約の私法的な規制という観点からは貧弱なものだったと評することができよう。

労働契約に関する私法的な規制が貧弱となったのは、労働基準法が、労働条件について、広くかつ実質的に法で規制するという法制度としてではなく、労働条件の最低基準を公法的に規制し、それを上回る労働条件規制は労働組合・団体交渉に委ねるという伝統的な保護法型の法制度として設計されたからであろう[19]。労働基準法がそのような法制度として構想された背景については、以下の3点が指摘されている[20]。すなわち、①労働基準法が工場法などの戦前の保護立法を引き継いだものであること（労基法制定時に工場法の継承が意識されていたこと）[21]、②当時はブルーカラー労働者が規制対象の中心であったうえ、終戦直後の経済・雇用情勢からも労働基準法を最低

---

19) 土田道夫「労働基準法とは何だったのか？」日本労働法学会誌95号（2000年）162頁以下を参照。
20) 同上163頁。

基準立法とすることが当然とみられていたこと、③労務法制審議会の会長代理として立法をリードした末弘厳太郎による労働契約の身分契約的把握が影響したこと[22]、である。

このほかに、制定に関与した当事者が労働契約に関する私法的規制の必要性を感じていなかったことも要因として挙げられよう。労基法の制定経緯をみると、同法制定作業の初期には立法当局、労働者側、使用者側いずれにおいても契約規制に関する意識は希薄であった。具体的には、第一期労務法制審議会以前の基準法草案の起草過程において、立法当局に新たな労働契約規制の方向性を示す姿勢はみられなかった。また、労使にしても、使用者側は最低条件の明確化とそれを超える部分についての契約自由を確保すべしとの主張を基本とし、労働者側は保護の徹底と団体協約の機能強化を主張していた。第一期労務法制審議会以降の議論においても、契約規制に関する議論はほとんどなされておらず低調であった[23]。また、労働基準法制定に際して出された各界の意見を見ても、そのほとんどが労働者の基本的な権利の保護のための立法を前提としたものであり、労働契約分野の私法的規制の必要性を説くものはなかった[24]。

以上みてきたように、労働基準法は立法による労働契約の実質的な規制は志向せず、それは労使自治（労働組合および団体交渉）に委ねるという選択をしたものと考えられる。その結果、同法2条1項に定められた労働条件対等決定の原則（「労働条件は、労働者と使用者が、対等の立場において決定すべきものである。」）における労使の対等性についても、当時は労働者の団結によって実現されるべきものと一般に理解されていた[25]。同条は、2007

---

21) 実際に労働基準法第2章にある規定のうち、契約期間の上限を定めた14条と前借金相殺の禁止を定めた17条以外は従前の労働保護法に類似の規定を認めることができる（労働基準法と同法以前の労働保護法制との対比については、渡辺・前掲注10）を参照）。
22) 末弘理論と労働基準法の関係については、石田眞「労働法の戦後50年と新しい問題」季刊労働者の権利213号（1995年）5頁以下。
23) 野川・前掲注18）49頁以下および同論文引用の諸文献を参照。
24) 渡辺章編集代表『日本立法資料全集52 労働基準法［昭和22年］（2）』（信山社、1998年）147頁以下。
25) たとえば、末弘厳太郎「労働基準法解説（1）」法時20巻3号（1948年）5頁。

年に制定された労働契約法3条1項に定められた原則（「労働契約は、労働者及び使用者が対等の立場における合意に基づいて締結し、又は変更すべきものとする。」）と文言は似ているものの、少なくとも制定当初においてはそれとは異なる思想のもとに制定されたものといえよう[26]。

ただし、労働基準法の制定過程においては上記のような最低基準設定および団体交渉重視という構想一辺倒ではなく、実質的な労働条件の規制や労働者参加に関する議論や労使の対等関係の実質的保障を志向する態度もみられた。そして、そのような議論の現代的意義を強調する見解も示されている[27]。しかし、そのような見解をとる論者も「労基法の基本的立法趣旨は、末弘理論に基づく保護法型政策にあったと理解する方が正解」であることは認めており、ただ、同法の現代的意義を論じるにあたって傍流の議論を重視しているものと理解するべきであろう。

3　初期の解雇制限法立法構想

ここでは、労働基準法制定以後の状況を、とくに解雇制限に焦点を当てて描くこととする。解雇に着目する理由は、①解雇は最も重要な労働条件であり労働契約法理の中心をなすこと、②そのため労使および研究者の関心が高く、この問題に対する言説が多く残されており、当時の状況をよく知ることができることにある。

本稿の視点からは、この時期には政府による解雇制限立法構想が示された点が特筆される。すなわち、1954年8月に吉田茂内閣の小坂善太郎労働大臣が公表した解雇制限法構想である[28]。この解雇制限法の構想は、同年9月の「新労働基本政策」に組み込まれることとなった。新労働基本政策では、行き過ぎた労働組合活動の是正や労働争議の防止、実質賃金の維持向上と労働者福祉対策の推進、労働基準の改正、失業対策の樹立促進とならんで、「反社会的な解雇の濫発を防止するとともに、解雇に伴う労使間の無用の摩

---

26) 労働契約法3条1項の意義については、荒木尚志・菅野和夫・山川隆一『詳説 労働契約法〔第2版〕』（弘文堂、2013年）82頁。
27) 土田・前掲注19) 168頁以下。
28) 1954年8月9日朝日新聞朝刊1面。

擦を避けるための必要な立法措置を講じ、以て社会不安の防止を図る」という方針が示されていた。その具体的な内容としては、①使用者は解雇の自由をもつが、そこには社会道義による制限が存在し、不当な解雇は無効とされること、②集団的解雇に関しては行政官庁の認可制とすること、③集団的解雇による認可の申請後一定期間は労働組合による争議行為は禁止されることが挙げられていた[29]。

政府が解雇制限法を構想するに至った背景には、経済状況の悪化を理由とした人員削減などによる失業者の増加があった。1954年の年平均完全失業者は、前年比約3割の増加の58万人となっており、これは戦後最大の数字であった。そのため失業問題およびその対策が社会的関心を集めており、その文脈で示されたのが労働大臣による解雇制限法の構想だったのである。

解雇制限法構想への反応は、使用者側が反対も賛成もせずに中立的な立場、労働側は絶対に反対という態度であったといわれる[30]。たとえば、当時の新聞記事によれば、日経連は「解雇制限法は、本来経営者の自由に属する雇用、解雇に第三者が介入するもので、経営侵害の問題をはらんでいる点で不満だが、今後デフレ浸透の下にあって解雇をめぐる労使紛争の激化が予想される折柄、ある程度の干渉はやむを得ない」との認識を示したと報じている[31]。労働側は、政府の示した解雇制限法構想が、一定の場合に労働組合の争議行為を禁止するものである点を問題視して、同法は解雇制限の名を借りたストライキ制限法となりうると批判した。また、解雇制限法の制定と同時に他の労働関係立法の規制緩和がされることも警戒していた[32]。労働側に近い労働法研究者もおおむね同様の議論をしつつ、あるべき政策は、解雇に関して組合との協議もしくは組合による同意を求める労働協約の締結を促

---

29) 労旬178号（1954年）。解雇制限法立法の構想が明らかになった8月段階では、集団的解雇の認可を審査する行政官庁は中労委のような公益委員を中心にした委員会組織とし、その決定以後の解雇反対ストライキが禁止されるとされていたようである（中央労働時報1295号〈1954年〉2頁および昭和29年8月9日朝日新聞朝刊1面など）。
30) 中央労働時報1295号（1954年）2頁以下。匿名ではあるが使用者側、労働者側の意見が掲載されている。
31) 昭和29年8月15日読売新聞朝刊3面。
32) 労旬178号（1954年）。なお、昭和29年8月9日朝日新聞朝刊1面も参照。

進することであるとして述べる[33]。

　以上のような労働側の批判からは、①立法を通じた労働者の保護によって得られる利点よりも、組合活動に一定の制限が課せられるという難点を重視する姿勢、そして②不当な解雇対策は、解雇の際に組合の関与を義務づけることを通じて実現するべきとの姿勢がうかがえ、労働側が一種の「労使自治」志向をもっていたことがうかがえる。

　実際に、当時は労働側のそのような志向の裏付けとなる協約上の規定も存在したようである。たとえば、労働省によって実施された1950年6月末の労働組合基本調査に際して、蒐集した労働協約を分析した文献[34]によれば、人事について何らかの規定をもつものは2199協約（92.5％）であった。より詳細にみると、採用に関する規定をもつものが1496協約（62.9％）、人事異動に関する規定をもつものが1385協約（58.2％）、賞罰に関する規定をもつものが1498協約（63.0％）、解雇に関する規定をもつものは1828協約（76.9％）、人員整理に関する規定をもつものは570協約（24.0％）であり、多くの協約が人事の幅広い事項についてなんらかの規定をもっていたことが推測される。

　人事に関する組合の関与については、使用者による人事の決定に対して労働組合の異議申立てを認めるものが843協約（35.4％）ある。また、人事の決定方法に関しても、人事基準決定の場面においても、個別的な人事の決定の場面においても組合に何らかの形での関与を認めるものが相当数ある。たとえば、解雇についてはその具体的な基準が協約に書かれているものが778協約（32.7％）、解雇基準の決定にあたって組合の同意を求めるものが286協約（12.0％）、協議を求めるものが518協約（21.8％）、諮問を求めるものが60協約（2.5％）あった。また、個々の解雇に際して、組合の同意を求めるものが343協約（14.4％）、協議を求めるものが603協約（25.4％）、諮問

---

33) 後藤清「解雇制限法の構想の基底をなすもの」季労16号（1954年）61頁など。なお、1954年の解雇制限法構想も含めた解雇規制の歴史的経緯をまとめたものとして、濱口桂一郎「日本型雇用システムと解雇権濫用法理の形成」JILPT Discussion Paper 17-03（2017年）。
34) 労働省労働統計調査部編著『労働協約全書』（労務行政研究所、1954年）389頁以下。

を求めるものが98協約（4.1％）、事前通知を求めるものが139協約（5.8％）、組合による異議申立てを認めるものが160協約（6.7％）あった[35]。

実際には協約の人事条項はその後まもなくして協約改訂などにより後退した内容へと置き換わったようであるが[36]、協約上使用者の労働契約上の権利を制限する規定が現実に存在していたことは労働側にとっては重要な意味をもったであろう[37]。当時の労働側は、組合運動のさらなる強化によって、協約上の条項が履行される可能性があることを一定の現実味をもって実感できていたと推測される[38]。

以上のように、戦後、立法による労働条件規制が進まなかった大きな要因として、労働側による労使自治志向（および使用者側の立法への無関心）があったと考えられる。それは、最低基準以上の労働条件の規制は労働組合および団体交渉に委ねるという労働基準法制定当時の基本的な姿勢を引き継いだものといえるだろう。

4 判例による労働契約法理の形成

1960年代から70年代にかけては、労働関係の民事紛争が増加していく時期であった。司法統計によれば、労働関係の民事事件の年間新規受理件数は、高度経済成長期の前半には、74件（1953年度）から132件へ（1962年度）

---

[35] 個々の解雇を使用者の専行と定めるものは75協約（3.2％）にすぎなかった。解雇以外の採用、異動、表彰、懲戒に関しても、解雇ほどの割合ではないものの労働組合に何らかの関与を認める規定をもっていた。詳細については、労働省労働統計調査部・前掲注34）401頁の表3を参照。

[36] たとえば、その後の協約実態調査をまとめた労働省労政局編著『労働協約と労使関係』（労務行政研究所、1964年）など。また、籾井常喜『合理化と協約闘争』（労働旬報社、1967年）75頁以下も参照。

[37] この労使自治志向ともいえる態度は1960年代後半の文献でも確認できる。たとえば、解雇の制限について「特約や法律で解雇理由が制限されない限り、法的には使用者の予告解雇の自由を承認し、労務者の良否の判例を使用者ならびに労使間の団体交渉に一任し、裁判所は介入しないのが正当と考える」と述べる文献などがある（三宅正男「627条」幾代通編『注釈民法 債権（7）』76頁）。

[38] 当時の吉田茂内閣は1954年の末には造船疑獄による政権の不安定化や反吉田派による日本民主党結党などの動きをうけて総辞職をしており、仮に労働側の積極姿勢があったとしても解雇制限法の実現にまで漕ぎ着けることができたかにも疑問の余地は残る。ただし、労働側の態度に一種の理想主義、ロマンチシズムの影がみえるのは確かである。

と増加してはいながらもそのペースは緩やかだったのに対して、1963年度の170件、翌年度の212件を経て、65年度には1208件と大幅に増加した。同年度の1200件超という件数は単年限りの外れ値となっているが、翌66年度以降も85年（昭和60年）度までは、年度による揺れはあるもののおおむね毎年度500件から1000件の間で推移しており、それ以前の期間に比べて訴訟の数が顕著に増えている[39]。とくに、1972年および77年の第1次および第2次オイルショックの時には紛争が増えている。

他方で、集団的労使関係における争議件数は、74年の5211件をピークにしてその後は減少し続け、81年に1000件を割ることとなった[40]。したがって、この時期は、労使の紛争の形が、組合を主役とする集団的紛争から個々の労働者が労働条件について争う個別的紛争へと移行し始めた時期といえる。このような労使紛争の形態の変化は、労働法において労働契約法理の重要性が高まることを意味する。労働契約法理は労働法における大きな関心事となったのである。

労働契約の分野において種々の判例法理が確立したのはまさにこの時期であった。この時期は、解雇権濫用法理に関する最高裁判決[41]が出たのをはじめとして、就業規則およびその不利益変更の法的拘束力[42]、採用の自由の意義および試用期間の法的性質[43]、反復継続する有期契約の雇止めの効力[44]、使用者の安全配慮義務[45]、使用者による労働者に対する損害賠償請求[46]、退職金減額の有効性[47]、採用内定の法的性質[48]など、民法、労基法

---

[39] 1977年度および82年度のみこの範疇から外れており、それぞれ1117件、2192件である。
[40] 労働省（現厚生労働省）の労働争議統計調査による。
[41] 日本食塩製造事件・最二小判昭和50.4.25民集29巻4号456頁、高知放送事件・最二小判昭和52.1.31労判268号17頁。
[42] 秋北バス事件・最大判昭和43.12.25民集22巻13号3459頁。
[43] 三菱樹脂事件・最大判昭和48.12.12民集27巻11号1536頁。
[44] 東芝柳町事件・最一小判昭和49.7.22民集28巻5号927頁。なお、日立メディコ事件・最一小判・昭和61.12.4労判486号6頁。
[45] 陸上自衛隊八戸車両整備工場事件・最三小判昭和50.2.25民集29巻2号143頁、川義事件・最三小判昭和59.4.10民集38巻6号557頁。
[46] 茨石事件・最1小判昭和51.7.8民集30巻7号689頁。
[47] 三晃社事件・最二小判昭和52.8.9労経速958号25頁。

第3章 労働契約法 195

その他立法から直接には導かれないという意味で法創造的な判例法理が多数形成された[49]。

これらの判例法理の内容は、日本的雇用慣行を裏づけるものであると評価されている。すなわち、判例法理は、全体としてみると、解雇に合理的な理由を要求することで当時形成されていた終身雇用制度を法的にも裏づけて労働者の契約上の地位の保護を重視する反面、契約の内容決定に関しては、その変更も含めて使用者による一方的な行使の権利を幅広く容認するものとなっており、これは当事の企業の実態を法的にも容認したものと評価できる[50]。

判例法理が形成・確立されたこの時期、立法側の動きは鈍かった。労働大臣の私的諮問機関として1969年に発足した労働基準法研究会（以下「労基研」）は、労働基準法を中心とした個別的労働関係法分野における立法論的な課題に関する報告書をいくつか出してきたが、労働契約関係のものは、1979年9月公表の「労働契約・就業規則関係」および「賃金関係」[51]のみにとどまる。内容をみても、判例法理をフォローするのみで積極的な立法提案はなされていない。たとえば、解雇については「解雇の有効・無効の判断は本来裁判所に委ねられているのであるが、個々の労働者が訴訟を提起することは実際問題として困難であるため、解雇をめぐる紛争に対して勧告的、調整的機能を有する行政サービスにより簡易迅速な解決を図ることが望まれる」と述べて、紛争解決手続きの整備の必要性に言及するのみである。解雇規制の強化についても「直接的に解雇の制限を強化することには問題があるように思われる」と消極的な姿勢を示し、また経営上の理由で生じる集団的な解雇についても「企業内の労使の十分な話し合いが必要」と述べるにとど

---

48) 最二小判昭和54.7.20民集33巻5号582頁、電電公社近畿電通局事件・最二小判昭和55.5.30民集34巻3号464頁。
49) 時期はやや下るが、この系統に属する判例法理として配置転換命令の有効性に関する東亜ペイント事件・最二小判昭和61.7.14労判477号6頁も重要である。
50) 土田道夫「日本的雇用慣行と労働契約」日本労働法学会誌73号（1989年）34頁など
51) 月刊労働問題増刊『労基研報告評注』（1980年）。立法論的課題も含めた観点から同報告を検討しつつ、労基法第2章の私法典化を提唱するものとして、秋田成就「労働基準研究会報告——労働契約・就業規則の検討」季労114号（1979年）162頁。

まっている。

　ただし、労基研が立法の必要性を全く認識していなかったかというとそうではなく、報告書には「労働契約に関する解釈を斉一化し、前もって労使の権利義務関係を明確化することによって紛争の予防を図るという観点に立つならば、画一的な処理によって紛争の解決がある程度可能になると思われる事項については、立法的解決も考慮に値する」という記述もみられる。ここでは、紛争の予防という観点から立法の必要性が説かれている点が注目される。

　この1979年報告書に対する労働側の反応は、従前とは異なり、立法による実質的な労働条件規制を一定程度容認するものとなっていた。たとえば、総評の同報告への見解は、就業規則の作成および変更を労使に委ねるべきと主張したり、紛争解決のための行政機関の設置に反対するなど労使自治志向をいまだにみせてはいるものの、解雇、とくに整理解雇に関する規制の法制化を主張するなど立法による労働条件規制をむしろ積極的に求めている[52]。1950年代とは異なる姿勢をここに読み取ることができるだろう。

5　小括

　戦後直後は現在の労働法の基礎となる労働立法がなされた時期であるが、その際、労働契約に関する立法はなされなかった。労働契約に関わる立法が不在であった大きな要因として本稿の検討から明らかになったのは、①労働条件に関わる基本法となる労働基準法が、最低基準のみを定め、それを超える労働条件の規制は労働組合・団体交渉に委ねるという選択をしていたこと、②戦後一定の時期までは、労働側も組合を通じた労働条件の実質的な規制を志向しており、労働協約にも、その実態はともかく、解雇や人事に関して組合との協議や組合の同意を要求する条項などの労働側に有利なルールが定められることが多かったことが挙げられる。また、このような労使自治による労働条件の実質的な規制は、③労働組合が弱いことなどを理由としてそれが

---

[52]　前掲注51）。なお、使用者側は最低基準を上回る労働条件については契約自由による決定に委ねるべきとして、立法による労働条件規制に積極的ではなかった（季労130号〈1983年〉129頁）。

現実において十分な実効性をもたなかった限りにおいて、使用者側にとって都合がよかったであろう。使用者が契約自由を主張して一貫して立法による労働条件規制に無関心だったのは以上の事情によるものと考えられる。

1960年代および70年代になると組合運動の蹉跌などを理由として組合による職場の規制力が従前より低下し、組合運動を通じた労働者保護という理想像は成り立たなくなってくる。それを反映して、労使紛争の主たる形態は集団的紛争から個別的紛争へと移行していった。同時にこの時期は、判例法理による労働条件規制が確立した時期となっていた。立法の不在を埋めるかたちで従来から下級審で示されてきたルールが最高裁で確立したのである。判例法理はこの時期に確立していた日本的雇用慣行を法的に裏づけるものであり、それは当時の労使関係に一定の安定をもたらしたものと考えられる。また、当時は失業率が低く、再就職先が容易に見つかる状況にあり、個別的労使紛争があるにせよ、それが深刻化することはなかったと考えられる。この時期に立法に向けた動きが低調だったのは以上から説明が可能であろう。

もっとも、組合の規制力が低下することは、労働側が立法を通じた労働条件規制を求める動機となるはずである。実際に、労働組合は立法による解雇規制を求めるなど、従来の立場からの転換を一部ではみせており、その後の立法論隆盛の兆候もこの時期には見えていた。

二　労働契約法成立期

1　労働契約法制定論議の始まり

（1）1980年代以降の労働法政策における労働契約立法の位置づけ

労働基準法研究会は、1979年の報告書以降では、労働契約に関わるものとして、1985年12月に「労働基準法の『労働者』の判断基準」および「就業規則に関する問題点と対策の方向」[53]、1993年5月に「今後の労働契約等法

---

53) 労働省労働基準局編『労働基準法の問題点と対策の方向』（日本労働協会、1986年）3頁以下。

制のあり方について」[54]と題された報告書を公表している[55]。

　このうち1985年の報告書では積極的な立法の提言はなされなかったが、93年の報告書は、「経済社会情勢の変化に適合した新たな労働契約法制を構築する必要がある」と述べて、労働契約法制の必要性を説いた。報告書は、労基法制定当初と比べて労働関係の実情が変化したこと、産業構造の変化、企業活動のグローバル化、雇用就業形態の多様化等にともない新たなタイプの労働関係が形成されたことなどを背景に、労働基準法の労働契約、就業規則等に関する法制の見直し、検討が必要だと指摘し、検討の視点として以下の三つを掲げた。具体的には、①「労働契約関係の自主的決定の促進と内容の明確化」、②「労働契約関係の適正な基準設定の確保」、③「労働契約関係の明確化」が示された。そのうえで、報告書は「労働契約関係の自主的決定の促進と内容の明確化、適正化」を目的とした労基法の見直しおよび新たな労働契約法制構築の必要性を指摘している。79年報告書が労使の紛争予防という観点から立法の可能性を指摘したのにとどまる対して、93年報告書は、経済社会情勢の変化や労使の実態の変化という観点から立法の必要性を説いており、従来とは異なる基礎の上に新たな法制を構想している点が着目される。

　もっとも、報告書の具体的な内容をみると、労働基準法上の労働条件明示義務の強化など、労働基準法にすでにある規定の延長線上の小幅な修正を指摘するにとどまり、積極的な立法提案はなされていない。たとえば、報告書は、解雇に関しては「立法による対応は解雇の手続き等にとどめることが適当」と指摘するにとどまり、新たな基礎のうえに立つ法制度の構想が示され

---

54) 労働省労働基準局監督課編『今後の労働契約等法制のあり方について――労働基準法研究会報告』(日本労働研究機構、1993年) 所収。同報告に先立って、1992年に「労働契約等法制に関する問題点と検討の方向」が示されている。これを批判的に検討した文献として、片岡昇・西谷敏「労働契約・就業規則法制の立法論的検討」労旬1279・80号 (1992年) 4頁。

55) 1993年報告書に先立ち、労働省による労働契約に関する実態調査がなされている (労働省「労働契約等に関する実態調査」労政時報3052号〈1992年〉81頁)。実態調査をもとに労働契約法制の課題を検討したものとして、毛塚勝利「雇用慣行の変化に伴う『労働契約法制』の見直し動向―実態調査と改善の方向」労働法学研究会報1878号 (1994年) 1頁も参照。

ないばかりか、すでに確立した判例法理の立法化にすら消極的な姿勢を示している[56]。また、報告書は、労働契約の締結から展開、終了にいたる幅広い労働条件に関する法制に言及するが、報告書が示した上記の検討の視点①ないし③のうち、②の適正な基準設定に関する意識は低く、①および③の視点を範囲した言及が多い。全体として、現状肯定的であり、労使当事者の自由に委ねる部分が広い提言となっていた。

（２）学界における立法論の隆盛

労基研の消極的な姿勢とは対照的に、学界では労基研の報告書を契機に立法論が盛んに議論された。労働法研究者からは労働契約法制に関する立法論的課題が数多く提示され、また、労働側弁護士団体からも労働契約法私案が公表されるなど、さながら「労働契約（論）のルネッサンス」[57]ともいえる状況を呈した[58]。

各論者の議論を具体的にみると、新たな労働契約法制が必要とされる理由

---

[56] 労働基準法研究会が立法に消極的な態度をとった理由としては、80年代後半から男女雇用機会均等法および労働者派遣法の制定、労働基準法の大幅な改正など大きな立法が続いており、労働契約法制にまで手が回らなかったこと、労働契約に関わる判例法理が最高裁レベルで形成されるのは80年代から90年代にかけてであり、当時はまだ安定的ではなかったことなどが考えられると指摘されている。浜村彰「労働契約法制の立法化をめぐる議論と基本課題」日本労働法学会誌107号（2006年）4頁。

[57] 西谷敏「労働契約論と労働法の再構築」法時66巻2号（1994年）4頁。

[58] 毛塚勝利「労働契約法制の立法論的検討課題」ジュリ1030号（1993年）68頁、同「労働契約法制のあり方を考える」中央労働時報884号（1995年）2頁、日本労働法学会誌82号「労働契約法制の立法論的検討」（1993年）所収の各論文、渡辺章「労働契約法制の課題」日本労働研究雑誌406号（1993年）40頁、山川隆一「労働基準法制の課題—労働契約法を中心に」中央労働時報868号（1994年）2頁、中山慈夫「労働契約法制のあり方」ジュリ1066号（1995年）163頁、徳住堅治「労働契約法制のあり方」ジュリ1066号（1995年）169頁、小嶌典明「労働基準法制と規制のあり方」ジュリ1066号（1995年）175頁、西村健一郎「労働契約法制について」経営法曹（1995年）4頁、島田陽一「日本型雇用慣行と法政策」日本労働研究雑誌423号（1995年）16頁、土田道夫「労働契約論の課題」獨協法学44号（1997年）321頁など。労働側弁護士団体の立法提言として、日本労働弁護団「労働契約法制立法提言」季刊労働者の権利204号（1994年）2頁。なお、雇用システムの変化に対応した労働法全体の見直しを論じたものとして、菅野和夫・諏訪康夫「労働市場の変化と労働法の課題」日本労働研究雑誌418号（1992年）5頁および稲上毅・菅野和夫・諏訪康雄・清家篤「座談会 日本型雇用システムの変化と労働法の課題」ジュリ1066号（1995年）12頁。

として、従来は一般的ではなかった働き方の登場や非正規雇用の増大などの労働者の多様化、労基法による労働契約規制の不十分性、個別労使紛争の増加、不十分な就業規則法理の肥大化などに言及されている。各論者の議論にそれほどばらつきはなく、多くの論者は同一の認識をもっていたと評価できよう。つまり、各論者によってどの要素に力点をおくのかには違いがあるものの、当時の学界では、①雇用・就労形態の多様化による雇用管理の個別化が進展していること、②それにともなって個別労使紛争が増加していること、③労基法などによる労働契約規制は不十分であること、④既存の判例法理は、労使当事者が認識できないという意味でも、法理自体に理論的な問題があり、かつ紛争解決規範としても妥当ではないという意味でも不十分であることから、労働契約法制が求められているという点については共通した認識があったといえよう[59]。

求められる立法内容についても、各論者ともほぼ一様に、労働契約の契約としての機能強化、契約内容の明確化および適正化、労働者の多様化に合わせた新たな保護法制の整備（労働時間規制、有期労働契約規制、労働者の人格権保護など）、判例法理の定着化による紛争防止機能と具体的紛争処理基準の形成、就業規則判例法理の立法的解決などを掲げて、必要な労基法および労働契約法制の各論点について論じており大きな差異はない。取り上げられる具体的な論点も、多くの論者はほぼ一様に、労働条件明示、採用内定、試用期間、人事異動（配転、出向など）、労働契約の終了（とくに解雇）、就業規則法制、そして付随する論点として紛争処理システムの整備にも言及しており、この点においても大きな差異はみられない[60]。

もっとも、あるべき労働契約法制の「方向性」については異なる二つの立場がみられる[61]。第1は、労使の自主的な決定を基本として、それを促進する規範として労働契約法制を構想する立場[62]であり、第2は、労働者保

---

[59] 紙幅の都合上、詳細については前掲注58）掲載の各文献を参照されたい。とくに、毛塚・前掲注58）「労働契約法制のあり方」、徳住・前掲注58）、菅野・諏訪・前掲注58）、稲上ら・前掲注58）を参照。

[60] 以上の点についても、紙幅の都合上、詳細については前掲注58）掲載の各文献、とくに、前掲注59）に掲げた文献を参照。

護という観点から、権利義務関係の実体要件を明確にし、労働契約に関わる紛争の解決基準を提示しようとする立場[63]である。

前者は、画一的な実体要件を定める法制は雇用・就業形態の多様化に適合的ではないとして、労使の合意を通じた多様な労働契約関係のあり方を構想する点に特徴がある。具体的には、新たな労働契約法制の理念面では、労働者の自主決定の促進を掲げつつ、内容面では労働契約紛争の多くが契約内容の不明確さを原因としているとの認識にもとづき、紛争予防の観点から労働契約条件の明示や就業規則法制の整備など労働条件の明確化をめざす制度に関心を示す[64]。

これに対して、後者では法律による強行的な契約内容の規律に重点がおかれ、当事者の合意にもとづく決定の幅を狭めることで労働者の権利を保護することを優先する。すなわち、1993年労基研報告書は実際には就業規則の整備によって使用者の一方的決定を拡張する結果となっていると批判しつつ、労働契約の締結、展開、終了の各場面について適正な契約関係を実現することをめざす。具体的な措置としては、既存の判例法理を基礎としつつも労働者の利益を保護するために、法律自体に権利義務の内容（要件および効果）を規定しようとする[65]。

以上が労基研報告書および学界における議論の概観である。この時期の労働契約法制に関わる議論は、雇用社会の構造的な変化を背景に、これまでの労働法の基本的な枠組みが再検討されるなかで生じたものであるといえる。この時期の議論をみると、新たな立法の必要性と検討すべき論点については学界内で共通した認識が形成されていたといってよいだろう。それにも関わらずこの段階で具体的な立法の動きが出なかったのは、あるべき立法の方向

---

61) このような分類をするものとして、中山・前掲注58) 163頁以下、土田・前掲注58) 330頁以下。ただし、片方の立場がもう片方の立場の視点をもっていないわけではなく、相互に排他的な関係にはない。二つの方向性は、どちらに重点をおくのかの違いであったといえよう。
62) 1993年労基研報告はこの方向性を示す。
63) 徳住・前掲注58)、日本労働弁護団・前掲注58)。
64) 1993年労基研報告書をこの観点から整理したものとして、土田・前掲注58)。
65) 土田・前掲注58) を参照。

性に関して異なるビジョンが対立しており、立法の方向性を決めることができなかったためと推測される。しかしながら、立法の必要性と論点については共通認識ができていたこと、また、それらは大きな構造的変化を背景としたものであることからすれば、いずれかの時点での立法は不可避であり、そのモメンタムがやってくるのを待つ状況にまでは立法の動きは進行していたことが看取できよう。

（3）解雇権濫用法理の法制化

　労働契約法制の具体的な立法の動きは、2003年の解雇権濫用法理の法制化によって始まった。解雇規制の是非に関する過去の状況をみると、1990年代の議論においては、労働側には立法による規制に積極的な立場が多く見受けられたのに対して、経営側および立法当局は、総じて解雇権濫用法理の立法化に消極的な姿勢をとっていたといえる[66]。

　解雇に関する基本的ルールの法制化の推進力となったのは、政府直轄の規制改革委員会、総合規制改革会議である[67]。1999年12月、総合規制改革会議は、1990年代後半からの経済学者による解雇権濫用法理への批判を背景に、現在の解雇権濫用法理が解雇を容易に認めず、それにより企業の採用意欲が抑制されているという認識にもとづいて、「解雇規制のあり方について立法化の可能性を含めた検討を行うことが適当」との問題提起を行った[68]。翌年7月の規制改革委員会による「規制改革に関する論点公開」においては「企業内における雇用維持から社会全体としての雇用確保へと雇用政策の軸足を移していく必要がある」ことが指摘され、この観点から「立法の可否を含めた検討を進めるべき」ことが説かれ、規制緩和の観点からの立法化に積極的な姿勢が示された。具体的な提案としては、整理解雇の有効性判断にお

---

[66]　日本労働弁護団・前掲注58）など。経営側および立法側の消極姿勢を指摘するものとして、田島恵一「労基法改正をめぐる労働政策審議会労働条件分科会での論議について」労旬1553号（2003年）31頁以下。
[67]　2003年の解雇立法については、濱口桂一郎「解雇規制の法政策」季労217号（2007年）173頁。なお、大内伸哉・川口大司編著『解雇規制を問い直す』（有斐閣、2018年）35頁以下［山本陽大］も参照。
[68]　総合規制改革会議「規制改革についての第2次見解」（1999年）。

ける「再就職・能力開発の支援」という要素の重視、新規採用者や事業開始後一定期間の解雇規制の緩和などが示された。

上記の規制緩和的立法論に対し、労働側は解雇規制の整備・強化を目的とする立法論を展開し、解雇手続きや要件の厳格化などを主張した[69]。使用者側は、規制緩和論には言及せず、労働側の立法提案についてのみケースに応じた柔軟な判断が難しくなり、場合によっては解雇が難しくなるので反対であると述べて、解雇規制の法制化自体に慎重な態度を示した[70]。

その後、2002年7月には労働政策審議会労働条件分科会において解雇規制に関する審議が開始された。解雇規制の法制化にあたっては、単独の解雇規制立法を作ることや民法の改正によることなどの選択肢もあり、いずれの選択をするかは解雇規制の理論的把握においても重要性をもつと考えられるが、労働条件部会の議論においては、当初から既存の労働基準法の改正によるとの前提で議論が進み、この点に関しては大きな議論となることはなかったようである[71]。

分科会の議論を経て、労働政策審議会による「今後の労働条件に係る制度のあり方」（建議）が出された。解雇に関わる建議の内容は、①正当な理由のない解雇は権利濫用として無効となること、労働者に予告日から退職日までの間に解雇理由の証明書を請求できるようにすること、②就業規則の必要記載事項に解雇の事由が含まれることを明確にすること、③解雇の救済手段として金銭解決制度を設けることである。このうち、③は政府による法案要綱からは抜け落ち、法案化されることはなかった。法案に関する政府の提案理由説明によれば、この改正は解雇紛争の増加を背景に、「紛争を防止し、

---

69) 2001年6月に連合が「新たなワークルールの実現をめざして」、2002年5月に日本労働弁護団が「解雇等労働契約終了に関する法律案」を明らかにしている。

70) たとえば、朝日新聞2001年11月8日。使用者側の慎重姿勢の理由は「解雇規制のうかつな緩和が労働契約法制における使用者の包括的な指揮命令権に悪影響を及ぼす危険性を認識していたから」であると分析されている（濱口・前掲注67））。

71) 労働政策審議会の審議過程について、労働法令通信55巻21号（2002年）2頁、同55巻28号（2002年）18頁、同55巻31号（2002年）10頁、同55巻33号（2002年）2頁、同56巻1号（2003年）2頁、56巻5号（2003年）2頁、56巻6号（2003年）6頁。なお、唐津博「2003年労基法改正と解雇・有期契約規制の新たな展開」日本労働研究雑誌523号（2004年）4頁も参照。

その解決に資するために規定整備を行う」ものとされている[72]。ここでは、紛争防止および解決を目的とした立法と位置づけられている点が注目される。というのも、退職時の証明書や就業規則に関わる改正はともかく、判例法理の法制化部分については当初から私法的規制しか予定されておらず、裁判規範という側面だけからみるのであれば、とくに紛争防止・解決効果はないからである[73]。判例法理の明文化を、紛争防止・解決に結びつける論理としては、明文化自体によって労使当事者のルール認識性が上がり、それにより明文化された判例法理が一種の行為規範として機能するという理屈が考えられる。仮にそうだとすると、解雇規制の法制化は、立法による純私法的な規制が労使の実務上の行為規範として機能することを示したものと位置づけることができよう。私法規制の行為規範的要素を強調することは後の労働契約立法時にもみられ、その点からも解雇規制の法制化の議論は興味深い。

その後の国会の議論の最大の焦点は、判例法理の明文化に関わる文言であった。労働政策審議会の労働条件分科会の議論においては、解雇については現行の判例法理を忠実に明文化するものとされていた[74]。しかし、法案においては当初の文言は「使用者は、この法律又は他の法律の規定によりその使用する労働者の解雇に関する権利が制限されている場合を除き、労働者を解雇することができる。ただし、その解雇が、客観的に合理的な理由を欠き社会通念上相当であると認められない場合は、その権利を濫用したものとして、無効とする。」とされており、使用者の解雇権が明記されるものとなった。この文言は、解雇を促進するメッセージを与えかねないなどの理由から労働側を含めさまざまな立場から強く批判され、結局この前段部分は削除されたうえで法制化された。

この批判は、第一義的には裁判規範の変容（解雇規制の緩和）を警戒したものと評価できるが、同時に、仮に裁判規範が不変と解釈されるとしても、当初案は、解雇は原則自由という間違った印象を労使当事者に与えかねず、それが労使実務へ悪影響を及ぼすことへの警戒も含まれていたと評価できる。

---

72) 労旬1553号（2003年）36頁。
73) 唐津・前掲注71）も参照。
74) 国会における厚生労働大臣の答弁でも同様の趣旨が述べられる。

ここでも私法的な規制がもつ行為規範としての機能が意識されている点が注目される。

2　労働契約法の制定[75]

(1) 在り方研の設置と報告書

現在の労働契約法につながる動きが具体的に開始された契機は、解雇権濫用法理を立法化した2003年の労働基準法改正の際の衆参両院の附帯決議である。附帯決議では政府に対して「労働条件の変更、出向、転籍など、労働契約について包括的な法律を制定するため、専門的な調査研究の場を設けて積極的に検討を進め、その結果に基づき、法令上の措置を含め必要な措置を講ずること」との要請がなされた。

この附帯決議をうけて、2004年4月に厚生労働省において「今後の労働契約法制の在り方に関する研究会」(以下「在り方研」)が設置され、05年4月に中間とりまとめが、同年9月15日に最終報告書(以下「在り方研報告書」)が提出された。

在り方研報告書の内容は多岐にわたる。同報告書は、まず総論部分において労働契約法制の必要性、基本的性格と内容、履行確保措置、対象者の範囲、労働者代表制度について検討したうえで、各論部分において「労働関係の成立」(採用内定、試用期間、労働条件の明示)、「労働関係の展開」(就業規則、雇用継続型契約変更制度、配転、出向、転籍、休職、服務規律・懲戒、昇進・昇格・降格、労働契約にともなう付随義務、労働者の損害賠償責任)、「労働関係の終了」(解雇、整理解雇、解雇の金銭解決制度、合意解約・辞職)、「有期労働契約」、「仲裁合意」に関して具体的な制度の提案を行っている[76]。

在り方研報告書によれば、労働契約法制の必要性については、労働条件決定の個別化、経営環境の急激な変化、集団的労働条件決定システムの機能の低下、個別労働関係紛争の増加、また労働者の自律的な働き方に合わせた労

---

75) 制定過程を詳細に叙述したものとして、荒木・菅野・山川・前掲注26) 42頁以下。
76) 報告書ではこのほかに労働時間法制見直しとの関連が論じられている。

働時間法制が求められていることを背景に、労使当事者が社会経済状況の変化に対応して実質的に対等な立場で自主的に労働条件を決定することを促進し、かつ紛争の未然防止等を図ることを目的として、労働契約に関する公正かつ透明なルールを定める新たな法律がつくられなければならないとされる。

そして、労働契約法制の基本的な考え方として、①労使自治の尊重と実質的対等性を確保すること、②就業形態の多様化に対応すること、③労働関係における公正さを確保すること、④紛争の予防と紛争が発生した場合に対応することが挙げられている。以上から、在り方研報告書は、立法の必要性および方向性において1990年代以降の労働契約法制の議論で各論者が共通してもっていた認識をほぼそのまま踏襲していると評価できよう。

もっとも具体的な規制内容に関する在り方研報告書の議論には、従来の議論においても見受けられたものとまったく新しいものとが混在している。その特徴は以下の五点にまとめられる。

第1は、報告書は、労働契約法制が行為規範として機能することを重視していることである。報告書は冒頭において「労使当事者の行為規範となり、紛争処理の判断規範となる公正かつ透明なルールが必要となってきている」旨を述べており、総論部分において労働契約法が裁判規範のみならず行為規範として機能する必要があることに言及している。

具体的な場面で行為規範に言及している点をみると、まず、判例法理について「抽象的なものが多いため、具体的な事案に適用する場合の予測可能性が低く、一般的に労使当事者の行為規範とはなりにくい」と述べており、また、法規制のありかたについて「単に判例法理を立法化するだけでなく、実体規定と手続規定とを組み合わせることや、当事者の意思が明確でない場合に対応した任意規定、推定規定を活用することにより、労使当事者の行為規範となり、かつ、具体的事案に適用した場合の予測可能性を高めて紛争防止にも役立つようなルールを形成することが必要である」と述べている。また、法的拘束力のない指針も「行為規範としての意味はある」としている。

以上を総合すると、在り方研報告書においては、新しい立法が行為規範として機能するためには、①ルールの明確化を通じて労使の予見可能性を高めること、および②任意規定や推定規定、指針といった法的拘束力の強くない

規範を活用することが必要であると捉えられていることがわかる。

第2は、第1の点とも関連して、判例法理を踏襲する規定の創設を提言していることである。具体的には、就業規則の変更、配転、出向、懲戒、解雇（整理解雇含む）、安全配慮義務などに関して判例法理にしたがった権利濫用法理などの法制化を提言している。このほかにも、採用内定や試用期間において解雇権よりも広い解約権を認めるに際して書面による提示を求めることや試用期間に上限を設けること、合理的な解雇の理由の基本類型を明示することなど、既存の判例法理に多少の修正をくわえた制度も提案している。

第3は、労働条件の変更に関して新たな法的枠組みを提言したことである。具体的には、就業規則の変更の合理性判断において、労働者の意見を適正に集約したうえで過半数組合が合意をした場合、または労使委員会の委員の5分の4以上の多数により変更を認める決議があった場合に、変更後の就業規則の合理性を推定するとの判断枠組みが提示された。

また、個別契約で合意された労働条件の変更については、雇用継続型契約変更制度の創設が提言された。報告書では二つの制度構成が考えられるとして、①使用者による変更の申込み後の労使の協議が整わなかった場合に使用者に変更の申入れと労働者不承諾の場合の解雇の通告を同時に行い、これに対して労働者は雇用を維持したまま変更の効力をあらそうことができる制度、および②一定の場合に使用者に労働条件変更権を付与する制度が提案された。

第4に、解雇に関しては、上述の判例法理の明示および合理的理由となる基本類型の明示のほかに金銭解決制度の導入を提言したことである。具体的には、労働者による申立てのみならず、使用者による申立て（ただし、差別的解雇や正当な権利行使を理由とした解雇などは対象外）にもとづく金銭解決制度が提案された。

第5に、有期労働契約法制については基本的には現状を維持して、修正は小幅にとどめたことである。報告書は、有期労働契約の入口規制（有期労働契約の締結に正当な理由を要求する規制）については「有期労働契約は労使双方の多様なニーズに応じて様々な態様で活用されているものであり、その機能を制限することは適当ではな」いうえ、「何が『正当な理由』かは人によって考え方が異なっており、このような概念をもって期間の定めの効力を

左右するのは混乱を招く」として否定的な態度を示し、ただ有期労働契約を利用する理由のみを明示することを提案している。諸外国でみられるような出口規制（更新の制限など）についても、雇止め法理の適正化に心を砕いてはいるものの、更新の制限等に関しては言及されていない。均等待遇に関しても総則部分で「雇用形態に関わらず、その就業の実態に応じた均等待遇が図られるべきことを明らかにすることが適当である」と述べるのみで、強い法規制にはあまり関心を示していないようにみえる。

以上の在り方研報告書のうち、とくに論争を呼んだのは就業規則の変更に関する提言および解雇の金銭解決に関する提言である。就業規則および解雇に関する法制は、いずれも従来から重要問題として議論されてきたところであり、それらをふまえて新たな法的枠組みを提示した在り方研報告書にはさまざまな立場から批判がなされた[77]。

（2）他の立法提言

在り方研報告書と前後して複数の包括的な立法提言がなされた。具体的には、2005年5月の日本労働弁護団労働契約法制委員会による「労働契約法制立法提言」[78]（以下「労働弁護団提言」）および同年10月の連合総研のもとで設置された労働契約法制研究会による「労働契約法試案」[79]（以下「連合総研試案」）がそれにあたる[80]。

これらの立法提言は、それぞれの立場からあるべき労働契約法を示したものであり、「小ぶり」となった労働契約法の今後の発展を展望するという本

---

77) 在り方研報告書を主な検討対象とした雑誌の特集として、日本労働法学会誌107号（2006年）、同108号（2006年）、労旬1615・16号（2006年）、季労212号（2006年）、ジュリ1309号（2006年）、民商法雑誌134巻6号（2006年）および同135巻1号（2007年）がある。このほかに、論文集として北海道労働判例研究会『職場はどうなる　労働契約法制の課題』（明石書店、2006年）がある。後述する日本労働弁護団の立法提言と連合総研の試案も、在り方研中間とりまとめもしくは在り方研報告書の内容も検討したうえでのものとなっている。
78) 季刊労働者の権利260号（2005年）3頁。
79) 連合総合生活開発研究所『労働契約法試案——ワークルールの確認とさらなる充実を求めて』（2005年）。
80) このほかに、国会審議の際には民主党による全45条の法案が提出されている。

稿の目的上も重要な意味をもつ。以下では在り方研報告書と各提言の共通点および相違点を紹介したうえで、その背後にある思想が在り方研とはどのように異なり、それが具体的にどのようなかたちで表れているかを明らかにする。

在り方研報告書と二つの立法提言の主な共通点および相違点は以下のとおりである。

第1に、労働契約法に労使当事者の行為規範としての役割を期待する点は共通している。労働弁護団提言では「適正・妥当な判断基準の設定（裁判規範の定立）およびそのことによる労使とりわけ使用者の行為規範を設定するものとして検討された」[81] とされ、連合総研試案でも「（新たな労働契約法制は）適正な紛争解決のための『裁判規範の定立』をはかるものであるとともに、公正な雇用慣行の形成をはかる「行為規範」の定立を行うことでもある」[82] とされており、いずれも労使当事者の実務への影響を念頭においている。

第2に、確定している判例法理の成文化を提案している点についても在り方研報告書と二つの立法提言は共通しているが、どの分野において判例法理を踏襲するか、またどこまで判例法理以外にどのような規制をかけるかなどについては大きな相違がみられる[83]。具体的には、配転命令および出向命令について、労働弁護団提言および連合総研試案は、権利濫用法理が適用されることへの直接的な言及はないもののいずれも同法理適用が前提とされているようであるが、権利の発生要件や手続き要件については在り方研報告書に比べて厳しい基準を課している。たとえば配転命令権では、就業の場所または職種の変更をともなう配転命令権の発生要件として「やむを得ない業務上の必要性があり、人選が合理的であり、当該配置転換により労働者が受ける職業上及び生活上の不利益が軽微なものである」ことを求めたり（労働弁

---

[81] 宮里邦雄「労働契約法制立法提言にあたって」季刊労働者の権利260号（2005年）2頁。
[82] 前掲注79) 24頁 [毛塚勝利]。
[83] なお、採用内定、懲戒権について権利濫用による規制をかける判例法理を成文化することについては、在り方研報告書と二つの提言は共通する。

護団提言)、権利の行使にあたって、配転の内容や必要性、不利益緩和措置などを記した30日前までの書面による通知や労働者の意見聴取および労働者の事情への配慮義務（労働弁護団提言)、4週間前までの書面による通知や転居をともなう配転の場合に「家族の職業上、生活上の不利益にも十分配慮」する義務（連合総研試案）などが設定されている。

　解雇に関しても、一般的な判断枠組みとしては在り方研報告書、二つの提言いずれも判例法理を実質的には踏襲しているものの（労働弁護団提言は正当事由構成を採るがその実質的理由は立証責任の明確化であり判例法理の修正ではない)、二つの提言では使用者側に追加的な負担を課している。具体的には、能力不足や非違行為を理由とする解雇における労働者への説明義務（労働弁護団提言）や解雇時の面接義務（連合総研試案)、過半数代表が求めた場合の誠実協議義務（労働弁護団提言）や在職期間に応じた労基法20条よりも長い予告期間などの手続要件（労働弁護団提言および連合総研試案）などが定められている。このほかに、出向命令権の発生要件についても労働弁護団提言および連合総研試案は在り方研報告書よりも厳しい基準を示している[84]。

　第3に、在り方研報告書において最も大きな議論を呼んだ就業規則、労働条件の変更、解雇の金銭解決制度については、労働弁護団提言および連合総研試案は在り方研報告書とは異なるアプローチをとっている。

　就業規則については、労働弁護団提言は既存の判例法理の確認にとどめているのに対して、連合総研試案では労使のいずれに対しても労働契約変更請求権を付与するという新しい枠組みを提示した。いずれも、集団的合意を介在させることについてはそれほど大きく心を砕いていないようにみえる。

　解雇の救済については、労働弁護団提言は、原職復帰を原則としつつ、労

---

[84] 在り方研報告書が「少なくとも、個別の合意、就業規則又は労働協約に基づくことが必要である」と述べるにとどまり、「一律に労働者の個別の同意を必要とすることは適当でな」いと包括的合意による命令発生を認めるのに対して、提言・試案では「労働者の承諾がない限り、使用者は労働者を出向させることはできない」（労働弁護団提言)、「出向先、出向期間、職務の内容、職務上の地位及び勤務地並びに出向期間中及び復帰後の賃金、退職金算定方法等の労働条件を明示のうえ、労働者の同意を得なければならない」（連合総研試案）とされており個別の合意を要件としている。

働者の申立てによる金銭解決と原職および原職相当職が存在しない場合における使用者の就労請求拒否権を定めている。連合総研試案は、判例法理を基本としつつも労働者の申立てによる金銭解決を認めるものとなっている。いずれも、解雇以外の労働者の意思が介在する労働契約の終了について、意思表示における真意性の確保や意思表示を実質的に強要された場合のみなし解雇等に関する規定をおいており、労働者にとって不本意な労働契約の終了がないように法を整備するという色彩が濃い。

以上のように在り方研報告書と二つの提言は大きく内容を異にしているが、その共通点・相違点を仔細にみると、90年代の議論にみられた二つの潮流がここでも姿を現していることがわかる。

(3) 労働政策審議会労働条件分科会での審議

在り方研報告書が提出されたのち、2005年10月21日の第43回労働政策審議会労働条件分科会において労働契約法制に関する審議が開始された。労使の代表は当初から在り方研報告書ありきの議論に難色を示し、これをうけて分科会会長からは在り方研報告書は「あくまで１つの参考」にとどまる旨が表明された。その後、2006年4月11日の第54回労働条件分科会では、事務局側が労働契約法制に関する具体的な議論を喚起するために、労働契約法の骨格と具体的論点を挙げた「労働契約法制及び労働時間法制に係る検討の視点」(以下「検討の視点」) を提示した[85]。「検討の視点」は、基本的には在り方研報告書を土台にしつつ、反発を呼んだ部分についてはトーンを抑えたものとなっていた。

「検討の視点」に対しては、労働側からは就業規則に関して否定的な意見が、使用者側からは個々の論点の検討には時間がかかるとして7月までの中間とりまとめへというスケジュールへの難色が示された

2006年6月13日の第58回労働条件分科会では、事務局が「労働契約法制及び労働時間法制の在り方について」(以下「在り方について」) を提示し

---

85) 検討の視点は「分科会での議論を受けたものではなく、事務局サイドが労働契約法の実質的議論を促すため」提出したとされる。荒木・菅野・山川・前掲注26) 49頁。

た。「在り方について」は、検討の視点を基礎として、労使側の意見も一部ではふまえつつ、より具体的な内容を定めたものであった。事務局はこれによって分科会における議論を強く促したものと考えられる[86]。

しかし、「在り方について」の提示をうけた直後、2006年6月27日の第59回労働条件分科会では労使双方の委員から事務局主導による議論の進め方に対する不満が述べられ、審議を中断すべきとの発言がされた。使用者側からは、「検討の視点」にもとづく議論がこれまでなされてきたが、「実際に内容に踏みこんだ、本当の意味で議論が十全に重ねられたかというと、そうではないだろう」との認識が示され、さらに「従来の審議会の中で、ほとんど論議の俎上にも上っていなかった有期労働契約を巡るルールの明確化。さらには長時間労働の削減という趣旨で、健康確保のための休日あるいは割増賃金の引上げ、こういう内容の問題がいきなり出てきた」との不満が述べられた[87]。

また、別の使用者委員からは、「労働契約に関するルールの整備というのは、必ずしも新法による必要はな」く、労働契約法は「ルールの明確化と称して、使用者に一方的な義務や手続きを課すものであってはならない」こと、「あくまでも労使の合意に基づく契約が重要であり、双方が契約を締結しようとするインセンティブがなければ、実効性というものは全く上がらない」ことが主張された。

労働側の委員も、「検討の視点」について十分な議論ができていないうえ、「在り方について」での議論が反映されていないとの認識のもと、「労使の意見を反映しない『在り方について』に沿った中間取りまとめを、事務局主導で行えば、我々労側主張する、労働者のための労働契約法は実現できない」と意見が表明された。これにより、労働条件分科会での審議は中断され、公労・公使による非公式会合などが行われた[88]。

---

[86] 労働条件分科会の議事録からは、事務局は「検討の視点」、「在り方について」において議論を促し、7月に中間とりまとめを行う方針であったことがうかがえる（なお、荒木・菅野・山川・前掲注26）54頁も参照）。

[87] この発言は、「使用者側全員の合意である」とされている。

[88] 荒木・菅野・山川・前掲注26）55頁。

審議が再開されたのは2006年8月31日の第60回労働条件分科会である。ここで事務局から労使の意見をまとめた「労働契約法制及び労働時間法制に関する労使の主な意見」が提出され、その後の第61回労働条件分科会では「労働契約法制及び労働時間法制の今後の検討について（案）」（以下「検討について」）が提出された。

「検討について」は、内容を労使の合意がとれそうな事項に限定しており、在り方についてまでで議論の対象とされていた重要労働条件変更時の書面提示、採用内定・試用、転居をともなう配転、個別的労働条件変更制度などが議論の対象から外され、また、就業規則の不利益変更についても「就業規則の変更によって労働条件を集団的に変更する場合のルールや、使用者と当該事業場の労働者の見解を求めた過半数組合との間で合意している場合のルールについて検討を深めてはどうか」との表記するにとどめており、「在り方について」よりもさらにトーンダウンさせている[89]。

「検討について」が提出されて以降はそれにもとづいて議論がすすみ、2006年11月21日および28日の第68回および第69回労働条件分科会での「労働契約法制について検討すべき具体的論点（1）（2）（素案）」の提出を経て、同年12月8日の第70回労働条件分科会で「今後の労働契約法制及び労働時間法制の在り方について（報告）（案）」（以下「報告案」）が提出された。報告案は修正を経て同年12月27日の第72回労働条件分科会で採択され、そのまま労働政策審議会の「今後の労働契約法制及び労働時間法制の在り方について（報告）（答申）」（以下「報告（答申）」）となった。

検討についてから報告（答申）にいたるまでの主な変化としては、第1に、均衡を考慮する旨の総則規定が報告案の修正の過程で引き続きの検討課題へと後退したことである。

第2に、就業規則の変更については、検討についてでは過半数組合と合意あるときのルールについて検討とされていたが、報告案では判例の就業規則不利益変更法理における合理性の判断要素の一つとして「労働組合との合意

---

[89] 荒木・菅野・山川・前掲注26) 58 − 61頁では、在り方について以降、労働契約法成立にいたるまで労働契約法で扱われる（べき）事項がいかに変化したかを一覧できる表があり、この間の議論の状況を把握できる。

等労使協議の状況」が掲げられるにとどまり、報告（答申）では「判例法理沿って、明らかにすること」にとどめられた。報告（答申）において結局は判例法理の成文化にとどまった理由には、集団的合意を何らかの形で合理性の判断要素とすることに対して労働側が難色を示したからである。すなわち、就業規則の変更の合理性判断要素に集団的合意を明示することについては「［労働組合の同意を判断要素とすることについては］第四銀行事件においては判断要素の1つとしては入ってはいますが、特段にこれが目立った形で出てきているわけでな」く、「［報告案の］書きぶりが……この間における最高裁判例法理の流れから逸脱しているのだろうと思います」と述べて反対したうえで、就業規則の変更法理について「最高裁法理に対して何も足さず、何も引かずということで作るべきだろう」（いずれも第70回分科会での発言）との立場を示していた。

第3に、解雇については整理解雇の4要素を含めて検討とされていた「検討について」をうけて報告案では整理解雇の成文化について明記されていたが、報告（答申）では引き続きの検討事項へと後退した。金銭解決についても、仕組みを検討することとした「検討について」をうけた報告案では「労使が納得できる解決方法を設ける」旨の提案が明記されていたが、これについても引き続きの検討事項へと後退した[90]。

2007年1月25日の第73回労働条件分科会では法案要綱が提出された。法案要綱では、労働契約法の目的規定、労働者および使用者の定義、労働契約の成立条件、労働者の意思に反した就業規則変更による労働条件不利益変更が原則できないことなど、現行の労働契約法に連なる細部が整備された。他方で、就業規則新設の場合の労働条件変更に関する部分などが削除された。

（4）国会審議と労働契約法成立

労働契約法案（政府法案）は、第166回通常国会会期中の2007年3月13日に提出された。この政府法案は、労働政策審議会労働条件分科会で採択さ

---

[90] このほか、過半数代表の選出における民主的手続きを明確化することが報告案では示されていたが、この点について報告（答申）では削除された。

れた法案要綱で用いられた表現とは異なる箇所が一部でみられたため民主党の細川律夫衆議院議員から質問主意書の提出をうけることとなったが、政府からは要綱と異なる趣旨ではないとの認識が示された。

労働契約法案は5月に衆議院で審議入りし、衆議院厚生労働委員会で5回審議されたが、年金記録問題も影響して採決にはいたらず継続審議となった。法案は、衆議院厚生労働委員会での採決を経て、11月7日に衆議院本会議修正案が可決され参議院に送付された。参議院では、11月27日に厚生労働委員会で可決、翌28日に本会議で可決され、労働契約法が成立した。

国会における修正点はいくつかあるが最大の修正点は、現3条2項（均衡考慮）および3項（仕事と家庭生活の調和）の新設である。このうち、3条2項の方は労働条件分科会の在り方について以降で検討事項とされていたが、法案要綱には入らなかったものである。3条3項は、在り方研報告書および労働条件分科会での議論のいずれにおいてもみられず、民主党が政府案に対抗して提出した労働契約法案（以下「民主党法案」）[91] においてみられた規定が新しく導入されたものである[92]。

以上の経過を経て成立した労働契約法は、全17条という少ない条文数であり、内容面でも多くが既存の判例法理の立法化にとどまるものであり、在り方研報告書とは大きく異なる立法となった。その第一の原因は労働条件分科会における事務局側の拙速な態度であるが、その根底には、90年代の議論以来続いている二つの潮流間の調整が当事の労使には困難であったという事情があろう。

3　労働契約法の改正

労働契約法制定時には、有期労働契約については期間途中の解約に関する

---

91) http://archive.dpj.or.jp/news/files/070928roudouhouan.pdf. 労働契約法制定過程における民主党の動向については、ハーバーマイヤー乃里子「労働契約法の修正と成立の過程をふりかえる」季労221号（2008年）66頁。
92) 国会審議においてこのような修正がなされたのは、政府が民主党による修正の提案を受け入れたことによるものである。2007年の参議院選挙で野党が参議院の過半数の議席を得たことにより、労働契約法成立のためには野党第1党の民主党の協力が不可欠であった。ハーバーマイヤー・前掲注91）も参照。

規定などを定めるにとどまり、その他の規制については引き続きの検討課題とされた。その際、労働政策審議会労働条件部会の労働側委員からは入口規制や出口規制、均等待遇規制の3点が揃わない限り本質的な解決にはならず、これらも含めて引き続き検討されるべきとの意見があったことも付記された[93]。

そこで、有期契約研究会が設置され、入口規制および出口規制の必要性およびあり方を検討するための諸外国の法制の検討などがなされた。この研究会により公表された報告書をもとに労働政策審議会労働条件分科会で審議がすすめられ、労働政策審議会の建議が出された。

建議では、入口規制については、例外業務の範囲をめぐる紛争多発や雇用機会減少の懸念等をふまえて、法的措置は見送られた。具体的な法的措置を提言したものは3点あり、第1に、有期労働契約の長期にわたる反復・継続への対応として、有期労働契約の利用期間が5年を超える場合、労働者の申し出にもとづき契約期間が無期に転換すること、このとき、期間の算定において、従前の契約期間が通算されないこととなる期間（クーリング期間）をおき、それを6月とすることが提言された。第2に、判例法理となっている雇止めを明文化することとされた。第3に、「職務の内容や配置の変更の範囲等」を考慮して、期間の定めがあることを理由とする不合理な処遇があってはならないこととされた。このほかに、契約更新の判断基準を労基法15条の書面による明示義務の範囲内にすること、1回の契約期間の上限については引き続き検討すること、雇止めの予告および契約締結時の締結理由の明示については措置を講ずべきとの結論に至らなかったこととされた。

その後、労働政策審議会における法案要綱の諮問、答申を経て、2012年3月23日に法案が国会に提出され、同年8月3日に可決成立した。5年ルールの申し出が有期契約の満了の時期までに明確化されるなどの軽微な変更をした以外は原則として建議どおりの立法となった。

ここで注意したいのは、建議では労使の行為規範を作ることを念頭に置いた記述が多くみられることである。たとえば5年ルールにつき「制度の運用

---

[93] 2006年12月27日労働政策審議会労働条件分科会答申15。

にあたり、利用可能期間到達前の雇止めの抑制策の在り方については労使を含め十分に検討することが望まれる」としており、5年ルールが有期労働者の雇用の安定化へと向かうべきことがあらわされている。雇止め法理の明文化にしても、「これ［雇止め法理］を、より認識可能性の高いルールとすることにより、紛争を防止するため、その内容を制定法化し、明確化を図ることが適当である」とされており、明文化による労使の認識可能性の向上が具体的な行為に影響を及ぼすことを期待している。不合理な処遇禁止ルールにしても、「有期契約労働者の公正な処遇の実現に資するため」（圏点筆者）と述べており、最終的な目標が有期労働者の「公正な処遇」とされている点が注目される。不合理な処遇を禁止するだけで「公正な処遇」が実現されるわけではないという趣旨であろう。このほか、契約更新の判断基準についても、「予測可能性と納得性を高め、もって紛争を防止する」ことに主眼が置かれている。

4 小括

2007年労働契約法の成立にいたる動きは1990年代からみられるようになった。1993年労働基準法研究会報告を契機に、学界では労働契約法制の立法論が盛んに議論された。議論の内容をみると、当時すでに、①雇用形態の多様化や個別労働紛争の増加などを背景に労働契約法制が必要とされていること、②内容面では、契約条件の明確化および適正化や労働者の多様化に合わせた新たな保護法制の整備が求められていることについては、各論者はほぼ一致した認識を共有していたと考えられる。

1990年代以降の議論で特徴的なのは、労働契約法制に行為規範としての役割を期待していたことである。このような行為規範としての側面を重視する姿勢は、2005年在り方研報告書以降も維持されている。議論の中では、行為規範という言葉は二つの意味で用いられていたものと考えられる。

第1は、裁判規範の可視化によって労使当事者の実務におけるルールの徹底を期待する意味である。判例法理の明文化の主張は、主としてこの観点にもとづくものであろう。すなわち、判例法理は一般労使当事者には十分に周知されておらず、法の無知による違法事例が頻発していたことを背景に、多

くの論者は、立法にルールを明記して規範の認識性を高めることで、実務における違法行為を抑制することを目的に、判例法理の明文化を主張したものと考えられる。この観点からの立法化は1979年報告書の段階ですでに言及されており、問題意識としては古くからあったと言えるが、それが90年代の環境変化によって強い要請として意識されたということであろう。

第2は、雇用社会の変化に対応した行動へと労使の実務を導くための規範としての意味である。労働契約法制が必要とされた背景にあった雇用社会の変化は、必然的に日本的雇用慣行の変容を要請する。労働契約法制に関わる議論においては、今後の雇用社会はどうあるべきであるかという観点から新しい法規制が構想されてきた。たとえば、解雇の金銭解決制度や整理解雇法理の見直しは、雇用の流動化を推進するための手段として提示されていた側面がある。この種の構想の特徴は、それが労使当事者の実務を後追いすることを目的としているのではなく、労使当事者を一定の方向に導くことを目的としている点にある。この意味での行為規範性を帯びる場合、労働契約法は一種の政策立法と位置づけられることになるであろう。

1990年代以降、労働契約法制のめざす方向性について、①労使の自主的な決定を基本として、それを促進する規範として労働契約法制を構想する立場と②労働者保護のために、権利義務関係の実態要件を明確にし、労働契約に関わる紛争の解決基準を提示しようとする立場に大きく分かれていたが、これは上記の第2の意味での行為規範性（政策立法としての行為規範性）をめぐる立場の対立であったと評価できる。政策立法としての行為規範性を期待する規制の具体的内容は、今後の雇用社会はどうあるべきかによって大きく変わってくるが、その点に関する見解の相違が、上記の立場の違いを生んだものと考えられる。

労働契約法をめぐる審議および労働契約法が小ぶりとなったことは、この二つの意味の行為規範をキーワードに整理することができるであろう。すなわち、労使は上述の第1の意味の行為規範としての機能を期待するという点では一致していたが、第2の意味での行為規範としての規制については、二つのアプローチの違いを反映して見解の一致をみなかった。これに加えて、労働契約法制定に向けた動きがやや性急だったこともあって、労働契約法は、

結果として既存の判例法理の確認を中心としたものとなってしまったと考えられる。

この観点からみると、労働契約法制定は、結果としては小ぶりに終わってしまったものの、第1の意味での行為規範としての側面（裁判規範の可視化手段としての側面）をもっており、労使当事者の実務に大きな影響をもつものと積極的に評価される[94]。

また、労働契約法は、第2の意味での行為規範としての側面（政策立法としての側面）を、まったくもたなかったわけではない。というのも同法は、その制定当初から均衡の考慮（3条2項）や仕事と生活の調和への配慮（同条3項）、有期労働契約について、その利用する目的に照らして必要以上に短い雇用期間を設定して反復更新をしないように配慮する義務（17条2項）など、日本的雇用慣行の見直しに向けたメッセージを含んだ規定が設けられたからである。これらの規定は、裁判規範としての効力について明確性を欠く点において弱い規範といえるが、それでも同法が制定当初からささやかな形ではあるが社会変革に向けての政策的立法としての顔をみせていた点は注目される。

2012年改正では、有期契約の5年無期転換ルール、判例法理であった雇止め法理、有期と無期の不合理な労働条件格差規制に関わる規定が導入された。これらは有期労働契約に関わる従来のルールの大きな変更をともなう「重大な結果をもたらしうる規定」といえる[95]。したがって、2012年改正は、非正規雇用問題の改善のために法が積極的に介入するという政策的な立法介入と評価できる。これにより同法は政策立法としての性格を強めているといえよう[96]。

---

[94] 同法は、制定当初、大企業にとってはこれまでの実務を変更させるものではないとの評価をうけているが、この評価は、裏返すと大企業以外の労使当事者にとっては労働契約法制定による判例法理の明文化は、ある程度の影響をもつことを意味する（菅野和夫ら「座談会 労働契約法制定の意義」法時80巻12号（2008年）43頁［木下潮音発言］）。

[95] 荒木・菅野・山川・前掲注26）26頁。5年ルールおよび不合理な労働条件格差法理が労使自治との関係でどのように正当化が可能であるかを検討したものとして、大木正俊「非正規雇用の雇用保障法理および処遇格差是正法理の正当化根拠をめぐる一考察」日本労働研究雑誌691号（2018年）10頁。

[96] 荒川・菅野・山川・前掲注26）20－21頁

結語

 本稿では、労働契約法の歴史を跡づけた。労働契約に関わる民事法規がながらく不在であったこと、それゆえ労働契約に関わるルールは主に判例法理によって形成され、それは日本的雇用慣行を反映したものであったこと、1980年代より外的な状況や働き方の変化などにより労働契約法制の整備が求められたこと、2003年に解雇権濫用法理が立法化されたのを機に法制化の動きが具体化し、07年に成立したことなどの概要はこれまで多くの文献が指摘してきたことであり、ここでその詳細に言及する必要はないであろう。その代わりに冒頭でとくに関心を示した2点、すなわち①なぜ労働契約法制定以前に契約立法がされなかったのか、および②労働契約法はどのような方向で発展をみせているのかについて、本稿から明らかとなったことおよびそれが何を示唆するのかを示して本稿のまとめとしたい。

 第1の労働契約法以前に労働関係に関する民事立法がされなかった理由は、戦後の個別労働関係立法の中心である労働基準法は、労働条件の実質的な規制が労使の集団的自治によってなされることを予定していたこと、戦後の一時期までは労働側もその延長の発想で労働条件の実質的な規制は労使自治によるべきであるとの考えをもっていたこと、使用者側にとっても立法による労働条件規制の不在は都合がよかったことが大きく影響を及ぼしていたことが明らかになった。労働契約法に関わる判例法理が確立する時期は、同時に労働組合による労働条件規制が弱化していく時期でもあったが、その段になると労働側も解雇法制の立法を主張するなど労働契約立法への積極的な姿勢をみせるようになっている。

 労働契約法の制定が、裸の労使自治が十分に機能しなかったという歴史的経緯のうえに成り立っているという事実は重要である。雇用社会の変化という要因ばかりに目を向けると、ともすると労使当事者の契約の自由に委ねることが良い結果をもたらすとの発想が出てきやすいが、そのような発想にもとづいた制度は十分に機能しない可能性が高い。契約の自由を重視するにしても、それを望ましい方向に活用できるような手続きなどの支援体制を整備することが重要となってこよう。

第2の労働契約法の発展の方向性については、同法の制定にあたっては行為規範としての側面が重視されていたこと、行為規範には二つの意味があり、それは①裁判規範の可視化手段としての行為規範性、②労使の一定の行動へと導く政策立法としての行為規範性であること、2007年労働契約法制定は②の側面の規制はできなかったが①の側面の規制は一定程度できたこと、近年では、労働契約法は②としての行為規範性を強めており同法が日本的雇用慣行への変革を迫る政策立法へとなっていることが明らかとなった。

　また、第1の意味での行為規範としての労働契約法という観点から、労働契約法制定以降の動向をみると、以下の2点が指摘できる。第1は、採用内定法理など多くの者が共通して是認する判例法理などがいまだに法文化されていないことである。たしかに、成文化されていない判例法理は多くの大企業においては実務に取り込まれているものであり、成文化しても大企業の実務に大きな変化はないであろう。しかしながら、中小企業などにおいては労働契約の基本的なルールを知らない場合も多く、立法化が企業実務を適正化するのに役立つものと考えられる[97]。現状ではこのような意味で既存のルールを成文化していく動きはみられず、今後の課題となってこよう[98]。

　第2は、労働契約法において成文化された判例法理は、合理性、社会通念、権利濫用などの抽象的な規範要件を示したにすぎず、労使の行為に明確な指針を示していないものが多い。具体的なケースにおいて、これらの規定がいかに解釈・適用されるかはいまだに裁判所にゆだねられており、労使当事者の行為規範としての機能が限定的となっている。この点については、在り方研報告書において、就業規則の不利益変更の際に、過半数組合の同意または労使委員会の5分の4の決議があれば合理性を推定する旨の制度の提案がなされるなど、一定の試みがみられているものの、いまだ立法化には至っていない。ただし、明確なルールを設けることは、表面上はルールを遵守しながらも実質においてはその無効化をはかる潜脱行為を呼び込む可能性があるた

---

[97]　菅野和夫ら・前掲注94) 43頁［木下潮音発言］および45頁［根本到発言］などを参照。

[98]　この点を指摘するものとして、たとえば和田肇「働き方改革で非正規雇用の処遇改善は実現できるのか」労旬1903・1904号（2018年）25頁。

め、常に良い行為規範を生み出すものではない。それゆえ、明確なルール設定よりは労使による集団的な代表を通じた交渉制度や紛争時の解決制度を整備することで、当事者の納得性の高い労働条件を生み出すのに有効なことも多いであろう[99]。

また、②の政策立法としての側面についても以下の２点を指摘できる。第１は、労働契約法の立法設計の全体像を描く作業が必要なことである。労働契約法が政策立法としての性格を強めているとすれば、労働契約法は従来の労働法理論とは必ずしも整合性がとれない立法となっている可能性がある。そのような立法では、文言解釈や立法趣旨の探求などの従来の解釈技術では妥当な解決がはかれない場合も多くなってくるであろう。したがって、今後の学説に課された課題は、何が正義であるかを探求したうえで法制度全体の整合性がとれる理論を構築することとなってくるのではないか[100]。

また、立法は最終的には議会で作られるため、政治的思惑から望ましくないかたちでルールが形成される可能性があるうえ、近年の日本では選挙によって各政党の議席数が大きく変わることもある。そのため政治的理由による法改正が頻繁になされ、立法が原理・原則のない全体の一貫性を失ったものとなってしまう可能性もある[101]。

その際問題となるのは法学者がある立法をして「質が悪い」と評価する場合の規範的基礎である。社会が複雑化し、また、働き方も多様化した現代雇

---

[99] 集団的代表制度については、紙幅の都合上本稿では十分に触れることができなかった。現在の状況を概観したものとして、竹内（奥野）寿「労働組合法のこれまでとこれからの課題——「労働者」の集団的な利益代表の観点から」法時88巻3号（2016年）6頁および同「従業員代表制と労使協定」日本労働法学会編『講座労働法の再生 第1巻労働法の基礎理論』（日本評論社、2017年）159頁を参照。

[100] 平井宜雄『平井宜雄著作集　法律学基礎理論の研究』（有斐閣、2010年）36頁に記された同「現代法律学の課題」への追記を参照。

[101] その例としてはイタリアの有期労働契約立法が挙げられる。イタリアの有期労働契約法制は政権交代が生じるたびに改正されるなど、その時々の政治状況を反映させた改正を続けており、ここ最近では細かい改正も含めると1年に1回に近いペースで改正がなされている。イタリアの有期労働契約法制の変遷については、大木正俊「イタリアにおける有期労働法制の変遷：2012年改正とその意味」季労242号（2013年）164頁および同「第2章外国法の状況 第1節ヨーロッパの有期労働契約法制（4）イタリア」大内伸哉編『有期労働契約の法理と政策——法と経済・比較法の知見をいかして』（弘文堂、2014年）156頁を参照。

用社会においては、労働者保護のような単純かつ曖昧な概念で立法を評価することはできない。労働法において立法政策論の比重が高まっていることもあわせて考えると、労働法学者は今後立法評価のための規範的基礎を探究し、これを磨いていかなければならないのではないか[102]。

　第2は、労働契約法が現在一定の政策を進めるための強行的な規定を設けていることである。具体的には、2012年改正による5年ルールおよび不合理な格差是正法理がそれにあたる。これらは、強行法規という非常に強いルールを用いることで、企業における従来の労務管理を一定の方向性へと導くことを目的としたものといえる。各企業への労働契約法への対応状況をみると、これらの立法を契機として非正規雇用の待遇のみならず、正社員も含めた人事制度全体の見直しを進めている企業も少なくなく、同法改正が裁判規範としての規制内容を超えて、企業の人事制度のあり方に見直しをせまる行為規範として強く機能していることが看取できる[103]。このような傾向は、立法が行為規範として機能し、労使のグッドプラクティスを生み出した例として積極的に評価することができる[104]。

　ただし、ここで注意したいのは、立法によって労使のグッドプラクティスを生み出すことを目的することは、必ずしも裁判規範として強い規制を設けることには結びつかないことである。現行の労働契約法は原則として強行法

---

102)　藤谷武史「『より良き立法』の制度論的基礎・序説」新世代法政策学研究7巻（2010年）149頁。また、大内伸哉「法律による労働契約締結強制」法律時報90巻7号（2018年）7頁も参照。

103)　たとえば、クレディセゾンは2017年9月16日から従来あった社員区分をすべて撤廃したうえで、全員を無期雇用、統一役割等級にもとづく同一労働同一処遇、確定拠出制度や福利厚生も統一するという新しい人事制度を導入している（日本経済新聞2017年8月11日および同社HPの企業ＩＲ情報（htpp://http://corporate.saisoncard.co.jp/）ページ掲載の2017年8月14日付ニュースリリース参照）。具体的な事例紹介をした文献として、ビジネスレイバートレンド2018年3月号など。企業の対応状況の調査として、日本労働政策研究・研修機構『改正労働契約法への対応状況に関するインタビュー調査』結果』（2018年）など。

104)　同法改正により導入された5年ルール自体の当否および不合理な格差是正法理の規制範囲について、学説は強い規制に積極的に評価する立場と消極的に評価する立場に分かれているが、双方とも非正規雇用の処遇改善が望ましいとしている点については一致している。たとえば、2017年労働政策研究会議におけるパネルディスカッションおよび討議概要（日本労働研究雑誌691号3頁以下）を参照。

規を通じた労使の行為の規制を志向しているが、グッドプラクティスを生み出す選択肢はほかにもありうる。たとえば、在り方研報告書では任意規定や、労使委員会制度の創設による集団的な労使対話の制度化などが提案されていた。また、消費者法の領域では事業者団体による自主的な行動基準の策定の義務づけなどを通じて事業者側に裁量をもたせながら適正な行動をうながす仕組みが採られている。労働契約法においても、強行法規以外の方法によるソフトロー的な規制についてもう少し関心を寄せてもよいのではないか。労働関係においては、労働者の意思は必ずしも真意を反映したものではなく（合意の虚偽性）、また、使用者には労働者に不利益を負わせることで経済的な利益が得られるのはたしかであるが、労働契約法が社会変革を視野に入れた社会政策立法としての性格を強めている現在において、強行法規のみによるハードな規制は企業経営に深刻な副作用を生じさせる危険性がある。消費者法など他分野に目を向けるとソフトローを通じた行為規範の定立に成功している事例もないわけではない。ソフトロー的な規制の是非に関する議論が今後必要になってくるのではないか。また、このような考え方からは現行の強行法規の解釈においても企業の過度な負担となるような解釈は控えるべきとの要請も導かれよう。この点の是非についてもさらなる議論が必要である。

第4章
最低賃金法
「最低賃金」立法の史的展開

唐津　博

はじめに——本稿の課題

　「最低賃金」が脚光を浴びている。2017年3月28日の「働き方改革実現会議」の「働き方実行計画」に曰く、「最低賃金については、年率3％程度を目途として、名目ＧＤＰ成長率にも配慮しつつ引き上げていく。これにより、全国加重平均が1000円になることを目指す」と。政府が高唱しマス・メディアを通じて喧伝される「働き方改革」、その目玉の一つが、「最低賃金」の引き上げなのである。

　私的自治、契約自由の原則のもとでは、賃金は、基本的契約内容として、労使が自由に決定（合意）できる約定事項である。ところが、「最低賃金」は、労働契約の基本的約定事項である賃金には下限（最低限度）がある、とする考え方（思想）[1]であり、「最低賃金」の保障は、労働運動勃興の時代から掲げられたスローガンの一つであった[2]。立法史的には1894年のニュージーランド・産業調停仲裁法 Industrial Conciliation and Arbitration Act の制定を皮切りとして、最低賃金制度は、各国で立法化が進み[3]、1928年のＩＬＯ第26号条約（最低賃金決定制度の創設に関する条約）の採択[4]によって、国際労働基準の一つとして位置づけられてきた。

　日本では、「最低賃金法」（以下、最賃法という）という名称の法律は、

---

[1] Ａ・スミス『諸国民の富』では、賃金には、「引き下げることができない……一定の率」が存在するのであり、人間の労働は、自分と2人の子どもを含む家族を扶養するに足りるものでなければならないと記されている（渡辺章「最低賃金法論議に寄せて」日本労働研究雑誌593号（2009年）提言）、という。

1959年に制定された[5]。その後、最賃法は、1968年、2007年に改正され、その間も、最賃制度の運営に関わる種々の問題について検討、手直しが行われ、現在に至っている。

本稿に課せられたのは、この最賃法の立法史である。しかし、最賃法の制定・改正の経緯、すなわち、最賃法制定・改正に至る政府・行政当局の立法作業、労働者・労働組合等による法制定・改正運動の展開、使用者・経営者

---

2) 日本では、1919年8月の大日本労働総同盟友愛会大会において「最低賃金制の確立」が主張され、翌1920年の第1回メーデーで「最低賃金法の制定」がスローガンとして掲げられていた（藤縄正勝『日本の最低賃金』〈日刊労働通信社、1972年〉35頁）。しかし、第2次大戦前（以下、戦前という）において、最低賃金制は労働運動の実践的課題とならず（永野順造『最低賃金論』〈新評論、1964年〉153頁）、最低賃金制を求める労働運動は数えるほどしかみられない（藤本武『最低賃金制』〈岩波新書、1967年〉111頁）と言われる（実例としては、アンドルー・ゴードン著・二村一夫訳『日本労使関係史1853-2010』〈岩波書店、2012年〉186頁以下がある）。なお、当時の文献では、神田孝一『改訂増補実践工場管理』（杉本書店、1921年）671頁以下が、欧州諸国の労働協約条項としての「最低労銀」、最低賃金制度としての「英国炭鉱最低労銀法」の内容を紹介している。

3) 各国の立法動向について詳しくは、黒川俊雄『最低賃金制論』（青木書店、1958年）27頁以下、堀秀夫『最低賃金法解説』（労働法令協会、1959年）21頁以下、藤本・前掲注2）9頁以下等を参照。なお、コモンズ・アンドリュウス共著・池田直視・吉原節夫共訳『労働法原理』（ミネルヴァ書房、1959年）75頁が、「賃金率に関する何らかの法律的規制が出現するまでには、かなり長い歴史を要した。労働が安全かつ衛生的な労働条件の下で行われ、労働時間も不当に長いものではなく、さらに、賃金も遅滞なくかつ定期的に支給されていても、もし支給される額が余りにも少なすぎて生活必需品を買うことができないならば、労働者の健康と福祉は脅かされるであろう」と指摘したように、「低賃金より生ずる弊害から労働者を保護するための基準を設定しようという試み」（同上）は、労働者保護立法のいわば第2ステージに位置づけることができよう。

4) ＩＬＯ第26号条約採択の経緯については、藤縄・前掲注2）527頁以下が詳しい。なお、藤本・前掲注2）112頁以下によれば、最低賃金制条約が審議された1928年のＩＬＯ総会へ出席した日本の労働者側代表は原案に賛成票を投じたが、使用者側代表は賃金決定への政府の介入に反対して反対票を投じ、日本政府は原則には賛成であるが日本の現状ではその実現は困難である、しかし最賃制度が必要であることが証明されれば制度を設置するのに躊躇しないという曖昧な態度をとって棄権した。これは、きわめて興味深い事実である。

5) 日本の最低賃金立法の本格的な展開は、明治期に始まる労働者保護立法に大きく後れて、第2次大戦後（以下、戦後という）にずれ込んだ。この点について、小粥義則『最低賃金制の新たな展開』（日本労働協会、1987年）9頁は、最低賃金規制は「市場経済体制の根幹に触れる課題として、深刻でデリケートな問題を惹き起こさざるを得ないということから、いずれの国においても、遅れて登場せざるを得なかった」が、日本の場合には、「このような各国共通の事情に加え、経済の二重構造、年功賃金体系の存在等により各種の賃金格差がきわめて大きいという事情が加わり、最低賃金制度の登場をより困難にしていた」と指摘している。

団体等の応対、労使の動向を反映する政党・与野党間の駆け引き、国会審議の推移・与野党の攻防[6]については、すでに、行政当局の手になる一連の解説書や先行研究等において、関係資料に即した詳細な整理、検討がなされており、最賃法制定後の法改正、制度運用の実情についても、同様のフォローがなされている[7]。したがって、現行最賃法の制定・改正の経緯、運用の実情、関係当事者（政府・行政当局と労働者団体、経営者団体等）の動向を年代史的に改めて整理することにはさして重要な意義を見出すことはできない。

しかし、最賃法の制定に先立つ、1947年に制定された労働基準法（以下、労基法という）には、「最低賃金」の見出しのもとに一連の条項（28〜31条）が置かれていた。また、「最低賃金」を対象とする法規制は、さらに時代を遡って、戦時統制経済体制を基礎づける1938年国家総動員法にもとづく1939年の賃金統制令等においても試みられていた。ところが、前者につ

---

[6] 1959年最賃法については、堀・前掲注3）「まえがき」で、「法案を第28国会に提出したが、成立までには多くの波瀾があり、第31国会においては衆議院では一時空白国会の原因となり、参議院では暁の本会議という異例の事態を惹起した。最賃法はこのような陣痛の苦しみを味った上漸く成立した」と記されているように、その誕生は難産であった。また、1968年の改正法も、第55国会で審議未了、第56国会ではまったく審議されずに廃案となり、第58国会で修正のうえ可決・成立という経緯をたどっており、その国会審議は難航を極めた（村上茂利「最低賃金法改正の思いで」労働省労働基準局賃金時間部編『最低賃金法30年の歩み』〈日本労働協会、1989年〉68頁参照）。

[7] たとえば、行政当局による最賃法関係の公刊物としては、1959年最賃法について堀・前掲注3）があるほか、1968年の法改正について村上茂利『改正最低賃金法の解説』（労働法令協会、1969年）、その改訂増補版（1968年改正後の改正経過を追記）と明記されている労働省労働基準局編『改訂最低賃金法の詳解』（労働基準調査会、1996年）、これに2007年の法改正を追記する労働調査会出版局編『改訂3版最低賃金法の詳解』（労働調査会、2009年）、そしてこれに2007年法改正後の動きを追記する労働調査会出版局編『改訂4版最低賃金法の詳解』（労働調査会、2016年）が刊行されており、これらの公刊書により、最賃法制定の経緯とその後の法改正の経緯、行政施策の推移、展開の概要を知ることができる。また、藤縄・前掲注2）は、1972年時点で行政当局者が編集した「最低賃金」関連資料集であり、小粥・前掲注5）および労働省労基局賃金時間部編・前掲注6）も、それぞれ、1986年、1988年時点で、行政当局が最賃法に関係する資料整理を行ったものなので、いずれも最賃法の制定・改正に関連する諸事情を確認するうえで有益である。なお、最賃法制定の前年に、労働省労働統計調査部編『外国最低賃金法の解説』（労働法令協会、1958年）が刊行されている。戦前の労働立法と同様に、最賃法制定に際しても行政当局は諸外国の関連制度について詳細な調査を行っていたようである。

いては、労基法の制定後に、その解釈、実施の是非をめぐる議論があったが、この最低賃金条項は発動されないまま[8]、後に最賃法が制定され、当該条項が改正・削除されたこともあってか、現在では、この条項自体がとくに検討の対象として取り上げられることはほとんどない。労基法の最低賃金条項への関心は、失われたかのようである。また、後者については、それが戦時下の労働立法であるためにか、無視あるいは軽視され[9]、検討の対象とされてこなかった[10]。

そこで、ここでは、このような研究状況に鑑みて、まずは、戦前・賃金統制令等による最低賃金規制、および戦後・労基法の最低賃金条項の制定の経緯と内容を整理するが、1959年最賃法の制定の経緯、その後の法改正による制度変更の推移については、その詳細には立ち入らず、これを概観するにとどめて、賃金統制令、労基法上の「最低賃金」の立法的規制が、最賃法およびその後の法改正においてどのように変遷したのか、制度史的に考察することにしたい。すなわち、本稿は、現行の最賃法の立法史ではなく、賃金統制令、労基法、そして最賃法・改正最賃法に至る、「最低賃金」の法制度の歴史（制度史）を概括的に整理し、検討するものである。

一 「最低賃金」立法のあり方――制度設計上の論点（選択肢）

「最低賃金」の法制度は、労使の約定事項である賃金額の下限を法律に

---

8) なお、日本に施政権が返還される前の沖縄県においては、労基法の最賃条項にもとづいて「全地域・全産業一律方式」による最低賃金制が実施されていた。この点については、砂川恵勝「沖縄の最低賃金」労働省労基局賃金時間部編・前掲注6）37-39頁参照。
9) 戦後の労働関係の新たな展開（労働運動の昂揚を背景とする労使関係の変容、雇用管理、賃金制度の変転）を、歴史的にどのように理解するかという問題は、戦時下の労働関係をどのように認識し、歴史的な脈絡においてどのように位置づけるかという問題でもあるが、この点については、孫田良平「戦時労働論への疑問」日本労働協会雑誌76号（1965年）11頁以下が、統計資料を用いた実証的な興味深い議論を展開している。
10) 「最低賃金」規制のあり方を周到な比較法研究をふまえて本格的に分析、検討した神吉知郁子『最低賃金と最低生活保障の法規制』（信山社、2011年）は、労基法の「最低賃金」条項、最賃法の制定、その後の改正の経緯を（2007年改正に至るまで）詳細にフォローし、明快に整理しているが、戦前の賃金統制令にはとりたてて関心を示していない（同31頁参照）。

よって定め、使用者にその下限額以上の支払いを法的に義務づける制度である。しかし、その具体的な制度内容は、①規制対象となる労働者の範囲（年齢、性別等による区分の有無）、②規制対象となる産業・職種の範囲（産業、職種等による区分の有無）、③規制対象となる地域の範囲（地方・地域等による区分の有無）、④規制対象となる「賃金」の範囲（賃金名目としての基本給、手当等による区分の有無）、④最低賃金の規制・決定方式（法律による決定あるいは行政機関（審議会等）もしくは労働協約による決定等、決定方式の選択肢）、⑤最低賃金の決定基準（生計費等の考慮事情・要素）について、それぞれどのように設定するか、その選択・決定に応じて多様である[11]。また、その趣旨・目的についても、たとえば、労働者保護としての最低生活保障、企業の公正競争の確保、経済の安定・成長または購買力の維持・需要の喚起等の経済政策的な目的等、さまざまな視点からの議論がある[12]。

　したがって、「最低賃金」の法制度（立法）については、①規制目的・趣旨、②規制対象（労働者、産業・職種、地域、賃金の範囲）、③規制手法・方式（国家・公的機関による直接的決定・規制または国家以外の自治的組織・団体を通じた間接的決定・規制、あるいは両者の併用・補完）、④規制水準（「最低」の基準・考慮要素）、さらに、⑤法規制の実効性確保のための措置・手段が、制度設計上の論点（選択肢）となる。すなわち、最低賃金立法は、社会経済情勢、企業の経営環境、賃金実務・慣行や労使関係の情況等に対応する、趣旨・目的、制度内容の政策的な選択・決定によって具体化される労働立法ということができよう。そうであるがゆえに、また、最低賃金立法は、労使間の契約関係（労働と賃金の交換関係）の法的規制の問題にとどまらず、経済政策、産業政策の視点から、その政策的な意義、機能いかんが問われることになる。近年では、最低賃金立法について、貧困対策としての機能への期待という点で社会保障政策との相互関係（交錯と整合性）が議

---

11) この点については、河野正輝「最低賃金」『現代労働法講座11巻』（総合労働研究所、1983年）60頁以下参照。
12) 河野・同上60頁以下参照。また、近年の議論としては、柳澤武「最低賃金法の再検討─安全網としての機能」日本労働法学会誌111号（2008年）11頁以下参照。

論されている。このように、最低賃金立法は、さまざまな政策的観点からの吟味、検証を要請されるのである[13]。

そこで、本稿では、これらの政策的課題の所在をふまえたうえで、以下では、上述した最低賃金立法の制度設計上の論点（選択肢）に即して、「最低賃金」の法制度の歴史（制度史）を辿ることにしたい。

二 国家総動員法（1938年）[14]と賃金統制令

国家統合、挙国一致の戦時体制を整備、確立するために1938年に制定された国家総動員法6条は、賃金に対する国家の介入を可能とするものであった。すなわち、「政府ハ戦時ニ際シ国家総動員上必要アルトキハ勅令ノ定メル所ニ拠リ従業者ノ使用、雇入若ハ解雇、就職、従業若ハ退職又ハ賃金、給料其ノ他ノ従業条件ニ付必要ナル命令ヲ為スコトヲ得」と。この規定にもとづいて制定された1938年の賃金統制令（昭和14年3月31日勅令128号）は、「わが国最初の国家的賃金統制」[15]を企図したものであった。賃金規制については、その後、同年10月に賃金臨時措置令（昭和14年10月18日勅令705号）、翌1940年に再度、賃金統制令（昭和15年10月16日勅令675号）[16]が公布された。以下、1939年賃金統制令、同年賃金臨時措置令、1940年第2次賃金統制令のそれぞれについて、順追って考察することとし

---

13) この点、神吉・前掲注10)、および同「最低賃金の法政策」『労働法の争点』(2015年) 96頁以下、同「最低賃金制度の役割」季労254号 (2016年) 2頁以下の分析、検討は極めて有益かつ示唆的である。また、柳澤・前掲注12) 26頁以下も参照。
14) 本法については、佐藤達夫・峯村光郎『国家総動員法・経済統制法』(三笠書房、1938年) 15頁以下参照。
15) 労働省編『労働行政史〔第1巻〕』(労働法令協会、1961年) 766頁。なお、国家による「賃金」規制の歴史的推移については、唐津博「賃金の法政策と法理論—賃金に対する法的規制と法政策の規範論」日本労働法学会編『講座労働法の再生〔第3巻〕』(日本評論社、2017年) 5頁以下参照。
16) 1940年の賃金統制令は、第2次賃金統制令と称される(たとえば、労働省編・前掲注15) 802頁等)ことが多いので、以下では、それに倣うこととする。なお、国家総動員法11条(会社の設立、合併等の企業活動を統制する勅令の根拠規定)にもとづき、1940年に「会社経理統制令」(大蔵省管轄)が制定され、賃金統制令の適用を受ける労働者および船員を除く、会社役員、社員の初任給、昇給、特別手当および退職金、賞与の支給が制限された。この点については、労働省編・前掲注15) 836頁以下参照。

よう。

1　1939年賃金統制令[17]

1939年賃金統制令は、厚生大臣または地方長官は未経験労働者の初給賃金の最高額および最低額を定めることができる（令5条1項、施行規則4条）とし、賃金委員会（令7条2項にもとづいて定められた賃金委員会官制〈昭和14年勅令129号〉により、中央賃金委員会、道府県および鉱山監督局管轄区域別の賃金委員会が設置された[18]）への諮問・答申を承けて、その額を決定することとした。そして、1939年6月24日の中央賃金委員会答申（未経験労働者ノ初給賃金ノ規準ヲ定ムル方針）[19]に従い、労働者の職種、事業の種類、事業場の規模の大小を区別せず、地方別、年齢別および性別に、初給賃金の「標準額」と「最高最低ノ幅」が公定され、事業主は、未経験労働者を雇入れ後3か月間、この公定の最高額および最低額の範囲内の賃金の支払いを義務づけられた（令5条2項、則5条）。ただし、令5条2項但書、則6条により、①試用期間中で雇入れ後14日以内の者、②身体障碍のため作業能力が著しく劣るもので地方長官の許可を受けた者、③作業の性質その他特別の事由により必要な場合で地方長官の許可を受けた者は、適用が除外された。

その対象となる「賃金」は、「労働者ガ労務ノ対償トシテ事業主ヨリ受クル給与其ノ他ノ利益」（令3条1項）であるが、規制対象となる「賃金」の範囲は、「常時又ハ定期」の給与其の他の利益であり、①「3月ヲ超ユル期間毎ニ支給スル賞与又ハ手当」、②「通勤手当」および③「住居ニ関スル利

---

17) 本令（全11条）については、労働省編・前掲注15) 770-771頁参照。また、同施行規則（全10条）については、同 772-773頁参照。
18) 委員会は会長と委員から構成される（令3条）。中央賃金委員会の会長は厚生大臣、道府県賃金委員会の会長は地方長官、鉱山賃金委員会の会長は鉱山監督局長とされ（令4条）、委員は、関係各庁高等官および学識経験者から、中央賃金委員会の委員（30人以内）については厚生大臣の奏請により内閣が任命し、道府県賃金委員会の委員（15人以内）については地方長官、鉱山賃金委員会の委員（15人以内）については鉱山監督局長が任命した（令5条、6条）。なお、本令は、戦後の1946年勅令453号によって廃止（同年9月30日）されるまで効力を維持しており、後述するように、この廃止直前に中央賃金委員会が開催され、最低賃金制に関する調査、検討を行っている。
19) 労働省編・前掲注15) 773頁。

益又ハ住宅料ニシテ賃金ノ額ノ決定ニ影響ナキモノ」は、除外された（則1条2項）。

賃金統制令の適用範囲は、工場法の適用を受ける工場で厚生大臣が指定する事業を営むものならびに鉱業法の適用を受ける事業、その他厚生大臣の指定する事業（令2条）であり、指定事業は、機械、器具、船舶車両、金属品製造業および金属精錬業であった[20]。

また、常時50人以上の労働者を使用する事業主に、「賃金規則」を作成し、地方長官へ届出（変更時も同）させることとし、これが不適当な場合には地方長官が変更を命じることができると定めた（令4条）。賃金規則には、①賃金の支払方法および支払期日、②未経験労働者の初給賃金、③定額賃金の等級別標準額、④所定就業時間外労働ならびに所定週休日出勤に対する割増率または手当、⑤遅刻または早退の場合の賃金の計算方法、⑥賞与または手当の種類、額もしくは率および給与条件等、の記載を要求し（則2条1項）、この賃金規則を「適宜ノ方法」によって労働者に周知させることを義務づけた（則2条2項）。この賃金規則の作成・届出・周知制度は、1926年の改正工場法施行令によって導入された就業規則法制の「賃金」版ともいえるが、その規制対象・内容は、就業規則法制のそれより拡大されている[21]。この「賃金規則」制度を通じて、国が、使用者の賃金管理に対して法的、行政的に介入（監視・統制）する仕組みが整えられた。

このように、賃金統制令の下で未経験労働者の初任給の金額の範囲が公定されたので、結果的には、賃金額の下限としての「最低賃金」が法律によって設定されたことになる。したがって、「最低賃金」の法規制はここに始まった、ということができそうである。しかし、周知のとおり[22]、賃金統制令の目的は、1937年の日中戦争突入後の軍需関係産業における賃金高騰に対応するための賃金抑制であった。すなわち、この初任給賃金の額は、一

---

20) 労働省編・前掲注15) 766頁。
21) 改正工場法施行令27条ノ4は、就業規則の記載事項として「賃金支払ノ方法及時期ニ関スル事項」を定めていたにすぎない。なお、同施行規則令12条ノ2は「工業主ハ職工ニ就業前予メ其ノ賃金ノ率及計算方法ヲ明示スヘシ」とする。同施行令、施行規則については、野原香織「日本工場法における就業規則法制」法学研究論集44号（2016年）214頁。また、労働省編・前掲注15) 218頁以下参照。

般の水準より1割から2割低く、ほぼ1年前の1938年3月、4月の実情を基礎にして決められたものであり、賃金統制令が部分的には「賃金保護」的性格を有するとする当局や識者の説明にもかかわらず、実際には低賃金政策にほかならなかった[23]、と評されるのである。そうすると、「最低賃金」の法規制といっても、それは、賃金統制令それ自体にとっては副次的な意味しかもたないのではないかと言われるかもしれない。

　しかしながら、賃金統制令は、「最低賃金」規制の制度設計上の論点（選択肢）に即して見るならば、①対象労働者の範囲（年齢別[24]、男女別に区分し、適用除外を設ける）、②対象産業の範囲（工場法、鉱業法の適用対象事業、軍需関係産業）、③対象地域の範囲（全国を4地域に区分）[25]、④対象賃金の範囲（当時の賃金形態[26]に即して、賞与、通勤手当等の各種の手当を除外した、「常時又は定期」の給与）、⑤最低賃金額の決定方式（行政組織として設置した「賃金委員会」の答申を受けて行政当局が決定）、⑥実効性確保措置・手段（行政当局による監視・統制）について、一つの制度モデ

---

22)　労働省編・前掲注15）765-766頁は、以下のように説明している。すなわち、賃金高騰は国民総動員の目的の達成に少なからざる障害をきたす恐れがあり、軍需を充足し生産力の拡充を図るためには、当時の物価統制と相まって賃金の統制を行いその恒常性を維持することが必要であった、また、熟練工の不足が深刻であり、労働者の移動も激化する傾向にあったので、労働者の移動制限の円滑な運行を図るためにも賃金を適正に調整することが必要となった、このような必要から、賃金による労務需給の混乱を調整することを目標として賃金統制令の公布に至った、と。当時の厚生省当局による賃金統制令の制定理由の説明については、法政大学大原社会問題研究所『日本労働年鑑特集版　太平洋戦争下の労働者状態』（東洋経済新報社、1964年）91頁参照。なお、金子良事「戦時賃金統制における賃金制度」経済志林80巻4号（2013年）149頁は、賃金統制は重工業の移動防止策として賃金抑制（価格統制）から始まった、とする。
23)　法政大学大原社研・前掲注22）91頁。
24)　年齢別賃金は、日本の賃金制度の歴史的変遷との関係でその意義・機能が問われる。この点については、たとえば、笹島芳雄「生活給─生活給の源流と発展」日本労働研究雑誌609号（2011年）42頁以下参照。なお、日本の賃金論については、金子良事『日本の賃金を歴史から考える』（旬報社、2013年）67頁以下が簡潔に検討を加えている。
25)　初給額の標準額は四つの地域別に公定されており（労働省編・前掲注15）774頁以下）、現行法の都道府県単位の地域別最低賃金額改定の目安のランク分け（A～Dの4段階）を想起させる。
26)　日本の賃金制度の特色とされる多種多様な手当制度については、たとえば、笹島芳雄「なぜ賃金には様々な手当がつくのか」日本労働研究雑誌585号（2009年）26頁以下参照、また、賞与制度については、大湾秀雄・須田敏子「なぜ退職金や賞与制度はあるのか」同上18頁以下参照。なお、孫田・前掲注9）18頁以下も参照さるべきである。

ルを提示していた。この意味で、1939年賃金統制令には、「最低賃金」の法規制（最低賃金立法）の起点とも言うべき意義を認めることができよう。

2 1939年賃金臨時措置令[27]

賃金統制令は1939年4月に施行されたが、同年9月に第2次大戦が勃発して、物価が暴騰したため、政府は、これに対応すべく同年10月賃金臨時措置令を公布するに至る。本令は、1939年9月18日を時点として、賃金の引上げを禁止する[28]ものであり、「急激な物価の高騰を抑制する物価対策の一環として賃金の統制を臨時応急的に行ったもので、適正賃金の決定を図る賃金統制令とは自ずからその目的を異にし、その有効期間も一年に限定されていた」[29]と説明されている。しかし、本令は賃金統制令（全10条）より条文数も多く（全28条）、その内容についても、以下のように注目すべき点がある。

第1は、適用範囲を大幅に拡大した点である。すなわち、本令は、賃金統制令と異なり、工場、鉱山ならびに軍需関係製造業だけでなく、土木建築業、交通運輸業、農林水産業、物品販売業、銀行業、保険業等の直接または間接に物価に影響を及ぼす事業の「労務者」に適用された（令2条）。第2は、賃金規制の手法として、使用者間または使用者団体による自主的規制（自治的規制）を国家が許容する間接的規制の手法を導入した点である。すなわち、「雇傭主相互間」または「厚生大臣ノ指定スル組合若ハ団体」において「労務者ノ基本給、賃金規準又ハ昇給内規ノ定メ」をして「地方長官ノ許可」を受けたときには、その定めによることとされた（令15条）。この「協定方式」が、後述するように、1959年最賃法が採用した「業者間協定による最

---

27) 本令（全28条）については、労働省編・前掲注15）794-798頁参照。
28) 厳密に言えば、賃金を引き上げる目的で、1939年9月18日時点現在の「基本給（定額賃金制における定額給又は請負賃金制における保証給もしくは単位時間給）又は賃金規準（奨励加給、手当実物供与等の基準又は請負賃金制における請負単価、請負時間、歩合もしくは算定方法）」（令3条2項）を変更できない（令4条1項、9条1項）こととしたのであるが、雇用主が地方長官に報告した「昇給内規」にもとづく昇給（令12条2項）、「賞与」の変更（令18条1項）は「許可」された。また、労働省編・前掲注15）789-790頁参照。
29) 労働省編・前掲注15）789頁。

低賃金設定」のモデルとなったと推測される[30]。また、本令 16 条は、「協定方式」と併せて、「賃金協定に不参加の雇用主を協定に従わしめる必要がある場合」に、「地方長官による賃金の公定方式」も定めた[31]。すなわち、自治的組織・団体（使用者団体）による自治的規制を国家の直接的規制によって補完する手立ても講じている。第 3 は、国家の直接的な監視・統制を明文化した点である。すなわち、「厚生大臣又ハ地方長官」は国家総動員法 31 条により「賃金ノ状況ニ関シ報告ヲ徴シ又ハ当該官吏ヲシテ工場、事業場、事務所、船舶其ノ他ノ場所ニ臨検シ帳簿書類ヲ検査セシムルコトヲ得」（令 20 条 1 項）として、企業の賃金実務・慣行[32]に対して国家的に介入、管理する行政的仕組みを整備した。

1939 年賃金臨時措置令は、実際には、賃金抑制という目的を達することはできなかった[33]。しかし、以上に見たとおり、本令には、「最低賃金」の立法的規制の歴史的文脈において重要な意義が認められるのである。

3　1940 年改正賃金統制令（第 2 次賃金統制令）[34]

1939 年賃金臨時措置令は時限立法[35]であったため、形式的には、これに対応すべく賃金統制令の全面改正が行われた（第 2 次賃金統制令）。しかし、

---

30) 労働省編・前掲注 15) 792 頁は、本令は「協定方式を採用することにより、一般労働者に対する賃金統制のみちをひらいた」と評する。なお、これに先立つ 1935 年、当時の中小工業、家内工業における極端な低賃金と長時間労働に対する産業政策的対応として、弊害が著しい業務について、地方庁に指示して同業組合を指導督励させ、事業主の自治的手段を促し、労働条件の適性化を図ることとして、幾つかの府県において労働時間の制限協定が締結され、「労働条件ニ関スル協定ノ強化ニ関スル件」の法案要綱が作成されたが、議会提出には至らなかった（労働省編・前掲 357-359 頁）。濱口佳一郎「最低賃金制の法政策」季労 226 号（2009 年）229 頁は、これを指して「戦後の業者間協定方式の最低賃金制の先行型とも言える仕組みが戦前に検討されたことがある」とする。1939 年賃金臨時措置令の採用した「協定方式」はこの立案経験をふまえたものであり、法制度上は、1959 年最賃法・業者間協定方式の「先行型」は本令において登場していたのである。
31) 労働省編・前掲注 15) 792-793 頁。
32) なお、本令 3 条 1 項は、「賃金」を「賃金、給料、手当其ノ他名称ノ如何ヲ問ハス雇傭者ガ労働ノ対償トシテ支給スル金銭、物其ノ他ノ利益ヲ謂フ」と定義して、賃金統制令 3 条の定義（「労働者ノ労務ノ対償トシテ事業主ヨリ受ケタル給与其ノ他ノ利益」）を、各種の手当を含む多様な賃金制度をより具体的に反映させたものに修正したが、この定義が戦後の労基法 11 条（現行法）に受け継がれることになる。

この改正は、行政当局[36]によれば、以下の要請にかかるものであった。すなわち、賃金の統制は、賃金水準昂騰の傾向を抑制するだけでなく、労働者の生活の安定を図って労働能率の向上を期するとともに、労務需給を円滑たらしめることを目標とする必要から、第1に戦時下において堅持せらるべき低物価政策の一翼たるべきこと、第2に必要な生産の確保および拡充に相応する労働の生産性の向上を図ること、第3に労働生産性の向上の根底となる労働者の生活安定を図ること、第4に事業の生産能率を阻害する労働者の徒らなる移動ないし争奪を防止するため労務の需給調整を図ることの四つが賃金統制の方向として要請された、と。したがって、第2次賃金統制令は、賃金水準の騰貴を抑制しつつ、賃金の不均衡の是正や最低生活の保障を通じて戦時生産の確保、生産性の向上を図ろうとするものであった[37]と評される。しかし、労働生産性向上の観点からとはいえ、労働者の生活安定が政策課題の柱として掲げられたことに注目すべきであろう。当時、生鮮食料品が規制対象外となっていて価格の上昇が激しかったこと等により生活必需品の価格が上昇し、実質賃金が低下するという状況に至ったこと、すなわち、社会状況が賃金抑制を志向した前年の賃金統制令時のそれとは大きく変化したこと[38]が、この政策転換をもたらした。

　第2次賃金統制令は、従来の賃金統制令と賃金臨時措置令とを統合整理し

---

33) 労働省編・前掲注15) 791頁は、本令の施行について、「広汎な適用事業場に比較して統制事務に従事する工場、鉱山監督官はきわめて少数であったため、本令の趣旨は必ずしも徹底せず、多面軍事費の支出の膨張により高利潤を売る産業も相当あり、さらに物価の昂騰と相俟って、いわゆる"ヤミ"による実質的な賃金引上げが相当行われた」と記している。また、本令は、「基本給」、「賃金規準」や「昇給」「賞与」等の賃金規則の内容に深く関与する規制を講じたものといえるが、行政当局（厚生官僚）には賃金制度を積極的に指導する力はなく、賃金統制令により賃金規則作成の義務を課したとはいえ、「現状追認、事実上の大企業の規則の追認」であった（金子・前掲注22) 155-156頁）と評される。

34) 本令（全44条）については、労働省編・前掲注15) 809-814頁参照。また、同施行規則（全58条）については、同814-823頁参照。

35) 賃金臨時措置令附則（同上798頁）は「本令ハ昭和十五年十月十九日迄其ノ効力ヲ有ス」としていた。

36) 同上803頁。

37) 法政大学大原社研・前掲注22) 94頁。

38) 金子・前掲注22) 157頁参照。

たものであるといわれる[39]が、「最低賃金」規制の観点からは、まず第1に、本令において、「最低賃金」の文言が条文に初めて登場した[40]ことが注目される。すなわち、厚生大臣または地方長官は「賃金委員会ノ意見ヲ聴キ一定ノ労務者ニ付最低賃金ヲ定ムルコトヲ得」（令9条1項）とし、「雇傭主ハ前項ノ最低賃金ノ定アル労務者ニ其ノ最低賃金ノ額ヲ下ル賃金ヲ以テ之ヲ雇傭スルコトヲ得ズ」（同2項）との規定をおいたのである。前者（令9条1項）は、「最低賃金」規制の対象となる労働者の範囲を、新規採用者に限定（1939年賃金統制令）せず、労働者一般に拡大した点で、きわめて重要な改正といえる。「生活必需品の昂騰に伴う労働者の生活不安を除き労働力の維持培養を図る見地から未経験労働者以外の一般労働者についても広く最低賃金を定めることとした」[41]という。後者（同2項）は、工場関係は20歳以上40歳未満（ただし女子は30歳未満）、鉱山関係は16歳以上40歳未満（ただし女子は30歳未満）の者について、それぞれ地域別（道府県を1級から3級に区分）、年齢別、性別に定められた額[42]に達しない賃金による雇用を禁止するものである。賃金統制令の定める最高額および最低額は日額（請負給制の場合には月額）である[43]が、「最低賃金の額は、実際支払賃金額から算定され、工場、鉱山、土建、運輸等の産業ごとに、地域別、性別、年齢別に定められ、これらの各区分（群）ごとに平均賃金額と賃金階級別人員分布から求められる標準偏差とを算定し、平均賃金額から標準偏差を差し引いた額をもって、各群の最低賃金額とする方法が採られた」[44]。

また、本令は、規制対象となる「賃金」の範囲に修正を加えた。すなわち、1939年賃金統制令では、これを「常時又ハ定期ニ受クル給与其ノ他ノ利益」とし、ⅰ）3か月間を超える期間ごとに支給する賞与または手当、ⅱ）

[39) 法政大学大原社研・前掲注22) 94頁。
40) 1939年賃金統制令は、未経験労働者の「初給賃金」（令5条）を公定して賃金規制を講じたものであったが、第2次賃金統制令は、経験の有無を問わず、「最低賃金」（令9条）と「最高賃金」（令11条）を公定して賃金規制を講じた。
41) 労働省編・前掲注15) 804頁。
42) 公定額の具体的数値は、同上823頁以下参照。
43) 同上779頁（昭和15年7月5日厚生省訓314号）。
44) 藤縄・前掲注2) 36頁。

通勤手当、iii）住居に関する利益または住宅料で賃金額に決定に影響のないものを除外した（則1条1項）が、本令は、「最低賃金」（令9条2項）には、①「早出、残業又ハ深夜若ハ休日ノ就業に対スル歩増」、②「実物給与但シ白米、精麦、食事及住居ノ給与ヲ除ク」、③「賞与」、④「臨時ノ給与」を除外する（則9条）と改めている。この修正がどのような経緯によるのか明らかではないが、1年前の法令内容の変更であるから、令施行後、当時の賃金実務・慣行に接し、これに対応したものと考えられる。とくに、①は新たに付加されているが、この「早出」、「残業」については、「最高賃金」に関する則13条が「就業十時間ヲ超ユル早出若ハ残業」と定めているので、これと同様に解する（就業時間[45] 10時間を基礎的時間として計算する）ことになろう。この規定からすれば、工場法では「割増賃金」の義務づけはなかったが、当時の賃金実務では所定時間外・休日労働に対する割増賃金支払いが一般化していたようである[46]。

　さらに、適用除外の対象も修正された。すなわち、「一　労務者ガ精神又ハ身体ノ障礙ニ因リ著シク作業能力劣レルモノナルトキ、二　労務者ノ都合ニ依リ所定就業時間ニ満タザル就業ヲ為ストキ　三　天災事変其ノ他特別ノ事由ニ因リ雇傭主ガ地方長官ノ許可ヲ受ケ最低賃金ノ額ヲ下ル賃金ヲ以テ労務者ヲ雇傭スルトキ」（則14条）は、本令の適用を除外した。従前の適用除外の定め（賃金統制令施行規則6条）と較べると、試用期間中（雇入後14日以内）の場合を削除したほかは、除外事由の内容を整理したようにも見えるが、この修正に係る事情は明らかではない。また、「雇傭主相互間」、「厚生大臣若ハ地方長官ノ指定スル組合若ハ団体」による「賃金ノ協定」、すなわち業者間協定に関する条文が整備され（令21〜27条、則31〜34条）、

---

[45]　なお、1939年賃金統制令が使用者にその作成・届出を義務づけた「賃金規則」（令4条）の必要記載事項（則2条）として、「所定就業時間（休憩時間ヲ含ム）及所定休憩時間」（同条2号）が掲記されており、戦前の「所定就業時間」と労基法上の「所定労働時間」とは異なる。この点については、野田進「労働時間規制立法の誕生」日本労働法学会誌95号（2000年）84頁参照。

[46]　前掲の1939年賃金統制令則施行規則2条は、「所定就業時間外労働」および「所定休日出勤」に「対スル割増率又ハ手当」を必要記載事項（同5号、6号）としている。割増賃金の実例については、たとえば、小嶌典明「なぜ労基法では1日8時間・時間外割増率25％となったのか」日本労働研究雑誌585号（2009年）2頁以下参照。

この業者間協定事項として、「最低賃金」が明記された（令22条1号）[47]。

なお、本令は、「賃金規則」の作成・届出（報告[48]）・周知義務を課せられる「雇傭主」[49]の「雇傭」する「労務者」の数を、従前の常時50人以上から常時10人以上に変更した（則3条）。賃金制度に対する国（行政庁）の監視（届出と変更命令）の対象となる事業規模の範囲を拡大したのである[50]。

以上のように、第2次賃金統制令は、「最低賃金」規制の対象となる「労働者の範囲」を拡大し、規制対象となる「賃金の範囲」、「適用除外の対象」について大きな修正を加えている。したがって、第2次賃金統制令は、単に、1939年賃金統制令と賃金臨時措置令を統合、整理したものではなかったのである[51]。

その後、戦時下にあって、生計費の著しい騰貴と実質賃金の大幅な低下に

---

[47] 同令22条は、「賃金ノ協定」による事項として、「最低賃金」のほか、最高初給賃金、最高賃金、定額賃金制における定額給、請負賃金制における保証給又は単位時間給、手当、実物給与、昇給規程等を列挙している。

[48] 第2次賃金統制令6条（労働省編・前掲注15）810頁）は、賃金統制令4条（同771頁）の「届出」ではなく、「報告」の文言を用いている。

[49] なお、賃金統制令では「労働者」（3条）、「事業主」（4条）は定義されていなかったが、賃金臨時措置令では「労務者」（1条）という語を用い、「本令ニ於テ労務者ト称スルハ船員トシテ又ハ左ノ各号ノ一ニ該当スル事業ニ従事スル為ニ雇傭セラレ賃金ヲ受クル者ヲ謂フ但シ命令ヲ以テ定ムル者ヲ除ク」（2条）とし、「労務者ヲ雇傭スル者」を「雇傭主」（4条）と定義した。この「労務者」は、第2次賃金統制令では、「本令ニ於テ労務者ト称スルハ左ノ各号ノ一ニ該当スル事業ニ雇傭セラレ労働ニ従事スル者又ハ他人ニ雇傭セラレ厚生大臣ノ指定スル労働ニ従事スル者ヲ謂フ但シ命令ヲ以テ定メル者ヲ除ク」（2条）と修正された。この定義規定において適用事業が列挙されたが、1947年労基法では、適用事業の列挙は「労働者」の定義規定とは別に「適用事業の範囲」として条文化され、現在の労基法の別表第一の形式に至っている。

[50] また、「賃金規則」の必要記載事項も大幅に修正され（則5条）、たとえば、「所定就業時間外労働」や「所定休日出勤」に対する「割増率又ハ手当」の文言は消え、「手当ヲ支給セントスルトキハ其ノ手当ノ名称及額又ハ率並ニ給与条件」（同6号）が掲げられている。このような修正は、何を規制対象事項とするか、確たる方針が定まっていなかったことを窺わせるものである。

[51] なお、本令では、労働者1人当たりの「平均時間割賃金」（令14条）を、地域別、業種別、男女別、年齢階層別に公定したが、これは、企業が一定期間に支払う賃金の総額（平均時間割賃金に総就業時間を乗じたもの）を制限するためのものであり（賃金総額制限方式、労働省編・前掲注15）805頁参照）、「賃金」の法規制という観点からは重要な意義を有する（金子・前掲注24）143-144頁参照）、と評されている。この点については、唐津・前掲注15）12頁参照。

対応するために、第2次賃金統制令には、さまざまな例外規定（統制を緩和する措置）が設けられたが、結局、法令による賃金統制は「有名無実」となり、戦時動員による労働者不足、工場の疎開や拡大、空襲の激化にともなう需要の増大により、賃金の抑制は不可能となり、賃金統制はまったく破綻した[52]、と評されている。

4 小括

戦前期については、大要、以下のように整理できよう。まず、1939年の賃金統制令は、戦時統制経済体制下における賃金高騰を抑制する政策的意図のもとに、労使の自由な約定事項である賃金額に対する国家的統制を企図するものであった。したがって、本令には、「最低賃金」規制という政策的意図は存在していなかった。ところが、高騰する賃金抑制の観点からの賃金統制が、対象となる賃金額に一定の範囲を設定する方式を採用したために、形式上、最低賃金額も、法令によって強制されることになり、この点において、本令によって、日本で初めて、「最低賃金」が法定されたことになる。しかし、本令には、それだけにとどまらず、「最低賃金」規制の制度的枠組（骨格）が組み込まれていた。この意味で、本令をもって「最低賃金」規制立法の嚆矢と言い得るであろう。

1939年賃金統制令の施行から半年足らずのうちに第2次大戦が勃発し、経済情勢の急変、物価急騰へ対応すべく、同年秋に制定された賃金臨時措置令は、1年間の時限立法であったが、制度史的には、1939年賃金統制令の適用範囲の拡大、新たな賃金規制手法としての業者間協定方式の導入等、注目すべき内容を有していた。そして1940年の第2次賃金統制令は、法制度的には、1939年賃金統制令、同年の賃金臨時措置令の法的枠組みを受け継

---

[52] 法政大学大原社研・前掲注22）99-100頁。なお、金子・前掲注22）は、第2次賃金統制令では、賃金総額制限方式によって、国が賃金制度に干渉しない方針が明確になった（157頁）と評し、1942年当時、中央賃金委員会における議論においても、政府（厚生省）、法令による賃金制度に対する介入、統制に慎重な意見が支配的であった（164-165頁）、と指摘する。また、法律上は最低賃金が決められたけれど、実際には行政監督も行わなかった（労働省労基局賃金時間部編・前掲注6）242頁（金子美雄・発言））、という。「賃金統制」は、実質を欠く机上の空論だったのかもしれない。

ぎながらも、経済情勢の急変、物価急騰がもたらした労働者の生活不安への対応（戦時経済体制を支えるための労働生産性向上を図る観点からの労働者の生活の安定）をも政策的に考慮する立場を明らかにし、明示的に「最低賃金」規制を賃金統制の一方の柱として、賃金統制の法的仕組みを形式、内容の両面において、拡充、整備するに至った。

「最低賃金」規制についてみれば、1939年賃金臨時措置法、1940年第2次賃金統制令は、いずれも、1939年賃金統制令が提示した「最低賃金」規制の制度的枠組を維持したうえで、その制度内容を改編、拡充するものであり、第2次賃金統制令は、「最低賃金」規制の制度モデルとしての内容を整えていた。戦前の賃金統制令の時期において、「最低賃金」立法の道具立ては、ほぼ出揃っていたのである。

三　労働基準法と「最低賃金」条項

1　前史

（1）敗戦直後の「最低賃金」規制の模索

敗戦直後の1945年10月に改組された厚生省労政局の労働保護課では、労働保護法の立法構想が練られ、法制定に向けた準備作業が進められていたが[53]、翌1946年3月6日に「憲法改正草案要綱」、次いで4月17日に「憲法改正草案」が公表され、労働基本権の保障とともに、「賃金、就業時間、休息その他の勤労条件に関する基準は、法律でこれを定める」という条項案が盛り込まれたことにより、その作業に拍車がかかることになる[54]。ところが、これとは別に、政府部内では、「最低賃金」の法規制を探る動きがあった[55]。そこで、以下、その経緯についてふれておこう。

---

53)　松本岩吉『労働基準法が世に出るまで』（労務行政研究所、1981年）29頁以下参照。
54)　寺本廣作『労働基準法解説』（時事通信社、1948年）141頁は、労基法案作成の準備中に日本国憲法草案が発表されたことによって労基法の制定は動かすべからざる憲法上の根拠を持つことになった、と述べている。
55)　松本・前掲注53) 64-65頁参照。

まず、厚生省労政局の給与課は、非常なインフレーションにより賃金が極度に低下した状況にあった敗戦後間もない1946年早々に、当時なお効力を保持していた賃金統制令（1946年9月30日に廃止）にもとづいて設置されていた中央賃金委員会を開催し、最低賃金制に関する調査と、具体的な最低賃金額の算定について検討させ、中央賃金委員会は、同年1月最低賃金改正案を、次いで2月に第2次改正案を策定していたのである[56]。敗戦直後で賃金の実態把握が困難であり、また、インフレが急激に進行する状況であったので、最低賃金額は理論生計費にもとづいて算定された。具体的には。第1次改正案は、東京標準世帯（夫婦、子女3人）の最低生活費600円を基礎として、地域、性、年齢別に最低賃金額を算定したものであり、第2次改正案は、当時政府において経済危機突破非常措置が計画されたこととの関連で、大蔵省物価部が作成したいわゆる500円生活を基準とするものに算定方針を変更し、第1次改正案の内容を修正したものであった[57]。

　しかし、当時の連合軍総司令部（GHQ）は、最低賃金立法は正常な条件の下では労働立法の第1目的の一つたるべきものであるが、インフレと生産不足の危機が克服されるまではその実施は困難であるとの立場をとり、この提案は日の目を見なかった[58]。GHQは、「最低賃金」の法規制には一定の社会的経済的条件が必要であると考え、敗戦直後の日本にはそれが欠けていると判断したのである。

　その後、1947年1月には、前年10月の電産争議（電気産業における生活

---

56) 藤縄・前掲注2) 37頁以下参照。
57) 同上38頁。
58) 同上37-38頁参照。1946年8月25日にGHQが公表した「労働諮問委員会」最終報告（同年7月29日最終報告書「日本に於ける労働立法及び労働政策に関する勧告」）にいわく「適正最低賃金立法は、正常な条件の下では労働立法の第一目的の一つたるべきものである。しかし、現在の状態では統一的に最低賃金を設定しても、あまりに低すぎるために意味がないであろうし、また、非常に多くの労働者にとって実質賃金の増額を必要とし、その結果、物価水準を引き上げる不可抗的圧力たるに終わるであろう。この理由により、我々は最低賃金案は据え置きにさるべきであると信ずる」、「しかし、経済が相対的に安定せしめられ、堅実な最低賃金案が実際の関心事となることを予期することは、早きに失したことではない。かくの如き計画に必要な基礎的資料の蒐集は、新労働省の最初の課題の一つとして早急に着手されるべきである」（同39頁）。この点については、労働省労基局賃金時間部編・前掲注6) 94-95頁も参照。

費を規準とする最低賃金制確立等についての要求闘争)を契機として、政府に首相を会長とする給与審議会(首相指名の国務大臣２名と公益代表、労働者代表[59]および使用者代表につき各６名の委員から構成される。専門事項を調査するため、労使双方がそれぞれ推薦する各６名の参与員を置いて審議させ、その後具体的審議事項については、第一および第二小委員会を設けた)を設置し、最低賃金の算定基準等についてかなり突っ込んだ審議が重ねられている[60]。すなわち、労働者最低生活費を算定し、これを基準として最低賃金を定めるとして、その具体的算定については生活費基準によることを定め、最低生活基準を、正常最低生活基準と実際最低生活基準との２種に分け、後者を採用することに決した[61]。しかし、暫定業種別平均賃金の算定の具体的額について、労働側と政府の意見の一致をみることなく、その後の同年９月労基法の施行によって、「法律に基づく最低賃金委員会設立の途も開かれたため、給与審議会存続の意義が薄れたこともあって」[62]、翌1948年２月、給与審議会は廃止された。

　このように、敗戦直後、旧労組法制定に続く重要な立法課題であった労働保護法制定の準備作業とは別に、政府内において、戦前の制度枠組みの下(賃金統制令の適用)で、また、新たな制度枠組み(給与審議会の設置)によって、「最低賃金」規制を試みる動きがあったことは興味深い。この過程における最低賃金の基本的考え方、最低賃金の基準の算定等をめぐる議論は、「最低賃金」の法規制を論じる際に参照すべきものであろう。なお、「賃金」規制を企図した給与審議会が、賃金統制令上の賃金委員会とは異なり、公益

---

[59]　1946年に日本労働組合総同盟(総同盟)、全日本産業別労働組合会議(産別)そして日本労働組合会議(日労会議)が相次いで結成されたので、労働者代表には、総同盟２名、産別２名、日労会議１名、国鉄１名の計６名が委嘱されている(藤縄・前掲注２)40頁)。なお、公益代表の名簿には、自由党、進歩党、社会党の政治家等とともに、中央労働委員会中立委員の末弘厳太郎、同中山伊知郎の名前がある。

[60]　この間の詳細な経緯については、藤縄・前掲注２)39-46頁参照。また、この給与審議会の審議内容については、第二小委員会の参与員であった藤本武『最低賃金制度の研究』(日本評論新社、1961年)571-573頁も詳しい。

[61]　藤縄・前掲注２)37頁は、最低賃金に関する当時の労働運動のスローガンから、労働組合は、生計費を基準とする生活保障給を最低賃金と考えるものであった、と述べている。

[62]　同上46頁。また、労働省労基局賃金時間部編・前掲注６)95-96頁参照。

代表・労働者代表・使用者代表の三者構成の審議会として組織されたことは、労働行政の施策展開が新たな時代に入ったことを示すものであった。

（2）労基法の「最低賃金」立法構想と起草作業

さて、前述のように、労働保護法の制定に向けた準備作業を進めていた労働保護課では、「労働保護法作成要領」（1946年4月11日）[63]が取り纏められ、法案作成上問題トナルベキ主要事項」の1項目として、「最低賃金ヲ規定スベキヤ」が挙げられていた[64]。そして、「労働保護法草案の要旨」（同年6月3日）では、「4．最低賃金制発動のための機構及び原則を確立する」[65]との基本構想が明言され、この後、労働保護法案の一つとして「最低賃金」条項の起草作業[66]が進められることになる。この基本構想は、具体的には、「当時の経済情勢の下においては、実質的な最低賃金の額を定めることは不可能だったので、当面は、労働保護立法の一部として、いつでも最低賃金制を発動できる建前をとり、最低賃金を定めることができる原則と、その審議機関として労使公益三者構成の賃金審議会を中央・地方に置くこと、その決定に当たっては賃金審議会の調査及び意見を要すること等の手続き規定、法の拘束力等を規定し、法制上の整備を主眼」[67]とするものであった。

このような基本的スタンスのもとに、「最低賃金」条項の起草作業が進められたが、先行研究[68]に依れば、労働基準法案は国会提出までに第12次案

---

63) 松本・前掲注53) 35頁以下。
64) 同上40頁。
65) 廣政順一『労働基準法――制定経緯とその展開』（1979年、日本労務研究会）27頁、395頁。
66) 松本・前掲注53) 64-65頁によれば、賃金条項の作成については給与課の協力があったという。前述のとおり、給与課では賃金統制令の改正によって「最低賃金」規制を企図する作業を進めながらも、ＧＨＱの意向によりこれを断念した経緯があったが、その試みは、労働保護法の「最低賃金」条項の形で結実したともいえる。前述した給与課による企図の断念、および内閣の給与審議会の審議の紛糾により「最低賃金はうやむやになりそうな空気だった」が「最終的には労働保護法のなかに最低賃金条項を入れることで収束することになった」、「最低賃金は我々も保護法の目玉の一つとして是非入れたい条項だったので否応はなかった」（同65頁）という。
67) 同上65頁。
68) 渡辺章編集代表『日本立法資料全集51 労働基準法［昭和22年］（1）』（信山社、1996年）152頁。

まで修正が重ねられた。最低賃金については、第3次案に初めて規定（13条）が登場し、第5次案で「第三章　賃金」の章の新設とともに、（最低賃金）の見出しの下に4条文（23〜26条案）が起こされている[69]。この第5次案が、1946年7月26日付労働条件基準法（労働保護法）草案として、労務法制審議会小委員会に初めて提出されたものであった[70]。

第5次案[71]は、①最低賃金の規制対象（23条案）を、「一定の事業」もしくは「一定の職業」とする。②決定方式（23条案）を、「労働組合法第32条により賃金に関して労働委員会の建議があったとき」と、「行政官庁が必要であると認めたとき」の2通りとし、後者の場合（24条案）には、あらかじめ主務大臣の認可が必要であり、この認可は、「賃金委員会」の議を経ることを要する。賃金委員会の「委員」（25条案）は、「最低賃金を適用される事業及び職業に関係のある使用者及び労働者の中より中央労働委員会の同意を得て主務大臣が之を選任する」。③最低賃金の法的効力（26条案）については、使用者に、「その金額に達しない賃金」による使用を禁止する（最低賃金支払義務）が、「労働能力の低位な者其の他命令で定める労働者」についてはこの義務を免れる（適用除外）ものとする。

この第5次案で注目されるのは、労組法上の「労働委員会」を最低賃金決定に関与する組織としている点である。労組法上の「労働委員会」構想は、労組法の制定作業にあたった労務法制審議委員会[72]に提出された末弘厳太郎委員の「労働組合立法に関する意見書」（以下、末弘意見書）に由来する[73]、という。末弘意見書は、労働組合を法認してもあらゆる産業分野が組織化されるとは考えられないため、未組織の労働部門に、オーストリア、イギリスの例に倣って賃金委員会 Trade Board を設けて、労働組合に代わる機能を果たさせることが適当である[74]、とするものであったが、審議委

---

69) 同上81頁［野田進］。
70) 松本・前掲注53) 336頁。
71) その全文は、同上437頁以下参照。
72) 1945年10月1日に労組法制定のために設置された「労務法制審議委員会」は、翌年4月21日に「労務法制審議会」に改組された（松本・前掲注53) 296頁）。
73) 野田進「昭和20年・24年労組法における労働委員会制度の生成」日本労働法学会誌125号（2015）63-64頁参照。

員会の意見交換では、アメリカの全国労働局 National Labor Board も紹介され、その後の議論の過程で、イギリスのトレード・ボード構想とアメリカのアイデアが「くっついて」、最終的には、「労働委員会」が設置されるという経緯があり[75]、1945 年制定の労働組合法（旧労組法）には、労働争議の調停を行う労働委員会の一機能として、労働委員会が労働条件整備のために行政官庁に建議することができる旨の規定が設けられていた[76]。第 5 次案は、このような立法事情を背景として立案されたものであった。

　1946 年 8 月 7 日の審議会に提出された「労働基準法草案」（公聴会原案）は、第 6 次案とされている[77]が、「初めて世に公表された」[78] 草案である第 6 次案（公聴会原案）では、前述の「労働委員会」の文言が消えている。先行研究によれば、第 6 次案の前に第 5 次案修正案が存在したようであり、この修正案で、最低賃金の決定方式（26 条案）について、「労働委員会」の建議による決定の削除、「賃金委員会」委員の選任手続き（27 条案）について、「中央労働委員会の同意」の削除が行われた[79]。この段階で、最低賃金は、労働委員会に関与（建議）させることなく、「行政官庁が必要であるとみとめたとき」に決定する、との基本的方針（行政裁量による決定方式）が確定したと解される。なお、第 6 次案では、最低賃金の例外（25 条）について、「命令で定める労働者」の語句が「命令で定める場合」に変更され

---

74)　労働関係法令立法史料研究会『労働組合法立法史料研究（解題篇）』（労働政策研究・研修機構、2014 年）15 頁、18 頁［渡辺章］。
75)　野田・前掲注 73) 64 頁。ただし、小堀洋之助『日本最低賃金制史』（梓出版社、1987 年）25-32 頁によれば、「労働委員会」制度の創案にかかる委員会審議の経緯は、それほど単純ではなさそうであるが、ここではこの問題には立ち入らない。
76)　旧労組法 32 条は、労働委員会の建議を受けて行政官庁が必要あると認めたときには使用者に対して労働条件に関する「規準」を指示することができ、その「規準」は関係労使について「労働協約ト同一ノ効力ヲ有ス」と定めていた。これは、労働協約の地域的一般的拘束力制度（旧労組法 24 条、現行労組法 18 条）を想起させるものである。この点については、濱口・前掲注 30) 230-231 頁参照。後にも触れるが、この旧労組法 32 条は、最低賃金条項を設けた労基法の制定により削除された（法 126 条）。なお、小堀・前掲注 75) 25 頁は、「わが国の最低賃金立法構想はまず賃金委員会方式と労働協約の拡張方式、即ちイギリス方式とドイツ方式の混成物として策定された」と述べる。
77)　松本・前掲注 53) 132 頁。
78)　渡辺・前掲注 68) 99 頁［中窪裕也］。第 6 次案の全文は、廣政・前掲注 65) 404 頁以下参照。
79)　渡辺・前掲注 68) 105 頁［中窪裕也］。

た[80]。これは、最低賃金規制の適用除外規定内容を修正するものである。

その後、1946年12月24日に労働基準法草案の労務法制審議会答申が公表される。先行研究によれば、第8次案から第10次案の後の労務法制審議会答申・労働基準法草案までは、草案の詰めの作業が行われた時期であり、「既に草案の基本的な骨格は出来上がっているとの認識の下に、各条文ごとの細かな修正作業を繰り返すという段階を迎えていた」[81]が、最低賃金に関する部分では、「第8次案以後の草案には幾つかの変遷が見られ」、とくに「賃金委員会」の権限もしくは位置づけに関する規定の修正が重ねられ、また、適用除外規定の対象を具体的に明示する修正がなされた[82]。

公表された答申・草案[83]は、最低賃金の見出しの下に4条文（27～30条）を置き、①最低賃金の規制対象（27条案）は、従前と同様（「一定の事業」または「一定の職業」）であるが、②決定方式（27条案）を、「行政官庁が必要と認めるとき」とし、その手続き（29条案）について、1項案＝行政官庁の決定には、あらかじめ賃金委員会の「調査及び勧告」を求める、2項案＝前項の場合、賃金委員会は最低賃金額を行政官庁に「勧告」する、3項案＝行政官庁は、前項の「勧告」について公聴会を開いたのち、「勧告及び公聴会の意見に基づいて」最低賃金を定める、4項案＝「賃金委員会」は、必要と認めるときは、賃金に関する事項を関係行政官庁に建議できる、5項案＝「地方行政官庁」による最低賃金の決定については前3項の手続きの後、主務大臣の承認を受けるものとする。「賃金委員会」（28条案）については、1項案＝「最低賃金に関する事項を審議させるために」、中央賃金委員会と地方賃金委員会を置く、2項案＝賃金委員会には「必要に応じ一定の事業又は職業について専門委員会」を置く、3項案＝賃金委員会の「委員」については、労使ならびに「公益」を代表する者を「行政官庁が各同数を委嘱する」が、労使代表については「関係者の推薦に基づいて」委嘱する、

---

80) 同上105頁［中窪裕也］。なお、第7次案では、「地方賃金委員会」の設置（27条案）について、「必要ある地方」という限定が削除され、「賃金委員会」（27条案）について、専門委員会の設置規定と、命令委任規程が追加されている（同・106頁）。
81) 同上123頁［野川忍］。
82) 同上129-131頁［野川忍］。
83) 答申全文は、松本・前掲注53) 390頁以下参照。

第4章　最低賃金法　249

4項案＝その他、賃金委員会に関し必要な事項は命令で定めるとする。③最低賃金の法的効力（30条案）については、本文を維持するが、適用除外（但書）を、1号案＝「精神又は身体の障碍により著しく労働能力の低位な労働者について行政官庁の認定を受けた場合」、2号案＝「労働者の都合により所定労働時間に満たない時間の労働をした場合」、3号案＝「試の雇傭期間中の者又は所定労働時間の特に短い者について行政官庁の許可を受けた場合」と列挙する。

しかし、不思議なことに、この答申・草案は答申直前の第10次案[84]を反映していなかった。この間の事情については明らかではない[85]が、答申後、第10次案が織り込まれ、この答申修正案において、前掲・答申29条案中の賃金委員会の「勧告」の文言が「意見」に変更された。この修正は、「答申が最低賃金の決定に際し労使公益の三者で構成する賃金委員会に与えていた役割を変更し、行政官庁に対する諮問機関的な性格のものとした」[86]点で、きわめて重要な修正であった。第8次案以降の草案では、「賃金委員会の権限の強化が目されていた」[87]が、答申修正案で、賃金委員会の法的位置づけが大きく転換することになったのである。

国会提出法案（労働基準法草案）に至るまでに、答申修正案、第11次案、第11次修正案、そして第12次修正案と、草案修正が続き、審議会答申は「法制局の審査を経て、国会に提出」[88]され、国会提出前の1947年2月26日（同月22日に閣議決定）、法案全文が新聞発表され[89]、法案内容を各章ごとに説明した「労働基準法案の概要」[90]が添付された。それによれば、最低賃金制については、①法律自体には最低賃金額は定めず、その方法と原案作成の手続きと効力を規定する、②方法としては最低賃金を事業別職業別に定められるべきこと、③原案は労働者側使用者側および公益代表により構

---

84) 渡辺・前掲注68）130-131頁［野川忍］。後述のように、29条案の修正が重要である。
85) 同上152頁［渡辺章］。
86) 同上158頁［渡辺章］。
87) 同上129頁［野川忍］。
88) 松本・前掲注53）336頁。
89) 同上216頁。なお、法案は、新聞公表の翌2月27日にＧＨＱの承認を受けた(同)。
90) 渡辺・前掲注68）67-68頁［渡辺章］。

成される賃金委員会が作成すべきこと、④最低賃金が決定された場合には、特殊の事例を除きこれ以下の賃金による労働者の使用は認められぬこととして、「最低賃金制は労働者の最低生活保障に関し特に重要な意義を持つものでありますが、その金額は経済情勢の変動に応じたえず変化すべきものでありますから之を法定することはせず、ここに一般の最低賃金法制の例に遵ひ原則的規定を掲げるに止め、之が具体的決定は所用の制約の下に行政官庁に委任することとした」と述べられている。これは、前述した労働保護課の最低賃金制起草の基本構想[91]が維持されていることを示すものであった。そして、同年3月4日に国会（旧憲法下の最後の議会である第93帝国議会の衆議院および貴族院）に提出された労基法案は、修正を受けることなく[92]、同年3月27日に成立し、同年4月7日法律47号として公布された[93]。

2　労基法における「最低賃金」条項

労基法には「最低賃金」の見出しのもと、28条〜31条の4条項が置かれたが、「通常の立法例に従ひ、随時に最低賃金を定め得る機関を設置することと最低賃金が定められた場合の効力に関する規定を設けるに止め」[94]られた。具体的には、「一定の事業又は職業に従事する労働者」を規制対象として、「行政官庁」が「必要と認める場合」に最低賃金を決定することとし（28条）、その決定手続きはこうである。すなわち、「行政官庁」は、「予め」、「賃金委員会」の「調査及び意見を求め」（30条1項）（「賃金委員会」は、「一定の事業又は職業に従事する労働者の最低賃金額についての意見」を提

---

91) 松本・前掲注53) 65頁参照。
92) なお、衆議院では、野党（社会党および国民共同党）からの「賃金委員会は、最低賃金に関する発議権を有する」条項を追加する修正案が否決されて原案が可決され、貴族院では「希望条件附」の可決（寺本・前掲注54) 135-136頁）であった。
93) 寺本・前掲注54) 136-137頁は、労基法草案が提出された第93帝国議会は旧憲法（大日本帝国憲法）の下に開かれる最後の議会であり、衆議院は当時すでに連合国総司令官の書簡によって解散を逍遥されていたので、主務大臣の見通しによれば本法案がこの議会に提出されても審議未了となることは必至であるとのことであったが、「輿論はついにそれを許さなかった」と述べている。労働保護法制定の是非に関する労使団体を対象とする質問書への回答において、「最低賃金」規制についても、労働者側、事業主側のいずれにおいても、これを必要とする意見が多数を占めていた（同39-42頁参照）。
94) 同上209頁。

出する義務を負う（同2項））、その「意見」について「公聴会」を開き、その後「賃金委員会」及び「公聴会」の「意見に基づいて」最低賃金を定める（同3項）（なお、「地方行政官庁」が最低賃金を定める場合には、「労働に関する主務大臣の承認」を要する（同4項））。この「賃金委員会」は、「労働者を代表する者、使用者を代表する者、および公益を代表する者」）から構成され、「行政官庁」が「各々同数を委嘱」（労使の代表者については「関係者の推薦に基づいて委嘱」）し、中央労働委員会と地方賃金委員会を置くが、「必要に応じ」、「一定の事業又は職業について専門委員会」を置くことができる（29条）。なお、「賃金委員会」は、「最低賃金に関する事項を審議」（29条1項）するが、「必要であると認める場合」には「賃金に関する事項を行政官庁に建議することができる」（30条5項）。そして、最低賃金の効力として、使用者は、「最低賃金」の「金額に達しない賃金で労働者を使用してはならない」と定めた（31条）。ただし、その例外として、「精神又は身体の障害により著しく労働能力の低位な者について、行政官庁の認定を受けた場合」（同1号）、「労働者の都合により所定労働時間に満たない時間の労働をした場合」（同2号）、「試の使用期間中の者又は所定労働時間の特に短い者について、行政官庁の許可を受けた場合」（同3号））を列挙した。

　以上のように、労基法上、最低賃金の決定は、行政官庁（労働大臣と都道府県労働基準局長）[95]の裁量に委ねられる（「必要であると認められる場合」）。しかし、その決定手続きには、賃金委員会の事前（「予め」）の調査と意見の提出が必要とされており、行政官庁の決定は、この賃金委員会の意見と公聴会の意見にもとづかなければならない（都道府県労働局長（「地方行政官庁」）による決定の場合は、この手続きを経た後に、労働大臣（「主務大臣」）の承認が必要である）[96]。前述したように、法案起草の段階で、賃金委員会の「権限の強化が目されていた」が、「行政官庁に対する諮問機関的な性格のもの」[97]に修正された。すなわち、「最低賃金の決定について、行

---

95) 寺本・前掲注54) 209頁。
96) この手続きは、「都道府県労働基準局長がその局限りで思ひ思ひの最低賃金を定めることとなれば全国的な最低賃金の水準を乱すことになるので中央で必要な統制を加える為」（寺本・前掲212頁）である。

政官庁が発動権と最終的決定権を持つこととした」[98]のである。ただし、そうすると、賃金委員会の「活動が専ら受動的となる」ので、そのことを「防ぎ、その積極的活動を促す為に」、「最低賃金の制定のみならず広く賃金問題について行政官庁に建議し得る」こととされた[99]、という。

　また、「賃金委員会を労働委員会のごとく通常の行政組織として独立したものとせず、最低賃金の決定機関を普通の行政官庁としたのは、最低賃金の決定が産業経済各般の行政に緊密な関係を有するので、国会に対して責任を負ふ普通の行政組織の責任に於て行ふことを適当と考えた為」[100]であり、この考え方は、賃金委員会の公益委員の任命手続きにも反映している。すなわち、賃金委員会の公益委員の任命については、同様に公労使三者構成の組織である労働委員会の場合と異なり、労使双方の同意を得ることを要件としていない。この点については、労働委員会の場合は、労使双方の争いの解決が主要な任務であるため公益委員の選任について労使双方の意見を優先的に考慮することになるが、賃金委員会の任務は最低賃金を「如何に決定することが社会政策上及び経済政策上適当であるか」を決定することだからである[101]、と説明されている[102]。このような賃金委員会の位置づけ（権限、組織構成）は、最低賃金の決定（賃金規制）は、政府による政策的考慮（行政的裁量）によって統括・制御さるべきものである、という基本的考え方を示すものにほかならない。

---

97)　渡辺・前掲注68) 158頁参照。
98)　寺本・前掲注54) 212頁。
99)　同上213頁。なお、前掲注92)で触れたように、議会の審議では賃金委員会に「発議権」を与えるための修正案が提出されたが、「最低賃金の決定については政府をして主たる責任を負はせるのが適当であると云う立前から修正案は否定された」（同）。
100)　寺本・前掲注54) 209頁。
101)　同上211頁。なお、「賃金委員会」は、昭和24年6月政令222号により「賃金審議会」と改称される（松岡三郎『条解労働基準法新版上』〈弘文堂、1967年〉370頁）。
102)　なお、草案の第5次案（松本・前掲注53) 336頁）で、最低賃金決定方式として旧労組法32条による労働委員会の建議による場合が提案されていた（その後削除）が、同条は、労組法制定当時、最低賃金に関する労働保護立法がなかったため「ツレイド・ボードに代わるものとして」定められたもので、労基法に最低賃金条項が置かれ「その趣旨を実現したので」、労基法126条により削除された（寺本・前掲注54) 213頁）というが、このような（本文の）観点からすれば、「労働委員会」の公益代表の性格からも、同条には問題があった、ということになろう。

3　小括

さて、労基法の最低賃金条項（28条から31条）は、実際に発動されることはなかった。それは、これらの条項は、前述したように、労基法制定作業と別個に進められていた、戦前の賃金統制令下の行政組織（中央賃金委員会）による最低賃金規制の試みにストップをかけた、米国労働諮問委員会の勧告（「労働保護立法上最低賃金制度の重要性を認めつつも、現在の経済情勢下に於て、労働保護上、実質的な意義を有する最低賃金額を定める事が物価の高騰に対して不可避の影響を与ふべきことを指摘し」、「当面の問題としては、労働保護立法の一部として最低賃金制が何時でも発動し得る如く、法制上の組織を整備して置くことと、最低賃金制の発動に必要な基礎資料の調査研究に力を注ぐべきこと」）[103]のもとに起草・制定されたからにほかならない。労基法上の「最低賃金」条項は、そもそも実施を予定していないという点で、まさに絵に描いた餅ならぬ、最低賃金制度の設計図でしかなかったのである[104]。

しかし、ここでは、「最低賃金」立法の制度設計上の論点（選択肢）に即して、労基法上の「最低賃金」制度の特徴を整理しておこう。まず、①制度の目的・趣旨については、それが、労働者保護（権利保障）であることは言うまでもない。「最低賃金」は、労基法において、「労働者が人たるに値する生活を営むための必要をみたすべき」（1条）労働条件の一つとして規定されたからである[105]。労基法1条は憲法25条の生存権保障を職場において具体化する「労働条件の原則」と解されている[106]ので、労基法上の「最低賃金」制度は、労働者の生存権保障にその法的基礎がある。

②規制対象については、「一定の事業又は職業に従事する労働者」とする

---

103)　寺本・前掲注54）209頁。
104)　吉村励『最低賃金制読本』（日本評論社、1978年）19頁は、「最賃制の実施について、占領軍は時期尚早論、社会党・総同盟もまた時期尚早論、資本家ならびに自由党・民主党は反対、共産党・産別は『最賃制はすでに闘いとられている』という部分的実現論であったから、労働基準法に基づく最賃制の規定ができても、だれも、まともにこの規定にのっとって、最賃制を実現しようというものはなかった」のであり、「わが国の最初の最賃制は『幻の最賃制』におわった」とする。

だけで、「事業又は職業」についてもその範囲は規定されていない。行政当局は、労基法28条は、産業別の最低賃金の決定を想定しているが、全産業を通じた最低賃金の決定を禁ずる趣旨ではなく「全産業一本の最低賃金も亦可能である」[107]と解していた。これに対しては、労基法の最低賃金制は、低賃金業種や職種を想定した、業種別、職種別のそれであり、全国的又は地域的に全労働者を対象とする一般的・画一的な最低賃金制は、労基法では認められていない[108]との見解もあったが、その当否を判断するための手がかり（明文の定め等）はない。また、規制対象となる「地域」、「賃金」の範囲についても、定めがない。ただし、対象となる「労働者」については、最低賃金に達しない賃金による使用の禁止規定の適用が除外される「場合」という形式[109]で、一定の労働者が規制対象から外されている。

③最低賃金の決定方式（規制手法・方式）については、行政官庁がその裁量（行政裁量）によって決定することとして、そのために必要な調査を行わせ、意見を提出させるための諮問機関[110]として賃金委員会（賃金審議会）を設置した。いわゆる審議会方式である。しかし、賃金委員会の意見決定において考慮すべき事項、基準等について、労基法は何も定めていない。し

---

105) なお、水島密之亮「最低賃金制」日本労働法学会編『労働法講座〔第5巻〕』（有斐閣、1958年）1196頁は、論者はしきりに最低賃金制の目的の多様性を説くが、「国家が最低賃金を規定する根本の目的は低賃金に対する労働者の保護である」とする。
106) 起草者である寺本廣作は、「人たるに値する生活を営むに足る労働条件」という言葉は、ワイマール憲法を参考にしたものだが、労務法制審議会で労基法案の審議が始まったときには、憲法25条草案は固まっており、「健康で文化的な最低限度の生活」という表現との違いが議論されたが、「社会保障の最低基準と労働条件の最低基準との表現は別の方がよいのではないか、働く人の最低基準は、社会保障の最低基準より高くなければならない」ので「表現が一つであっては困る」と主張し、末弘厳太郎・小委員会委員長の支持を得た、と語っている（寺本廣作「労働基準行政の今昔」松本・前掲注53) 315-316頁）。この回顧は、後述の2007（平成19）年最賃法改正の評価との関係で、興味深い。
107) 労働省労働基準局編『労働基準法上巻』（労務行政研究所、1953年）448頁。なお、藤本・前掲注60) 567頁は、労基法上設定されるのは「業種別最低賃金であって全産業的最低賃金ではない」とする。
108) 水島・前掲注105) 1207-1208頁。
109) 具体的には、「精神又は身体の障害により著しく労働能力の低位な者について、行政官庁の許可を受けた場合」（法31条1号）、「労働者の都合により所定労働時間に満たない時間尾労働をした場合」（同2号）、「試の使用期間中の者又は所定労働時間の特に短い者について、行政官庁の許可を受けた場合」（同3号）である。

がって、この行政裁量による決定方式については、その恣意性が批判され[111]、また、諸外国の賃金審議会制度と比較して、労基法上の賃金審議会の無力（権限の欠如）に対しても厳しい批判がなされた[112]。

④規制水準（「最低」の基準・考慮要素）については、何の定めもない[113]。ただし、労基法上の「最低賃金」制度は、労基法上の制度である以上、法第1条の労働条件の原則が適用される[114]。したがって、賃金委員会は、諮問機関であるとはいえ、当該事業または職業の労働者の賃金事情を調査して、これを他の一般事業または職業における賃金水準、同一地域における一般賃金水準と対比し、同時に当該事業または職業の経済事情水準を考慮しながら、当該労働者のために「人たるに値する生活を営むための必要を充たすべき」（法1条）賃金水準を見出すことがその任務である[115]、と説かれることになる。

⑤法規制の実効性確保のための措置・手段については、とくに定めはない。しかし、「最低賃金」条項には、労基法上保障されている賃金、労働時間、その他の労働条件と同様に、私法的効力（労基法13条の強行的直律的効力）、公法的効力（法違反に対する刑事罰）が付与され、かつその遵守が労働基準監督官による行政的監視（指導、監督等）によって確保されるという行政的仕組みが講じられている。

以上見てきたことから明らかなように、労基法の「最低賃金」条項は、具体的適用・運用を予定したものではなかったので、法制度としては未整備のままに止まっている。しかし、労基法上の「最低賃金」条項が、「最低賃

---

110) 末弘厳太郎「労働基準法解説（1）」法時20巻3号（1948年）27頁。諮問機関であるから、その意見は法律的には行政官庁を拘束しない（同）という。
111) たとえば、水島・前掲注105) 1209頁、藤本武「最低賃金制度」『講座労働問題と労働法〔第5巻〕』（弘文堂、1956年）144頁等。
112) たとえば、藤本武「労働基準法上の最低賃金制度」法時29巻3号（1957年）22頁以下等。
113) なお、労働省労基局・前掲注107) 449頁以下は、最低賃金の決定基準としては公正賃金（Fair Wages）主義、生活賃金（Living Wages）主義、ならびに産業負担力（What the trade can bear）主義の三つがある、として詳説しており、戦後初期の行政当局による法28条解説であるだけに、興味深い。
114) 藤本・前掲注111) 145頁。
115) 末弘・前掲注110) 28頁。

金」立法の一つのモデル（選択肢の提示）となっていることは確かである。

四　最低賃金法の制定と改正

　最賃法の制定の背景、経緯、その後の数次の改正の推移の詳細については、前述のとおり、本稿では立ち入らない。以下では、法制度史的観点から、1959年制定の最賃法（以下、1959年最賃法という）が採用した「最低賃金」制度の内容、その後の1968年の法改正（以下、1968年最賃改正法という）および2007年の法改正（以下、2007年最賃改正法という）のもとで修正された制度内容の概要を整理することにしたい。

1　1959年最低賃金法（1959年最賃法）の制定

（1）1959年最賃法における最低賃金制度
　1959年最賃法は、①制度の目的・趣旨について、その多義性を明記した。すなわち、最賃法は、その目的として、まず、賃金の最低額を保障することによる「労働条件の改善」を掲げ、次いで、これを通じて、「労働者の生活の安定、労働力の質的向上及び事業の公正な競争の確保に資するとともに、国民経済の健全な発展に寄与する」（法1条）ことを謳った。行政当局の解説に依れば、最低賃金制の目的は、第一義的には、低賃金労働者の労働条件の改善であるが、「最低賃金制実施の効果は社会政策、労働政策、経済政策等の各分野に及ぶものであるから、これらの各分野において効果をあげることをも第二義的目的として掲げ、究極的には国民経済の健全な発展に寄与しようとするものである」[116]、という。

　しかし、同解説は、最賃法は憲法25条（生存権保障）および同27条2項（労働条件基準の法定）の法意を実現するものであって、労基法と姉妹法の関係にあって、その立法精神は同じであり、また、労基法28条〜31条の最低賃金条項は具体的に実施されなかったが、我が国の実情に応じた最低賃金制を実施するために労基法から独立した単独立法として最賃法が制定され、

---

116)　堀・前掲注3）188頁。

労基法28条〜31条の規定を削除して、同28条に「賃金の最低基準に関しては、最低賃金法（昭和34年法律137号）の定めるところによる」と規定し、労基法との関係を明記している[117]、と述べて、最賃法が、法的基礎において労基法と同一の労働条件保障立法であることを確認している。

②規制対象については、「事業若しくは職業の種類又は地域に応じて最低賃金を保障する」（法1条）として、「全国全産業一律の最低賃金決定方式をとらず、業種別、職種別、地域別」[118] の最賃制を講じた。対象労働者の範囲については、「精神又は身体の障害により著しく労働能力の低い者」（法8条1号）、「試の使用期間中の者」（同2号）、職業訓練法の定めにより「行われる職業訓練を受ける者」（同3号）、「所定労働時間の特に短い者、軽易な業務に従事する者その他の労働省令で定める者」（同4号）を適用除外とした。また、「1月をこえない期間ごとに支払われる賃金以外の賃金で労働省令で定めるもの」（法5条3項1号）、「通常の労働時間又は労働日の賃金以外の賃金で労働省令で定めるもの」（同2号）、「当該最低賃金において算入しないことを定める賃金」（同3号）を、対象賃金の範囲から除外した。「最低賃金制が労働者の生活の安定を目的とするものである限り、最低賃金の対象となる賃金としては、予め予定し得る通常の賃金に限定すべきである」[119] からだという。

③最低賃金の決定方式（規制手法・方式）については、イ）業者間協定（使用者または使用者の団体の間における協定）方式（これには、業者間協定にもとづく最低賃金（法9条）と業者間協定にもとづく地域的最低賃金（法10条）の2類型がある）、ロ）労働協約方式（労働協約にもとづく地域的最低賃金）（法11条）、ハ）審議会方式（最低賃金審議会の調査審議にもとづく最低賃金）（法16条）の三方式[120] を法定した。ただし、ハ）は、「労働大臣又は都道府県労働基準局長」が、イ）とロ）による決定が「困難又は不適当と認めるとき」の決定方式であり、イ）、ロ）に対する補完的な位置づけがなされている。なお、最低賃金審議会は、労働者代表委員、使用者代

---

117) 堀・前掲注3）189頁。
118) 同上188頁。
119) 同上225頁。

表委員および公益代表委員の三者（各同数）から成る三者構成の行政機関であり、労働大臣または都道府県労働基準局長の諮問機関として、労働省に中央最低賃金審議会、都道府県労働基準局に地方最低賃金審議会が置かれた（法26条〜32条）。

　この決定方式について、行政当局は、以下のように説明する。すなわち、本法は「業種別、職種別、地域別に中小企業の実態に応じて当事者の自主的規制の機運を尊重し期待して」イ）、ロ）を採り上げたのであって、これにハ）を「併せ採用し、これらを組み合わせて適宜活用することにより、実態に即した実効性ある最低賃金」が決定、実施される[121]。また、イ）とロ）の場合においても、「労働大臣又は都道府県労働基準局長」が、「最低賃金審議会」に諮問しまたは調整審議を求め、その意見を尊重して最低賃金を決定するのであるから、いずれの方式も最低賃金審議会の意見にもとづいて最低賃金を決定するという点で、諸外国における賃金審議会方式に包括されるのであり、イ）についても、ＩＬＯ条約第26号条約にいう「関係労使との協議及び制度の適用への均等参与の精神は十分貫かれている」[122]、と。

　④規制水準（「最低」の基準・考慮要素）については、「最低賃金の原則」の見出しの下に、最低賃金は、イ）「労働者の生計費」、ロ）「類似の労働者の賃金」およびハ）「通常の事業の賃金支払能力」を考慮して決定すべきことと明記された（法3条）。行政当局は、これは「最低賃金決定」に関する基準として国際的通念となっている三原則であり、いずれも考慮されるべき重要な要素であって、それに順位はなく、総合的に勘案すべきもの[123]とする。具体的には、行政当局によれば、イ）については、一般的には、18歳程度の単身労働者を基準として決めていくのが適当であり、ロ）については、当該地方における同種ないし類似の事業または職業に従事する労働者の賃金

---

[120] 最賃法は、最低賃金の決定方式について4方式を採用したといわれるが（たとえば、堀・前掲注3）247頁）、決定される最低賃金の類型が4タイプ（業者間協定方式について2タイプ）なのであり、決定の仕組みという意味では、決定方式は3通りである。
[121] 同上 303頁。
[122] 同上 249-250頁。なお、同条約は、同書解説の時点では批准されていない。
[123] 同上 209頁。

水準、これらのないときは当該地方の一般労働者、他地方の同種の事業または職業に従事する労働者の賃金水準等であり、労働省の賃金構造基本調査および毎月勤労統計等が参考になる、また、ハ）については、当該業種において正常な経営をしていく場合に通常の事業に期待することのできる賃金経費の負担能力のことであって、個々の企業の支払い能力のことではない、我が国中小企業の実情からみれば、当該業種等に於ける財務諸資料とともに、実際賃金支払額を検討することによって支払い能力を考慮することが適当である[124)]、という。

　なお、「最低」基準としての最低賃金額の表示単位については、「時間、日、週又は月」とされた（法4条1項）。時間給制、日給制あるいは月給制等、各業種、職種によって賃金制度の実態が異なるので、表示単位は、その賃金慣行に即して決定する[125)]。出来高払制その他の請負制の場合で、これに依ることが不適当であるときは、労働省令の定めによる（同2項）。

　⑤法規制の実効性確保のための措置・手段については、前述のように、最賃法は、労基法上の最低賃金に関する規定（労基法28条）に根拠づけられるので、最賃法にもとづいて決定される「最低賃金」には、労基法と同様に、最低労働条件基準として、公法的効力（法違反に対する刑事罰）と私法的効力（労働契約内容としての効力）[126)]が付与され（法5条1項、2項）、労働基準監督行政（行政的監視）によって制度の適正な実施・運用（実効性の確保）が図られることになる（法37条〜39条）。なお、使用者に周知義務（法19条）が課せられるが、この義務も、最賃法の実効性確保に資するものといえる[127)]。

124）　堀・前掲注3）210-212頁。
125）　同上217-218頁。
126）　労基法13条は、法定基準に達しない労働条件を定める契約部分を無効として、その部分は法定基準「による」と規定して、法定基準に強行的直律的効力を付与するが、最賃法5条2項は、無効部分は、「最低賃金と同様の定めをしたものとみなす」として、文言上、「みなし規定」としている。最賃法は、「最低賃金」額(法定基準)を具体的に明記する強行法規ではないので、労基法13条とは異なる規定形式が採用されたのであろう。

(2) 1959年最賃法の特徴

1947年制定の労基法は最低賃金条項（28条～31条）を置いていたが、1959年の最賃法制定にともない、労基法28条が改正され、同29条～31条は削除された。この法28条により、1959年最賃法は、労基法に接合する最低労働条件保障立法として位置づけられるが、労基法・最低賃金条項が設計した最賃制度とは異なるそれを創設した。

まず、最賃制度の趣旨・目的について、労働者保護だけでなく、経済政策等の政策的観点を明記した。そもそも最低賃金立法の趣旨・目的には多義性があるので、このこと自体は、何ら驚くことではない。これは、最賃法上の最賃制度の内容およびその運用（最低賃金の決定・確保等）が、政策的観点から評価、吟味されることを意味する。すなわち、1959年最賃法は、最低労働条件保障立法にとどまらない政策立法として、労使関係のあり方を左右する社会経済情況の動向に対応すべく展開される社会的・経済的施策としての役割、機能を担うのである。

次に、最低賃金の決定方式（規制手法・方式）も、大きく転換した。労基法上の最賃制度は、行政当局の裁量により、行政機関である賃金委員会（後に賃金審議会）を諮問機関として最賃を決定する、いわゆる審議会方式を採用していた。これに対して、1959年最賃法は、業者間協定方式と労働協約方式を採用し、併せて、審議会方式をこの両者を補完する方式とした。業者間協定と労働協約は、前者が使用者間の約定、後者が労使間の約定（合意事項）であるから、この点に着目すれば、労使自治に依拠する規制手法・方式が、優先的に採用されたことになる。ただし、いずれについても、その約定をそのまま最賃として法認するのではなく、最賃として決定するためには賃金審議会の調査・審議の手続きを要する。したがって、この手続きを強調して両方式も審議会方式に含まれるといえるかいささか無理があるが、単なる自治的規制方式でないことは確かである。しかし、業者間協定方式に対して

---

127) この周知義務の対象事項は、労基法106条の周知義務のそれとは異なり、最低賃金の「概要」であり、事業場に適用される最低賃金額、その表示単位、対象労働者の範囲等である。この点については、堀・前掲注3）312頁参照。

は、周知の通り、厳しい批判が浴びせられた。そもそも、最賃法の母法たる労基法の定める基本原則である労働条件対等決定の原則からして、業者間協定という形で使用者が一方的に決定する賃金を最賃とする制度は、法的に正当化できるものではない[128]、からである。

この業者間協定方式が採用された経緯については、以下のように説明されている[129]。すなわち、1956年に静岡県の缶詰協会において労働条件の改善と企業の合理化を目的として業者間協定によって初給賃金を設定するという事例がみられたことから、翌1957年、労働大臣の諮問機関として設けられた労働問題懇談会が、「最低賃金に関する意見」において、最低賃金の実施を受け入れることのできるような社会経済的基盤を育成するためには、業者間協定による最低賃金方式の導入、実施が適当な方策であると提言し、これを受けて業者間協定の啓蒙普及を図る労働事務次官通達（昭和32年4月12日付発基61号）が発出された。そして、同年、中央賃金審議会が、最賃決定方式について業者間協定方式を含む4タイプとする「最低賃金制に関する答申」（昭和32年12月12月18日付）を出し、この答申をほぼ踏襲して、1959年最賃法制定に至った。すなわち、業者間協定方式は、使用者間の自主的取り組みとしての「実績」を背景として導入された[130]、というのである。

労組・労働団体による最賃法制定運動の機運が高まる一方で、これを受け入れる態勢が整わない使用者団体の実情、すなわち、最賃規制に対する労使

---

128) 秋田成就「賃金額の保障」日本労働法学会編『新労働法講座〔第7巻〕』（有斐閣、1966年）226頁以下、また、労組・労働4団体（ナショナルセンター）からの批判については、吉村・前掲注104) 38頁以下等参照。
129) たとえば、堀・前掲注3）72頁以下参照。
130) 堀・前掲注3）112-114頁によれば、政府・行政当局は、こう説明した。すなわち、中小零細企業が多数存在し、二重的経済雇用構造を持つわが国においては、単一な方式よりも、労働協約や業者間協定の拘束力拡張方式、職権方式等の多元的方式をからみ合わせて運用することが実情に適しており、「昭和32年4月以降、各地で進展している業者間協定方式は、中小企業当事者の自主性を尊重しつつ、しかも労働条件の改善に実効を上げており、注目すべき方式で」、協定に対する経営者の関心も高まっており、「しかも労働条件の改善のみならず経営基盤の強化にも役立っているという実績の上に立って」、「業者間協定方式を当事者だけの自主的規制にとどめず法的措置を講じて最低賃金制の一環としてこの方式を取り入れることが適当である」と。

双方の受け止め方、主張に大きな隔たりがあるなかで、ガット（関税と貿易に関する一般協定）加入（1955年）後の欧米諸国からのソーシャルダンピング非難の動きへの対応のためにも、最賃法制定の決断を迫られていた政府[131]にとって、この「実績」はまさに渡りに船であった。上記のような、迅速な行政当局の対応はこのことを如実に示している。

　ところが、「実績」はこれだけではなかった。実は、戦前の昭和10年ごろ、職工の引き抜き防止、過当競争防止のために、地域の業界ぐるみの話し合いの中で賃金を決定するという方向があり、戦前から、業者間協定方式を受け入れる「下地」はあった[132]ようである。また、労基法上の最賃条項にもとづいて設置された中央賃金審議会の1954年答申（低賃金4業種について最低賃金制を実施する等）[133]をまとめた労働省の給与課長が、静岡の労働基準局長に転出して、この答申が棚上げにされたことに「業を煮やして業者間協定というものを」つくった[134]と述べられている。そうであるとすれば、静岡県の「実績」は、実は、行政主導による産物ということになる。さらに、前述したように[135]、戦前の1939年賃金臨時措置令による、使用者相互間または厚生大臣の指定団体の「協定方式」による賃金規制の経験[136]が蓄積されていた。このような歴史的事実を照らし合わせると、1959年最賃法における業者間協定方式の採用は、「実績」を演出した行政当局者の職歴（前述

---

131) この点については、吉村・前掲注104) 34頁以下が詳しい。
132) 労働省労基局賃金時間部編・前掲注6) 244-245頁（中央最低賃金審議会使用者委員・冨沢輝雄発言）参照。
133) この間の経緯については、たとえば堀・前掲注3) 61頁以下等参照。
134) 労働省労基局賃金時間部編・前掲注6) 243頁（中央最低賃金審議会公益委員・金子美雄発言）。なお、菅野和夫『労働法〔第11版補正版〕』（弘文堂、2017年）443頁は、とくに根拠となる資料を示すことなく、こう説明している。すなわち、「1956年に、静岡県労働基準局長が、最低賃金制度の基盤育成という見地から業者間協定で自主的に最低賃金を定める方法を管轄下の企業に奨励し始め、缶詰業界を中心に同県で業者間協定による最低賃金制が広まった。そこで労働省はこの方式の成功に目をつけ、完全な最低賃金制へ移行するまでの過渡的な「基盤づくり」の制度として、業者間協定に基づく最低賃金を中心とする最低賃金法を成立させた」、と。
135) 前掲注30) 参照。
136) 労働省編・前掲注15) 792頁によれば、1940年4月20日現在の協定状況を業種別にみると、鉱業1、鉱業131、土建業18、交通運輸業22、貨物取扱業13、農林畜産業180、水産業42、物品販売業12の計419件であり、地域は北海道他19府県に及んだ。

のとおり、戦後当初、給与課において、戦前の賃金統制令による最低賃金規制が試みられていた）からしても、賃金統制令の「協定方式」をモデルにしたものであることが容易に推測できるであろう。欧米の最賃制度に見られない日本独特の業者間協定方式の採用は、戦前・戦後の労働立法の「断絶」と「継承」[137]を示すものにほかならない。

　なお、最賃制度の実施・運用にさいしては、「最低賃金額」をどのような基準、どのような事情を考慮して決定するのかが、最重要の課題である。1959年最賃法は、具体的な実施・運用を予定していなかった労基法上の最賃制度と異なり、当然、規制水準（「最低」の基準・考慮要素）についての定めを置いている。しかし、その規定の具体的な解釈・適用は、労使関係動向、賃金実務・慣行を含めた労働事情、経営環境等の社会経済の実態・動向をふまえたものでなければならず、簡単ではない。とくに、1959年最賃法が労働者保護だけでなく、事業の公正な競争の確保等の経済政策的目的を掲げていることは、その難しさを一層際立たせることになる。多義的目的をどのようにして達成するのか、そのバランスをどのように図るか、労基法上の最低賃金制度と1959年最賃法のそれは、前者が制度モデルにすぎなかったとはいえ、この点において決定的に異なる制度運用上の課題を課せられることになった。

　とはいえ、1959年最賃法上の最低賃金制度は、業者間協定方式を採用している点で独特ではあるものの、諸外国の最低賃金制度に倣って、最賃規制の趣旨・目的を明らかにして、規制対象、規制手法・手段（規制方式）、規制水準（「最低」の決定基準・決定考慮要素）、規制の実効性確保措置のそれぞれについて一応の制度内容を整えていた。したがって本法は独自に完結した最低賃金立法の一つと評価できる陣容を構えるものであった[138]。

137）　労基法の労働時間規制の枠組みに組み込まれ、さらにその活用が図られている「労使委員会」制度も、その一例である（唐津「労使委員会・考―「工場委員会」と労使関係の法システム」労旬1831・32号（2015年）100頁以下）が、過半数代表制とは異なる「労使委員会」制度の出自に至る歴史的経緯・文脈は、なお、無視もしくは看過されたままである。

2 1968年の法改正（1968年最賃改正法）

（1）1968年最賃改正法の最低賃金制度

1968年最賃改正法は、最低賃金の決定方式を再編した。すなわち、1959年最賃法が採用した3方式（業者間協定方式、労働協約方式および審議会方式）のうち業者間協定方式を廃止し、労働協約にもとづく決定方式と最低賃金審議会の調査・審議による決定方式の2方式とするための法規定の整序（条文削除とこれに関連する条文修正）が行われた。すなわち、最賃決定方式として、労使自治的な決定方式（労働協約方式：法11条）と国家・行政組織による決定方式（審議会方式：法16条～16条の4）が選択採用され、併せて、後者について、従前の決定方式としての補完的位置づけ（他の方式による最賃決定が困難または不適当な場合に作動する）を変更して、この制約を取り除いた。名実ともに、並列的な2方式としたのである。なお、この決定方式以外の制度内容は修正されなかった。

（2）1968年最賃改正法の特徴

1968年の最賃法改正は、1959年最賃法が選択した業者間協定方式の廃棄のためであった。前述したように、行政当局は、業者間協定方式の採用は、最低賃金制度を導入しこれに実効性を持たせるための現実的対応であり、また、この方式も最低賃金審議会の関与の下に運用されるのでＩＬＯ第26号条約に抵触しない、と説明していたが、1959年最賃法制定後、最賃の決定・適用が順調に普及し、最賃制度が社会的に定着しつつあるなかで、なお、業者間協定方式に対する、とくに労働側からの否定的・批判的評価は収まるこ

138）1959年最賃法上の最賃制度は、「業者間協定に基づく最低賃金という不完全で過渡的な最低賃金制度」（菅野・前掲注134）442頁）と評されるが、これは、制度枠組みに着目すれば、過少評価であろう。なお、1959年最賃法は、家内労働者の「最低工賃は、当該最低賃金との均衡を考慮して」定めるべき（22条）等、最低工賃に関する規定（20～25条）を置いたが、家内労働者については1970年に家内労働法が制定されたので、同年、最賃法の一部改正により当該規定等が削除された（労働省労基局編・前掲注7）155-156頁（1996年）参照）。この間の経緯については、橋本陽子「なぜ内職にだけ家内労働法があるのか」日本労働研究雑誌585号（2009年）34頁以下参照。

とはなかった。そこで、行政当局自身が、中央最低賃金審議会に対して、最賃法をILO第26号条約に適合するように改める方向での検討を要請する（答申）に至っていた[139]。

このように、1968年最賃改正法は、最賃決定方式について、業者間協定方式という日本独自の方式を廃棄し、国際基準に適合的な最賃制度への改編を図るものである。この意味で、本改正法をもって、「本格的な最低賃金制度」の開始[140]と評されることになる。ただし、1968年最賃改正法は、制度内容に着目すれば、1959年最賃法上のそれをほぼ維持している。したがって、1968年最賃改正法上の最賃制度は、制度枠組み（最賃決定・規制方式の転換）という点からみればきわめて重要な、しかし、制度内容という点からみれば部分的に改正された、1959年最賃法上のそれの、いわば「補正」版というべきものであった。

3　2007年の法改正（2007年最賃改正法）

（1）2007年最賃改正法の最低賃金制度

2007年の最賃法改正による制度内容の変更は、多岐にわたる。まず、規制対象について、大きな変更を加えた。すなわち、1959年最賃法では、行政裁量により地域別、産業別、職業別に最賃を決定できたが、これを転換し、「地域別最低賃金」は「あまねく全国各地域について決定されなければならない」（改正法9条1項）として、「地域別最低賃金」を制度の基本に据えた。そして、従来、法運用・実務上「産業別最低賃金」と呼ばれてきた「一定の事業若しくは職業に係る最低賃金」を「特定最低賃金」と明記して（改正法15条）、その額は「地域別最低賃金」を上回るものでなければならない（改正法15条）が、その違反には刑事罰は科さないこととして、「特定最低賃金」を、「地域別最低賃金」とは異なる役割を果たすものと位置づけた。

また、最賃規制の人的対象として、1959年最賃法は一定範囲の労働者への適用除外規定を置いていたが、この規定を行政当局（都道府県労働局長）

---

139) 詳細については、村上・前掲注7）102頁以下参照。
140) 菅野・前掲注134）442頁。

の許可にもとづく減額特例の形式に改めた（改正法7条）。従来の適用除外の許可制度においても、支払賃金の下限額を約して許可する運用であったので、運用面の実態をふまえた措置と説明されている[141]。

次に、最賃決定・規制方式として、労働協約方式を廃止した。最賃決定方式は、審議会方式のみとなり、1959年最賃法上の最賃制度から、1968年最賃改正法を経て、大きく改変されたのである。

さらに、規制水準（「最低」の基準・考慮要素）について、規制対象の原則となる「地域」別最低賃金は、「地域における労働者の生計費及び賃金並びに通常の事業の賃金支払い能力」を考慮して定める（改正法9条2項）こととし、この「労働者の生計費」の考慮にさいして「労働者が健康で文化的な最低限度の生活を営むことができるよう、生活保護に係る施策との整合性に配慮する」（同3項）と定めた。最賃決定の考慮要素を「地域」に即して整理し、併せて、新たに社会保障政策との整合性を図ることが要請されることになった。

なお、最賃額の表示単位について、1959年最賃法は複数の単位を列挙していたが、これを時間のみに限定した（改正法3条）。この点も、地域別最賃については2002年度から時間額表示に一本化され、「産業別」最賃についても、大部分が時間額表示に移行している[142]実情に対応したものである。

そのほか、規制の実効性確保措置としての法違反に対する刑事罰が強化され（改正法40条。労基法・賃金全額払違反の罰金上限額（30万円）とのバランスをとるために[143]、最賃不払い（4条1項違反）の罰金額を50万円に引き上げる）、また、法違反に関する監督機関への労働者の申告と、この申告を理由とする不利益取扱い禁止の規定（改正法34条、39条）と、派遣中の労働者に対する適用最賃（派遣先事業に適用される地域別最賃、特定最賃の適用）の規定（改正法13条、18条）が新設されたが、これらの改正は、最賃制度の実効性確保措置の一環として位置づけられる。

---

141) 厚労省労基局勤労者生活部勤労者生活課「最低賃金法改正の概要」ジュリ1351号（2008年）55頁参照。
142) 同上55頁。
143) 同上54頁。

(2) 2007年最賃改正法の特徴

1968年の最賃法改正以降[144]の社会労働事情の変容（産業構造の変化、非正規労働者の増加等の就業形態の多様化）に対応すべく、2004年厚労省に設置された「最低賃金制度のあり方に関する研究会」（樋口美雄座長）の報告書（2005年）などを受けて、厚労大臣は、労働政策審議会へ「今後の最低賃金制度のあり方について、産業別最低賃金の見直し及び地域別最低賃金の水準等の見直し」を含めた調査審議を諮問し、答申（「今後の最低賃金制度の在り方について」2006年）を得、この答申にもとづいて、2007年に最賃法が改正された[145]。この答申は、基本的考え方（要旨）として以下の4点を示した。すなわち、①最賃制度の第一義的役割は「すべての労働者について賃金の最低限度を保障する安全網」であり、その役割は「地域別最低賃金」が果たすべきものであるので、全ての地域において地域別最賃を決定すべき旨を明確にする必要がある、②「産業別最低賃金」等は企業内における賃金水準を設定する際の労使の取組を補完し、公正な賃金決定にも資する面があるが、「安全網とは別の役割を果たすものとして、民事的なルールに改める必要がある」、③「社会保障政策との整合性を考慮した政策が必要である」、④地域の賃金実態との整合性の確保、派遣労働者の増加等就業形態の多様化への対応等といった観点からの見直しを行う必要がある[146]、と。

上記の①と②は、「地域別最低賃金」と「産業別最低賃金」との関係、と

---

144) なお、1968年の法改正後、家内労働法の制定にともなう1970年の法改正（前掲注138）を含め、関連法規の改正に対応するために、数次にわたって最賃法は一部改正されている（労働省労基局編・前掲注7）155-160頁（1996年）参照）が、これは法制の整合性をとるための技術的な条文調整にすぎないので、本稿ではとくに言及しない。

145) この間の経緯については、労働調査会出版局編（改訂3版）・前掲注7）267頁以下参照。なお、この法改正の「直接の契機は、規制改革の流れであった」（中窪裕也「最低賃金法の新しい出発」季労222号（2008年）59頁）。すなわち、2003年12月の総合規制改革会議・第3次答申で産業別最賃制度の廃止が提言され、翌2004年3月の閣議決定「規制改革・民間開放推進3か年計画」でも、改めて同制度の見直しが求められたので、厚労省は、同年9月に学識経験者による「最低賃金制度のあり方に関する研究会」を組織して、これに対応したという経緯も、その評価はさておき、記録さるべき重要な事実である。

146) 労働調査会出版局編（改訂3版）・前掲注7）277-278頁。

くに後者の意義（屋上、屋を重ねるとの批判等）をめぐる長年の議論に一定の決着をつける、最賃制度の規制対象についての政策選択といえる。この基本方針の下に、改正法により、「地域別最低賃金」と「産業別最低賃金」は、前者が罰則をもってその履行を確保する最低基準であり、後者はその上積み基準として明確に区別され（役割分担）[147]、後者は、「特定最低賃金」と改称された。したがって、「日本の最低賃金制度は、他の先進諸国と異なり、都道府県単位の「地域別」に設定される点に特色がある」[148]。しかし、これによって、積年の重要な争点である「ナショナルミニマムとしての全国一律最低賃金制」の採用の是非の議論が終息するわけではなかろう[149]。この点からすれば、①のセーフティーネット論[150]は、新たな議論展開の糸口となるかもしれない。そもそも、最賃制度の議論は、低賃金労働者の労働条件保護を出発点としたものだったからである。

　上記の③は、かつて、最賃法の制定に向けた中央賃金審議会の議論（1957年）において、「最低賃金額と生活保護基準等との関連をどうするか」という問題点として、検討課題とされていた[151]ものであるが、最賃制度における最賃の規制水準（「最低」の基準・考慮要素）についての政策選択である。この基本方針の下に、改正法は、「労働者の生計費」の考慮について、国会審議における修正により、憲法25条1項の生存権（健康で文化的な最低限度の生活を営む権利）保障の文言を追加して、「生活保護に係る施策との整合性」への配慮（改正法3項）を定めた。具体的には、国会での審議・政府答弁[152]をふまえて、「最低賃金は生活保護を下回らない水準となるよう配慮するという趣旨である」（平成20.7.1基発0701001号）と説明されている。これは、1990年代以降、規制緩和政策が推進されるなかで、マス・メディアを通じていわゆる格差社会やワーキング・プア問題が社会的関心を集め、最低賃金の水準が生活保護水準より低いのはおかしい等の批判が強まっ

147）　この点については、神吉・前掲注10）59頁参照。
148）　中窪・前掲注145）64頁。
149）　同上64頁参照。
150）　たとえば、柳澤・前掲注12）は、最賃法の「安全網としての機能」を論じる。
151）　堀・前掲注3）85頁。
152）　厚労省労基局・前掲注141）53頁。

たことへの政策的応対の一つともいえよう。しかし、「社会保障政策との整合性」は、それほど簡単な問題ではない[153]。

2007年の法改正は、労政審が提示した基本的考え方（上記①～④）と具体的内容に即したものであった。しかし、答申で示された具体的内容には、上記①～④に対応しない、法違反に対する罰金額の上限額の引上げ、「労働協約拡張方式」の廃止も含まれていた。また、最賃法適用除外の減額特例への転換、最賃額の表示単位の単一化（時間のみ）、労基法と同様の法違反に対する申告と申告に対する不利益取扱の禁止は、答申にはない。これらは、法運用の実務に対応する法整備の一環として、改正に盛り込まれたようである。

このように、2007年の法改正は、1968年の最賃法改正以降の社会経済事情等の変化に応接すべく、最賃制度の制度枠組み・制度内容に重要な変更を加えた。したがって、これをもって、最賃法の「新しい出発」[154]と呼ぶことができよう。ただし、最賃制度の制度枠組み・制度内容は、いずれも複数の選択肢からの政策的選択の所産である。したがって、この意味では、2007年の最賃法改正は、1968年改正最賃法上の最賃制度を「再整備」するものであったとも言えよう。

4　小括

1959年最賃法による最賃制度は、1968年と2007年の法改正により、制度内容が大きく変更されたが、この間、制度運用も変転している。その推移・展開については、すでに、次のような時期的区分のもとに詳細な検討が加えられている。すなわち、第1期［業者間協定方式の拡大］、第2期［業者間

---

[153]　中窪・前掲145) 60頁は、改正法9条3項は、「生活保護と最低賃金とでは趣旨目的が異なるので、単純な比較はできないが、少なくとも、勤労意欲を阻害するようなモラルハザードを回避する制度設計をすべきことは当然であり、その趣旨を明確化したもの」と評する。この問題については、橋本陽子「最低賃金法改正の意義と課題」ジュリ1351号（2008年）58-59頁も参照。なお、そもそも最低賃金は、貧困対策としてはあまり有効ではない政策である（大竹文雄「最低賃金と貧困対策」大竹文雄・川口大司・鶴光太郎編『最低賃金改革』（日本評論社、2013年）183頁）との指摘がある。この点、神吉・前掲注13)（争点）97頁も、消極論である。

[154]　中窪・同上63頁。

協定の廃止・審議会方式中心へ（昭和43年改正）：①業者間協定方式の廃止、②運用による地域別最低賃金の拡大、③ＩＬＯ条約との整合性］、第3期［地域別最低賃金改定に関する目安制度の導入（昭和53年）：①全国一律最低賃金制度への要望、②目安制度による解決］、第4期［産業別最低賃金制度の再編：①産業別最低賃金の細分化――労働協約ケースと公正競争ケース、②「新」産業別最低賃金、③産業別最低賃金の存在意義への疑問］、第5期［最低賃金制度のあり方に関する再検討（平成12年）］の5期に区分されている。この時期的区分、その詳細な内容整理の当否については、本稿では立ち入らない。

　しかし、この区分からも見てとれるように、1959年最賃法制定後の、法運用・実務上の主たる争点は、最賃決定方式の在り方（1968年、2007年の法改正の主たるターゲット）だけでなく、これと並んで、地域別最低賃金に改定に関する「目安」制度と「産業別最低賃金制度」の在り方であった[155]。

　「目安」制度は、具体的には、中央最低賃金審議会が、毎年、各都道府県の地方最低賃金審議会が地域別最賃を決定（改定）する前に、全国の都道府県をＡ～Ｄの4ランクに分けて、各ランクの改定の「目安」（賃金額）を提示する[156]という手順を指している。この「目安」制度は、1978年から、域別最低賃金の全国的な整合性を図るために導入されたと言われるが、その実質は、最賃法制定以来の、労働組合等からの全国一律最低賃金制を確立すべしとの根強い要求に対する、最賃制度運用・実務上の対応措置ということができよう[157]。しかし、「目安」制度は、最賃制度の制度内容ではなく、制度

---

155) 道幸哲也「最低賃金額決定手続きと最低賃金法の改正」季労218号（2007年）121頁は、「1980年頃からの最低賃金制度をめぐる争点は、産業別最低賃金制度のあり方・存続と目安制度の有り方が中心であった」とする。
156) もっとも、実際には、審議会の「労使委員の意見の対立が激しいため、全会一致の目安ではなく、目安に関する「公益委員見解」を地方に示すことを審議会として決定するという、パターンが続いている」（中窪・前掲注145）56頁）。
157)「目安」制度の導入を提言したのは、1977年の中央最低賃金審議会の答申（「今後の最低賃金制のあり方について」）であるが、中央最低賃金審議会では、すでに、1968年の段階で、小委員会を設けて、最低賃金制のあり方の検討を進め、審議の過程で、とくに全国産業一律最低賃金制度の問題の取扱いをめぐって労使の意見が対立し、その対立は解消されないままであった（労働省労基局編・前掲注7）137-144頁参照）。この点については、神吉・前掲注10）49-51頁参照。

運用上の実務的手続きである。したがって、2007年最賃改正法が、「目安」制度の在り方について、何ら応答しなかったのは、不思議なことではない。これに対して、「産業別最低賃金制度」の在り方は、最賃制度の制度内容（規制対象の画定）に係る問題である。2007年の法改正による、従来の「産業別最低賃金」制度を新たな役割を担うものとして意義づける、「特定最低賃金」制度の創出は、この問題に対する回答（政策選択）といえる。このように、2007年の法改正は、最賃法制定以降の最賃制度の運用・実務上の争点の一つであった「産業別最低賃金」問題の解決を図ろうとするものであり、併せて、制度枠組み・制度内容を大きく変更するものであった。

　以上のように、1959年に制定された最賃法は、1968年に、次いで2007年に改正され、現在に至っている。この間に1959年最賃法上の最賃制度は改編を重ねてきたが、これらの改編は、制度史的には、次のように小括できるであろう。すなわち、2007年最賃改正法の最賃制度の規制モデル（最低賃金規制の政策的選択肢）は、1968年最賃改正法のそれであり、また、1968年最賃改正法は、1959年最賃法が選択した最賃制度の制度枠組みの下で規制手法・方式（最賃決定方式）を転換したものにすぎない。したがって、2007年最賃改正法上の最賃制度は、1968年最賃改正法上のそれの「再整備」であり、1968年最賃改正法上の最賃制度は、1959年最賃法上のそれの「補正」と評することになるのである。

五　「最低賃金」立法小史
——戦前・戦後の労働立法の「断絶」と「継承」

　ここまで、「最低賃金」の立法的規制の制度史的展開を辿るために、戦前の1938年国家総動員法にもとづく賃金統制令の推移（1938年の賃金統制令、同年の賃金臨時措置令、および1940年の第2次賃金統制令への変遷）、戦後の1947年労基法・最低賃金条項の制定経緯、そして最賃法の制定と改正（1959年最賃法、1968年最賃改正法、および2007年最賃改正法）を取り上げ、検討を加えてきた。以下では、これまでの考察をもとに、この戦前から戦後にかけての最賃立法の推移・展開を概括しておこう。

　最初に問うべきは、戦前の賃金統制令、戦後の労基法、そして最賃法によ

る「最低賃金」規制は、どのような関係にあるのか、である。

　まずは、これらの三者間には、法制定手続きの点における共通性、継続性はない。賃金統制令は、戦前・旧憲法下の戦時経済統制立法の一環として発令されたものであり、また、最賃法は、戦後制定の労基法・最低賃金条項と法的には（条文上）リンクするが、労基法とは別個の政策的要請によって制定されたものだからである。

　しかし、「最低賃金」規制の制度的枠組（骨格）の造り、すなわち最賃制度の政策的選択肢の設定に着目すれば、1940年賃金統制令は、1959年最賃法の制度モデルとなりうる一応の制度形式を整えていた。すなわち、日本の「最低賃金」の立法的規制モデルは、1940年賃金統制令に、その原型がある。

　これは、不思議なことではない。夙に知られているように、明治期に遡る戦前の労働立法は、常に当時の西欧諸国の労働立法を範として整備されていた。また、1928年にはＩＬＯの「最低賃金決定制度の創設に関する条約」（ＩＬＯ第26号条約）、「最低賃金決定制度の適用に関する勧告」（ＩＬＯ第30号勧告）が採択されていたことからすれば、賃金統制令が、ＩＬＯ条約・勧告を含め、国際的な「最低賃金」規制の制度モデルを参照したであろうことは、想像に難くない。このように考えると、将来的な制度導入のための設計図としてではあったが、一定の最賃規制モデルを提示した労基法上の最賃制度（労基法は、当時のＩＬＯ等の国際的労働条件水準を参照しながら起草された）を間に挟んで、賃金統制令、労基法・最低賃金条項、そして最賃法の最賃制度には、制度形式上、共通性が認められるのである。

　それでは、制度内容については、どうか。「最低賃金」立法（最賃制度）の内容（規制対象、規制手法・方式、規制水準（「最低」の基準・考慮要素）、規制の実効性確保措置）は、社会経済情況に応じて、政策的に選択される。したがって、賃金統制令、労基法、そして最賃法（さらに最賃改正法）の各最賃制度の相違は、政策的選択の差異から生じたものにすぎないと言えそうである。しかし、最賃制度に限らず、一般に制度の内容は、制度の目的・趣旨に対応して、あるいはそれに即して決定される。では、この点については、どうか。

　賃金統制令は、戦時の経済統制（戦時経済体制確立のための、賃金高騰の

抑制、賃金制度の国家的監視）の下の賃金規制であり、その規制手法・方式については行政当局の裁量的決定方式を基本として、「最低賃金」の水準については法定しなかった。ところが、新憲法の生存権保障（憲25条）に基礎を置く労基法上の最賃制度も、同様の行政裁量による決定方式を採用している（ただし、最賃決定の諮問機関としての行政組織が、後者では、前者と異なり、公労使の三者構成である点に留意する必要はある）。他方、労基法の最低労働条件保障と併せて、経済政策等の政策的目的を掲げた1959年最賃法は、戦前の賃金統制令が、業者間の過当競争を防ぐ公正競争の観点から採用した業者間協定方式による最賃規制を、最賃制度導入の出発点として利用したものであった。しかし、1968年の法改正では、法目的・趣旨に変更を加えることなく、業者間協定方式を廃止する。そして、2007年の法改正では、労働協約方式も廃止し、審議会方式のみとなり、同時に、最賃の規制水準（「最低」の決定基準・考慮要素）について、憲法25条の文言を、条文に盛り込むに至った。この法改正は、最賃法上の最賃制度が、労基法の生存権保障モデルを起点としていることを想起させる。このように、賃金統制令、労基法、そして最賃法、さらに最賃改正法の各最賃制度の内容は、制度の目的・趣旨に必ずしも対応して決定されているわけではない。最低賃金立法は、その時々の、政治状況、労働事情を含めた社会経済情勢を背景とする政策的要請に対応して展開されてきた。この意味で、最賃制度は政策的選択の所産であり、最低賃金立法は政策立法としての性格を色濃くしている。

　こうして、種々の政策的要請への応対であるが故に、「最低賃金」立法・最低賃金制度の推移、展開には、1946年の新憲法制定により、戦前と戦後では法体制・法理念において明らかな「断絶」が認められるにもかかわらず、戦前・戦後を通じて、制度形式・制度内容における共通性を認めることができる。これを、最賃制度の断続的な「継承」というならば、「最低賃金」立法・最低賃金制度の歴史は、「断然」と「継承」のそれであった。

おわりに──「最低賃金」立法と「賃金の法原則」

　現行法である2007年最賃改正法（現行最賃法）に至るまでの「最低賃金」立法・最賃制度の制度史を顧みれば、最低賃金立法が、労働政策、社会

政策、経済政策等の種々の時代な政策的要請に対応する政策立法であることは明らかである。しかし、それが労働立法である以上、労働法的観点からの規範的な評価から自由ではありえない。前稿[158]で論じたように、憲法上の人権・基本権保障に基礎づけられた現行の労働関係法制から導くことのできる、「賃金の法原則」（適正水準の原則、対等決定原則、平等処遇原則）は、賃金の法政策（立法、行政施策）の規範的評価基準である。賃金の法政策は、政策としての性質上、一定の政策的裁量性を容認し得るが、それが「法」政策である以上、「賃金の法原則」に照らして、その規範的正統性が問われる。したがって、種々の政策的裁量の下に立法化された現行最賃法は、この「賃金の法原則」に則したものでなければならないことに留意すべきであろう。そこで、最後に、以下、2点だけふれて、本稿を閉じることにしたい。

まず、現行最賃法は、最賃の規制手法・方式（最賃決定方式）として審議会方式を採用しているが、この方式については、政策選択上の難点、すなわち、種々の政策的要請に対応するには限界があるとの指摘[159]がなされている。これは、最賃決定手続きにおける審議会の権限、役割をどのように位置づけるかという問題である。この問題は、労基法・最賃条項の起草段階からの争点の一つであり、議論に決着をつけるのは容易ではない。しかし、ここでは、「賃金の法原則」としての対等決定の原則に注目すべきであろう。

1968年最賃法下では、「労働協約拡張方式は、企業別組合が大多数を占めるわが国では実効性に乏しく」、「審議会方式が主体とならざるをえな

---

158) 唐津・前掲注15) 16頁以下。
159) たとえば、「審議会方式は労使当事者の意思を反映させることに主眼を置いた仕組みであった。また、この方式は意見を集約させる措置を欠くことから、利害対立を乗り越えることが容易でないという問題がある。労使委員はその代表性を求められるがゆえに、合意に至ることすら難しく、ましてや労使の利益を離れた政策的な望ましさを実現するには適していないという問題点が、平成19年改正によって明らかになったのである」（神吉・前掲注10) 291-292頁）、と。また、かつて、中央最低賃金審議会の公労使委員間の座談会において、次のような意見が述べられていた。すなわち、日本の最低賃金は労使の問題として扱われてきており、戦後の歴史についてみれば、経営者側の強い反対が特徴的であったが、外国の最低賃金制度は社会政策として生まれたものであり、最低賃金審議会というのは労使の団体交渉の場ではないということを強調したい（労働省労基局賃金時間部編・前掲注6) 256-257頁（金子美雄発言）、と。なお、団体交渉と最賃制度との関係については、橋本・前掲注153) 63頁以下参照。

い」[160]のが実態であった。この実態をふまえて、労働協約方式を廃止して審議会方式のみとした2007年の法改正は、一見、現実に即した合理的な対応のようにみえる。しかし、労使の自治的規制をベースとする規制手法・最賃決定方式を放棄することは適切な政策選択といえるのか。審議会方式にどのような機能を果たさせるのか、審議会方式の在り方をどのように解すべきかの問題は、「最低賃金」立法に、対等決定原則をどのように反映させるか、という問題として論じられるべきなのである。

次に、現行最賃法は、規制水準（「最低」の基準・考慮要素）について、新たに「労働者の生計費」の考慮にさいして社会保障政策（「生活保護」施策）との整合性を求め、それは、具体的には、最低賃金は生活保護を下回らない水準となるよう配慮する趣旨であることが、国会審議、行政通達において確認されている。しかし、そもそも、ある統計的研究によれば、最低賃金水準の考慮要素として1968年最低賃金法3条の定める「労働者の生計費、類似の労働者の賃金、通常の賃金支払能力に関する統計資料はあまり参考にされていないかもしれない」、「最低賃金の水準を決定する際に考慮することになっている、標準生計費、賃金上昇率、通常の事業の支払能力に関する変数は引き上げ額に影響を与えない」と指摘されている[161]。また、「生活保護」施策との「整合性という発想は、最低賃金額が低いという理由で生活保護基準を引き下げるという方向でも利用される可能性も否定できない」[162]、と評されている。すなわち、「最低」賃金の決定・考慮要素の問題は、具体的な法適用・実務上の最大の課題なのである。この課題は、「賃金の法原則」としての適正水準の原則を、どのように具体化、実現するか、という問題にほかならない。したがって、社会保障政策との整合性を確保し得る最低賃金には、「適正」な水準が要求されることになるが、具体的には、何をもって「適正」と評価できるのか、どのような手立てによって「適正」水準を決定し得るのか等、言うまでもなく、議論すべき点はきわめて多い。これ

---

160) 中窪・前掲注145) 56頁。
161) 玉田桂子・森智晴「最低賃金の決定過程と生活保護基準の検証」大竹文雄ほか編・前掲注153) 157頁、165頁。
162) 道幸・前掲注155) 127頁。

らの点の検討については、他日を期することとしたい。

第 5 章
賃金の支払の確保等に関する法律

藤本　茂

はじめに

「賃金の支払いの確保等に関する法律」（1976 年。以下、「賃金支払確保法」という）が制定・施行されて 40 年が過ぎた。同法の未払賃金の立替払制度は今日、労働者やその家族へのセーフティネットとして非常に大きな役割を果たしていると評価されている[1]。表 1 および 2 を見ると、確かに立替払の運用は安定しているように思われる。では、「賃金支払確保法」は何ら問題ないといっていいのであろうか。

賃金支払確保法、とくに立替払制度は「個別責任の社会化」の思想を基盤とするといわれた[2]。この観点は、現在果たして妥当するのであろうか。たとえば、その回収の現状はどうであろうか[3]。現行の回収制度は疑問の余地なく適切だといいうるであろうか。また、立替払の対象とされる未払賃金をみると、企業の倒産により退職した労働者について、退職日の 6 か月前から、独立行政法人労働者健康安全機構[4]（以下、国、事業団ということもある）

---

1) 五十畑明編著『賃金支払確保法の解説』（労務行政研究所、1996 年）、1 頁。労働省労働基準局賃金時間部編『未払賃金の立替払制度――早わかり』（労働調査会、2000 年）、はしがき。吉田清弘・野村剛司著『未払賃金立替払制度実務ハンドブック』（金融財政事情研究会、2014 年）、はしがき ii。菅野和夫『労働法〔第 11 版補正版〕』（弘文堂、2017 年）、456 頁。
2) 仙田明雄「施行された『賃金支払確保法』」季労 101 号（1976 年）138-141 頁、141 頁。
3) たとえば、第 159 回通常国会　2004 年 4 月 26 日　決算委員会での又一征治議員の質問に対して、その回収できなかった求償残高は 2002 年度では約 845 億円であり、なかなか回収が見込めない旨の答弁がなされている。https://www.s-mataichi.com/kokkai/ks20040426.html

表1 未払賃金立替払事業の実施状況の推移

年度	企業数(件)	支給者数(人)	立替払額(百万円)
昭51	565	11,076	1,432
昭52	1,139	20,957	3,083
昭53	1,020	21,345	3,388
昭54	692	11,333	1,853
昭55	834	15,560	2,700
昭56	837	12,947	2,591
昭57	901	15,285	3,609
昭58	932	14,736	3,041
昭59	1,048	14,410	2,786
昭60	1,040	17,301	3,864
昭61	975	16,332	3,650
昭62	796	14,055	3,289
昭63	559	7,496	1,734
平元	377	4,776	1,185
平2	250	3,215	687
平3	353	5,650	1,979
平4	517	7,468	2,268
平5	772	14,437	4,809
平6	1,084	18,747	6,964
平7	1,274	21,574	8,351
平8	1,376	22,699	8,657
平9	1,636	27,489	10,867
平10	2,406	42,304	17,335
平11	2,773	46,402	20,149
平12	3,538	51,437	20,792
平13	3,900	56,895	25,565
平14	4,734	72,823	47,642
平15	4,313	61,309	34,190
平16	3,527	46,211	26,504
平17	3,259	42,474	18,399
平18	3,014	40,888	20,436
平19	3,349	51,322	23,417
平20	3,639	54,422	24,821
平21	4,357	67,774	33,391
平22	3,880	50,787	24,762
平23	3,682	42,637	19,951
平24	3,211	40,205	17,507
平25	2,980	37,143	15,173
平26	2,573	30,546	11,811
平27	2,187	24,055	9,533
平28	2,029	21,941	8,361
平29	1,979	22,458	8,664
累計	84,307	1,222,921	511,190

出典：独立行政法人労働者健康安全機構調べ
注1：昭和51年度は、昭和51年7月から昭和52年3月まで。
注2：累計の立替払額は、四捨五入の関係で各年度の立替払額の合計と一致しないことがある。

表2 立替払金と回収金額の一覧

年度	件数	立替払金(千円)	回収金額(千円)
昭52	1,139	3,083,07-	-
昭53	1,020	3,388,27-	-
昭54	692	1,853,46-	256,44-
昭55	834	2,700,39-	460,15-
昭56	837	2,590,718	297,730
昭57	901	3,609,026	463,988
昭58	932	3,041,102	585,859
昭59	1,048	2,786,127	457,165
昭60	1,040	3,864,284	466,173
昭61	975	3,650,485	547,091
昭62	796	3,288,573	574,274
昭63	559	1,733,916	1,175,312
平元	337	1,185,208	649,472
平2	250	687,492	414,589
平3	353	1,979,480	370,024
平4	517	2,267,859	380,065
平5	772	4,809,241	366,374
平6	1,084	6,964,095	431,473
平7	1,274	8,351,372	1,380,375
平8	1,376	8,657,300	1,193,898
平9	1,636	10,867,127	1,702,535
平10	2,406	17,334,625	2,400,138
平11	2,773	20,149,057	3,389,193
平12	3,538	20,791,710	5,568,755
平13	3,900	25,564,963	4,580,193
平14	4,734	47,641,892	7,752,278
平15	4,313	34,189,564	11,735,946
平16	3,527	26,503,941	9,286,664
平17	3,259	18,398,680	6,033,293
平18	3,014	20,435,696	5,735,918
平19	3,349	23,417,150	6,781,630
平20	3,639	24,820,977	7,149,116

出典：会計検査院「会計検査院検査報告データベース」の年度選択から各年度を選択し、労働福祉事業団から賃金援護勘定の項目より抽出した。なお、平成17年度決算監査報告からは独立行政法人労働者健康福祉機構から抽出した。

に立替払いを請求した日の前日までに支払期日が到来した未払賃金・退職金の8割であり未払賃金全額ではない。さらに支払額の上限もある。これらは賃金支払確保法制定初期からほぼ変わりない。これらは妥当だといえるであろうか。賃金支払確保法が制定され40年を経た現在、立法時の議論等を検証して、考えたい。

　賃金支払確保法の立法史の検証に本稿は、以下の3点から接近しようと考えている。第1に、賃金支払確保法が成立する以前の理論的課題を含む賃金確保を目的とする諸制度およびその社会的背景とりわけ賃金確保や雇用の維持・確保に向けた労働者側の動き（法制定前史）。第2に、賃金支払確保法制定に至る背景と議論および労働側からの対案（賃金支払確保法案）。そして第3に、まとめとして制定された賃確法による社会的影響とりわけ集団的労使関係に及ぼした影響（法制定後）、以上の3点である。

　ただ、第1に関しては、賃金支払確保を図る法制度には、罰則をともなう労基法の賃金支払原則（労基法24条）や民法や商法上の先取特権等、賃金支払確保法以外の諸制度がある[5]。それらには触れず、国による立替払制度の想定する企業が倒産の危機に陥り賃金支払いに支障が生じたあるいはその恐れが濃い場合に範囲を限定する。それは国による立替払制度が設けられた経緯にあり、それが賃金支払確保法の特色を最も示すと考えられているからである[6]。また、賃金支払確保法には社内預金や退職金の保全措置の定めがあるが、この点にもあまり言及しない。先に述べたように同法立法化を強く

4）　2016年設立。労働福祉事業団（1957年設立）を前身とし、直近では、独立行政法人労働者健康福祉機構（2004年設立）であった。

5）　多くの解説書で必ず指摘されている。それが賃金支払確保法制定を促す法制度上の問題であったわけで重要である。たとえば、有泉亨・青木宗也編『基本法コンメンタール新版労働基準法』別冊法学セミナー58号（1983年）109-112頁［本多淳亮］。有泉・青木宗也・金子征史編『基本法コンメンタール労働基準法〔第3版〕』別冊法学セミナー100号（1990年）106-111頁［渡辺章］。金子征史・西谷敏編『基本法コンメンタール労働基準法〔第4版〕』別冊法学セミナー164号（1999年）103-107頁［浜村彰］。なお、2004年破産法改正によって使用者の支払能力ある場合の未払賃金確保が強化されたとの指摘もある。西谷敏・野田進・和田肇編『新基本法コンメンタール労働基準法・労働契約法』別冊法学セミナー220号（2012年）82-85頁［土田道夫］。

6）　渡辺稔「未払賃金の立替払制度」『労働基準実務百選〔第3版〕』別冊ジュリ90号（1986年）48頁。岡田憲和「未払賃金の立替払制度」『改正労働基準実務百選』別冊ジュリ98号（1988年）47頁。

意識させたのは未払賃金（退職金を含む）でありそれを国家による立替払制度によりよって解決を図るところにある。この点に的を絞ることとする。

一　法制定前史

1　社会的経済的背景[7]

　賃金支払確保法は、1976年に成立した。1973年第1次オイルショック以来の総需要抑制策の下における深刻な不況は、第2次オイルショックを経て、わが国の高度経済成長に終止符を打ち、低成長期に入るきっかけとなった。オイルショック以降の不況のなか、海外との競争力強化するために、企業は、自らの生き残りを銀行や親企業・大企業主導の「スクラップ・アンド・ビルド」による企業系列化にかけた。

　そうしたなかでこの時期、労働運動は戦後労働運動の大きな節目を迎えようとしていた。すなわち、ストライキ権を制限されている国鉄（現ＪＲ）・電電公社（現ＮＴＴ）・専売公社（現ＪＴ）・国家公務員現業職（郵便・印刷・造幣・林野・アルコール専売）を中心とする官公労働者の労働基本権回復が高揚期を迎えていた。1975年12月、8日間の国鉄労働者を中心とする公労協による交通スト（スト権スト）が行われた。それは後に違法ストを理由とする巨額の損害賠償請求訴訟が起こされ、1980年代初めの中曽根内閣による民営化へと進んでいく。

　政界では、1976年にロッキード事件が発覚して大きな政治スキャンダルが起きている。

　1973年の第1次オイルショックは、日本経済を高度成長から成熟した低成長時代に舵を切るきっかけとなったはずであった。しかし、第1次オイルショックによる景気の落ち込みは大きく、工業生産の停滞を招き、生産縮小から労働需要にもブレーキがかかり大量の失業者増を招いた。とくに民間部

---

[7]　1973年あたりから拾っている。年表でみると、たとえば、法政大学大原社会問題研究所編『社会・労働運動大年表〔第3巻〕』（労働旬報社、1986年）では、158-217頁にあたる。

門では、雇用調整、一時帰休や学卒予定者の新規採用の中止や自宅待機、内定取消しが大きな社会問題を引き起こした。

ただ、一方での「スクラップ・アンド・ビルト」政策による強力な合理化や過剰ともいえる雇用調整は、他方で、後に日本経済の余力を生んだともいえよう。1970年代末に訪れる第2次オイルショックでは多くの先進諸国ではスタグフレーションに陥るなか、わが国の影響は軽微に留まり1980年代のバブルを迎えたからである。

本稿の課題に即していうならば、企業倒産が相次ぎ賃金未払案件の増加が大きな社会問題になる（表3）[8]。とくに、未払賃金確保とりわけ企業倒産にともなう未払賃金増加への対処が喫緊の課題として強く意識された。賃金支払確保法はこうした状況を社会的背景として成立した。

2　労働側の動き[9]

賃金不払の発生が避けられないなか、それが労働者に深刻な問題となるのはなんといっても、企業倒産のときである。企業倒産を含め企業の経営不振時に生じる賃金不払・遅配に労働者が取りうる有効な法的に手段は、現実には本稿の課題である賃金支払確保法まではほとんどない状態であった。そうしたなかで、労働側は企業倒産や経営不振による賃金不払・遅配にどう対処しようとしたのであろうか。それは賃金支払確保法にどう影響したのであろうか。

（1）高度経済成長期の自主管理

企業倒産は、何も1970年代のオイルショック期特有の出来事ではない。資本主義的生産様式をとる以上倒産は避けられない。戦後に限っても1955年以降の高度成長期において、独占企業がその資本や生産を拡大し中小を呑

---

[8]　労働省労働基準局編『賃金不払の現状と対策の方向――労働債権の履行確保に関する労働基準法研究会報告』（労務行政研究所、1975年）。以下、同報告を「労働基準法研究会報告」という。

[9]　山本博・伊藤博義・筒井信隆・平沢栄一・山口悦司「座談会　不況下の企業倒産と親会社・背景資本の責任」労旬889号（1975年）8-34頁。

表3　賃金支払確保法前夜の賃金不払（退職金含む，社内預金含まず）の状況

時期	件数	対象労働者数	金額（千円）	解決不能＊ （千円）
昭和47年度下期	5,183	19,339	1,389,391	507,843
昭和48年度上期	4,926	25,439	1,703,527	221,079
昭和48年度下期	4,456	21,393	1,788,963	307,015
昭和49年度上期	5,618	35,575	4,006,050	403,105
昭和49年度下期	6,063	59,786	10,750,401	762,956

＊「解決不能とは法人の清算が結了したとき、事業主又は労働者が所在不明のため解決の見込みがないとき、司法処分を行ったとき等に、監督によっては実質的な解決をなし得ないものとして処理した場合をいう。」(「労働基準法研究会報告」17頁より引用)。
出典：労働省労働基準局編『賃金不払の現状と対策の方向－労働債権の履行確保に関する労働基準法研究会報告』(労務行政研究所、1975年) 16、19、21頁、第1表「賃金不払等の現状」第2表「賃金不払等の推移」、第3表「賃金不払事件の処理状況」(労働省労働基準局「賃金不払い事件、貯蓄金返還不能及び工賃不払事件処理状況報告」) より作成。

み込んでいく過程で中小企業の倒産はあった。

　労働側は企業倒産にともなう失業という深刻な事態に直面してさまざまな方法で対処してきた。高度経済成長期にあっては、戦後直後の使用者の生産サボタージュに対する生産管理闘争の流れをくむ、倒産・解雇に反対して職場占拠して労働者自ら生産を行う「自主管理」闘争が行われ、そのなかで会社再建を含む解決策が模索された（後述）。

　こうした闘争方式が取られたのは、それなりの理由がある。すなわち、労働側が職場占拠して工場や生産手段等を確保している間、それらの処分がなされずまた高度経済成長期の物価や地価の上昇によって負債が軽減され、抵当権者など債権者と労働側との話合いが未払賃金や退職金の支払いとか会社再建に向かうとかいったかたちで解決を図ることが期待できたからである。また、このような抵当権者などとの話合いは、賃金等の先取特権が職場占拠によって現実には活用できる。「実務的には団結権によって担保される」[10]状況をもたらしたともいえよう。

(2) オイルショック以降の低成長期の使用者概念の拡大

　オイルショック以降の不況は、高度経済成長期の「自主管理」闘争を可能

---

10)　前掲注9) 10頁［山本発言］。

にした状況とは異なるものであった。企業は生き残りをかけて、海外との競争力強化するために銀行や親企業・大企業主導の「スクラップ・アンド・ビルド」による企業系列化を行った。そうした企業の動きによって労働側が主体的に会社再建に手を貸す[11]ことや自主管理により雇用の確保を期待することができなくなり、労働側はしだいに未払賃金などの労働債権の確保や雇用保障を銀行や親会社、元請企業にその責任を問うようになった[12]。

すなわち労働側は、資金力の弱い中小零細企業や下請企業の労働者の未払賃金の支払いを、中小零細企業や下請企業に代わって、銀行や親会社、元請企業に求めたのである。すなわち巨大企業の責任を問う「使用者概念の拡大」運動である。これを実現するには、「職場占拠」を継続して自主管理(自主生産)続けながら粘り強く交渉する必要があった[13]。

この「使用者概念の拡大」運動は、当時、海外競争力強化のために独占大企業主導で行われていた「スクラップ・アンド・ビルト」による企業系列化に対応したものであった。すなわち、中小企業や下請企業の倒産は独占企業の政策によってなされ、そのしわ寄せがこれら企業の労働者への未払賃金や退職金の不払いや雇用の喪失となったからである。ただ、留意しなければならない点は、自主管理から使用者概念の拡大へと運動方針が変わったとしても、運動を支える基盤が「職場占拠」であることは変わらなかった点である[14]。

(3) 労働側の運動の柱と職場占拠

労働側の発言力を担保する職場占拠は、それだけではなく、企業活動をしている企業への雇用保障をさらには根源的な未払賃金確保の重要性を担保する実質的な機能を果たしてきた。

---

[11] 平井陽一「田中機械における労使関係——倒産・工場占拠・自主生産に至る経緯」明大商学論叢97巻1号 (2014年) 1-13頁。当該論文では、組合が労金から融資を受けて、会社に貸し付けたエピソードなども綴られており (8頁)、興味深い。

[12] 前掲注9) 8、10頁。渡辺正雄「倒産対策の推移と今日の問題/未払労働債権確保の制度改善について」労旬902号 (1976年) 24-37頁、とくに25頁。

[13] 戸塚秀夫・井上雅雄「第4篇中小企業の労働争議——全金H精機・全国一般S機械の倒産反対争議」労使関係調査会編『転換期における労使関係の実態』(東京大学出版会、1981年) 513-652頁、とくに633-652頁。

[14] 前掲注9) 12頁 [筒井発言]。

賃金支払確保法はそういった労働側の事情に対してどのような機能を果たしたのであろうか。オイルショック以降の労働運動は、一方においては官公労働者のスト権奪還ストおよび民間からの損害賠償請求に、他方においては「職場占拠」型の争議の減少へと向かったように思われる。

3　賃金確保に向けた理論的背景

　ところで、賃金未払が生じ労働者が生活に困窮する事態は何も企業運営が危殆に瀕したときのみに生じるわけではない。賃金支払に関する法制度による。いわば根源的原因が背景にある。その意味では、賃金不払はオイルショックを引金にした総需要抑制策のあおりによる一時的問題ではない。

　賃金支払いに支障が生じる問題は、賃金支払確保法制定が議論される以前の戦後昭和25、6年ごろから、理論問題として労働省内部で議論されてきた[15]。以下、理論的検討について述べる。

　賃金確保の重要性は、一般に「そもそも、賃金は、労働契約の基本的な要素であり、労働者とその家族の唯一の生活の源泉」[16]たるところにある。それが顕著に現れるのは、「企業倒産等により使用者に賃金支払能力がなくなった場合に、……賃金債権について、その実質的な救済を図る方途は全くない」[17]時点である。この点で労働基準法研究会報告に述べることは確かにそうである。しかしそもそも、使用者に賃金支払能力がなくなった場合に初めて賃金確保問題が生じるのであろうか。そうではなく、労務提供と賃金支払いとの仕組みにそもそも未払賃金の発生と確保問題の深刻さがあるのではないだろうか。

（1）賃金後払いの原則

　「一般に、賃金不払が生ずる根本的原因は、労働契約に基づく労務の提供は直ちに行われるのに対し、その対価の支払は一定期間後に行われることに

---

15)　岸良明・仙田明雄「対談　賃金の支払の確保等に関する法律について」月刊労働基準（労働省労働基準局編集）28巻7号（1976年）6-19頁、6頁［岸氏発言］。
16)　前掲注8）「労働基準法研究会報告」14-15頁。
17)　同上15頁。

なっており、この間の保障が何らなされていない」[18]との指摘がある。また、「賃金……債権は、労働力の売買において同時履行されることなく、常に後払いであるため、……一方的な履行懈怠に陥る危険性が内包」され、賃金不払いは後を絶たなかった、との指摘がなされている[19]。

　これらは、賃金後払いの原則を前提とする観点からの指摘であるが、賃金不払いが起こる原因を基礎論のレベルから捉えていたことが窺える。すなわち、労働債務の履行と賃金支払いが同時履行されえないことがそもそもの問題の端緒であるということである。

　とりわけ、この基礎論レベルの問題端緒を労働基準法研究会報告が捉えていた点は重要である。賃金確保が重要課題となることの理論的レベルでの法状況の認識がすでに賃金支払確保法の法案作成前にあったのである。

　立法問題となることの多くは、あることが社会問題化してからであろう。実際、賃金支払確保法も、構造不況のあおりで賃金遅配・賃金不払が起き重要な社会問題とされてからであった。

　しかし、法理論の視点からはどうであろうか。賃金後払いの原則が所与のものといいうるかは議論の余地がある。賃金後払いの原則の根拠とされているのは民法624条1項で、一般には、これをもって労務提供の後に具体的請求権が発生すると解されている[20]。

　とはいえ、同規定は本来、賃金債務履行期について定めたものである。したがって、理論的には特別の約定があれば、民法624条1項とは異なる取扱いができることになる[21]。この点から、立法的検討をするうえで検討対象にできるはずであるが、法制定の下敷きとなった同研究会での指摘からするとなされていないといってよいであろう。どうしてかは知る由もないが、労働法の限界といったところかもしれない（後述・秋田論文）。

---

18) 同上45頁。
19) 河越重任「不払労働債権の保全と賃金支払確保法案」労旬902号（1976年）15-23頁、とくに15-16頁。
20) 我妻栄『債権各論〔中巻2〕』（岩波書店、1962年）580頁。
21) 毛塚勝利「賃金・労働時間法の法理」日本労働法学会編『講座21世紀の労働法〔第5巻〕』（有斐閣、2000年）2-21頁、とくに8頁、菅野・前掲注1）407-408頁、渡辺章『労働法講義上総論・雇用関係法I』（信山社、2009年）303-304頁、など。

以上からすると、未払賃金発生問題は、単に倒産などによって賃金が支払えなくなった事態が生じた現実問題にその端緒があるのではないことは明らかである。賃金支払確保法制定は政策的判断が濃厚になったといえよう。

（2）賃金債権の弁済順位の引上げ

　未払賃金いの発生が避けられない仕組みとなっていることを前提にして、賃金が労働者やその家族の生活を支える源泉であることをふまえて考えられるのは、賃金の優先的弁済の確保である。

　賃金の優先弁済については民法・商法に先取特権を認めるなど各種の定めがおかれ一定の保護がなされている。しかし、労働者救済としては不十分である。

　そのなかで、賃金支払確保法案の成案の前の労働省の当初案では、最も有効と考えられる、抵当権を超えた第1位の優先順位とすることが生存権保障の趣旨から必要であるとしていたようである[22]。しかし、成案には盛り込まれていない。この点について、秋田教授は、「労働者の救済対策という域を超えて賃金債権の法的地位の根本的変更という立法政策の原理的変革」[23]に当たり、市民法の修正に過ぎない「労働法というものの限界点を垣間見る」[24]との指摘されている。

（3）留置権

　未払賃金いの発生が避けられない仕組みになっていることを前提として、次に検討されるべきは留置権であろう。たとえば、製造業において、賃金支払いがあるまで保管等している製造した製品の引渡を拒絶する（留置する）ことができるかである。

　賃金支払確保法の立法的検討をする際、留置権について検討されたか否かははっきりしない。少なくとも労働基準法研究会報告や法案作成にかかわり

---

22) 秋田成就「『賃金の支払の確保等に関する法律』の成立をめぐって」書斎の窓255号（1976年）20-26頁、とくに24頁。
23) 前掲注22) 24頁。
24) 同上24頁。

をもった労働省担当者の発言[25]からは窺い知ることはできない。しかし、以下の点から検討するに値する論点ということができる。

　製造業での完成品（製造した製品）の所有権は使用者に属するが、だからといって労働者に留置させるべきではないとの根拠にはならない。労働者に製品の留置権を認めるか否かは、賃金の支払いを間接的に強制することを目的としているのであり、それを認めるのが妥当か否かの問題であるからである[26]。米倉教授は、これを肯定される。しかし、労働者に留置権を認めたとしても、「さほど有利な担保手段とはいえない」[27]とも述べる。それは、競売権を認められるが優先弁済権が与えられていないので競売しても実益がないからとされる[28]。また、会社が破産するともはや留置権は効力を失うので、最悪の事態では何の役にも立たないからとも述べる[29]。結論としては、「実際問題として、製品を留置することによる事実上の弁済強制は、かなりの効果をあげるのではないだろうか。留置権を認められる方がそうでない場合に比べて、やはりましであるということはできるであろう」とする[30]。こうした留置権の検討は有効な手段とはいいがたいものの、未払賃金確保に向けた労働側からの自発的対処方法として機能しえたとは言えよう。

4　特定領域における先行的対策

　賃金支払確保法に先行して賃金不払に立替払いで対処する制度があった。三つあるが、いずれも限定された職種でありその目的とするところも限られていた。

---

[25]　畠中信夫「労働債権の保護とその履行確保」労働法学研究会報26巻38号（1975年）1-24頁。仙田明雄「賃確法の思い出あれこれ」月刊労働基準（労働省労働基準局編集）48巻7号（1996年）14-16頁。菊地更旨「労働基準行政50年の歴史　賃金行政の展開と最低賃金制　第3話『賃金の支払の確保等に関する法律』の制定をめぐって－労災保険システムで未払の救済－」月刊労働基準（労働省労働基準局編集）49巻3号（1997年）32-37頁。前掲注15) 6-19頁。
[26]　米倉明「賃金債権の確保と民法」ジュリ608号（1976年）23-30頁、とくに23-24頁。
[27]　同上25頁。
[28]　同上25頁。
[29]　同上26頁。
[30]　同上26頁。

(1) 立替払等勧告制度

　建設業界にあって資金的基盤の脆弱な零細下請業者が多数存在するなか、雇用する労働者に支払うべき賃金を遅配することが見受けられた。この事態に対処するため、1971年に建設業法を改正して設けられた制度が立替払等勧告制度である。当該制度は、第一次元請負人である特定建設業者に実質的に監督される関係にある下請業者が賃金支払を遅延した場合で、建設大臣（国土交通大臣）または都道府県知事が必要と認めた場合に、その第一元請業者である特定業者に対して未払賃金の一部または全部を立替払するように勧告するものである（建設業法41条2項）。

　当該制度に関して、労働基準法研究会報告は、「かなりの成果をあげているが、その適用対象は、建設業の一部に限定されている」と評している[31]。事実、業界のなかで共同して賃金遅配に対処しようとする画期的な制度であるとはいえよう。

　しかし、労働基準法研究会報告にもあるように範囲が建設業に限られるかなり限定的なものである。また、大臣や都道府県知事がどのような場合に必要と認めるか等について裁量の範囲が不明瞭である結果、裁量の範囲が多く問題がある。また、勧告に止まり、勧告に従わなかった場合それに対する制裁など実効性確保の手段がなく、勢い行政の監督権限に寄らしめることになる点でも問題があるといえよう。

(2) 漁船乗組員給与保険制度

　漁船乗組員給与保険法（1952年）にもとづく制度で、漁船乗組員が抑留された場合に、漁船保険組合[32]が抑留期間中の留守家族に対して給与に代えて保険金を支払う制度である。漁船損害等補償法とは別に、同法にもとづく漁船保険組合が行う漁船乗組員給与保険事業および政府が行う再保険事業により運営されている。

---

31)　前掲注8)「労働基準法研究会報告」46頁。
32)　漁船損害等補償法（1952年制定）にもとづく漁船を対象とする保険制度。漁業者の結成する漁船保険組合が保険料を徴収し、不慮の事故により漁船が沈没したり破損したりした場合に保険金を支払う。

（3）炭鉱山整理促進交付金制度

石炭鉱山閉鎖にともなう解雇に際し、残る未払賃金の弁済を石炭鉱業合理化事業団が代位弁済する制度がある。1955 年に制定された石炭鉱業合理化臨時措置法[33]（1992 年に名称変更され、石炭鉱業構造調整臨時措置法となる）は、33 条で同事業団が解雇された炭鉱労働者に対して 30 日相当の金銭を支払うよう求め、34 条で同事業団が退職金を除く炭鉱が買収された日までに弁済期の到来している鉱山労働者の賃金を支払義務のある採掘権者や採掘する権利を持つ者に代わって弁済できる旨を定めている。

二　賃金支払確保法案

1　制定に至る議論

高度経済成長にあった日本が、「初めて経験した大不況への緊急対策の意味合いがあり、この大不況がなければ、平時には生まれることもなかったであろう」[34]と評される賃金支払確保法である。制定に向けた具体的検討は、喫緊の緊急対策としての面が強かったように思われる。労働省部内では、「労働基準局内では、……労働債権の確保の問題についてかねてから監督課で相当に研究を重ねてきていたが、昭和 40 年代後半のいわゆるオイルショックに端を発した長い不況とその後の景気回復の鈍さから企業倒産及び賃金未払が高水準に推移し、…有効な賃金未払対策の樹立を労働行政に求める声が強まっていた」[35]とされる。

（1）賃金債権研究会

また、「一　法制定前史」の冒頭で記したように労働省部内では、1952 年ごろから未払賃金の問題は議論されていたようである。岸・仙田対談[36]で

---

33) 旧法　http://www.shugiin.go.jp/internet/itdb_housei.nsf/html/houritsu/02219550810156.htm を参照。
34) 菊地・前掲注 25) 32 頁。
35) 仙田・前掲注 25) 14 頁。

は、制定の経緯について概要以下のように触れている。

　具体的組織的な検討が始まったのは、労働基準局での賃金債権研究会[37]で、主に賃金債権の保護に関する外国の法制およびわが国制度の実情等を研究していた。1973年ころは景気の下降傾向は出はじめていたものの、賃金不払は過去数年漸次減少傾向にあり、1974年度の予算では時期尚早ということで新政策にはとりあげられなかった[38]、と。

（2）1974年臨時国会での雇用保険法改正での付帯決議[39]

　このように、賃金支払確保法が制定されるに至るには、①オイルショックによる不況にともなう賃金不払いが中小零細企業で激増して大きな社会問題となり、②雇用保険法の抜本的改正が1974年末に臨時国会で成立した際の「早急に検討するべき」旨の付帯決議があった、ことが指摘できる。付帯決議には、「中小企業の倒産等による不払賃金の救済制度の確立について早急に検討すること」と記されていた。この付帯決議に関しては、1976年5月10日の第77回国会社会労働委員会で、長谷川大臣が行った賃金支払確保法案提案理由でも触れられている[40]。

　付帯決議を受け、労働省内では、「当初、特に賃金不払い事例の多い建設業に的を絞って予算措置で対処した後、法制的な整備を図る方向（であったが—筆者注）、……監督課では労働基準法研究会において、労働債権の履行確保対策について……検討し、それと並行して所要の法律案を次期通常国会に提出すべく基本的な構想がまとまりつつあった」[41]こうした経緯から法案は労働基準局が所管となって進められた。

---

36) 前掲注15) 7頁。
37) 1972年に石川吉右衛門教授を中心にした研究会。労働基準法研究会報告を出した研究会とは別組織で、同研究会より前に組織されていた。
38) 前掲注15) 7頁。
39) 第74回国会衆議院社会労働委員会議事録第2号。
　　http://kokkai.ndl.go.jp/SENTAKU/syugiin/074/0200/07412200200002.pdf
40) 第77回国会衆議院社会労働委員会議事録第5号2頁。http://kokkai.ndl.go.jp/SENTAKU/syugiin/077/0200/07705100200005.pdf
41) 菊地・前掲注25) 33頁。

(3) 労働基準法研究会報告

労働省は、1975年4月、労働大臣の私的調査研究機関である労働基準法研究会（峯村光郎会長）に立法に向けた調査研究を依頼した。同研究会は第1小委員会で調査研究を重ね、同委員会は、1975年7月14日、賃金未払発生状況、賃金支払確保等に関する問題点ならびに賃金支払確保措置の基本的考えを示した『賃金不払の現状と対策の方向—労働債権の履行確保に関する労働基準法研究会報告—』（本稿での「労働基準法研究会報告」）を、労働基準法研究会に報告し、同月31日には労働大臣に同報告書を提出するに至った。

(4) 中央労働基準審議会における審議

労働大臣の諮問機関である労働基準審議会は、1975年11月13日、審議会内に設けていた「社内預金小委員会」を改組して「労働債権小委員会」を設置して、検討に当たらせた。

その結果をふまえ、労働省は「賃金の支払の確保等に関する法律（仮称）案要綱」をまとめ、1976年1月24日、中央労働基準審議会に対して諮問した。審議会は同要綱を了承した。ここで初めて、国による立替払制度、当該制度の対象者を退職者とすること、支払期間などの限定などが明確にされた。

(5) 国会審議

労働省は、労働基準審議会答申にもとづき、賃金支払確保法案を1976年2月16日、第77回通常国会に提出した。同法案は、5月11日衆議院社会労働委員会、13日本会議、18日参議院社会労働委員会、19日本会議にて、いずれも原案通り全会一致で可決・成立した。

2 状況認識

労働基準法研究会報告に示された状況認識は概要以下のとおりである。

(1) 賃金不払いに対する不備

オイルショックによる長期不況に対処するため雇用保険法制定による一時帰休に対する雇用調整給付金支給、失業手当の充実など、さまざまな措置が

講じられたが、賃金不払いに対する効果的な手段は、制度的にも行政的にも整備されているとは言えない。

（2）賃金不払いの発生態様

賃金不払いには、労使間のトラブルがあり支払能力があるにもかかわらず賃金不払いが発生している場合と企業倒産といった使用者に賃金支払能力がなくて賃金不払いが発生している場合とがある。

（3）賃金支払能力を欠く場合の救済方法の不備

賃金は労働契約の基本的要素であり、労働者とその家族の唯一の生活の源泉であり、したがって、賃金支払を確保することは労働条件施策の上で最重要課題である。しかし、現行制度は、とくに企業倒産等により賃金支払能力がなくなった場合に賃金債権について実質的な救済方途がまったくない。

（4）企業破産時の賃金支払いの不備

破産に陥ったときの賃金の不払等に対する労働者の保護が不十分である。破産法においては先取特権を与えられている部分の賃金は優先的破産債権とされるが、その保護は別除権者や財団債権者に対して弁済された残余の破産財団だけである。通常、その残余部分は十分残されることはなく、労働者は「実質的には救済され得ない」。仮に賃金支払いに充てる財産が残っても破産手続きに従ってしか弁済されないので、配当開始まで「経済的な困窮を余儀なくされる」。

3　立替払制度の対象限定と労使紛争の取引材料としての賃金不払

賃金支払確保法（案の段階でも）は退職者に限って立替払制度の利用ができるとした。

最も弊害の大きい企業倒産時の未払賃金の確保に重点を置くことは現実的対処として理解できる。しかし、現実問題以上に賃金不払問題は賃金支払義務と労働債務との構造問題に発生根拠のある理論問題でもある。立替払制度はこの構造問題に触れることなく政策的に解決しようとする試みである。

その立替払制度の政策判断が賃金支払確保法（案）では退職者に範囲を限定したことはどう理解すればよいのであろうか。そもそも支払期に達した賃金が支払われないこと自体が問題であり退職者に限ったことではない。不払の危機が現実問題となった企業倒産のとき、どう対処するかの政策判断で退職者に限るのも選択肢の一つであっても必然ではない。労働基準法研究会報告でも、前記状況認識に限っては、企業に支払能力がなくなったことには触れるものの退職者に限るとはしていない。

　次に、労使紛争の取引材料として賃金不払いが行われることをどう理解するかである。労働基準法研究会報告では、支払能力があるにも関わらず労使トラブル（労使紛争）で賃金不払いとなっている場合に触れている。

　この点についてどう捉えているかははっきりしないが、労使紛争で使用者に支払期が到来している賃金を支払わないで、労使紛争の取引材料視すること自体が問われるべきである。団結権保障の下での労使紛争の行方に、使用者の債務不履行が使用者の有利に作用することとなることが容認されてはならない。立替払制度の設計にあっても賃金不払いを取引材料化することを避けることが後述の「社会的公正の確保」になるというべきである。

4　賃金支払の確保措置の政策理念

（1）賃金支払等の確保措置の政策理念

　支払われるべき賃金が支払われないと、労働者の生活は、直ちに深刻な影響を被る。賃金不払いの危険から労働者を保護しその生活の安定を図ることは、「社会的公正の確保」[42]の点からも早急に取り組むべき課題であり、「企業倒産により使用者に支払能力がないため賃金不払が生じている場合には、実質的に労働者を保護するための方途を考えるべき」[43]である。その措置として、建設業法に定める立替払勧告制度（前述。下請会社が支払い不能となった場合に元請会社に立替払をするよう建設大臣が勧告する制度）を同じような元請下請関係がみられる業種にも拡大させること等を提案してい

---

42)　前掲注8)「労働基準法研究会報告」48頁。
43)　同上48頁。

る[44]。

(2) 使用者負担による救済制度

海外の救済制度は使用者負担による救済制度であり、わが国もその種の制度が求められる。その場合、対象にする賃金不払の範囲と制度の悪用にどう対処するかの検討が必要である。

なお、中小零細企業では倒産法上の手続きが利用されないことが多いので、事実上破産状態に陥った場合も同様の措置を講じるべきである。

(3) 小括

労働基準法研究会報告では、「社会的公正の確保」の視点から、賃金不払いの危険からの労働者およびその家族の保護と生活安定を図るとし立替払制度を提案している。何が「社会的公正の確保」に当たるのかよくわからないところではあるが、思うに以下のようなところではあるまいか。

すなわち、市民的契約自由を謳歌する会社がその法的基礎をなす契約を遵守することが社会的公正である。また、仮に契約当事者である会社が責任を果たせなくなった場合の危険を契約相手方である労働者に負担させることは社会的公正に反する。したがって、下請元請関係にある元請会社、親子会社関係にある親会社や融資を行う安定株主である銀行といった関係ある組織や全ての会社組織が、社会的公正を保つ責任を負うべきである。それは契約当事者の責任を肩代わりして、賃金不払いによる生活の危険から労働者を救済することによって果たされる。その有用な方法が立替払制度であるといったところであろう。

また、賃金支払確保法の立替払制度に関してではあるが、すべての事業主の負担で義務履行をする制度であると捉えて「個人責任の社会化の思想を基盤とする」[45]との見方もある。労働基準法研究会報告の時からかかわっていた関係者の言であるから、「社会的公正の確保」と意味するところは同じ

---

44) 前掲注8)「労働基準法研究会報告」49頁。
45) 仙田・前掲注2) 141頁。

といっていいであろう。

　以上のように、労働基準法研究会報告の「社会的公正の確保」を捉えることができるならば、次の2点を指摘することができるように思われる。まず、国家による未払賃金の立替払制度に退職者という限定を付すことは少なくとも前提ではなかったという点である。そして第2に、未払賃金が労使紛争のとりわけ使用者側に有利な取引材料に用いられることがあってはならないという点である。

　退職者という対象限定などは、賃金支払確保法案において登場し、それは政策的側面が濃厚であったと指摘することができよう。

三　労働側の賃金支払確保の方策

　労働基準法研究会報告が発表されたころ、労働側は「独占・政府が推し進めるスクラップ・アンド・ビルドの政策に対決する本格的な反合理化闘争の展開が急務」[46]であるとし、その柱の一つに独占・銀行等に対する責任追及（使用者概念の拡大）を据えて雇用保障、倒産反対、労働債権確保の要求を行うとの方向で進んでいた。

　総評は、第50回定期大会（1975年）で、未払労働債権確保について全使用者に対する納付金によってまかなう制度を内容とする「未払賃金保障法案要綱」を、また、1976年度政府要求として企業賦課金と国の補助による雇用保障を掲げている。

　また、労働基準法研究会報告を受けて、同報告に触れつつ、未払賃金等の確保に関しては、「抵当権優位性の打破」を求める闘争が掲げられる[47]。前掲一法制度前史1（1）で触れた優先弁済順位の引上げである。また、不払賃金の立替払制度に関しては、使用者概念の拡大の考えから、中小・下請企業を「倒産・解雇へと追い込んだ背後の支配企業の責任を回避させることであってはならない」[48]とする。

---

46)　前掲注9）31頁［山本発言］。
47)　同上33頁［山本発言］。
48)　同上34頁［伊藤発言］。

1　賃金確保制度に関する労働側の基本姿勢

　大企業による「スクラップ・アンド・ビルド政策」に対して、労働側は、大企業・銀行の責任を追求して、雇用確保と労働債権確保の両立を企図して対抗した。その形態は「職場占拠」型の闘争であった。労働側は雇用継続のうえに立った労働債権確保の制度要求を模索してきたといえよう。その観点から、労働側は、フランスにおけるリップ争議を起点とした未払賃金確保の制度要求実現の経緯に注目した[49]。

（1）国の債権に優先する賃金の先取特権

　まず、フランス労働法典には、労働者の直近の60日分の賃金について、国の債権よりも優先する先取特権が認められている。これは何よりも労働債権が優先して保障される点で重要であるが、実際には法制定に連なる論点として示唆に富んでいる。立替払制度が実施され立替金の回収の時に労働者が立替制度の外に残る残余の労働債権との優先順位の問題として重要になる。労働債権確保への対応である。

（2）リップ争議[50]

　1973年、フランス・時計製造会社リップの経営不振に対する国への融資による救済要請に対して、フランス国立銀行・政府の産業開発機構とスイスの時計会社は、大量の人員解雇を含む組織改革と高級時計部門の縮小を求め、応じなければ融資できないとして国立銀行の融資を凍結した。これに対して労働側は解雇反対・雇用継続を維持する「職場占拠」、「生き残るための賃金」確保を目的として自主生産・製品販売を実施し、それで得た闘争資金を賃金とした。工場明渡し命令後、場所を変えて自主生産が続けられるなか、フランス政府・国立銀行と労働側との間で「ドール協定」が締結された。その内容はリップ社従業員をもって新会社を発足させることが中心であった。

---

49)　渡辺・前掲注12）27頁。
50)　同上27-29頁。小山修「フランスＬＩＰ労働者の『自主管理闘争』について」明大経営論集23巻1号（1975年）137-168頁。

リップ争議の発展の背景について、総評弁護団幹事（当時）の渡辺氏は、「職場における組合活動が活発になっていたこと」、「リップ労働者が雇用の保障とともに、当面する『生き残るための賃金』を自主管理という闘争形態をとおして要求してたたかったこと」が、「破産すなわち裁判上の整理等の場合でも、未払賃金だけは全額確保できる」基本となったという[51]。

（3）小括

労働側の未払労働債権確保の要諦は、大きく分けて二つある。第1には、雇用保障と不払賃金確保の双方を追求するのであり、雇用の終了を前提とする制度ではない。不払賃金はすでに履行期にある債権の確保であり、雇用の終了を前提にしない。第2には、雇用の保障と不払賃金確保を実現するには、「職場占拠」の手段は不可欠であったことである。既述の留置権の保障は使用者や債権者ひいては親会社・銀行・系列大企業との団交による労使自治による解決を引き出す必須の手段であったといえよう。また、正規従業員を単位とする企業別組合にとって唯一の団結基盤は、従業員＝職場であり、「職場占拠」はその基盤を基にしている。その基盤を失うことは、団結そのものへの計り知れない損失であったといえよう。

政府案は、国による不払賃金の立替払制度の適用対象を退職労働者に限定する点で、「組織された、とりわけ倒産に直面してたたかっている組合にとっては、かえって障碍になりかねない」[52]。それどころか、事実上の破産であるか否かの認定は、争議に国が「退職するよう」介入することを意味する。既述のように未払賃金は雇用継続であっても支払わねばならぬ履行期にある債権であって、退職を前提とするものではないからである。

2　労働側の不払賃金確保法案

（1）抵当権に優先する労働債権

総評法対部・総評弁護団からなる「労働債権確保法案（仮称）—賃金及び

---

51)　渡辺・前掲注12) 29頁。
52)　同上31、32頁。

退職金等の支払確保に関する法改正案」[53]では、労働債権が抵当権に優先する法令の検討を求めている。

(2) すべての不払賃金

総評の「未払賃金保障法案要綱」[54]では、労働者が保障される賃金債権を使用者の責任において支払われるべきであるにもかかわらず未払・不払となっているすべての賃金とし、毎月1回以上定期日払の賃金についてはその期日に支払われなかった場合、労働組合（もしくは労働者の過半数代表）による申出が、「未払賃金保障委員会」にその全額を「未払賃金保障基金」から当該使用者に代位して払わなければならないとする。

(3) 未払賃金保障委員会と未払賃金保障基金

総評の「未払賃金保障法案要綱」では、「未払賃金保障委員会」という労使の代表を構成メンバーとする機関が不払賃金支払いの申出を受理して、「未払賃金保障基金」による代位弁済その他の処理の指示指導を行う。また、「未払賃金保障基金」の財源は全使用者から徴収した賦課金でまかない、「未払賃金保障委員会」の指示により代位弁済をするとともにその求償権を行使する。

(4) 小括

以上のように、総評の「未払賃金保障法案要綱」は、労働基準法研究会報告およびそれにもとづく政府の賃金支払確保法案とは、多くの点において異なった制度が提案されている。たとえば、抵当権に優先する労働債権への弁済はもとより、立替払（代位弁済）する不払賃金の範囲を限定せず全てを対象とする点、支払対象者を退職者に限定しない点、立替払機関が労使自治の機関である点、そして財源をすべての使用者からの賦課金で独自に確保しようとする点で異なっている。

---

[53] 資料「労働債権確保法案（仮称）——賃金及び退職金等の支払確保に関する法改正案」労旬902号（1976年）42-43頁。
[54] 資料「未払賃金保障法案要綱」労旬902号（1976年）43、23頁。

とくに、支払対象者を退職者に限定しない点は、雇用確保のために使用者との間で争いがある場合も未払いが発生しだい支払われうる。これは、賃金不払いを紛争解決の手段としない点で団結権を尊重した労使自治の考えである。また、指揮命令に従った労働と賃金との対価関係からなる労働契約の「契約」での労使対等性を補完するものとして重要である。

しかし、そのすべてが制定された賃金支払確保法には反映されなかった。

3 政府の賃金支払確保法案に対する批判

賃金支払確保法案に対しては、以下の鋭い批判・問題点が指摘された。ここでは、主に河越論文に触れながら述べる。

(1) 労働債権の弁済の基本的あり方

「労働にかかわる一切の債権は、最優先して完済されるべきであり、……それが不可能（なら——筆者注）……関連企業ないしは使用者全体の責任において支弁すべき」[55] として、使用者の出資する賦課金で設置する「未払賃金保障基金」が不払賃金全額を代位弁済するなど、前記労働側の法案を支持した。

(2) 政府法案の性格について

政府案の性格に関しては、賃金不払いという義務の「一方的不履行」に対して、賃金支払請求の権利保全や支払義務の履行確保の問題とせずに、企業経営能力がなければやむを得ないとして労働者「『福祉』の恩恵」にすり替えてしまっていると批判する[56]。

そして、政府法案は、一方で解雇反対闘争を続ける労働者が「真に」退職する労働者ではないからとして、立替払いの対象ではないと排除して労働側に厳しく対処する。これに対し他方では、政府法案は倒産・解雇反対運動の抑制と使用者には償還も期待しないというおおらかさを示したと批判す

---

55) 河越・前掲注19) 16頁。
56) 同上 17頁。

る[57]。

さらにこの批判は、政府法案が企業倒産よりも整理反対闘争を破綻に導くものとして機能すると指摘した点において、「賃金支払確保法案」の時代的な役割を喝破している。

また、他の論者は、立替払いは労働者が生産管理や解雇の効力を争っているときには、特別に立替払いできるように取り扱われることになっていると指摘しつつも、この取扱いが退職を見込むものであり労働者を分断する一面があることを指摘する[58]。

雇用の終了を前提とする立替払制度は、労働運動が雇用継続を求めつつ未払賃金の回収を図るとの目的からは完全に外れている。そしてなによりも、そもそも不払賃金の回収は雇用の終了を前提とするものではないことに今一度思いを致すべきである。

おわりに——制定後の賃金支払確保法

制定後40年が過ぎ賃金支払確保法とくに退職者に対する未払賃金の国による立替払制度は、本稿の「はじめに」で述べたように、安定した運用がなされているといわれる。事実、資料的にはそう言いうる。

しかし、立替払事業は独立した基金の下に運営されているのではなく、労災保険の労働福祉事業の一環として実施されている。したがって、回収金が増えない状況にあっては立替払金の多寡が財源の問題に直結する事態は当初からの問題として依然としてついて回る[59]。

また、企業が再建中に立替払金の返還請求を受けた場合、その再建企業の従業員の賃金を引き下げて返還に回すことが指摘されている[60]。これでは、労働者の負担のみによって立替払制度は運営されているということにもなりかねない。

---

57) 河越・前掲注19) 17頁。
58) 神村俊一「賃金確保」日本労働法学会編『現代労働法講座〔第11巻〕』(総合労働研究所、1983年) 82-101頁、とくに97頁。
59) 表1を参照。
60) 前掲注3) 又一征治議員発言。

以上の点をふまえると、賃金支払い確保法の理念として「個人責任の社会化」を掲げたことは、資本主義的生産方式をとる商品経済社会において回避できない事情を、生存権理念の下で、社会全体でカバーしようという理念としての意味とは、程遠い。

　最後に、「はじめに」で述べた本稿の目的の三つ目、すなわち、賃金支払確保法が、集団的労使関係、労働運動に与えた影響について述べて、おわりとしたい。

　それは、すでに指摘したように、政府法案が企業倒産よりも整理反対闘争を破綻に追い込むものとして機能するとの点にある。

　すなわち、賃金支払確保法制定時の時代情勢は、大企業による「スクラップ・アンド・ビルド政策」に対して、労働側は雇用確保と労働債権確保の両立を企図して「職場占拠」型の闘争を行っていた。つまり労働側は果たせないとしても雇用継続のうえに立った労働債権確保の制度要求を模索してきた。

　これに対して、賃金支払確保法の立替払制度は退職を前提とする。それは労働側に対して苦渋の選択を強いる。すなわち労働者の犠牲の下での制度だといえよう。元来資金力の弱い企業別組織を基盤とするわが国労働者組織にあっては雇用継続を求める闘争形態を継続することが困難であったことは容易に想像できる。立替払制度を利用することに傾かざるをえなかった。それは制度利用に現れている。制度の有効性が指摘されればされるほど、退職することとともに闘争の終了も意味する。事実、賃金支払確保法制定の1976年に、半日以上の同盟罷業の数は2715件であったのが、翌年には約1000件減らし1707件になっている。そしてそれ以降、減り続けて2016年には31件となって現在に至っている[61]。立替払の金額がさほど変化することなく現在に至っていること[62]をふまえると、賃金支払確法の制定が労働運動のあり様、とくに雇用継続を目指した同盟罷業に及ぼした影響は大きいと言わざるを得ない。

---

[61] 厚労省『平成28年労働争議統計調査の概況』11頁の附表「総争議、争議行為を伴う争議、半日以上の同盟罷業及び半日未満の同盟罷業の件数の推移」参照。
[62] 表1、2参照。これらによると、2002、03（平成14、15）年の立替払は例外的に多いが、安定的に推移しているとはいえよう。

もっと指摘するなら、企業別組織を中心とするわが国労働組合にとっては、立替払金を受領し退職することは労働者仲間が散り散りになり、個と化し[63]、組合としての再生の道は遠い。それまで33％の組織率を維持してきた労働者組織率が1976年後ほどなくして漸減し、現在では17.1％となってしまったが、底はまだ見えない状態が続いている[64]。このことが再生の道が遠いことを端的に示している。労働者連帯は退職とともに切れてしまうことを意味する。従業員としての雇用継続の命運が尽きることは、これほどの影響を持つものかと思う。

　賃金支払確保法の立替払制度は、集団的労使関係に大きな影響を与えることとなった。

---

[63] 藤本茂「『新しい公共』の担い手たる労働者組織——労使関係の主体たる労働組合」法学志林113巻3号（2016年）3-28頁、とくに3-4頁、6-12頁。

[64] 厚労省『平成29年労働組合基礎調査の概況』8頁の附表1「労働組合種類別労働組合数、労働組合員数及び推定組織率の推移（各年6月30日現在）」参照。

第6章
雇用の分野における男女の均等な機会及び待遇の確保等に関する法律

浅倉むつ子

はじめに

本稿は、雇用における男女平等を標榜する男女雇用機会均等法（以下、均等法とする）の制定と改正をめぐる議論の変遷を辿ることにより、日本の雇用平等政策が抱える課題の一端を明らかにするものである。女性労働政策は、①男女平等を実現・推進する政策、②母性保護および女性労働者の健康と安全を確保する政策、③就労と生活の調和を図る政策、から構成され、それらを具体化する立法も徐々に豊富化しつつある。本稿は、①の中心部分を占める均等法を対象とするが、必要なかぎりで、関連施策を具体化する周辺の諸立法にも言及する。

一 前史

1 先行した裁判

均等法が制定される以前、男女間の雇用平等に関わる法令としては、憲法14条1項を別にすれば、民法の一般条項（1条の2[1]、90条など）と労働基準法（以下、労基法とする）4条しか存在しなかった。はじめて雇用における性差別が裁判で争われたのは、結婚退職制に関する住友セメント事件・東京地裁判決（昭和41.12.20 判時467号26頁）[2]であった。引き続き数多

---

[1] 2004年改正後の現2条。

くの訴訟が提起されたが、これらは、当該差別行為が法律行為であれば公序良俗違反（民法90条）として、事実行為であれば不法行為（民法709条）として、処理されてきた[3]。

2 国際的動向

均等法制定の背景には、男女平等政策の国際的展開がある。国際連合は、1975年を国際婦人年と定め、1976年から85年を国連婦人の10年とし、その中間の1979年に女子差別撤廃条約を採択した（発効は1981年9月）。この条約が均等法制定の決定打となった。日本は1980年に同条約に署名し、署名から5年以内の批准をめざして国内法の整備を行う必要があったからである。

一方、ＩＬＯ（国際労働機関）は、1951年に第100号条約（男女同一価値労働同一賃金条約）を制定した。日本は同条約を1967年に批准したが、その折には法改正はなかった。条約勧告適用専門家委員会からは、日本の男女の賃金格差は大きいとして、男女の労働の「価値」を測定する手段が保障されていないことが問題であると、繰り返し、指摘されてきた[4]。

1958年にＩＬＯは第111号条約（職業上の差別撤廃条約）を制定したが、日本はこの基本条約をまだ批准していない。批准できない理由は明確にはされていないが、募集・採用という段階での性別以外の事由による差別が、国内法では明文によって禁止されていないということが一つの理由と考えられ

---

2) 結婚退職制は、性別を理由とする差別をなし、かつ婚姻の自由を制限するものであって、民法90条の公序良俗に違反し無効、とした。
3) 初の最高裁判決は、日産自動車事件（最高判昭和56.3.24労判320号23頁）であり、男子55歳・女子50歳の定年制は、女子労働者の定年年齢について合理的理由もなく差別するものであり、公序良俗に違反して無効とした高裁判決を維持して、上告棄却とした。賃金に関しては、秋田相互銀行事件（秋田地判昭和50.4.10労民集26巻2号388頁）が、男女別に本人給表を適用することは労基法4条に違反するとした。岩手銀行事件（盛岡地判昭和60.3.28労判450号62頁、仙台高判平成4.1.10労判605号98頁）は、家族手当の支給対象者である「扶養家族を有する世帯主たる行員」を「夫たる行員とする」のは、女子であることのみを理由として妻たる行員を著しく不利に取り扱うもので労基法4条に違反し無効、とした。
4) 浅倉むつ子『労働法とジェンダー』（勁草書房、2004年）69頁以下、森ます美『日本の性差別賃金――同一価値労働同一賃金の可能性』（有斐閣、2005年）33-34頁、森ます美・浅倉むつ子編著『同一価値労働同一賃金原則の実施システム』（有斐閣、2010年）ⅰ-ⅲ頁参照。

る。さらに、1981年にILOは第156号条約（家族的責任条約）を制定したが、均等法以前には、日本はこの条約を批准する方針を明確にしてはいなかった[5]。

3 男女別雇用管理の実態

均等法制定直前の雇用管理について、男女別にその実態をみておこう[6]。当時、大卒者を公募した企業のうち64.7％は男子のみを募集しており、大卒女子の雇用機会は限定されていた。男女とも採用した企業においても、採用条件が男女別という企業は51.3％あり、うち、職種の相違が6〜7割、資格・専攻技術等の条件の相違が2割であった。大卒女子については自宅通勤が条件とする企業も2割あった。女子には昇進の機会はないという企業は43.7％、管理職を対象とした教育訓練については、7割の企業が女子には実施していないと回答しており、雇用における男女差別は歴然としていた。

1985年の男女の賃金格差は、「賃金構造基本統計調査」では男性100対女性56.06[7]、「毎月勤労統計調査」では100対51.01であった[8]。当時の欧米ジャーナリズムは、日本の経済成長の秘訣として終身雇用制度や年功序列的賃金制度に注目する一方、日本における女性差別的慣行にふれつつ日本の女性労働者の地位を改善する必要がある、と指摘する記事が目立っていた[9]。

二 均等法の制定過程

1 野党各党の法案

国際的な男女差別撤廃の機運の高揚を受けて、日本でも男女平等への関心

---

[5] 日本は156号条約を1995年に批准し、その際に育児休業法を改正して、育児介護休業法とした。
[6] 労働省『女子労働者の雇用管理に関する調査』1984年。
[7] 浅倉むつ子『均等法の新世界——二重基準から共通基準へ』（有斐閣、1999年）8頁。
[8] 「毎月勤労統計調査」のほうが小規模事業所を多く対象にしているため、「賃金構造基本統計調査」より格差が大きい。
[9] 赤松良子『詳説 男女雇用機会均等法及び改正労働基準法』（日本労働協会、1985年）104頁以下。

が高まり、政府は、1977年に「国内行動計画」を、1981年には「婦人に関する施策の推進のための『国内行動計画』後期重点目標」を制定し、その達成に向けて関係省庁が施策を推進し始めていた。一方では、男女差別をめぐる訴訟が提起されることにより、差別を禁止する法制度の欠缺が顕在化した。

このような情勢のなか、1979年以降、野党と日弁連は、雇用平等法案ないし法案要綱を次々に公表してきた[10]。これらは、運動の中から生まれた要求と欧米諸国の雇用平等法をモデルとする理想的な立法構想の提示であった。公表時期の早いものから列挙すると、社会党案（「雇用における男女の平等取扱いの促進に関する法律（案）」）、共産党案（「雇用における男女平等の機会、権利の保障に関する法律（案）」、民社党案（「男女雇用平等法（仮称）要綱」）、公明党案（「男女雇用平等法（案）要綱」）、日弁連案（「男女雇用平等法要綱試案」）となる。

これらの法案に共通する特色は、第1に、いずれも、使用者のみならず職業紹介機関、職業訓練機関が行う差別行為を規制の対象とし、職場では、募集、採用から定年・解雇まですべての類型にわたる差別行為を禁止するものであった。ただし労働組合を規制対象から除外していた点は、欧米諸国のそれとは異なっていた。

第2に、いずれも法案自体あるいは法案にもとづき作成されるガイドラインの中に「母性保護は差別とみなさない」旨を盛りこむ方針をとり、その母性保護に女性労働者に対する保護規定全般を含むものであった。1978年には、労働省が設けた学識経験者からなる労働基準法研究会第二小委員会が「研究会報告（女子関係）」を公表し、女子保護規定の全般的見直しを提言していたが[11]、野党法案はこれと明確に対立する見解をとっていた。

第3に、野党案はそれぞれ、差別に関する行政的な救済手続の創設を提案していた。社会党案は、三者構成の行政委員会という救済制度、日弁連案は、委員会の専門職員による職権的調査手続を前置する制度、共産党案・公明党案は、委員会とは独立の行政機関の権限行使を前置する制度を、それぞれ念

---

10) 赤松・前掲注9) 217-220頁。
11) 労働基準法研究会第二小委員会「労働基準法研究会報告（女子関係）」(1978年11月20日) 季労111号（1979年）83頁以下。

頭におくものであった。それらの趣旨はいずれも、民事訴訟による救済手続に付随する限界性を克服するために、できるだけ簡易、低廉、迅速な救済方法を考案しようというものであった。

第4に、野党案は差別の是正・救済の実効性確保に主眼をおくものであった。共産党案・公明党案・日弁連案は、差別を行った使用者に直罰を科し、社会党案・民社党案は、行政機関により確定された救済・是正命令違反に罰則を科するものであった。また、共産党案・日弁連案は、差別を行った使用者名の公表、あるいは公的な融資その他取引停止などの勧告という制裁規定をおくものであった。

2　労使の攻防——婦人少年問題審議会「建議」の三論併記

差別是正のための立法の必要性を提起するより前に、労働省は、女子労働者保護規定について明確な見直しの方針を提示した。1976年10月の婦人少年問題審議会の「建議」は、「科学的根拠が認められず、男女平等の支障となるような特別措置は終局的には解消すべきである」というものであった。

女子保護規定の見直しをめぐって議論を進めていた労働基準法研究会第二小委員会は、前述のように1978年11月20日に女子関係の報告書を公表したが[12]、ここに、「就業の分野」における「男女の機会均等と待遇の平等」を確保するためには「新しい立法」を作り、「明文をもって男女差別を禁止し」、司法上の救済だけでなく、迅速かつ妥当な解決を図りうる行政上の救済が必要である」という文言が登場した。男女差別を禁止する「新たな立法」の必要性にふれた初めての公的文書といってよい。

しかしこの報告書は、「男女平等を法制化するためには、合理的理由のない保護は解消し、母性機能等男女の生理的諸機能の差等から規制が最小限必要とされるものに限るべきであ」ると述べて、女子特別保護規定の見直し、改訂を論じていた。そのため、同報告書に対しては、とくに労働側から多くの批判が集中し、男女差別禁止立法の必要性について述べた部分はほとんど注目されることはなかった。

---

[12]　労働基準法研究会第二小委員会・前掲注11)。

婦人少年問題審議会は、1979年12月に、「男女平等の具体的な姿及びその実現の方策」についてあるべき法制度を調査研究するために、「男女平等問題専門家会議」[13]を設置した。同専門家会議は2年余にわたる審議の結果、1982年5月8日、「雇用における男女平等の判断基準の考え方について」とする報告書を労働大臣に提出した。同報告書は、雇用における男女平等の実現とは、機会の均等を確保し、個々人の意欲と能力に応じた平等待遇を実現することであり、結果の平等とは異なるものである、と述べ、また、女性の妊娠出産機能を考慮に入れた実質的平等をめざすことが必要である、としていた。

　専門家会議の報告書を受けて、婦人少年問題審議会・婦人労働部会は審議を再開し、1983年12月21日にはその「審議内容」を公表した。しかし労使の対立は根深く、1984年2月20日に公益委員による「たたき台」の提案が出された[14]。ここでは、①雇用平等を確保する法制は、募集・採用から定年・退職・解雇まで雇用の全ステージを対象とすべきである。②募集・採用は事業主の努力義務とする。③配置、昇進・昇格、教育訓練、福利厚生、定年・退職・解雇については、合理性のない差別を禁止する。④女子の保護規定については、時間外労働・休日労働は、工業的業種・職種に従事する者（管理職・専門職を除く）には現行規制を若干緩和して存続し、その他の者には廃止する。深夜業は、工業的業種・職種に従事する者（管理職・専門職を除く）については現行規制を存続し、その他の者については廃止する、とされた。

　この公益委員「たたき台」をベースにして、同年3月26日に、婦人少年問題審議会は「建議」を提出したが、その内容は、法制整備の具体的内容について、公益側、労働側、使用者側の意見が分かれ、三論併記あるいは少数意見が付記されるという異例のものであった。三論併記の建議を受けて、労働省がどのような法案を作るのか、注目されていた。

---

[13]　この専門家会議の15名の構成員のうち、労働組合から参加したのは、多田とよ子（ゼンセン同盟・常任執行委員）、塩本（高島）順子（同盟・青年婦人対策部副部長）、松本惟子（電機労連・婦人対策部長）、山野和子（日本労働組合総評議会・常任幹事）であった。

[14]　「婦人少年問題審議会婦人労働部会の審議のためのたたき台」（1984年2月20日）。

3　法形式をめぐる内情

　労働省は、審議会の建議を受けて、法律案要綱（案）をまとめて、1984年4月19日に婦人少年問題審議会に、4月20日に中央労働基準審議会および中央職業安定審議会に、さらに、4月25日に中央職業訓練審議会に、それぞれ法律案要綱の関係部分を諮問した。労使の攻防は、この法案要綱をめぐって山場を迎えた[15]。

　諮問する要綱の全文について、婦人少年問題審議会の労働側委員が入手したのは、同審議会が行われる予定の2日前、すなわち4月17日だったが、それは予想もしていなかった「勤労婦人福祉法の改正」という形式を採用するものであった。同審議会の委員であった山野和子は、この形式に「あっと驚き、息をのんで言葉も出ませんでした」と語っている[16]。独立の立法形式を疑わなかった労働側委員は、これを「背信行為だ」と憤り、最後まで審議拒否をするかどうか迷いに迷ったとのことだが、結果的に、女子差別撤廃条約の批准は「日本の女性にとっては婦人参政権獲得に匹敵する、第二の夜明けといえる価値あるものだ」と考え、苦悩の決断の末に審議の土俵に乗った、と山野は回想している[17]。なぜ勤労婦人福祉法の改正案になったのか、「このことはいまだに霧のなかです」とも山野は述べている[18]。

　なぜ、均等法は、勤労婦人福祉法の改正法になったのか。立法者としては、

---

15) 以下の記述は、山野和子「講演　均等法制定の経過とこれからの課題」（日本労働組合総連合会女性局『均等法・育児休業法施行記念集会（その2）報告書』連合、1995年、10-28頁）を参照した。
16) 山野・前掲注15)。「審議会では、新しい法律をつくるということでずっと議論してきたにもかかわらず、それはなんと勤労婦人福祉法の改正案であったわけです。審議会の経過をまったく無視して枠組みの違う勤労婦人福祉法の改正では、とてもでないけれども納得できない、背信行為ではないですか。しかも内容をみますと、……私たちの主張もまったく配慮されていません。」
17) もし労働側があくまでも審議拒否をして、4月19日の婦少審が開かれずに正式諮問ができなければ、他の関連審議会も開くわけにゆかず、その結果、すべての日程が狂い、法案提出が不可能になり、翌年に予定された条約の批准も難しくなる状況であった。これは労働側委員も労働省も十分に承知していたことである。この折の攻防は、のちにNHKの番組『プロジェクトX　挑戦者たち』が2000年12月に、「女たちの10年戦争」として「『男女雇用機会均等法』誕生」を放映し、話題になった。
18) 山野・前掲注15)。

「このような形式をとったのは、①改正前の勤労婦人福祉法は、勤労婦人の福祉の増進を図るための基本法の性格を有しているものであり、……雇用の分野における男女の均等な機会及び待遇の確保の必要性が既にその中に理念として盛りこまれていたこと、②わが国において実質的に均等な機会及び待遇を確保するためには、……事業主に対する規制措置のみならず、……女子労働者に対する……各種の施策を盛り込む総合的な立法とすることがより効果的であると考えられる」からと、説明していた[19]。しかしこの理由は、新法の制定が不可能という説明にはなっていない。したがって山野が述べたように、その理由は未だ「霧のなか」であった。

後に、均等法当時の婦人少年局長であった赤松良子が2003年に著した書物において、この件が明らかになった[20]。赤松は、概要、以下のように述べる。当初考えていたのは、男女雇用平等法の制定と女子のみの保護規定を撤廃するための労働基準法改正の二つを同時に提案することだったが、そうなれば新法制定の法案と既存の法改正の法案という2本の法案にせざるをえない。その場合に、万が一にも一方だけが抜け駆け的に採択されてしまうと労使いずれかの主張のみが実現することになって「後に禍根を残す」ことになるとの不安があった。したがって、国会対策上、これまでにも存在した「勤労婦人福祉法」の一部改正と労基法改正を1本の法案として提出することにしたと、当時のことを説明したのである。赤松は、たしかに勤労婦人福祉法には福祉の増進という独自の法理念があって、これと差別撤廃とは、木と竹をついだようなことになりはしないかという思いは残ったと、述べている[21]。

ちなみにこの諮問された法律案要綱は、公益委員による「たたき台」に比較して、立法形式以外にも、以下の点において相違があった。①募集、採用に加えて、配置、昇進も努力規定としていること、②紛争については、関係当事者から申請があり「他方の同意を得たとき」に調停を行わせること、③工業的業種における女子の時間外労働の制限を、2週について12時間、1

---

19) 赤松・前掲注9）237頁。
20) 赤松良子『均等法をつくる』（勁草書房、2003年）118頁。
21) 赤松・前掲注20）。

年について150時間とすること、である。

　労働側は、この法律案要綱に「同意はしない」とした。婦人少年問題審議会「答申」は、「今日の段階においては、やむを得ないという意見が多かったが、婦人差別撤廃条約の目指す方向に照らせば、なお多くの部分において不十分な点があることは否定しがたい。したがって、本関係法律の施行後適当な期間内に、施行状況を本審議会に報告し、その審議結果に基づき、必要がある場合には法改正を含む所要の措置を講ずべきであると考える」としたうえで、労働側委員の意見と経営側委員の意見をそれぞれ別紙に付すという形とした[22]。1984年5月9日には4審議会から答申が出され、5月14日に第101回特別国会へ法案が提出された。

4　国会における審議

　提出された法律案は、「雇用の分野における男女の均等な機会及び待遇の確保を推進するための労働省関係法律の整備等に関する法律案」であり、審議会に諮問された法律案要綱を、以下の点に関して修正したものであった。すなわち、時間外労働の制限について、①工業的業種については、諮問では2週12時間であったのを、週6時間とし、②非工業的業種については、諮問では、時間外労働、休日労働の制限を廃止して労使協定で延長できる時間外労働の上限を指針で定めるとしていた（男性と同じ）のを、時間外労働の制限を一定範囲内で省令をもって定めることとした。これらは、審議会での審議拒否を回避してくれた労働側に対する労働省の「譲歩」であった、と言われている[23]。

---

22)　1984年5月9日婦審発8号「『雇用の分野における男女の均等な機会及び待遇の確保を促進するための関係法律案（仮称）要綱』について（答申）」。この答申の「別紙1」にあたる労働側委員の意見は、真っ先に「1　立法形式について　(1) 機会の均等及び待遇の平等を確保するための法律は、新しい立法措置を前提として審議をしてきた審議会の討議経過からしても単独立法とすべきであり、働く婦人の福祉促進を目的とする勤労婦人福祉法の枠組のなかへ基本的に性格の異なる男女平等を確保する措置を持ち込むべきではない」と述べている。

23)　赤松は、「法形式と法案の名称。これは……委員の方たちにきちんと話をしておくべきであった」のに、事前にそれをしなかったという「不手際があったのだから、譲歩はしなければならない」。そのために「労働側が最も気にしていた労基法の改正の部分について」変更できるところを考えた、という。赤松・前掲注20) 126頁、129頁。

政府案は、1984年6月26日の衆議院本会議における労働大臣による趣旨説明を経て、同日、衆議院社会労働委員会に付託され、4回にわたる実質的な質疑を経て7月27日に本会議で可決された。7月10日の社会労働委員会には、社会党、公明党、民社党、社民連の野党4党が共同で「男女雇用平等法案」を、対案として提出した。共産党は、委員会審議の最終段階で政府案に対する修正案を提出した。参議院では、本会議での趣旨説明を経て社会労働委員会に付託されたが、8月8日に会期末となったために、継続審議ということでこの年は幕が下りた。

1985年の第102回国会では、4月11日に参議院の社会労働委員会で審議が始まり、4月25日には、本法案に対して、自民党・自由国民会議から、また、共産党から、それぞれに修正案が提出された。前者は、野党側の意向をくんで出された修正案であったために、同日に賛成多数で採択された。修正内容は2か所であった。第1は、第1条の目的部分に、男女の均等な機会及び待遇の確保は憲法の理念にのっとることを明文化したことであり、第2は、附則に「政府は、必要があると認めるときは、法律の規定に検討を加え、必要な措置を講ずる」という見直し規定を入れたことである。これら修正された法案は、5月10日の参議院本会議で可決され、いったん衆議院に戻されたのち、1985年5月17日の衆議院本会議で可決された。

5　施行に向けて

均等法および改正労基法は、1986年4月1日から施行されることとなったが、その前に、法律にもとづく省令および指針を策定する必要があった。

第1は、差別的取扱として禁止される教育訓練と福利厚生の措置の範囲に関して具体的に規定する省令・「均等法施行規則」[24]であり、第2は、均等法において努力義務となった募集、採用、配置、昇進について事業主が講ずるように努めるべき措置を具体的に明らかにする「指針」[25]、第3は、改正労基法の施行に関して、非工業的事業における時間外労働・休日労働の上限、

---

24)　昭和61年1月27日労働省令2号。
25)　昭和61年1月27日労働省告示4号。

時間外労働等の規制が解除される指揮命令者および専門的業務従事者の範囲、深夜業禁止の例外となる業務、妊産婦等にかかる危険有害業務の就業制限の範囲等についての省令、すなわち「女子労働基準規則」[26]であった。

　1985年10月31日に労働省の「指針案」が公表された。ここには「募集・採用区分ごとに、女子であることを理由として募集又は採用の対象から女子を排除しない」よう事業主は務めるべきであるとの記載があった。この「募集・採用区分」は、1997年均等法改正時に「雇用管理区分」と改称され、募集・採用以外の場面にまで拡張して規定されることになった。「雇用管理区分」はその後、性差別をめぐる訴訟における均等法の限界性という大きな問題を投げかけることになったが、均等法制定時には、公表された指針案はとくに修正されることなく、そのまま「指針」として告示された[27]。

　1985年10月から11月にかけて、これらは、婦人少年問題審議会、中央労働基準審議会、中央職業安定審議会、中央職業能力開発審議会に諮問され、各審議会は12月27日に、労働大臣あてに個別の項目については意見を示しつつ、全般については「現段階においてはやむを得ない」と答申した。労働省はこれら答申を受けて、1986年1月27日に、上記二つの規則を公布し、指針を告示した。

　労働省はさらに、同年3月20日付で、各都道府県婦人少年室長と各都道府県知事宛に「均等法の施行について」という解釈通達[28]、および各都道府県労働基準局長宛に「労働基準法の施行について」という解釈通達[29]を出した。これによって、行政当局としての法解釈の方針が示された[30]。

---

26) 昭和61年1月27日労働省令3号。
27) 均等法が「募集・採用区分」ごとの男女比較という手法をとったことについて、審議会で異論が出たか否かは定かではない。しかし、当時の労働側委員の山野和子氏は、この「区分」が入ったことにビックリ仰天させられ、「女性の中にパートが増える」という危機感を訴えていたという。中野麻美「兼松男女差別賃金との格闘」季刊労働者の権利323号（2017年10月号）77頁。
28) 昭和61年3月20日婦発68号・職発112号・能発54号。
29) 昭和61年3月20日基発151号・婦発69号。
30) 浅倉むつ子「『均等法施行について』のポイントはどこか」・中野麻美「『改正労基法の施行について』のポイントはどこか」労旬1142号（1986年）4頁以下。

三 「福祉法」としての1985年均等法

1 1985年法の構成と特色

(1) 構成

　成立した均等法は、第1章（総則）、第2章（男女の均等な機会および待遇の確保の促進）、第3章（女子労働者の就業援助措置）、第4章（雑則）からなる本則35条の法律であった。

　第1章「総則」は、目的（1条）、基本的理念（2条）等について定めをおく。

　第2章第1節「事業主の講ずる措置等」は、事業主に、①募集・採用（7条）、②配置・昇進（8条）に関して男女均等な取扱いの努力義務を課し、これらの事項については労働大臣が指針を定める（12条）と規定する。また、省令で定める③教育訓練（9条）、④福利厚生（10条）、⑤定年・退職・解雇（11条）については、差別的取扱いを禁止する。

　事業主は、8条から11条の事項について女子労働者からの苦情申出を受けたときには、自主的な紛争解決の努力義務を負う（13条）。都道府県婦人少年室長は、当事者から紛争解決の援助を求められた場合に必要な助言、指導、勧告を行い（14条）、「必要があると認めるとき」は、都道府県ごとに新設される機会均等調停委員会に調停を行わせるものとする（15条）。この15条は、「婦人少年室長が必要と認めるとき」に、「(関係当事者の一方から調停の申請があった場合にあっては、他の関係当事者が調停を行うことを同意したときに限る)」という限定を付した。第2章第2節「機会均等調停委員会」は、同委員会の設置、組織、手続き等を規定する。

　第3章は、妊娠・出産・育児等を理由に退職した女子の再就職に関する国の援助（24条）、当該女子の再雇用に関する事業主の努力義務（25条）、妊娠中および出産後の女子の健康管理に関する事業主の配慮措置（26条）、女子労働者の育児休業その他の便宜供与に関する事業主の努力義務（28条）等について規定する。

(2) 内容上の特色と問題点

　1985年均等法の最大の特色は、1972年制定の勤労婦人福祉法の一部改正法だったことである。名称は「雇用における男女の均等な機会及び待遇の確保等女子労働者の福祉の増進に関する法律」であり、「男女の均等な機会と待遇」の確保は、「女子労働者の福祉増進」という目的にとっての手段的な位置を占めた。女性労働者の福祉にとって、男女の均等な機会と待遇の確保は重要な柱という位置づけであり、目的規定の1条、基本的理念を定める2条にもそのことが示され、施策の基本となるべき方針は「女子労働者福祉対策基本方針」として規定された（6条）。

　このことがもつ実質的な意味は、「均等な機会と待遇」の公定解釈により理解することができる。「均等法の施行について」とする解釈通達[31]は、「均等法は、……男女の均等な機会と待遇の確保のため一定の措置をとることを事業主に義務づけ、もって女子労働者の地位の向上を図ることを目的として制定されたものであ」るから、「男子が女子と均等な取扱いを受けていない状態については直接触れるところではなく、女子のみの募集、女子のみに対する追加的訓練等女子により多くの機会が与えられていることや女子が有利に取り扱われていることは均等法の関与するところではない」とした。この解釈によれば、女子の「福祉」に反しないかぎり、男女異なる取扱いは均等法に反しないが、女子を排除したり女子の機会を制限すれば、それらは「福祉」に反し、違法になるという。たとえば、「正社員は男子に限る」とすれば均等法に反する取扱いとなるが、「正社員は男女、パートは女子」、「一般職は女子に限る」などの募集・採用方針は、均等法（の努力規定）違反ではないとされた。

　このように均等法はあくまでも女性のための福祉法であり、規制するのも女性差別のみという片面的な立法であった[32]。福祉法といえどもこの片面性は、実態としては女性を有利に扱うような福祉的機能を果たすものではなく、むしろ、低賃金・不安定な労働条件の非正規職への女性の就労機会を増

---

31)　前掲注28)。
32)　一方で、労基法4条は当初から、男性に対する賃金差別をも禁止するものと理解されていた。昭和22年9月13日発基17号。

やすという結果を招くことになった。

　均等法はまた、募集、採用、配置、昇進に関する均等を事業主の「努力規定」とし、他方、一定の教育訓練、福利厚生、定年・退職・解雇についての差別禁止を事業主の「義務規定」としたため、法解釈上の混乱を招いた。事項によって規制方法を分けた現実的な理由は、①法の内容は現状から遊離したものであってはならないという婦少審の建議をふまえ、女子労働者の就業実態、職業意識、わが国の雇用慣行、女子の就業に関する社会意識等の社会・経済の現状を勘案したこと、②その場合、終身雇用慣行を前提とする日本の企業の雇用管理においては、勤続年数が重要な要素として考慮されており、平均的な男女差を無視できないこと、③これをふまえれば、募集、採用、配置、昇進のように、とくに将来にわたる勤続年数を念頭において雇用管理が行われている分野については、当面、努力規定とすることが適当である、と説明された[33]。

（3）調停制度の機能不全

　均等法は紛争解決のための制度として、調停委員会を設けたが、調停が開始するためには、①当該の紛争が調停対象事項であり、②他の関係当事者（企業）の同意があること、③婦人少年室長が紛争解決のために必要があると認めること、という要件が満たされねばならなかった。とくに②は問題であり、調停が機能しないと批判されていた。

　均等法が施行された1986年から、第一次改正均等法が1999年に施行されるまでの13年間に、調停申請は14社106名の女性労働者からなされたが[34]、事業主が同意して調停開始となったのは住友金属事件のわずか1件だけであった。しかも、これに対する大阪機会均等調停委員会の調停案は、受諾されずに終了した。均等法の調停制度は、その第1ステージで、男女差別の紛争を1件も解決できなかったのである。企業の同意を得られないために調停不開始となったのは2件であり、それ以外は、婦人少年室長の「調停

---

33)　赤松・前掲注9）262-270頁。
34)　林弘子「均等法概説」『別冊法学セミナー基本法コンメンタール（第4版）』（日本評論社、1999年）372頁、浅倉・前掲注7）82頁以下も参照。

対象事項にあたらない」という判断によって、調停不開始となった[35]。当時の均等則は、婦人少年室長が調停対象事項であると判断するには、当該紛争が「均等法指針に定められた事項」であることを必要要件としていた（旧均等則3条）[36]。室長が行政解釈にもとづいて「これは均等法違反ではない」と判断すれば、調停が開始しないことは問題であり、これについては労働省も当時から、婦人少年室長の裁量権の大きさを問題と考えていたようである[37]。実際、均等法指針が「募集・採用区分」ごとの男女比較を要請していたために、一般職の既婚女性に対する昇格の不利益処遇が均等法8条に違反するとして調停を申請した住友生命事件では、一般職に比較すべき男性がいないために差別が存するかどうか判断できないとして、1992年11月9日に大阪婦人少年室長は、調停不開始決定をした[38]。

2 労基法改正

第102回国会で改正された労働基準法は、第六章「女子及び年少者」において女性と年少者保護をひとまとめにする従来の規定のあり方を改め、六章を「年少者」、六章の二を「女子」へと分離した。

母性保護を除く一般女子保護規定については、以下のように若干の規制緩和が行われた。①時間外・休日労働については、（ア）管理職・専門職で命令で定める者については特別規制を廃止し、男子と同一の規制とした（64条の2第4項）。（イ）工業的事業に従事する女子については、1日2時間以下という規制を廃止して、1週6時間、1年150時間とした（同条第1項）。（ウ）非工業的事業の従事者については、命令により弾力化を図ることにした（同条第2項）[39]。②深夜業の禁止については、以下の者を新たに適用除外とした（64条の3）。（ア）指揮命令職、専門技術職のうち命令で定める者、

---

[35] これらは5件あった。浅倉・前掲注7）84頁。
[36] 昭和61年1月27日労働省令2号。
[37] あまりにも大きい婦人少年室長の調停開始に関する裁量を、今後は制約的に行使すべきだとする内部通達が労働省から出ていたことについて、浅倉・前掲注7）85頁、大脇雅子・渡寛基「均等法改正法案は弾劾されるべきか」賃社1199号（1997年）34頁。
[38] 浅倉・前掲注7）48頁、宮地光子『平等への女たちの挑戦』（明石書店、1996年）61頁、127頁。

(イ) 食料品製造加工業務で労働時間が短い者、(ウ) 本人の申出により使用者が行政官庁の承認を受けた者。

一方、母性保護については、多胎妊娠の場合の産前休業を10週間に、産後休業を8週間に、それぞれ拡充する改正が行われた。

3 1986年施行後に生じたこと

(1) 私法上の効力をめぐる懸念

1985年制定の均等法が「努力規定」と「義務規定」を併せ持つ法律となったことによって、法的効力に関する解釈上の問題をめぐって論争が生じた。努力規定と義務規定の法的効果の異同について、立法者は以下のように説明した。すなわち、公法上の効果に関しては、義務規定違反の場合および努力規定の「趣旨を満たしていない場合」に「労働大臣又は婦人少年室長が助言、指導又は勧告を行うことができ、これによりその是正を求めることにな」る。さらに私法上の効果に関しては、義務規定違反は違法となり、損害賠償請求権が発生し、またこれに反する法律行為は無効となるが、一方、努力規定については、直接これを根拠として損害賠償請求権が生ずることはない、というものである[40]。

この見解によれば、同じく性差別と評価される事業主の行為に、私法上の効果を異にする二つの行為類型が存在することを法が認めたことになる。問題はこの規定ぶりの違いが、反公序性の強弱の評価をもたらすことになりはしないかという懸念であった。募集、採用、配置、昇進の均等を事業主の「努力規定」にしたことによって、これらの行為については差別があったとしても公序違反性が弱いという解釈可能性が生まれないのだろうか。

この懸念に関しては、立法者は、「もっとも、この努力規定は、公序良俗等の一般的法理を積極的に排除するという趣旨で設けるものではありませんから、努力規定が設けられた分野における男女異なる取扱いの中に公序良俗

---

39) 命令（女子労働基準規則）で定めるものとしては、時間外労働の規制の単位（4週間以内の週）と時間外労働の時間数（1週間当たり6時間以上12時間以下の範囲内で定めた時間）とした。
40) 赤松・前掲注9）243-244頁。

に反する不当な取扱いがある場合には、法律行為は民法九〇条により無効となり、事実行為についても不法行為として損害賠償請求の対象となることが考えられます」と述べていた[41]。これによれば、たしかに努力規定の対象分野である行為に関しても、公序違反の訴えが可能とされるはずであった。

ただ、これらは法的な根拠に裏打ちされた説明ではなく、規制方法を分けることになった現実的理由の説明にすぎないものであった。私は1991年の著書において、「均等法は全体として、私法上の効果を直接的に左右する法ではなく、行政指導法規としての性格を有する立法にすぎない」と主張した[42]。この解釈は、私法上の効果を異にする2類型の差別を肯定する均等法の規定方法を批判しつつ、同法が努力規定を禁止規定に統一してすべての条文に私法上の効力を付与する改正が行われるまでの暫定的解釈として提起したものであった。均等法の努力規定が解消すれば、このような解釈は不要になると考えていた。

(2) 裁判における努力規定の解釈

均等法施行以降、実際の法的紛争において、上述の懸念は現実化した。日本鉄鋼連盟事件・東京地裁判決（昭和61.12.4労判486号28頁）は、男子を将来の幹部職要員として処遇し、女子には異なる処遇を行うといういわゆる「男女別コース制」について、合理的な理由はなく法の下の平等に反するが、均等法においても募集、採用の機会均等は努力義務に止まっていること、また、原告らが採用された当時の社会情勢を考慮すると、それらは公序に反するとまではいえない、と判示したのである。判旨は、男女別コース制の公序違反性を否定するに際して、募集、採用の均等な機会が法律上使用者の努力義務にとどまったことを理由の一つとした。

このような均等法の努力規定の「背理的」解釈は、1997年改正均等法の施行以降も継続することになった（四の5を参照）。

---

41) 赤松・前掲注9) 244頁。
42) 浅倉むつ子『男女雇用平等法論――イギリスと日本』（ドメス出版、1991年）264頁。

(3) 雇用管理への具体的影響

1986年の施行を契機に、従来、男女別に異なる雇用管理を行っていた少なからぬ企業は、いわゆる「コース別雇用管理」を導入した。労働者の職種、資格等にもとづき複数のコースを設定し、コースごとに異なる配置・昇進・教育訓練等の雇用管理を行うシステムである。労働省「平成4年度女子雇用管理基本調査」によれば、コース別雇用管理を「導入している企業」は3.8％とそれほど多くはないが、企業規模が大きいほど導入割合は高く、5000人以上の大企業では49.3％が導入していると回答した。導入時期は1986年以降というものが57.5％を占めた[43]。

労働省は、コース別雇用管理の導入状況を把握したうえで、1991年10月8日には「コース別雇用管理の望ましいあり方」を公表して啓発指導を行うことにした。この文書は、コースの定義と運用方法を明確にし、男女差別的な採用・選考を排除し、コース間の転換を柔軟に設定するように求めるものであった。

とはいえ、この時期の均等法は、福祉法的性格からくる片面的規定の法であり、「パートは女子」、「一般職コースは女性に限る」という類の募集・採用を許容するものであった（本稿三の1（2）参照）。それゆえ「一般職コースは女性、総合職コースは男女」という雇用管理構造ができあがり、「そこに間接差別が展開された」のである[44]。

四　均等法の展開過程（その1）──1997年第1回目の法改正

1　均等法施行後の社会・経済的背景

1986年に均等法が施行された後、男女間の格差は縮小したのだろうか。実はこの頃から、雇用・就労形態の多様化が目にみえて進行した。日経連が

---

43) 労働省婦人局『平成4年度・女子雇用管理基本調査結果報告書』5-6頁。ただし渡辺峻『コース別雇用管理と女性労働（増補改訂版）』（中央経済社、2001年）21-22頁による。
44) 渡辺・前掲注43) 47頁。

1995年5月に公表した「新時代の『日本的経営』──挑戦すべき方向と具体策」は、多様な雇用形態を念頭におく新しい雇用システムを提唱し、従業員を①長期蓄積能力活用型グループ、②高度専門能力活用型グループ、③雇用柔軟型グループの3類型に区分けするという経営戦略を示したが、これは、均等法施行と同時進行することになったコース別雇用管理制度の増加傾向と呼応するものであった。

均等法で禁止された女性差別を「コース別雇用管理」に組み替えた大企業では、男女間の職域分離は解消するどころか、かえって増大した。すなわち男女の職域分離は、「コース」ごとの雇用管理として「合法化」されたのである。他方で非正規労働者も増大し、女性が多数を占めてきた職域では総アルバイト化が進行した。

男女格差の代表である賃金をみてみよう。1995年の数字は、「賃金構造基本統計調査」では男性100対女性60.20、「毎月勤労統計調査」では男性100対女性50.79である。10年前と比較して、前者は4.14％、後者はわずか0.78％しか縮小していないことがわかった。均等法の効果はきわめて限定的であり、これに対して、国の内外から厳しい批判がなげかけられた。

国内では、1996年12月、総務庁行政監察局が、均等法の施行状況について、努力義務をより実効性あるものとする方向で見直すように「勧告」を行った[45]。国外からの声としては、ILO条約勧告適用専門家委員会によるILO第100号条約に関する「所見」がある。同委員会は、1994年に男女賃金格差を縮小する努力を日本政府に要請する「所見」を公表したが、これに対して日本政府は、均等法の指針が同年に改正されたこと[46]や、女性の勤

---

[45]　総務庁行政監察局『女性労働に関する行政監察結果』(1996年12月)。
[46]　施行7年が経過した1993年4月から、均等法の指針の改正が議論された。それまで均等法指針では、「募集・採用区分」ごとに「女子を排除しない」と規定していたが、これについて、排除とはまったく機会を与えないことであり、採用人数をわずかでも割り当てておけば問題なし、と解釈されていた。これに対して1994年1月、婦人少年問題審議会は必要な対策を講じるように中間報告を行い、その結果、女性についての募集・採用人数の限度を設けないこと、採用試験の実施について女性に不利な取扱いをしないことなどを記載する指針改正が行われた。この改正は1994年4月に施行された。浅倉むつ子「均等法『指針』および女子労働基準規則一部改正の評価」労旬1334号(1999年) 6-11頁。

続年数をのばすために家庭生活と職業生活の両立対策を講じている等を報告した。しかし同委員会は、1997年にも「所見」を公表して、コース別雇用で総合職に男女両方を雇用している企業比率が低下していると指摘して、均等法がめざす方向とは合致していないことを憂慮する、と述べた[47]。

2 1997年改正に至る経緯

1994年に行われた前述の均等法指針改正と同時に、女子労働基準規則の一部改正があった[48]。この一般女性保護規定の緩和にともなう規則改正については、1993年6月に労働時間法制をめぐる労基法の大改正が行われたこと（1994年から週40時間制を実施するための法改正）や、1991年に制定された育児介護休業法が翌92年4月から施行されて、勤務時間の短縮措置等が育児中の男女労働者に保障されるようになり、労働と家族生活両立のための条件整備が男女を問わず改善されたことの影響が大きかったと思われる。

一方で、なお残されていた問題も大きく、均等法や労基法の再度の改正が予定されていた。均等法改正の理論的な検討課題の一つは、同法の片面的効力の見直しであり、この点については1995年10月25日に、労働省の研究会「男女雇用機会均等問題研究会」が婦人少年問題審議会婦人部会に「報告書」を提出した。同報告書は、85年均等法で批判対象となっていた「女子のみ」または「女子優遇」措置について、理論的な考え方を整理した[49]。ここにおいて、「パート・女性のみ」「一般職・事務職／女性のみ」という募集・採用や、「秘書」「接客業務」への女性のみの配置は解消されるべき、と

---

47) 浅倉・前掲注7) 17-18頁。
48) ①非工業的業種における女子の時間外労働の制限時間を4週36時間とすること、②時間外労働・深夜業規制の適用除外である「専門業務従事者」に、弁理士、社会保険労務士を追加すること、③深夜業禁止の例外とすることが認められる業務に、飛行場の旅客取扱業務、航空機運航管理業務や消防の業務を加えること、④臨時的に坑内労働が認められる業務として、高度な知識を必要とする自然科学研究業務を追加すること、が内容であった。
49) 報告書は、解消されるべき措置として、①補助的定型的業務や雇用が不安定な職種等に女性を固定化する効果をもたらす措置、②女性の特性・感性等個々の女性の能力・適性に着目せず、女性に対する先入観にもとづいて行われる措置、③家庭責任は女性が負っているものであることを前提とした措置をあげた。

いう考え方が示された[50]。

同報告書を受けて、1995年10月から婦少審が検討を開始し、翌96年7月16日には「中間的取りまとめ」を公表[51]、さらに同年12月17日に「雇用の分野における男女の均等な機会及び待遇の確保のための法的整備について」と題する「建議」を労働大臣に提出した。労働省はこの「建議」にそって「法案要綱」を作成し、翌97年1月14日に関係審議会に諮問し、「おおむね妥当」という答申を得た。

均等法改正を含む19の法律の改正を一括して含む「雇用の分野における男女の均等な機会及び待遇の確保等のための労働省関係法律の整備に関する法律案」は、1997年2月7日の閣議決定を経て、同日、第140回通常国会に提出された。法律案は、5月6日に国会に提出され、修正されることなく6月11日に参議院本会議で可決成立し、6月18日に公布された。この法案の中心は均等法改正であるが、あわせて女性労働者の時間外・休日労働、深夜業の規制の廃止等労働基準法改正ならびに育児・介護休業法改正等も目的とするものであった。法案をめぐる議論は、もっぱら女性保護規定廃止にともなう弊害とその防止策に焦点があてられ、両議院の労働委員会では多くの附帯決議がなされた[52]。

成立した法律は、1997年10月1日に平成9年法律92号として公布され、三段階に分けて施行されることになった。97年10月1日には、「婦人」を「女性」に置き換える用語の整理についての改正、翌98年4月1日には母性保護の充実にかかる規定、最後に99年4月1日から、女性差別禁止や一般女性保護規定の改訂・解消などの法改正の重要事項の規定が、それぞれ施行

---

50) 報告書の詳細は、浅倉・前掲注7) 24頁以下参照。
51) 「中間とりまとめ」では、女子保護規定について「その解消を目指し、今後議論していくことになった」と、労使の基本的意見が一致したものの、解消の方策については、労働者委員が「新たに男女共通の規制を設けることが必要」としたのに対して、使用者委員は「時間外・休日労働の水準の問題については他の審議会の場で労働時間法制全体の中で議論すべきもの」としており、合意に至らなかった。
52) 附帯決議には、①性差別禁止法をめざし、間接性差別の内容を引き続き検討すること、②中央基準審議会における時間外・休日労働の在り方の検討では、時間外労働協定の適正化指針の実効性を高める方策等の検討を行うことなど、重要な内容が含まれていた。浅倉・前掲注7) 31頁参照。

された。

3　1997年改正均等法

97年法改正によって、均等法は第2ステージに入った。ここで行われた改正の内容を整理しておこう。

第1に、法律に使用されてきた「女子」「婦人」という文言が「女性」に統一された。「男子」は「男性」に統一され、都道府県婦人少年室は、都道府県女性少年室と改称された。

第2に、法の名称は、「雇用の分野における男女の均等な機会及び待遇の確保等に関する法律」と改正された。85年法に存在した「女子労働者の福祉の増進」という表現は削除され、「目的」「基本的理念」からも女性の「福祉の増進」が消去され、福祉法としての性格が払拭された。基本的な法的性格が変わったことにより、公定解釈である解釈通達は、「女性のみを対象とした措置や女性を有利に取り扱う措置についても、女性の職域の固定化や男女の仕事を分離することにつながり、女性に対する差別的効果を有するという見地から」、原則として許されない、と変更された[53]。とはいえ一方で、97年改正均等法は、基本的理念、差別禁止について、「女性労働者が……差別されることなく」（2条1項）、「女性であることを理由として」差別してはならない（6条ないし8条）等の表現を維持しており、あくまでも女性差別のみを禁止する立法としての性格を維持し、男性に対する差別については放任した。その意味で、片面的性格は継承された。この点については批判的な評価をせざるをえない[54]。男性に対する差別をも禁止する法となるには、2006年の改正を待たねばならなかった。

第3に、募集・採用、配置・昇進に関する努力義務規定はいずれも、差別禁止規定へと強化された（5条・6条）。均等法の努力義務規定が差別禁止規定となったことにより、裁判にはかなりの影響があった。これについては後述する。対象事項については大きな変化はないが、教育訓練に関して、労

---

[53]　平成10年6月11日女発168号第2の1 (7)。
[54]　浅倉・前掲注7) 35頁以下。

働省令による限定（均等則旧１条）がなくなり、禁止の対象となる範囲が拡大された（６条）。

　第４に、85年法では、指針において「募集・採用区分」ごとの男女比較が要請されていた。97年改正法にもとづく新しい指針は、募集・採用、配置・昇進・教育訓練について、男女は一つの「雇用管理区分」ごとに比較されると規定した。この限りでは、改正均等法が女性差別の違法性評価をかえって狭めたかのようにとらえられかねない。そこで解釈通達は、この「区分」は雇用管理の実態に即して、客観的・合理的に職務内容、処遇が異なっていることが必要であるとして、単なる形式的な区分であってはならないと述べた[55]。

　第５に、実効性確保に関わる法改正があった。一つは、調停委員会の開始要件が緩和されて、事業主の同意が不要となり、一方当事者からの申立によって調停が開始されることになった（13条１項）。二つには、労働大臣が勧告を出しても従わない企業に対しては、企業名が公表されることになった（26条）。これまで行政指導に従わない場合に関してはいかなる制裁もなかったことに比べると、大きな改正といってよい。ただし、企業名公表がなされるためには、まず大臣が勧告を実際に出さねばならないが、改正前の均等法が施行された４年間に、文書による勧告はわずか１件しか出なかった。したがって企業名公表の実効性については当初から疑問が出されており、この懸念は残念ながら当たっている。2018年現在までに均等法違反で企業名が公表された事例は、たった１件しかない[56]。

　第６に、事業主に対する「職場における性的な言動に起因する雇用管理上の配慮」義務規定が設けられ（21条）、労働大臣による指針が策定された[57]。セクシュアル・ハラスメントの民事訴訟が急増したことを受けて、事業主の

---

[55]　平成10年６月11日女発168号第２の７(2)。
[56]　2015年９月４日に医療法人医心会牛久皮膚科医院が妊娠を理由とする解雇を撤回しなかったとして公表された事例のみである。
[57]　「事業主が職場における性的な言動に起因する問題に関して雇用管理上講ずべき措置についての指針」（セクシュアル・ハラスメント指針）平成10年３月13日労働省告示20号。

配慮義務を定めた規定だが、本条は、従業員各人に直接、セクシュアル・ハラスメントを禁止する規定ではなく、被害者に対抗的な権利を付与する規定でもない。あくまでも名宛人を事業主とする規定にすぎない[58]。本条は均等法第3章（「女性労働者の就業に関して配慮すべき措置」）に位置づけられ、性差別禁止という性格づけがなされていないことも特色である。

第7に、均等な機会と待遇の支障となっている事情の改善のための措置（ポジティブ・アクション）を講じる企業に対して国が援助できるとの規定が設けられ（20条）、9条は、男女の均等な機会および待遇の確保の「支障となっている事情を改善する」措置をとることを妨げない、と規定した。ポジティブ・アクションはあくまでも事業主の任意に委ねられた措置であり、当該措置は差別とみなされない、という構造が法に明記されたのである。

第8に、改正前、事業主による女性労働者の妊娠中および出産後の健康管理のための各種措置の確保は努力規定であったが、97年改正によって義務規定となった（22条、23条）。

4　一般女性保護規定の廃止にともなう法改正

（1）1997年の法改正

1997年均等法改正にともなう労基法改正により、一般女性保護規定については、時間外・休日労働の制限（64条の2）、深夜業に関する制限（64条の3）が廃止された。そこで改正均等法は、女性を深夜業に従事させる場合の「指針」を策定し、女性労働者の通勤や業務遂行時の安全確保措置について規定をおいた（均等則17条、「就業環境指針」[59]）。労基法の母性保護規定に関しては、多胎妊娠の産前休暇が10週間から14週間に延長された（65条1項）。

一方、一般女性保護規定の廃止を受けて、1997年に育児介護休業法改正

---

58)　均等法がセクシュアル・ハウスメントについて、禁止規定ではなく事業主の措置義務規定をおいていることの問題性については、以下を参照のこと。管野淑子「不利益取扱いとハラスメントをめぐる紛争解決」季労260号（2018年）30頁以下。

59)　「深夜業に従事する女性労働者の就業環境等の整備に関する指針」平成10年3月13日労働省告示21号。

が行われ、家族的責任をもつ男女労働者の深夜業免除請求権が規定された（同法16条の2、16条の3）。翌98年3月には「指針」が公布された[60]。

（2）1998年労基法改正

1997年の均等法改正「整備法」にともなう附帯決議には、①時間外・休日労働のあり方の検討では時間外労使協定の適正化指針の実効性を高める方策等の検討を行うこと、②女性保護規定解消によって女性労働者が被る急激な変化を緩和する措置を検討すること、③女性が新たに深夜業をするときには負担を軽減する環境整備を行うこと、④深夜業が家庭生活に及ぼす影響について調査をすること、などの項目が含まれていた[61]。

これらを受けて1998年9月、第143回国会における労基法改正時に、いくつかの制度的手当が行われた。

第1に、男女共通規制をめざして、労使協定で延長しうる労働時間の上限基準の設定に関する根拠規定をおくことになった[62]。新設された36条2項は、労働大臣は、労使協定で定められる「労働時間の延長の限度その他の必要な事項」について「基準を定めることができる」と規定し、同3項は、労使協定の当事者が「協定の内容が前項の基準に適合したものとなるようにしなければならない」と規定した。続く4項では、2項の上限基準に関して行政官庁は「必要な助言及び指導を行うことができる」とされた。改正前の目安時間と同じく、この上限基準は1週15時間、2週27時間、4週43時間、1か月45時間、2か月81時間、3か月120時間、1年360時間となった。

第2に、いわゆる激変緩和措置が設けられた。時間外労働に関しては、改正労基法附則133条が、従来の女性保護規定の適用対象であった「女性労働者」のうち、「子の養育又は家族の介護を行う労働者」で時間外労働の短縮を使用者に申し出た者（特定労働者）について、労働大臣は「命令で定める

---

60) 平成10年労働省告示23号。相澤美智子「育児介護責任と時間外・深夜労働」労旬1439・40号（1998年）27頁以下。
61) 浅倉・前掲注7）31頁。
62) 1983年以来、労働省はいわゆる目安時間指針を出して、労使による時間外労使協定が目安時間の上限を超えないように行政指導してきたが、この改正において、目安時間に相当する「上限基準」を労働大臣が策定するための法的根拠規定が新設された。

期間」、上限基準を一般よりも「短いものとして定めるものとする」と規定した。この上限基準は、衆議院の修正によって、1年間について150時間を超えないものとしなければならないとされ、労働省告示（平成10年労告155号）は、改正前の法定限度と同じ上限基準を定めることになった。もっともこの基準は時間外労働の上限であって、休日労働制限は含まない。ただし労基法附則は、3年間の激変緩和措置が終了するまでの間に、家族的責任をもつ男女労働者が時間外労働の免除を請求できる制度について検討を加えるとし（附則11条2項）、これは「ポスト激変緩和措置」と呼ばれた。後にこれは、育児・介護支援のための男女共通の時間外労働制限措置として、2001年改正育児介護休業法の中に規定されることになった。

第3に、衆議院の修正によって、国は深夜労働に従事する（男女）労働者の就業条件の整備に向けた関係者の自主的努力を促進する、という規定が設けられた（改正労基法附則12条）。

5　97年改正均等法の施行と裁判への影響

97年改正法の施行は、3段階に分けて行われた。第1に、1997年10月1日には、諸法の「女子」を「女性」に置き換える改正部分が施行され、全国の婦人少年室は「女性少年室」になった。第2に、1998年4月1日に、労基法の母性保護に関する改正部分ならびに均等法の母性健康管理措置規定の改正部分が施行された。第3に、1999年4月1日に、その他の法改正部分が施行された。

とりわけ努力義務規定が禁止規定に強化された均等法改正が1999年4月から施行されたことは、裁判にも影響を及ぼすことになった。85年均等法の施行を機に、多くの大企業が従前の男女別雇用管理をコース別雇用管理に変更したことは既述したところであるが、なかには、全社採用の男性従業員を「総合職」に、事業所採用の女性従業員を「一般職」へと機械的に振り分ける雇用管理を行った企業もみられた。これは「男女別コース制」というべき雇用管理であり、このような企業の対応をめぐって裁判ラッシュが続いた。

2000年以降に蓄積されていった判例では、まず住友電気工業事件・大阪地裁判決（平成11.7.31労判792号48頁）が、男女別採用と男女別労務管

理は性別による差別を禁じた憲法14条の趣旨に反するが、原告らが採用された当時には性別役割分業意識が強かったため、公序良俗違反とはいえないとして、差額賃金請求および慰謝料請求を棄却した。「時代制約説」を採用したこの判旨は、1985年均等法が募集・採用・配置・昇進を努力義務の対象に留めていたことに一つの論拠をおいたものであった[63]。時代制約説は、後の住友化学事件・大阪地裁判決（平成13.3.28労判807号10頁）、野村證券事件・東京地裁判決（平成14.2.20労判822号13頁）においても採用されたが、野村證券事件判決は、1997年改正均等法が施行された1999年以降、男女別コースを維持して女性を一般職掌のみに位置づける雇用管理は均等法6条違反であり、公序に反して違法である、と判示するに至った。岡谷鋼機事件・名古屋地裁判決（平成16.12.22労判888号28頁）も同様である。

五　均等法の展開過程（その２）――2006年第2回目の法改正

1　改正に至る経緯

1997年法改正時に衆参両院で附帯決議が採択されたことは前述したが、この中には、男女双方に対する差別を禁止する法の実現をめざすこと、間接差別について何が差別的取扱いであるかを引き続き検討すること、必要な時期に法規定を見直すことなどが含まれていた[64]。2003年には国連女性差別撤廃委員会において、第4回・第5回日本政府報告に対する審査が行われ、同年8月9日に出された総括所見は、①間接差別を含む女性差別の定義の導入、②男女賃金格差や政府のガイドラインに示されている間接差別の慣行と影響の認識不足、③パート労働者や派遣労働者の女性比率の高さと低賃金を指摘して、④暫定的特別措置を用いること等について、日本政府に要請した[65]。

---

63) 住友電工事件には大阪高裁から2003年12月24日に「和解勧告」が出された。女性差別撤廃条約の批准などによる成果は、すべての女性が享受する権利があり、会社は原告2名を昇格させ、和解金を支払うべきとされた。
64) 浅倉・前掲注7) 31頁。
65) 浅倉むつ子「間接性差別禁止の立法化は実現するのか」国際女性18号（2004年）60頁以下。

厚労省は、2002年11月から学識経験者を参集し、「男女雇用機会均等政策研究会」を開催して、①男女双方に対する差別の禁止、②妊娠・出産等を理由とした不利益取扱い、③間接差別の禁止、④ポジティブ・アクションの効果的推進方策の四つの事項について検討を進めた。同研究会は、2004年6月22日に「報告書」をとりまとめ、公的な文書としては初めて、間接差別を定義し[66]、各国の立法上の規定を比較したうえで、日本で「間接差別として考えられる典型的な事例についてイメージを示す」として七つの例を掲げた[67]。

　同研究会報告を受けて、2004年9月から労働政策審議会雇用均等分科会での検討が開始され、2005年12月27日、「今後の男女雇用機会均等対策について」と題する報告が全会一致でまとまった。この内容は、労働政策審議会から厚生労働大臣に「建議」として提出された。なお、間接差別については、労働者委員が間接差別基準は限定列挙ではなく例示列挙にすべきとし、使用者委員は間接差別概念の導入自体に懸念があるとして、それぞれの意見を付していた。

　この建議を受けて、厚生労働省は「雇用の分野における男女の均等な機会及び待遇の確保等に関する法律及び労働基準法の一部を改正する法律案要綱」を作成し、労働政策審議会に諮問した。同審議会は雇用均等分科会から「おおむね妥当」とする報告を得て、2006年2月26日に大臣に答申を行い、同年3月10日、これが均等法改正法案となって第164回国会に提出された。同法案は、2006年4月28日に参議院、6月15日に衆議院において、それぞれ可決され、成立した。

---

[66] 同報告書は、「間接差別とは、外見上は性中立的な規定、基準、慣行等……が、他の性の構成員と比較して、一方の性の構成員に相当程度の不利益を与え、しかもその基準等が職務と関連性がない等合理性・正当性が認められないものを指す」とした。

[67] これら七つの例とは、①募集、採用時の身長・体重・体力要件、②総合職の募集・採用時の全国転勤要件、③募集・採用時の学歴・学部要件、④昇進における転勤経験要件、⑤福利厚生適用や家族手当支給における世帯主要件、⑥正社員の有利な処遇、⑦福利厚生適用や家族手当支給からのパート労働者の除外、である。

2　2006年改正均等法

2006年法改正によって、均等法は第三ステージに入った。ここで行われた改正内容は、以下のとおりであった。

第1に、均等法は、従来の「女性」差別の禁止から、男女を問わない「性別」を理由とする差別の禁止を定める法律へと改正された。第二ステージの均等法は女性優遇も許されないという解釈をとったが、法の対象はあくまで女性労働者に限られていた。しかし第三ステージでは、男性労働者も法の対象に取り込まれ、従来の片面的性格は一掃され、国際標準の「性差別禁止法」へと改正されたのである。これを受けて法の基本的理念においても、従前の「女性労働者が性別により差別されることなく」という文言から、「女性」という言葉が削除された（均等法2条1項）。

第2に、差別となる対象範囲が、若干ではあるが拡大された。すなわち従来の募集・採用、配置・昇進、教育訓練、福利厚生、定年・退職・解雇に加えて、降格（6条1号）、職種および雇用形態の変更（同条3号）、退職勧奨、労働契約の更新（同条4号）に関する差別が禁止されることになった。また、配置の定義に業務の配分や権限の付与が含まれることが明記された（6条1号）。

第3に、間接差別禁止規定が、「性別以外の事由を要件とする措置」という見出しの下に、新たに導入された（7条）。同条は、「事業主は、……労働者の性別以外の事由を要件とするもののうち、……実質的に性別を理由とする差別となるおそれがある措置として厚生労働省令で定めるものについては、……合理的な理由がある場合でなければ、これを講じてはならない」と規定する。「厚生労働省令」である均等法施行規則2条は、①募集・採用に関して労働者の身長・体重・体力を要件とするもの、②労働者の募集・採用に関する措置（コース別雇用管理を行う場合の総合職コースに限る）で、住居の移転を伴う配転に応じることができることを要件とするもの、③労働者の昇進に関して、異なる事業所に配置された経験を要件とするもの、と規定された。これらは前述の「男女雇用機会均等政策研究会」が例示した七例中の三例を限定列挙するものであった。間接差別に該当する事由をこのように限定

する立法は、世界に類をみないものである。日本で間接差別を違法とした裁判例としては、被災者自立支援金請求事件・大阪高裁判決（平成14.7.3判時1801号38頁）があるが[68]、労働事件では、現在までに間接差別を違法と判示した裁判はない[69]。

第4に、「性別」による差別禁止規定とは別に、女性労働者の妊娠・出産等に関する不利益取扱い禁止規定が設けられた（9条3項）。1985年均等法は妊娠・出産・出産休暇の取得を理由とする解雇のみを禁じていたところ、2001年の改正育児・介護休業法が、育児休業等の申出や取得を理由とする解雇以外の不利益取扱いも禁止する規定を設けたことを受けて、均等法もまた解雇以外の不利益取扱いを禁止すべきとなったためである。また、妊娠中および産後1年以内に女性労働者が解雇された場合、その解雇は無効となり、事業主が妊娠・出産等を理由とする解雇でないことを証明した場合のみ例外となる旨が規定され（9条4項）、妊娠・出産を理由とする解雇の立証責任の転換が明文化された。

第5に、セクシュアル・ハラスメントについては、事業主の義務が「配慮」から「措置」へと強化され、予防と事後の迅速・適切な対応について具体的な対策を実施することが義務づけられた（11条1項）。また、女性のみならず男性労働者も対象となるように、「女性労働者」という言葉が「労働者」に改められた（同条）。

第6に、実効性確保手続きに関して、均等法における従来の機会均等調停

---

[68] 被災者自立支援金を受給できるのは、阪神淡路大震災から3年たった基準日に「被災している世帯主」とした財団の「支給基準」は差別だと提訴した本件において、大阪高裁は、通常、結婚した夫婦では男性が世帯主になることが圧倒的に多いため、A夫婦（被災者男性と非被災者女性が結婚）とB夫婦（被災者女性と非被災者男性が結婚）を比較した場合、A夫婦は支援金を得られるが、B夫婦は得られないという結果が生まれ、これは、世帯間差別および男女間差別をもたらし、かつ、この差別には合理的理由はないため、支給基準は無効であると判示した。

[69] もっとも、均等法改正以前の三陽物産事件・東京地裁判決（平成4.6.16労判651号15頁）は、本人給支給にかかる世帯主・非世帯主基準は、その適用の結果生じる効果が女性に一方的に著しい不利益となることを容認して策定されたものと推認できるとして、労基法4条違反と判示した。これは、使用者による性差別的意図の存否により結論を導いた判決であり、事案としては間接差別に該当するものの、差別的意図の存否を問わない性差別としての間接差別を裁判所が認めたとまではいえない。

委員会は、2001年「個別労働関係紛争解決促進法」制定により、同法にもとづく紛争調整委員会の委員のうちから指名された調停委員からなる機会均等調停会議へと改組された。調停の対象には、婚姻・妊娠・出産等を理由とする不利益取扱いと、セクシュアル・ハラスメントが含まれることになった。また、新たな制裁措置として、厚生労働大臣による報告徴収につき（29条）、報告せず、または虚偽の報告をした者には過料が課せられることになった（33条）。

第7に、均等法改正と併せて行われた労基法改正によって、女性の坑内労働の規制が緩和され、原則として女性にも坑内労働が許容され、例外として妊産婦の業務や作業員の業務のみが禁止されるようになった（労基法64条の2）。

3　附帯決議等

衆参両院の厚生労働委員会の採決にあたっては附帯決議がなされた。とりわけ「間接差別は厚生労働省令で規定するもの以外にも存在しうるものであるから、厚生労働省令の決定後においても機動的に対象事項の追加、見直しを図ること」と記載されたことに注目したい[70]。たとえば、「賃金や福利厚生の利用に関する世帯主基準」、「福利厚生の利用や家族手当の支払いからパート労働者を除外すること（これらの権利に関してフルタイム勤務を要求すること）」は、裁判では間接差別として争点になりうるであろう。

改正法の公布後、均等法施行規則、女性労働基準規則の改正、女性差別指針、セクハラ指針に代わる新たな指針の策定が行われ、2006年10月11日に公布、告示がなされた。

---

[70]　浅倉むつ子『雇用差別禁止法制の展望』（有斐閣、2016年）71頁。その後、平成18年10月11日雇児発1011002号通知は、「施行規則2条に定める措置……以外の措置が……、司法判断において、民法等の適用に当たり間接差別法理に照らして違法と判断されることはあり得る」として、附帯決議の趣旨を補強した。

六　均等法の現在

1　その後の改正動向

（1）2013年の指針・省令の改正

　その後、均等法の見直しは 2013 年に行われた。しかし同年 9 月 27 日付けで出された労働政策審議会雇用条件分科会報告（「今後の男女雇用機会均等対策について」）は、法改正は行わず、指針や省令の見直しと均等法の周知に向けた提案にとどめる、というものであった。

　これを受けて改正された施行規則や指針は、2014 年 7 月 1 日より実施された。改正内容は、以下のとおりである。①間接差別となりうる措置の範囲の見直しがなされ、省令に定める三つの措置のうち、コース別雇用管理における「総合職」の募集または採用に係る転勤要件について、「総合職」という限定が削除され、労働者全般へと拡大された（均等則 2 条 2 号の改正）。②性別を理由とする差別に該当するものとして、結婚していることを理由に職種の変更や定年の定めについて男女で異なる取扱いをしている事例が追加された[71]。③セクシュアル・ハラスメントの予防・事後対応について、職場におけるセクシュアル・ハラスメントには同性に対するものも含まれること、セクシュアル・ハラスメントの発生の原因や背景には性別役割分担意識にもとづく言動もあることが明記され、また、被害者に対する事後対応の措置の例として、被害者のメンタルヘルス不調への相談対応を追加する、などの改正が行われた[72]。④コース別雇用管理について、従来は通達であったものが指針という形になり[73]、コースの新設・変更または廃止にあたって事業主が法に抵触することになる例が具体的に示された。

---

[71]　平成 18 年厚生労働省告示 614 号第 2 の 8（2）ロ①の改正。
[72]　平成 18 年厚生労働省告示 615 号の改正。
[73]　平成 25 年厚生労働省告示 384 号。

(2) 2016年の法改正

　2013年頃から、女性の妊娠・出産・育児をめぐる権利行使に対する不利益処遇が社会的な問題になり、日本労働組合総連合会（連合）によるマタニティ・ハラスメントをめぐる意識調査（2013年、2014年）[74]や、労働政策研究・研修機構による実態調査（2016年）[75]が実施された。司法の分野では、広島中央保健生活協同組合事件・最高裁判決（平成26.10.23労判1100号5頁）が、出産にともなう軽易業務転換を申し出た女性に対する降格は、原則として均等法9条3項違反にあたると結論づけ[76]、2015年1月23日には、均等法と育児介護休業法の解釈通達の一部改正が行われた。

　しかし均等法9条3項や育児介護休業法10条はあくまで妊娠・出産・育児等に関わる事業主の不利益取扱いを違法とする規定であるため、上司・同僚による就業環境を害するハラスメント行為に関する事業主の責務について、さらなる法規制が求められた。その結果、2016年3月29日、均等法・育介法・派遣法などの改正をワンパッケージとする「雇用保険法等の一部を改正する法律案」が可決され、マタニティ・ハラスメント関連の条文が新設された。すなわち、従前からあった妊娠・出産・育児等に関わる不利益待遇を禁止する均等法9条3項（事業主による妊娠・出産等を理由とする不利益取扱の禁止）、育介法10条（事業主による育児休業・介護休業等を理由とする不利益取扱いの禁止）に加えて、均等法11条の2ならびに育介法25条が新設され、2017年1月1日から施行されたのである。

　整理すれば、現在、ハラスメントに関しては、以下のように三つの条文が存在する。①セクシュアル・ハラスメントに関する事業主の措置義務（均等法11条）、②2016年改正により新設された均等法11条の2（上司・同僚か

---

[74] この2013年調査の結果については、連合のウェブサイトが、2014年の同様の調査の中で公開している。
https://www.jtuc-rengo.or.jp/soudan/soudan_report/data/20140610-20140611.pdf
村上陽子「連合『マタニティ・ハラスメント（マタハラ）に関する意識調査』について」労旬1835号（2015年）36頁以下。
[75] 労働政策研究・研修機構『妊娠等を理由とする不利益取扱い及びセクシュアルハラスメントに関する実態調査』（2016年）。
[76] その後、同事件差戻審・広島高裁判決（平成27.11.17労判1127号5頁）も、当該降格処分を無効と判断した。

らの妊娠・出産等に関する言動により妊娠・出産等をした女性労働者の就業環境悪化防止に関する事業主の措置義務）、③同じく2016年改正で新設された育介法25条（上司・同僚からの育児・介護休業等に関する言動により育児・介護休業者等の就業環境悪化防止に関する事業主の措置）である。

2　女性活躍推進法の制定

2015年8月28日、第189回通常国会において、「女性の職業生活における活躍の推進に関する法律」が全会一致で可決成立した[77]。本法は10年間の時限立法であり、2016年4月1日から施行されている。

本法は、常時雇用する労働者が300人を超える民間事業主に対して「一般事業主行動計画」を、国・地方公共団体には「特定事業主行動計画」の策定義務を課すものである。一般事業主は、女性の活躍状況の把握と改善すべき事情の分析を行い、女性活躍推進のための取組みについて、①計画期間、②達成しようとする目標、③取組みの内容、④実施時期を定める「行動計画」を策定し、それを厚生労働大臣に届出て、労働者に周知し、公表しなければならない。

行動計画にもとづく取組の実施状況が優良な企業は、認定制度により「えるぼしマーク」を付与され、さらに、公共調達における優遇が与えられる。

同法は、さまざまに課題を抱えてはいるものの[78]、法体系上の位置づけとしては、男女格差を是正するためのポジティブ・アクション義務づけ法といってよいであろう。

おわりに

均等法の制定・改正過程を辿る作業を通じて、この三十数年の間に、均等法が、徐々に国際標準の差別禁止法へ接近しつつあることが明確になった。

---

77)　詳細については、浅倉・前掲注70）589頁以下参照。
78)　法の課題について、私見では、①状況把握・分析項目として掲げられている項目を、任意項目から必須項目化すること、②行動計画策定に関して、労働者側が関与する定めをおくこと、③行動計画の内容や実施状況に関しては、行政によるモニタリングが必要であると考えている。浅倉・前掲注70）597頁。

均等法は、制定当初は「福祉法」としての性格づけから、募集、採用、配置、昇進の均等を事業主の「努力」規定とし、男性とは異なる女性の取扱いを許容する片面的効力の立法として、批判の対象であった。しかし現在では、男女両性を対象とする性差別禁止立法という位置づけとなっている。

　構造的な差別に対する対抗手段としては、間接性差別禁止規定を備える法改正が行われた。さらに、事実上の男女格差を縮小するために、事業主はポジティブ・アクションを講じるにあたり国の援助を受けることができるだけでなく（均等法14条）、一定の範囲の事業主にポジティブ・アクションを義務づける立法（女性活躍推進法）もできた。

　均等法の2016年度の施行状況についてみると[79]、全国の雇用環境・均等部（室）への相談件数は2万1050件、均等法29条にもとづく是正指導は9773件、17条にもとづく紛争解決援助の申立受理件数は294件で、うち援助終了事案の約7割が解決をみている。同法18条にもとづく調停申請受理件数は71件であり、調停を開始したのは66件、調停案の受諾勧告を行った42件のうち37件が、調停案を双方受諾して解決に至っている。行政が関与する紛争解決手法は、均等法においては、それなりの実績をあげているとみることも可能であろう。

　しかし国際比較でみると、日本の雇用におけるジェンダー格差はなお深刻な実態にある。世界経済フォーラムによるジェンダー・ギャップ指数（ＧＧＩ）ランキングは、2017年には114位にまで落ち込んだ[80]。フルタイムの男女間賃金格差は、均等法制定当時よりは17.34ポイントも縮小したとはいえ、なお2017年段階で100対73.4であり[81]、国際比較でみるとOECD諸国の中でも常に、韓国に次いで低い水準にある[82]。

　このような雇用におけるジェンダー格差の第1の要因は、日本社会に根強い性別役割分業の慣行であり、これを変えるには、労働のみならず、教育や

---

79)　厚生労働省『平成28年度　都道府県労働局雇用環境・均等部（室）での法施行状況』。
80)　日本の順位は、2016年は144か国中111位、2017年には144か国中114位になった。
81)　2017年「賃金構造基本統計調査」による。
82)　『データブック国際労働比較』（労働政策研究・研修機構、2017年）181頁。

文化をめぐる幅広い取組みが必要である。一方、第2の要因としては、企業社会における制度や慣行をあげなければならない。私はこれを、日本企業における「構造的な性差別」として理解する必要がある、と考えている。

均等法施行後30年を経過しても、企業では、長時間労働や広域の人事異動可能性を前提とする、正社員の働き方をモデルとした人事管理が主流である。この人事管理では、性中立的ではあるが運用基準がきわめて曖昧な職能資格給制度にもとづき、査定評価がなされている。査定で評価されるのは、現実に労働者が従事する「職務の内容」ではなく、労働者の潜在的な能力であり、判断は上司の裁量に委ねられている。これらの基準を通じて行われる女性に対する低査定は、暗黙のうちに男性管理職のジェンダー観を反映せざるをえない。

このような「構造的な性差別」が裁判で争われたケースの一つが、中国電力事件であった[83]。原告が人事考課で低査定を受けた項目は、数値化されない協力関係向上力や協調性であり、評価基準があいまいで評価者が裁量を有しているかぎり、その性差別性を立証することは、男女差があるという統計的な証拠を提出する以外には、極端に難しい[84]。

間接性差別の法理は、このような「構造的な性差別」に対抗する手法として、国際標準の性差別禁止法に広く導入されてきた[85]。現在では曲がりなりにも均等法7条に規定されており、国会の議論においても、この条文は省

---

[83] 広島地判平成23.3.17労経速2188号14頁、広島高裁平成25.7.18労経速2188号3頁。地裁・高裁ともに原告の請求棄却。最高裁は上告不受理。山口一男・宮地光子・中野麻美・浅倉むつ子「(シンポジウム) 日本の男女間賃金格差を縮小するために」労旬1829号 (2014年) 6頁以下、相澤美智子「中国電力事件広島高裁判決に関する意見書」労旬1831・1832合併号 (2015年) 81頁以下。
[84] 本件でも、統計学の専門家 (シカゴ大学・山口一男教授) からは、以下の趣旨の「意見書」が提出された。すなわち、会社が提出した平成13年の賃金データでは、同期同学歴の男性83人、女性35人の計118人のうち、賃金の高い方から最初の54人はすべて男性で、55番目が女性であり、56番目から75番目まではまた男性、76番目が女性だったのだが、「もし男女が平等に扱われていたら、このような賃金格差が生まれた確率は……1兆回に1回も起こらない」はずだ、というものであった。しかしこの「意見書」も最高裁の判断を左右することはなかった。
[85] 黒岩容子「間接性差別禁止法理の形成と『平等』・『差別』概念の発展」浅倉むつ子・西原博史編著『平等権と社会的排除——人権と差別禁止法理の過去・現在・未来』(成文堂、2017年) 41頁以下。

令が規定する類型以外の雇用管理にも活用可能であると合意がなされている。日本企業に根付いている「構造的な性差別」を是正させるためには、均等法7条をいっそう活用することが重要といえよう。

そのためにも、今後は、均等法7条に「間接性差別禁止規定」と見出しをつけ、よりわかりやすい規定に改正すべきである[86]。また、省令は限定列挙ではなく、例示列挙とし、2004年6月の「厚生労働省男女雇用機会均等政策研究会報告書」が示した4事例を追加すべきであろう[87]。

---

[86] 均等法5条と6条には「性別を理由とする差別の禁止」という見出しがついているが、間接差別を禁止しているはずの7条の見出しは「性別以外の事由を要件とする措置」である。また7条の内容も「……講じてはならない」となっていて、事業主に対する「禁止」規定とは異なる定め方である。

[87] すなわち、①募集・採用時の職務遂行と無関係な学歴・学部要件、②福利厚生や家族手当支給に関する世帯主要件、③パート労働者の不利益処遇、④福利厚生や家族手当支給に関するパート労働者除外要件、である。前掲注67)参照。例示事項の中には、「一般職」(女性が圧倒的に多い)に対する各種の不利益処遇も加えるべきだろう。

第 7 章
短時間労働者及び有期雇用労働者の雇用管理の改善等に関する法律

水町勇一郎

一 前史

1 戦前から戦後へ——臨時工をめぐる問題

「その本質において臨時工たらざる者は一名称形式の如何に拘わらず一傭入れの當初より本工たりし者としての取扱ひを受くべきである」[1]。

後藤清は、1936（昭和11）年、当時浮上していた臨時工と本工の待遇格差問題についてこのように述べ、臨時工についても実態に応じた待遇を求める見解を示した。今日の非正規労働者をめぐる問題の原点は、この当時に遡る。

1931（昭和6）年に勃発した満州事変後の軍需景気は臨時工の増大をもたらし、臨時工問題が重大な社会問題として浮上するに至った。33（昭和8）年9月には、臨時工の解雇に際し法（工場法施行令二七条ノ二）所定の予告手当の支給を拒んだことに端を発して三菱航空機名古屋製作所で争議が起こり、35（昭和10）年7月には就業規則所定の解雇手当（退職手当）を臨時工にも支給することを命じた戸畑鋳物事件大阪区裁判所判決[2]が出た。当時の議論の中心は、これらの事件で問題となった、法所定の解雇予告手当および就業規則上の解雇手当を本工化した臨時工にも支給すべきかという点に

---

1) 後藤清「臨時工と解雇手当」民商4巻6号（1936年）1299頁。
2) 戸畑鋳物事件・大阪区裁判所判決昭和10.7.24法律新聞3884号特報〔就業規則の趣旨が臨時工への退職手当の支給を予定していないとしても、本工と同等の労働に従事していた臨時工はこれに該当せず、本工と同じく退職手当を請求できると判示〕。

あった。日本における正規・非正規労働者間の待遇格差問題は、昭和10年前後の本工・臨時工問題を端緒とし、その後形を変えながら展開されていったものといえる[3]。

その後、第2次世界大戦を経て、終戦後しばらくは本工を整理する時期であったため臨時工問題は影を潜めた。しかし、1950（昭和25）年に朝鮮戦争が勃発し、特需景気のなかで再び臨時工が増大すると、臨時工をめぐる法律問題が総花的に論じられるようになる。当時論じられた主要な問題としては、①本工組合の労働協約の臨時工への拡張適用の可否、②本工就業規則の臨時工への適用の可否、③臨時工と本工間の均等待遇原則（同一労働同一賃金原則）の成否、④有期臨時工契約の期間満了への解雇制限規定（労基法20条）の適用の有無などがあげられる[4]。

1950年代後半（昭和30年代前半）には、臨時工は好不況の波のなかで若干の増減を繰り返しつつ増加基調をたどっていくが、60年代（昭和30年代後半）になると高度経済成長による労働力不足のなかで臨時工の増勢は鈍化し、むしろ臨時工の本工登用が進んでいく。このような社会状況のなか、臨時工をめぐり展開されてきた法的論争は下火となっていく[5]。

2　臨時工問題からパートタイム労働問題へ

1960年代（昭和30年代後半）以降の経済成長にともなう人手不足のなかで、臨時工は本工化し減少をたどっていった。この臨時工に代わり、労働力不足を補う新たな労働力供給源として労働市場に登場し増加していったのが、主婦を中心とするパートタイム労働者であった。このような状況変化のなかで、臨時工をめぐる古典的な法律論争が下火となる一方、パートタイム労働者をめぐる法律問題が新たに検討の対象とされるようになっていった。

---

[3]　臨時工をめぐる法律問題の歴史については、水町勇一郎「非典型雇用をめぐる法理論」季労171号（1994年）114頁以下、濱口桂一郎「非正規雇用の歴史と賃金思想」大原社会問題研究所雑誌699号（2017年）4頁以下など参照。
[4]　当時の代表的な論攷としては、有泉亨「労使関係と臨時工」労働教育1951年8月号（1951年）3頁以下、峯村光郎『臨時工――その実態と法律問題』（要書房、1952年）などがある。
[5]　水町・前掲注3）115頁以下・121頁以下参照。

この時期のパートタイム労働をめぐる議論の中心は、短時間労働ゆえの特殊な解釈問題、すなわち、そもそもフルタイム労働者を想定して制定された労基法を短時間労働者に適用する際の解釈問題（とりわけ労働時間、休憩、休日、有給休暇をめぐる問題）にあった。また、それまで臨時工問題として論じられてきた短期労働契約の反復更新をめぐる問題は、パートタイム労働者にも同様に妥当する問題として継続的に議論されていくことになる[6]。さらに、1970年代後半（昭和50年第）になると、従来、臨時工をめぐって論じられていた均等待遇原則（同一労働同一賃金原則）が、パートタイム労働者をめぐる問題として議論されるようになっていく[7]。

3　パートタイム労働対策とその立法化へ向けた動き

　1980年代（昭和50年代後半）になると、国会や政府においても、パートタイム労働対策を講じる動きがはじまる。女性を中心としたパートタイム労働者の急激な増加という量的変化とともに、勤続期間の長期化、職域の拡大、さらにはサービス産業を中心に基幹労働力化という質的変化がみられているにもかかわらず、賃金面では一般労働者との間に大きな格差がみられ、また、景気変動期には雇用の調整弁として利用されるという実態（一般正社員との間の労働条件・雇用管理面での大きな壁の存在）のなか、パートタイム労働者についての対策の必要性が政治的課題として浮上していったのである。

　まず、1984（昭和59）年に、公明党と社会党がそれぞれ、均等待遇の確保を主眼としたパートタイム労働者保護法案を国会に提出した。これに対し、政府は、現時点ではなおパートタイム労働者をどのような就労形態で定着させるのかについての合意が形成されていないとして立法化を拒否した。これに代わり、政府は、同年、「パートタイム労働対策要綱」（いわゆる「要綱」）を策定し、労働条件の明確化、労働条件・雇用管理の適正化等の行政

---

6)　川口実『特殊雇用関係　労働法実務体系15』（総合労働研究所、1974年）は、それまでの臨時工をめぐる議論を整理・総括するとともに、パートタイム労働者をめぐる法律問題について包括的な解説・検討を行っている。

7)　橋詰洋三「パートタイマーをめぐる労働法上の問題点」季労110号（1978年）29頁以下、本多淳亮「パートの労基法違反がなぜ続発するのか」季労127号（1983年）4頁以下など。

指導を行っていくことで、これに対応した。

その後、1987(昭和62)年には、労働省の委託を受けて設置された「女子パートタイム労働対策に関する研究会」が報告書を提出、そのなかでパートタイム労働者を福祉面からサポートする「パートタイム労働者福祉法」の制定が提案された。この「福祉法」の内容として検討されるべき事項としては、①雇入通知書の交付、フルタイム労働者との相互転換のルールの設定、パートタイム労働者雇用管理改善推進者の設置等によるパートタイム労働者の雇用管理の改善、②パートタイム労働者の職業能力の開発等を図るための国や地方公共団体による就業援助措置、③パートタイム労働者への勤続報奨金の支給を中心とした福祉共済事業の実施などが挙げられていた[8]。これを受けて、翌88年には、公労使の三者からなる「パートタイム労働問題専門家会議」が設置された。しかし、同会議でも、立法化の是非およびその内容についての労使の見解の対立は解消されるには至らなかった。

結局、1989(平成元)年に、雇用保険のパートタイム労働者(週22時間〔現行は20時間〕以上の労働者)への適用拡大を図る雇用保険法改正が行われたが、一般的なパートタイム労働対策としては、従来の「要綱」を強化・拡充した「パートタイム労働者の処遇及び労働条件等について考慮すべき事項に関する指針」(いわゆる「指針」)が労働大臣告示の形式で発出されるにとどまった[9]。ここに、パートタイム労働法制定への第1の波は収束をみることになる。

---

8) 「パートタイム労働者福祉法(案)」の内容については、労働省婦人局編『パートタイム労働の展望と対策』(婦人少年協会、1987年)参照。
9) なお、このような経過のなかで、1987年には、短時間労働者に対する年次有給休暇の比例的付与制度を導入する労基法改正が行われ(1988年4月施行)、また、1990年には、短時間労働者について掛金月額下限の特例を設ける中小企業退職金共済法改正が行われている(1991年4月施行)。

二　1993（平成5）年パートタイム労働法制定

1　経緯

　1992（平成4）年2月、当時の野党四党（社会党、公明党、民社党、社民連）が共同で、均等待遇原則の確立を主眼としたパートタイム労働法案（いわゆる「四野党法案」）を国会に提出した。これを契機に、立法化へ向けての第2の波が急激に高まることになる。政府・国会内の政治的折衝のなかで、政府自民党側も法案を用意してパートタイム労働法制定へ乗り出すことが与野党間の約束とされるに至ったのである。

　これを受けて、労働省は、同年7月、公労使三者構成の「パートタイム労働問題に関する研究会」を設置した。同研究会は、同年12月、パートタイム労働対策の方向として、①パートタイム労働を労使双方にとって重要な就業形態と位置づけパートタイム労働者の福祉の増進を図る必要があること、②その基本的な対策は「通常の労働者より所定労働時間が短い労働者」を対象とすることが適当であること、③「指針」にもとづく指導啓発等の実効性確保を図ること、④「パートセンター」を設置して事業主への指導援助およびパートタイム労働者への相談援助等を行うこと、⑤国などによりパートタイム労働者への職業能力開発および労働力需給調整機能の強化を図ることなどを定めた報告書を提出した。

　政府は、この研究会報告書をもとに法案を作成し、1993（平成5）年3月「短時間労働者の雇用管理の改善等に関する法律案」として国会に提出した。同法案は、衆議院で一部修正を受けた後、同年6月11日に参議院で可決、ここにわが国で初めてのパートタイム労働立法である「短時間労働者の雇用管理の改善等に関する法律」（いわゆる「パートタイム労働法」）が成立するに至った[10]。

2 概要

(1) 基本目的と適用対象

1993(平成5)年に制定されたパートタイム労働法の基本目的は、①短時間労働者の雇用管理の改善、および、②職業能力の開発・向上を推進することにより、③その福祉の増進を図ることにあった(当時1条)。

その適用対象とされる「短時間労働者」とは、「一週間の所定労働時間が同一の事業所に雇用される通常の労働者……に比し短い労働者をいう」と定義されている(2条)。

(2) 施策の概要と性格

前記のような目的および定義規定の下で同法が定めた施策は、次の3点に要約されうる。

第1に、「指針」(前記一3)に法律上の根拠を設け、パートタイム労働者の雇用管理の改善を図ることである。とくに、①労働条件に関する文書の交付(当時6条)、②就業規則の作成・変更における短時間労働者の過半数代表の意見聴取(当時7条)、③短時間雇用管理者の専任(当時9条)については、事業主の努力義務が法律上明文化されており、その他の措置についても労働大臣が「指針」を策定して(当時8条)、事業主に助言・指導を行うものとされた。労働大臣は、助言・指導のほかにも、事業主に対して報告を

---

10) パートタイム労働法制定の経緯と課題については、大脇雅子「パートタイム労働者をめぐる立法論的課題」季労151号(1989年)7頁以下、諏訪康夫「パート労働の焦点と法案の見通し」労働法学研究会報1910号(1993年)2頁以下、山田省三「『パートタイム労働法案』の内容と問題点」労旬1309号(1993年)6頁以下、大脇雅子・諏訪康夫・清家篤・髙梨昌「〈座談会〉パートタイム労働をめぐる現状と課題」ジュリ1021号(1993年)8頁以下、小嶌典明「パートタイム労働と立法政策」ジュリ1021号(1993年)39頁以下、諏訪康夫「非正規労働者の雇用関係 I ——パートタイム労働者と法」秋田成就編『日本の雇用慣行の変化と法』(法政大学現代法研究所、1993年)213頁以下、水町勇一郎「パートタイム労働法の経緯と問題点」日本労働研究雑誌403号(1993年)30頁以下、松下乾次「パート労働法」日本労働法学会誌82号(1993年)170頁以下、大脇雅子「パートタイム労働法の概要と問題点」季労170号(1994年)6頁以下、水町勇一郎『パートタイム労働の法律政策』(有斐閣、1997年)12頁以下など参照。

求め、勧告を行うこともできるものとされた（当時10条）。

　第2に、国、地方公共団体、雇用促進事業団による職業能力開発・就業援助等の措置である。国などは、パートタイム労働者に対して、職業訓練の実施上特別の配慮をし（当時11条）、また、職業紹介の充実等に努める（当時12条）ものとされた。

　第3に、事業主とパートタイム労働者に対する総合的な援助機関として「短時間労働援助センター」（いわゆる「パートセンター」）の設置である（当時13条以下）。1994年4月、労働大臣により財団法人21世紀職業財団が同センターに指定された。

　以上の施策の概要からわかるように、本法は、かつて立ち消えとなった「パートタイム労働者福祉法（提案）」（前記一3）の基本的枠組みを受け継いだものであり、パートタイム労働者を福祉面からサポートするという性格を強くもつものであった。

3　意義と課題

　1993年に設定されたパートタイム労働法は、パートタイム労働者の雇用管理に関する一般的な対策を定めた日本で初めての立法であるという点で、重要な意義が認められる。しかし、これによってパートタイム労働者をめぐる法的課題がすべて解決されたわけではない。当時から同法の内容に疑問を呈する声があり、また、同法においては将来に向けて棚上げにされた問題もあった。同法の主要な問題点・課題として指摘されていたのは、次の大きく3点であった。

　第1に、パートタイム労働者の定義にかかわる問題である。本法は、対策の適用対象となるパートタイム労働者を「一週間の所定労働時間が通常の労働者に比し短い労働者」と定義した。その結果、所定労働時間が正社員（通常の労働者）と同じであるにもかかわらず非正社員として取扱われているいわゆる「フルタイム型パート」（「疑似パート」とも呼ばれる）が、本法の適用対象外とされることとなった。このような取扱いがなされた理由としては、フルタイム型パートをめぐる問題は、正社員と非正社員との身分格差という日本の雇用管理システムのあり方自体にかかわるより広範な問題であるため、

この問題については別途進められている労働契約法制の見直しの審議に委ねることとし、パートタイム労働法では本来の意味でのパートタイム労働者（短時間労働者）に焦点を絞って対策を立てようとする考え方があったとされている[11]。この「フルタイム型パート」をめぐる問題は、その後約20年を経た2012（平成24）年に有期契約労働者の保護を定めた改正労働契約法が成立したことにより、部分的に解決をみることになる。

第2に、立法規制の内容、とくにその実効性確保の手段にかかわる問題である。本法は、法律上の根拠にもとづいて「指針」を策定し、この「指針」に定められた努力義務規定に沿って行政指導を行っていくことを大きな柱としていた。本法が、1985（昭和60）年に制定された（当初の）男女雇用機会均等法と同様に、「指針に基づく行政指導」という手法をとった理由は、日本の労働市場に厳然と存在している正社員・非正社員間の大きな壁（いわゆる「内部労働市場」の壁）を考慮し、これを長期的・漸進的に解消していこうという現実的な考え方にあった。しかし、この「指針に基づく行政指導」という手法は、その後、年を経過しても実効性を上げるには至らなかった。この点は、その後の同法改正をめぐる議論のなかで、法規制の内容を含めて、重要な検討課題とされていくことになる。

第3に、パートタイム労働者の社会保険・税制上の取扱いをめぐる問題である。当時の社会保険制度では、所定労働時間が通常の労働者のおおむね4分の3未満の労働者には健康保険・厚生年金保険の保険加入が免除され、また、この所定労働時間が4分の3未満の者のうち年収が130万円未満の主婦（または主夫）については配偶者の被扶養者（国民年金では第三号被保険者）として保険料を負担せずに給付を受けることができるものとされていた。また、税制上も、年収が一定額（当時は135万円。現行では141万円）未満の主婦（または主夫）については配偶者の所得から一定の控除（現行では141万円未満の場合に配偶者特別控除、103万円未満の場合には配偶者控除も付加）を受けることが認められていた。さらに、税制上の非課税限度額

---

11) 諏訪・前掲注10）労働法学研究会報1910号21頁以下参照。パートタイム労働法は、現行法においても、この定義を基本的に維持している。

（当時は100万円。現行は103万円）は企業の配偶者手当制度と結びついて、手取り収入の逆転現象を生じさせていた。この既婚パートタイム労働者（特に労働時間や年収が一定未満の主婦）を優遇する制度は、社会保険料・税負担の不公平を内包し、また主婦パートタイム労働者の就業調整を生む原因として、女性やパートタイム労働者の活用・処遇改善を妨げているとの問題点が指摘されていた。パートタイム労働法は、これらの社会保険・税制等にかかわる問題については何ら触れておらず、その後もこれらの問題は、パートタイム労働法とは法制度的に別の問題としてその見直しが検討されていくことになる[12]。

三　2007（平成19）年改正

1　経緯——1993年制定から2007年改正までの動き

（1）3年後見直しと「調査研究会」報告（1997年）

1993（平成4）年に制定されたパートタイム労働法は、施行後3年を経過した時点で施行状況を勘案し必要であれば措置を講じる旨の規定（附則2条）を定めていた。これを受けて設置された「パートタイム労働に係る調査研究会」は、97（平成9）年8月、施策の方向性として、①労働条件に係る書面交付や就業規則の作成手続の徹底を図ること、②パートタイム労働者のキャリア形成・教育訓練が重要であること、③パートタイム労働者の処遇改善のためには就業実態に応じたタイプごとに合理的な雇用管理のあり方を考えることが必要であることなどを提言した報告書を発表した。これに対し、

---

[12]　健康保険および厚生年金保険については、いわゆる「税と社会保障の一体改革」の一環として2012（平成24）年8月に成立した年金機能強化法により、その適用範囲が拡大され、①週所定労働時間が20時間以上、②月額賃金が8万8000円以上（年収106万円以上）で、③当該事業場に1年以上使用されることが見込まれる者は、被保険者に当たる（ただし生徒・学生等で厚生労働省令で定める者は適用除外）との制度改正がなされた（健康保険法3条1項9号、厚生年金保険法12条5号。16（平成28）年10月から労働者数501人以上の企業を対象に施行）。また、2017（平成29）年の税制改正法により、配偶者控除および配偶者控除の適用範囲が18（平成30）年からそれぞれ年収201万円以下および年収150万円以下に引き上げられた。

労働省女性少年問題審議会は、98（平成10）年2月、「労使がどのように『通常の労働者との均衡』を考慮するかについての物差しづくり……が必要。このため労使も含め、技術的・専門的な検討の場の設置が必要」との建議をまとめた。

（2）「雇用管理研究会」報告（2000年）

これを受けて1998（平成10）年に設置された公労使三者構成の「パートタイム労働に係る雇用管理研究会」では、パートタイム労働者と正社員との均衡を考慮するための具体的な指標（物差し）を作るための検討作業が行われた。2000（平成12）年4月に取りまとめられた同研究会報告では、①正社員との「職務の同一性」（通常従事する作業が同じかどうか等）に着目して、正社員と同じ職務を行うパートタイム労働者（Aタイプ）と正社員と異なる職務を行うパートタイム労働者（Bタイプ）に分けて整理することができること、②Aタイプについては、処遇や労働条件の決定方式を正社員と合わせていく方法がありうるが、残業、休日出勤、配置転換、転勤がないまたは少ないという事情がある場合には合理的な範囲で差を設けることもあり得ること、③Bタイプについては、職務や職務遂行能力に見合った処遇や労働条件を考えることが重要であり、それをふまえて賃金、賞与、退職金等のあり方を検討することが適切であることなどが提言された。

（3）「パート研究会」報告（2002年）

その後、2001（平成13）年に設置された「パートタイム労働研究会」では、前記「パートタイム労働に係る雇用管理研究会」報告の考え方をもとに、それを政策的に具体化する検討作業を行い、2002（平成14）年7月、①日本で柔軟で多様な働き方を望ましい形で広げていくには「日本型均衡処遇ルール」の確立が必要であること、②目指すべき法的ルールとしては、同一職務で合理的理由がないケースでは処遇決定方式を正社員に合わせること（均等処遇原則タイプ）、合理的理由があるが現在の職務が正社員と同じケースでは幅広く均衡配慮措置を求めること（均衡配慮義務タイプ）の二つの組み合わせが考えられること、③法整備への国民的合意形成のためにも何が均衡か

についてガイドラインの策定が必要であることなどを提言した最終報告をまとめた。

この報告を受け、労働政策審議会雇用均等分科会において労使を含めた検討が行われたが、法律改正についての労使合意が得られるには至らず、2003（平成15）年に「指針」の改正が行われるにとどまった。

（4）労働政策審議会建議（2006年）から法改正へ

しかしその後、国会や政府において、法律改正に向けた声が高まっていく。1990年代後半以降のグローバル競争の進展のなか、コスト削減のために正社員をパートタイム労働者や派遣労働者等の非正規労働者に置き換える動きが広がり、パートタイム労働者が量的に増加しただけでなく、その対象が家庭の主婦層から、正社員として就職できない若年者やシングルマザー等にも広がっていったため、低賃金による生活困難（ワーキング・プア）問題が深刻な社会問題として顕在化していった。また、少子高齢化による労働力不足が予測されるなか、女性や高齢者などの能力を積極的に活用するという政策的要請から、その多様な希望や制約に適う柔軟で良好な雇用形態としてパートタイム労働の環境整備を行う必要性も高まっていった。このような社会的背景のなか、2006（平成18）年の男女雇用機会均等法・労基法改正の附帯決議や、政府の「経済財政運営と構造改革に関する基本方針2006」（同年7月7日閣議決定）の「再チャレンジ支援」において、正規・非正規労働者間の均衡処遇を目指すという目標が掲げられた。

これを受けて、労働政策審議会雇用均等分科会では、パートタイム労働法改正に向けた審議が重ねられ、2006（平成18）年12月、①労働条件の明示等、②均衡待遇の確保の促進、③通常の労働者への転換の促進、④苦情処理・紛争解決援助などについて法的整備を行うことが適当であるとする建議を、使用者側委員の意見（「内容についての理解と浸透を図った上で、実態に即した施行がなされるべきである」）を付す形で、行った。

この建議にもとづき、2007（平成19）年、1993年に制定されたパートタイム労働法をほぼ全面的に改正するパートタイム労働法改正案が国会に提出され、07年5月25日、参議院本会議で可決・成立した（2008年4月施行）。

2 改正の概要

2007年改正のポイントは、①労働条件の明示と説明に関する使用者の義務の強化、②差別的取扱いの禁止、③均衡待遇の推進、④通常の労働者への転換の促進、⑤紛争解決手続の新設の五つからなる[13]。

(1) 労働条件の明示・説明義務

93年法は、パートタイム労働者の雇入れ時に労働条件に関する文書を交付することを事業主の努力義務としていた。これに対し、07年改正は、一部の労働条件（昇給・退職手当・賞与の有無）について文書を交付することを事業主の義務とし（6条1項）、違反した場合には10万円以下の過料に処することとした（当時47条、現行31条）。

また、07年改正は、労働条件に関する事業主の説明義務を新設した。事業主は、パートタイム労働者から求めがあったときは、法が規制する事項（労働条件の文書交付、就業規則の作成手続、差別的取扱いの禁止、均衡待遇の推進、通常の労働者への転換措置）の決定にあたり考慮した事項について、当該労働者に説明しなければならないとしたのである（当時13条、現行14条2項）。

(2) 差別的取扱いの禁止

07年改正の大きなポイントは、パートタイム労働者に対する差別的取扱いを禁止する規定を新設した点にある。同改正は、①職務内容（職務にともなう責任の程度を含む）が通常の労働者と同一の短時間労働者であること、②期間の定めのない労働契約を締結していること（有期労働契約の反復更新により無期労働契約と同視することが相当と認められること〔当時8条2項〕）、③雇用関係の全期間において職務の内容・配置が通常の労働者と同一

---

[13] 2007年改正の意義、内容と課題については、両角道代「均衡待遇と差別禁止——改正パートタイム労働法の意義と課題」日本労働研究雑誌576号（2008年）45頁以下、川田知子「パートタイム労働者と正規労働者との均等待遇——法改正の動向と最近の裁判例を中心に」法学新報121巻7・8号（2014年）47頁以下など参照。

の範囲で変更される見込まれること、という三つの要件を満たすものを「通常の労働者と同視すべき短時間労働者」と定義し、当該労働者については、短時間労働者であることを理由として、賃金の決定、教育訓練の実施、福利厚生施設の利用その他の待遇について、差別的取扱いをしてはならないと規定したのである（当時8条1項）。

　この規定は、パートタイム労働者のうち、前記の三つの要件を満たす労働者にその対象を限定しつつ、賃金、教育訓練、福利厚生などすべての労働条件について、パートタイム労働者であることを理由に、通常の労働者よりも不利益な取扱いをすることを違法な差別とした（違反行為は不法行為〔民法709条〕として損害賠償義務を発生させ、解雇や配転命令などの法律行為は公序違反〔民法90条〕として無効となる）ものと解されており、日本の実定法上、雇用形態を理由とする待遇格差が違法となることを初めて明確に定めた規定であるといえる。

（3）均衡待遇の推進

　07年改正は、「通常の労働者と同視すべき短時間労働者」にあたらないパートタイム労働者については、一定の事項について、通常の労働者とバランスのとれた待遇とすること（均衡待遇）を努力義務や措置義務として具体的に定めた。すなわち、事業主に対して、①通常の労働者との均衡を考慮しつつ短時間労働者の賃金を決定するよう努めること（当時9条1項[14]）、②通常の労働者に職務内容に必要な能力を付与するための教育訓練を実施する場合、職務内容が通常の労働者と同一の短時間労働者にも、原則として通常の労働者と同じ教育訓練を実施すること（当時10条1項、現行11条1項[15]）、③通常の労働者が利用する福利厚生施設（給食施設、休憩室、更衣室）の利用機会を短時間労働者にも与えるよう配慮すること（当時11条、

---

[14] 職務内容が通常の労働者と同一の短時間労働者については、通常の労働者と同じ範囲で職務や配置を変更される期間があれば、その期間中は通常の労働者と同じ方法で賃金を決定するよう努めることも求められている（当時同条2項）。

[15] それ以外の教育訓練については、職務内容が同一であるか否かを問わず、その職務内容、意欲、能力等に応じて、パートタイム労働者に対して教育訓練を実施するように努めることが求められている（当時10条2項、現行11条2項）。

現行12条）を求める規定を、法律上定めたのである。

（4）通常の労働者への転換措置

　07年改正は、パートタイム労働者に通常の労働者へ転換する機会を与えるために、事業主に一定の措置を講じることを義務づける規定を新設した。すなわち、事業主は、通常の労働者への転換を推進するため、既に雇用しているパートタイム労働者に対して、①通常の労働者を募集する場合に、募集事項を周知すること、②通常の労働者の配置を新たに行う場合に、配置の希望を申し出る機会を与えること、③通常の労働者に転換するための試験制度を設けること（その他通常の労働者への転換を推進するための措置を講じること）のいずれかの措置を講じなければならないとされたのである（当時12条1項、現行13条）。

（5）苦情処理・紛争解決の援助

　07年法は、同法が義務規定とした事項（労働条件の文書交付、待遇決定考慮事項の説明、差別的取扱いの禁止、教育訓練の実施、福利厚生施設の利用、通常労働者への転換措置）について、新たな紛争解決の手続を定めた。
　まず、事業主は、前記事項についてパートタイム労働者から苦情の申出を受けたときは、当該事業所の苦情処理機関に処理を委ねるなど自主的な解決を図るよう努めなければならない（当時19条、現行22条）。また、前記事項に関するパートタイム労働者と事業主の間の紛争について、裁判外の紛争処理手続として、①都道府県労働局長による助言・指導・勧告（当時21条、現行24条）、および、②個別労働関係紛争解決促進法にもとづく紛争調整委員会（「均衡待遇調停会議」）による調停（当時22条、現行25条）という制度が新たに設けられた。

3　改正の意義と課題

　1993年に制定されたパートタイム労働法は、事業主および労使の自主的な取組みを重視し、法的には努力義務を定めるのみで、強行的な規制を定めることを回避してきた。これに対し、2007年改正は、労働条件の明示（文

書交付）を過料付きで義務化し、一定の要件を満たしたパートタイム労働者について差別的取扱いを禁止するなど、事業主に法的義務を課す実質的な規制として、従来の路線から大きく一歩を踏み出したものといえる[16]。

しかし同時に、同改正には問題点も内包されていた。第1に、差別的取扱い禁止規定（当時8条）の要件（特に③雇用関係の全期間において職務の内容・配置が通常の労働者と同一の範囲で変更される見込まれること）が高く設定されているため、その適用対象者が極めて狭く限定されてしまうことである[17]。第2に、均衡待遇を定めた規定（当時9条）についても、直接私法上の効果を発生させるわけではない努力義務規定にとどまっているため、格差是正の効果に疑問があることである[18]。実際に、その後の実証分析によって、パートタイム労働者と一般労働者との賃金格差は、07年改正の施行後も縮小していないことが示されている[19]。この07年改正の問題点（格差是正効果の欠如）が、次なる法改正へとつながる伏線となる。

四　2014（平成 26）年改正

1　経緯——2007 年改正から 14 年改正までの動き

（1）民主党マニフェスト（2009 年）と新成長戦略（2010 年）

2007 年改正法の施行後も、正社員と非正社員の待遇格差が依然として存在するなど、パートタイム労働者をめぐる問題は十分に改善されないままであった。

そのなか、2009 年の総選挙で、民主党は、正規・非正規労働者間の待遇

---

[16] 両角・前掲注13）45頁、川田・前掲注13）51頁以下参照。
[17] その後の調査報告により、8条（当時）の3要件を満たすパートタイム労働者は全体の0.1％であると分析されている（厚生労働省「今後のパートタイム労働対策に関する研究会報告書」7頁図表24（2011年）参照）。阿部未央「改正パートタイム労働法の政策分析—均等待遇原則を中心に」日本労働研究雑誌642号（2014年）45頁以下参照。
[18] 川田・前掲注13）54頁以下参照。
[19] 川口大司「改正パートタイム労働法はパートタイム労働者の処遇を改善したか？」日本労働研究雑誌642号（2014年）53頁以下。

格差問題について、「性別、正規・非正規にかかわらず、同じ職場で同じ仕事をしている人は同じ賃金を得られる均等待遇を実現する」という選挙公約（Manifesto2009）を掲げた。

この選挙で政権を獲得した民主党を中心とする政府は、この公約をふまえ、2010年6月に新成長戦略を決定し、そのなかで「パートタイム労働者、有期契約労働者、派遣労働者の均衡待遇の確保と正社員転換の推進」を2013年度までに実施すべきとの実行計画（工程表）を定めた。

（2）「対策研究会」報告（2011年）と労働政策審議会建議（2012年）

これを受けて厚生労働省内に設置された「今後のパートタイム労働対策に関する研究会」は、2011年9月、①「差別的取扱いの禁止（当時8条）」の三要件がネガティブ・チェックリストとして機能しているとの問題点と「合理的理由のない不利益取扱いの禁止」という新方式の提案、②パートタイム労働者の待遇改善や教育訓練・正社員転換の推進のために事業主に行動計画を作成させることの推進、③労働者の納得性の向上、法の実効性の確保を図ることの重要性等を指摘する報告書を取りまとめた。

この研究会報告を受け、労働政策審議会雇用均等分科会は13回にわたる検討を経て、2012年6月に結果を取りまとめ、同審議会はこれを建議した。この建議では、前記研究会の行動計画作成の提案（②）については盛り込まれなかったが、差別的取扱いの禁止の従来の3要件のうち無期契約要件を削除し残された二つの事情（職務内容、職務の内容・配置の変更の範囲）等を考慮した「不合理な〔待遇の〕相違の禁止」（前記①参照）、労働者の納得性の向上、法の実効性の確保ため諸措置（前記③）等をとることが適当とされた。

（3）労働契約法改正（2012年）と2014年法改正

その直後の2012年8月、有期契約労働者の保護を定めた改正労働契約法が成立した。そこでは、通算契約期間が5年を超える場合の無期労働契約への転換（18条）、雇止め法理の法定化（19条）と並んで、期間の定めがあることによる不合理な労働条件の相違の禁止（20条）が定められた。

その後に行われた2012年12月の総選挙の結果、政権が交代し、自民、公

明両党からなる政府（第2次安倍晋三内閣）が誕生した。しかし、新たに成立した安倍政権も女性活用の推進を重要な政策目標に掲げ、パートタイム労働法の改正を推し進める方針を変えなかった。同政権は、12年6月の労働政策審議会建議を実質的に引き継いで、パートタイム労働法を改正する法案を作成し、14年2月に国会に提出した。そこでは、パートタイム労働者の待遇改善（前記（2）①参照）のための規定については、「不合理な待遇の相違の禁止」（改正法8条）だけでなく、無期契約要件を削除した「差別的取扱いの禁止」（改正法9条）も残し、二本立てとすることとされた。同法案は、14年4月16日、参議院本会議で可決・成立し、翌15年4月に施行された。

2　改正の概要

2014年改正のポイントは、①均等・均衡待遇の確保、②労働者の納得性の向上、③法の実効性の確保の3点にあった[20]。

（1）均等・均衡待遇の確保

14年改正は、均等・均衡待遇を確保するために、①通常の労働者との差別的取扱いが禁止される短時間労働者（改正前8条）について、無期労働契約の締結要件を削除し、その対象範囲を拡大する（改正後9条）とともに、②短時間労働者の待遇について、通常の労働者との相違は不合理なものであってはならないとする原則規定（改正後8条）を設けた。

前者の差別的取扱い禁止規定（①）は、2012年労働契約法改正により有期契約労働者の待遇改善（無期契約労働者との不合理な労働条件の相違の禁止〔労契法20条〕）が定められたことをふまえて、パートタイム労働法においても有期契約労働者を不利に取り扱わないようにするために、従来の差別的取扱い禁止規定の3要件のうち無期労働契約要件を削除した（有期契約労働者であっても他の2要件を満たす場合には差別的取扱い禁止の適用対象と

---

[20]　2014年改正の内容と課題については、水町勇一郎「パートタイム労働法の改正」法学教室409号（2014年）68頁以下、川田・前掲注13）65頁以下など参照。

なるものとした）ものである。

　後者の不合理な待遇の相違の禁止規定（②）は、労働契約法20条の「不合理な労働条件の相違の禁止」を非正社員の待遇改善の基本原則と位置づけ、これと同様の規定をパートタイム労働者についても定めたものである。なお、パートタイム労働法は雇用管理の改善等を基本目的とした法律であるため、不合理な「待遇」の相違の禁止という文言が用いられたが、これは労働契約をめぐる解釈のルールを定めた労契法20条における不合理な「労働条件」の相違の禁止と同じ内容・性質のものである。

　これらのうち、前者（①）は、旧パートタイム労働法8条と同様に、私法的効力（民法709条違反性）とともに事業主に対する行政取締法規という性質をもつものであるが、後者（②）は、労契法20条と同様に、私法的効力（これに反する定めを違法・無効とする効力）のみをもつものと位置づけられている。

（2）労働者の納得性の向上

　14年改正は、①短時間労働者の雇入れ時に雇用管理の改善等に関する措置の内容について説明することを事業主に義務づける（改正後14条）とともに、②雇用する短時間労働者の相談に応じ、適切に対応するために必要な体制を整備することを事業主に義務づける（改正後16条）ことによって、均等・均衡待遇という実体面での待遇改善（前記（1））だけでなく、労働者への説明・相談という手続面でその納得性を高めることとした。後者（②）については、パートタイム労働者からの苦情に対応するための担当者等を定め、雇入れ時等の文書（6条参照）に相談窓口を明示することとされている（同法施行規則2条1項4号）。

（3）法の実効性の確保

　14年改正は、①厚生労働大臣による是正の勧告に事業主が従わなかったときに、事業主名を公表できる規定を定める（改正後18条2項）とともに、②厚生労働大臣が事業主に報告を求めたにもかかわらず、報告をせずまたは虚偽報告をした場合に、20万円以下の過料に処する規定を定め（改正後30

条)、これまで十分に実効性を確保できていなかったパートタイム労働法の実効性を高めるための制度を創設した。

3 改正の意義と課題

14年改正の意義は、07年改正ではパートタイム労働者の待遇改善に向けて不十分であった点を前に進めるべく、①適用範囲が限定されていた差別的取扱いの禁止規定だけでなく、より一般的な待遇の原則として不合理な待遇の禁止規定を創設し（前記2（1））、また、②このような実体的規制だけでなく、労働者への説明・相談という手続的な規制も定め（同（2））、さらに、③法違反に対する実効性確保の強化を図った（同（3））点にある。とりわけ、不合理な待遇の禁止規定を定めた点（①）は、12年労契法改正によって有期契約労働者について定められていた不合理な労働条件の禁止と一体のものとして、日本の正規・非正規労働者間の待遇格差を是正するための基本原則を示したものということができる[21]。

もっとも、14年改正にも、なお課題が残されている。待遇の原則として定められた「不合理な待遇の禁止」規定（8条）は、有期契約労働者についての「不合理な労働条件の禁止」規定（労契法20条）と同様に、その内容が不明確で、解釈が定まっていない点である。この規定の原型である労契法20条についてその立法化の際に解釈通達が発出されている[22]。しかし学説は、例えば、同条は均衡処遇（バランスのとれた処遇）を求めるものであるとする見解[23]と、給付の性質によって均等処遇（同一取扱い）を求めるものと均衡処遇を求めるものの双方を含んだ規定であるとする見解[24]とに大きく分かれている。また裁判例においても、たとえば、有期契約労働者（労

---

[21] 水町勇一郎「不合理な労働条件の禁止と均等・均衡処遇（労契法20条）」野川忍ほか編『変貌する雇用・就労モデルと労働法の課題』（商事法務、2015年）311頁以下参照。
[22] 平24.8.10基発0810第2号。
[23] たとえば、菅野和夫『労働法〔第11版〕』（弘文堂、2016年）337頁以下は、「不合理なものと認められるものであってはならない」とは「本条の趣旨に照らして法的に否認すべき内容ないし程度で不公正に低いものであってはならない」との意味であるとする。そのほか、野田進「労働契約法20条」西谷敏ほか編『新基本法コンメンタール 労働基準法・労働契約法』（日本評論社、2012年）430頁以下、富永晃一「労働契約法の改正」法学教室387号（2012年）58頁など。

契法20条)の事案で、個々の労働条件ごとに相違の不合理性を判断し無事故手当、作業手当、給食手当、通勤手当の相違を不合理と判断したもの[25]と、(個々の賃金項目によらず)賃金の相違全体につきさまざまな事情を総合的に考慮して不合理性を否定したもの[26]など、判断が分かれていた。このように、条文の内容自体が不明確で、その解釈も定まっていないため、それぞれの企業や労使においても待遇差の是正に向けた定まった対応がなされているわけではない。

このような条文の内容の不明確さとともに、待遇差の不合理性の立証責任の所在・内容も明確でなく(待遇差についてより多くの情報をもつ使用者に立証責任があることが必ずしも明確になっていない)、また、事業主の説明義務も待遇差の不合理性には及んでいない(待遇差の不合理性〔パートタイム労働法8条〕は事業主の説明義務〔同法14条〕の対象から除かれている)ため、待遇差の是正を求めようとする労働者が待遇差についての十分な情報を得られない(司法救済を図るための法的基盤が整えられておらず実効性に乏しい)という問題もある。

このように条文の不明確さに起因する現場での対応や法的救済の不十分さが、次なる改革につながっていく。

---

[24] 岩村正彦・荒木尚志・島田陽一「鼎談 2012年労働契約法改正——有期労働規制をめぐって」ジュリ1448号(2012年)34頁以下、阿部未央「不合理な労働条件の禁止—正規・非正規労働者間の待遇格差」ジュリ1448号(2012年)61頁以下、緒方桂子「改正労働契約法20条の意義と解釈上の課題」季労241号(2013年)25頁以下、岩村正彦「有期労働契約と不合理労働条件の禁止」ジュリ増刊『労働法の争点』(有斐閣、2014年)156頁以下、奥田香子「改正パートタイム労働法と均等・均衡待遇」季労246号(2014年)22頁、両角道代「パート処遇格差の法規制をめぐる一考察——「潜在能力アプローチ」を参考に」野川忍ほか編『変貌する雇用・就労モデルと労働法の課題』(商事法務、2015年)362頁以下など。

[25] ハマキョウレックス(差戻審)事件・大阪高判平成28.7.26労判1143号5頁。

[26] 長澤運輸事件・東京高判平成28.11.2労判1144号16頁。

五　働き方改革関連法──2018（平成30）年改正

1　経緯──「一億総活躍」「働き方改革」と法改正

（1）ニッポン一億総活躍プラン

　2016（平成28）年1月22日、通常国会の冒頭の施政方針演説において、安倍晋三首相は、「本年取りまとめる『ニッポン一億総活躍プラン』では、同一労働同一賃金の実現に踏み込む考えであります」と述べた。この発言を機に、「同一労働同一賃金」の実現が、急遽、政治スケジュールに浮上した。
　2016年2月、安倍首相を議長とする一億総活躍国民会議において、同一労働同一賃金の実現をテーマとした審議がなされた。それ以降の同会議での議論をふまえて、同年6月、「ニッポン一億総活躍プラン」が取りまとめられ、閣議決定された。
　この「プラン」では、「働き方改革」が一つの大きな柱とされ、その第1の課題として、「同一労働同一賃金の実現など非正規雇用の待遇改善」が掲げられた。そこでは、①労働契約法、パートタイム労働法、労働者派遣法の的確な運用を図るため、どのような待遇差が合理的であるかまたは不合理であるかを事例等で示すガイドラインを策定する（2016年度から18年度までに策定・運用）、②欧州の制度も参考にしつつ、不合理な待遇差に関する司法判断の根拠規定の整備、非正規雇用労働者と正規労働者との待遇差に関する事業者の説明義務の整備などを含め、労働契約法、パートタイム労働法および労働者派遣法の一括改正等を検討し、関連法案を国会に提出する（2018年度までの制度の検討、法案提出、2019年度以降に新制度の施行）、③これらにより、正規労働者と非正規雇用労働者の賃金差について、欧州諸国に遜色のない水準を目指す、という方向性が示された。

（2）働き方改革実現会議

　同年夏の参議院議員選挙で大勝した安倍首相は、「働き方改革」を「最大のチャレンジ」と位置づけ、同年9月、自らが議長となる「働き方改革実現

会議」を設置した。そこで、パートタイム労働者など非正規労働者の待遇改善に向けて行われたことは、①同一労働同一賃金ガイドライン案の策定と、②パートタイム労働法等の法改正の方向性の決定であった。

① 「同一労働同一賃金ガイドライン案」

働き方改革実現会議は、2016年12月、「同一労働同一賃金ガイドライン案」を策定し公表した。

このガイドライン案は、①正規雇用労働者（無期雇用フルタイム労働者）と非正規雇用労働者（有期雇用労働者、パートタイム労働者、派遣労働者）の間の不合理な待遇差の解消を目指すことを目的とし、②賃金のみならず、福利厚生、能力開発などを含め、③それぞれの給付の趣旨・目的に応じた均等または均衡待遇の実現を図ろうとするものである。具体的には、基本給（職業経験・能力に応じるもの、業績・成果に応じるもの、勤続年数に応じるもの、勤続による職業能力の向上に応じた昇給）、手当（賞与、役職手当、特殊作業手当、特殊勤務手当、精皆勤手当、時間外労働手当、深夜・休日労働手当、通勤手当・出張旅費、食事手当、単身赴任手当、地域手当）、福利厚生（食堂・休憩室・更衣室、転勤者用社宅、慶弔休暇、健康診断にともなう勤務免除・有給保障、病気休職、法定外年休・休暇）、その他（教育訓練、安全管理）というそれぞれの給付について、均等または均衡待遇を実現するための基本的な考え方、および、典型的な事例として問題とならない例・問題となる例を示したものである。

たとえば、職業経験・能力に応じて支給される基本給（いわゆる「職能給」的なもの）については、基本的な考え方として、「無期フルタイム労働者と同一の職業経験・能力を蓄積している有期雇用労働者又はパートタイム労働者には、職業経験・能力に応じた部分につき、同一の支給をしなければならない。また、蓄積している職業経験・能力に一定の違いがある場合においては、その相違に応じた支給をしなければならない」とされており、問題とならない例①として、職業能力の向上のための特殊なキャリアコースを設定しているA社において、このキャリアコースを選択し、その結果としてその職業能力を習得した無期フルタイム労働者Xにそれに応じた支給を行い、その職業能力を習得していないパートタイム労働者Yには支給していないと

いう事例が挙げられている。また、会社の業績等への貢献に応じて支給される賞与については、基本的な考え方として、「無期雇用フルタイム労働者と同一の貢献である有期雇用労働者又はパートタイム労働者には、貢献に応じた部分につき、同一の支給をしなければならない。また、貢献に一定の違いがある場合においては、その相違に応じた支給をしなければならない」とし、問題になる例①として、無期雇用フルタイム労働者Xと同一の会社業績への貢献がある有期雇用労働者Yに対して、Xと同一の支給をしていないという事例を挙げている。

なお、このガイドライン案は、その後立案され国会等で審議される予定の法改正案と一体となるものと位置づけられており、改正法案の国会審議等をふまえて最終的に確定し、改正法の施行と同時に「指針」として発効するものとされている[27]。

② 「働き方改革実行計画」

2017（平成29）年3月、働き方改革実現会議は、「働き方改革実行計画」を取りまとめた。そのなかでも中心的な課題の一つである「同一労働同一賃金など非正規雇用の待遇改善」については、同一労働同一賃金のガイドラインの概要とともに、法改正の方向性が明示された。

そこでは、①労働者が司法判断を求める際の根拠となる規定の整備、②労働者に対する待遇に関する説明の義務化、③行政による裁判外紛争解決手続の整備、④派遣労働者の関する法整備の四点が示されている。このなかで、パートタイム労働法に関係する改正事項としては、①「有期雇用労働者について、均等待遇を求める法改正を行う」とともに、「パートタイム労働者も含めて、均衡待遇の規定について、明確化を図る」、②「事業者は、……雇入れ時に、労働者に適用される待遇の内容等の本人に対する説明義務を課する」とともに、「雇入れ後に、……労働者の求めに応じ、比較対象となる労働者との待遇差の理由等についての説明義務を課する」とされている[28]。

---

[27] 2016（平成28）年12月20日働き方改革実現会議議事録3頁〔安倍晋三内閣総理大臣発言〕参照。
[28] 2017（平成29）年3月28日「働き方改革実行計画」（働き方改革実現会議決定）8頁。

(3) 労働政策審議会建議と法改正

「働き方改革実行計画」の決定と安倍総理の指示を受けて、労働政策審議会の場で法律案の作成と国会提出に向けた審議が行われることとなった。「同一労働同一賃金」関係は、パートタイム労働法、労働契約法、労働者派遣法という三つの法律改正に及ぶものであり、同審議会の三つの分科会（雇用均等分科会、労働条件分科会、職業安定分科会）にまたがるものとなるため、三分科会の下にある部会として「同一労働同一賃金部会」を新たに立ち上げ、統一して審議が行われた。

同部会では、2017（平成29）年4月から6月にかけて6回の会議が開催された。そこでの審議を経て、同一労働同一賃金に関する法整備についての報告が取りまとめられ、厚生労働大臣への建議がなされた（同年6月16日）。その内容は、「働き方改革実行計画」を基本としつつ、次の点でより具体的な提案をしたものであった。①待遇差の不合理性の判断は、個々の待遇ごとに当該待遇の性質・目的に対応する考慮要素で判断されるべきことを明確化する（ただし、個別の事案に応じ、非正規雇用労働者を含めた労使協議経過等を踏まえ、複数の待遇を合わせて不合理と認められるか否かを判断すべき場合もありうる）、②不合理性の考慮要素として、「職務の成果」「能力」「経験」を明記する（労使交渉の経緯等は個別事案の事情に応じて「その他の事情」のなかに含まれうることを明確化する）、③派遣労働者については、ⓐ派遣先の労働者との均等・均衡方式か、ⓑ労使協定方式の選択制とする（ⓐ派遣先均等・均衡方式の場合、派遣先が労働者の賃金等の待遇に関する情報提供義務を果たしていないときには派遣元事業主は労働者派遣契約を締結してはいけないこととし、ⓑ労使協定方式については、同種の業務に従事する一般の労働者の賃金水準と同等以上である等の要件を満たす労使協定を締結し、同協定に基づき待遇決定をしていることを要件とする）、④待遇の説明義務の比較対象者については、待遇差の説明を求めた非正規雇用労働者と職務内容、職務内容・配置の変更の範囲等が最も近いと事業主が判断する無期雇用フルタイム労働者ないしその集団とし、待遇差とその理由、および、当該無期雇用フルタイム労働者・集団を最も近いと判断した理由を説明することとする（非正規雇用労働者が司法判断の根拠規定に基づいて不合理な待

遇差の是正を求める際の比較対象は当該無期雇用フルタイム労働者・集団に限られるものではない）。

　この労働政策審議会「同一労働同一賃金」部会の報告、同審議会から厚生労働大臣への建議を受けて厚生労働省において法案要綱が作成され、同要綱の労働政策審議会への諮問、審議を経て、同年9月15日、同審議会から加藤厚生労働大臣に法律案要綱の答申がなされた[29]。この法律案は、働き方改革全般にわたり八本の法律の改正案を一括りにしたもの（いわゆる「働き方改革関連法案」。正式名称は「働き方改革を推進するための関係法律の整備に関する法律案」）であった。そのなかで「同一労働同一賃金」関係については、有期雇用労働者についての労働契約法20条を削除し、パートタイム労働法のなかに有期雇用労働者も合わせて位置づけ、パートタイム労働者と有期雇用労働者とを基本的に同一の規制の下に置くパートタイム・有期雇用労働法案（パートタイム労働法を改正するもの。正式名称は「短時間労働者及び有期雇用労働者の雇用管理の改善等に関する法律」案）、および、労働者派遣法改正案という二つの法律案の形で盛り込まれた。

　パートタイム・有期雇用労働法案と労働者派遣法改正案を含む「働き方改革関連法案」は、当初、2017（平成29）年秋の臨時国会に提出され審議される予定であった。しかし、同年9月28日、同臨時国会の冒頭で衆議院が解散され、10月22日の総選挙に突入した。この総選挙において、各政党は、同一労働同一賃金を含む働き方改革の実行（自民党、公明党）、同一価値労働同一賃金の実現（立憲民主党、希望の党、共産党）などを政権公約（マニフェスト）として掲げた。

　この総選挙で3分の2を超える議席を獲得した政府与党（自民党、公明党）は、働き方改革関連法案を2018（平成30）年の通常国会に提出し、その成立を目指すこととした。同法案は、同年4月6日に閣議決定されて、同

---

[29] なお、労働政策審議会「同一労働同一賃金」部会の報告に盛り込まれていた、不合理性の考慮要素として「職務の成果」「能力」「経験」を明記する（②）とされていた点は、法律案作成をめぐる内閣法制局との調整過程のなかで結果的に抜け落ち、法律案要綱のなかには反映されていない。しかし、これらの点が考慮要素として「その他の事情」のなかに含まれていることには何ら変わりはない。

日国会に提出され、同年5月31日に衆議院本会議で可決、同年6月29日に参議院本会議で可決、成立した。この働き方改革関連法のうち、パートタイム・有期雇用労働法については、2020（平成32）年4月に施行されることとなった（ただし、中小事業主〔資本金・出資総額が3億円以下（小売業・サービス業では5000万円以下、卸売業では1億円以下）の事業主、および、常時使用労働者数が300人以下（小売業では50人以下、卸売業・サービス業では100人以下）の事業主〕については、2021〔平成33〕年4月に施行される）。

2　改正の概要[30]

働き方改革関連法のうち、パートタイム労働法（パートタイム・有期雇用労働法）に関する法改正のポイントは、①パートタイム労働法の下に短時間労働者と並んで有期雇用労働者を組み入れ、法律の題目もパートタイム・有期雇用労働法に改めたこと、②「不合理な待遇の禁止」の内容を明確にしたこと、③福利厚生施設についての配慮義務規定を義務規定としたこと、④事業主の説明義務に待遇の相違の内容と理由を加えたこと、⑤「指針」の対象を拡大し「不合理な待遇の禁止」についても指針を定めること、⑥行政による履行確保と行政ＡＤＲ〔裁判外紛争解決手続〕を拡充したことの6点にある。

労働者派遣法も含むこのような大改革（いわゆる「同一労働同一賃金の実現」または「非正規雇用の処遇改善」）が行われた趣旨・背景には、正規・非正規労働者間の待遇格差問題に起因する社会的不公正の問題を解消するという社会的側面とともに、低賃金・低コストの非正規労働者をなくし賃金上昇、需要拡大を通じた「成長と分配の好循環」を実現するという経済的側面があるとされている[31]。

（1）パートタイム労働法からパートタイム・有期雇用労働法に

本改正では、有期雇用労働者について不合理な労働条件を禁止した労契法

---

30)　本改正の経緯と内容の詳細については、水町勇一郎『「同一労働同一賃金」のすべて』（有斐閣、2018年）参照。
31)　「働き方改革実行計画」前掲注28) 2頁。

20条を削除し、パートタイム労働法の題名をパートタイム・有期雇用労働法（正式名称は「短時間労働者及び有期雇用労働者の雇用管理の改善等に関する法律」）に改めて、パートタイム労働者と有期雇用労働者を同法で同じ規制の下に置くこととした。労契法20条は純粋な裁判規範であったが、パートタイム労働法には裁判規範性とともに、行政上の履行確保や行政ADRが定められており、また、不合理な待遇の禁止だけでなく、差別的取扱いの禁止（9条）や事業主の説明義務（14条）などより充実した規制が定められていることから、有期雇用労働者についても、より充実したパートタイム労働法の下で、パートタイム労働者と同じ規定を適用して、その待遇改善を総合的に推進していくこととしたのである。

この新しい法律の下で、「有期雇用労働者」は、労契法20条の適用対象と同様に、事業主（使用者）と期間の定めのある労働契約を締結している労働者と定義され（2条2項）、パートタイム労働者とあわせて「短時間・有期雇用労働者」（2条3項）と表記されて、同法の各条文の適用対象とされている。

(2)「不合理な待遇の禁止」の明確化

本改正では、有期契約労働者と無期契約労働者間の不合理な労働条件の相違の禁止した労契法20条と、パートタイム労働者と通常の労働者との不合理な待遇の相違を禁止したパートタイム労働法8条を統合し、その判断の方法をより明確にする形で、条文に修正が加えられた（パートタイム・有期雇用労働法8条）。具体的には、①基本給、賞与その他の待遇のそれぞれについて個別に不合理性を判断すること、②その不合理性の判断において、当該待遇の性質・目的に照らし適切と認められる事情を考慮することを、条文上明確にした。

さらに、この条文の解釈の指針として、「同一労働同一賃金ガイドライン案」が定められ（1(2)(a)）、不合理性の判断における具体的な考え方や事例が示されている。このガイドライン案は、改正法の「指針」となり、改正法と同時に施行されるものと位置づけられている。

(3) 福利厚生施設の利用の義務規定化

本改正では、従来事業主の配慮義務とされていたパートタイム労働者への福利厚生施設（給食施設、休憩室、更衣室）の利用機会の付与について、その適用対象者を有期雇用労働者にも広げるとともに、「利用の機会を与えなければならない」として義務規定化された（12条）。

(4) 事業主の説明義務の拡充

従来の事業主の説明義務には、「不合理な待遇の禁止」に関する事項は含まれていなかった。本改正は、有期雇用労働者をこの説明義務の対象者に含めるとともに、不合理な待遇の禁止（8条）に関する措置や考慮事項も説明義務の対象とし（14条1項）、また、短時間・有期雇用労働者と通常の労働者との間の待遇の相違の内容および理由について、短時間・有期雇用労働者から求めに応じて説明することを事業主に義務づけた（同条2項）。とりわけ、短時間・有期雇用労働者と通常の労働者との間の待遇の相違の内容と理由について課された説明義務は、労働者と使用者間の情報の不均衡を是正し、労働者が不合理な待遇の禁止規定（8条）に関し訴えを提起することを可能とするための情報的基盤となるものと位置づけられている[32]。また、本改正では、短時間・有期雇用労働者が事業主に説明を求めた場合に事業主から不利益を受けるかもしれないという不安から説明を求めることを躊躇することにならないよう、事業主に対し、説明を求めたことを理由として解雇その他の不利益取扱いをすることを禁止することが規定された（同条3項）。

(5) 「指針」の対象の拡充

従来のパートタイム労働法でも「指針」は定められていた（15条）。本改正では、この指針の対象に有期雇用労働者を含めるとともに、その内容として、労働条件に関する文書交付（6条）、就業規則の作成手続（7条）、不合理な待遇の禁止（8条）、差別的取扱いの禁止（9条）、賃金（10条）、教育訓練（11条）、福利厚生施設（12条）、通常の労働者への転換（13条）に定

---

32)「働き方改革実行計画」前掲注28) 8頁。

める措置を追加することとした（15条）。特に、「不合理な待遇の禁止」について「同一労働同一賃金ガイドライン案」を「指針」化することで、待遇改善に向けた具体的な取組みが進められることが期待されている。

（6）行政上の履行確保および行政ＡＤＲの拡充

パートタイム労働法に定められていた行政による履行確保（報告徴収・助言・指導・勧告・公表）および行政ＡＤＲ（都道府県労働局長による紛争解決援助、調停）について、本改正は、その対象に有期雇用労働者を含めることとするとともに、これまでこれらの措置の対象とされていなかった不合理な待遇の禁止（8条）についても、行政による履行確保および行政ＡＤＲの対象とすることとした（18条1項、22条以下）。これにより、司法と行政の両面から短時間・有期雇用労働者の均等・均衡待遇の実現を図ることが期待されている。

3 改正の意義と課題

本改正の大きな意義は、次の2点にある。

第一に、パートタイム労働者と有期雇用労働者を同じ法律の下で包括的に規制することとした点である。これによって、フルタイムで働き有期労働契約で雇用されている労働者は、この法律の下でパートタイム労働者と同様に規制されることになり、かつての「疑似パート」問題の多くは本法によって規制とされることになった。この点で残されたのは、フルタイムで働き無期労働契約で雇用されているが「非正規」的な取扱いがなされている労働者（例えば労契法18条によって労働条件はそのままで無期労働契約に転換されたいわゆる「ただ無期」労働者）の問題であるが、これは、パートタイム・有期雇用労働法8条の趣旨や公序良俗に基づく解釈問題として対応されるべき問題と位置づけられることになろう[33]。

第二に、「不合理な待遇の禁止」（8条）を基本原則とし、その実効性を高めるために、これまでにない政策的な工夫が凝らされたことである。本改正

---

33) 水町・前掲注30) 119頁以下参照。

では、①同条の文言を改めて、個々の待遇ごとに、かつ、当該待遇の性質・目的に照らして不合理性を判断することを条文上明確にすることに加えて、②その不合理性の判断の考え方と事例を具体的に示す「ガイドライン案」を作成して、これを同条の解釈のための「指針」とすることで、企業の現場での具体的な取組みを促すこととし、さらに、③待遇の相違の内容と理由を事業主の説明義務の対象に加えることによって、格差是正について使用者の説明責任を法律上明確化にし、労働者が訴訟を提起できるようにするための情報面での基盤とすることとした。

本法案の成立（2018〔平成30〕年6月29日）前の同年6月1日に最高裁が出したハマキョウレックス（差戻審）事件および長澤運輸事件の2判決[34]は、本改正によって削除される前の労契法20条の解釈として、労働条件の相違の不合理性について、原則として個々の労働条件ごとにその趣旨・性質に照らした判断をすることとし（①）、また、その具体的判断として、皆勤手当、作業手当、給食手当、通勤手当について事実上「ガイドライン案」に沿った解釈をした（②）。これらの点で、この最高裁二判決は、本改正の方向性を部分的に先取りし、本改革を実質的に後押しする役割を果たしたものと評価されうる[35]。

また、事業主の説明義務（③）については、本法案の国会審議のなかで、事業主の説明義務違反は、労働局による指導監督等の対象となるとともに、待遇の相違の不合理性（8条）を基礎づける事情として考慮されるものとなることが厚生労働大臣答弁として確認されており[36]、待遇の不合理性の判断のための重要なプロセスとしての機能を果たすものと位置づけられている。

---

34) ハマキョウレックス（差戻審）事件・最二小判平成30.6.1労判1179号20頁、長澤運輸事件・最二小判平成30.6.1労判1179号34頁。

35) 水町勇一郎〔判批〕労判1179号5頁以下。

36) 2018（平成30）年5月23日の衆議院厚生労働委員会において、加藤勝信厚生労働大臣は、西村智奈美委員（立憲民主党）の質問に対し、「事業主が……この待遇差について十分な説明をしなかったと認められる場合にはその事実、そして、していなかったという事実も〔パートタイム・有期雇用労働法8条の〕その他の事情に含まれ、不合理性を基礎づける事情としてこの司法判断において考慮されるものと考えているところであります」〔括弧書きは筆者補充〕と答弁している（国会会議録第196回国会厚生労働委員会第22号）。

このように、本改正では、「指針」となる「ガイドライン案」、および、事業主の説明義務と結びつきながら、「不合理な待遇の禁止」という基本原則の実効性が高められることが期待されている。このような方向で企業実務が現実に変わっていくか、そして派遣労働者も含め非正規労働者の待遇改善、正規労働者と非正規労働者間の格差是正が実現するかが、本改正の最も重要な課題である。

六　結び──要約と課題

　パートタイム労働者など日本の非正規労働者をめぐる問題は、正規労働者を中心とした日本的雇用システム（長期雇用慣行、年功処遇、企業内労働組合）と密接に結びついた問題であり、従来の臨時工、その後の主婦パートタイム労働者、そして若年者やシングルマザーなど、その対象が変遷・拡大しつつも、その本質的な問題は容易には解決できない状況が続いてきた。正規労働者の雇用システムと結びついた問題である分、非正規労働者の問題にのみ手を付けようとしても弥縫策に終わり、問題の根本的な解決には至らなかったのである。

　このような構造的問題を背景にしつつ、1993（平成5）年に制定されたパートタイム労働法は、当初は努力義務規定を定めたにすぎない（法的な強制力をもたない）福祉法的な性格をもつものであった。その後14年の時間を経て、2007（平成19）年改正が成立し、法的拘束力をもつ規定として差別的取扱いの禁止が定められた。しかし、その射程は狭く限定され、格差問題の実態を変えるには至らなかった。さらにその7年後に行われた2014（平成26）年改正では、差別的取扱いの禁止に加え、不合理な待遇の禁止という原則が定められた。しかし、その内容の不明確性や情報の偏在の残存ゆえに、格差問題の実態を変えるほどの実効性を発揮するには至らなかった。

　このようななか、2018（平成30）年に働き方改革関連法が制定され、パートタイム労働法に有期雇用労働者が組み入れられて、パートタイム・有期雇用労働法に再編された。そのなかではとりわけ、「不合理な待遇の禁止」を基本原則としてその内容を明確にするとともに、不合理性の判断の考え方や

事例を具体的に示した「ガイドライン案」（その後「指針」となる）を作成し、待遇の相違の内容と理由についても事業主の説明義務を課すことで、その実効性を高める政策的工夫が講じられている。この改革によって、日本の非正規労働者の待遇改善が現実に進められていくか、それは日本の正規労働者の処遇のあり方（日本的雇用システム等）の見直しにもつながっていくかが、大きく問われている。さらには、非正規労働者の待遇改善により、日本でも新たな柔軟性確保の手段として、フリーランス、業務委託・請負等の形態の非雇用労働者（自営的労働者）が増加していくことが予想され、その健全な発展につなげるための社会的保護の整備もこれからの重要な政策課題となる。

　法は、社会の実態を認識しそれを表現する言葉であるとともに、社会の実態を批判し強制する力でもある。

第8章
労働安全衛生法

鈴木俊晴

はじめに

　1972（昭和47）年に制定された労働安全衛生法（以下、「労安衛法」）は、労働基準法（以下、「労基法」）と相まって、職場における労働者の安全と健康を確保するとともに、快適な職場環境の形成を促進することを目的とする法律である（1条）。13章および附則からなり、事業者が講ずべき危害防止措置の他、事業場内や混在作業場所における安全管理体制の構築、機械・化学物質に関する製造・流通段階での規制、国による各種の援助措置等の幅広い規定が設けられている。

　わが国における労働安全衛生に関する規制は、工場法や鉱業法など、労働災害が発生しやすい業種を中心に戦前から存在していた。それが戦後になると、より広範な適用事業場を対象に一般的に規制を行うため、労基法の中に「安全と衛生」という章が設けられ、そこにおいて規定がなされることとなった。このように、もともとは労基法の一部として規定された安全衛生規定であるが、ではなぜ、その後の1972（昭和47）年に分離独立して、あらたな法体系を構築するに至ったのであろうか。そこには何らかの必要性あるいは利点があったのであろうか。まず本稿では、立法過程を紐解いていくことで、労安衛法が労基法から分離独立した理由を明らかにしたい。

　さて、こうして成立した労安衛法であるが、後述するように、分離独立にはデメリットが大きいなどとして、当時の学者や労働組合等から厳しい批判を浴びた。果たして、分離独立は妥当であったのだろうか。立法時に懸念された点は現実のものとなったのであろうか。本稿では、分離独立の妥当性に

ついて、その後の改正経緯を詳らかにしながら労安衛法の規制手法を分析することを通じて、この点についても検討することとしたい。

最後に、簡単ではあるが、労安衛法が抱える今後の課題を展望することで結びとする。

一　立法の背景事情と経緯[1]

1　労働災害の発生状況

政府による労働安全衛生法制定に向けた具体的取組みは、労働大臣の私的諮問機関である「労働基準法研究会（会長：石井照久）」が、労働安全衛生の問題に関する実情および問題点を調査研究するための小委員会を設置したことに始まる。労働基準法研究会は、1969（昭和44）年9月30日に発足し、労働基準法上調査研究すべき問題点を検討してきたが、そこでの検討の結果、安全衛生問題が最も急を要する検討事項であるとの結論が出され、翌70（昭和45）年5月22日の第7回総会において、安全衛生の問題に関する実情および問題点を専門的に調査研究するため第三小委員会を設置することが決定された。この小委員会は、企業における安全衛生管理組織、安全衛生教育、機械・有害物質等の規制、健康対策、就業資格、国の監督指導と援助等の安全衛生対策の基本問題を課題として取り上げ、同年7月3日以降9回にわたり検討を重ねた。そして、72（昭和47）年7月13日に、検討の結果が後述の「労働基準法研究会報告（安全衛生関係）」として取りまとめられた[2]。

同報告によると、労働安全衛生をめぐる当時の社会的状況は以下のようなものであったとされる。労働災害により休業8日以上の死傷を受けた労働者は、当時までの10年間に約400万人にものぼっていた。また、労働者災害補償保険法で新規に保険の給付を受けた者は、1970（昭和45）年度において約170万人に達しており、労働災害発生の危険性は極めて高いものとなっ

---

1) 倉橋義定「労働安全衛生法案について」月刊いのち64号、17頁を参照。
2) 労働基準法研究会報告の全文については労旬794号（1971年）17頁以下。

ていた。さらに労働災害の発生にともなう経済的損失も大きく、70（昭和45）年の1年間において、直接的間接的な損失額は約5700億円にものぼると推定され、国家的損失として無視することができない規模になっていたとされる。休業8日以上の死傷者数は、戦後最高の48万人（1961〈昭和36〉年）からは減少していたが、70（昭和45）年時点でも、なお約36万人を超えており、また減少傾向も鈍化していた。死亡者数は、61（昭和36）年には6712人に達し、その後はほぼ横ばいの状態であった。業務上疾病の発生状況では、55（昭和30）年から66（昭和41）年まで2万件前後で推移していたが、その後は重激業務等による腰痛や高熱作業等による火傷熱傷などが増加し、また、化学物質による工業中毒なども後を絶たず、このため、67（昭和42）年以降増加し、70（昭和45）年には3万796件に達していた。労働災害は61（昭和36）年頃をピークとしてその後減少してきているが、死亡者数は減少の傾向が見られず、技術革新にともなう生産設備の大型化、高速化が進展するとともに、労働災害の潜在エネルギーは増大し、重大災害の発生が目立っていたとされている。

　産業別にみると、労働災害（休業8日以上）が圧倒的に多いのは、製造業と建設業であり、両産業で全災害の70％を占めた。これら産業では、労働災害の発生数は昭和40年代以降横ばいの状態であり、死亡者数はむしろ増加の兆しさえみせていた。死亡災害の発生状況を産業別にみると、70（昭和45）年において最も多いのは建設業の2430人で全体の約4割を占めていた。以下製造業1400人、運輸交通業541人、鉱業474人、林業248人などとなっていた。

　事業場の規模別でみると、休業8日以上の労働災害の発生状況で最も多いのは、規模10〜49人の事業場で全体の約40％を占め、規模1〜99人にまとめると約70％にのぼった。これら中小企業のうち、造船業、鉄鋼業、化学工業あるいは建設業等における構内下請企業の労働災害発生率は、親企業に比べて2.5倍となっていた。業務上疾病の発生状況については、規模300人未満の事業場で発生したものは全体の約80％を占めていた。

　原因別でみると、動力機械の運転操作などによる災害が増加傾向にあった。これは、新技術の開発による機械化、機械設備の大型化、高速化などが、そ

れに見合う十分な対策が講じられないまま採用されてきたこと、生産手段の変化に対応し必要な技能を有する労働者を確保することが困難なこと、あるいは安全衛生についての教育訓練が十分でないこと等が理由とされた。他面、このような労働災害の変化がみられるにもかかわらず、従来からみられる「機械にはさまれる」、「飛来落下物にあたる」、「墜落」、「転倒」などの労働災害が依然として多く発生していた。これは機械の防護措置や作業方法の欠陥、あるいは不安全な行動に起因するものであり、基礎的な安全対策が十分に取られていないと指摘された。

2 労働基準法研究会報告の骨子

労働基準法研究会報告は、当時の労働安全衛生法制および行政の問題点を、以下の4点にまとめている。第1に、労基法を中心とする現行法制にもとづく労働災害防止対策は、総合的予防的施策の面で不十分であり、産業社会の急激な進展ないし変化に対応していない。第2に、現実の労働災害の実態に照らし、有効な防止対策を講ずるためには最低基準による規制のみによっては十分ではなく、実態に即した指導、勧告を含む幅広い行政を展開することが必要であり、現行の最低基準の確保を中心とする安全衛生対策は限界にきている。第3に、産業活動の急激な進展にともない安全衛生を担当する技術者が民間ばかりではなく、行政部門においても著しく不足しており、今後の安全衛生活動の展開に大きな支障をきたしている。第4に、労働災害が多発している中小企業、構内下請企業に対する対策が必ずしも十分とは言えず、大企業に比し依然高い災害の発生率を示している。

つぎに同報告は、このような状況に対処すべく、今後の労働安全衛生対策の基本的方向性を4点にわたって示している。第1に、産業社会の進展に即応するため、積極的、科学的対策を講ずる必要がある。すなわち、新工法・新原材料の採用にともなう事前審査の制度、発注・設計段階における安全性の配慮、機械設備の本質的安全の確保、職場環境の抜本的改善による公害源の解消、労働者の体力増強といった積極的施策を講ずる必要がある。第2に、労働災害防止の実をあげるため、今後、技術指針の作成・公表、災害多発事業場等特定事業場に対する勧告制度の導入、快適基準の設定など行政指導の

分野を充実、強化するとともにその裏づけとなる研究部門の拡充が必要である。また、これらの施策を通じて、企業内における自主的活動の展開をはかる必要がある。第3に、今後の安全衛生活動を円滑に展開するには民間、政府を問わず安全衛生を担当する技術者を育成、確保する必要がある。とくに行政部門では行政簡素化の要請が強いなかで今後大幅な増加が予想される行政需要に応えるため、現在の行政体制に抜本的検討を加える必要がある。第4に、大企業に比し労働災害が多発している中小企業、構内下請企業に対する対策を強化する必要がある。たとえば、構内下請企業に対する親企業の責任の強化、中小企業の安全衛生施設等に対する融資制度の充実、中小企業の安全衛生活動に対する技術的援助、指導体制の整備等の施策を講ずる必要がある。

3　その後の制定経緯[3]

　労働省労働基準局は、この研究会報告の公表から1か月あまりの1971（昭和46）年8月20日に「労働安全衛生法（仮称）の制定」を公表した。そこでは、冒頭で「先に公にされた労働基準法研究会の報告の趣旨にのっとり……新法を制定する」と述べているとおり、大筋は報告書に従い、立法作業を進めることが宣言されている。そして、新法の重点を、①生産の場の変化に即応する労災防止対策を展開すること、②労災防止の最低基準の確保からさらに進んで快適な職場形成を目指すこと、③とくに中小企業に対し技術上の指導と財政上の援助をすること、④専門技術者の養成に努めることの4点に置くことが記されている[4]。

　その後、労働省は順次、1971（昭和46）年9月28日に「労働安全衛生に関する立法についての考え方」、同年10月19日に「労働安全衛生に関する新法の概要」を発表した。同年11月には、中央労働基準審議会に「労働安全衛生法に関する法制についての基本構想」について正式の諮問をおこなった。これを受けて同審議会では、72（昭和47）年2月、法律の目的の中で

3）　小畑史子「労働安全衛生法規の法的性質（一）」法学協会雑誌112号（1994年）224頁以下参照。
4）　月刊いのち60号（1971年）49頁に掲載されている。

労基法との連結関係を明確にすべきことを指摘しつつ、労働省原案を了承する旨の答申を行った。そこで労働省は、1条に「労基法と相まって」という表現を追加するなど若干の手直しをしたのちこれを閣議に提出した。その後、これが内閣提出法案として内閣から国会に提出された。

　1972（昭和47）年3月、衆議院（社会労働委員会）において労働大臣から提案理由説明が行われ、同年4月、同委員会は修正案付きで原案を可決した。修正案の要旨は、①労働災害の定義についてその範囲を明確にすること、②事業者の快適な作業環境の実現と労働条件の改善を通じて安全衛生を確保することの責務を明らかにすること、③労働災害の発生が急迫している場合の事業者の労働者を退避させる義務について規定することであった[5]。本会議もこれを可決し、同年5月には、衆議院社会労働委員会において労働大臣から提案理由説明がなされた[6]。同年6月、同委員会は、①労基法との一体的運用、②行政体制の整備、③産業医学、安全工学等関連諸科学の開発振興という3点を内容とする付帯決議付きで原案を可決し[7]、本会議もこれを可決して、昭和47年法律57号として交付された。

二　労働安全衛生法の概要と単独立法化の理由

1　労働安全衛生法の概要

　労安衛法は、おもに以下の五つの内容によって構成された[8]。第1は、「事業者責任の明確化と、事業所ごとの安全衛生管理組織の確立」である。労働災害の防止に必要なことは、経営者自身が、安全衛生問題を経営の不可欠の要素として把握し、管理組織の展開活動等を責任をもって監督することである。しかし、これまでは、ともすれば下級の管理者に責任が偏り、最高責任者が問題を理解すらしないまま終わってしまう傾向があったと言われて

5）　昭和47年4月25日衆議院会議録第24号44頁。
6）　昭和47年5月11日参議院社会労働委員会会議録第13号1頁。
7）　昭和47年6月1日参議院社会労働委員会会議録第19号1頁。
8）　新法の構成については、倉橋・前掲注1）17頁以下に依拠している。

いる。また、労働災害の被害者となり得る労働者自らが、安全衛生問題を十分に認識し、その知識経験を積極的に情報交換できる場を設ける必要があった。そこで、①労働災害防止と健康の増進が事業経営者の責務であることを明記するとともに（3条）、②工場長などの事業場の最高責任者が管理組織の頂点に立って全体を総括管理すること（10条）、また、③安全衛生委員会等を設けることが定められた（17〜19条）。

第2は、「危害防止基準の明確化、技術指針の公表、危険機械あるいは有害物の事前規制」である。従来、危害防止基準については、労基法ではわずか2条の条文にもとづいて膨大な規則が作られていた。しかし、国民の権利義務に関わりが深い部分であることから、規則ではなく法律上も可能な限り具体的に規定することで、法の趣旨をより周知すべきであるとされた。また、最低基準だけではカバーできない点を補い、さらには快適な職場環境を実現するために、最低基準以上のものについても規定を設ける必要があった。加えて、前述のとおり、一定の有害物については、労働現場に入る前に規制を設けることが望まれた。そこで、①危害防止基準を法律上可能な限り具体的なものにし（20〜25条）、②技術上の指針および望ましい作業環境標準の公表制度を確立し（28条）、また、③特定の有害物質の製造禁止、製造許可および内容物の表示等の制度を確立することとした（55〜58条）。

第3は、「安全衛生教育の徹底」である。安全衛生教育は、絶えず機会があるごとに、徹底して行われる必要がある。また、教育自体は非常に手間がかかるので、国が積極的に後押しする必要性も否定できない。そこで、①雇入れ時、作業内容の変更時等に安全衛生のための教育を実施すること（59条）、②職長等現場監督者の教育を行うこと（60条）、③民間の行う教育を円滑に推進するため、国が教育施設を設置するなど援助に努めること（63条）が規定された。

第4は、「健康管理対策の充実」である。技術革新にともない、従来では見られなかったような新たな健康障害が増加していた。また、人口の高齢化に伴い、労働現場においても中高年労働者が増加しつつあった。こうしたなか、労働者の健康管理という面では、従来の結核予防中心のあり方から、幅広く本格的な健康管理を展開し、心身ともに健やかな労働生活を確立すべき

ことが求められていた。そこで、①有害な作業場の環境を測定すること（65条）、②労働者について一般および特別の健康診断を実施すること（66条）、③一定の疾病にかかるおそれのある業務に従事したことのある者について、国の責任において健康管理を実施すること（67条）、④一定の有害業務の作業時間を規制すること（69条）とした。

第5は、「特殊な労働関係における労働災害防止の徹底」である。建設業、造船業等では元請、下請労働者が同時に同じ場所で働いていることが多い。しかし、連携不足などにより事故が多発していることから、こうした事故を防止するためには、元方事業者を頂点とする総合的な管理体制を確立する必要があった。また、建物、機械類についての貸借関係が進んでいることから、単に事業者に安全衛生措置の万全を要求しても効果のない場面が多くなっていた。そこで、①重層下請関係下の管理体制を元方事業者を中心として形成すること（29、30条）、②貸借関係にある機械類などの保守点検責任の所在を明確にすること（33、34条）、③共同企業体の管理責任を明確にすること（5条）を定めた。

2　単独立法化の理由

労安衛法を労基法とは独立した形で制定したのには、大きく二つの理由があるとされる[9]。

第1には、直接の雇用関係のみを前提とする労基法の規制手法では、労働災害を的確に防止できなくなっていたことが理由として挙げられている。従来、危険な機械類、あるいは有害物については現場作業所での規制が行われていたが、労働災害を防止するためには、これらを労働現場において規制しようとしても、もはや手遅れとなる可能性がある。そこで、製造・流通段階での規制を強化しようとする狙いがあったとされる。また、重層下請、構内下請あるいは共同企業体など、単一の使用従属関係では規律できない雇用形

9）　労働省が公表した「労働安全衛生法制として現行の労働基準法とは別に単独法を制定しなければならぬ理由」（昭和46年12月3日）月刊いのち64号（1972年）49頁掲載および、北川俊夫「労働安全衛生法について　その構想と逐条解説」月刊いのち70号（1972年）23頁以下を参照。

態が増加していたが、労働災害を防止するためには、これらの複雑な関係のなかでも責任を明確化する必要があったとされる。

　第2には、最低基準を定めてそれを監督するにとどまらず、より労働しやすい環境を形成するための快適基準を策定するためであるとされる。技術革新が著しい速さで進むなかで、安全衛生を確保しうる最低水準は絶えず変動する可能性がある。しかし、立法にはどうしても一定程度の時間が必要であることから、その最低水準が変動するたびに新たな規定を設けることは極めて難しい。そのため、新しい工法等が導入されればすぐに、学識経験者等によって技術指針のような形で法律の穴を埋められるものが作れるようにしたい。加えて、とりわけ中小企業に対し、快適な労働環境を形成しやすくするための援助や指導のようなものができるような法律の形にしたいとの考えがあった。そのため、罰則をともないつつ最低基準を設定する労基法とはやや異なる性質の法律を策定する必要があるとされた。

3　単独立法化に対する批判

　しかし、以上のような立法趣旨に対しては、立法時期に前後して学者等から多くの批判がなされた。下請労働者等への適用対象の拡大の点については、東田敏夫が、現行の労基法87条（請負事業に関する例外規定）や労働災害防止団体法（57〜59条。親企業・発注者に構内下請労働の安全衛生につき責任があるとの規定）を補充することにより、現行法制の下で下請労働者の労災防止を図ることも十分に可能なはずであるとして、立法の必要性に疑問を投げかけた[10]。同様に、松岡三郎も、「労働基準法によって処罰されるべき同法10条の使用者概念は、実質的に使用従属関係にある者として捉えられ、かなり広範であり、特に同法第87条によると、『数次の請負によって行なわれる場合においては、労災補償については、その元請負人を使用者とみなす』と規定されており（1項）さらに、中間搾取の排除を狙って作られた労働基準法第6条は、『何人』に対しても禁止しており、有害物の製造禁止

---

[10]　東田敏夫「「労働安全衛生法案」のねらいと問題点」月刊いのち64号（1972年）3頁。同旨、坂本重雄「逐条解説・労働安全衛生法——新法の立法趣旨と問題点」季労86号（1972年）116頁。

を定めた同法第48条も、同じく何人にも禁止するという表現をとっている。このことは、労働基準法の追求（原文ママ）する責任者を実質的な使用従属関係者として把握しているだけでなくその責任は自然犯的性質のものとして捉えようとしていることを示している。（中略）したがって、複雑な経営形態の責任者にたいしては、解釈でまかなえない場合には、労働基準法第10条あるいは第121条に『項』をおこして『みなす』規定を定めるか、また、新たな規定を追加すれば足りる」としている[11]。

　また、単独立法化により最低基準のみならず快適基準をも定める法律としたことについても批判が多い。たとえば東田敏夫は、労基法の、監督行政をともなった最低基準確保の趣旨がないがしろにされ、事業者が必ずしも遵守する義務のない「福利厚生法」として、その性格が大きく転換してしまっていると批判した[12]。松岡三郎は、刑罰をともなう最低基準と快適基準を同じ法律に統合すると、労働基準当局の指導や監督があっても、国民の側からすれば、刑罰をともなっているかどうか判断しづらいため、当該指導や勧告は、国民に無用な脅威を与える可能性があるし、あるいは逆に、まったく無視されてしまう可能性があると警鐘を鳴らした。また、このような異質な基準の統合は、労基法の総合性を崩壊させ、労働時間その他の労働条件との統一的な運動から目をそらせるものであると批判した[13]。

　このような批判を考慮して、前述のとおり新法では、第1条において、「この法律は、労働基準法と相まって」という文言が付加された。これにより、労基法との一体性が強調されている。しかし、それでもなお、単独立法化されたことそれ自体により、一体性は損なわれていると批判された。

4　その後の労働災害の状況

　以上のように、新法に対しては、学者や労働組合等から少なからず批判があった。しかし、その後の労働災害の状況をみると、新法を制定したことに

---

11) 松岡三郎「労働安全衛生法案―単独立法化への覚書―」月刊いのち64号（1972年）14頁。
12) 東田・前掲注10) 4-5頁。
13) 松岡・前掲注11) 14-15頁。同旨、坂本・前掲注10) 116-117頁。

よる労働災害の抑止効果は極めて高かったと評価することができる。次頁の図のとおり、労働災害による死亡者数は、1960（昭和35）年には6000人を突破し、70（昭和45）年までおおむね6000人を超えた高止まりの状況であった。しかし、労安衛法が制定された72（昭和47）年以降、死亡者数は急激に減少し、新法制定から5年後の77（昭和52）年には3000人台となっている。とくに労働災害死亡者数の多い製造業や建設業においても、同時期に大幅な減少をみせている。

　これについては、確かにこの時期は技術革新が目覚ましく、また、産業構造が第3次産業に大きくシフトし始める時期でもあり、それにより労働災害死亡者数が減少しているとの評価も考えられなくもない。しかし、建設業の就業者数は1997（平成9）年まで、製造業の就業者数も92（平成4）年まではおおむね増加していたことに鑑みると、労安衛法制定の効果であったとみるのが自然であろう[14]。労安衛法の制定に決定的な役割を果たした北川俊夫も、「もちろん、これは安衛法の制定のみによることではないだろうが、多大な影響を与えているのは間違いないだろう。人間尊重の経営理念が浸透してきたこと、機械化や自動化の進展とともに本質安全化（筆者注：安全設計が機械設備に組み込まれることで、機械装置の故障や操作ミスが事故や災害に繋がらないようにすること）が図られてきたこと、事業場内の安全衛生管理体制が整備されてきたこと、一般的に、これらが労働災害の減少の大きな要因となったといわれているが、安衛法の精神がこれらの事業場の取り組みの促進剤となったことは確かである」としている[15]。

---

14)　製造業の就業者数は1992（平成4年）まで漸増し1569万人となったのち、現在まで減少傾向にある。同様に、建設業の就業者数は97（平成9）年まで漸増し685万人となったのち、現在まで減少傾向にある。総務省「労働力調査」より。

15)　北川俊夫「労働安全衛生法の制定に至るまで」労働安全衛生広報660号（1996年）27頁。

図　労働災害による死亡者数の推移

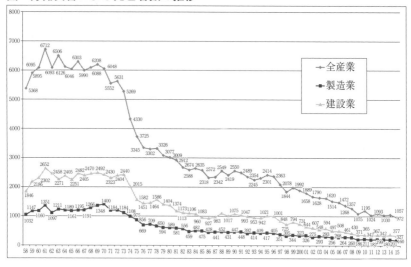

三　その後のおもな法改正

　その後、労安衛法は幾度となく改正を経て、現在に至っている。基本的には、その時々の労働災害の状況および労働環境の変化に応じた改正を行っているが、そのなかでも、とくに 2005（平成 17）年と 14（平成 26）年の改正が重要である。そこで以下では、05（平成 17）年より前に行われた改正については主要なものを抜粋したうえで概説にとどめ、05（平成 17）年と 14（平成 26）年の二つの改正に重点を置くこととする。

1　2003（平成 15）年改正まで [16]

（1）1977（昭和 52）年改正 [17]

　労安衛法の制定後、労働災害による死傷者数は減少傾向にあった。しかし、1975（昭和 50）年の夏から秋にかけて、六価クロム、塩化ビニル等の化学物質による重篤な職業病が問題となっていた。そこで、この改正では、主に①職業病対策の充実強化、②検定、自主検査、免許試験制度の整備などを

行った。

(2) 1980（昭和55）年改正[18]

　労安衛法の施行後、労働災害は大幅に減少した。しかし、建設業における労働災害の発生状況をみると、全産業の労働災害（休業4日以上）に占める割合が増加し、1978（昭和53）年にはそれまで災害の最も多かった製造業を抜いて最大の割合を占めるようになった。また、死亡者数については、全産業の志望者数の半数近くを建設業が占めるという状況にあった。

　このような建設業における労働災害を減少させるには、請負生産、一品生産等の建設業の特殊性に対応した総合的な施策を展開しなければならない。そこで、(1) 計画段階での建設工事の安全性を確保するため、①とくに危険性が高い大規模な建設工事については、事業者は、その計画を労働大臣に届け出ることとすること、②労働大臣は、届出を受けた計画について安全性の技術的審査を行い、事業者に対し必要な勧告、要請を行うこと、③建設工事の計画のうち一定のものの作成にあたっては、一定の資格を有する者を参画させることとした（88条）。また、(2) 重大事故が発生した場合において安全を確保するため、①トンネル等の建設工事において、事業者は労働者の救護に関し必要な機械器具の備付け、訓練の実施等の措置を講じなければならないこと、②①の場合に、事業者は一定の有資格者にこれらに関する技術的事項を管理させることとした（25条の2）。加えて、(3) 混在作業における危険を防止するため、①建設業の元方事業者は、工程計画および機械等の配置計画を作成しなければならないこと（30条1項5号）、②建設業の元方事業者は、元方安全衛生管理者を選任し、統括安全衛生責任者を補佐し

---

16) 1977（昭和52）年改正から2003（平成15）年改正までについては、基本的には、労働調査会出版局編『改訂4版　労働安全衛生法の詳解』（労働調査会、2015年）を参照した。
17) 改正の経緯および概要について、中村正「労働安全衛生法及びじん肺法の一部を改正する法律について」ジュリ644号（1977年）77頁。立法趣旨等についての分析は、佐藤進「労働安全衛生法改正の意義と課題——労働安全衛生法の改正推移を通じて」季労105号（1977年）135頁参照。そのほか、牧野忠康「労働安全衛生法改正の問題点」賃社725号（1977年）64頁。
18) 昭和55年法律78号。

て、技術的事項を管理させること（15条の2）とした。

（3）1988（昭和63）年改正[19]

労働災害による死傷者は、全体的には少しずつ減少していたが、とくに中小規模事業場における労働災害の発生が多く、規模100人未満の事業場において全体の労働災害の約8割が発生しており、また、規模30～49人の事業場における労働災害の発生率は、規模100人以上の事業場の約3倍の高率となっていた。その背景としては、中小規模事業場では経営者の安全衛生に対する意識が必ずしも十分でないこと、安全衛生管理を行うための技術的、経済的基盤が弱いこと等が指摘されていた。こうしたことから、中小規模事業場における安全衛生管理の確立が重要な課題となっていた。

また、機械設備の不適切な使用、不十分な保守管理等により、一般動力機械、木材加工用機械、動力クレーン、建設用機械等による労働災害は全体の約3割を占め、しかもその割合は増加する傾向が見られた。このため、機械設備についての安全対策が強く求められた。

一方、高齢化社会の進展に伴い、高年齢労働者が大幅に増加し、55歳以上の労働者数は、1975（昭和50）年には365万人（10.0％）であったものが、87（昭和62）年には569万人（12.8％）となっており、さらに増加することが予想される状況であった。こうしたなか、高年齢労働者の労働災害が増加していることや、高血圧性疾患、虚血性心疾患等の有病率が高く、その健康確保対策が必要とされていた。また、このような高齢化の問題に加え、ME機器等の導入による労働者のストレスの問題も大きくクローズアップされるようになり、労働者の心身両面にわたる健康問題への取組みが強く求められていた。

そこで、（1）安全衛生管理体制を充実させるため、①事業者は、中小規模事業場ごとに、安全衛生推進者等を選任し、安全衛生に係る業務を担当させること（12条の2）、②事業者は、安全管理者等に対して、能力向上教育を行うよう努めなければならないこと（19条の2第1項）、③労働大臣は、

---

19) 昭和63年法律37号。

その有効な実施を図るために必要な指針を公表すること（19条の2第2項）とした。また、（2）労働大臣等は、法令上の要件を具備しない機械等の製造者又は輸入者に対し、その回収、改善等を図ることを命ずることができることとした（43条の2）。（3）労働者の健康の保持増進のための措置としては、①事業者は、労働者の健康の保持増進を図るため必要な措置を継続的かつ計画的に講ずるよう努めなければならず（69条1項）、労働大臣は、その適切かつ有効な実施を図るために必要な指針を公表すること（70条1項）、②事業者は、労働大臣の定める基準に従って、作業環境測定の結果の評価を行い、その評価にもとづいて適切な措置を講じなければならないこと（65条の2）、③事業者は、労働者の従事する作業を適切に管理するよう努めなければならないこと（65条の3）とした。その他、（4）①労働大臣は、技術上の指針を定めるに当たって、中高年齢者に特に配慮すること（28条2項）、②事業者は、危険または有害な業務に従事している者に、安全衛生教育を行うよう努めなければならず、労働大臣は、その適切かつ有効な実施を図るため必要な指針を公表すること（60条の2）、③労働大臣等は、建設工事の発注者に対して必要な勧告または要請を行うことができること（88条8項）とした。

（4）1992（平成4）年改正[20]

　建設業における労働災害については、これまで数次にわたって関連する規定が制定・改正されたこともあり、死亡者数、死傷者数ともに相当減少し、全産業に占める割合も低下した。しかし、依然として1000人を超える死亡者がおり、全産業の死亡者の4割を占めていた。また、技術革新の進展等にともない、労働形態が大きく変化しており、そうしたなかでテクノストレスなど新たな疲労・ストレスの問題が発生していた。また、工場等においては、依然として中腰、上向きなど不自然な姿勢での作業や相当の筋力を要するなど労働負荷の大きい作業が存在しており、疲労・ストレスを感じる労働者が増大していた。加えて、社会の成熟化に伴い、人々が物質的豊かさよりも心

---

20) 平成4年法律55号。

の豊かさを求めるようになってきており、高齢者や女性を含めて誰もが働きやすく、疲労やストレスを感じることが少ない快適な職場環境を形成していくことが重要な課題となっていた。

そこで、(1) 中小規模の建設現場における安全衛生管理体制を強化するため、建設業の元方事業者は、店社安全衛生管理者を選任し、中小規模建設現場の安全衛生管理を指導させることとした (15条の3)。(2) 元方事業者、注文者による労働災害防止のための措置として、①建設業の元方事業者は、作業場所に係る危険の防止のため技術上の指導その他の必要な措置を講じなければならないこと (29条の2)、②建設業の元方事業者、注文者は、混在作業現場における建設機械等に係る労働災害の防止のため必要な指導等を行わなければならないこと (31条の2)、③注文者は、請負人に対して違法な指示をしてはならないこととした (31条の3)。(3) 計画段階での安全性の確保措置として、都道府県労働基準局長は、一定の建設工事の計画について技術的審査を行うことができることとした (89条の2)。(4) 労働災害の再発防止対策を充実させるため、都道府県労働基準局長は、労働災害を発生させた事業場の安全管理者および就業制限業務従事者に対し、講習の受講を指示することができることとした (99条の2)。(5) 快適な職場環境の形成を促進するため、①事業者は、継続的かつ計画的に快適な職場環境の形成に努めなければならないこと (71条の2)、②労働大臣は、快適な職場環境の形成のための措置に関する指針を公表すること (71条の3)、③国は、快適な職場環境の形成のための措置の適切かつ有効な実施を図るため、必要な援助に努めることとされた (71条の4)。

(5) 1996 (平成8) 年改正[21]

労働者の健康をめぐる状況をみると、高齢化の進展などにより、脳・心臓疾患などにつながる所見を有する労働者が増加していた。また、産業構造の変化や技術革新の進展などにより、労働の形態に変化が生じており、これに伴い仕事や職場生活で悩みやストレス等を感じる労働者が増加しているほか、

---

21) 平成8年法律89号。

「過労死」が社会問題となっており、そのための総合的な対策を講ずることが必要となっていた。

そこで、まず第1に、労働衛生管理体制を充実させることとした。労働者の健康をめぐる状況に的確に対応した労働者の健康管理を行うには、事業場の産業保健活動の中心的な役割を担う産業医が、労働者の健康管理等を行うのに必要な専門的知識を身につけて、その知識を活用して的確に職務を行う必要がある。そこで、産業医は、医師の中から選任することに加え、労働者の健康管理等を行うのに必要な医学に関する知識について一定の要件を備えた者でなければならないとした。また、産業医は、労働者の健康管理等について必要な勧告をおこなうことができ、事業者は、産業医の勧告を尊重しなければならないとした（13条2〜4項）。一方、産業医の選任義務のない事業場においても、事業者は、労働者の健康管理等を行うのに必要な医学に関する知識を有する医師等が労働者の健康管理等の全部または一部を行わせるように努めなければならないとした（13条の2）。

第2に、職場における労働者の健康管理を充実させることとした。具体的には、(1) 健康診断の結果、異常の所見があると診断された労働者については、健康を保持するために必要な措置について、医師または歯科医師の意見を聴かなければならないこととした（66条の2）。そして、(2) ①この医師等の意見を勘案し、その必要があると認めるときは、当該労働者の実情を考慮して、就業場所の変更、作業の転換、労働時間の短縮等の措置を講ずるほか、作業環境測定の実施、施設または設備の設置または整備その他の適切な措置を講じなければならないとした。また、②労働大臣は、この事業者が講ずべき措置の適切かつ有効な実施を図るため必要な指針を公表するものとし、③必要があると認めるときは、事業者またはその団体に対し、②の指針に関し必要な指導等を行うことができることとした（66条の3）。加えて、(3) 事業者は、一般健康診断を受けた労働者に対し、健康診断の結果を通知しなければならないし、(4) 事業者は、健康診断の結果、特に健康の保持に努める必要があると認める労働者に対し、医師、保健婦または保健士による保健指導を行うように努めなければならないとされた。

(6) 1999（平成11）年改正[22]

　産業構造の変化や高齢化の進展など、労働者を取り巻く環境が変化するなかで、脳・心臓疾患につながる所見をはじめとして何らかの所見を有する労働者が4割を占めるという状況にあり、労働者の健康に対する不安が高まっていた。とくに深夜業について、健康に影響を及ぼす可能性があると指摘されていることをふまえ、深夜業に従事する労働者の健康管理を充実させる必要があった。また、化学物質による労働災害も依然として多く発生するなか、化学物質の有害性の情報が伝達されていないことや化学物質管理の方法が確立していないことが主原因となって発生したものが合わせて半数以上を占めており、労働災害を防止するためには、労働現場における化学物質の有害性の情報を確実に伝達し、この情報をもとに適切に管理することが重要であるとされた。

　以上から、改正法では、深夜業に従事する労働者の健康管理の充実および、化学物質等による労働者の健康障害を防止するための措置の充実が図られた。前者について具体的には、深夜業が健康に与える影響を考慮し、自発的に受けた健康診断の結果を証明する書面を事業者に提出できることとした（66条の2）。また、事業者は、深夜業に従事する労働者が自発的に受けた健康診断の結果についても、記録しておかなければならないこととした（66条の3）。後者については、（1）文書の交付義務として、①労働者に健康障害を生じるおそれのある物（通知対象物）を譲渡し、または提供する者は、主として一般消費者の生活に使用される製品を除き、文書の交付など一定の方法により、通知対象物の名称、成分およびその含有量、物理的および科学的物質、人体に及ぼす作用等の事項を、譲渡しまたは提供する相手方に通知しなければならないこと、また②通知対象物を譲渡し、または提供する者は、①により通知した事項に変更を行う必要が生じたときは、文書の交付など一定の方法により、速やかに、譲渡しまたは提供した相手方に通知するよう努めなければならないこととした（57条の2）。加えて、（2）事業者は、（1）により通知された事項を、当該事項に係る化学物質等を取り扱う各作

---

[22]　平成11年法律45号。

業場の見やすい場所に常時掲示し、または備え付ける等の一定の方法により、当該物を取扱う労働者に周知させなければならないこととした（101条2項）。

2　2005（平成17）年改正[23]

（1）改正の経緯

　労災保険の新規受給者数は2002（平成14）年段階でなお年間52万人を超え、重篤な休業4日以上の死傷者数は03（平成15）年で約12万6000人に上っていた。また、一度に3名以上が被災した重大災害は85（昭和60）年以降増加傾向にあり、2003（平成15）年には249件と、昭和50年代前半の水準に逆戻りしてしまっていた。03（平成15）年においても、製鉄所のコークスガスタンクにおける爆発災害、タイヤ工場における火災、油槽所における火災等、我が国を代表する大規模な製造業において、爆発・火災等により一般公衆に影響を与えうる大きな災害が発生していた。

　これを受けて厚労省は、2003（平成15）年11月に「大規模製造業における安全管理に係る自主点検」を実施した。また、総務省、厚労省および経産省の3省が共同で「産業事故災害防止対策推進関係省庁連絡会議」を開催し、各省庁の取組に関する情報交換や、産業界からのヒアリング等を行い、産業事故災害防止対策について検討を行った。さらに、04（平成16）年3月には、「労働安全衛生対策の在り方に係る検討会」が設置され、同年8月に報告が取りまとめられた。これらの検討の結果、爆発火災等の重大災害を防止するためには、トップの取組が重要であること、危険性・有害性の把握と対策が必要であること、下請との十分な連絡調整が必要であること等が指摘された。

　近年の企業間競争の激化等の社会経済情勢の下、仕事に関して強い不安やストレスを感じている労働者は6割を超えるなど、労働者の負担は拡大する傾向にあった。業務による明らかな過重負荷が加わることにより脳・心臓疾患を発症したとして2003（平成15）年に労災認定された件数は310件を超え、

23）　改正の背景および概要については、竹野佑喜「労働安全衛生法等の一部を改正する法律」ジュリ1306号（2006年）21頁等を参照。

高止まりしていた。また、業務による心理的負荷を原因として精神障害を発病し、あるいはその精神障害により自殺に至る事案も増加しており、03（平成15）年度の労災認定件数は100件を超えていた。

一方、このような状況のなか、2002（平成14）年2月に厚労省において「過重労働による健康障害防止のための総合対策」を策定し、指導を行ってきたが、事業者等による取組のより一層の充実を図るため、04（平成16）年4月に「過重労働・メンタルヘルス対策の在り方に係る検討会」が設置され、同年8月に報告書が取りまとめられた。この検討の結果、過重労働による健康障害防止対策として、脳・心臓疾患発症との関連が強いとされる月100時間を超える時間外労働を行った場合などにおいて、医師による面接指導を実施することを制度化すべきこと、また、この面接指導において、メンタルヘルス面もチェックすべきこと等が提言された。

上記の検討会報告書等をふまえ、2004（平成16）年9月から、労働政策審議会安全衛生分科会において、事業者による自主的な安全衛生への取組を促進するための環境整備、過重労働・メンタルヘルス対策等を内容とする労働安全衛生対策の見直しについて検討が行われた。この結果、同年12月27日に、同審議会から厚労大臣に対し、「今後の労働安全衛生対策について」の建議が行われ、05（平成17）年10月26日に改正法が可決成立した。

（2）概要
1）危険性・有害性の低減に向けた事業者の措置の充実
① 事業者による自主的な安全衛生活動の促進

当時発生した大規模製造業での爆発、火災等の重大災害の要因の一つとして、事業場内における危険性・有害性の調査とそれにもとづく対策が十分ではなかったことが指摘されていた。また、生産工程が多様化・複雑化するとともに、新たな化学物質の導入等により、事業場内の危険・有害要因も多様化し、その把握が困難になっているなかで、法令に規定する危険防止基準を遵守するだけでなく、さらに企業が自主的に危険・有害要因を特定し、これにもとづき危険性・有害性を評価し、これらの逓減措置を実施するという手法を導入することが重要視された。そこで、改正法では、事業場ごとに、①

建設物、施設、原材料、ガス、蒸気、粉じん等または作業行動その他業務について危険性・有害性を調査し、②その結果にもとづいて、これらによる労働者の危険または健康障害を防止するために必要な措置を講ずることを事業者の努力義務とした（28条の2）。さらに、このような事業者による自主的な安全衛生活動の促進を図るため、前述の危険性・有害性の調査を含め、「労働安全衛生マネジメントシステム」を適切に実施しているものとして労働基準監督署長の認定を受けた事業者について、現行の労安法88条1項および2項において義務づけている、建設物、機械等を設置等しようとする際の計画の事前の届出を免除することとした（88条）。

② 化学物質の容器・包装への表示・文書交付制度の改善

改正前の労安法57条および57条の2においては、化学物質に係る表示および化学物質等安全データシート（MSDS）の交付制度が規定されていた。これは、労働者が取り扱う化学物質の成分、その有害性、取扱い上注意すべき点を事前に承知していなかったために生ずる職業性疾病等を防止すること等を目的とするものである。当時の労安法における表示および文書交付制度の対象は有害物のみであり、危険物は対象となっていなかったが、国連の勧告においては有害物だけでなく危険物も対象となっており、また危険物に関する取扱い上の注意等を事前に承知していなかったことによる爆発、火災等の災害が発生していたことから、同勧告に合わせて、表示および文書交付制度について新たに危険物を対象にするとともに、表示項目等を見直し、国際標準に適合した制度とした（57条、57条の2）。

③ 発注者等による請負人への危険有害情報の提供

事業運営についてアウトソーシングが進行するなかで、化学物質等を製造し、または取り扱う設備の改造、修理、清掃等の仕事の外注も多く行われている。このようななか、発注者が自ら把握している設備の状況等の情報を請負人に十分に知らせないまま発注したことによる労働災害が発生していた。そのため、危険性・有害性を有する化学物質等の製造等を行う設備の改造、修理等の仕事の発注者等は、取り扱う化学物質等の危険性・有害性や当該仕事の作業の注意事項等について情報提供を行うことを義務づけた（31条の2）。

④　製造業の元方事業者による作業間の連絡調整等

　元方事業者が元方事業者と請負人または請負人相互の作業間の連絡調整を十分に行わなかったことによる労働災害が発生していた。そこで、それまでは特定元方事業者（建設業および造船業の元方事業者）のみに義務づけられている作業間の連絡調整、合図の統一等の措置を、製造業等の業種の元方事業者についても義務づけることとした（30条の２）。

２）過重労働・メンタルヘルス対策の充実

　過重労働を行っている労働者について、その健康の状態を迅速に把握し、適切な措置を講ずるため、事業者は、労働時間の状況等が一定の要件に該当する労働者に対して、医師による面接指導を実施し、その結果に応じた措置を講ずることを義務づけた（これを受けた省令により、１週間当たり40時間を超えて行う労働が１月あたり100時間を超え、疲労の蓄積が認められる者であって、申出を行った者に対して面接指導が実施されることになった）（66条の８）。また、面接指導の実施義務が生じない労働者であっても、長時間にわたる労働により疲労の蓄積が認められる者等に対しては、面接指導または面接指導に準ずる措置を行うことを事業者の努力義務とした（66条の９）。

（3）評価

　この改正によって、リスクアセスメントの実施とその結果にもとづく措置を講ずべきことを義務づける規定が設けられた。畠中信夫によれば、これは、これまで行われてきたものとは異なり、労安衛法の理念にかかわる重要な変更であると評されている[24]。従来、化学物質については、事業者にあらかじめ有害性の調査を義務づける（改正前の58条）規定はあったものの、基本的には、「流された血を踏まえて、それを防止すべく危険または健康障害を防止するための基準を設定し、その履行を罰則をもって強制するという後追い的性格が強かった」とされる。しかし、屋外産業的業種および工業的業

---

[24]　畠中信夫「改正労働安全衛生法と今後の労働安全衛生法上の課題」季労215号（2006年）76頁。

種について、リスクアセスメントの実施とその結果にもとづく措置を講ずべきことを一般的に義務づけ、労働災害、職業性疾病の発生が見られる前の段階でその発生を防止するための措置を講ずることを事業者に義務づけるものであるという点において、まさに、労安衛法の理念を、基本的なところで、「後追い的性格」から「後追い的性格＋先取り的性格」に大きく切り替えるものであるとされる。これまで行われた改正と比較しても、極めて重要な改正であると言えよう。

　また、過重労働およびメンタルヘルス対策についての規定が盛り込まれた点も重要である。第3次産業の進展によりオフィスワークが拡大するなかで増大した新たな傷病に対応するものと位置づけられる。もっとも、この時点ではもっぱら過重労働に重点が置かれており、メンタルヘルスについても過重労働を原因とするものに主眼が置かれていたように思われる。メンタルヘルスそのものに対する対策については、のちの2014（平成26）年改正を待つこととなる。

3　2014（平成26）年改正[25]

（1）改正の経緯

　事業場で使用される化学物質の数が年々増加するなか、その危険性または有害性の調査等、事業者の化学物質管理が適切に行われていないことを原因とする労災給付が依然として多く発生していた。とくに、印刷事業場において複数の従業員に胆管がんが発症した事例はこれを象徴するものとして大きく報道された。また、2013（平成25）年度には、過労やいじめで精神障害を発症したとして労災認定した数は過去最多の1409人に上り（前年度比152人増）、労働者が職場から受けるストレスは増大していることがうかがえた[26]。さらに、同一企業の異なる事業場において、同様の重大な労働災

---

25) 概要については、小畑史子「改正労働安全衛生法の考察」季労246号（2014年）2頁および水島郁子「職場における安全衛生実務の方向性――改正労働安全衛生法施行を契機として」季労250号（2015年）2頁を参照。改正経緯については、労働調査会出版局編・前掲注16）169頁以下参照。
26) 2014（平成26）年6月27日厚労省記者発表記事
　http://www.mhlw.go.jp/stf/houdou/0000049293.html 参照（2017年11月最終閲覧）。

害が繰り返し発生する事案が生じており、企業全体で安全衛生の改善を図ることが必要となっていた。

そこで、厚労省は、2013（平成25）年12月の労働政策審議会からの建議「今後の労働安全衛生対策について」をふまえて、労安衛法の一部を改正する法律案要綱を作成し、同審議会に諮問したところ、14（平成26）年2月4日に「おおむね妥当」との答申を得た。その後、同法律案は、同年3月31日、第186回国会に閣法第64号として提出され、質疑や参考人からの意見聴取等を経て、同年6月18日に原案どおり可決された。

（2）概要
1）化学物質管理のあり方の見直し

すでに、化学物質のうち、とくに労働者への危険または健康障害を生じるおそれの高いものは、労安衛法にもとづく化学物質等に関する個別の規則（有機溶剤中毒予防規則、鉛中毒予防規則、四アルキル鉛中毒予防規則、特定化学物質障害予防規則および石綿障害予防規則）により、個別具体的な措置を講じることが事業者に義務づけられていた。

一方、これら個別規制の対象となっていない化学物質でも、使用量や使用法によっては労働者の安全や健康に害を及ぼすおそれがあるため、労安衛法28条の2にもとづき、すべての化学物質について新たに採用する場合などにリスクアセスメントを実施することが事業者の努力義務とされていた。しかし、近年発生した印刷事業場において洗浄作業等に従事する労働者が集団で胆管癌を発症した事案[27]では、上記個別規制の対象となっていなかった化学物質に長期間にわたり高濃度でばく露したことが原因で発症した可能性が高いと結論づけられており、当該事業場では、この物質を採用した際にリスクアセスメントが適切に実施されていなかった。このほかにも、同様の事案が報告されていた[28]。

こうしたことから、改正法では、一定の危険性・有害性が確認されている

---

[27] この事件をうけ、厚生労働省では、2012（平成24）年9月から「印刷事業場で発生した胆管がんの業務上外に関する検討会」を開催している。
[28] 以上、建議2頁。

化学物質（安全データシート〈ＳＤＳ〉の交付が義務づけられている 640 物質[29]）について、起こりうる災害を未然に防止するため、事業者に危険性または有害性等の調査（リスクアセスメント）を義務づけることとした（57条の3第1項）。事業者は、この調査の結果にもとづいて、労安衛法またはこれにもとづく命令の規定による措置を講ずるほか、労働者の危険または健康障害を防止するため必要な措置を講ずるよう努めなければならない（同2項）。国は、以上につき適切かつ有効な実施を図るために必要な指針を公表するものとされ、また、これに従い事業者等に対し指導、助言を行うことができることとした（同3、4項）。

2）ストレスチェック制度

　法改正により、労働者の心理的負担の状況につき検査する「ストレスチェック制度」が制定された（正式名称は「心理的な負担の程度を把握するための検査」）[30]。これは、①個々の労働者に自らのストレスの状況について気づきを促し、ストレスを低減させるとともに、②検査結果を集団ごとに集計・分析し、職場におけるストレス要因を評価し、職場環境の改善につなげることで、ストレスの要因そのものを低減するよう努めることを事業者に求めるものである。

　ストレスチェック制度の対象となるのは、労働者が常時 50 人以上の事業場であり、事業者は、1年に1回以上、基本的には調査票（アンケート調査のようなもの）により定期的に検査を行うことが義務づけられる。もっとも、前述のとおり、当該検査はあくまでも労働者自身のストレスへの気づきを促すことを目的に実施されるものであるため、労働者が当該検査の受検を拒否することは自由である。また、労働者の同意がない限り、ストレスチェック結果は事業者には提供されない（66条の10第2項後段）。ただし、ストレスチェックを受けた労働者が、事業者に対して面接指導の申出を行った場合

---

[29]　具体的な物質名については
　http://anzeninfo.mhlw.go.jp/anzen_pg/GHS_MSD_FND.aspx で確認することができる（2017 年 11 月最終閲覧）。
[30]　ストレスチェック制度の概要や問題点等については、鈴木俊晴「ストレスチェック制度の意義と問題点」季労 250 号（2015 年）15 頁のⅢ以下を参照。

には、その申出をもってストレスチェック結果の事業者への提供に同意したものとみなされる。

3）受動喫煙防止対策の推進

職場における受動喫煙防止対策については、2003（平成15）年に厚労省により「職場における喫煙対策のためのガイドライン」（平成15.5.19基発0509001号）が策定されたり、09（平成21）年7月から「職場における受動喫煙防止対策に関する検討会」が開催されるなど、近年盛んに議論されていた[31]。その後、紆余曲折を経たが、今回の改正により、事業者は、労働者の受動喫煙を防止するため、当該事業者および事業場の実情に応じ適切な措置を講ずるよう努めるべきことが規定された（68条の2）。また、改正法施行にともない、「労働安全衛生法の一部を改正する法律の施行に伴う厚生労働省関係省令の整備に関する省令等の施行について（外国登録製造時等検査機関等、受動喫煙の防止及び特別安全衛生改善計画関係）」（平成27.5.15基発0515第1号）および「労働安全衛生法の一部を改正する法律に基づく職場の受動喫煙防止対策の実施について」（平成27.5.15基安発0515第1号）が公表されている[32]。

また、この改正では、事業者の努力義務のみならず、国に対しても、労働者の健康の保持増進に関する措置の適切かつ有効な実施を図るため、受動喫煙の防止のための設備の設置の促進その他の必要な援助についての努力義務が新設された（71条1項）。実際には、これは単年度ごとの支援事業として行われており、たとえば2016（平成28）年度は①労災保険が適用される中小事業主に200万円を上限として喫煙室、換気施設等の設置費用の2分の1を助成する受動喫煙防止対策助成金、②受動喫煙防止対策に取り組む事業者に対する相談支援事業、③受動喫煙防止対策を行うために必要な測定機器を

---

31) 同検討会報告の概要および裁判例・学説につき、表田充生「職場における受動喫煙防止対策の法的課題および今後の展望」季労233号（2011年）33頁。過去の裁判例につき、小畑史子「受動喫煙に関する使用者の安全配慮義務」ジュリ1302号（2005年）168頁。
32) これにより、「職場における喫煙対策のためのガイドライン」および「「職場における喫煙対策のためのガイドライン」に基づく対策の推進について」（平成17.6.1基安発0601001号）は廃止された。

無料貸与する測定支援事業が行われた。

4）特別安全衛生改善計画

同様の重大な労働災害が同一企業の別の事業場で繰り返し発生する事案が散見されていた。このような事案については、実際に重大な労働災害が発生した事業場に是正を求めるだけでは、十分に労働災害の防止を図ることが困難である。そこで、改正法では、法令に違反し、一定期間内に同様の重大な労働災害を複数の事業場で繰り返して発生させた企業に対して、当該企業の事業場において再び同様の重大な労働災害が発生しないようにするための体制整備や具体的な対策を講じさせる計画を作成するよう厚労大臣が指示できる仕組みを設けることとなった[33]。

（3）評価

産業構造の変化により、とりわけ卸売・小売業、飲食店、保健衛生業での労働災害が増加していた。また、これにともない、メンタルヘルス不調や、過重労働による健康障害、屋内の事務所における受動喫煙、介護作業における腰痛などが増加するなど、傷病の種類にも変化が見られており、これら健康障害に対する対策が急がれていた。ストレスチェック実施義務および受動喫煙防止対策の努力義務などは、このような健康障害の多様化に対応したものである。ストレスチェック制度については、ストレスの高い労働者が必ずしも精神疾患に罹患するリスクも高いわけではないとする批判[34]や、労働者のプライバシー侵害等の危険性を危惧する見解もないわけではない[35]。労働者50人以上の事業場しか適用対象となっていないことにも批判が多い[36]。しかし、労安衛法がメンタルヘルス対策に本格的に取り組みはじめた第一歩であることは間違いない。

また、技術革新が進み危険有害要因がますます多様化していることをうけ、

---

33) 以上、建議4頁。
34) 林弘子「廃案になった改正労安法から見えてきたメンタルヘルスケアの問題点」労旬1799号（2013年）4頁参照。
35) 小畑・前掲注25) 7頁参照。
36) 同上8頁、鈴木・前掲注30) 26頁など。

この改正では、2005（平成17）年改正の方向性をさらに推し進めるかたちで、リスクアセスメントの導入がより一層推進されている。さらに、条文化されたものではないが、予算事業として、15（平成27）年から「安全衛生優良企業認定制度」が創設され、労働者の安全や健康を確保するための対策に積極的に取り組み、高い安全衛生水準を維持・改善している企業については、積極的に公表することとした。このように、安全衛生に関する企業の自主的な取組を促進する政策がすすめられている。技術革新の急速な進展に安全衛生政策が対処していくためにも、また、行政コストの肥大化を抑制していくうえでも、このような方向性は肯定的に評価することができよう。

おわりに

（1）単独立法化の是非論

ここでは、以上の労安衛法の立法および改正経緯を総括しつつ、労安衛法が単独立法化されたことの妥当性について、労安衛法制定の目的、改正の経緯等から分析を加える。

労安衛法は、労基法の「第5章　安全と衛生」を分離し発展させる形で、1972（昭和47）年に制定された。立法担当者によると、その目的は大まかにいえば2点とされる。すなわち、1点目は、従来の労基法のように使用者との関係で労働者を保護するにとどまらない法体系を創出するためとされた。具体的には、重層下請、構内下請あるいは共同企業体などにおける責任を明確化したり、危険有害物あるいは危険な機械等を、労働現場ではなく製造・流通段階で規制することが目指された。2点目は、従来の労基法のように最低基準を定めてそれを監督するにとどまらず、より労働しやすい環境を形成するための快適基準を策定するためであったとされる。いずれの目的も、つまりは従来の労基法のオーソドックスな枠組みを超える法システムを形成する必要があったため、分離独立が必要と訴えるものである。単独立法化に際しては、使用者の責任が不明瞭になることで、かえって従来よりも労働者の保護がないがしろにされるのではないかといった多くの批判がなされた。しかし、72（昭和47）年の立法以降、労働災害は劇的に減少しており、今日では、単独立法化の効果に対しておおむね肯定的な評価が与えられている。

このような形で単独立法化が実現された労安衛法であるが、その後、2005（平成17）年と2014（平成26）年を中心に、従来の枠組みを大きく変える重要な改正がなされている。一つは、「リスクアセスメント」の導入である。当時、大規模製造業での爆発、火災という重大事故が引き金の一つとなり、事業場内における危険性・有害性の調査とそれにもとづく対策が不十分であったことが指摘された。また、科学技術が日々進歩するなか、新たな化学物質等が導入されることで、事業場内の危険・有害要因も多様化しその把握が困難になっていた。これらを背景として、法令に規定された危険防止基準を遵守するだけでなく、さらに企業が「自主的に」危険・有害要因を特定し、これにもとづき危険性・有害性を評価し低減措置を実施するという手法が重要視された。畠中信夫の言葉を借りれば、これはまさに、労安衛法の理念を、基本的なところで、「後追い的性格」から「後追い的性格＋先取り的性格」に大きく切り替えるものであった。

　もう一つの重大な改正は、過労死・過労自殺対策およびメンタルヘルス対策の強化をはじめとした、労働者の健康管理の強化である。「過労死」が社会問題となっていたなかで行われた1996（平成8）年改正では、産業医の専門性や権限の強化、健康診断による異常所見者に対する事後措置などが規定された。しかし、その後も脳・心臓疾患により労災認定された件数は2003（平成15）年に310件を超え、高止まりの状況にあった。加えて、業務による心理的負荷を原因として精神障害を発病し、あるいはその精神障害により自殺に至る事案も増加しており、03（平成15）年度の労災認定件数は100件を超えていた。そこで、このような状況の改善を図るため、05（平成17）年の改正では、長時間労働者に対する面接指導が制度化された。さらに14（平成26）年には、労働者個人のストレス状況に気づきを与え、精神障害を未然に防止するためのストレスチェック制度が創設された。

　このように、労安衛法は現在に至るまで大幅な改正がなされ、その姿を大きく変えている。そして、その過程においては、事業者に課せられる義務の形もさまざまに変化している。たとえば、前述のとおり、リスクアセスメントの実施は2003（平成15）年の改正時には努力義務とされつつ、リスクアセスメントも含んだ労働安全衛生マネジメントシステムを適切に実施した場

合には一定の届出義務を免除する形で事業者にインセンティブが与えられていた。しかし、その後も化学物質による事故が複数報告されると、14（平成26）年の改正では、一定の化学物質についてリスクアセスメントの実施が義務づけられ、そのうえで事業者は、この調査の結果にもとづいて、労安衛法またはこれにもとづく命令の規定による措置を講ずるほか、労働者の危険または健康障害を防止するため必要な措置を講ずるよう努めなければならないこととされた。併せて、国は、以上につき適切かつ有効な実施を図るために必要な指針を公表するものとされ、また、これに従い事業者等に対し指導、助言を行うことができるとした。

以上みたように、このリスクアセスメントに関する法規制の過程では、努力義務に始まりつつもその後の社会の動きに機敏に対応して一部が義務化され、さらに行政による指導を充実化させるなどの対応が採られている。過労死・過労自殺対策およびメンタルヘルス対策の強化の点については詳述しないが、こちらも同様に、極めて柔軟な規制装置および行政による指導が組み合わさることで綿密に構築されている。これはまさに、労安衛法制定時に立法担当者が意図した、労基法によるオーソドックスな規制基準の設定のみではなく労安衛法によって快適基準をも含んだ柔軟な法規制がなされうる法システムを形成していたからこそ実施しうる規制のあり方と言える。1972（昭和47）年の単独立法化という英断は、その後の労安衛法の発展と重要性の高まりに鑑みれば、極めて妥当な判断であったと評価することができよう。

（２）今後の課題

以上のように労安衛法は、労働安全衛生の分野について、労基法のような硬直的な規制手法から脱するために創設された。前述のとおり、これはまさに適切な判断だったと言うことができ、その後の労安衛行政の発展に大きく寄与した。

しかし、労安衛法制定から半世紀近くが経とうとするなか、多方面でその課題も少なからず指摘されている[37]。まず第1に挙げられるのが、その規定の量の多さと複雑さである。もともとカバーすべき範囲が多いうえに、その時々の社会が求める安全衛生基準を実現するため、さらに関連規則や指針

等が膨れ上がり、膨大なものとなってしまっている。労安衛法のなかには、労働安全衛生に関する多種多様な分野の規定が盛り込まれていることから、今後は条文を整理するとともに、分野ごとに分離独立させるといったことも、検討に値するだろう[38]。条文を参照する者の目線に立った改正が望まれる。

　課題の2点目としては、日々技術革新が進むなか、労安衛法による規制は常に後追いとなってしまい、有効な規制が行えていないといった点が指摘されている。もちろん前述のとおり、このような問題点に対応するためにリスクアセスメントの導入が進められたわけだが、今後は、規制のさらなる柔軟化が必要となってくるものと思われる。具体的には、とくに衛生関係では、法律では目的や手続などを定めるにとどめ、その余はガイドラインで誘導するような方式（＝「性能要件化」）を導入することも検討に値するだろう。もっとも、その際には、各事業場の実情に応じた適切な指導が行える高度な専門性を有した行政官をあわせて育成することが不可欠となるため、労働安全衛生行政の抜本的な改革が必要である。

　わが国における労働災害による死亡者数は、ようやく年間1000人を下回ったところである[39]。労働安全衛生水準をより一層高めていくために、我々が検討すべき課題は少なくない。

---

37) 労安衛法の課題と今後の展望については、厚生労働省科学研究補助金労働安全衛生総合研究事業総括研究報告書（研究代表者：三柴丈典）『リスクアセスメントを核とした諸外国の労働安全衛生制度の背景・特徴・効果とわが国への適応可能性に関する調査研究』（2016年）85頁以下を参照。
38) 詳細は、畠中信夫「労働法に対する基礎的要請――分かりやすさ」季労201号（2002年）232頁を参照。
39) 平成28年における労働災害による死亡者数は928人、死傷者数（死亡あるいは休業4日以上）は11万7910人となっている。厚労省発表資料より。http://www.mhlw.go.jp/stf/houdou/0000165073.html（2017年11月最終閲覧）

第9章
労働者災害補償保険法

有田謙司

はじめに

労働者災害補償保険法（以下、労災保険法）は、労働者が労働災害に被災した場合に、療養補償給付、休業補償給付、障害補償給付や遺族補償給付などの給付を行うことによって被災労働者およびその遺族に対して補償することを主たる制度内容とするものである。このような労災保険法は、1947年に労働基準法（以下、労基法）と同時に制定された。このことは、労災保険法が、労基法上の災害補償制度の責任担保保険制度との理解を生み出す要因のひとつとなっている。

しかしながら、こうした理解の妥当性について、立法史の観点から検証してみる必要がある。というのも、現在、個人就業者が増大し、その就労に起因する災害補償の仕組みの必要性について議論がなされているが、上記のような理解では、そうした制度設計は極めて困難である。そうした制度論を展望するためには、上記のような理解の妥当性について検証すべきであるからである。

また、本稿は、労災保険法の立法史について、労働者・働く人々の基本権としての労災補償に対する権利という視点から、そのような基本権が十分に保障されるものとなってきたのかを検証することも目的としている[1]。さらには、労災補償は論理的に使用者の労災防止の責任と結びついていることか

---

1) 有田謙司「安全衛生・労災補償の法政策と法理論」日本労働法学会編『講座労働法の再生〔第3巻〕』（日本評論社、2017年）204頁以下を参照。

ら、これを法理として捉えるべきものと解される²⁾。今日において、労災補償を主として担っている労災保険法がその展開のなかで、労災の防止と補償の結びつきの法理をどのような形でその制度のなかに組み入れてきたのかについて検証することは、上述のような制度論を展望するうえにおいても必要なことであると考える。

そこで、本稿においては、以上のような 3 つの視点から、労災保険法の立法史[3]を検討し、その今日的意義を確認することとしたい。

一 労災保険法の形成

1 戦前の労災扶助制度と社会保険化

戦前における労働者の労災による死傷病に対しては、工場法、鉱業法、労働者災害扶助法、労働者災害扶助責任保険法等によって、被災労働者に対する扶助として行われ[4]、その扶助の程度は、当時の国際的水準からみて非常に低いものであった[5]。また、それらは、そもそも扶助という労働者への恩恵的なあるいは救済的な施策としての位置づけのものであり、しかも、戦争中はその機能を停止されていたのである[6]。

そのような労災扶助制度ではあったが、早い時期から社会保険化が進めら

---

2) 柳澤旭「労働災害の法理」良永彌太郎・柳澤旭編『労働関係と社会保障』(法律文化社、2013 年) 79 頁以下、有田・前掲注 1) 212 頁以下を参照。
3) 労災保険法の立法史を扱う文献として、吉田美喜夫「わが国における労災補償の発展」本多淳亮・片岡曻編『労働災害補償法論』(法律文化社、1985 年) 115 頁以下、中脇博「労働者災害補償法制に関する一考察――戦前編」商学論集(福島大学) 47 巻 3 号(1979 年) 1 頁以下、同「労働者災害補償法制に関する一考察――戦後編 (一)・(二)・(3)-(一)・(3)-(二)」商学論集 (福島大学) 48 巻 1 号 (1979 年) 131 頁以下、48 巻 4 号 (1980 年) 118 頁以下、49 巻 2 号 (1980 年) 91 頁以下、50 巻 3 号 (1982 年) 101 頁以下等がある。
4) 戦前の労災扶助制度について詳しくは、労働省労働基準局労災補償部編『労災補償行政史』(労働法令協会、1961 年) 3-301 頁を参照。
5) 労働省労働基準局編『労災補償行政三〇年史』(労働法令協会、1978 年) 59 頁。労災扶助制度の内容については、菊池勇夫『勞働法』(日本評論社、1938 年) 292 頁以下、労働省労働基準局労災補償部・前掲注 4) 224 頁以下を参照。
6) 労働省労働基準局編・前掲注 5) 59 頁。

れた。まず、1922年に健康保険法が制定されたが、同法は、業務上および業務外の傷病を対象とするものであって、事業主の扶助義務の全部ではないが、一部だけを保険化したのであった。すなわち、健康保険法における療養給付、傷病手当金、および埋葬料が、工場法および鉱業法上の療養扶助料、休業扶助料、および埋葬料を代行するものとなったのである。このように、健康保険法は、短期間の業務上の傷病に対する保険化を行ったのみであって、長期にわたる廃疾（障害）および遺族扶助の義務は、従来のままで、事業主の単独責任として継続するものとされた[7]。

そうして残された部分の保険化を行ったのは、1941年に制定された労働者年金保険法[8]を44年に改正し名称も改められた、厚生年金保険法である。この厚生年金保険法は、労働者年金法において廃疾年金および廃疾手当金とされていた給付の名称を「障害年金」および「障害手当金」に改めたうえで、給付の対象となる障害を業務上の事由による障害と業務外の事由による障害とに区別し、業務上の事由による障害については被保険者期間の資格制限を撤廃する法改正を行った[9]。そして、厚生年金保険の被保険者であって、障害年金、障害手当、または遺族年金の支給を受ける場合には、事業主は工場法および鉱業法による何らの扶助を要しないこととされた。また、健康保険法の改正も同時に行われ、業務上の傷病については、療養の給付期間の制限なく、治癒または死亡に至るまで療養の給付をなし、かつその期間中は傷病手当金を支給するものとした。これらの法改正によって、労災扶助は全面的に保険法中に吸収されるところとなったのである[10]。

とはいえ、このような労災扶助の社会保険化が行われたのは、戦争遂行に当たって労働者の士気を鼓舞するために、国家として産業殉職者に対し特別の優遇を図るべしとする当時の国民的要望に応える、という目的のためであった[11]。また、この労災扶助の社会保険化は、被災労働者も保険料を負

---

7) 森荘三郎『健康保険法解説　訂正増補再版』（有斐閣、1924年）84-86頁。
8) 同法については、花澤武夫『勞働者年金保険法解説（全）』（健康保險醫報社、1942年）を参照。
9) 花澤武夫『厚生年金保険法大要』（教學館、1944年）63-64頁。
10) 花澤・前掲注9）302-303頁。

担するものであったことから、使用者の労災責任を不明確なものとするものであった[12]。

　ところで、土木建築業や運輸業、貨物取扱業等の労働者については、以上のような工場法および鉱業法上の労災扶助と健康保険法および厚生年金保険法は、その対象としていなかった。しかし、1929年に始まり世界恐慌に起因する失業問題の深刻化に対する失業対策として土木建築業の効率的拡充を図るなかで、災害多発の土木建築業に対する労災扶助制度の確立が強く要請され、31年に労働者災害扶助法および労働者災害扶助責任保険法[13]が制定された[14]。これによって、労災扶助制度は、一応の整備をみることになった[15]。この労働者災害扶助責任保険は、労災扶助についての政府管掌による強制保険ではあるが、事業主が保険契約を結び、かつ労働者を被保険者とせず、事業主を保険金受取人にするという文字どおりの責任保険であって、いわゆる災害保険とは異なるものであった[16]。ただ、労働者災害扶助責任保険法令は、被災労働者の保険給付の直接請求を認める規定（同法4条2項、同法施行令12条、同法施行規則14条・15条）を置いていたこと等から[17]、被災労働者のための災害保険としての機能をも果たし得るものであった、とみることもできる[18]。この点にも関わって、国営保険制度を採用した労働

---

11)　花澤・前掲注9) 77頁。
12)　吉田・前掲注3) 124頁。健康保険法が、使用者の扶助責任を実質的に不明確にすることに対して抗議するためのストライキを行う組合もあった（沼田稲次郎編『労働法事典』（労働旬報社、1979年）［荒木誠之］560頁）。
13)　労働者災害扶助責任保険法については、保険院社會保険局『労働者災害扶助責任保険事業沿革史』（厚生省保険院社會保険局、1942年）を参照。
14)　厚生労働省労働基準局労災補償部労災保険管理課編著『七訂新版　労働者災害補償保険法』（労務行政、2008年）30-31頁。
15)　有泉亨・中野徹雄編著『全訂社会保障関係法五　雇用保険法・労災保険法』（日本評論社、1983年）210頁。
16)　労働省労働基準局労災補償部編・前掲注4) 44頁は、こうした責任保険制度は、諸外国に例をみない、わが国独自のものということができるとしている。
17)　菊池・前掲注5) 303頁、労働省労働基準局労災補償部編・前掲注4) 237頁。
18)　荒木誠之『労災補償法の研究』（総合労働研究所、1981年）54頁。ただ、保険院社會保険局・前掲注13) 246頁によれば、療養費については取立委任の形式により療養担当者（医師）より保険者（政府）に対して請求させることを原則とし、そのための扶助料については扶助をなした後に事業主が保険金の請求をなすこととされていたのであって、政府が直接扶助を受ける者（被災労働者）に保険金を支払うことは、極めてまれな場合であったようである。

者災害扶助責任保険法は、その制定時から、将来労働者を直接被保険者とする災害保険の前提をなすものである、と評価されていた[19]。そうした意味において、同法は、戦後の労災保険制度の母胎となったものといえようか[20]。

以上にみてきたように、わが国の労災補償制度が、一部の部門では事業主の労災扶助の責任保険によるものではあったが、基本的には、その制度発足後の早い時期から労働保険の一部門として形成されたことは、諸外国にあまり例をみない歴史的な特徴といえる[21]。また、労災補償の仕組みが、第1に、工場法等による災害扶助、第2に、健康保険法と厚生年金保険法による給付、そして第3に、労働者災害扶助法による扶助と労働者災害扶助責任保険法による同扶助の責任担保という三つの制度により成り立つ複雑な制度となっていた、ということも特徴といえよう。

これらの特徴を有する戦前の労災扶助制度は、前述のように、次のような問題があった。①戦前の労災扶助制度は、労働者の労災補償に対する権利として制度構築されたものではなかった。②労災扶助の保険化に当たっては、その大部分が保険料を労働者が半分負担する健康保険法と厚生年金保険法によって、扶助をカバーする給付とされており、使用者の労災に対する責任を不明確にするものであった。③扶助の水準が国際的にみて低いものであった。

以上のような戦前の労災扶助の仕組みの抱えていた問題点を克服するべく、戦後になり、労災保険法の制定へ向けた議論が進められて行くことになる。

2　労災保険法の制定

戦後になり、労基法が制定され、そのなかで災害補償に関する規定が設けられた。この労基法の災害補償の規定によって、戦前には鉱業法、工場法、労働者災害扶助法に分かれて規定されていた労災の補償責任について、これを統一的に定めるところとなったのである。そして、労基法の災害補償の規定は、業務上の災害に対する使用者の無過失賠償責任の理念にもとづき、補

---

[19]　菊池勇夫『日本勞働立法の發展』（有斐閣、1941年）355頁（初出は1931年）。
[20]　労働省労働基準局労災補償部編・前掲注4）44頁を参照。
[21]　厚生労働省労働基準局労災補償部労災保険管理課編・前掲注14）28頁。

償が労働者の権利であることを明確にし、戦前に比して、適用対象の拡大と補償水準の大幅な引き上げを行うものであった。このような労基法の災害補償の規定は、前述の戦前における労災扶助制度が抱えていた問題の①と③に対応するものといえよう。

このような災害補償の規定を定める労基法の制定は、労働者の基本的人権の確立を目指して、労働条件の最低基準を定めるもので、上記のような適用対象の拡大と補償額の引き上げを行うとともに、災害補償の理念を確立するものでもあったのである[22]。

労基法の制定と同時に、業務上の災害発生に際し、事業主の一時的補償負担の緩和を図り、労働者に対する迅速かつ公正な保護を確保するために、労災保険法が制定されたとされている[23]。これによって、戦前における労災扶助制度においては、健康保険法、厚生年金保険法および労働者災害扶助責任保険法に分かれて存在していた労災補償に関する保険制度が、労災保険法に統一されることとなった。また、労災保険法制定当初の労働省による注釈書では、「本保険は憲法第二十七條に規定されている勞働権に基づく無過失賠償責任を擁護することを以つて目的としている」[24]、とその趣旨が説明されていたことに注目すべきである。労災保険法の制定は、前述の問題①に応えるものなのである。

労災保険法が労基法と同時に制定されたのは、上記の目的、換言すれば、労基法上の災害補償を使用者に代わって実施する機能を有する制度の設立が要請されていたことに応えるためであった[25]。そのことを示すように、制定当時の労災保険法は、現行法に比較すると、①保険事故が、業務災害による負傷、疾病、傷害および死亡に限られ、通勤災害によるものは対象とされていなかったこと、②強制適用事業の範囲が、土木建設業や5人以上の工場その他災害発生率の高い業種の事業に限られていたこと、③保険給付の内容

---

22) 労働省労災補償部編著『改訂版 労働者災害補償保険法』（労務行政研究所、1960年）13頁。
23) 労働省労働基準局編・前掲注5) 61頁。
24) 労働省勞働基準局勞災保險課編著『勞働者災害補償保険法詳解』（勞働省勞働基準局勞災保險課、1947年）12頁。
25) 有泉亨・中野徹雄編・前掲注15) 210-211頁。

が、労基法の災害補償の内容とほぼ同一であり、一時金主体の給付体系であったこと、④特別加入の制度が設けられていなかったこと、といった特徴があった。

　ところが、詳細については後で述べることになるが（二2・3・4）、労災保険法は、その展開のなかで、いわゆる「社会保障化」論が生じたように、その給付の内容を充実・発展させ、労基法の災害補償以上の労働者保護をなしていくのである。そうしたことが可能であったのは、労災保険法が、その内容においては労基法の災害補償の裏付けの機能を果たす制度であって、労基法と表裏一体の関係にあるものの、制度そのものとしてはひとつの独立性を持つものとして制定されたことによる[26]、ということには注目すべきである。

　この点に関わって、労災保険法の法案作成過程において、この法律を労基法による使用者の災害補償についての責任保険とするか、または労働者を直接対象として労基法とは一応別個の労働者保険とするかについて議論があったが、連合国最高司令部労働諮問委員会「労働保護立法に関する勧告」（1946年8月25日）において、それまでの日本の災害補償が抱える前述の問題の②について指摘され、その改善は全社会保険制度の広範な法改正の一部として企て、その際給付の改善を行うとともに大部分の費用は使用者が負担すべきものと述べられていたことから、結局、労働者を直接対象とする労働保険にすることが決定された、という経緯があったことにも留意すべきである[27]。このことから、労災保険法は、その制定当初から、将来的に労基法上の災害補償の水準を超える諸給付を行うことが想定されていたのである[28]。また、労災保険は、使用者の災害補償についての責任保険としてではなく、労働者を直接対象とする労働者保険とされたために、政府を保険者として運営されることになった[29]。

　以上にみてきたように、労災保険法は、使用者の労基法上の災害補償責任

---

26)　労働省労働基準局編・前掲注5) 61頁。
27)　労働省労働基準局編・前掲注5) 59頁、61頁。
28)　友納武人「労働者災害補償保険法について」法時19巻9号（1947年）477頁。
29)　桑原敬一『労災保険論』（労務行政研究所、1972年）136頁。

を代行するものとして創設されたものであったが、その制定当時から、労基法上の災害補償についての責任保険としてではなく、制度そのものとしてはひとつの独立性を持つものとして制定され、労基法とは別個に独自の発展を遂げていく可能性をもっていたものであったのである。そこで、次に、そうした労災保険法の展開についてみていくことにしたい。

二　労災保険法の展開

1　費用の負担

（1）保険料と国庫補助

労災保険法は、その財源を主として使用者の拠出する保険料によってまかなう仕組みとなっている。ここで主としてというのは、後述するように、その財源の一部に国庫負担等が入っているからである。

労災保険法制定時においては、労災保険は、労働者の業務上被った負傷、疾病、障害または死亡に対して給付を行うことを目的とした制度であり、かつ、後述する 1960 年の法改正前は、その保険給付の内容は労基法による使用者の災害補償とほぼ同一であって、使用者の災害補償義務を代行するものであったので、その費用の負担は、全額を保険加入者である事業主の負担とされていた（旧労災保険法 24 条）[30]。

1960 年の法改正によって、労災保険に国庫負担が導入された[31]。これは、後述するように、長期傷病者補償および年金である第一種障害補償費が新設されたが、これらには労基法上の使用者の災害補償義務を超える部分があるので、原因である傷病の特殊性、使用者負担の増加等を考慮して、その労基法の打切補償または障害補償に相当する部分を超える部分について、その一部を国庫が負担することとし、その他は事業主の保険料によってまかなうこ

---

30) 労働省労災補償部編・前掲注 22）251 頁、松岡三郎『條解災害補償法』（弘文堂、1952 年）216 頁。
31) 労災保険法制定時においても、社会保険の本質からいって事務費については国庫負担とすべきとの意見もあった（友納・前掲注 28）9 頁）。

ととされたのである（1960年改正時の法34条の2）[32]。

　その後、1965年の労災保険法の改正によって、国庫負担は、「予算の範囲内において、労働者災害補償保険事業に要する費用の一部を補助することができる」（65年改正時の法26条）とされた。これは、同年の法改正による保険給付の大幅な年金化によって、労災保険の給付体系が労基法の補償体系とは独自に拡充された結果、労災保険が、労基法による個々の事業主の災害補償を直接的に代行するものではなく、事業主の拠出によって被災労働者とその遺族を保護するため必要な給付を行う制度というにふさわしくなったことから、事業主全体の負担を考慮し、いわば政策的配慮として、労働者災害補償保険事業に要する費用の一部を国庫が補助することができることとされたものである[33]。この法改正にともない、国庫負担は国庫補助と改称された。

　このような国庫負担・補助の導入については、これによって労災保険の社会保障化の証左とする見方がある一方で[34]、それは、法によって国に義務づけられる国庫負担ではなく、しかも実際に行われている国庫補助の実態は、新設された長期傷病補償に要する費用等に当てられてきたことから、労災保険の国庫補助はむしろ例外的措置ということができ、使用者の保険料全額負担と相まって、社会保険の一般原則とされる労使拠出と国庫負担による財源調達という方式から大きくずれているとの指摘がなされていた[35]。

　ところで、1965年の法改正までの労災保険法では、責任保険的理解のもとに、保険加入者である事業主の不実の告知、保険料の滞納、故意または重大な過失による事故の発生を理由として給付制限が行われ（65年改正前の労災保険法17条～19条）、その支給相当分については、事業主が労基法上の災害補償を行うことになっていた。こうした規定は、まず、60年の法改

[32) 労働省労災補償部編・前掲注22) 380頁、渋谷直蔵『じん肺法・改正労災保険法の詳解』（労働法令協会、1960年）301-302頁。
[33) 石井甲二『労災保険制度の詳解』（労働法令協会、1982年）383頁、有泉亨・中野徹雄編・前掲注15) 329頁。
[34) 高藤昭「費用負担」本多淳亮・片岡曻編『労働災害補償法論』（法律文化社、1985年）350-351頁。
[35) 荒木誠之「労働保険論」本多淳亮・片岡曻編『労働災害補償法論』（法律文化社、1985年）156頁。

正により、新たに設けられた年金である第一種障害補償費および長期傷病者については適用を除外することとされた[36]。その後、事業主の責に帰すべき事由による給付制限が、労働者側にとって不利益な結果となるおそれがあること、被災労働者の保護という労災保険の目的にも沿わないことなどから、65年の法改正によって、そうした支給制限を定める規定が削除され、代わりに、従来なら支給制限されたような場合については、保険給付に要した費用に相当する額の全部または一部を一定の範囲内で政府が当該事業主から特別に徴収することができる制度が設けられた（65年改正時の30条の4、現行31条）[37]。

このような扱いへの変更は、事業者の保険料の不納・滞納とは関係なく、保険者である国の被災労働者に対する補償義務が発生するということを意味し、労災保険法が国の直接労働者に対する義務の性格を強めているものと評価し得よう[38]。このことを合わせ考えると、国庫負担・補助の導入は、社会保障化の兆候とみることもできるが、むしろ、上に述べたような国の義務の表れとみることができよう[39]。

なお、保険料の徴収についての定めは、後述する、労災保険の全面適用を実現するために不可欠の手段として、1969年に制定された、労働保険徴収法（1972年4月1日施行）に置かれることとなった[40]。

（2）労災の防止と保険料のメリット制

労災保険の保険料については、業務上の傷病等の発生率が業種ごとに異なることから、同種事業集団ごとに一定期間（制定当初は過去5か年）の業務

---

[36] 渋谷・前掲注32）294-295頁。
[37] 労働省労災補償部編『新労災保険法』（日刊労働通信社、1966年）352-353頁。
[38] 松岡三郎「労災補償の法的性格」明治大学社会科学研究所紀要24号（1986年）7頁を参照。
[39] 荒木誠之『労働条件法理の形成』（法律文化社、1981年）190頁は、労災保険における国庫補助を、制度の本質的要素ではなく、労災保険給付に被災労働者の生活保障機能を発揮させるために、その改善の誘い水ないし触媒としての機能を持つものと位置づけ、実質的に企業の負担を肩代わりするような国庫補助は、労災保険のあり方として不適当と指摘する。
[40] 有泉亨・中野徹雄編・前掲注15）317頁。

上の傷病等の発生率に応じて、収支相等の原則にもとづき全体の保険経済が安定するような保険料率を決定し（業種ごとのメリット制）、そのうえで、一定規模以上の事業については、個々の事業ごとに、それぞれの業務上の傷病等の発生率の高低に応じて、保険技術の許す範囲で保険料率を増減させる特別の保険料率を定める方式（メリット制）を採用している。このメリット制は、個々の事業主の労災防止の意欲を向上させ、保険料の一層公平な負担を図ることを目的としている[41]。

メリット制は、労災補償が論理的に使用者の労災防止の責任と結びついていることから、労災補償を保険化する労災保険法においては、その制度のなかに組み込まれるべきものであったのであり、そうしたものとして法制定当初から規定されていたのは当然のことであったといえよう。

このメリット制は、労災保険法施行当初においては、前記の保険料の計算期間を5年としていたが、戦後における経済界の著しい不安定などによって業務上の傷病等は増加の一途をたどり、労災保険の保険経済は危機に直面することとなったため、1951年の法改正により、保険料の計算期間を3年として、その実施を2年早めることとされた[42]。また、その適用対象となる使用者の範囲も、制定当初の使用労働者数300人から100人へと拡大され、その後も何度かの法改正を経て、適用対象がさらに拡大され、また、保険料率の増減の幅も拡大してきた[43]。

メリット制は、労災防止のために機能するのではなく、これがもっぱら保険財政の改善のために機能することとなっているだけでは、その本来の目的から逸脱するものとなる。労災保険法制定当初は、前述のような社会事情から、保険経済的観点が全面に出たものとなっていた[44]。そこで、メリット制については、保険料率の決定が労災予防と直接に連動するような方式の検討が提案されていた。具体的には、保険料率の引き上げまたは引き下げの基

---

[41] 労働省労災補償部編・前掲注22) 282-283頁、310-311頁。
[42] 労働省労災補償部編・前掲注22) 311頁。
[43] メリット制に関する法改正の経過については、労務行政研究所編『改訂新版 労働保険徴収法』（労務行政、2009年）248-251頁を参照。
[44] 厚生労働省労働基準局労災補償部労災管理課編・前掲注14) 35頁。

準を、使用者によってとられた災害防止措置、雇用労働力の危険選択を行った程度、とくに危険な機械装置の使用頻度等によって定め、災害の発生の頻度が高い場合に、災害防止手段が不十分なときは保険料率を引き上げるとともにその整備が命令されるが、災害防止手段が整っていれば保険料率の引き上げ幅には多少の配慮が加えられる、といった仕組みである[45]。

未だ上のようなメリット制の見直しはなされていないが、労災の防止と補償の結びつきの法理の観点から、そうした見直しを検討すべきであろう。そのためには、監督行政の改善が必要であり、また、それを促すための労働者側の労災問題への一層の取り組みが必要であることに留意すべきである[46]。

2 適用対象の拡大

(1) 強制適用の範囲

労災保険の適用範囲は、労災保険法の目的達成のためには、本来、すべての事業を加入させることが当然のことである。雇用する事業主の規模等によって、権利として保障される労災補償の内容に違いが生じることは、労働者の労災補償の権利の観点からは、問題とされるべきものだからである。しかしながら、労災保険法の制定当初は、事務量的に対応が困難であること、災害発生のおそれの少ない事業については保険加入の必要性を事業主の判断に任せる方が実情に合うという見地から、強制適用事業は、危険または有害な作業をともなう事業に限定するという立法政策がとられた（旧3条）[47]。

その後、後述する、1960年の法改正によって長期補償が導入され、65年の法改正で給付の本格的な年金化がなされ、長期補償体制が確立することとなったが、それは、労災保険の給付体系が労基法の補償体系から独自の発展を遂げたことを示すものであった。このことはまた、労災保険の給付体系と労基法の補償体系との開きがいよいよ拡大されたことを意味する。そして、長期にわたる年金給付をすべての労働者に及ぼすためには、労災保険法の全面的な強制適用もまた必然となる[48]。加えて、労災保険に未加入の事業に

---

45) 桑原・前掲注29) 155頁。
46) 吉田・前掲注3) 134頁を参照。
47) 労働省労災補償部編・前掲注22) 66頁。

は中小企業が多いことからしても、全事業への労災保険の全面強制適用が強く要請されるようになったのである[49]。こうしたことから、労災保険法は、全事業に対する全面強制適用へと歩みを進めて行くことになった。

　1967年には、労災保険の全事業に対する全面強制適用を図るための法律案が国会に上程されたが、審議未了で廃案となったため、政令（施行令）の改正によって、5人以上の労働者を使用する事業は、業種の区別なく労災保険の強制適用事業とされることとなった[50]。その後、69年に、労災保険の全事業に対する全面強制適用を図るための労災保険法の改正が行われ、併せて、全面適用を実現するために不可欠の手段として、前述の労働保険徴収法案が制定された（72年施行）。

　しかし、100万余を超え小零細企業を一挙に労災保険の強制適用事業とするような急激な適用対象の拡大は、事務処理体制の面で困難があるため、当分の間、暫定的に任意適用事業とするものを残す規定を設けて、その範囲は政令で定めることとされた。その後、1975年の政令の改正によって、暫定任意適用事業は、常時5人未満の労働者を使用する個人経営の農林、水産業の事業の一部だけとされた（整備政令17条）。さらに、91年の法改正によって、農業の事業のうちその事業主がその事業について、後述の特別加入をしている場合には、当然に労災保険が適用されることとされた[51]。

　以上にみてきたように、労災保険法制定当初に制限的な強制適用の範囲とされていたことは、戦後直ぐの社会経済状況において、また、労災保険制度発足後直ぐのまだ制度が安定しない時期においては、やむを得ないところであったかもしれない。しかしながら、その後の強制適用の範囲の拡大、全面適用への歩みは、非常にゆっくりとしたものであって、相当な期間を要したことは、労働者の労災補償に対する権利の保障という観点からは、大いに問題であったといえよう。また、未だに暫定適用事業が残っていることから、

48）　荒木・前掲注39）183頁。
49）　厚生労働省労働基準局労災補償部労災管理課編・前掲注14）48頁。
50）　このような対応は、委任立法の範囲を超えるものであって、立法形式の点で問題であったと思われる。
51）　厚生労働省労働基準局労災補償部労災管理課編・前掲注14）48-49、112-113頁。

これを早期に解消し、完全に全事業に対する全面的強制適用を実現すべきである。

(2) 特別加入制度

特別加入制度は、1965年の法改正によって導入された[52]。これは、労働者ではない者（中小事業主、自営業者等）のなかで、業務の実態や災害の発生状況などからみて、労働者に準じて保護するにふさわしい者について、労災保険の建前を損なわない範囲内で、また、災害が起こった場合の業務上外の認定等保険技術的に可能な範囲で、特に労災保険の加入を認め、労災保険による保護を図るものである[53]。

特別加入制度は、上のような趣旨の制度であるため、その具体的範囲については、①業務の実態、災害の発生状況などからみて労働基準法適用労働者に準じて保護するにふさわしい者であるかどうか、②労働関係のもとにある労働者と異なり、業務の範囲が労働契約、労働協約、就業規則などにより特定される者でないにしても、業務の実態からしてその者の業務の範囲が明確に特定でき、業務災害の認定をはじめ保険関係の適正な処理が技術的に可能であるかどうか等を十分に考慮し定めるものとされている[54]。

ところで、特別加入制度の導入目的のひとつに、その導入によって中小企業の加入促進に役立てることも含まれていた[55]。おそらくそれは、前述のように、特別加入制度が導入された1965年の法改正時には、まだ全ての事業について全面的強制適用が実現されてはいなかったこと、および労災保険に任意加入をしていなかった事業には中小企業が多かったことによるものと考えられる。その意味で、この目的は、過渡的なものとみることができるで

---

52) 特別加入制度の導入経緯については、労働省労働基準局補償課編著『労災保険特別加入制度の解説（改訂版）』（労働基準調査会、1984年）3頁以下を参照。なお、このような特別加入制度の創設以前においても、大工、左官、とび、石工等の一人親方については、これらの者の団体を通じて労災保険に加入できる途が行政措置によって開かれていた（擬制適用）。特別加入制度は、これを拡充して制度化したものとされている（厚生労働省労働基準局労災補償部労災管理課編・前掲注14）555-556頁）。
53) 労働省労働基準局補償課編・前掲注52）1-2頁。
54) 労働省労働基準局補償課編・前掲注52）3頁。
55) 労働省労災補償部編・前掲注37）454頁。

あろう。

　そうすると、まだ一部の暫定任意適用事業が残っているとはいえ、労災保険法がほぼ全面的強制適用となった後には、特別加入制度の主たる意義は、典型的な労働者以外の者への労災保険制度の適用の拡大にあるといえよう。ただ、特別加入制度は、任意加入の制度であること、労働者を適用対象とする労災保険制度の構造に即して法律構成し、既存の労災保険の保険技術を可能な限り活用するものとなっていることから、たとえば、特別加入が認められ、適用対象とされる場合も、その保険関係が労働者類似の業務に限定されること[56]、保険料の全額を特別加入者が負担することになっていること（ただし、海外派遣者の特別加入の場合は派遣元の事業主）、海外派遣者の場合を除いて団体加入方式であることなど、労働者の労災保険法上の扱いに比して多くの違い・差がある[57]。

　一例として、一人親方等および特定作業従事者の特別加入の団体加入方式についてみてみると[58]、それらの者は個人加入をすることはできず、それぞれが組織する特別加入団体を通じて加入することが必要となるが、それらの者の属する団体のすべてが、特別加入団体としての能力や事務負担の余力を有しているとは限らないこと、また、それらの者は労災保険料の負担に加えて、加入団体への組合費（事務費）も負担しなければならないことから[59]、特別加入による適用対象の拡大には限界があるものといえよう。なお、この問題については、本稿の最後に検討する（三）。

3　補償水準の向上と給付の拡大

（1）長期補償の導入と給付の年金化

　けい肺やせき髄損傷などの長期療養を要する業務上の傷病について、制定当初の労災保険法では、療養3年を経過しても治らない場合には、平均賃金

---

[56]　姫路労基署長（井口重機）事件・最一小判平成9.1.23労判716号6頁。
[57]　田中建一「労災保険特別加入制度の問題点」季労241号（2013年）90頁以下等を参照。
[58]　中小事業主等の特別加入では、労働事務保険組合に労働保険事務の委託をすることが要件となっている。
[59]　田中・前掲注57) 97頁。

の 1200 日分の打切補償費を支給して、以後その傷病については保険給付を行わないこととされていた。しかし、こうした打切補償費の給付体系をもってしては長期傷病者の大半を占めるけい肺労働者の保護を全うすることができない。こうした認識から、けい肺措置要綱にもとづく行政的措置を経て、1955 年に、けい肺等特別保護法が制定され、これにより、療養 3 年を経過して打切補償費の支給が行われた後においても、けい肺またはせき髄損傷によって療養を要する労働者に対しては、さらに 2 年間、使用者と国庫で折半負担する費用をもって療養給付および休業給付が行われることとされた[60]。

ここで注目すべきは、このような立法を促すものとして、関係労働組合の法制定の要求運動が大きな力となったことである[61]。そして、もうひとつ注目すべきは、この特別保護法は、特別立法ではあったが、実質的意味における労災保険法の改正であり、これまで労基法上の災害補償をモデルとしてきた労災保険の給付体系に改革をもたらす第一歩となった、ということである。すなわち、それは、けい肺とせき髄損傷に限っているとはいえ、やがて打切補償費の思想を否定して長期補償化への道を開いたものであった[62]。

その後、特別保護法の失効後の補償の再延長を図るために、けい肺等臨時措置法が制定されたが、その 13 条に、けい肺および外傷性せき髄障害にかかった労働者の保護措置について根本的に検討し、けい肺等特別保護法の改正法案を 1959 年末までに国会に提出することを政府に義務づける規定が置かれた。この規定にもとづき、けい肺および外傷性せき髄障害にかかった労働者の保護措置について根本的な検討が行われた結果、これらの者に対する保護措置の改善にとどまらず、3 年の療養で治癒しない傷病にかかったすべての者に対して等しく長期給付を行うこととされ、さらに、これと均衡を図ることおよびせき髄損傷等重度の身体障害者に対する対策として、改正前の障害等級 1 級から 3 級までの障害補償費の給付の内容を年金に改める（第一種障害補償費）、という労災保険法の改正が 1965 年になされた[63]。これにともない、厚生年金保険の障害年金との調整規定が設けられた。また、この

---

60) 厚生労働省労働基準局労災補償部労災管理課編・前掲注 14) 38 頁。
61) 渋谷・前掲注 32) 33 頁を参照。
62) 厚生労働省労働基準局労災補償部労災管理課編・前掲注 14) 39 頁。

際に導入された国庫負担については、既述のとおりである（二１（１））。

　1960年の法改正は、前述のように、労災保険法の給付体系に長期補償給付を導入する画期的なものであったが、そこにはなお打切補償費の痕跡が残り（遺族給付の逓減制）、給付の年金化も重度障害者に限られ、遺族補償費は一時金のまま残されるなど、長期補償化も部分的なもので、近い将来における本格的な制度改革を予想した過渡的法改正にとどまるものであった[64]。そこで、同改正後も、引き続き制度見直しの議論が進められ、65年の労災保険法の改正によって、障害補償における年金範囲の拡大と遺族補償の年金化が行われ、60年の法改正以来追求されてきた「補償を必要とする期間を通じて必要な補償を行う」という長期補償の給付体系が実現されることとなった[65]。

　さらに、1976年の法改正によって、長期療養者に対する給付の改善として、傷病補償年金が創設され、それにともない長期傷病補償給付が廃止された。傷病補償年金は、65年の法改正で設けられた長期傷病補償給付が、長期療養者の症状が区々であるにもかかわらず、年金支給額が一律であったことや、療養開始後3年の経過を待つまでもなく1年6か月を経過した者はその後も引き続き長期にわたる療養を必要とすることが通例であることなどから、長期傷病補償給付に代わって設けられた[66]。

　上述のような1965年の法改正による長期補償の給付体系の実現は、労基法の災害補償の枠を超えた独自の発展とみることができる。

（２）補償水準の向上

　1965年の法改正による長期補償の給付体系の実現は、労災保険の給付水準の向上という意味においても、大きなものであった。この後、民事上の損害賠償金の高額化、自動車損害賠償保障法の補償限度額の大幅引き上げ等から、労災補償の額の引き上げが強く求められたこと、また、災害補償に関す

---

63)　渋谷・前掲注32) 254頁。
64)　労働省労災補償部編・前掲注37) 61頁。
65)　労働省労災補償部編・前掲注37) 274頁。
66)　昭和52.3.30基発192号。

る国際水準を示す、64年採択の「業務災害の場合における給付に関する条約」(ＩＬＯ 121 号条約)が 67 年に発効したことから、労災保険審議会の建議(69 年 8 月)を受け、70 年の法改正によって、労災保険の年金額をＩＬＯ 121 号条約の水準まで引き上げることが行われた[67]。

その後、さらに民事上の損害賠償金の額が高額化し、新設された公害健康被害補償法による補償水準がかなりの高水準に定められたこと等から、給付水準の引き上げを含め、労災保険制度全般についての再検討が求められることとなり、労災保険審議会の建議(1973 年 12 月)を受けて、74 年の法改正によって、当時の先進諸国の災害補償水準を想定したＩＬＯ 121 号勧告の水準にまで給付水準が引き上げられた[68]。

給付の水準を引き上げる制度としての労災保険の保険給付におけるスライド制については、まず、けい肺に対する補償期間の延長の問題を契機に、1952 年の法改正によって、休業補償給付について自動スライド制として導入され、前述の 65 年の法改正による長期補償の給付体系の実現によって、年金給付の全般に及ぶものとなった[69]。その後も、スライド制は、その時々の社会経済状況に合わせて、見直しが進められてきた。

ところで、1974 年の法改正時には、労災保険法の委任立法として、労働者災害補償保険特別支給金支給規則が制定され、特別支給金制度が創設された。この特別支給金は、その当時普及し始めていた労働協約による労災保険給付の上積み制度にならって、保険給付の上積みを行うことを目的とするものであった[70]。特別支給金は、その支給事由、支給額等から明らかなように、保険給付と直接関連、密接不可分の加給金的な関係にあり、その現実的機能としては、各保険給付と相まってこれを補う所得的効果を持つものということができる[71]。このように、補償水準に関わって、給付水準そのものの引上げではなく、社会復帰促進等事業として行われる「特別支給金」による補

---

67) 厚生労働省労働基準局労災補償部労災管理課編・前掲注 14) 50 頁。
68) 厚生労働省労働基準局労災補償部労災管理課編・前掲注 14) 54-55 頁。
69) 厚生労働省労働基準局労災補償部労災管理課編・前掲注 14) 37-38 頁。
70) 西村健一郎『社会保障法』(有斐閣、2003 年) 380 頁。
71) 昭和 50.1.4 基発 2 号、昭和 55.12.5 基発 673 号。

完という形によって、実質的に給付水準の引き上げと同じ効果をもつことも行われてきたのである。

保険施設として付帯事業の形で行われていた特別支給金は、その後、1976年の法改正によって、労災保険法上の「労働福祉事業」とされた三つの事業、①被災労働者の円滑な社会復帰の促進、②被災労働者とその遺族の援護のための事業および③災害の防止のための事業のうちの、②の事業として行われるものとなった[72]。なお、現在、労働福祉事業は、2007年の法改正によって、事業名を「社会復帰促進等事業」に改められた。このような特別支給金は、当初は4種類のものであったが、その後の法改正によって、現在、休業特別支給金をはじめとする9種類の特別支給金が定められている。

特別支給金が拡充されていった背景には、生活水準の向上や各種損害賠償金が拡大する中で補償（給付）額の相対的な目減り分を補充していく必要性があったと考えられるが、特別支給金は、その性格において保険給付と直接関連、密接不可分の加給金的な関係を有するものであるというのであれば、これを上乗せした正規の給付として、給付水準の引き上げを行うべきであろう[73]。

（3）給付の拡大

前述の長期補償の給付体系が実現された後の社会経済状況の変化に応じて、労災保険の給付の拡大がなされた。介護（補償）給付の創設は、そうした給付の拡大と位置づけられよう。すなわち、人口の高齢化、核家族化、女性の就業率の上昇等の変化は、被災労働者とその家族にも大きな影響を与え、重度被災労働者は家庭で十分な介護を受けることが一層困難な状況になっていることから、労災による介護損害の補てんという考え方を積極的に取り入れて[74]、1995年の法改正によって、介護（補償）給付が創設された。

給付の拡大として特筆すべきは、予防給付の性格を有する二次健康診断等

---

[72] 労働福祉事業の沿革については、小室豊允「労働福祉事業」本多淳亮・片岡曻編『労働災害補償法論』（法律文化社、1985年）264頁以下を参照。
[73] 品田充儀「労災保険法の法的性格とその将来像」西村健一郎ほか編『新時代の労働契約法理論』（信山社、2003年）526頁を参照。
[74] 1994年12月の労災保険審議会の建議で示された認識を受けての法改正であった。

給付の導入である。これは、給付の拡大ということにとどまらず、労災保険に新たな保険事故を追加するという意味においても、大きな意義を有するものである。

ところで、労災保険制度の役割として、それを狭く労働者の災害補償に限らず、労災保険の災害発生防止に対する役割をも検討すべきとの提言は、労災保険行政に携わっていた者によっても、すでに1970年代にはなされていた。それによれば、使用者の災害発生防止義務とその無過失責任を基礎にもつ労災保険がさらにその機能を拡充して災害防止のための活動に助力すべき必要性があるのであり、いわば、災害補償の集団化と同様、「災害防止の集団化」に奉仕する制度としての労災保険を検討すべき時期にきている、というのである[75]。この提言では、その具体的な内容については、何も述べられてはいなかったが、そうした考え方が労働行政のなかにあったことは、注目すべきことといえよう。

予防給付としての二次的健康診断等給付は、そうした考え方が、30年近く経って、ようやく具体的な形になったものといえるだろう。前述のように、労災保険法の労災防止を促す仕組みとしては、保険料率のメリット制が設けられてはいたが、労災の予防のための給付は存在しなかった。労災保険法のなかに、予防給付が設けられたことは、労災の防止と補償の結びつきをより一層進めるものと評価できる。

二次健康診断等給付は、業務による過重負荷のために基礎疾患が自然の経過を超えて増悪し、脳血管疾患または心臓疾患を発症して突然死などの重大な事態に至るいわゆる「過労死」が増加傾向にあることを背景として、2000年の労災保険法の改正によって、労災保険給付とされたものである[76]。二次健康診断等給付は、そうした「過労死」の原因である脳疾患および心臓疾患については、労働安全衛生法（以下、安衛法）の規定による定期健康診断等により、その発症の原因となる危険因子の存在を事前に把握し、かつ、適切な保健指導を行うことによって、発症を予防することが可能であるとの考

---

75) 桑原・前掲注29) 100-101頁。
76) 厚生労働省労働基準局労災補償部労災管理課編・前掲注14) 64頁、482-498頁を参照。

え方にもとづいているものであり、労災の予防のための給付ということができる。具体的には、二次健康診断等給付は、安衛法が義務づけている定期健康診断（66条）の結果、労働者の脳血管疾患または心臓疾患に関わる検査項目（労災保険則18条の16第1項）のいずれの項目にも異常の所見があると診断されたときに、当該労働者の請求にもとづき、脳血管および心臓の状態を把握するために必要な検査（「二次健康診断」）、およびその結果にもとづき、脳血管疾患または心臓疾患の発生の予防を図るため、面接により行われる医師または保健師による保健指導（「特定保健指導」）である（労災保険法26条1項・2項）[77]。

　予防給付としては、さまざまなものが考えられる[78]。今後の労災保険法の展開の中で、さらなる予防給付の導入について、検討して行くべきであろう。

　以上にみてきたように、労災保険法は、補償水準の向上と給付の拡大を図ってきたのであるが、給付の側面でひとつ大きな課題を残している。それは、いわゆるリハビリテーションが法定給付とされていないことである。被災労働者の労働能力の回復、職場への復帰を図るためには、リハビリテーションはその要となるものといえる。このように、被災労働者にとってリハビリテーションが非常に重要なものであるにもかかわらず、現在まで、リハビリテーションは給付のなかにはなく、前述の社会復帰促進等事業のひとつの被災労働者の円滑な社会復帰の促進のための事業として、療養施設とともにリハビリテーション施設の設置およびその運営が定められているだけである（現行法29条1項1号）[79]。

---

[77]　二次健康診断等給付という形で、急性脳心臓疾患に対する労災保険の給付を拡大することは、保険料負担の側面で、労災保険の基本構造にかかる議論を惹起する可能性があるとして、その対象となる所見の範囲を安易に拡大すべきではない、と指摘するものもある（岩村正彦「労災保険政策の課題」日本労働法学会編『講座二一世紀の労働法〔第7巻〕』〈有斐閣、2000年〉40頁）。

[78]　たとえば、職業病について就業の中止以外にその発生、増悪、再発を防止する有効な手段がないという場合に、労働者が安心して就業を中止できるように就業中断に起因する賃金の減少その他の経済的不利益を緩和するため支給される補償給付といったものが、提案されている（水野勝「労災補償制度の理論的課題」日本労働法学会誌76号〈1990年〉34頁）。

リハビリテーション施設の設置・運営の事業を含む被災労働者の円滑な社会復帰の促進の事業は、保険給付を補完して、被災労働者のより高次元での福祉の増進を図るとともに保険給付費の節減にも役立つものと位置づけられていた[80]。そして、こうした事業については、政府にその実施の権能を授けたものであり、具体的にどのような施策を講じるかは政策上の選択に委ねられている、と解されている[81]。このような理解を前提にすれば、保険給付でないリハビリテーションのサービスは、受給権としての法的裏付けがなく権利を確保する手段を有しないものとされることになる[82]。

被災労働者が障害を残すものとなった場合には、可能な限りにおいてリハビリテーションを行って労働生活へ復帰させることは、被災労働者の労働権を保障することとなるのであり[83]、それを実現できるようにするためには、リハビリテーションのサービスを権利として確保することができるように、リハビリテーション給付を保険給付とすることが強く求められよう[84]。

4 保険事故の拡大

労災保険法は、先にみたように、給付内容の拡大を行ってきたが、そうした給付の対象となる保険事故についても、1973年の法改正によって、「業務災害」のみであったものから「通勤災害」を加えたものに拡大した。

通勤災害を保険事故として、労災保険の保護の対象とする労災保険法の改正は、当時における交通事情等の変化にともない、労働者が通勤の途中にお

---

79) 社会復帰促進等事業には、他に、被災労働者およびその遺族の援護のための事業、労働者の安全および衛生の確保、保険給付の適切な実施の確保、賃金の支払いの確保のための事業が、定められている（労災保険法29条1項2号・3号）。
80) 有泉亨・中野徹雄編・前掲注15) 307頁。
81) 有泉亨・中野徹雄編・前掲注15) 309頁。
82) 荒木・前掲注39) 188頁。小室・前掲注72) 278-280頁も参照。
83) 荒木・前掲注39) 188頁は、生存権で根拠づけるが、筆者は、労働権を規範的根拠とすべきと考える。この点については、有田謙司「労働法における労働権の再構成」山田省三ほか編『労働法理論変革への模索』（信山社、2015年）5頁以下を参照。
84) 品田・前掲注73) 524頁は、労働能力の回復への自助努力を保険給付額に反映させる方法や、被災労働者が労働により収入を得た場合における補償給付との調整方法、あるいは災害時の使用者に被災労働者の職場復帰にかかる責任を明確にし、被災労働者を再雇用した場合に保険料を下げる方策などを提言する。

いて災害を被ることが多くなっていたこと、通勤が労務の提供に必然的に随伴するものであることから、通勤災害についても、より手厚い保護を行うべきとの声が労働組合を中心に関係者の間で高まっていたことをその背景としていた。このような背景のもと、労働大臣の私的諮問機関である通勤途上災害調査会が、1972年に、通勤災害は業務災害ではないが、通勤災害の発生状況および通勤と業務との密接な関連等に鑑み、通勤災害については業務災害に準じて保護することが必要との報告を行い、その方向での労災保険法の改正が行われたのであった[85]。

その際、業務災害の発生の場が「労働者が使用者の支配下にある状態」に限定される以上、通勤災害は業務災害とはなり得ないと考えられ、通勤災害に対する保護の必要性についての政策的認識、通勤災害による損失の負担（給付費用の負担）を関係者にいかに配分するのが社会的に妥当かという政策的判断から[86]、通勤災害は、業務災害とは別個の保険事故として、労災保険の保護の対象とされたものと考えられる。このような考え方のもとに、業務災害とは別個の保険事故とされたことから、通勤災害については、その給付の名称から「補償」の文言が削られていること、療養の給付を受ける労働者に一部負担金があること、保険料徴収に関しメリット制が排され、全事業一律のフラット制が採用されていることなどの点で、業務災害の補償とは違いがある[87]。とはいえ、通勤災害に対する給付の内容は、業務災害のそれとまったく同一である。

このように通勤災害を保険事故とすることについては、通勤途上災害も通勤という労務提供までのプロセスにおいて生じた事態であり、また使用者が注意喚起をするなどまったく予防措置を講じる可能性がないとはいえないから、そのリスクを社会全体に分散させるよりは使用者の負担とするほうが公平かつ効率的であると考えられたことによる、と考えることもできる[88]。

---

[85] 厚生労働省労働基準局労災補償部労災管理課編・前掲注14) 52-53頁。水野勝「保険事故」本多淳亮・片岡曻編『労働災害補償法論』（法律文化社、1985年）190-191頁、嵩さやか「通勤災害」東京大学労働法研究会編『注釈労働基準法 下巻』（有斐閣、2003年）883-884頁も参照。
[86] 労働省労災補償部編・前掲注37) 202頁。
[87] 水野・前掲注85) 191-192頁を参照。

その意味で、労災の防止と補償の結びつきの法理の観点からも、根拠づけられるものといえる。

その後、2006年の法改正によって、通勤災害の範囲について、企業における副業解禁の動き、就業形態の多様化、経営環境の変化に応じた企業の事業展開等による単身赴任者の増大といった社会の変化に対応するため、複数就業者が複数事業所間（起点となる事業所は労災保険制度の適用事業所またはそれに類する事業所である場合に限る）を移動する場合、および転任にともないやむを得ない事情により単身赴任することとなった者が帰省先住居と赴任先住所との間を移動する場合に起こった事故が通勤災害保護制度の対象とされることになった。

前述の2000年の労災保険法の改正によって労災保険給付とされた、二次健康診断等給付は、保険給付の拡大に他ならないが、それはまた、保険事故を拡大したものであるといえる。二次健康診断等給付は、前述のように、「過労死」の原因である脳疾患および心臓疾患については、安衛法の規定による定期健康診断等により、その発症の原因となる危険因子の存在を事前に把握し、かつ、適切な保健指導を行うことによって、発症を予防することが可能であるとの考え方にもとづいているものである。そうであれば、それは、「業務災害」（業務上疾病）の発症リスクが生じている状態を保険事故とする給付とみることができるであろう[89]。

このように、労災保険法は、業務災害だけをその保険事故とするものから、その保険事故に通勤災害を加え、さらに業務災害（業務上疾病）の発症リスクが生じている状態にまで保険事故を拡大して、労災の予防を図ることまでも、その保護の対象とするに至ったのである。

---

[88] 品田・前掲注73) 522頁。
[89] 岩村正彦「労災保険の保険事故」東京大学労働法研究会編『注釈労働基準法　下巻』（有斐閣、2003年）858頁は、二次健康診断等給付の保険事故について、一次健康診断で発見された異常所見が常に業務との関連性があるわけではないところ、異常所見があれば、それが業務との関連性を有するか否かとは無関係に、保険事故は発生したことになるとして、二次健康診断等給付の保険事故は、当該給付についてのみ予定されたものであり、労災保険の保険事故のなかでは特異である、という見解を示す。

三　労災保険法の立法史の今日的意義——その将来の発展の方向

　以上までのところで、労災保険法の立法史を、その前史を含め、主要な動きを中心として跡づけることを行った。そこで、最後に、これまでみてきた労災保険法の立法史の今日的な意義について、「はじめに」において示していた検討視角にもとづきまとめ、それをふまえて、労災保険法の将来の発展の方向についての私見を提示することで、本稿のむすびとしたい。

　まず確認すべきは、労災保険法は、その形成のときから、労基法とは独自のものとして発展することが予定されていたことである。労災保険法は、使用者の労基法上の災害補償責任を代行するものとして創設されたものであったが、その制定当時から、労基法上の災害補償についての責任保険としてではなく、制度そのものとしてはひとつの独立性をもつものとして制定され、労基法とは別個に独自の発展を遂げて行く可能性をもっていたのであり、その後に法改正を繰り返して進展していった労災保険法の発展は、まさにそのようなものであった。労災保険法は、労基法の業務災害の範囲を超える保険事故の拡大、労基法の適用対象を超える特別加入制度、労基法の災害補償の範囲を超える長期補償の給付体系とその給付の水準といったさまざまな面において、労基法における使用者の災害補償責任の責任保険との捉え方[90]では把握できない制度へと発展してきたといえよう[91]。また、国庫補助のところで述べたように（二１（１））、労災保険法のこれまでの発展は、国の直接労働者に対する労災補償の義務の性格を強める方向で展開してきたことも、併せて留意すべきである[92]。

　これらのことの意味について、基本権としての労災補償に対する権利という視点から、考えてみる。基本権としての労災補償に対する権利は、職業・

---

[90]　最高裁判例は、労災保険法にもとづく保険給付の実質は、「使用者の労働基準法上の災害補償義務を政府が保険給付の形式で行うもの」と理解している（三共自動車事件・最三小判昭和52.10.25民集31巻6号836頁等）。

[91]　岩村正彦「労災保険法の展開」東京大学労働法研究会編『注釈労働基準法　下巻』（有斐閣、2003年）853頁を参照。

[92]　松岡・前掲注38) 7頁を参照。

業務・就労に内在する危険がある場合に、これが発現しないよう防止することができずにその危険が発現し被災した場合にはその補償を受ける、ということをその内容とするものと考えられる。そして、その権利主体となる者は、上記の危険を自ら引き受けることが社会的に不公正と考えられる者といえよう[93]。労基法上の「労働者」は、まさにその典型であるということができる。

しかし、この観点からみるとき、自らの就労によってその生計を維持している個人就業者は、この権利主体であると解することができるだろう。そうであれば、労災補償に対する権利の主体とされる個人就業者について、その権利が保障されているといえる法状況が形成されなければならない。労災保険法は、任意加入の特別加入制度という形で、その一部の者について、労災保険法の対象とするところまでになっている（個人タクシー、個人貨物運送業者等の7つの事業に従事する「一人親方等」および特定農作業従事者、危険有害作業の家内労働者等の7種類の「特定作業従事者」が対象とされている）。ただ、この特別加入制度の対象拡大という方向での対応には、限界があるし、さまざまな問題もある[94]。

では、これまでの労災保険法の発展をふまえたうえで、上述の問題について、どういった方向での今後のさらなる発展を考えるべきであろうか。ひとつの方向は、労災保険法独自の「労働者」概念を立てる、あるいは自営業であるかどうかにかかわらず包括的に労災保険の適用を行うなど、現行より広く労災保険法を適用する方向での法改正である[95]。もうひとつの方向は、労災保険法の仕組みをベースにしながら、個人就業者を対象とする、労災保険とは別個の業務災害補償保険制度を設けるというものである[96]。前者の立法政策の方向が、労災保険法自体の拡大であるのに対して、後者の立法政

---

[93] 有田・前掲注1）221-222頁。
[94] 田中・前掲注57）を参照。
[95] 西村健一郎「労災保険の発展と労災補償についての荒木理論」良永彌太郎・柳澤旭編『労働関係と社会保障』（法律文化社、2013年）56頁は、このような方向の立法的対応が必要であると主張する。なお、同論文73頁では、これだけ労基法の災害補償と労災保険の乖離が明白になっている現在、労基法の災害補償を維持する必要が果たしてあるのかどうか、考えるべきときに来ていると思われるとの見解も示している。この見解は、そうすることで、労災補償の適用対象の拡大への障害となるものが取り払われることになる、ということも考えてのことであろうか。

策の方向は、労災保険法制の拡大といえようか。

　労災保険法は、これまで社会経済状況の変化に応じながら、独自の発展を遂げてきたのであり、これらいずれの立法政策の方向も十分に選択可能なものであると考えられる。個人就業者が増大し続けているなか、国の労災補償の責任という観点からも、基本権としての労災補償に対する権利の保障に遺漏のなきよう、早急にしっかりと検討し、立法政策を定めるべき時期に来ているように思われる。

　次に、労災の防止と補償の結びつきの法理の視点から、労災保険法の立法史、その発展についてみてみると、保険料についてのメリット制が労災保険法制定時から導入され、その拡充がなされてきたことも重要なことではあるが、より大きな発展といえるのは、やはりなんと言っても二次健康診断等給付の導入であろう。それまで労災保険法では、「労働福祉事業」（その後「社会復帰促進等事業」）のなかのひとつである災害の防止のための事業として、業務災害の防止に関する活動に対する援助等を行うことができるとする定めが置かれているだけであった。それに対して、二次健康診断等給付は、労災保険法が保険事故を拡大して、予防的「給付」として規定したというところに、大きな意味がある。まさに労災保険法における労災の防止と補償の結びつきの法理を直接的に体現するものといえよう。今後も、他に考え得る予防的給付の検討を進め、その導入を図って行くべきであろう。

　最後に、労働運動の力が、労災保険法の改正を後押ししてきたことについても、指摘しておきたい[97]。今後の労災保険制度をどのような方向に発展させて行くべきかについて、労働組合が、上述のような基本的視点をもって、要求運動を形成し、今後の労災保険制度の発展に大いに寄与することを期待したい。

---

96) 鎌田耕一「個人請負・業務委託型就業者をめぐる法政策」季労241号（2013年）65頁以下、有田・前掲注1）222-223頁、田中・前掲注57）98頁。
97) 松岡三郎「労働災害の現状と保険法の問題点」月間労働問題増刊『労災補償読本』（日本評論社、1976年）13頁は、労働組合による労災補償の上積みが多くの労働協約のなかで確立するなら、それは労災保険法の改正という立法運動に大きなエネルギーとなることを指摘している。

第10章
職業安定法
その制定と労働力需給システムの転換

島田陽一

はじめに

　第2次世界大戦の終了までは産業もしくは戦時体制に必要な労働力の調達を目的としていた労働市場政策は、同大戦の終了後（以下、「戦後」とする）、その理念において職業選択の自由を基礎におき、自由な労働市場を形成することを目的とする政策へと転換を遂げた。この転換は、日本社会の民主化を目的とする占領政策の一環としての労働改革の枠組みのなかで、とくにGHQによって強力に推進された。この時期の労働市場政策は、法制的には1947（昭和22）年制定の職業安定法（以下、職安法）に結実した。そして、職安法は、憲法の人権体系のなかでも、とくに職業選択の自由（憲法22条）および勤労権（＝労働権、憲法27条1項）に基礎をおく法体系に位置づけられる。

　職安法は、職業選択の自由に基礎をおいて、国民に適当な職業を紹介することが恩恵ではなく、国家の責務としてのサービスであるとの理念から、公共職業安定所の行う職業紹介、職業指導および職業補導に関する諸制度を定めるとともに、政府以外の者の行う職業紹介、労働者の募集および労働者供給事業に関する定めをおいている。職安法は、労働力の需給システムについて、一方で職業紹介を原則的に国家が独占し、他方で労働組合による場合を除く労働者供給事業の禁止（同法44、45条）および有料職業紹介事業の厳格な許可制を採用した（同法32条）[1]。職安法は、職業選択の自由を基礎

---

1) このほか、無料職業紹介および募集についても規制する。なお、労働基準法も第2次世界大戦前の日本の封建的な労働慣行の排除の一環として強制労働の禁止などとともに中間搾取の排除を定めた（同法6条）。

とする自由な労働市場の確立のために、労働力需給システムとして外部労働市場の国家独占を基軸とする制度を採用したのである。これは、国民の職業選択の自由および勤労権を確保するためには、労働市場に強度な国家的規制を要するという政策判断があったと評価できる。

もっとも、この労働市場政策がどのような労働市場の創設を構想したのか、またそれが実現できたかは検証を要する課題である。しかし、少なくとも労働法学の観点からこの課題が十分に解明されているとは思われない。これには、戦後に体系的に構築されることになった労働法学においては、労働市場の法についての体系的な理解に高い関心が払われてこなかったという背景事情があると思われる。これは、職安法制定時には、当時の労働力需給システムの実情に労働運動を含めて社会的に高い関心がなかったことを反映して、労働法学も主として集団的労働関係法を中心とする労働法理論の構築に関心が集中していたためであろう。そして、高度経済成長期以降は、労働力需給システムがいわゆる日本型雇用慣行に示されるように新卒者を企業が育成する内部労働市場中心となり、外部労働市場に対する関心が高まらなかったのである[2]。

労働市場政策は、今日、当初のそれから大きな変貌を遂げている。労働力需給システムに関する政策に関する大きな転機は、労働者派遣事業の合法化であった。また、有料職業紹介に対する規制もしだいに緩和されていった。また、ILO第181号条約の批准を受けて、労働者派遣事業も有料職業紹介事業も対象業務または対象職業がネガティブリスト化された。ここに至り、日本の労働力需給システムは、国家独占型から官民相補型に大きく転換したと評価される[3]。しかし、この転換は、法制度および法理論的にも必ずしも鮮明になっているとは思われない。もともと労働者派遣事業の合法化は、職

---

[2] 労働法学が本稿において取り扱う労働者供給事業、臨時工、社外工などをめぐる問題について等閑視していたわけではなく、実用法学の観点からは、川口実『労働法実務体系 特殊雇用関係：臨時工・社外工・パートタイマー』（総合労働研究所、1974年）を代表として数多くの研究蓄積があることはいうまでもない。この時期の学説については、水町勇一郎「非典型雇用をめぐる法理論」季労171号（1994年）114頁以下に整理されている。

[3] 諏訪康夫「労働市場の法規制」東京大学労働法研究会編『注釈労働基準法〔上巻〕』（有斐閣、2003年）118-120頁参照。

安法の定める労働者供給から労働者派遣を抜き出し、「労働者派遣事業の適正な運営の確保及び派遣労働者の就業条件の整備等に関する法律」（制定時の名称。以下、労働者派遣法）を制定することによってこれを合法化するという法政策によって実現した。したがって、今日においても労働力需給システムの法制度としては、労働者派遣法は、一般法である職安法の特別法と説明される[4]。しかし、労働者派遣法制定時においてはともかく、1999（平成21）年に批准されたILO第181号条約のもとでの労働力需給システムの法制度として、職安法と労働者派遣法との関係を総合的にどのように理解すべきなのかは、必ずしも明らかにはならなかったし、また、そのことをめぐる議論も十分に展開されなかった。そもそも労働者派遣法の制定とその後の改正および有料職業紹介事業の規制緩和について、当時の労働市場の実情との関係で十分には検討されていないように思う。そして、この検討が不十分だったことが今日の労働者派遣法の評価に関する議論に反映されているように思われる。

　このように考えると、日本の労働力需給システムの転換の意義を確認するためには、改めて職安法制定に遡って労働市場改革の帰結を歴史的に検証することが不可欠の理論的課題といえる。具体的には、それは、職安法を中心とする労働市場政策と当時の企業の雇用慣行の形成がどのような労働市場を創設することになったかを示すことである。労働者派遣法の制定の前提となった労働市場の現実を当時の労働市場法制との関係で理論的に整理することなしには、労働者派遣法および有料職業紹介事業の規制緩和という法政策の意義と問題点を示すことができないと考えるからである。

　本稿は、この理論的課題に取り組む作業の一環として、とりあえず職安法の制定とその展開をとくに有料職業紹介事業および労働者供給事業の禁止に焦点をあてて、おおよそ1955（昭和30）年までの時期に限定して歴史的に検討することを目的とする。

　この目的に接近するために、まず第1に戦前および戦中の労働力受給システムを概観し、第2に職安法制定時におけるGHQの民主化政策における労

4） 労務行政研究所編『労働者派遣法』（労働行政、2013年）108頁参照。

働市場の民主化方針を跡付け、第3に職安法の制定と施行状況を示し、第4に労働行政における労働者供給事業の禁止措置の緩和の意義と機能を論じることにしたい。

一　第2次世界大戦前の労働力需給システムの概要

1　労働力需給システムの法制化

　戦後における労働力需給システムの法制度（＝労働市場法）を検討する前提として、戦前の法制を簡単に振り返っておこう[5]。

　日本における本格的な労働力需給システムの法制化は、第1次世界大戦後の1921（大正10）年制定の職業紹介法に始まる。その背景としては、第1次世界大戦後の不況によって、失業問題が解決すべき課題と意識されたこと、および1919（大正8）年に日本も原加盟国となり、かつ理事国でもあったＩＬＯ（International Labour Organization 国際労働機関）が設立され、その年に第2号条約（失業ニ関スル条約、1922〈大正11〉年批准）が採択されたという国際環境を挙げることができよう。職業紹介法は、営利職業紹介所を許可制のもとにおき、また、職業紹介に関する事務を国の事務としたことが注目される。もっとも、その事務は実際には市町村に委任されるにとどまった。

　その後、満州事変が勃発し、軍需産業での労働力需要に応えるために職業紹介施設が重要な役割を果たすことになる。この時期以降は、労働力需給システムは、戦時体制の労働力調達機構としての機能を担うことになった。そのなかで1938（昭和13）年には、職業紹介法が改正され、職業紹介所の国営移管、職業指導、職業補導が整備された。

　この改正職業紹介法は、民営職業紹介を禁止したが、すでに許可されてい

---

[5]　戦前については、濱口桂一郎「雇用仲介事業の法政策」季労251号（2015年）150頁以下、清正寛「戦前における雇用保障法の形成過程」林迪廣他著『雇用保障法研究序説』（法律文化社、1975年）14頁以下、内山尚三「職業安定制度」日本労働法学会編『労働法講座〔第6巻〕』（有斐閣、1958年）1627頁以下等参照。

た営利職業紹介事業の継続は許された。また、労務供給事業[6]については、法規制の対象としたが、「労務供給事業ヲ行ハントスル者又ハ労務者ノ募集ヲ行ハントスル者ニシテ命令ノ定ムルモノハ地方長官ノ許可ヲ受クベシ」（8条）と規定し、労務供給事業を地方長官の許認可を前提に法的に承認したものと評価できる。同年には、労務供給事業の保護と監督のために「労務供給事業規則」が制定された（厚生省令18号）。同規則によると、労務供給事業は、「業者がその配下に30人以上の所属労働者を有してその供給能力があること、また所属労働者を宿泊施設（いわゆる「人夫部屋」）に収容し確保するばあいがあること」と定義されている[7]。

このように労務供給事業は、戦時下において労務統制の一環として国営化された職業紹介事業とは異なり、満州事変以降、国家的な法的保護と監督を受けるようになった。そして、第2次世界大戦末期に向かうに従って、監督規制の側面が強化された。そのことと並行して、日雇労働者一般に対する労務統制の強化が図られることになった。具体的には、1942（昭和17）年9月の「労務報国会」の設置を挙げることができる。この時期に労務統制組織であり、企業を組織単位とする大日本産業報国会（以下、「産業報国会」または「産報」とする）には、日雇労働者は編入されず、労務供給業者、作業請負業者、日雇労働者の三者によって構成される労務報国会が結成されたのである。

1941（昭和16）年には、職業紹介所は、国民職業指導所と名称変更され、さらに1944（昭和19）年には、勤労動員署となり、個人の自由意思によらない国民労務の強制処置の機関となった[8]。戦時中の行政と労務供給事業との関係についてみると、「連合国最高司令官総司令部労働諮問委員会最終報告書（日本における労働政策とプログラム）」（1946年7月29日、以下『GHQ最終報告書』）」によれば、職業紹介制度は、軍需生産のための労働力の

---

6) 本稿では、職安法に依って基本的に「労働者供給事業」という用語を使用するが、ここでは文脈から戦前に使用されていた労務供給事業という用語を使用している。
7) 西成田豊『近代日本の労務供給請負業』（ミネルヴァ書房、2015年）341頁。
8) この時期の職業紹介・労務供給事業の法規制については、濱口・前掲注5)、同「公共職業安定機関の1世紀」季労257号（2017年）116-118頁参照。

割当ておよび配分を支配する基本的機構の一つとなり、かつ紹介所は戦時労働戦線組織（産業報国会および労務報国会のこと——筆者注）とつねに密接に連絡をとられた[9]」という実態にあった。

2 戦前における労務供給事業

では、戦前における労務供給事業は、どのような実態にあったのであろうか。ここでは、西成田豊の研究に依拠して、この時期の労務供給事業の状況をみることにしたい[10]。まず注目されるのは、この時期においては、今日のように職業紹介と労務供給事業が截然と区別できない状況があったことである。たとえば繊維業における女工募集は、「雇主（工場主）から独立した紹介人・募集人への依託による間接募集だった」が、この紹介人・募集人の業務は、職業紹介にとどまるものではなく、「広い意味での労務供給請負業に従事した人々だった」とされる[11]。また、この時期の労働者募集に対する行政的規制は、労務供給事業を事実上前提としたものと評価されている[12]。

次に、製造業の臨時職工については、労務供給と直接管理の混合形態であった。臨時職工の募集・採用は、工場に雇われる小頭や組長による「『紹介人』（労務供給請負人）としての活動に依存して」いた。そして、「採用された臨時職工は『紹介人』たる小頭・組長の部下に組み入れられることによって、一種の親方制度の関係が形成される」が、同時にこの臨時職工に対して、会社は、「日々雇用の直接的雇用関係」と捉え「福利厚生策の一部」

---

9) 竹前栄治『アメリカ対日労働政策の研究』（日本評論社、1970年）374頁以下所収、467頁。
10) この部分は、西成田豊・前掲注7）に依拠している。
11) 同上112頁。
12) この時期の労働者募集に対する規制である「道府県『労働者取締規則』の本質は、募集地での手続きの厳格化をもとめつつも、労務供給請負業を事実上前提としたものであった」のであり、同様に、「内務省令『労働者募集取締令』も、業者居住地での人選の厳格化をもとめつつも、雇主（工場主）が特定しているばあいの労務供給請負業（ただし個人営業のそれ）を法的に承認するものであった」（同上112頁）とされる。また、「組合の女工供給事業は、募集従事者（募集人）の募集活動に対応して女工の出稼労働市場を規制し、女工の供給『独占』をはかるという性格を有していた」（同上184頁）。

を適用するなど「直接的管理」を行う姿勢であった。「その意味で、臨時職工に即してみれば、小頭・組長による親方的管理と造船所側の直接的管理が併存していた[13]」のである。

その後、日中戦争が勃発した1930年代には、製造業における間接雇用と直接雇用とが未分離の形態が解消されていき、この形態での労務供給業は縮小していった。もっとも、戦時経済体制のなかで、土木建築業および港湾荷役業などにおいて労務供給業の需要は拡大していった。政府は、これらの産業における労務供給事業を認めたうえで、監督するという方針を取った[14]。

以上をまとめるならば、労務供給事業は、とくに不熟練労働者に対する需要の急増に対応するために、未発達の労働市場において積極的に労働力を確保するために発達したのである。そして、「供給請負人と労働者との間には、市場の開拓・発掘の過程で、あるいはそれ以前にすでに存在していたさまざまな形の『縁故』という関係で、多くのばあい人格的支配・従属関係が存在しており、その点で本来労務供給請負業は人権侵害的要因を内包していた[15]」のである。

また、この時期の雇用関係においては、労務供給請負人は、企業の外部だけではなく、企業内部に取り込まれていた職長級の労働者がその機能を担っていたことが注目される。したがって、職長級には、作業請負を担う労務供給請負人としての性格があり、直接雇用と間接雇用という区分が単純には通用しない二重の雇用関係があったのである。

3　小括

第2次世界大戦前の雇用関係においては、民法の雇用（民法623条）が想定するような二者当事者間だけによる構成ではなく、雇用関係の内外に労務供給機能を担う供給請負人などが介在する複雑な関係が形成されていた。使用者は、法的には直用としている労働者についても、十分には掌握するには至らず、事実上、雇用関係の内外の供給請負人などを通じた間接雇用状態に

---

13)　同上280頁。
14)　同上356頁参照。
15)　同上360頁参照。

あることも珍しいことではなかった。このような複雑な雇用関係が生じるのは、使用者が労働力調達の能力を有せず、また、それを公的に補う仕組みが整備されなかったことにあった。そして、この雇用構造は、戦後にも引き継がれていったのである。

　労務供給請負人などと労働者との関係は、人格的支配・従属の関係があり、労働者が人間として自立することを妨げる人権侵害的な側面がともなっていた。労働者の人格的独立の確保の観点からは、このような前近代的な雇用関係の克服が課題とされたのである。

二　占領政策の展開のなかでの職業安定法の成立

1　労働力受給システムの民主化を目指す占領政策の展開

　戦後、日本社会の民主化を目指す占領政策が各分野で展開されたが、労働分野においても、民主的な労働組合の設立による近代的労働関係制度の創設と雇用関係の近代化による人的資源の効率的利用と産業の振興という二つの政策が展開された[16]。

　ここでは後者について検討するが、雇用関係の近代化という政策目標においては、封建的な労働慣行がみられた労働力受給システムの民主化が重要な課題とされた。そこで、職安法制定に至るまでの労働力受給システムに関する占領政策の展開をみておきたい。

　ＧＨＱが労働力受給システムに目を向けたのは、戦前において、前近代的な労働者の意に反する強制的な労働実態があるという基本認識を有していたからに他ならない。このため、ＧＨＱは、北海道にみられた「監獄部屋＝タコ部屋」および炭鉱などの鉱山における強制労働、労働者の意思を無視した繊維産業における前借金などの女工募集ならびに中間搾取や人権侵害が蔓延る人夫供給業の業者（人夫供給業者を「労働ボス」と呼んだ）などの一掃を課題とした[17]。とくに労働ボスは、封建的な労働慣行の象徴として、その

---

16)　竹前・前掲注9）307頁参照。

廃止が直ちに取り組まれた[18]。ＧＨＱによれば、「労働ボス制度が、このような前近代的労働供給慣習に根ざしていること、および、労働ボスが戦時中。『産報』などの国家主義的労働組織のリーダーの要職にあった[19]」からだとされている。労働ボスは、軍国主義的勢力の一掃という観点からも排除されるべき対象だったのである。このようにＧＨＱは、「単に人夫供給請負業の禁止によって半封建的労働力供給機構を廃棄するにとどまらず、これを基底にして労働関係の民主化を図り、さらに日本における封建制の打破と民主主義の確立を図る一手段とすることにあった[20]」といえる。

　そこでＧＨＱは、戦時中、労務供給業などの対象となる建設労働者、港湾労働者、沖仲仕など運輸・土木関係労働者など日雇い的労働者らを組織していた労務報国会[21]を解散することによって、労務供給業＝労働ボス制度を解体しようとした。すなわち、ＧＨＱは、日本がポツダム宣言を受諾した1945年8月15日からまもなくの9月30日には早くも労務報国会に解散を命じた。もっとも、労務報国会が解散されたのは、12月31日であった[22]。労務報国会が直ちに解散されなかったのは、ＧＨＱの雇用関係に関わる政策に潜む矛盾の反映であった。すなわち、ＧＨＱにとって、占領政策を実施するために必要な施設の建設などに携わる労働力の調達も労働分野における不可欠の課題であった。ＧＨＱは、この労働力の調達を日本政府に求めた。日本政府は、この要請に対し労務報国会に組織されていた労働ボスである労務供給事業者に頼らざるを得なかった。ＧＨＱは、この日本政府の対応をこの時期には黙認していた。ＧＨＱの初代労働課長のカルビンスキーは、この点

---

17) 同上308-9頁参照。
18) 北海道立労働科学研究所『臨時工〔後編〕』（北海道立労働科学研究所、1956年）299頁以下参照。
19) 竹前・前掲注9) 309頁。
20) 北海道立労働科学研究所・前掲注18) 299頁。
21) ＧＨＱの初代労働課長であったカルビンスキーの回想によれば、労務報国会は「極めて堅固な思想と統率下にあって、日本の愛国労働戦線の典型だった。」と認識されていた。竹前栄治『相補改訂版　ＧＨＱ労働課の人と政策』（エムティ出版、1991年）27頁。
22) ＧＨＱは、労働ボスの排除以外にも、炭鉱の「監獄部屋」や繊維業などの封建的な労働慣行の解消にも着手している。竹前・前掲注21) 160頁以下に当時の労働課のベッカー准尉による調査の回顧によってその状況の一端を知ることができる。

について次のように明確に語っている。

　産業報国会とは異なり日本政府は、「労務報国会の場合は、労務協調会という名の下に再組織して、残存させようとしていました。これもわれわれの政策とは矛盾するものでした。しかしわれわれは承認したのです。つまり同じ占領政策でありながら産報はトップレベルから解体させ、一方、労務報国会の方は残存させたのです。……理由は極めて明白です。われわれが労務報国会を必要としたからです。というのは労務報国会の大半は労働ボスつまり船荷をおろす請負業者たちで、彼らの労働が占領遂行に不可欠だったからです。だからわれわれは1945年末まで労務報国会を存続させたのです」。

　「日本政府にしても、船荷をおろす人夫はもちろん、ドックや、鉄道で必要な仕事に従事する労務者を供給するだけの力がなかったのですから。当時それができたのは、産報ではなく、労務報国会だったのです」。「しかし、翌年1月1日にはその活動を停止させました。というのは日本政府がその機能を代行できるようになり、労務報国会の必要がなくなったからです[23]」。

　この間の経緯をより詳しくみると、労務報国会は、形成的にはそのまま存続したわけではなく、その後継団体として、厚生省が資金を負担する「労務協会」が組織された。そして、実質的には労務報国会といえる労務協会が1945年12月31日に解散されたのである[24]。

　カルバンスキーは、日本政府が占領軍のための労働力調達の機能を獲得したかのように述べているが、この短期間に実現できることではない。労務報国会は解散されたと言っても、実際には、労働ボス制度の廃絶を意味するものではなかった。日本政府は、依然として労働ボスを利用して必要な労働力を調達していたのである。このことは、後述の「朝鮮特需」の際に明確になる。ＧＨＱの理想主義的な労働関係の民主化方針と労働力の調達という現実的要請との矛盾は、根本的な解決がないまま推移していくのである。

---

[23]　以上は、竹前・前掲注21) 28頁。ＧＨＱのマッケボイも「占領のごく初期の間、われわれは必要悪として占領軍向け土建、配給・輸送などの基本的サービスの分野で、労働ボスの存在を一時認めました。1946年の中頃まで、佐世保の米海軍施設の日本人労働者が何千人も供給されたのは労働ボスの手によってです」と回想している（同書・270頁）。

[24]　竹前栄治『戦後労働改革』（東大出版社会、1982年）76頁。

『ＧＨＱ最終報告書』は、この当時の労働ボスと政府との関係について、「この関係は、降伏後数か月間、および労働戦線（労務報国会のこと——筆者注）の正式解散後まで持ち越された。しかし、1946年春、職業紹介制度が警察から厚生省に移管された後、この関係は大部分消滅したかのようにみえる。しかしながらその関係の遺物はいまなおある職業紹介所と労働ボスとの関係に明白にみられ、ボスは多くの場合みえすいたみせかけの労働戦線である[25)]」としている。

　『ＧＨＱ最終報告書』においても、「労働戦線の遺物は、ある職業紹介所と、日本の封建主義の遺物たる労働ボスとの関係においてなお残存している[26)]」とされていた。

　ＧＨＱは、少なくとも表向きではこの矛盾を解消するために、1946年7月には、厚生省（当時）が占領軍向けの日雇労働者を供給する際に労働ボスを利用することを禁止するよう勧告している。また、これに関連して5月には、失業対策事業（公共事業費60億円）においても業者に対する請負方式が排除された。そして、同年12月には、日本政府も労働ボスの解散指令を出している[27)]。

　ここで、労働ボスに対する日本政府および占領軍の対応をもう少し詳しくみておこう。労働ボスの取り扱いをめぐる結末は、その後の労働力受給システムの展開に大きな影響があったと考えるからである。「挑戦したが失敗」したと言われる占領軍および日本政府による労働ボス制度根絶の取組み[28)]を、ＧＨＱのマッケボイの回顧からみておこう。

　マッケボイによれば、労働ボスと呼ばれる人権を無視した労働者の供給慣行は、イタリアに起源を有し、世界各地にみられるが、それは、この制度に経済的効率性があるからであるという。

　「労働ボス制度は欲しい時に必要な量の労働力を得られるという点で経済的・効率的であり、利点があったし、労働者にとっても自分で雇用主と直接

---

25)　竹前・前掲注9）466頁。
26)　同上392頁。
27)　北海道立労働科学研究所・前掲注18）299頁。
28)　竹前・前掲注21）266頁。

第10章　職業安定法　445

契約するよりも労働ボスを通して職や労働条件の交渉をする方が楽であるという利点もあったのです」。

「日本ではアメリカに較べて労働ボス制度がもっともっと深く社会や経済の中に根を下ろしていましたね。それは中世以来の封建的関係、つまり地主と小作人との関係が社会制度全体の中にしがらみとなって残っていたからです」。

日本では、商工業では丁稚制度が残り、工場でも前借金と賃金の相殺という封建的慣行が残存するなど労働ボス制度が蔓延る土壌があったのである。このような状況下で、土建業および沖仲士などでは、グループ、ないし組単位での請負仕事が必要であったことから、その代表者が労働ボスになり、また、ギャンブラー（博徒）の親分が強固な団結力を持つ子分を従え、日雇労働者を供給するようになるなかで労働ボスとなっていく道筋もあった。

「労働ボスは生産のために労働者を組織し、彼らに一応住居や医療などの福祉と安定を提供したのです。その代りに、労働者から賃金ピンハネ（中間搾取）をしたのです。ときにはひどいピンハネをしていました。したがって労働ボスは家父長主義的保護を子分たちに与えながら子分たちの職業選択の自由や、私的生活をコントロールしていたのです。父子の契り、兄弟の契りを結んで100％忠誠を誓わせ、その代わり100％彼らを護ってやるという封建的関係です。それは一種のネポティズム（縁者びいき）ともいうべきもので、日本の伝統、義理、恩恵主義や『親分－子分』関係と深く結びついたものです」。

当時の労働ボス制度のもとでの労働者供給は、土建業で90％、鉱業25％、沖仲士で85％を占めていたのが実態であるという。また、家政婦、芸者、食堂・旅館従業員のかなりの部分が労働ボスから供給されていた。労働ボスの支配下に置かれた労働者（子分）は、基本単位において15－40人程度であるが、その上位には中央労働ボスがいるヒエラルキー構造ができており、基本単位の労働ボスは、より大きな中央労働ボスの組織に組み込まれた仕事をしていた。

ＧＨＱは、1946年初頭に労働ボスの存続の是非について検討した結果、「長期的に見ればやはり労働ボス制度に代る他の労務供給制度を設けた方が、

労働者の福祉・利益につながるという結論」を得たという。そして、「ＧＨＱの圧力によって労働ボスの勢力をかなり弱めれば、あとは組合運動の発展の中で、労働ボス制度を根絶できるという思惑があった」のである。ＧＨＱは、労働力受給システムの民主化においても労働組合運動に大きな期待をよせていたことがわかる。しかし、日本の労働組合指導者は、労働ボスの悪弊に関心がなく、また、日本政府も当初、労働ボス排除の方針に再考を求めるなどの抵抗を示したという。労働ボスらは、偽装組織として、東京労働自治連合会、神奈川労務協同会などが設立したが、ＧＨＱは、これらの組織に解散命令を下した。もっとも、それでも労働ボスを排除することはできなかったという。

「日本政府は12月末までに労働ボスは排除されたといっていましたが、実際は子分を通して支配したり、中間搾取をするボスたちは依然として残存していたのです。そこでわれわれは進駐軍要員調達業務から労働ボスの完全排除を命令しました。とくかく占領開始後２年間は、労働ボスは法的に野放しだったのです[29]」。

職安法制定に至るまでは、このような状況だったのである。この状況を前にしても、ＧＨＱの労働慣行の民主化の意欲は、なお旺盛であった。ＧＨＱ労働課労働者供給事業禁止担当官であったコレットの職安法施行直前の見解を紹介しておこう。

「職業安定法は今迄日本にあった人夫供給業とか親分子分による口入稼業というものを根本から廃止してこの封建制度が生んだ最も非民主的な制度を改正し労働者を鉄か石炭かのように勝手に売買取引することを日本からなくして労働者各人が立派な一人前の人間として働けるように計画されたものである」と同法の意義を示す。彼によれば、日本の労働者供給事業は、「封建制度中の最悪」のものであり、これを廃止すれば「数世紀にわたって東洋諸国を禍していた最も非民主的な社会制度を日本から追放する第一歩を踏み出すことになる」とみていた。そして、この制度のもとに置かれ、囚人のような生活を強いられている労働者が数十万おり、衣食住も親方から支給され、

---

[29] 以上については、竹前・前掲注21）266-271頁による。

賃金も中間搾取されていると実態を捉えていた[30]。

2 職業安定法の制定

GHQが目指した雇用関係の近代化は、労働ボス制度などの封建的・前近代的な雇用関係の解体によって労働者の自立化を図り、近代的な職業紹介制度の発展により、労働市場機能を確保し、職業訓練制度の整備により産業に必要な労働力を要請するという構想であった。この構想の法制的な現れが、労基法における中間搾取の排除（6条）および職業安定法の制定であった。これらの法制的整備の意義を知るうえで、GHQのマッケボイの回想が興味深い。

「占領軍当局は、労働ボス（労働者供給業者）制度が、たくみに戦後の情勢に適合して戦前よりも一層盛んに動いていることに気がついた。当時労働ボス制度が悪いと考えた日本人は、ほとんどいなかった。労働ボスへの最初の攻撃は、ボスの活動を違法とする法律を制定するよう働きかけることであった。この目的のための二つの基本法、職業安定法と労働基準法がともに昭和22年に制定された[31]」。

このように職業安定法の制定に至るまでにおいて、日本政府は、必ずしも労働ボス制度について否定的な見解ではなかったことがわかる。このことは、この当時の労働官僚であった斉藤邦夫の回顧からも裏付けられる。

「最初われわれとしては、職業安定法が現在あるような之ほど厖大な内容をもったものを新たに創設するという程のつもりはなく、従来の職業紹介法の不都合なところを一部改正して、新時代に沿うように改めたいという程度の気持ちだった。ところがGHQの方は大変な力の入れようで、全く新しい角度から、新しい観点に立った法律を制定したいという意見が強く打出された。GHQとしては、レーバー・ボスの問題と同時に、『日本は多くの領土を失って、非常に狭い国土に、非常に多くの人口をかかえ、この人口も年々増える見込みはあっても当分減ることは考えられない。天然資源の乏しい日

---

30) 以上については、北海道立労働科学研究所『臨時工〔前編〕』（日本評論新社、1955年）505頁以下参照。
31) 中島寧綱『職業安定行政史』（雇用問題研究所、1988年）201頁。

本にとって人的資源は残された貴重な資源であり、これの活用以外に復興の道はない』と考えていた。それで職業安定法の制定を非常に重視し、力を入れた[32]」。

このように職安法は、ＧＨＱの強い指令の下に準備され、1947（昭和22）年11月20日に成立し、同月30日に公布され、12月1日に施行された（昭和22年11月30日法律141号）[33]。斉藤邦夫の回想にも示されていたように、ＧＨＱの職安法に関する構想は、戦時立法を廃止し、戦前の職業紹介法の手直し程度を考えていたという当時の日本の労働官僚の想像をはるかに超えるものであった[34]。

竹前は、「戦後の職業安定政策は、職安行政の警察からの分離、および職業安定法と失業保険法の制定をもって始まるが、これらの二法はＧＨＱと厚生省との間で協議しながら立案された[35]」と述べている。この協議は、ＧＨＱの優位に進んだことに間違いないが、厚生省の要望も取り込まれたことも事実であった。職安法の構想については、ＧＨＱ労働課のコレット、マッケボイ、エーミス、コーエンから強い示唆があったが、「折衝の過程で日本の事情に適合するような形でとり入れられた」とされているからである[36]。竹前が、その具体例として、公共職業安定所が国営とされたのは、1938（昭和13）年の職業紹介法改正による職業紹介所の国営化に習ったものとしていることが興味深い。公共職業安定所を国営とするという発想は、「ＧＨＱのものではなく、日本の官僚の『知恵』によるものである」とされている[37]。

当時職安局長であった齋藤邦吉の回想によれば、「地方自治法の制定により官選知事から公選知事になった。公共職業安定所は国営であったが知事の指揮監督を受けていたので職安行政が地方政治の政争のあおりを受けて公平

---

32) 斉藤邦夫「進歩的な職業安定法の制定」労働省職業安定局編『職業安定行政十年史』（雇用問題研究会、1959年）9-10頁。
33) 労働省編『資料労働運動史　昭和22年』（労務行政研究所、1952年）964頁、北海道立労働科学研究所・前掲注18）297頁参照。
34) 上山顕「十年一昔」労働省職業安定局編・前掲注32）7-8頁参照。
35) 竹前・前掲注24）394頁。
36) 同上393頁。
37) その他、「1949（昭和24）年の緊急失業対策法も1925（大正14）年の冬期日雇労働者救済事業の延長線上に把えることができる。」（竹前・同上）。

な職安行政が危ぶまれた。たまたま1948年にILOで職業安定組織の構成に関する条約（第88号）が採択され、その第2条で『職業安定組織は、国の機関の指揮監督の下にある職業安定機関の全国的体系で構成される』と規定されたことを知り、この『全国組織（ナショナル・システム）』を『国営』と故意に開き直ったような解釈をし、さらに地方庁に職業安定課（職員は国家公務員）をおき、労働省職安局─都道府県職安課─公共職業安定所というネットワークをつくり、それを中央が握ったのです。これは役人の縄張り的心理ないし習性からくるものですね。GHQも職安行政の公平・能率性の見地から国営には反対しませんでした[38]」というのである。

ここでは、国営による公共職業安定機関という構想がGHQのものではなく、日本の官僚の縄張り意識からきたものであって、公共職業安定所の運営が必ずしも国営を意味しないことは当時の官僚にも意識されていたことを注目しておきたい。

3　職業安定法の概要

1947年に制定された職安法は、憲法22条（職業選択の自由）、25条（生存権）および27条（労働権）を基底とする法制度であると位置づけられている[39]。すなわち、「職業安定法の目的は、これらの憲法の精神を実現するために、公共職業安定所その他職業安定機関が、各人に、その有する能力に適当な職業に就く機会を与えることによって産業に必要な労働力を充足[40]」することにあるとしている。

立法者によれば、「労務ノ適正ナル配置ヲ図ル」という権力的労務配置のための職業紹介法から、国民の職業選択の自由、生存権および勤労権を基礎に置く職安法へと労働力受給システムの法制度は転換を遂げたとされている。このことは、職安法の国会での提案理由に明らかである。

「職業行政本来の目的は、国民に対し奉仕することであり、特に憲法の改

---

38)　竹前・前掲注24）394頁。
39)　労働省職業安定局編著『職業安定法・職業訓練法・緊急失業対策法』労働法コンメンタール4（労務行政研究所、1960年）9頁。
40)　同上9頁。

正をみて基本的人権の尊重が確立せられた今日におきましては、従来の労務の統制配置を目的とした現行の職業紹介法を廃止して、あらたに新憲法の精神に則る法律を制定する必要が生じたのでありまして、本法案制定の趣旨もここにあるのであります」。「職業安定法案の全体を通じてその骨子をなす精神は、憲法の趣旨に則り、個人の基本権を尊重し、労働者の保護を図ることによって、現在の情勢に即応した労働の民主化を促進しようとすることにある[41]」。

このように職安法は、「単なる取締的強制法規ではなく、国民に対する公共サービスを目指すという理念」にもとづくものとされ、「一般の取締的強制法規とは根本的に相違し、公共に対するサービスの精神によって一貫されている法律であり、その所期の目的を達成するためには、国民一般の徹底した理解と真摯な協力とを必要とするものである」ともされている[42]。

このような理念のもとに制定された職安法は、具体的には次のような構成を有していた。まず、職業選択の自由（2条）および均等待遇（3条）を根本的理念と規定し、公共職業安定機関が職業紹介および職業指導を行うことを根幹的な仕組みとし（6条〜31条）、それを補完するものとして、職業安定機関以外の者の行う職業紹介および労働者の募集について定める（32条〜43条、64条）。職業安定機関以外の者が行う職業紹介および労働者の募集は、戦前の弊害を繰り返すことのないように厳格な規制のもとに置き、労働者供給事業については、労働組合が行う以外禁止されることになった（44条〜47条、64条）[43][44]。

このように職安法は、職業安定機関を設置し、これを公共職業安定所と名付け、国家が基本的に労働力の需給システムを担うことを明確にした。そのために、公共職業安定所には、一方で、公共サービスという新しい理念にもとづく職業紹介および職業指導を実施し、他方で労働力需給システムにおけ

---

41) 労働省職業安定局編著・前掲注39) 10頁。
42) 労働省職業安定局庶務課編『改正職業安定法解説』（雇用問題研究会、1949年） 1頁。
43) 労働省職業安定局編著・前掲注39) 17頁以下参照。
44) なお、労基法6条は、「何人も、法律に基づいて許される場合の外、業として他人の就業に介入して利益を得てはならない」と規定しているが、職安法の禁止する有料職業紹介および労働者供給事業に併せて適用となる可能性が高い。

る封建的な雇用慣行を廃絶するために有料職業紹介の厳格な規制および労働者供給事業の廃止という二つの課題があった。本稿においては、後者に焦点を絞って検討するが、その前提として、職安法の目的を実現するためには、ＧＨＱにとって、公共職業安定所の職員が新しい理念に則した政策実施主体者となるために職員を教育する必要があったことに触れておきたい。すでにみたように、当初は、官僚が職業紹介法の手直しを想定していたのに対し、ＧＨＱの厳しい指導のなかで誕生したのが職安法であるからである。

　職安法の制定過程において、労働力受給システムに関する日本の官僚の有していた基本理念を転換することは、ＧＨＱの重要な課題であった。ＧＨＱのマッケボイは、日本の官僚たちとの関係を次のように振り返っている。

　（必要なことは、）「公共職業紹介に対する日本人の基本的考え方を恩恵主義から平等主義に切り換えさせることです。」「日本人の家父長主義的、官僚主義的職業概念を、西欧の人道主義、平等主義に基づく科学的職業紹介概念に切り換えさせるのには大変苦労しました[45]」。このために、ＧＨＱは、職員に対する研修を重点に行っている[46]。このような過程を経て、職業紹介および職業指導の現実的な実施が確保されていったのであろう。

三　職安法による有料職業紹介の厳格な規制と労働者供給事業の禁止

　職安法は、封建的な労働慣行を一掃し、自由な労働市場を創設することを目的として、有料職業紹介事業を厳格に規制し、労働者供給事業を廃止した。職業紹介および職業指導のように行政が国民に対し実施する施策については、職員に対する研修などによる意識改革が大きな役割を果たしたであろう。しかし、すでにみたようにＧＨＱですら、労働力調達の必要性という現実に直面して、一時的にせよ利用せざるを得なかった労働者供給事業の廃止を実現するためには、単に職員の意識改革だけでは実現できかった。それは、この領域の労働慣行自体を変革するという困難な課題が提起されていたからであ

---

45)　竹前・前掲注21）262頁。
46)　同上264頁以下参照。

る。職安法がこの課題を実現し得たかの検証が必要であろう。

そこで以下では、ＧＨＱおよび労働行政が有料職業紹介の厳格な規制および労働者供給事業の廃止という課題に取り組んだ過程を法規制の変遷をふまえながら検討したい。

1 有料職業紹介事業の厳格な規制

職安法は、有料職業紹介事業について、原則として禁止し、限定された職業について例外的に有料職業紹介を認めるという政策を採用した。これは、未批准であったＩＬＯ「有料職業紹介所ニ関スル条約」（34号条約、1933年）が大きな影響を与えたとされる[47]。当時の労働省のコンメンタールによれば、限定された職業に対する有料職業紹介の承認について以下のように説明している。

「現代における職業紹介事業は、それが労働者の職業あっ旋という性格上、又全国的な労働力の需要供給の状況に応じて必要労働力を充足するという点からみて、全国的な組織を有する公の専門機関が自ら行うべきか、それに加えるに公益的な団体又は個人が無料で公の機関に協力して奉仕すべきものである。しかし、美術、音楽、演芸の如く、特殊の技術を有し、特別の限られた職業にのみ就職を希望する者に対しては、一般の職業を希望する者を対象とする公の機関又は公益的な者の行う職業紹介では、そのあっ旋に技術的な困難を生ずる。又この様な特殊技術を有する者は、その資格、経験等において、それぞれの法令によって規正されている場合が多く、かかる場合はその法令による一定の基準に合致して始めてその職業に就きうる。従ってこの種の職業に対しては、国の統制と監督とが適切であるならば、有料の職業紹介事業を許可しても、弊害なしに行われることができる。しかもこの有料の職業紹介事業は、公の機関又は公益的な者のなしえない職業のあっ旋を円滑にする。本条は、このような趣旨にかんがみ、国の厳重な審査と統制監督の下に、特殊な職業に限って有料の職業紹介事業を許可することとしたのである[48]」。

47）濱口・前掲注5）153頁参照。

有料職業紹介事業が認められる職業は、当初では、美術家、音楽家、演芸家、科学者、医師、歯科医師、獣医師、薬剤師、弁護士、弁理士、計理士（＝後の公認会計士）であった（1947年12月制定の職業安定法施行規則）。これらの職業に関する限り、特殊な技能または高度な専門性を有しており、有料職業紹介にともなう弊害の可能性が低く、また、その労働市場を考えると公共職業安定所が十分な機能を発揮できないという理由は説得力があったといえる。

　しかし、有料職業紹介事業が認められる職業は、その後、年々追加されていくことになる。すなわち、早くも1948（昭和23）年には、助産婦および看護婦が追加され（同年2月7日労働省令3号）、1949（昭和24）年には、保健婦、理容師（昭和24年6月1日労働省令8号）、調理士、マネキン、美術モデル（昭和24年8月10日労働省告示16号）、当初、指定職業として、その後、施行規則に書き加えられた（昭和27年10月17日労働省令告示11号）、1951（昭和26）年には、家政婦が指定職種となり、1952年には、配膳人、家政婦および映画演劇関係技術者が取扱職業業者となった。

　この時期に有料職業紹介事業の対象として追加された職業をみると、当初に指定された職業のように特殊な技能または高度な専門性ということでは説明の困難なものが含まれている。これらの職業が追加されたのは、濱口桂一郎が明らかにしているように、労働者供給事業の禁止措置との関連であった[49]。すなわち、これらの多くの職業について有料職業紹介事業者となった業者は、職安法制定以前には労働者供給事業者であったのである。これらの職業においては、業者は、常時登録してある労働者を求人に応じて求人者に送るという形態で事業展開しており、単に雇用先を紹介するというよりは、労働者供給という方が実態に合致しているといえた。というのは、業者と登録者との関係が、労働ボスのもとでの支配関係とは異なるが、密接な人的な関係があったからである。このため、今日の登録型の労働者派遣とも異なるのである。

48）労働省職業安定局庶務課編・前掲注42）174-5頁。
49）濱口・前掲注5）頁以下。以下の叙述は、濱口論文に依拠している。

このような業態が職安法の禁止する労働者供給事業とされ、かつ請負業者としての条件を満たすことが不可能であったが、これらの事業のニーズを否定できないことから、迂回路として、有料職業紹介事業として認めるという手法が取られたのである。実際、1952 年 3 月末には、有料職業紹介事業の許可件数が 628 件であったが、その大部分が職安法以前には労働者供給事業であった看護婦および家政婦であった[50]。看護婦および家政婦の業務は、請負事業とはなり得ず、また、単純な直用化がなじまない。このように有料職業紹介事業の例外許容は、当初予定された機能を超え、職安法制定以前には、労務供給事業として営まれていた事業の一部を存続させる手段ともなったのである[51]。その後の状況をみても、有料職業紹介事業の利用率の高い職業は、家政婦（病院の付添人）およびマネキンであり、いずれも業者と登録者との人的関係が濃く、また短期雇用という特徴があった。

　このような有料職業紹介事業の許可対象が広がっていったことは、労働者供給事業の定義に当てはまる事業であっても、弊害の大きい労働ボスが支配することのない職業もあったことを示したものと評価できる。労働者供給事業は、労働ボスを蔓延らせる構造的な要因を内包していたことは事実としても、その形式が常に弊害をともなうものとまではいえないことに注意を要しよう。

2　労働者供給事業の禁止

　職安法は、すでにみたように労働組合が行う場合以外の労働者供給事業を禁止した（44 条）。労働者供給とは、「供給契約に基いて労働者を他人に使用させること」（5 条）と定義される。すなわち、供給元が契約関係の有無にかかわらず、自己の支配下にある労働者を供給先に使用させるものである。労働者供給事業は、一般にはそれまで人夫供給業、人夫周旋業、労務供給業などと呼ばれてきた[52]。

---

50)　労働省編『労働行政史第二巻』（労働法令協会、1969 年）1202 頁参照。
51)　有料職業紹介事業に関するここでの議論は、文脈は異なるが、日雇派遣の禁止をめぐる議論においては、日雇派遣のニーズは、有料職業紹介事業によって解消できるという場当たり的な議論を想起させるものがある。

労働者供給事業については、職安法の定義だけでは、契約形式を請負とする偽装について対応できないことから、職業安定法施行規則において請負契約と判断するための四つの基準を明示し、この基準をすべて満たさない場合には、労働者供給事業者とするとされた（4条）。すなわち、①作業の完成について事業主としての財政上ならびに法律上のすべての責任を負うものであること（1号）、②作業に従事する労働者を指揮監督するものであること（2号）、③作業に従事する労働者に対し、使用者として法律に規定されたすべての義務を負うものであること（3号）、④自ら提供する機械、設備、器材（業務上必要なる簡単な工具を除く）もしくはその作業に必要な材料、資材を使用し、または専門的な企画、技術を必要とする作業を行うものであって、単に肉体的な労働力を提供するものではないこと（4号）、である。

　職安法は、1948（昭和23）年には早くも改正が行われた。この改正は、制定時には禁止対象とされていなかった労務供給事業を利用する者に対する処罰規定を設け、また、行政庁に利用企業に対して必要な調査をする権限を付与し、労働者供給事業の禁止措置をより効果的なものとしたものであった[53]。また、同年6月には、労働者供給事業の禁止措置の実効性を高めるために、産業別の認定基準も作成された[54]。

　この法制度のもとで、労働者供給事業の禁止措置が実際に施行された状況をみていくことにしよう。この措置の実施は、すでに述べたようにＧＨＱの強い圧力があった。そこで、ＧＨＱの方針をみるためにコレット氏に再び登場してもらおう。彼は、炭鉱業・工業の「5〜25％の労働者が親分の手下となって囚人の如き生活」しているという事実認識のもとで、この状況の改革の直接の責任者として、労働者供給事業者だけではなく、経営者をあげている。「雇主自身が責任を感じて反省し、いままでの使用関係を改正しなければならない。雇用主は、正規とか臨時の雇用とかの区別なしにこの問題をとりあげることである[55]」。そして、労働組合による取組みにも大きな期待

---

52)　労働省職業安定局編著・前掲注39) 206頁参照。
53)　同上12頁参照。
54)　労働省編・前掲注50) 1206頁参照。
55)　北海道立労働科学研究所・前掲注30) 506頁参照。

を寄せていることも留意すべきである。

また、職安法施行にともない、ＧＨＱ労働課長キレン氏は、次のような声明を出している。

「労働ボスや雇用主でかかる労働者雇用方法を継続する者は処罰される。雇用主で以前の契約労働者を正規の労働者とし彼等を能率的に使用し得る職業改革を行ったものは職安法を有効に守っている雇用主でうまくやれないものもあるが、臨時雇の労働者に依存しているからである。

欧米諸国には労働者を全部正規の従業員として適当な職場を与えることによってこの問題を解決している[56]」。ここでいわれる正規の従業員というのは、職務によって賃金が決定され、雇用調整も容易にできるという条件のもとでの直用を想定していた可能性が高い。しかし、戦後日本の企業においては、工職の区別なく従業員であることによって平等な取扱いをすることが労使の支配的な意識であり、そのような意味での正社員として労働者供給事業者の支配下にあった労働者を受け入れることは極めて困難な状況にあった。ＧＨＱの構想は、このような日本の労働関係の特色を考慮していないという限界があるため、後述のように実現するには程遠い状況となったのである。

以上のようなＧＨＱの強い指導のもとで労働行政も労働者供給事業の廃止のために積極的な対応をみせている。1948（昭和23）年２月５日の通達「労働者供給事業に関する件」（昭和23年職発81号）に示された方針をみておこう。

①労働者は原則として従来の供給先において常用または臨時の直用労働者とする。②従来の供給先に直用化できないときは、その労働者を公共職業（労働）安定所に登録して、積極的に適職のあっ旋を行い、就職を確保する。③従来の労働者供給業者が、供給事業以外の事業を持っていてそれに専従する場合、労働者をその専属労働者にする。④労働者の間に、労働組合法２条に規定された諸条件を具備し正式の手続により認められた労働組合があって、労働大臣の許可を得た場合は、無料の労働者供給事業を行うことができる。⑤従来の労働者供給業者に対しては転業を勧奨するとともに、労働に必要な

---

56) 北海道立労働科学研究所・前掲注30) 508頁参照。

宿舎、器材、什器等は、できる限り従来の供給元に売渡、貸与の方途を講ずる[57]。

この方針は、労働者供給事業から供給されていた労働者の直用化および労働者供給業者の合法的な請負会社への転換を柱とするものであったことがわかる。この方針にもとづいて労務供給事業が蔓延っていた石炭鉱業、船舶その他の製造業、土木建築業、陸運業、派出婦業などを中心に規制が加えられていった。

当時の労働行政の対応において難問は、労働者供給事業と請負業の区別であった。この問題について、当時の商工省と労働省との間で質疑応答が興味深いので紹介しておこう。商工省は、労働者供給事業の禁止が、「本来親方等による中間搾取乃至強制労働等の所謂人夫供給業で肉体労働力を主体として営まれる請負作業等の排除を目的」とする趣旨であるので、それに即した判断でよいかと問い、これに対して、労働省は、「単に中間搾取強制労働の排除を目的とするだけでなく広く雇用形態の民主化を計ろうとするものである」ので「名目的請負契約の形式に捉われず労働力を利用しようとするものとこれを提供しようとする者との間に介在する非民主的な者更には介在の意義を認められない者等を排除しようとする精神を含む」と回答している[58]。両者の見解の相違が具体的な判断にどのような違いをもたらすのかは、必ずしも明確ではないが、労働省の回答が労働者供給事業の禁止の趣旨が「雇用形態の民主化」を含むとしていることが注目される。そこには、中間搾取および強制労働という実態が明白でなくても、施行規則の基準に照らして請負と認められない場合には労働者供給事業と判断すべきという立場が示されているだと思われる。前述のキレン氏の主張をふまえると、請負と認められない場合には、利用企業が労働者を直用することが雇用形態の民主化につながるという発想もあったのであろう。

この結果、1948（昭和23）年末には、2万1640の業者が労働者供給事業と認定された。これらの業者の労働者数は41万3878人に上った。ただし、

---

57) 労働省編・前掲注50) 1206頁参照。
58) 北海道立労働科学研究所・前掲注30) 516-517頁。

「この数字で、注目すべきは、『推計数に対する認定業者の所属労働者数の割合』が1割‐2割、せいぜい3割‐4割にすぎないことである」と指摘されていることである[59]。つまり、労働者供給事業の疑いをもたれた業者のうち、相当数が合法とされたのであった。当時の労働省が積極的な姿勢を示し、また、職安法施行規則に定める厳格な4基準があるなかで、具体的に認定が困難であったのは、「自ら提供し使用」すべき機械・設備の入手についてであった。利用企業の所有する機械・設備について、形式的な名義切替えが行われたり、比較的な簡単な機材によって要件を満たしているとされたり、あるいは利用企業から法外に廉価で年賦払によって機械・設備が取得されるというような状況があったとされている[60]。

違法な労働者供給事業者の支配下にあった労働者は、その後、相当数が実際に就労していた職場の常用の日雇または臨時雇用に転換した。しかし、その転換は、労働者供給事業者の支配から完全に解放されたうえで、就労していた企業に雇われるというプロセスだけではなかったようである。むしろ、労働者供給事業を恒常的に利用していた企業の対応策の一つは、同事業の禁止に対応して、労働者供給業者とその支配下の労働者を丸ごと雇い入れるという方法が一般的であったと思われる。このことを労働者供給事業と認定され、かつ告発された事例を参考にみていきたい。告発事例には、「昔のタコ部屋の管理人が宿舎管理人になりすまして」いたとの指摘がみられる。この宿舎管理人こそもともと供給業者であり、重層的な下請関係のなかで支配下の労働者を企業に提供するというのが実態であった。まさに労働者供給事業であることを隠すために、業者を宿舎管理人あるいは労務嘱託職員としたものである[61]。

また、炭鉱の事例では、供給業者の宿舎に起居する労働者を会社が直用で通勤していると扱い、健康保険、賃金台帳などの義務を表面上履行しているが、実際には、供給業者に一括して業者に代金を支払っていた例がある[62]。

---

[59] 同上 518 頁。
[60] 北海道立労働科学研究所・前掲注18) 310 頁参照。
[61] 北海道立労働科学研究所・前掲注30) 522-523 頁。
[62] 同上 525 頁。

この種の「直用化」において、賃金が労働者に直接支払われるのではなく、かつての供給業者である監督者に支払われるということが行われていた。労働行政は、このことについて、「従来の業者及びその所属労働者が一様に利用者の完全な直用となった場合、その賃金支払方法の違法性等を以て直ちに職安法第44条の違法と考えることはできない」としながら、監督者に対する会社からの支払いが、単に労働者の賃金総額ではなく、監督者の報酬として、かつての労働者供給による利益を確保できるようにしているような場合には、労働者供給事業に当たるとしている[63]。

このようにかつての供給業者を丸ごと直用化する事例においては、請負企業の該当性判断の基準である職安法施行規則の単なる適用では判断できず、現場においては、形式的に直用形態をとっている場合に、それをなお労働者供給と判断することができなかった可能性が高い。企業が資金、器材、技術者等を有し、現場労働者を直用しておらず、労働者を抱えている業者を利用することが「工事の運営から考えると最も好都合な労働組織で能率の最も上る方法」と考える業界があったからである。これらの業者を丸ごと直用することには、業者にとっては従来の利益を得られなくなること、労働者も直用されても安定した雇用となるだけの自信がなく、業者における親分子分関係に依存する傾向もあったこと、そして、会社にとっては、労働力の調達コストが大きいことなどの問題点があったとされる[64]。GHQにいたマッケボイも「労働者は解放され、月給制になり、賃金が上昇しても、臨時工的不安定感があり、常備工になれない限りつねに労働ボス支配下の『安定』を求める心理がある[65]」としている。

また、労働者供給業者が独立した請負会社の体裁を整える対応もとられた。マッケボイ博士も「労働ボスたちは一応合法的に存続するために請負会社から資金を借りて労働者を供給するだけではなく、施設や機械などを兼ね備えた会社の体裁を整えたからです。いわゆる偽装会社ですね。職安のスタッフがこのような方向に積極的に手を貸した県もあります[66]」と述べている[67]。

---

63) 北海道立労働科学研究所・前掲注30) 527-528頁。
64) 同上526頁。
65) 竹前・前掲注21) 274頁。

職安法による労働者供給事業の禁止政策は、それまで企業において構造的に位置づけられていた労働者供給事業の利用を廃止するだけではなく、それに代わる新しい民主的な雇用関係の形成の実現によって完遂できるものであった。しかしながら、職安法施行後に企業の雇用関係および労働市場の状況は、構想されたような雇用関係を形成できる条件が整わず、結果的に業者丸抱えの直用方式が取られ、また、労働者供給業者が請負会社として存続していったのである。ＧＨＱの労働関係の民主化政策の一つの柱であった労働者供給事業の廃止を通じての雇用関係の民主化は、それを完全に実施するには、その条件を欠いていたといわざるをえない。

　ＧＨＱの労働関係の民主化政策のもう一つの柱は、労働組合の発展であった。この政策は、戦後一斉に労働組合が結成され、大きな勢力となったことからすれば、相当程度実現したかにみえる。しかし、日本の労働組合のほとんどが、工場・事業場単位に工職一体で従業員としての平等な資格で結成されたことは、ＧＨＱの構想する労働関係の民主化とは少し異なる結果をもたらすことになった[68]。

　戦中に企業別に産業報国会として組織された労働者にとって、職員・工員という従来の従業員間での身分格差にもとづく組織化ではなく、従業員という平等な身分で一括して組織される方が当時の状況に適合的であった。そして、戦争直後の国民全体が貧困状態にあるなかでは、職務給などではなく、生活給の保障こそが労働者の要求であったことは間違いない。この結果、その後日本的な雇用慣行の基礎となる年功的な賃金カーブが主流となり、正社員が内部労働市場に取り込まれる雇用慣行が形成されていくことになった。

---

66)　同上。
67)　北海道立労働科学研究所編・前掲注18）も「監督機構の『指導』により註文者の所有物がそのまま使用されるか、偽善的な名義切替えによるか、または極めて小量の器具（もっこ・シャベルなど）で請負業者として監督官庁から認可されるか、あるいは……註文者から法外に廉価なしかも年賦払によるか等によって克服された」と指摘している（310頁）。
68)　ＧＨＱのカルビンスキーは、「戦時体制下における労使協力を戦後の組合助長の場に利用する。たとえば単位産報などは労組結成の母体として積極的に利用する」（竹前・前掲注24）71頁）ことを考えており、実際に単位産報が労働組合組織化の基盤となった事実はあるとされているが、そのことがＧＨＱの構想との乖離をもたらした側面があったのである。

この間、戦中においても企業単位の産業報国会とは別に労務報国会に組織されていた外部労働市場の労働者を同一企業で働く仲間という意識は労働者にも形成されなかったのであろう。したがって、当時の労働組合は、労働者供給事業の廃止についてあまり関心がなく、これらの労働者が形式的に直用となっても、その組織対象とみることはなく、これらの労働者を含んだ民主的な労働関係を形成するという意識は育たなかったのである。

そして、労働組合が外部労働市場を組織する力量がなかったので、GHQが期待した労働組合が労働者供給事業を行うことによる雇用関係の民主化という道が大きく発展することはなかったのである。労働行政においても、労働組合による労働者供給事業は、職業安定機関の補助的機能という位置づけであり、許可については消極的な方針がとられていた。

1951年(昭和26年)3月19日の職業安定局長通達は、労働組合の行う労働者供給事業に関する許可方針を改正し、消極的な許可方針から職業安定機関と併立した独立の機関として、一定の条件を備えておればこれを許可することとなった。ただし、労働者供給業者の偽装を防止するため、原則として産業別または職業別の全国組織に加入する労働組合に限定する方針であった[69]。この結果、港湾、山林、土建などの分野で一定数の許可がなされたが、労働市場を労働組合が掌握するという状態にはならなかった。

四　GHQの雇用政策の変化と労働者供給事業の取締緩和

1　職安法施行規則の改正とその背景

1950(昭和25)年に朝鮮戦争が勃発すると日本はアメリカの兵站線を担うことになり、いわゆる朝鮮特需を迎えることになる。GHQの労働組合奨励政策は、労働組合運動が共産党主導となり、占領政策の枠組みを越えた展開を示すようになると、1947(昭和22)年2月1日のゼネスト中止指令、1948(昭和23)年以降の公務員の争議権禁止、1949(昭和24)年労働組合

---

[69]　労働省編・前掲注50) 1207頁参照。

法改正と大きく転換していった。労働市場の分野では占領政策に変化がみられるのは朝鮮戦争が大きな契機となった。

　たとえば、朝鮮戦争では、約1万5000人－2万人の日本人労働者（沖仲仕）が「労働ボスの手を通じて保険付で仁川上陸作戦の兵站業務に雇用された」という[70]。戦後直後と同様に占領軍にとって緊急に大量の労働力の調達が必要となった時、結局は労働者供給業者に依存せざるを得なかったのである。占領政策が目指した自由で民主的な労働市場は、全面的には実現することがなかったのである。この時期から、ＧＨＱは、労働ボスの排除をあまり強く主張しなくなったといわれる[71]。ＧＨＱの労働者供給事業の廃止に関する方針が占領初期から抱えていた矛盾は、ここでまた露呈し、もはや労働ボス排除は重要課題ではなくなったのである。

　もっとも労働行政は、労働者供給事業の積極的な禁止措置の方針をこの時期に直ちに放棄したわけではなかった。1950（昭和25）年10月12日の労働省令により、職安法施行規則4条が改正され、4基準の「すべてに該当する場合であっても、それが法第44条の規定に違反することを免かれるため故意に偽装されたものであって、その事業の真の目的が労働力の供給にあるとき」労働者供給事業と判断するという第2項が追加されたのである。これは、労働者供給事業者が合法的な請負会社であるかのように偽装することを規制しようとするものであった。

　しかし、サンフランシスコ平和条約が締結される1952（昭和27）年になると労働行政も労働者供給事業の禁止措置を緩和する方針に舵を切ることになった。同年2月1日の職安法施行規則4条1項4号の改正がその象徴である。すなわち、「専門的な企画、技術を必要とする作業を行うもの」とされていたのを「企画若しくは専門的な技術若しくは専門的な経験を必要とする作業を行うもの」と改めたのである。つまり、「専門的な企画」が単なる

70）　竹前・前掲注24）302頁。
71）　同上271頁参照。「労働ボスの排除についても、コレット、エーミスなどから強力な指導がされたが、朝鮮戦争をきっかけに労働ボスの有効性が見直され、マーカッサーからリッジウエイに交代し、職安行政がアイリックの担当になる頃からその規制が大幅に緩和された」（竹前・前掲注24）395頁）。

「企画」となり、新たに「専門的経験」が付け加えられたのである。

この改正について、労働行政は、「職業安定法施行規則第4条の規定により、この要件に合致しない請負事業が労働者供給事業とみなされたことになってから約4年を経過し、この間に親事業所も下請事業所も業態を整備し、労働ボスの排除は多大の成果をあげ得たのであるが、この規定による請負事業の禁止は、その適用が余りにも大幅で、ためにボス排除の目的をこえて企業の効率的な運営を阻害する事態もみられた[72]」と説明している。そして、「これにより健全な請負事業をも労働者供給事業禁止の規定により一蓮托生に規制することのないようにしたのである[73]」。

そして、同年2月14日および7月23日の職業安定局長通達により産業別認定基準が廃止された。「それは産業機構の多様性、作業内容の複雑性のために産業別基準は煩鎖であり、産業間の基準の調整も極めて困難であると認められたからである[74]」とする。

この時点での労働行政の見解としては、当初の目標であった労働ボスの排除についてすでに大きな成果を上げたということと労働者供給事業の禁止に関する職安法施行規則4条の適用範囲が広すぎるために、企業の効率的な運営を阻害する事態を招いているという認識が示されている。産業別の認定基準についても、実態の複雑さに対応できないと消極的に評価している。

しかし、ここに示された認識は、これまでの労働行政の展開と整合性が取れないといわざるを得ない。1950（昭和25）年には、偽装により依然として生き残っている労働ボスと呼ばれる悪質な業者の排除を重点的な方針としていたのに、この時期に基本的に一掃できたというのはいささか信じがたい。また、前述の労働省と商工省とのやり取りによれば、商工省の禁止措置を悪質な業者に限定するという見解に対して、労働省は、それにとどまらず、雇用形態の民主化という趣旨があるとより広い範囲が禁止対象となると回答していたことを矛盾するのである。したがって、労働行政は、この時期に労働者供給事業のそれまでの禁止措置を緩和したと考えるのが妥当であろう[75]。

---

72) 労働省編・前掲注50) 1207-8 頁。
73) 同上 1208 頁。
74) 同上。

そこには、冷戦構造のなかでのＧＨＱの日本民主化政策の転換があり、朝鮮戦争を契機として、労働者供給事業の一掃という政策が後退したという背景があったことは間違いがない。しかし、それにとどまらず、当時の日本の雇用構造のなかで、労働ボスの支配下に置かれたものは禁止されねばならないとしても、直用型の臨時工だけではなく、労働者供給事業または請負という形式での労働力の需給が少なくとも経営側には不可欠と考えられたことを意識したものであろう。

2　職安法施行規則改正による労働者供給事業の取締緩和

すでに紹介したように職安法施行規則４条１項４号は、「専門的な企画、技術」を「企画若しくは専門的な技術若しくは専門的な経験」と改正された。この改正の意義を労働省の通達（昭和27年２月19日労働省発職27号）によって詳しく確認しよう。

まず「専門的企画」については、「所謂学問的な知識を持つ高度の企画性を意味するものと解釈され、従って測量、検査、設計等の高度の企画性が要求せられたのである。然しながら請負の実態は必ずしもかかる高度の企画性が発注者によって要求されているとは限らず、この点実状にそわないものがあるので、これを単に『企画』とし、相当長期にわたる実際上の経験と熟練によって、処理しうる一般的な企画、例えば補助設計や複雑な仕事の段取りなど請負一般に於ていわれている企画性を含むものとしたのである」。

次に「専門的な経験」を加えたことも「その趣旨に於て……同様であり、実際上の経験に基く技能をも含ましめ、これにより従来『専門的な技術』に限られた範囲を拡張したものである。即ち『専門的な経験』とは請負作業について工法上の監督的技能、経験、例えば工芸上の技術指導作業の調整、危険の防止に必要な操作など一般に専門的な経験と熟練によってなしうる程度

75）　もっとも、労働行政の姿勢も必ずしも一貫はしていない。すなわち、「しかしながら、これらの通達については、その後の排除措置の経過等からみて、誤解を招くおそれのある点がみられたので、その後、昭和29年１月21日付職業安定局長通達によって改正施行規則の運用について重ねて解明を行ない、労働者供給事業の排除の促進を指示するとともに４、５、６の３ヶ月間、本事業の禁止措置を重点事業として取り上げその推進を図かった。」ともされている。（労働省編・前掲注50）1206-1208頁参照）

の監督者的技能経験を意味するものである。従って単なる労働者の統率力乃至は一般労務管理的技能、経験を意味するものではない」と説明されている。

そして、「『企画又は専門的な経験』を必要とする作業であるかどうかの判定は、その作業が単に個々の労働者の技能の集積によって、遂行しうる作業であるかどうか、又請負業者或いはそれに代る被用者が先に例示したような仕事をないうる能力を持っており、かつその者が現実にその技能、経験を発揮してその作業について企画し又は指揮監督するかどうかこの二点についての確認に基づいて制定されるものである[76]」。

このような施行規則の改正は、その施行にあたる第一線の労働行政に疑問が生じたようで、労働省は、その疑問に回答する形で施行規則の解釈を改めて示している。少々長くなるが紹介しよう。ここに、労働行政の労働者供給事業の規制方針の転換が明確にかつ詳細に示されているからである。

施行規則4条1項1号にいう「作業の完成について事業主としての財政上並びに法律上のすべての責任を負うもの」の解釈適用においては、「実際にその責任を負う意思能力があるかどうかを重視すべき」とする。具体的には「その請負者の企業体として資格能力即ち資金、機械設備、器材等の整備保有状況、人的機構陣容、従来の事業実績等に細心の考慮を払い、その者が単に労供を業とするものでないことの根拠を見出すことに努めなければならない。この結果、当該請負企業体として完全な資格を備えている場合にはたとえその行う特定の作業がたまたま規則4ノ1ノ4の要件に欠くる所がある時に於ても、なお労働者の供給を事業として行うものでないと認められる場合もある」。

2号の指揮監督については、注文主が「請負者又はその代理者に対する注文上の限られた要求又は指示の程度を超える」ときには、請負者が労働者を指揮監督していないと判断される。

3号の「使用者として法律に規定されたすべての義務を負う」という要件は、「従来労供業の典型的な弊害とされていた中間搾取、強制労働等を含む労使間の非民主的な従属関係を排除する最も実質的な効果を期待する規定で

---

[76] 以上については、北海道立労働科学研究所・前掲注30) 532頁以下による。

ある。

　労供業禁止の目的は窮極に於ては現行諸法規に於て課せられた全ての義務が完全に履行されることに於てその大半の目的を達成しうるものであることに鑑み、『義務を負うもの』であるかどうかの判定に当っては、この請負者が単に形式上義務を負うべき立場にあることのみを以て足れりとすることなく、義務履行に対する誠意と総合的なその履行状況及びその実績に迄進んで検討を加え、真に義務履行に対する誠意と理解とその能力の有無を確認する必要がある。……全ての場合に単に本号の義務不履行のみを理由として『使用者としての義務を負うもの』でないと断ずることは早計であり、1、2及び4号の各要件の具備状況等から判断して、単に不履行の責任のみに止まる場合もありうる」。

　4号の「自ら提供する機械、設備、器材」については、「自己の責任と負担に於て準備調弁して使用することを意味するものであって必ずしもその所有関係や購入経路等に特別の制限を付すべきではない。従ってたとえその機械、資材等が注文主から借入れ又は購入されたものであっても、これが別個の双務契約の上に立つ正当なものと認められ、かつ法を脱れるため故意に偽装したものと認められる根拠がない場合には差支えないと解すべきである」。

　また、専門的な経験とは、「作業施行技術上の経験」であって、「事業経営者としての経験」あるいは「労務管理的経験」ではないとしている。

　そして、これらを総合して、請負と判断できる要件としては、①作業の遂行過程において注文主の指揮監督を受けるものではないこと、②作業に従事する労働者個人の技能、経験の外、総合的な企画または施行面を担当する特定の企画者または指揮者が必要であり、これを請負者が担当するものであること、③その企画者または指揮者は、当該作業の施行について専門的な技術または経験を有するものであること、を挙げている。

　以上をまとめて、従来、施行規則の「諸要件に偏重するの余り作業の形態にとらわれた形式的な処理に流れ、企業運営の実状に即応しない点が見受けられたので、これを是正する意図によるものであって、真に非民主的な雇用慣習としての労供業の排除については、何も手心を加えるものではない。……最近往々にして一旦直用制を実施した事業所がその直用労働者を解雇し

その作業を請負で業者に発注する傾向がみうけられるが之はその請負作業が合法的に認められる以上、職業安定機関として何ら干渉すべき筋合ではない」としている[77]。

　以上の行政解釈によれば、労働者供給事業として禁止対象となるのは、労働ボスのような中間搾取・強制労働などの人権侵害をともなう悪質な業者であって、それを超えて施行規則を形式的に適用することは企業の適正な事業運営を阻害することになるという認識が前提となっているといわなければならない。上述の行政解釈によれば、施行規則の4要件についても「すべての要件を満たす」ということも相対化できるようにも読め、従来の解釈に比べ大幅な緩和であると評価できよう。そして、この時期に、従来はそれぞれの地域の職業安定所に委ねられていた労務者供給事業の認定が中央集権的となったことも指摘されている[78]。

　このような労働者供給事業の禁止措置に関する方針転換をどのように評価すべきなのだろうか。この立場は、悪質な封建的な労働慣行である労働ボスによる労働者の支配を排除するが、企業が事業運営において直用だけではなく、外部労働力の利用を請負形式で活用することを当然の前提としている。もともと、法が企業の請負利用を禁止していたわけではないが、請負であることの認定が緩和されたことにより、企業としては労働者供給事業と認定される可能性が低くなり、多様な場面での請負の利用が可能となったことは間違いがない。

　この段階において、労働行政としては、職安法の制定により目指した労働関係の民主化は、労働者供給事業の禁止措置により労働ボスによる労働者支配の排除を実現したとの認識を少なくとも表向きは有していたのであろう。そうでなければ、従来の方針との整合性があまりに欠けてしまうからである。確かに、ＧＨＱが当初に問題とした労働ボスによる労働者支配は、基本的に

---

77) 以上については、北海道立労働科学研究所・前掲注30) 536-539頁による。なお、ここで示された施行規則に関する解釈は、より要約されて内容において労働省のコンメンタールに継承されている（労働省職業安定局編著・前掲注39) 210－213頁参照）。
78) 北海道立労働科学研究所・前掲注18) 313頁以下参照、浅井清信「社外工」季労62号（1960年）128頁参照。

消滅の方向にあったことは事実である。しかし、すでに述べたように、労働者供給事業の多くが利用企業に丸抱えの形で直用化されたり、また、形式的には独立した請負企業として転換したりという実情は、労働行政においても認識していたのであり、少なくとも当初想定された労働関係の民主化には程遠い状況だったことは否定できないだろう[79]。

　より基本的な問題は、ＧＨＱにしても、労働行政にしても、労働者供給事業を廃止した後の労働関係に関する具体的構想が実際には欠如していたことであろう。前述したように、ＧＨＱは、労働者供給事業者のもとにあった労働者を利用企業が直用することで問題が解決できると単純に考えていたようであるし、労働行政もそれを受けて直用化を推奨していた。労働者供給事業を恒常的に利用していた企業は、丸抱えの直用化の道を選択したが、間歇的な利用にとどまっている場合には、直用化は馴染まず、請負企業への転換を支援するなどの措置がとられたようであるが、これで労働関係の民主化が実現した、または少なくともその展望が開けたと評価できるかが問題である。ＧＨＱは、労働者供給事業に対するニーズには、労働組合による労働者供給事業を認めることによって対応する構想であった。労働組合が外部労働市場を規制することになれば、労働ボスの復活を許さないと考えたわけである。しかし、すでに述べたように、労働組合が企業別に組織され、外部労働市場を規整することがなかったために、この構想は実現しなかったのである。労働組合による労働者供給事業が発展しなかったことは、労働力需給システムの民主化にとって大きな打撃となった。かつての労働者供給事業の一部が有料職業紹介事業に吸収されたことも、労働組合による外部労働市場の組織化が果たされなかったことが要因の一つとなったのである。

　この問題は、早い時期から批判の対象とされてきた。「半封建的労働力供給機構が解体された後に、労働者をどのような状態において、経営に吸収するか―経営内位階身分制の再編成をどのように防止するかの点についてはなんら触れるところがなかった[80]」との指摘がそれである。労働者供給事業

---

79)　北海道立労働科学研究所・前掲注18) は、「半封建的労働力供給機構の解体は『上からの解体』によって遂になしとげられなかったのである」（318頁）と評価する。
80)　同上307頁。

者の下に置かれた労働者の多くは、臨時工・日傭として吸収され、間接雇用そのものは消滅したが、賃金などの労働条件は変わらず、企業内における身分位階制自体は保持されたままであったという。そして、労働者供給事業者も、丸抱えで雇用され、または嘱託などの身分で影響力を保持しつづけた例が多いという[81]。

このように労働関係の民主化という目標を達成するには、本来は、労働者供給事業の解体という外部労働市場の規制だけではなく、企業内部の労働力の編成に関する具体的な構想が必要であったといえよう。もっとも、この時期の労働行政にそれを求めるのは無いものねだりであろう。労働者供給事業のもとにあった労働者が利用企業に直用する場合に、その正社員であることを強制することは政策的にも法的にも不可能だったからである。

この時期に形成されていった労働関係は、戦前の工職を分離した従業員管理ではなく、工職が当該企業の従業員という地位において平等と意識され、正社員として位置づけられるものであった。また、賃金についても、従業員の生活を支える体系が築かれていった（生活給）。しかし、そこでは戦中の単位産業報国会がそうであったように、かつて労務供給事業者から送り込まれた労働者については、この範囲から除外されていた。これら労働者が臨時工として直用されても、彼らは基本的に正社員にとって従業員仲間ではなく、外部の存在であることに変わりなかったのである。

このような状況のもとで、企業は、労働者供給事業者の支配下にあった労働者を、雇用保障の低い短期の有期契約労働者である臨時工として直用したのであった。この結果、正社員である本工と臨時工との企業内身分格差が構造化したのである[82]。

職安法施行規則の改正は、労働者供給事業者とその支配下の労働者を丸抱えで直用化したものの、実質的には労働者供給に近い状態を解消するために、

---

[81] 北海道立労働科学研究所・前掲注18）309頁。同書は、「人夫供給業＝封建的労働力供給機構は、『単に典型的な労働者供給業』の形を変えて、実質的には経営内外に残存し機能しつづけてはいないか」（同309頁）と指摘している。

[82] 朝鮮戦争による特需からは、もともと労働者供給業者の支配下にあった臨時工ではなく、本工と同様の仕事を行う臨時工が急増し、社会問題となっていった。川口・前掲注2）39頁以下参照。

元の業者を請負業者とし、臨時工を請負会社の従業員とする動きを加速化した[83]。そして、利用企業の事業場で働く請負業者の従業員は、「社外工」と呼ばれ、臨時工とともに企業の労働力を構成することになったのである[84]。

おわりに

職安法は、「労働の民主化を根本精神」とし、「労働者の基本的人権を尊重し、労働者の自由意思に基づく民主的な職業紹介制度を確立し、労働者募集方法の規制、労働者供給事業の禁止等によって、古い労働関係に代る新しい労働秩序を樹立[85]」することをその理念として制定された。したがって、職安法にもとづく労働者供給事業の禁止措置が新しい民主的な労働関係の創出において果たした機能が総括されねばならないだろう。

本稿のこれまでの考察によれば、労働者供給事業の禁止措置は、労働ボスによる強制労働などの極端な人権侵害をともなうものを基本的に消滅させる方向で機能したと評価できる。しかし、労働ボスの支配による労働者供給業の排除を急激に進めるあまり、利用企業および労働者供給業者の形式的な対応策に十分対応できなかったことも否定できない。労働者供給事業の廃止後において、それまでその事業が担っていた機能を企業がどのように吸収することが新しい民主的な労働関係の樹立となるかの構想が具体的には示されていなかったことがこの時期の労働行政の限界だったと指摘しなければならない。確かに、労働行政は、直用化を推奨していたが、直用化が齎したのは新たな臨時工問題であったのである。そして、労働ボスの排除という目的を超えて請負企業という外部労働力の利用を否定できないことから、職安法施行規則の改正により、いわばなし崩し的に請負の利用を合法化していったのであった。これによって、今度は社外工が社会的な問題となったのである[86]。

企業において自律的に形成された労働関係は、労働行政が想定していたも

---

83) 北海道立労働科学研究所・前掲注18) 313頁参照。
84) 井上明「社外工制度の実態」季労33号（1959年）163頁以下は、社外工を多く利用していただい代表的な産業である自動車製造業の実態を紹介している。
85) 労働省職業安定局編著・前掲注39) 11頁。
86) 内山・前掲注5) 1639頁参照。

のとは異なり、正社員については工職一体の従業員として平等を基礎とするものであり、それを維持するためにも、非正社員としての臨時工および企業による請負という外部労働力である社外工を必要不可欠とする構造を形成したのであった。

　労働行政としては、こうして形成された日本の労働関係を肯定的に評価したわけではなかった。むしろ、労働市場の近代化の遅れが閉鎖的な内部労働市場の形成の要因であり、生活給賃金体系の見直しを含め、横断的な労働市場の形成を促進する政策を展開しようとした。しかし、公共職業安定所による職業紹介は、2割程度にとどまっており、それも非熟練工が中心であった。全国的な労働市場の形成には程遠い状況であり、大企業と中小企業の格差および本工と臨時工・社外工の格差が課題となっていった[87]。1955（昭和30）年以降の日本経済の復興のなかでしだいに産業界から人手不足の訴えが強まるなかで、労働市場政策の展開は、1966（昭和41）年の雇用対策法の制定によって大きな転換期を迎えることになる。

　したがって、正社員の長期雇用を基軸とした労働関係は、その外延に臨時工、パートタイム労働者および社外工を配置することにより、維持され、発展していった。このような労働市場の現実を雇用対策法は、労働市場政策の基本法としてどのように捉え、かつそれに働きかけようとしていったのかを分析することが本稿に続く課題となる。

　最後に、職安法と労働法における直用原則との関係について多少述べておきたい。最近労働法学において、職安法の制定を直用原則の根拠とする議論があるからである。職安法は、労働組合による場合を除き、労働者供給事業を禁止し、その施行にあたって、ＧＨＱも労働行政も利用企業による労働者供給事業者の支配下にあった労働者の直用化を推奨したことは事実である。しかし、少なくとも当時の労働行政の実際をみる限り、それが労働関係を形成する際の民事的な意味での直用原則を当然に内包していたとまでは評価できないと思われる。とくに、職安法施行規則改正以降の請負の認定が緩和されて以降の社外工の実態をみると、この段階において直用を法原則とする規

87）　内山・前掲注5）1619-1620頁参照。

範意識が成立していたともいえないだろう。また、当時における直用化は、臨時工という企業内の身分制度を生み出すことはあれ、労働関係の民主化という課題を達成するものでもなかった。直用化は、その機能の面からみても、限界を有していたといえよう。この事実からすると、職案法が労働法における直用原則を定めたと理解するのは困難と思われる。

第11章
職業能力開発促進法

矢野昌浩

一　課題設定と時期区分

1　課題設定と用語の整理

　本稿の課題は、職業能力開発促進法の成立と展開を検討することにある。同法は職業訓練法を全面改正して1985年に制定された。そこで、1958年制定の職業訓練法の成立と展開を同様にたどる必要がある。そもそも「職業訓練」あるいは「職業能力開発促進」とはどのように定義できるのか。現行法ではいずれも定義されていない。

　1958年制定の職業訓練法（旧法といわれる）は、目的規定（1条）において「労働者に対して、必要な技能を習得させ、及び向上させるために、職業訓練……を行う」と定め、定義規定（2条）では職業訓練は「労働者に対して職業に必要な技能を習得させ、又は向上させるために行う訓練」（2項）とした。1969年に旧法を廃止してあらたに制定された職業訓練法（新法といわれる）では、職業訓練の定義規定はなくなったが、目的規定において「技能労働者の職業に必要な能力を開発し及び向上させるために職業訓練……を行なう」と定められた。当時の職業訓練法は、このように技能労働者の養成を主たる対象としていた。ここでの「技能労働者」とは、第2次産業の生産過程に従事する労働者（「技能工」）を指すと一般に理解されていたといえる。また「技能」とは、経験によって習得され、身体的な動作によって発揮されるもの（いわゆる「腕前」）と伝統的に把握されていたが、身体的

機能と知識・判断力とが一体となったもの（「腕と頭」）を目指すべきであると次第に考えられるようになってきていた（三3（1）参照）。これに対して、1978年改正の職業訓練法は、目的規定で「技能労働者」に替えて「労働者」という文言を採用した。これにより職業訓練のコンセプトが転換し、幅広い職業に必要な能力の開発・向上が同法の対象となることが明確にされた（四2（2）参照）。

さらに、1985年制定の職業能力開発促進法は、目的の拡充を行い、目的規定の内容と構成を変更した。すなわち、「職業訓練……の内容の充実強化及びその実施の円滑化のための施策等を総合的かつ計画的に講ずることにより、職業に必要な労働者の能力を開発し、及び向上させることを促進」すると規定した。この「職業に必要な労働者の能力」が「職業能力」とされるものであるが（3条、現行法では2001年改正により定義規定のなかでこの点が明確にされた、2条2項）、「職業能力」の開発・向上促進のための手段として、職業訓練を中核とする施策等が位置づけられている。現行の目的規定は、1997年改正により、この施策「等」のなかから「労働者が自ら職業に関する教育訓練……を受ける機会を確保するための施策」をとりだし、あらたに列挙したという形になっている。

以上のことから、一種のトートロジーとなるが、職業訓練とは、労働者の職業能力を開発・向上させるための訓練であり、職業能力開発促進とは、職業訓練を含む諸施策により労働者の職業能力の開発・向上を促進することであるとひとまず定義できるであろう。

本稿では、とくに誤解を生じないと思われる限りで、職業訓練法という用語を主として二つの意味で使い分ける。一つは、制定法上の職業訓練開発促進法に先行する職業訓練法である（法律としての職業訓練法）。もう一つは、職業訓練法と職業能力開発促進法のそれぞれの規制対象（あるいはその把握の仕方）の上記のような相違に留意しつつも、実定法上の職業能力開発促進法と職業訓練法とを包含するものとして、労働者の職業能力の開発・向上のための法という意味で、職業訓練法という表現を用いることがある（法としての職業訓練法）。これとの対比では、職業訓練法としての目的や理念が形成される前の、職業訓練にかかわる個々の法規制については、職業訓練法制

と呼ぶことにする。なお、これらに加えて、通史的に職業訓練法制と職業訓練法とをあわせて職業訓練法と便宜上いうことがある（一般的な制度としての職業訓練法）。

2　戦後日本の職業訓練法に関する時期区分

戦後日本の職業訓練法の沿革[1]には、転機となる改革がいくつか存在する。本稿では、職業訓練法の基軸が公共職業訓練から企業内職業訓練へ移行し、さらには個人主導が強調されるようになったとの理解を前提として、三つの時期に分けることにしたい[2]。以下の叙述の都合上ここで紹介しておきたい。

第1期は、戦後直後から1974年の雇用保険法制定前までの時期であり、公共職業訓練を職業訓練の基軸とする。1947年制定の労働基準法（以下、労基法）は「技能者の養成」を規定する。その一方で、同年制定の職業安定法（以下、職安法）は「職業補導」を規定していた。これらの企業内技能者養成と公共職業補導とを実質的に統合する形で、1958年に職業訓練法が制定された。この間に公共職業訓練の重点課題が失業者対策から技能者養成へと転換するプロセスが生じた[3]。1966年に雇用対策法が制定され、公共職業訓練を雇用対策の一環として位置づけた。これに合わせて1969年に職業訓練法は全面的に改正され、職業訓練体系の整備（養成訓練・向上訓練・能力再開発訓練の3種類を中心に系統化）が行われた。

---

1) 法律学の分野において、日本の職業訓練法の沿革を整理・検討した近年の文献として、黒川道代「雇用政策法としての職業能力開発（1）――日本・スウェーデンにおける法的システムとその役割」法学協会雑誌112巻6号（1995年）785頁以下、濱口桂一郎『労働法政策』（ミネルヴァ書房、2004年）172頁以下、大和田敢太「職業教育訓練立法の形成と変容」彦根論叢363号（2006年）1頁以下等参照。実務的注釈書における沿革の概説として、労務行政研究所編『改訂版・職業能力開発促進法（労働法コンメンタール8）』（労務行政、2008年）73頁以下参照。なお、本稿では、職業訓練法のなかで職業訓練と関連づけられながら制度化されてきた、技能検定・職業能力検定については割愛する。同制度については、濱口桂一郎「職業能力評価システムの半世紀」季労241号（2013年）120頁以下参照。
2) 田中萬年「近年の公的職業訓練の実情と課題」日本労働研究雑誌434号（1996年）25頁以下、同『職業訓練原理』（職業訓練教材研究会、2006年）93頁以下、平沼高「戦後公共職業訓練の史的展開とその現状」社会政策3巻3号（2012年）41頁以下参照。
3) 田中萬年「公共職業補導制度と企業内技能者養成制度との統合化の論理と問題点――「職業訓練法」成立史論」職業能力開発研究14号（1996年）39頁以下参照。

第2期は、1974年の雇用保険法制定から1997年の職業能力開発促進法改正前までの時期であり、企業内職業訓練を基軸とする。1974年に雇用保険法の制定（失業保険法の全面改正）が行われた。その関連法整備の一環として同年に職業訓練法は改正され、職業訓練の財源が雇用保険における事業主拠出による附帯事業に依拠することになった。1978年にも雇用保険法との関係で職業訓練法は改正され、公共職業訓練中心の職業訓練観からの転換が行われた。1985年に職業訓練法は職業能力開発促進法として生まれ変わった。職業訓練法の旧法では「公共職業訓練」（第2章）のあとに、「事業内職業訓練」（第3章）が位置づけられ、後者では認定職業訓練制度中心となって規定された。新法でも「職業訓練」（第3章）のなかで、「職業訓練の体系」（第1節）に続く「公共職業訓練」（第2節）のあとに、「職業訓練の認定等」（第3節）が位置づけられ、そのなかで事業主の行う職業訓練が規定された。これに対して、職業能力開発促進法は、「職業能力開発の促進」（第3章）の冒頭に、「事業主等の行う職業能力開発促進の措置」（第1節）に関する規定を位置づけ、つぎに「国及び都道府県等による職業訓練の実施等」（第2節）に関する規定を置き、さらにそのあとに「事業主等の行う職業訓練の認定等」（第3節）について定めた。職業訓練のメインが公共職業訓練から企業内職業訓練へ、しかも認定職業訓練にこだわらない多様な職業訓練へと明確に移行したといえる。

　第3期は、1997年の職業能力開発促進法改正から現在に至るまでの時期であり、職業訓練における個人主導が強調されるようになる。

　以下では、このような職業訓練法の成立・展開における主要なポイントとなる各時期において、職業訓練法の基本的コンセプトや全体的仕組みについて、どのような議論が行われていたのかを整理することにする。それに先立ち、戦前の職業訓練法制を簡単に整理しておきたい。

3　前史

　戦前の職業訓練法制は、工場における養成工制度を起点とする[4]。工場で

4）　このパートの記述は、田中・前掲注2）書69頁以下に負う。

はいわゆる内部請負制による間接雇用（生産工程の一部を親方に委託して、親方が配下の職工・徒弟を統率して仕事を行う）がそれまで一般的であったが、労務管理の近代化や工場の機械化の進展により直接雇用が行われるようになり、そのなかで養成工制度が採用されていった。三菱造船は三菱工業予備学校を 1899 年に創設し、これが嚆矢となって見習工養成が普及するようになる。政府はその振興と規制のために、当時検討していた工場法のなかで規定の整備を図ることを検討した。最終的には、1911 年に制定された工場法（1916 年施行）において、「徒弟」に関する規定（第 4 章、28 条と 29 条からなる）がとりいれられるに至る。

　これに対して、失業者・窮民を対象とした職業訓練は、篤志家や慈善団体の活動にゆだねられていた。1909 年の窮民救済法案では地方長官による「業務を授け又は労務を課し」（片仮名を平仮名に変えている、以下同様）といった関与が規定されていたが（9 条）、廃案となった。その一方で、内務省は 1909 年に東京・京都・名古屋・神戸・横浜の 6 大都市に職業紹介所の設置を奨励し、補助金を交付した。当時の失業者救済の力点は、このような公営の職業紹介所の増設と公共土木事業の起業に置かれていた。しかし、職業に就くにはその職業を修得する必要があることから、1913 年には東京市が浅草職業紹介所に授産部を設置し、やがて各地に授産所が各地に設置されるようになる。また、第 1 次大戦後の不況を憂慮した鐘淵紡績からの寄付金を、政府が東京・大阪・神戸に交付したのをきっかけとして、1922 年にこの 3 市に職業輔導会が設置された。1923 年の関東大震災以降、このような授産施設・輔導施設の設置が普及していく。なお、1921 年には、失業対策としてそれまでの実績をふまえながら、職業紹介法が制定される。同法は無料職業紹介所を市町村に運営させ、国の監督下に置いた[5]。

　その後、1931 年に満州事変が勃発すると、景気の回復と技能者養成への要望の高まりに対応して、職業紹介所から大企業への委託訓練が行われたが、戦火が拡大するにつれて、職業補導の系統的な整備や国庫補助の導入が提案

---

[5] 詳細については、澤邉みさ子「日本における職業紹介法（1921 年）の成立過程――本格的な労働市場社会政策の登場」三田学会雑誌 83 巻特別号 1（1990 年）122 頁以下参照。

されるようになる。

　さらに、1937年に日中戦争がはじまると、重工業の重視策に従い技能者養成が強化されるようになる。1938年に制定された国家総動員法は、「国の全力を最も有効に発揮せしむる様人的……資源を統制運用する」（1条）ことを目的として、「政府は……職業能力に関する事項を申告せしめ又は……職業能力に関し検査することを得」（21条）、「政府は……学校、養成所、工場、事業場その他の技能者養成に適する施設の管理者又は養成せらるべき者の雇用主に対し……技能者の養成に関し命令を為すことを得」（22条）とそれぞれ規定した。後者の規定を受けて1939年には勅令により工場事業場技能者養成令がだされ、「年齢16年以上の男子労働者を常時200人以上使用する工場又は事業場」等における「技能者の養成」を義務化し（2条）、「養成期間は3年」と定めた（6条1項）。

　また、1938年には職業紹介法も改正され、民営職業紹介事業が原則禁止されるとともに（2条、15条、罰則は有料または営利目的にのみ規定、9条）、それまで内務大臣および職業紹介事務局長の監督の下に市町村運営であった職業紹介事業を政府管掌とし（1条）[6]、政府は職業紹介の一環として必要に応じ「職業補導」を実施するものとされた（3条）。同年には「物資動員の強化に依る失業者の救済施設に関する件」と題する通達もだされ、職業補導に関する失業対策施設要綱が示され、各種の機械工補導所が設立された。

　1941年に太平洋戦争に突入すると、戦時特例により工場事業場技能者養成令で定められた養成期間の短縮が行われ、職業訓練は制度としても崩壊していった。

---

6)　地方公共団体の経費一部負担を廃止し（7条の削除）、職業紹介を名実ともに国営としたのは、1940年改正によってである。荒木誠之「戦前における失業対策と失業立法——その形成と特質」法政研究39巻2-4号（1973年）521頁参照。なお、職業紹介の国家独占化について、国家総動員体制が直接の引き金であるのは明白としつつも、独自に発達してきた自生的なマッチング組織が公共職業紹介網に徐々に吸収されてきたという事情が背景にあるとして、労働市場制度における慣行・コンセンサスの重要性という戦後にも繋がる文脈からこの点を強調するものとして、神林龍『正規の世界・非正規の世界——現代日本労働経済学の基本問題』（慶應義塾大学出版会、2017年）21頁以下、とくに85頁参照。

二 第1期——基軸としての公共職業訓練

1 職業訓練法制定前

(1) 技能者養成制度と職業補導制度

　敗戦により工場法と職業紹介法が職業訓練に関する法制として残ることになったが、戦後改革のなかで1947年には労基法と職安法が制定されるに至る。1958年に職業訓練法が制定されるまでの職業訓練法制は、戦前にも類似する傾向がみられたが、労基法における技能者養成制度（69条以下）と職安法における職業補導制度（旧5条5項・26条以下）の二つの流れに大別される[7]。

　前者は、徒弟制度の弊害を排除して技能を習得しようとする年少労働者を保護するとともに、基幹的熟練工の養成を一定の合理的な基準と方針のもとに企業自らが行うように指導援助し、労働の質とその生産性の向上を図ろうとするものであった。産業復興の担い手である優秀な労働者の養成は、当時の重要な課題であった。労基法70条（当時、以下同様）にもとづいて、1947年には技能者養成規程が定められたが、15職種が養成対象とされるだけであった。1948年の同規程改正で47職種とされたが、技能者養成を自力で実施しうる事業場はまだ少なかった。産業復興にともない、1949年の同規程改正により技能者養成指導員制度が整備され、養成実施事業者数・養成工数が飛躍的に増大した。また、複数の事業場による共同養成方式が中小企業に次第に普及していった[8]。1948年に技能者養成実施事業場数は67事業場、養成工数は1968名であったが、1957年には2万2751事業場、養成工数は5万6419名を記録している[9]。技能者養成規程が養成目標とした基幹的熟練

---

7) 以下の記述については、岩崎隆造『これからの職業訓練の課題——職業訓練法の改正の考え方』（労働基準調査会、1979年）20頁以下参照。企業での技能工養成を中心とする当時の実態については、隅谷三喜男・古賀比呂志編『日本職業訓練発達史（戦後編）——労働力陶冶の課題と展開』（日本労働協会、1978年）9頁以下［古賀執筆］が詳しい。

8) 澁谷直蔵『職業訓練法の解説』（労働法令協会、1958年）81頁以下参照。

工は、「多能工」であることが比較的早い時期から明確にされていた[10]。

その一方で、当時の焦眉の課題は、復員者、戦災者、引揚者等の膨大な失業者に対する失業者対策であった。戦時下に設置された各種の職業補導施設が敗戦後すでに活用され、「戦争終結に伴う産業離職者、復員軍人、海外引揚者、戦災等失業者中直ちに就職し得ざるものに対し、所要の技能を補い、健全なる職業に円滑且つ速やかに就業し得る様指導し、以って民生安定を図ると共に戦後の産業復興に資すること」が目指された（1946年7月12日付「職業補導実施要綱に関する件」勤発307号）[11]。このような状況のなかで、職安法が制定され、公共職業補導所が整備された。

職安法の制定により、職業補導事業は「昔日の慈恵の観念から完全に脱却して、合理的な労働力の需給調整機能を有する機関としての性格を賦与」されたと評される[12]。同施設は都道府県が設置経営し（27条）、政府が費用を法律にもとづいて負担するとされた（28条）。実際には一般公共職業補導所では所要経費の2分の1が国庫負担とされ、身体障害者公共職業補導所では都道府県知事との経営委託契約にもとづく所要額が国から交付された[13]。訓練対象者の「募集、選考は、公共職業安定所が、これをおこなう」とされた（1948年2月16日付「職業安定法施行に伴う職業補導実施に関する件」発職13号）。1949年の職安法改正により職業補導の充実化が図られ、とくに身体障害者の職業補導や事業場での監督者訓練への職業安定機関の援助に関する規定が整備された。1957年には一般公共職業補導所258か所、夜間補導所71か所、身体障害者公共職業補導所8か所を数えた[14]。

なお、失業対策としての公共職業補導所を中心とする職業補導事業とは別

9）　澁谷・前掲注8）100頁、労働省職業安定局編著『職業安定法・職業訓練法・緊急失業対策法（労働法コンメンタール4）』（労働行政研究所、1960年）282頁参照。
10）　泉輝孝「多能工養成の歴史と方法──熟練工からテクニシャンへ」雇用促進事業団職業訓練研究センター編『これからの職業能力開発──新しい「学習企業」をめざして』（大蔵省印刷局、1986年）65頁以下参照。
11）　田中・前掲注3）44頁からの引用による。以下、このパートで紹介する通達の存在や内容については、田中氏による同論文での作業に依拠することをお断りしておく。
12）　澁谷・前掲注8）78頁参照。
13）　澁谷・前掲注8）94頁参照。
14）　労働省職業安定局・前掲注9）281頁参照。

に、職安法30条（当時）の「工場事業場等の行う監督者の訓練に対する援助」にもとづき、労働省が民間に対する技術援助としてＴＷＩ（Training Within Industry）も実施された。監督者訓練はＯＪＴの担い手づくりという点で重要である。労働省は、監督者としての訓練（1日2時間5日、いわゆる10時間講習）を行う技能を有する監督者訓練員を養成するための訓練、監督者訓練員等を養成する技能を有する監督者訓練指導員を養成するための訓練、これらの追指導を行う者の訓練について実施要綱を定め、これらの講習会に要するＴＷＩの手引きその他の資料の規格を統一し、工場事業場等に提供し、講習会を修了した適格者に資格を付与することとした。1958年の職業訓練法制定の頃には、10時間講習の受講者は40万名を超え、監督者訓練指導員または監督者訓練員の資格を与えられた者は7000名に及んでいたとされる[15]。

（2）三つの転換

こうして戦後初期の職業訓練法制が整備されたが、その後の職業訓練法の展開に影響を及ぼす三つの転換が早々に行われた。第1は、公共職業補導の指導理念が失業者対策から技能者養成に転換したことである。そもそも当時の実態として、公共職業補導所の受講生の多くは、当初想定されていた世帯主である失業者ではなく、若年者、とくに新制中学校卒業者であったことが指摘されている[16]。1950年の朝鮮戦争による特需による景気回復を受けて、1951年には労働省職業補導課が「経済興隆策を中心とする職業補導事業の転換」として、新制中学校卒業者を公共職業補導所への募集・入所対象とする方針を打ち出した[17]。これは実態を追認するものであったが、公共職業

---

15) 澁谷・前掲注8）103頁以下、労働省職業安定局・前掲注9）281頁参照。
16) 田中・前掲注2）書108頁。
17) 田中・前掲注3）46頁以下および同・前掲注2）書109頁以下等で、「職業補導の根本方針」（1951年）として紹介されている文書であるが、いずれも要約での記載となっている。同『職業訓練カリキュラムの歴史的展開』（職業能力開発大学校指導学科、1993年）176頁以下では、三つのバージョンがあることなどが紹介されている。この時期における公共職業補導所の役割転換については、隅谷・古賀編・前掲注7）63頁以下［古賀執筆］でも触れられているが、中小企業を対象とする施策として整理されている。

補導の指導理念の転換でもあった。

これに関連して、1954年には「技能者養成と職業補導との提携協力について」(1953年7月6日基発373号・職発386号）により、公共職業補導の修了生が企業の技能者養成制度に編入できるようにするために、公共職業補導の基準の整備が行われた。そこでは、技能者養成制度と職業補導事業とは「それぞれその趣旨を異にするものではあるが、わが国産業の振興と労働者の福祉の増進を図り、技能水準の向上を期せんとする同様の目的をもつもの」であることが強調された。なお、1952年には講和条約が発効したが、同年に技能者養成審議会が労働大臣の諮問に対して「技能行政の運営に関する答申」を行い、技能者養成に関する新たな法令を早期に制定すべきことを提案し、これが1958年職業訓練法制定の最初の契機となった点が注目される[18]。

第2の転換は、職業訓練法制の財源の主軸が国庫から失業保険に移行したことである。すなわち、1953年には、前述した中小企業の技能者共同養成方式に関して、技能者共同養成費補助金交付規程が公布された。しかし、当時の緊縮財政のためにこの交付は拡大しなかった。その一方で、同年以降、失業保険積立金の運用収入をもって、国立・都道府県営の総合職業補導所が設立され、新規中卒者を対象とした技能者養成訓練を中心として行うようになる。これらの事情が、職業訓練法制の財源の主軸が国庫から失業保険に移行した契機となったと推測されている[19]。1955年の失業保険法改正により、総合職業補導所には「福祉施設」(27条の2) として法的根拠が与えられる。1957年には労働福祉事業団（同年の労働福祉事業団法により設立）に同施設の運営が移管される（同法19条1項1号）。同年の総合職業補導所数は23か所であった[20]。

これら二つの転換は、職業補導制度と技能者養成制度について後者を軸に統合し、それに失業保険金による財政的裏付けを与えることに寄与したが、「公共職業補導が従来担っていた障害者を主とした弱者を軽視」することに

---

18) 澁谷・前掲注8) 111頁参照。
19) 田中・前掲注3) 52頁・62頁以下参照。
20) 労働省職業安定局・前掲注9) 281頁参照。

なったとの批判がみられる[21]。

　第3は、労基法にもとづく技能者養成規程のコンセプトにかかわるもので、「社会化志向から内部化志向へ」といわれる転換である。技能者養成規程は当初においては欧州の徒弟制度にならった仕組みを整えていたが（使用者・技能習得者間での「養成契約」の締結〈3条〉、養成期間修了時の使用者による技能検定と労働基準監督署長への報告義務〈14条〉など）、1954年には早々に廃止されるに至る。訓練制度から徒弟制度的色彩を払拭することで、若年労働者の労働条件の改善を図ることが直接的な動機ともされるが、その背景には「事業主……の恣意に左右されずに一定範囲の技能を個別企業を超えた産業全体で確保していくという考え方」が根づかず、「大企業での技能者養成訓練の場合、事業主も訓練生も、訓練は企業の必要のために行われるものであり、習得技能はそれを習得した企業で生かすものと考えている」という事情があったと推測されている[22]。職業訓練法の成立と展開には、この「社会化志向」と「内部化志向」との緊張・対立が埋め込まれているといえるであろう。

2　1958年職業訓練法制定（旧法）

（1）背景・経緯等

　1958年職業訓練法制定に至る最初の直接的な契機は、前述した1952年5月の技能者養成審議会答申である[23]。同答申では、技能者養成制度の弾力性と魅力の乏しさ、労働行政における監督行政と技能行政との未分化による欠陥などが現状の問題点として指摘された。解決策としては、現行の各種訓練制度を合理的に体系化すること、技能行政の指導助長行政としての性格を明確化すること、技能行政の運営機構を拡充強化し、必要な予算の確保を図

---

21)　田中・前掲注3) 63頁・56頁以下参照。
22)　以上については、泉・前掲注10) 72頁以下参照。
23)　以下の経緯については、澁谷・前掲注8) 111頁以下の記述を参照した。職業訓練法の成立過程を詳細に検討した文献として、山見豊「昭和33年職業訓練法の成立過程」調査研究資料（職業訓練大学校調査研究部）2号（1972年）がある。また、技能工不足への対応という観点から旧法制定の背景とそのインパクトを分析するものとして、隅谷・古賀編・前掲注7) 70頁以下［古賀・桐木逸郎・隅谷・吉永芳史分担執筆］参照。

ることなどが挙げられ、「政府は技能者養成に関し新たな法令を早急に制定する必要がある」と提言された。1954年4月にも技能者養成審議会は、技能者養成規程の全文改正案についての答申においても、「各種の技能訓練を系統づけた包括的な法令」の制定を強く要望した。その後も経営者団体等から技能者養成に関する単独法制定の要望が表明され、これらを受けて1957年11月には、労働省に臨時職業訓練制度審議会が設置された。同審議会は同年12月には、「職業訓練制度の確立に関する答申」を行い、「総合的な職業訓練制度を確立すべきである」とした。その理由はつぎのように説明されている。

「最近、産業界においては、高度の技能を必要とする生産分野の拡大に伴い、近代的技能労働者の確保が強く要請されているが、労働市場の現状は、膨大な完全失業者と不完全就業者をかかえている反面、技能労働者が著しく不足しており、このことが雇用及び生産の隘路ともなっている」。「労働者の技能水準の向上が産業の振興と労働条件の向上の基盤をなすものであるにもかかわらず、現状は、これがための政府の施策においてもまた企業の努力においても欠けるところが多く、このことは、特にわが国産業構造上重要な地位を占める中小企業において著しい」。「欧米諸国においては、職能組合の発達と相まつて、早くから職業訓練制度が確立されており、技能労働者の養成確保のために、多額の経費を投じ多大の努力を払いつつあるのに比べ、わが国は著しく立ち遅れているといわざるを得ない」。

労働省は、臨時職業訓練制度審議会の答申を受けて、職業訓練法案を作成し、1958年2月21日に国会に提出した。同法案要綱では、「職業訓練の原則」として、「公共職業訓練（一般職業訓練所、総合職業訓練所、中央職業訓練所その他の公共の職業訓練施設で行われる職業訓練をいう。）と事業内職業訓練（事業主がその雇用する労働者に対して行う職業訓練をいう。）とは、相互に密接な関連のもとに行わなければならないものとすること」などが挙げられていた。

また、同月28日の衆議院社会労働委員会で石田博英労働大臣（当時、以下同様）による法案提出理由説明が行われたが、そこでは以上の内容が繰り返されるとともに、「労働省におきましては、従来職業安定法に基き、求職

者に対する職業補導を行う一方、労働基準法によつて、事業主が行う技能者養成の指導援助を行つて参つたのでありますが、……この際これらの諸制度について再検討を加えて職業訓練を一層充実させるとともに、さらに技能検定制度を設けて労働者の技能水準の向上を図る等により総合的な職業訓練制度を確立する必要を痛感するに至った」ことが言明された（第28回国会衆議院社会労働委員会議録第13号〈1958年2月28日〉6頁）。

同法案は、3月31日に同委員会で一部修正されたあと（中央職業訓練審議会の三者構成・労使同数構成化など、自民党・社会党の共同提案による）、衆議院において全会一致で可決され、4月22日に参議院でも全会一致で可決され、5月2日に職業訓練法は公布された。なお、上記審議会答申では予算の充実が肝要であるとされていたが、国会ではとくにこの点は議論とはならなかった。法律では、公共職業訓練のうちの総合職業訓練所と中央職業訓練所は失業保険法の福祉施設として、労働福祉事業団（1961年には雇用促進事業団〈同年の雇用促進事業団法により設立〉に移管される〈同法19条1項1号〉）により設置され（6条、7条）、一般職業訓練所は都道府県により設置され、その経費の一部を国が負担するとされた（5条、34条）。それ以外の旧法の内容については、つぎの新法の箇所で両者を対比させながら触れることにする。

(2) 留意点

衆議院社会労働委員会における政府側の説明は、臨時職業訓練制度審議会の答申をふまえたものであるが、4つの点が注目される。第1は、求職者に対して従来行っていた職業訓練を「公共職業訓練」とし、技能者養成と呼んでいたものを「事業内職業訓練」とし、両者の連携を密にして一貫的に職業訓練が行われるようにするのが、職業訓練法案の大きな狙いであるとされた（澁谷直藏労働事務官・同会議録第15号〈1958年3月3日〉2頁）。第2は、技能者養成を労働基準監督行政から切り離して積極的に助長・援助していくというのが審議会答申の結論であるが、そこで想定されているのは「熟練工の養成で、多能工を中心として行うこと」であるとされた（澁谷・同会議録第29号〈1958年3月28日〉1頁）。第3は、雇用政策の課題が完全失業者

の数よりも不完全就業者の多さにあるとされ、労働力が過多であるための需給関係による労働条件の悪化や、当該労働者の就労するとくに中小企業の生産性の低さにその原因が求められ、改善策として職業訓練が必要であるとされた（石田・同会議録第19号〈1958年3月11日〉13頁）。第4は、大企業は自主的な技能者養成のための能力をもっているから、雇用機会の増大と就業構造の転換のために、政府が積極的に施策として行うのは公共職業訓練であるべきであるとされた（石田・参議院同会議録第25号〈1958年4月17日〉2頁）。

最後の点では、公共職業訓練が求職者を対象とするだけでなく、中小企業労働者もカバーし、大企業による事業内職業訓練と対置されるという理解がみられる。自分の企業にあった技能者を養成するので、政府は口出しをせずに企業の自主性を尊重してほしい、また自社で養成した技能者が引き抜かれないようにするためにも、中小企業で技能者養成を行ってほしいという意向が大企業の側にはあったことが、臨時職業訓練審議会での審議状況をもとに指摘されている[24]。技能者養成をめぐる大企業と中小企業との利害対立が窺われる。いずれにしても、職業訓練法制定前に、すでに触れたように、職業補導制度と技能者養成制度について後者を軸に統合し、それに失業保険金による財政的裏付けを与える転換がみられたが、1958年の職業訓練法はそれを追認することになったといえる。

3　1969年旧法廃止・職業訓練法制定（新法）

（1）背景・経緯

旧法については、公共職業訓練施設を整備拡充し、1955年以降の高度経済成長を支えた技能労働力の確保に寄与するとともに、公共職業訓練・事業内職業訓練の基準設定および技能検定制度の発足により、民間における合理的・系統的な職業訓練の実施に指針を提供し、技能水準の向上に大きな役割を果たしたとの評価がみられる。戦後日本の経済的自立達成を図るという課題に旧法は対処したといえる[25]。これに対して、新法の背景にあった社会経

---

[24]　山見・前掲注23）53頁参照。

済的事情としては、高度経済成長のプロセスで生じた労働力過剰から労働力不足への転換と、それにともなう労働力需給のミスマッチであったとされる。

このため、1966年に雇用対策法が制定され、積極的労働市場政策が採用され、その重要な一環として職業訓練が明確に位置づけられるに至る。すなわち、同法の目的は、「国が、……労働力の需給が質量両面にわたり均衡することを促進して、労働者がその有する能力を有効に発揮することができるようにし、これを通じて、労働者の職業の安定と経済的社会的地位の向上を図るとともに、国民経済の均衡ある発展と完全雇用の達成とに資すること」（1条1項、現行法も当該部分については同じ表現を踏襲）とされた（追記：2018年6月に成立した働き方改革関連法は、雇用対策法の一部改正を行った。この改正により同法の名称は「労働施策の総合的な推進並びに労働者の雇用の安定及び職業生活の充実等に関する法律」と変更され、上記引用箇所では「労働力の需給が質量両面にわたり均衡すること」が、「労働者の多様な事情に応じた雇用の安定及び職業生活の充実並びに労働生産性の向上」に置き換えられている。改正法は同年7月に公布・施行された）。そのうえで、国が当該目的のために総合的に講ずべき施策の一つとして、同法は「各人がその有する能力に適し、かつ、技術の進歩、産業構造の変動等に即応した技能を習得し、これにふさわしい評価を受けることを促進するため、及び産業の必要とする技能労働者を養成確保するため、技能に関する訓練及び検定の事業を充実すること」（3条1項2号）を掲げ、「技能労働者の養成確保等」（第4章）として職業訓練の充実と技能検定制度の確立を定めた（11条・12条、現16条・17条に相当）。

新法は、目的規定（1条）において「雇用対策法と相まつて」と定めたが、この趣旨については、「雇用政策というものと職業訓練というものとは両方相まって進むべきものである、片っぽうが片っぽうに従属すべきものではない」と答弁されている（石黒卓爾労働省職業訓練局長、第61回国会参議院社会労働委員会会議録第25号〈1969年6月19日〉4頁）。雇用対策法とのドッキングにより設定された政策的方向性は、職業訓練法が現在に至るまで

---

25) 岩崎・前掲注7) 21頁・26頁参照。以下の記述については、同書27頁以下参照。

取り組み続けている課題となっているといえる。

また、国会では、「いままででしたら、単なる技能労働者を養成するという目的でありましたが、今度は腕と頭を兼ね備え、生産技術の変化に適応するような、判断力や応用力に富んだ新しいタイプの技能労働者をつくり上げたい」との説明が行われた（原健三郎労働大臣・第61回国会衆議院社会労働委員会議録第9号〈1969年4月15日〉20頁）。目的規定において、職業訓練による労働者の養成を通じて、究極的には「職業の安定と労働者の地位の向上を図るとともに、経済の発展に寄与する」とされていたのが、最後の部分について「経済及び社会の発展に寄与する」に置き換えられた点に関しても、「いままででしたら、職業人として有為な労働者を養成する、訓練する、そして経済の発展だけに寄与させればよろしい、生産増強に役立てばいいということでしたが、今度は、社会の発展にも寄与することを目的にするように幅広く訓練をいたしたい」と説明されている（同上）[26]。このような新法による職業訓練法の目的の改変は、現行法に至るまで維持されている。

その一方で、公共職業訓練を中心とする職業訓練の制度的仕組みに対して、経済界の不満が存在したとの指摘もみられる[27]。この点は、国会での議論においてはむしろ逆に、「企業に即した労働者をつくるための一時的な職業訓練というたてまえ」、「企業におんぶした……雇用対策というものを先行した考え方」を批判するという形で表れている（大橋和孝議員〈社会党〉・同4頁、雇用政策と職業訓練との関係についての石黒・前掲答弁はこれに応えてのものである）。また、従来の職業訓練は中卒を対象としていたが、進学率の上昇により高卒を対象とした職業訓練が必要であることが認識されていた（石黒・同6頁）。就業者構成の高学歴化への対応であるが、「やや手おく

---

[26] 新法は、1978年改正まで、職業訓練によって「職業人として有為な」労働者の養成を直接的な目的としていた。このこととの関連で、当時の実務的注釈書では、「職業訓練……は職業人という人格の形成をめざす広い意味での教育的活動であり、その目的は、一方で労働者の職業能力を十分に発揮させることによってその職業生活と経済的地位の向上を図り、同時にわが国経済の発展を図ることであるが、これとともに他方で、労働者の人格を尊重し、労働者が一個の人格として完成することによってその社会的地位の向上と、このことを通じての社会の発展を図ることにある」と説明された。労働省職業訓練局編『職業訓練法（労働法コンメンタール8）』（労務行政研究所、1971年）67頁。

[27] 平沼・前掲注2）42頁参照。

れ」となっているとされた（同上）。新法はこれらの諸問題に対応しようとしたが、本格的な制度改革はつぎの時期に入ってから展開することになる。

　新法制定時の国会での議論では、職業訓練の財源の問題が表面化した点が注目される。当時、雇用促進事業団の職業訓練関係予算は、その大部分が失業保険特別会計からの出資金・交付金でまかなわれていたとされる（竹内外之雇用促進事業団理事・第61回国会衆議院社会労働委員会議録第14号〈1969年5月6日〉18頁参照）。衆議院および参議院の社会労働委員会では、一般会計にすべきとの主張が複数の委員から表明されている。これに対して、政府委員からは、外国では職業訓練税や職業訓練賦課金という制度があるが、職業訓練が一般化していない場合には、事業所にとっては金銭的負担が課されるだけとなるので、日本の現状では実現困難である旨の答弁が行われている（石黒・同参議院社会労働委員会会議録第29号〈1969年7月3日〉11頁）。これに関連して、中卒就業者で公共職業訓練あるいは事業場内職業訓練を受けたのは12％程度であり、これを欧米並みの水準にもっていきたい旨の答弁もされていた（石黒・同第27号〈1969年6月26日〉1頁）。

（2）概要（旧法との対比で）・評価等

　公共職業訓練と事業内職業訓練との「相互に密接な関連」という旧法の規定（3条1項）に替えて、新法は「段階的かつ体系的な生涯訓練体系」（3条1項）という職業訓練の原則を打ち出した。この点も現行法に基本理念として包摂されている（3条）[28]。新法では、新規学卒者、在職労働者、失業者をそれぞれ実質的には対象とする、養成訓練、向上訓練、能力再開発訓練（さらにこれらの職業訓練を受けた労働者等に職業に必要な能力を補充する訓練としての再訓練、以上は「法定職業訓練」とされる）として段階的体系化を実現した（8条）。養成訓練は専修職業訓練校（旧法の一般職業訓練所に相当）の行う専修訓練課程と、高等職業訓練校（旧法の総合職業訓練所に相当）の行う高等訓練課程とに区分された（9条1項、15条、16条、両校は向上訓練・能力再開発訓練・再訓練も行う）。なお、専修職業訓練校は都

---

28) 以下については、岩崎・前掲注7）31頁以下参照。

道府県により、高等職業訓練校と職業訓練大学校（旧法の中央職業訓練所に相当）は雇用促進事業団により設置された（15条-17条）。

さらに、旧法で採用されたいくつかの仕組みが発展させられた。たとえば、事業場内職業訓練が労働省令で定める基準に適合することを都道府県知事は申請により認定することができ、都道府県・労働福祉事業団は認定職業訓練に援助を行うように努めなければならないという仕組みが旧法で定められていたが、認定対象は養成訓練に限られていた（14条、15条、17条、20条）。新法では認定基準を法定職業訓練に関する基準とし、認定対象を全種類の職業訓練に拡大するとともに、認定職業訓練に対する援助等の規定を整備拡充した（10条、24条、26条）。公共職業訓練と事業内職業訓練の基準の統一化が図られたことが注目される。同様に、旧法では、中小企業事業主を想定して、事業主が共同でその雇用労働者に行う職業訓練も認定の対象としていたが（16条）、新法では、共同職業訓練団体の責任体制を明確にし、永続性を確保するために、都道府県知事の認可を受けて、職業訓練法人を設立することができるとされた（31条以下）。

また、専修職業訓練校における求職者に対する養成訓練と能力再開発訓練は無料とされ、当該求職者に対して国・都道府県は雇用対策法の規定にもとづき手当を支給できると定められた（23条）。旧法下では、一般職業訓練所が求職者に対して行う「基礎的な技能に関する職業訓練」に限って、同様の取扱いが定められていた（11条）。

技能検定制度については、旧法（25条以下）を基本的には踏襲しつつ、その実施の拡大を図るため、新法は技能検定協会（中央技能検定協会、都道府県技能検定協会）をあらたに設立し（67条以下）、技能検定の実施を委託できるとするなど制度の拡充整備を行った（62条以下）。

学校教育との関係については、旧法では「重複を避け、かつ、これとの密接な関連」のもとに職業訓練を行わなければならないとされ（3条2項）、新法、さらには現行法でもそのまま維持されている（3条の2第2項）。この規定は、旧法ではとくに定時制高校・通信教育について労働者の二重負担をさけるために設けられた（臨時職業訓練制度審議会答申）[29]。その意味では重複を避けるという点は明白である一方で、より積極的な内容を含意する

「密接な関連」については、労働大臣の諮問に対する中央職業訓練審議会の1967年12月23日中間報告で「改善、推進する」と記載されたこと[30]などが確認できるが、その後の法改正においては少なくとも国会レベルではとくに議論がみられないようである[31]。

なお、新法は労働大臣による職業訓練基本計画の策定を規定したが（5条、現行法の職業能力開発計画に相当）、第1次職業訓練基本計画（1971年度～1975年度を計画期間とする）では、職業訓練は個人の能力開発の養成と経済社会の人材需要との調和を見出す必要があるとし、①人的能力の開発向上を通じた生産性の向上（労働力不足の深刻化と国際経済競争の激化への対処）、②労働者の適応性の増大と能力の維持向上（技術革新の進展への円滑な対応）、③青少年の希望と適性に応じた個性の発現（学校教育中心ではない実践的な側面が得意な青少年の能力開発の拡充）、④労働者の技能評価の確立（学歴偏重・ホワイトカラー偏好の弊害への対処）が重要課題として強調された。

計画期間中の労働力需給見通しについては、技術革新の進展と産業構造の高度化により、技能労働力の需要は量的に高水準を維持するのみならず、質の面でも高度の技能に加え、総合的判断力、幅広い適応力が求められるようになるのに対し、供給面では新規学卒者が減少するとともに、学歴構成の高

---

29) 労働省職業訓練局編・前掲注26）76頁には、1962年に「技能連携制度」が設けられ、高等学校の定時制・通信制にも在学する訓練生について、当該訓練施設が文部大臣の指定するものであれば、職業訓練での教科の一部を高等学校での教科の一部の履修とみなすとされたことが紹介されている。同制度を含む学校教育における職業教育の沿革については、濱口桂一郎「職業教育とキャリア教育」季労242号（2013年）147頁以下参照。
30) 和田勝美『職業訓練の課題と方向』（労務行政研究所、1968年）768頁参照。また、当時、各界から政府に対して、訓練修了者に高卒の資格を与えること、あるいは独自の資格・評価が与えられるようにすることが建議・要望されていた。同書390頁参照。
31) 旧法制定時に、大企業の教習施設が文部省により学校認定を受けている例をもとに、中小企業にもそのような道を開くことについて質問がされたが（井堀繁雄議員〈社会党〉・第28回国会衆議院社会労働委員会議録第23号〈1958年3月18日〉2頁）、「職業訓練の目的からいきますと、1つの回り道」であるとして否定的な答弁が行われた（澁谷・同上）。たとえば、三島由紀夫『絹と明察』（新潮文庫、1987年（初出1964年））も、自社経営の高校の生徒を工場で働かせているという設定になっている。同書は1954年にはじまる近江絹糸のいわゆる人権ストを題材としている。

度化により技能系職種志望者の相対的低下が生じるとされた。そのうえで、①公共職業訓練校における高卒者を対象とする養成訓練の推進、②在職労働者に対する成人職業訓練の推進、③事業内職業訓練の積極的振興、④職業訓練指導員の養成確保、⑤特定層（心身障害者、農業就業者で他産業に就業を希望するもの、出稼ぎ労働者、産業再編にともなう離転職者、中高年婦人等）に対する職業訓練の拡充が基本施策として掲げられた。

4　形成期の職業訓練法に関する全体的な評価

　形成期の職業訓練法は、制度枠組みの点では、公共職業訓練施設での法定職業訓練を中心とする体系化を行った。労働市場で通用する技能習得というコンセプトが、そこではなお建前として重要な役割を果たしていたと評価できる。

　その一方で、10年近く後になってからの新法に関する評価であるが、「生涯訓練体系を構想しようとする「新職業訓練法」による職業訓練体制の改編が、既に体系的に確立されてきた大企業の技能訓練体制の影響を受けたのか。またその他の大企業の訓練体制に大きな影響を与えたのか……にわかに断定することはできない。……終身雇用を建前とする大企業における技能教育訓練体制は、経済社会の変化に順応しかつ対応しつつ、合理的にそしていわば先取りする形で、それぞれの直面している諸条件の中でそれぞれ訓練体制を整備し、体系化し、または改編してきているからである。問題はむしろ中小企業及び公共職業訓練校における訓練体制にあった」との指摘がみられる[32]。

　つぎにみるオイルショック以降の職業訓練法の展開では、このような認識が事実上ストレートに反映されるようになったといえるであろう。日本の職業訓練法の実質はその意味でヴァナキュラである。

---

32)　隅谷・古賀編・前掲注7）252-253頁［古賀執筆］。

三　第2期——企業内職業訓練への基軸の移行

1　1974年職業訓練法改正

（1）概要・特徴

　当時のオイルショックやそれへの対処としての総需要抑制政策の下で、1974年に失業保険法を全面的に改正し、雇用保険法が制定された。1947年制定時の失業保険法は、「失業保険は、被保険者が失業した場合に、失業保険を実施して、その生活の安定を図る」（1条）とのみ目的を規定していたが（1条）、1974年制定時の雇用保険法は、「雇用保険は、労働者が失業した場合に必要な給付を行うことにより、労働者の生活の安定を図るとともに、求職活動を容易にする等その就職を促進し、あわせて、労働者の職業の安定に資するため、雇用構造の改善、労働者の能力の開発及び向上その他労働者の福祉の増進を図ることを目的とする」（1条）とした。この雇用保険法案とともに、雇用保険法の施行にともなう関係法律の整備等に関する法律案が国会に提出された。前者とともに成立した後者のなかに、職業訓練法の一部改正に関する規定が盛り込まれていた。

　その内容はつぎのようなものである、①新法では「関係者の責務」として、事業主はその雇用する労働者に対し訓練を行うよう努め（4条1項）、国・都道府県・雇用促進事業団は必要な援助行う等職業訓練の振興に努めるとの規定が新設されたが（同2項）、1974年改正で事業主の努力義務について「その労働者が職業訓練を受けることを容易にするために必要な配慮をする」ことを追加した。②「職業訓練の種類」について、養成訓練に特別高等訓練課程が追加された（9条1項）。③「職業訓練施設」について、高度技能者の養成を行う職業訓練短期大学校（16条の2）と、在職労働者を主たる対象とする技能開発センター（16条の3）を追加した。いずれも雇用促進事業団が設置する。職業訓練短期大学校は、特別高等訓練課程の養成訓練を行うとされ（専修職業訓練校・高等他の施設と同様に、向上訓練、能力開発訓練、再訓練も行う）、また技能開発センターも追加された（向上訓練、

能力開発訓練、再訓練を行う）。

　職業訓練法の条文としてはこのようにきわめて小ぶりの改正であるが、雇用保険法制定との連結が図られることで、職業訓練法の考え方や仕組みの点において重要な転換がみられる[33]。すなわち、雇用保険法では、前述の目的規定に謳われたように、失業者の生活の安定のみならず、失業者の再就職の促進、さらに失業の予防、労働者の能力開発、福祉の向上までをも含む「雇用に関する総合的な機能を備えた制度」が構想されたが、その重要な一環として、いわゆる附帯事業の一つである「能力開発事業」（63条）が実施されることになった。能力開発事業の意義として、①職業訓練法にもとづく職業訓練事業の実施に要する財源を明確にした点、②公共職業訓練施設を中心として新規学卒者に対する養成訓練を主体に推進されてきた職業訓練制度に、職業訓練派遣奨励制度（同条1項5号）や有給教育訓練休暇奨励制度（同4号）などの「生涯訓練体制」の確立に向けた新しい施策を導入し（制度名称はいずれも当時のもの）、「職業訓練制度から総合的な能力開発制度への発展の契機」となった点が指摘されている。改正職業訓練法にも、①は「雇用保険法との関係」（99条の2）、②は「事業主等に対する助成」と（30条の4）して関連規定が盛り込まれた（現行法ではそれぞれ96条、10条の4第1項1号に相当）。また、同じく附帯事業の一つである「雇用改善事業」（当時）においても、事業活動の縮小を余儀なくされ、その雇用する労働者に教育訓練を受けさせる事業主に対して、当該教育訓練に必要な助成・援助を行うとされ（62条1項4号）、法定職業訓練では対処しえなかった事業主・労働者の教育訓練ニーズに対応し、教育訓練と雇用施策の連携が図られた。

　国会での議論では、能力開発事業の事業費の3分の2が公共職業訓練にあてられる試算がでているが、同事業においては公共職業訓練と事業内職業訓練を両輪として充実させていきたい、これまでは中小企業の共同訓練施設のみが助成対象になっていたが、今後は単独の企業の訓練も対象とする（久野木行美労働省職業訓練局長・第72回国会衆議院社会労働委員会議録第13号

---

33)　以下の記述については、岩崎・前掲注7）47頁以下参照。

〈1974年4月2日〉45頁)、職業訓練は一企業の要請のみに応える(企業の労務管理に従属する)のではなく、社会の要請にもとづいたものでなければならず、そのために公共職業訓練と同じ基準を満たすものを助成対象とする(久野木・同第22号〈1974年5月7日〉12頁)といった政府委員の説明が行われていた。職業訓練法の改正内容自体については、とくに技能開発センターに関して、「新たに……事業内職業訓練に対する援助を行うことを専らの目的とした公共職業訓練施設として……創設」[34]されたとの指摘があり、「その後の向上訓練(在職者訓練)の急激な増加」[35]に繋がったとされる。

なお、1974年改正と前後する時期に、ＩＬＯでは1974年に有給教育休暇条約(140号)と同勧告(148号)が、1975年に人的資源開発条約(142号)と同勧告(150号)が採択されている。いずれの条約も日本政府は未批准である。

(2) 評価等

1974年改正については、職業訓練の「経営主体の転換」という「構造的転換」が「財源の問題により浮上」し、雇用保険法が「従来にも増して公共職業訓練、あるいは職業訓練全体を事業主の行う訓練に対する助成、援助制度として位置づけ……、この精神の下に「職業訓練法」の施策を展開することになる」という評価が有力であろう。ここからさらに進んで、雇用保険法の附帯事業は事業主のみの拠出負担となっているが、諸外国と同様の職業訓練税・賦課金制度を導入しようとした意図を推測する見解も存在する[36]。

いずれにしても、職業訓練の財源が労使拠出の失業保険から事業主拠出の雇用保険法の附帯事業に転換することで、それを事業主のためだけに利用す

---

[34] 関英夫『雇用保険法の解説』(ぎょうせい、1975年)294頁
[35] 田中・前掲注2)論文27頁。
[36] 以上については、田中・前掲注2)論文27頁参照。同論文において附帯事業の創設にあたり職業訓練税等が参考にされた証左とされるのは、1973年12月に労働大臣に提出された「失業保険制度研究報告」での次のような記述である。「これらの事業を行うことにより、企業が社会的な責任の一端を果たすこととなり、また、諸外国においてもこれらの事業が事業主から徴収する職業訓練税、賦課金あるいは選択的雇用税等で賄われている例もあるので、事業主のみの負担によることが適当である」。

るのは正当であるのか、労働者は自らの職業訓練を受講する権利を放棄したことになるのかという問題が提起されることになった[37]。ただし、雇用保険法制定による職業訓練事業の転換は、1978年の職業訓練法改正を待つことになる。

1974年法の下で進行した職業訓練法の変容として、職業訓練基準の弾力化（訓練時間の最低基準性から標準性への転換、それによる短縮化）が指摘されている。これは多種多様な事業内職業訓練に基準を合わせ、とくに短期訓練を認定するためであったとされる[38]。公共職業訓練と事業内職業訓練とを「段階的かつ体系的な生涯訓練体系」として統合し、両者の基準の統一化を図るという新法の理念はこうして掘り崩されていった。

2　1978年職業訓練法改正

(1) 背景・概要等

1978年改正の背景にある社会経済情勢の変化として、失業率の上昇・有効求人倍率の低下・常用雇用指数の低下という雇用情勢の変化と、高齢化・高学歴化・第3次産業化という就業者構成の変化が指摘される。公共職業訓練についても、養成訓練の実施規模が縮小する一方で、高等訓練課程の養成訓練は拡大し、能力再開発訓練および向上・再訓練は格段の拡大が図られた。認定職業訓練では、養成訓練生数が減少する一方で、成人訓練生数は増大し、また認定職業訓練の実施主体では単独事業主は減少する一方で、職業訓練法人・団体は増大していた[39]。

1976年には、第2次職業訓練基本計画（1976年度〜1980年度）が策定された。そこでは、職業生涯を通ずる能力開発体制の基礎づくりが掲げられた。すなわち、職業訓練・技能検定は、①職業生涯を通ずる自己啓発意欲の向上、②技能に対する評価の確立と労働者の地位向上、③技術革新・技術の高度化に対応する職業能力の質的向上、④産業構造の変化にともなう職業転換の円滑化という要請に応えることが求められる。今後の方向性としては、①新規

---

37)　田中・前掲注2）論文27頁参照
38)　田中・前掲注17）214頁以下参照。
39)　以上について、岩崎・前掲注7）55頁以下参照。

学卒者等があらたに職業に就くために必要な基礎的職業訓練（長い職業生涯の基礎となるような職業能力の措置が与えられるべき）、②職業に従事しながら職業能力を伸ばし、より高度の技能に就くために必要な職業訓練、③技術革新や技術の高度化にともなう技能の内容の変化に対処して、新しい技能を身につけるために必要な職業訓練、④失業者や転職者の就職のために必要な職業訓練が求められ、すべての労働者に生涯訓練が可能となる社会的与件の整備、職業訓練機関と学校等の教育訓練機関との相互連携の確保が必要であるとされた。

　1978年に国会に提出された職業訓練法案の提案理由説明では、以上の事情が簡単にふまえられたうえで、法案の概要について、職業訓練・技能検定の基本理念の明確化（生涯職業訓練・生涯技能評価の理念、3条）、職業訓練施設のそれぞれの役割の整備（専修職業訓練校と高等職業訓練校の区分の廃止、職業訓練校として名称の統一化、高等職業訓練校の技能開発センターまたは職業訓練短期大学校への転換、14条）などといった点が説明されている（藤井勝志労働大臣・第84回国会衆議院社会労働委員会議録第8号〈1978年3月28日〉29頁以下）。

　この改革により、職業訓練施設の実質的な役割分担が行われたと指摘される[40]。すなわち、都道府県が設置する職業訓練校においては、中卒者を対象とした養成訓練と離転職者を対象とした能力再開発訓練が実施され、国が設置する（15条2項、ただし、雇用促進事業団法19条1項1号により、従前と同じく同事業団が設置・運営する）職業訓練短期大学校と技能開発センターにおいては、前者では高卒者対象の高度な養成訓練が、後者では在職者対象の向上訓練が実施されるようになった。制度全体としては、産業界の要望に沿う技能者養成体系となっていた制度に、オイルショックでの不況による失業者・離転職者に向けた公共性の高い職業訓練が併記されたことになったと評価される。後者のための職業訓練の展開方法として、関係地域における労使双方のニーズに沿った職業訓練の推進という観点から（9条3項）、モジュール（単位制）訓練方式等が推奨された[41]。

---

40) 以下について、田中・前掲注2) 論文27頁参照。

(2) 特徴——職業訓練に関するコンセプトの転換

　ここでは、改正法による職業訓練に関するコンセプトの転換を中心に3点指摘しておきたい[42]。つぎの職業能力開発促進法の準備過程でも、この3点は職業訓練行政の課題として意識されていた[43]。

　第1に、公共職業訓練中心から公共・民間一体となった訓練受講機会の提供への転換が図られた。公共職業訓練と事業主等の行う職業訓練とを対等に位置づけ、それぞれの役割を明確にした（8条、9条1項・2項）。改正前の職業訓練法が、法定職業訓練とそれを実施するための公共職業訓練施設の体系であり、事業主等の行う職業訓練については認定等に限って規定していたのに対し、改正法は公共・民間がそれぞれの責務・役割を果たし、相互に連携することで、全体として生涯職業訓練の実現のための多様な職業訓練受講機会を確保していくための方法を規定している（「職業訓練の実施」という標題となった第3章第1節〈8条〜26条〉による）。

　これと重複するが、第2に、法定職業訓練（この語は職業訓練のイメージをきわめて限定的なものにしていたとして、改正法では「準則訓練」の語にあらためられた、10条）中心から多様な職業訓練の実施への転換が図られた（8条は、養成訓練、向上訓練（従来の再訓練と統合）、能力再開発訓練を職業訓練の例示として規定する）。新法の各種制度は新卒者に対する養成訓練用に解釈・運用が固定されてしまい、本来可能であるはずの弾力的な活用に支障が生じていた。また、法定職業訓練中心の職業訓練制度においては、一定の型（とくに訓練の教科・期間）に該当しない職業訓練は、職業訓練にあらざるものとして排除されがちとなる。在職労働者に対する職業訓練の拡大を図ろうとすれば、この矛盾も拡大する。これに対して、法定職業訓練の弾力化という対処がなされてきた。たしかに、訓練基準は職種・技能の変化に対応して不断に見直されるべきものであるが、弾力化自体は極限的には無基準化となり自己撞着に至りかねない。法定職業訓練以外の職業訓練を施策

41）　岩崎・前掲注7）196頁参照。
42）　以下については、岩崎・前掲注7）157頁以下参照。
43）　宮川知雄『解説・職業能力開発促進法——未来を拓く人材開発』（日刊労働通信社、1986年）66頁以下参照。

対象にしなかったのは、事業主の恣意を排除するためであったが、今日では社会全体あるいは労使間においてのチェック機能が強化されている。今後、事業主・労働者の必要とする多様な職業訓練の振興を図っていくためには、法定職業訓練に該当しない職業訓練をも広く対象としてとりいれていく必要があるとされた。

第3に、技能系職種中心の職業訓練から幅広い職業能力の開発向上への転換が図られた。新法は「技能労働者」の「養成」を直接の目的としていたが、改正法は広く「労働者」の職業に必要な能力の開発・向上等が目的とした（1条）。この目的の拡充により、職業訓練法は「労働者全体の職業能力の開発向上のための一般法」となり、「普及し振興すべき職業訓練及び技能検定の内容を示すものであると同時にその裏打ちとなる公共及び民間における実施の円滑化のための施策をも包括した総合的な体系」となったと整理される[44]。

3 1985年職業訓練法改正・職業能力開発促進法制定

（1）背景・概要等

職業能力開発に影響を与える社会経済情勢の主要な変化として当時認識されていたのは、技術革新の進展、高齢化社会の到来、サービス経済化の進行、女性労働者の増大、経済活動の国際化である[45]。オイルショックから先進諸国のなかでいち早く抜け出し、日本経済は安定成長期にあった。また、1981年には中曽根内閣の下で臨時行政調査会が設置され、労働行政組織についても、ＭＥ化等の技術革新にともなう技能の変化に対応しうる高度の能力開発および配置転換・職種転換のための能力開発、中高年齢者の活性化のための能力開発、労働者の自己啓発意識の高まりに対応した有給教育訓練休暇制度の充実などが、積極的に推進すべき施策として提示された。1983年3月の臨時行政調査会第5次答申では、これらの課題に取り組むために、職業訓練局を職業能力開発局に改組する方針が公にされ、同年5月の閣議決定

---

[44] 岩崎・前掲注7）167頁参照。
[45] 宮川・前掲注43）3頁以下、野見山眞之『新時代の職業能力開発』（労務行政研究所、1987年）35頁以下参照。

により政府の方針とされた。

　職業訓練局では、急進展する技術革新、本格的な高齢化社会、第三次産業の増大、企業・労働者のニーズの変化に、それぞれ対応する公共職業訓練を主たるテーマとして検討を進め、1983年9月には「公共職業訓練のあり方等研究会」を組織した。同研究会は、1984年6月、職業能力開発局の発足直前に報告書を提出した。そこでは公共職業訓練の役割についてつぎのような指摘が行われた。

　「職業能力の開発は、在職者については第一義的には企業が実施し、他方、入職前の新規学卒者、個別企業に責任を負わせられない離転職者及び社会的に特別な配慮の必要な心身障害者等については公共職業訓練が責任を負うというのが基本であろう。しかし、実際には在職者の能力開発についても中小企業にあってはもちろん、大企業であっても十分適切な教育訓練を行うことが困難な場合があるのが現実である。このため、公共職業訓練は、その役割を十分確認しつつ中小企業のみならず中堅企業あるいは大企業に対する施策としても有効に機能を発揮するよう、それぞれの地域の労働者及び企業から求められる教育訓練ニーズを組織的に把握し、かつこれに柔軟に対応できる体制の確立に向けて一層体質改善を進め、経済社会の負託に応えなければならない」。

　「公共職業訓練には、労働者の生涯にわたる職業能力の開発及び向上のための先導的な役割が期待されている。このため公共職業訓練は、①……民間活力を十分引き出すよう努めること、②……専修学校等についても、……教育訓練を委託する途を更に拡げるなどタイ・アップの強化に努めること、③更には、職業高校と……連携の強化を考慮することなどが必要である。そうしたことを通じて、公共職業訓練が地域における労働者の職業能力開発システムの中心的地位を占めるようにする必要がある」。

　その一方で、公共職業訓練と対置される企業の職業能力開発について、「企業内教育研究会」が設置され、1984年11月に報告書「新時代の企業内職業能力開発の課題と方向——新しい「学習企業」を目指して」が提出された。同報告書では、今後の職業能力開発の課題と対策についてつぎのように提示した。

「ＯＪＴを基軸とする日本的人材育成システムは、これまで全体としてうまく機能してきたが、これは労働人口のうち若年層の占める比率が高かったこと、経済の高度成長の下で昇進機会が多かったことなど外的条件に恵まれていたことも大きく影響している」。「また、技術革新の進展が労働者の必要職業能力に及ぼす影響も今日のＭＥ化時代のように激しくはなかったために労働者にとってゆるやかな適応が可能であったといえよう」。「今後、……大きな経済社会情勢の変化に対処していくためには、ＯＪＴを基底に据えて、日本的人材育成システムをより活性化させ、その機能をフルに発揮させていく必要がある」。「そのためには、これまで『職業訓練』という言葉でイメージされてきたような職業能力開発のパラダイム……の転換を図る必要がある」。

　「今後の職業能力開発は、まず第１に、労働者の変化に対する適応力を重視した能力開発でなければならない」。「第２に、技能系労働者のみならず、サービス系労働者も含めて労働者の入職から退職に至るまで、幅広い職業能力の開発及び向上を継続的に行っていく必要がある」。「第３に、ＯＪＴを基底に据えて各種の職業訓練方法を活用して、より計画的な労働者の職業能力の開発、向上を志向するものでなければならない」。「こうした課題に対処していくためには、企業は、新時代に求められる職業人を積極的に育成する新しい「学習企業」に移行していくことが必要である」。この移行を国・都道府県は支援していく必要がある。

　以上のような今後の職業能力開発行政の基本的な方向をふまえながら、中央職業訓練審議会での検討を経て法案（職業訓練法の一部を改正する法律案）が準備され、1985年２月に国会に提出された。国会では法案の概要について、法律の名称を変更することのほか、つぎの点が説明された（山口敏夫労働大臣・第102回国会衆議院社会労働委員会議録第７号〈1985年２月26日〉16頁）。①職業訓練は、訓練を受ける労働者の自発的な努力を助長するように配慮して行われるものとする（３条の２）。国・都道府県は、事業主その他関係者の自主的な努力を尊重しつつ、事業主の講ずる措置の奨励に努めなければならないものとする（４条２項）。②事業主は、その雇用する労働者に対して、多様な方法により職業訓練を実施するほか、必要に応じ、

他の者の設置する施設により行われる教育訓練を受けさせること、または有給教育訓練休暇の付与その他必要な援助を行うことなどの措置を講ずるものとする（10条、1（1）参照）。また、事業主はかかる措置に関する計画の作成（11条、現同条に相当）と職業能力開発推進者の選任（12条、現同条に相当）に努めなければならないとし、事業場内における職業能力開発を促進する体制を整備した。国・都道府県が事業主等に行う援助についても、情報・資料の提供、計画作成・実施に関する助言等を適切かつ効果的に行うため必要な施設の設置等に関する規定を設け（14条、現15条の2に相当）、その充実を図るものとしている。③公共職業訓練施設について、訓練基準の弾力化[46]を行うとともに（19条、現同条に相当）、離転職者に対して委託訓練制度の積極的活用を図るよう改正した（16条3項、1978年改正法9条2項を改正、現15条の7第3項に相当）。④都道府県立職業訓練施設の運営費についての補助方式を負担金方式から交付金方式に改めた（99条、現95条に相当）。

　国会では、財源は雇用保険にあることから制度は内容的には変わっておらず、一般会計から支出を行うべきである（多賀谷眞稔議員〈社会党〉・同会議録第12号〈1985年4月2日〉10頁）、交付金方式への切替えによる公的負担の減額や、委託訓練制度の拡充による公共職業訓練の縮小が心配される（村山富市議員〈社会党〉・同14頁）といった指摘が行われている。また、事業主がその雇用する労働者の職業能力開発のために「促進するものとする」とされた施策の一つとして、有給教育訓練休暇が規定されなおした点にかかわって、同休暇がフランスでは労働者の権利とされているとの発言に対して（塩田晋議員（民社党）・同会議録第10号〈1985年3月27日〉26頁）、政府委員からは、日本では有給教育訓練休暇制度を導入している事業所は全体の4.3%であり[47]、社会的に定着するにははるかに遠い段階であることか

---

[46]　この改正により、職業訓練の基準に関しては、訓練基準として定めるべき事項と各事項について定めるべき内容のいずれもが、労働省令（職業能力開発促進法施行規則10条以下参照）に委ねられることとなった。従前は後者のみが労働省令に委ねられていた。宮川・前掲注43）198頁参照。

[47]　出典は明らかではない。1985年の調査をもとに8.0%であるとの紹介もみられる。宮川・前掲注43）261頁参照。

ら、これを労働者の権利という形で規定するのはいささか早いとの答弁が行われているのが注目される（宮川知雄労働省職業能力開発局長・同 27 頁）。

（2）特徴等

しばしば指摘されることであるが、職業能力開発促進法は従来の職業訓練法とはまったく別の法律のようにみえる。すなわち、まず、形式の点で、前述のように（一 2）、従来とは異なり、事業主の行う「多様な職業訓練」（8条）を最重要視した法的枠組みが採用されている。つぎに、内容・運用の点でも、事業主の行う職業能力開発を強化するための施策として、①ＯＪＴの明文化と②訓練基準の大幅な弾力化が行われた[48]。

①については、事業主による職業訓練のやり方として、「労働者の業務の遂行の過程内」の職業訓練が最初に列挙された（9 条、現 10 条）。これに関しては、「ＯＪＴを法文中に規定したのは長い職業訓練の歴史の中で初めてであり、きわめて重要な規定」であり、「わが国では戦後改革の時期に徒弟制度に対する行き過ぎた批判の下で、その職業訓練的、あるいは教育的意義を無視する嫌いがあったが、この規定により、徒弟制度の教育・訓練の側面を再評価すべきである」との指摘がみられる。

②については、「事業主が容易に職業訓練を実施するためには重要」であるとされる。とりわけ従来の訓練基準は、労働省令（施行規則）により職種がまず設定され、そのための訓練期間、訓練時間および教科科目等が規定されていた。本改正後は、労働省令で定める教科等に関する基準に従った訓練（「Ａ型訓練」）のほかに、労働省令が定める訓練期間または訓練時間に関する基準の範囲内で、訓練実施者が教科等を定めて行うと訓練（「Ｂ型訓練」）が認められるようになり、必要に応じて自由に職種を設定できることとなった[49]。これにより在職者訓練の拡大が容易となり、公共職業訓練にも多大の影響を与えたとされる。

とくにＯＪＴの明文化については、それがいかなる意味において法的支援

---

48) 以下について、田中・前掲注 2 ）論文 48 頁参照。
49) 田中・前掲注 17）224 頁以下、宮川・前掲注 43）201 頁参照。

の対象となる公共性をもちうるのか、より一般的には、職業訓練における労働者の権利はいかに保障されるのかという課題が提起されたといえる。また、雇用保険法の能力開発事業に基盤を置いたことで、労働行政による事業主を通じた労働者の職業能力開発というスタンスが、立法過程でこれまでになく浮き彫りにされた感がある。たとえば、1978年改正では「労働者は……多様な職業訓練を受けることができるように、職業訓練を受ける機会の確保について……配慮される」という規定が設けられたが、1985年改正では同様の点について「事業主は……配慮する」という規定形式に変更された。受動態から能動態へのたんなる書き換えのようであるが、労働者の法主体性の痕跡すら消し去った印象を与える[50]。その一方で逆説的ではあるが、当時すでに経済政策官庁側では、資格制度の整備とそれに連動した職業能力開発制度の構築による、「個人主導型職業能力開発推進」が展望されていた[51]。ただし、そこでの「個人主導」は労働者の「自己啓発」に委ねられていた。

なお、国会で議論となった一般財源化について、労働省側はその後の公刊物のなかで、一般財源化すればかならずしも職業訓練のために使用されるとは限らない、緊急時に必要な職業訓練の実施が困難になると指摘する。また、同じく議論となった有給教育訓練休暇については、ＩＬＯにおいても同休暇に関する前掲の140号条約が採択されているが（1974年）、この制度の実効を期すには、同休暇制度の対象として活用できる施設の充実が現状では重要であると説明している[52]。

4　1992年職業能力開発促進法改正

（1）概要等

1986年末から日本経済はバブルを経験したが、この時期には技術革新・情報化の進展により、技術者不足が意識されるようになる。さらに、1991年に入りバブルは崩壊することで、ホワイトカラーのための雇用対策

---

50) 田中・前掲注2) 論文28頁、大和田・前掲注1) 11頁参照。
51) 経済企画庁総合計画局『職業構造変革期の人材開発――構造失業時代への処方箋』（大蔵省印刷局、1987年）10頁以下参照。
52) 宮川・前掲注43) 240頁、142頁参照。

が緊急を要するようになった[53]。また今後、若年労働者の大幅減少が見込まれた。これらの課題に応えるために、法改正が進められることになる。

　国会での改正法案の提出理由説明は、つぎのようなものである（近藤鉄雄労働大臣・第123国会参議院労働委員会会議録第5号〈1992年4月16日〉35頁以下）。「我が国経済社会は、今後、若年労働力の大幅減少等に伴い、構造的に労働力不足基調で推移することが見込まれる一方、技術革新、情報化等が急速に進展しております。このような中で、経済社会の変化に柔軟に対応できる人材の育成と、労働看の職業の安定を図るためには、労働者の職業能力の開発及び向上を一層促進することが必要であります」。「このような課題に適切に対処していくため、事業主、労働者等の自主的な職業能力開発を促進するための支援の強化、高度で多様な職業能力開発機会を提供するための公共職業訓練体制の整備……を中心として、職業能力開発促進法を改正することとし……提案いたした次第であります」。

　その主要な内容としては、つぎの点をここでは挙げておく。①国・都道府県は、事業主等のほか労働者に対しても、職業能力開発に関する情報及び資料の提供、相談援助の実施に努めなければならない（15条の2）。公共職業訓練施設は、職業訓練を行うほか、事業主、労働者その他の関係者に対し、情報及び資料の提供、相談その他必要な援助を行うように努めなければならない（15条の6第2項）。公共職業訓練施設を各種の援助業務をも行う総合的な施設として位置づけることから、公共職業能力開発施設と名称を変更する。②公共職業訓練の体系を、養成訓練、向上訓練及び能力再開発訓練にもとづく対象者別の体系から、労働者が受講したい訓練を選択できるような、訓練内容の程度と訓練期間の長さによる弾力的な体系に再編することにより、多様で高度な職業訓練を実施できるようにするとともに、職業能力開発短期大学校において、在職労働者を主たる対象とした短期間の高度な職業訓練を実施できるようにする（15条の6第1項、旧15条改正）。③事業主がその雇用する労働者の職業能力開発を促進する場合に講ずる措置として、労働者に各種の職業能力検定を受けさせることを規定するとともに、国及び都道府県

53）　松原東樹『転換期の職業能力開発』（労務行政研究所、1995年）36頁以下参照。

が事業主等の行う職業能力検定に対する援助等を行うことにより、その普及促進を図る（15条の3に追加）。

（2）評価等

上記の改正点のなかで、②は職業訓練実施上の大きな改正である。具体的には、「普通」と「高度」、「長期」と「短期」による区分となった[54]。これにより、1978年改正法による都道府県設置施設と雇用促進事業団設置施設との役割分担は解消された。労働者・産業界の多様な受講ニーズに応じた「弾力的な体系」への再編が大義名分であるが、対象者別の課程の区分は基本的に必要である、職業訓練の効率的運営を目指した政策の終焉であるとの批判が存在する[55]。

①・③については、国会での政府側説明において、企業内職業訓練主導の考え方がもはや躊躇なく披瀝されるようになった点が注目される。すなわち、「民間と公共の役割について申しますれば、中心になりますのはやはり民間の自主的な訓練であると思いますが、中小企業等を中心にしてなかなかそれが行いがたいという点もございますので、公共がそれをいわば補完するというかサポートする、そういった役割分担……で考えている」（松本邦宏労働省職業能力開発局長・同第6号〈1992年4月23日〉1頁）、「公共職業訓練所といいますか、公共的な能力開発機関を重視しろという先生のお気持ちはよくわかります。同時に、やはり実際産業の要請といいますかニーズをわかっておりますのは個々の企業でございますので、……公共的な職業訓練に全部任せていただくのではなしに、企業内においてそれぞれのニーズに即応するような職業訓練をおやりになる、それに対して国及び県がお手伝いをさせていただくということも私は公共的な職業訓練と並んで大事なのではないか」（近藤・同2頁）といったことが発言されている。

これに関連して、つぎの時期に繋がる傾向として、労働者個人の役割が重視されるようになっている。「労働者の職業能力の開発、向上を図るに当た

---

54) 詳細については、松本邦宏『生涯職業能力開発の新たな展開』（労務行政研究所、1992年）112頁以下参照。
55) 田中・前掲注2）論文32頁参照。

りましては、もとより労働者自身の自発的な取り組みというものがやはりどうしても前提になる……、また労働者自身の自己啓発のニーズも非常に高まっている」、「そこで、今回の改正では、能力開発に関する国あるいは都道府県の援助の対象というものに労働者というものを明記いたしまして、各種の情報提供あるいは援助なんかの対象にも、事業主だけではなくて労働者も加えていこうということにしている……、……労働者の自主的な能力開発というのを大変重視した改正になっている」（松本・同2頁）と国会では説明されていた。

四　第3期――個人主導の強調

1　1997年職業能力開発促進法改正

（1）概要等

　第6次職業能力開発基本計画（1996年度～2000年度）は、「個人の個性を活かしつつ変化への対応を図る職業能力開発の実現を目指して」という副題をつけられている。経済・産業構造の転換、技術革新の進展、少子高齢化等に対応し、事業の高付加価値化・新分野展開を担う人材の育成とともに、個人主導の職業能力開発の環境整備等の推進を目指すとした。このような課題設定は、当時のホワイトカラーに対する余剰感の高まりと強い繋がりをもっていたといえる[56]。1997年の職業能力開発促進法改正は同計画をふまえたものとなっている[57]。

　法案の提案理由については、「最近の急激な産業構造の変化の中で、企業は製品等の高付加価値化や新分野展開等を図ることが必要となっており、これらを担っていく高度な知識、技能、技術や企画開発能力、応用能力等を有する、高度で多様な人材を育成していくことが急務となっております」、「職

---

[56]　中井敏夫『ホワイトカラーの職業能力開発の新たな展開』（労務行政研究所、1997年）23頁以下、伊藤庄平『変化への対応を図る職業能力開発の実現を目指して』（労務行政研究所、1999年）1頁・3頁参照。
[57]　労務行政研究所編・前掲注1）110頁、濱口・前掲注1）書180頁以下参照。

業能力開発行政におきましては、事業主による能力開発を推進することとあわせて、企業内での教育訓練が困難な中堅・中小企業等を中心に、産業界や地域のニーズに応じ、公共職業訓練を実施してきておりますが、事業活動の高度化に対応し得る人材を育成するため、公共職業訓練の一層の高度化を図る必要があります」、「また、高度化、複雑化または専門化している業務を遂行するには、創造性の発揮のような、労働者個人に依存する職業能力が強く求められていることや、急速な情報化の進展等により従来の企業内の教育訓練だけでは十分対応できない部分もふえていること等から、個人の自発的な職業能力開発の取り組みが重要になっております」と説明された（岡野裕労働大臣・第140回国会衆議院労働委員会議録第8号〈1997年4月18日〉1頁）。

　主たる内容としては、①公共職業訓練の高度化と②個人主導の職業能力開発にかかわるものが存在する（同上）。すなわち、①については、現行の職業能力開発短期大学校で行っている職業訓練の訓練課程に加え、さらに専門的かつ応用的な職業能力を開発・向上させる長期間の訓練課程を行うためのものとして、職業能力開発大学校を国が設置すること、また、現行の職業能力開発大学校で行っている指導員訓練ならびに職業能力の開発および向上に関する調査および研究とともに、公共職業訓練等の実施の円滑化に資するものとして新技術等に対応した職業訓練を総合的に行う施設として、職業能力開発総合大学校を国が設置することなどが挙げられる（16条、27条以下、ただし、職業能力開発大学校・職業能力開発総合大学校の設置・運営は、前述した職業能力開発短期大学校・職業能力開発促進センターと同様に、雇用促進事業団が行う、なお、同事業団はその後数次の組織改編を受けて、2011年以降は独立行政法人高齢・障害・求職者雇用支援機構として当該業務を行っている、同機構法14条1項7号）。

　②については、労働者の自発的な職業能力の開発および向上を促進するため、その自発的な努力を助長するように配慮しつつ職業能力開発促進が行われることを基本理念として規定するとともに、労働者がみずから職業に関する教育訓練を受ける機会を確保するための関係者の責務および事業主の講ずる措置ならびに当該事業主等に対する援助及び助成の措置を明確化すること

が指摘できる。改正法は、1条の目的規定に「労働者が自ら職業に関する教育訓練又は職業能力検定を受ける機会を確保するための施策」という文言を追加した。同様の文言が4条1項、同2項、10条の2（現10条の4）第1項、15条の2、15条の3にも盛り込まれた。労働者の職業能力開発の自主的な受講の援助が同法では強調されたことになる。

（2）評価

①に対しては、職業訓練指導員の業務に規定は旧法当時のままであり、在職者訓練を中心に現実の業務との間に乖離が生じており、職業訓練指導員の養成自体を高度化する必要がある旨の指摘がみられる[58]。

②に関しては、この改正に至る流れには、日経連「新時代の「日本的経営」」（1995年）が、重要な役割を果たしたとの指摘が存在する。すなわち、同文書で日経連が「職業訓練のあり方を企業主導の事業内訓練から個人主導の職業能力開発に切り替える必要性を指摘」し、「事業内訓練を財政上の重荷であると公言した」ことが、1997年改正に繋がったと整理される。そのうえで、「この改正が大きな分岐点となり、以後キャリア概念が世間で氾濫しはじめた。職業能力開発に取り組む責任は事業主から、雇用保険の受給資格者としての労働者に移動した」と評価される[59]。

なお、雇用保険法において、1997年に能力開発事業の一環として事業主に対する自主的能力開発環境整備助成金が創設されるとともに（当時）、1998年改正により労働者に対する教育訓練給付が創設されたが[60]、後者については濫用事案が続出した[61]。

2　2001年職業能力開発促進法改正

（1）概要等

2001年の職業能力開発促進法改正は、第7次職業能力開発基本計画

---

[58]　田中・前掲注2）論文34頁参照。
[59]　平沼・前掲注2）45頁。
[60]　伊藤・前掲注56）140頁以下参照
[61]　菅野和夫『労働法〔第11版補正版〕』（2017年）88頁参照。

（2001年度～2005年度）をふまえて行われたとされる[62]。同計画では、近年の技術革新の進展、産業構造の変化、労働者の就業意識の多様化等にともなう労働移動の増加、職業能力のミスマッチの拡大等に的確に対応し、キャリア形成支援システムや職業能力評価システム等の労働市場を有効に機能させるインフラの整備を行うほか、労働力需給の動向に対応した職業能力開発の展開等による職業能力開発施策の推進を通じて、労働者の職業の安定等を図ることを掲げた。

　2001年改正は、「経済社会の変化に対応する円滑な再就職を促進するための雇用対策法等の一部を改正する等の法律」の一環として行われた。同法案の提案理由については、「現在、雇用情勢は依然として厳しい状況にあり、産業構造の転換等経済社会の変化が進む中で、労働者が離職を余儀なくされる場合の円滑な再就職を可能とするとともに、労働者個人の自発的な能力開発を促進するなどにより、職業生活の全期間を通じてその職業の安定を図ることが重要となっております」と説明された。職業能力開発促進法の改正については、「労働者の職業生活の設計に即した自発的な職業能力開発を促進するため、関係者の責務及び事業主が必要に応じて講ずる措置を定めるとともに、技能検定試験に関する業務を行わせることができる民間試験機関の範囲及び当該民間試験機関に行わせることができる業務の範囲の拡大を通じて、職業能力評価制度を整備する」ものと説明されている（坂口力厚生労働大臣・第151回国会衆議院厚生労働委員会議録第6号〈2001年3月23日〉18頁）。

　職業能力開発促進法にかかわる改正内容としては、「労働者の職業生活の設計に即した自発的な職業能力開発を促進するため、関係者の責務及び事業主が必要に応じて講ずる措置を定めるとともに、技能検定試験に関する業務を行わせることができる民間試験機関の範囲及び当該民間試験機関に行わせることができる業務の範囲の拡大を通じて、職業能力評価制度を整備する」ものとされる（同上）。具体的には、2条に「職業能力」（2項）、「職業能力検定」（3項）、「職業生活設計」（4項）の各定義規定を新設し、職業生活設

62）　労務行政研究所編・前掲注1）113頁参照。

計概念を職業能力開発の基本理念に関する3条、3条の2第1項等に盛り込むとともに、職業能力検定の基本理念として3条の2第5項を新設し、それぞれ関連条文について所要の改正を行った。

(2) 評価

同改正について、「労働者の自発的な職業能力開発を促進するために、労働者が長期的に職業に関する目的を定め、職業の選択や職業能力の開発・向上を計画的に行うこと(「職業生活設計」)」の理念と施策を盛り込んだ。技術革新、産業構造の変化のスピードの加速、非正規雇用労働者の増加等を受け、職業訓練等の実施・機会の確保に加え、労働者の自発的な職業能力開発の取組を促進することが一層重要となっている」、「この改正は、諏訪康雄教授提唱の『キャリア権』を指導理念としていると見ることができる」との整理がみられる[63]。

その一方で、「『『能力』を基準とする労働市場での取引や『キャリア』の持ち運びを可能とするためにも、公的職業訓練評価制度の整備は不可欠であり、労働市場を形成する根幹的なインフラ」であるとしつつ、「さまざまな評価・資格制度が存在するが、統一基準がなく、労働市場における共通用語となっていない」との指摘が当時行われていた[64]。

3 2006年職業能力開発促進法改正

(1) 概要等

「職業能力開発促進法及び中小企業における労働力の確保及び雇用の機会の創出のための雇用管理の改善の促進に関する法律の一部を改正する法律」により、2006年改正が行われた。課題とされていたのは、①若者(若年失業者・フリーター・ニート)対策の必要性、②職業生活設計に即した職業能力開発の必要性、③いわゆる2007年問題(「団塊の世代」の定年により技能が承継されないおそれ)である(2006年2月1日付での労働政策審議会へ

---

[63] 菅野・前掲注61) 71頁。同旨、濱口・前掲注1) 書181頁以下参照。
[64] 厚生労働省職業能力開発局『新訂版・職業能力開発促進法(労働法コンメンタール8)』(2002年) 26頁。

の法律案要綱の諮問にかかる参考資料「法律案概要」参照)。

　同法案における職業能力開発促進法改正の趣旨については、「現場における実習と教育訓練機関における座学とを効果的に組み合わせて実施する実習併用職業訓練を事業主が労働者の実践的な職業能力の開発及び向上を図るための措置として位置付けるとともに、青少年を対象とした実習併用職業訓練の実施計画が青少年の実践的な職業能力開発を図るために効果的であると認められる場合に、厚生労働大臣がこれを認定する」ことなどが説明された（川崎二郎厚生労働大臣・第164回国会参議院厚生労働委員会会議録第18号〈2006年5月9日〉1頁)。

　この改正により、実習併用職業訓練に関する規定（新10条の2、14条、26条の3以下）が新設された。また、労働者による熟練技能等の習得に関する事業主の努力義務を定めるとともに（12条の2)、青少年に対する職業訓練に関して、「有為な職業人として自立しようとする意欲を高めることができるように」という文言が追加された（3条の2第3項)。

　同改正成立直後に告示された第8次職業能力開発基本計画（2006年度～2010年度）では、「働く者に対する職業キャリア形成支援政策の推進」（ニート、出産・育児・介護等による職業キャリア中断者、雇用と自営との中間的な働き方をする者等を含む)、「労働市場を有効に機能させる基盤整備の推進」（多様な職業訓練・教育訓練機会の確保、職業能力評価インフラの充実、情報提供体制の充実など）等が実施目標として掲げられた。

（2）評価

　2006年改正では、若年者雇用問題の深刻化とそれに対する社会的な関心の高まりを背景に、個人主導型という政策理念だけでは捉えられない、実習併用職業訓練制度が導入された点が注目される。同制度は「日本版デュアルシステム」といわれるものであるが、企業が主体となって、教育訓練機関（①公共職業能力開発施設、②認定職業訓練校、③専修学校・各種学校等）における学習と、企業における雇用関係の下での実習（OJT）とを組み合わせることにより、若者を現場の中核となる人材として養成する制度であり、当該企業の雇用労働者が対象とされている。教育機関の側が主体となって公

共教育の一環として訓練を行うものではなく、若者一般に権利として実習訓練を受ける機会と訓練期間中の地位を保障したものでもない点が留意される。

4　2015年職業能力開発促進法改正

（1）概要等

第9次職業能力開発基本計画（2011年度～2015年度）は、いわゆるリーマンショック後の計画であるが、非正規雇用問題の深刻化と成長が見込まれる分野における人材ニーズの高まりへの対応が課題とされた。そのうえで、①「非正規労働者等に対する雇用のセーフティネットとしての能力開発の強化」として、求職者支援制度の導入とジョブ・カード制度の普及が挙げられ、②「職業生涯を通じたキャリア形成支援の一層の推進」として、キャリアコンサルティングが重要であるとされた点が注目される。これらの点は、2015年の職業能力開発促進法改正でふまえられることになる。

同改正は、「勤労青少年福祉法等の一部を改正する法律」の一環として行われた。同法案の提案理由については、「少子化に伴い若年労働力人口が減少する中で、次代を担うべき青少年が安定した雇用の中で経験を積みながら職業能力を向上させ、働きがいを持って仕事に取り組んでいくことができる社会を築くことが、我が国の経済社会の発展を図る観点からも重要な課題」であり、「このような状況を踏まえ、青少年の雇用の促進等を図り、その能力を有効に発揮できる環境を整備するため、青少年の適職の選択並びに職業能力の開発及び向上に関する措置等を総合的に講ずる」ものであるとされる（塩崎恭久厚生労働大臣・第189回国会参議院厚生労働委員会会議録第6号〈2015年4月14日〉27頁）。

職業能力開発促進法にかかわる改正内容としては、「青少年を始めとした働く方々の職業能力の開発及び向上を促進するため、職業生活設計の策定等を支援するキャリアコンサルタントの登録制度を創設するとともに、国は職務経歴等を明らかにするジョブ・カードの普及に努めることとするほか、技能検定の実技試験の実施方法を見直す」ものとされる（同上）。同改正により、「キャリアコンサルティング」に関する定義規定が新設され（2条5項）、職業能力開発の基本理念について「労働者は、職業生活設計を行い、その職

業生活設計に即して自発的な職業能力の開発及び向上に努めるものとする」との定めが挿入された（3条の3）。また、事業主が講ずるものとされるその雇用する労働者の職業生活設計に即した自発的な職業能力の開発・向上の促進策として、「キャリアコンサルティングの機会の確保」が追加された（10条の3第1号）。ジョブ・カード[65]（15条の4）とキャリアコンサルティング制度（30条の3以下）に関する規定も新設された。

　同改正後に告示された第10次職業能力開発基本計画（2016年度～2020年度）は、当該計画と安倍政権下での経済成長戦略との関連づけが行われつつ、この間継続的にとりあげられてきた「職業訓練制度」と「職業能力評価制度」とによる「労働市場インフラ」の整備が課題となっている。ただし、挙げられている主たる施策は「技能検定」、「認定社内検定」、「ジョブ・カード制度」となっている。

（2）評価

　2015年改正では、「雇用のセーフティネットとしての能力開発」という職業補導以来の伝統的な視点があらためて明確化された。しかし、非正規雇用問題や職業能力開発自体も労働条件保障・失業保障とセットで検討されるべき課題であろう。また、職業能力開発促進法のあたらしい政策理念として、個人主導の職業能力開発のための環境整備が掲げられ、この間数次の法改正を経た。当該課題設定は今日ではホワイトカラーに限らず、むしろ非正規雇用労働者や若年者との関係で強調されるようになり、労働者一般に及ぶものとされるに至っているが、制度としての展開はいまのところまだ内実の点で見劣りがするといえる。

65）ジョブ・カード制度が教育訓練的効果をもつための条件を検討するものとして、平沼・前掲注2）48頁参照。

五　展望

1　近年におけるＩＬＯの動向との対比で

　ＩＬＯは前掲の 150 号勧告（1975 年）に替わるものとして、2004 年に人的資源開発勧告（195 号）を採択した。同勧告では、エンプロイアビリティの開発・向上は、訓練での獲得目標となる能力・資格のポータビリティとこのような能力・資格を通じたディーセント・ワークの保障という仕組みと不可分であり、その仕組みをすべての者の権利として作り出すのは政府の責任であるとされる（2 条 d 号、3 条 a 号、4 条 a 号、10 条 a 号）。さらに、2008 年の総会は、195 号勧告採択と国際的なワーキングプア問題を契機として、「生産性向上、雇用拡大と発展のための技能」という議題で一般討論を行うに至った。最終的に採択された結論文書では、ＩＬＯが提唱するディーセント・ワークの実現にとって、企業の生産性向上という媒介項を挟みつつも、労働者の技能向上が根本的に重要であるとされている。より具体的には、一方で、ある仕事での経験・知識を別の仕事に転用可能にする中核的技能と、他方で、異なる労働部門の労使双方に能力レベルを容易に認識可能にする技能のコード化・標準化・評価・認証システムとにもとづく、技能のポータビリティの実現が重要課題とされていること、これにより社会的に認められた技能に向けた訓練が、ディーセント・ワークと労働者のエンプロイアビリティを保障するものとして位置づけられていることが注目される[66]。

　日本においても、技能のポータビリティをどのように実現するかは重要な課題である。企業主導のとりわけＯＪＴに依拠していたのでは、非正規労働者を含めたすべての労働者の職業能力開発はままならないが、財政的に裏づけされた職業訓練プロバイダの量的質的充実がなければ、労働者に良質で適

---

66) International Labour Conference, Conclusions on skills for improved productivity, employment growth and development, 2008, pp. 1-2. 日本語訳として、「参考資料：生産性の向上、雇用の拡大と発展に向けた技能に関する結論」大原社会問題研究所雑誌 607 号（2009 年）48 頁以下がある。

切な職業訓練も提供されないであろう。また、そこでの職業訓練は、公的あるいは社会化された資格取得を目指したものであることが望ましい。一企業を超えた社会的レベルで有用な技能であるということが、公的支援の拡充を正当化すると考える。企業が長期雇用慣行を縮小させ、従業員への教育訓練をコストとして外部化あるいは私事化するようになって、職業能力形成促進のための労働市場インフラの整備という課題があらためて公然化したといえる。

2　職業能力形成・発展に関する法規制の展望

日本の職業訓練法をめぐる議論は、労働法の他領域に属する法律と比べて、社会的に広がりをもったり、対立軸や論点が明確にされたりする形では行われてこなかった。職業訓練法は、旧法時に 37 か条から構成され、新法時にすでに現行法と同じ 108 か条を内容としており、その後度重なる改正を経て現在に至ったが、結局のところ、職業訓練に関する行政のための法（職業訓練を中核とする施策等を行政が総合的・計画的に講じることによる職業能力開発・向上の促進を図るための法）にとどまっているといえる。このことは職業訓練法が労基法から分離され、かつ切断された形で体系化されてきた負の遺産といえるかもしれない[67]。そもそも労働者のケイパビリティ発展という観点からは、社会的諸権利が法秩序により承認され保護され、それにアクセスできることが重要である[68]。また現状では、使用者が労働者の職業能力開発・向上に無関心であったり、時間や費用をそれほどかけていなかったりする場合が少なくない[69]。

職業訓練機会の拡大とそのための多様化が、日本の職業訓練法の発展に通底する大義名分であったが、職業訓練の基幹的なプロバイダとして予定されているのは企業と公共職業訓練施設である。企業が職業訓練の対象とするのは、基本的には当該企業の下で長期雇用慣行にある従業員であり、それ以外

---

67) 大和田・前掲注 1) 2 頁・8 頁参照。
68) 矢野昌浩「雇用のための規範理論に関する序論的検討」矢野昌浩・脇田滋・木下秀雄編『雇用社会の危機と労働・社会保障の展望』（日本評論社、2017 年）31 頁・35 頁参照。
69) 厚生労働省「平成 29 年度・能力開発基本調査」の結果概要（2018 年 3 月 30 日発表）参照。

の者やそこから排除された者にとっては、公共職業訓練施設が依然として重要な役割を果たすことが期待されるはずである。また、労働そのものと同じく、職業能力形成は労働者にとって権利である一方で、使用者の下では業務の一環として義務ともされうるが、公共職業訓練主導では後者の面を、企業主導の場合には前者の面をそれぞれ無視できるため、この二律背反を曖昧にすませることができた。個人主導ではとくに在職者について事情は異なる。個人主導という職業訓練法のあたらしい政策理念がそれを具体化する施策に乏しいのは、企業における裁量的な人事政策と対立すること、企業を離れた場での職業訓練制度を支える生活保障のための仕組みの整備が必要になることによると思われる。

　労働者の社会的な職業能力形成に向けて事業主も労働者自身もアクティベートするために、たとえば、いずれも現行法の延長線上にあるアイディアにすぎないが、労働者の職業能力開発・向上が事業主集団の財政的責任により行われることを明確にして、事業主が当該拠出金を財源とする支援の対象となる職業訓練を計画的に実施することで、財政負担の実質的な補填を受けられる（そのことを促進する）仕組みを拡充すること、労働者の職業能力形成について使用者が労働契約上の義務を負うことを明確にしたうえで、年次有給休暇にならった有給教育訓練休暇の制度化によって、職業訓練に対する労働者の権利保障を徹底させること、企業の職業訓練計画に関する年次交渉義務を課すことなどが考えられる[70]。ただし、これらも企業に雇用される労働者に限定される施策であり、失業者や非雇用的就労者のための施策は別途検討しなければならない。

　職業能力の開発・向上は社会・経済の発展に寄与するという点で、社会的

---

[70] 雇用を含む社会的有用労働への従事による時間貯蓄とその引出権の制度構想については、矢野昌浩「シュピオ『労働を超えて』」日本労働研究雑誌58巻4号（2016年）72頁以下参照。フランスでは、雇用・苦痛労働・市民的活動への従事による職業訓練時間の積立口座制度が近年発展している。G. Auzero, D. Baugard & E. Dockès, Droit du travail, 31e éd., 2017, Dalloz, n°s 370 et 383. なお、現在のマクロン政権は職業訓練法制の改革を予定している（追記：職業的展開の支援、能力への投資および交互訓練の発展のための2018年2月22日の全国職際協定に基づく、職業的将来を選択する自由のための2018年9月5日の法律が制定された）。

投資の対象となる一種の準公共財である。労働市場における実質的な行為能力の形成という点では、職業訓練はセーフティネットとしての役割も果たす。これに対して、企業内での職業訓練は、他所からの委託を受けての実習訓練の場合を除いて、本質的には当該個別資本のためのものである[71]。また、個人主導といわれているものが、職業訓練の不確実性を労働者の自己責任のみに委ねるのを避けなければならない。職業訓練の公共性に見合った法規制が必要であり、個人の権利としての職業訓練保障に向けた労働市場インフラの整備によって、職業訓練法のつぎの新しい時代を画することが期待される。

＊ 本稿は、龍谷大学を拠点とする京都社会法研究会での議論に多くを負っているが、過誤や粗雑な点についてはもとより私の責任である。なお、本稿はJSPS科研費 15H03295・15H05726・18K01295 の成果の一部である。

---

71) 職業訓練は憲法・教育基本法の適用を受ける「公教育」の一環をなし、企業内教育はこのような教育としての公共性に反するとして、「企業内教育の廃止」原則を唱えるものとして、大和田敢太「労働者の職業教育権」前田達男・萬井隆令・西谷敏編『労働法学の理論と課題』（有斐閣、1988年）462頁以下参照。

第12章
雇用保険法

菊池馨実

はじめに

　雇用保険は、年金保険・医療保険・介護保険・労災保険と並んで、わが国の社会保障制度の中核をなす社会保険の一分野として位置づけられる。制度の適用が労働関係を基盤としていることから、労災保険と並んで労働保険のひとつとしても分類される。他方、雇用保険は、広い意味での雇用政策の一環として、重要な位置付けを与えられており、戦後わが国における雇用失業動向の推移に対応して、法改正がなされてきた。このように、雇用保険は、社会保障政策と雇用政策との交錯点に位置付けられる制度ということができよう。

　本章は、失業保険に淵源をもつ雇用保険制度の歴史的沿革を、主として給付面を中心にたどることを通じて、それがどのような歴史的展開を経て今日の姿に立ち至ったのかを改めて確認することを目的とする。そのうえで、その展開過程から浮き彫りになる特徴を明らかにし、課題と展望について若干の検討を行うことを目指したい[1]。

　以下では、一において、雇用保険の歴史的沿革を、前史、失業保険法成立期、同法発展期、雇用保険法成立期、同法発展期の五つに分け、主として給付面に係る法律改正の変遷をたどったうえで、二で、現行法の到達点を明ら

---

[1] 歴史的展開過程の叙述のうち、2003（平成15）年改正までは、後に脚注で掲げるもののほか、労務行政研究所編『新版雇用保険法』（労務行政、2004年）44頁以下、労働省職業安定局雇用保険課編著『三訂新版雇用保険法』（労務行政研究所、1991年）20頁以下を参照した。

かにする。そのうえで、三で、立法史の概観を通した若干の考察を行うこととしたい。

一　雇用保険の歴史的沿革

1　第2次世界大戦前の状況

わが国で失業が大きな社会問題となったのは、第1次世界大戦後といわれる。生産力が増大した同大戦が終了し、大規模な生産過剰による恐慌が起こった。これにより、大量の失業者が発生し、失業問題が深刻化した。1921（大正10）年には、憲政党と国民党が共同して、「疾病保険法案」とともに「失業保険法案」を帝国議会に提出したものの、審議未了に終わった。

他方、大正末期から昭和初期にかけて、大阪、神戸、名古屋、東京の各市において、主として日雇労働者を対象とした失業共済制度が設けられた[2]。しかし、同制度は、昭和7、8年以降の景気の好転とともに順次解消していった。

政府内では、諸外国の制度調査などを行ったものの、具体的な措置はほとんど講じられなかった。1925（大正14）年に入ると、経済不況が深刻化し、大量解雇が行われ、社会不安が増大した。ここにおいて政府は、公営土木事業を中心とする失業者救済事業を創設した。同事業は毎年実施されたが、失業情勢がひっ迫し、日雇労働者で生活困窮者が続出した1929（昭和4）年以降、全額国庫負担の失業応急事業が実施されるに至った[3]。これが戦前における唯一とも言い得る失業対策であった[4]。

---

[2]　たとえば、大阪市労働共済会の失業共済は、1925（大正14）年に日雇い労働者の失業共済事業として開始されたものの間もなく事業が停止され、その後、29（昭和4）年、傷害共済との総合共済として復活した。さらに32（昭和7）年には、一般労働者を対象とする失業保険事業が開始された。第一種保険（保険料1か月50銭、保険給付1日50銭）、第二種保険（同70銭、70銭）、第三種保険（同1円、1円）の3種に分かれており、被保険者を雇用する事業主は保険の種別を自由に選択でき、同一被保険者について二種又は二口の保険契約をすることができた（保険料は労使折半負担）。労務行政研究所編・前掲注1）46頁。

2　失業保険法の成立

　第2次世界大戦後、軍関係者の復員、海外からの引上げおよび軍需産業からの徴用解除にともない、大量の失業が発生することが予想された。実際、1947（昭和22）年12月における失業者数は、厚生省勤労局の推定によれば295万人に上った。新たに設置された失業対策委員会の建議にもとづき、46（昭和21）年「緊急就業対策要綱」が閣議決定された。また同年、厚生大臣の諮問機関として社会保険制度調査会が発足して失業保険に関する検討が開始され[5]、諸課題を検討するために設置された三つの小委員会のうち第三小委員会で、失業保険の審議がなされた[6]。同年12月、社会保険制度調査会から答申を受けた政府は、内閣に失業保険法及び失業手当法案起草委員会を設置し、翌1947（昭和22）年8月、国会に法案を提出した。国会での審議の末、失業保険法は失業手当法[7]とともに同年成立した。

　成立当時の失業保険法は、その目的として「被保険者が失業した場合に、

3）　失業応急事業と改称した理由は、「失業者救済事業」の名称が、被救済労働者に被救済権とも称せられる権利観念を過度に抱かせたためであったとされる。編集委員会編『厚生省五十年史　記述編』（中央法規出版、1988年）311頁。

4）　各企業に慣行的に存在した退職手当制度を社会的に規制した1936（昭和11）年退職積立金及び退職手当法（1941〔昭和16〕年労働者年金保険法に吸収された）が失業保険に代わるものとしての役割をある程度もつものであったとの指摘がある。労働省編・前掲注1）43頁。

5）　この時点では、失業保険について消極説と積極説が展開された。前者としては、①職業紹介、失業救済事業、インフレ対策生活必需品の製造その他生産対策等あらゆる手を打ち失業者の発生防止、減少に努めるべき、②大失業時代における失業保険の実施は膨大な費用を要しインフレ助長のおそれがある、③事業主および労働者の保険料負担は結局産業の過重負担となり、産業の復興を阻害する、等の点が挙げられ、後者としては、①隣保相扶親族知己等他人に頼り得ざる現下の社会情勢に鑑み失業保険を実施すべき、②生活保護法のみでは国庫負担が過重となるおそれがあるからこれと並行して失業保険を実施すべき、等の点が挙げられた。両説とも、失業保険の保険技術的困難性を意識している点が注目される。労働省職業安定局失業保険課編『失業保険十年史』（1960年）187-189頁。

6）　小委員会では、①職域または地域を単位とし、任意設立主義をとり、国が再保険を行う失業保険組合法要綱、②地域（市・町・村）を単位とし、任意設立主義をとる失業保険組合法要綱、③全国的、強制的保険制度による国営失業保険法要綱の3案について審議が進められ、4回にわたる審議の結果、国営強制保険とすることとなった。編集委員会編・前掲注3）927-928頁、労働省編・前掲注5）194-203頁。

失業保険金を支給して、その生活の安定を図ること」を挙げていた（1条）。失業者への生活の安定という「失業」保険に相応しい目的を掲げていたということができる。被保険者は、当然被保険者として、①製造業、鉱業、運輸業、サービス業、卸売業および小売業の事業所であって常時5人以上の従業員を雇用するもの、②法人の事務所であって、常時5人以上の従業員を雇用するもの、③①②に該当しない官公署とされたものの、他方、日々雇い入れられる者、2か月以内の期間を定めて雇用される者、季節的業務に4か月以内の期間を定めて雇用される者、船員保険の被保険者、14日以内の期間を定めて雇用される者、事業所の所在地の一定しない事業に雇用されるものは被保険者から除外された。また任意包括被保険者として、当然被保険者に該当しない労働者でも一事業主のもとに雇用されている労働者数の2分の1以上の者が加入を希望し、労働大臣の認可を受ければ、その事業主に雇用されている労働者は包括して被保険者となることができることとなった。保険給付は、被保険者が離職し、労働の意思と能力がありながら就職できない場合、離職の日以前1年間に通算して6か月以上被保険者期間があれば、180日分の失業保険金を離職後1年間に受けることができ、失業保険金の日額は、被保険者の賃金額に応じて賃金日額の100分の40ないし100分の80を基準として作られる失業保険金額表において定められた額とされた。受給資格者は、失業保険金の支給を受けるには、公共職業安定所に出頭して求職の申込みをした上、失業の認定（1週間に2回）を受けると、1週間に1回ずつ失業の認定を受けた日について前7日分の失業保険金が支給されるものとされた。ただし、求職の申込み以後失業の日数が通算して7日に満たない間は支給されない。

　このように、制定された当初の失業保険法は、現行法よりもかなりシンプルな制度設計であったといえよう。

7）　失業手当法は、失業保険の被保険者であって失業保険の給付が開始される1948（昭和23）年5月1日までの間に離職した者に対して失業手当金を支給することによって、経過的に生活の安定を図ることを目的とした。失業保険法による保険給付開始の直前までの間に離職したことを要件とし、支給金額は失業保険に比べて若干低額とし、支給期間も4か月とされた。同法は1949（昭和24）年5月末日で廃止された。

3　失業保険の発展

1948（昭和23）年末における経済9原則の指令により、企業合理化のための企業整備を行わざるを得ない事態となり、新たに多数の失業者が発生することが予想される状況に立ち至った。そこで、翌49（昭和24）年緊急失業対策法制定とともに失業保険法改正が行われた。これにより、適用範囲の土木建築、映画演劇および旅館、料飲店等の事業への拡大、賃金の高低に合わせ逓減していた給付率を一律100分の60に改め固定する、保険料率引下げ、日雇失業保険制度の創設等の制度の整備拡充が行われた。その後、朝鮮戦争の勃発を契機として、雇用情勢が好転し、失業保険事業は安定するに至った。

わが国社会保障制度の基盤を築いた1950（昭和25）年社会保障制度審議会勧告（50年勧告）は、社会保障の中心をなす社会保険の一部門として「失業に関する保険」について独立の章を設けている。そこでは、「失業問題の解決は雇用政策の推進以外には真に有効なる方法はあり得」ず、「失業保険はいわば、これを側面から補足して、短期的失業者に対して生活保障を与えるにとどまる」とし、「長期的要素を帯びる失業解決は、あくまで雇用政策の推進以外にはあり得ない」と断じている。雇用政策との関係で失業保険は補足的役割を果たすにとどまること、生活保障（社会保障）のなかで失業保険はあくまで短期的失業に対処するものであることが強調されている点が注目される。

昭和30年代には、高度経済成長期の到来とともに、社会保障制度の拡充がなされるなかにあって、失業保険制度にも改善が図られた。具体的には、1955（昭和30）年改正により、適用範囲の拡大（保健衛生事業、社会福祉事業）を行う一方で、長期間同一事業主に雇用されていた者に配慮しながら季節的労働者等短期労働者の失業保険濫用に対処するため、被保険者期間の長短に応じて給付日数を4段階（270日、210日、180日、90日）にした。1960（昭和35）年改正では、議員立法により給付改善を含む改正が行われ、公共職業訓練等受講中の給付日数延長制度の創設、広域職業紹介活動命令地域に係る給付日数制度（90日）の創設、就職支度金制度の創設などが行われた。

1962（昭和37）年には、社会保障制度審議会から社会保障制度の総合調整に関する基本方策について答申および勧告（62年勧告）がなされた。失業保険制度については、最高限度額の引上げ、受給のために必要な被保険者期間の緩和、同一事業主でなく被保険者期間の長期継続による給付日数決定、失業状態の悪化による就職困難や中高年齢層で就職できない場合等の給付日数の延長等が要請された。この勧告に応える形でなされた1963（昭和38）年改正は、一般失業保険金日額の最高限度額の引上げ（700円から860円へ）、扶養加算の実施、技能習得手当および寄宿手当制度の創設、傷病給付金制度の創設、雇用期間の通算による給付日数決定の仕組みの導入などが実現した。

　高度経済成長は、国内労働力需給の均衡を失わせ、学卒労働力のみならず全般的な労働力不足をもたらした。しかしながら、失業保険金受給者は一向に減少せず、むしろ季節受給者や女性受給者は急激に増加する傾向にあり、しかも再就職の意欲に乏しいことが問題とされた。このため、1964（昭和39）年8月、「失業保険給付の適正化について」と題する都道府県知事あて通達が出され、職業紹介との緊密な連携のもとで、給付の適正化が図られるに至った[8]。他方、身体障害者等が就職難の状況におかれるなど、労働力の需給関係が不均衡の状態にあったなかで、1966（昭和41）年雇用対策法が制定され、職業転換給付金制度等が設けられた。

　高度経済成長期の到来により、社会保障制度の内容の充実のほか、社会保険等の適用範囲の拡大が要請されるに至った。失業保険についても、5人未満事業所への適用拡大が懸案となった。1967（昭和42）年提出の法案が廃案になった後[9]、69（昭和44）年に再度提出され、改正法が成立した。同改正により、5人未満事業所等への適用範囲の拡大、扶養加算を扶養手当とする、20年以上の長期被保険者の給付日数引上げ（270日から300日へ）、失業支度金および移転費を福祉施設として支給することとし内容を改善する、等の改正がなされた。また同年、従来別個に行われていた失業保険料と労災

---

[8]　1965（昭和40）年には、港湾運送に必要な労働力を確保すること等を目的とする港湾労働法が制定され、登録日雇港湾労働者は失業保険法の適用除外とされた。
[9]　1968（昭和43）年には、季節的受給者の通年雇用の促進化を図るため、法27条の2を支給根拠とする季節的受給者通年雇用奨励金の制度が創設された。

保険料を一元的に徴収するため、労働保険の保険料の徴収等に関する法律が制定され、保険関係の成立および消滅、保険料ならびに事務組合については徴収法の定めるところによることとした。

4 雇用保険法の制定

失業保険法制定以来、四半世紀が経過し、高度経済成長期を経た経済社会の進展とともに、雇用・失業情勢も大きく変化し、長期的には若年労働者の不足基調が続くものと予想される状況下、量的な雇用の改善から質的な雇用の改善を進め、質量両面にわたる完全雇用の実現を目指すことが課題となった。その際、高齢化社会への移行にともない、中高年齢者の雇用促進の問題が、心身障害者などの雇用促進の問題とともに大きな課題となってきた。また経済社会が高度の発展段階に達し、国民の欲求の多様化、高度化が進むなかで、失業保険制度をどのように対応させていくかも重要課題であった。さらに若年女子受給者や季節的受給者の問題、適用範囲や福祉施設などの制度の仕組みの問題などが顕在化し、制度の抜本的見直しが迫られるに至った。

1973（昭和48）年、労働省に失業保険制度研究会が設置され、①今後とも摩擦的失業、景気変動に対処し得るものとして失業保険機能を維持していくこと、②この場合、高齢化社会への移行、エネルギー問題に対処できる制度とすること、③勤労者の能力開発、雇用の質的改善、福祉の増進という諸要請に応え得るものとすること、に検討の重点を置きながら、14回にわたり失業保険制度の改革に向けた議論を行った。同研究会では、①給付の不均衡（失業保険給付の対象が若年女子に偏っていること、季節的受給者が大きな割合を占め、一般被保険者に比して著しい不均衡となっていること、就職支度金制度が濫用されていること等）、②年齢別労働力需給の不均衡に失業保険給付が対応していないこと、③質量両面にわたる完全雇用の実現の必要性（年齢、地域および産業別の雇用構造の改善、雇用調整対策と失業情勢の悪化への対策、職業生活の全期間を通ずる能力の開発向上の必要性、雇用に関する労働者の福祉の増進の必要性）などの問題点を指摘したうえ、雇用に関する総合的機能を有する雇用保険制度の創設を提言した。雇用保険法案は、1974（昭和49）年第72通常国会に提出され、いったん廃案となったものの、

同年第74臨時国会に修正のうえ再度提出され、可決成立した[10]。

　雇用保険法は、その目的として、①労働者が失業した場合に必要な給付を行い、労働者の生活の安定を図るとともに、求職活動を容易にするなどその再就職を促進し、②あわせて、労働者の職業の安定に資するため、雇用構造の改善、労働者の能力の開発向上その他労働者の福祉の増進を図ることを掲げた。保険事故としての「失業」に際しての生活の安定にとどまらず、再就職の促進、雇用構造の改善、労働者の能力開発等の目的を有するに至った点が注目される。こうした目的を達成するため、労使拠出の保険料と公費を財源とする失業給付として求職者給付と就職促進給付を設け、前者には基本手当、技能習得手当、寄宿手当および傷病手当、後者には常用就職支度金、移転費および広域求職活動費を設けた[11]。

　一般被保険者の求職者給付の中心は基本手当であり、従来の失業保険金と比較して大きく転換が図られた。すなわち、従来、前職賃金の6割の給付率で低所得者対策としての性格を有する扶養手当が存在したのに対し、6割から8割に逓増する給付率で低所得者ほど給付率を高くし、扶養手当を廃止した。給付日数については、従来、被保険者期間に応じて90日から300日の範囲内で定められ、私保険的な考え方が前面に出ていたのに対し、被保険者であった期間が1年未満の者については一律90日とする一方、1年以上の者については年齢や心身の障害、社会的事情による就職の難易度に応じて、90日から300日の範囲で所定給付日数を定めることとした。また、従来1年とされていた受給期間につき、妊娠、出産、育児、親族の傷病の看護等やむを得ない理由のため職業に就くことができない場合、最長4年まで延長できるようにした。

---

10)　「雇用保険」との名称は、「保険事故は疾病でありながら『健康保険』となっており、また1925年にＩＬＯで失業保険問題を検討した際、『失業に関する保険』、さらには「employment insurance」と称してよいものであろうとの指摘を行っており、とくに問題はなく、むしろより積極的に究極の政策目標を示すものとして適切な名称と考えられる」ことによるとされる。関英夫「雇用保険法案の考え方について」ジュリ558号（1974年）64頁。

11)　このほか、従来、適用範囲の拡大が課題であった失業保険と異なり、雇用保険では、業種と事業規模のいかんを問わず、労働者を雇用する事業はすべて適用対象とすることとした。

従来、季節的労働者が不均衡な形で失業保険金を受給していたのを是正するため、短期雇用特例被保険者の類型を設け、基本手当の50日分に相当する特例一時金を支給することとした。また失業保険の日雇労働被保険者に対する失業保険金と同様、日雇労働被保険者が失業した場合、日雇労働求職者給付金を支給することとした。

　他方、就職促進給付のうち、移転費および広域求職活動費は、失業保険とほぼ同様の内容をもたせたのに対し、常用就職支度金は、従来濫用傾向が著しかった就職支度金を改め、真に就職が困難な者のみを支給対象とした。

　以上のように、失業者に対して行われる失業給付のほか、事業主負担のみによる保険料を財源とするいわゆる三事業と呼ばれる雇用改善事業、能力開発事業および雇用福祉事業（従来、福祉施設として行った事業を体系化したもの）が設けられた[12]。すでに三事業の創設時点において、雇用保険の付帯事業であるにもかかわらず、「雇用政策のなかで極めて重要な役割を担うものである」との位置づけがなされていた点が注目される[13]。

　このように、失業給付のほか、失業の予防、雇用構造の改善等の事業を行い、雇用に関する総合的な機能をもつ雇用保険制度が創設された。

5　雇用保険の展開

　雇用保険法は、その後頻繁に改正が行われて、今日に至っている。以下では、やや詳細にわたるものの、2017（平成29）年改正に至るまでの改正内容をみていきたい。

---

[12]　三事業については、1974（昭和49）年社会保障制度審議会答申において、「これら保険事故でないものを含めて、ことさらに『雇用保険』と称することは、社会保険の概念を拡張しすぎる」という指摘がなされたのに対し、法案立案者は、三事業はあくまで付帯事業として行われること（保険料率1000分の13のうち3の部分があてられるにすぎないこと、保険事故である失業の予防および減少に資するものであること）を指摘した。関・前掲注10）64頁。

[13]　労働省編著・前掲注1）81頁。「三事業の発想は、本来の保険事故である『失業』の予防なり、再就職の促進による給付減に資することが直接のねらいであるが、端的にいえば、目的税的なこの制度は負担と給付の効果的な組合せによって、一定の政策目的に沿って企業のビヘービアーの是正を図ることをねらいとし、租税を財源とする施策よりも雇用政策上の効果が大きいと考えられ」、このような発想に立つ以上三事業に国庫負担は考えられない」とする。関・前掲注10）69頁。

1977（昭和52）年改正により、従来、雇用改善事業として行われてきた雇用調整給付金を拡充強化し、新たに雇用安定事業が設けられた。これにより、好況期に一定の資金を積み立て、不況期に雇用安定のための経費として機動的・集中的に支出することとした。1979（昭和54）年改正では、オイルショック以後、依然として厳しい雇用情勢のなか、雇用安定事業の一環として中高年齢者雇用開発給付金等の雇用開発事業の創設、訓練延長給付の充実等が行われた。

　1984（昭和59）年には、被保険者の範囲や失業給付の基本的な仕組みについての大規模な改正が行われた。その背景として、労働力人口の高齢化が急速に進むとともに、女性の社会進出も増加する一方、第3次産業の拡大（サービス経済化）やマイクロエレクトロニクスを中心とする技術革新の進展、素材産業など産業構造の転換等が進むなかで、労働力需給の両面にわたる構造変化が生じ、そうした傾向は今後とも進展することが見込まれた点が挙げられる。また雇用保険の運営面においても、基本手当受給者の就職状況が芳しくなく、その再就職の促進が課題となっていた。

　この改正により、①65歳前から引き続き65歳以降も雇用されている被保険者を新たに高年齢継続被保険者とし、その者が失業した場合に、基本手当に代えて一時金である高年齢求職者給付金を支給する[14]、②失業者について毎月の賃金のレベルを基準とした生活保障を行いながら再就職の促進を図るとの見地から、賃金日額の算定基礎として3か月を超える期間ごとに支払われる賞与等を除外する一方、一般求職者給付に係る基本手当の日額を引き上げる（賃金日額の8割以内で6割を超える給付率により給付を行う範囲を拡大するとともに、賃金日額の最低額を20％、最高額を10％引き上げる）ことにより、中低位層の賃金所得者の給付率を改善する、③給付と負担の極端な不均衡（高年齢者ほど所定給付日数が長い）を是正するため、従来主と

---

[14]　この当時、65歳以上の高年齢者は労働生活から引退する者が大半であり、雇用された者は必ず被保険者とし、保険料を徴収するという強制保険を65歳以上の者についても適用することは実態に合わないことから、65歳以降新たに雇用された者については被保険者としないこととした。労働省編著・前掲注1）103-104頁。後述するように、この点は2016（平成28）年改正で改められた。

して受給資格者の年齢別に定めていた所定給付日数につき、被保険者であった期間（算定基礎期間。1年以上5年未満、5年以上10年未満、10年以上という3段階制）も考慮に入れる、④一定の就職困難な受給資格者について、法改正により所定給付日数が減少する場合、改正前の所定給付日数に達するまでその給付日数を延長する仕組みを創設し、個別延長給付の充実を図る、⑤自らの意思により離職した者をそうでない者と同様に扱うことは失業給付受給を目的とした離職を助長するなど制度の濫用につながりかねないとの観点から、正当な理由のない自己都合退職の場合等の給付制限期間を延長する（1か月から3か月）、⑥基本手当受給資格者の再就職意欲を喚起するため、再就職手当制度を創設し、安定した職業に就いた日の前日における基本手当支給残日数が所定給付日数の2分の1以上である場合、30日分以上120日以下の範囲で再就職手当を支給する、等の改正が行われた。

　1989（平成元）年には、パートタイム労働など就業形態の多様化の進展、経済構造調整期における経済変動への対応をねらいとした法案が成立した。改正内容としては、①単に所定労働時間が短いだけでなく、離職率が高い、求人倍率が高く就職も容易、賃金が低いといった特徴をもつパートタイム労働者に対する適用拡大のため、短時間労働被保険者の被保険者区分を新設し、算定対象期間の要件緩和、賃金日額、所定給付日数などについて給付の特例を設ける、②四事業を見直し、従来、景気変動にともなう波動性がある事業とされてきた雇用安定事業と、雇用構造の改善を図るため景気変動等にかかわらず恒常的に実施していくべき事業とされてきた雇用改善事業を、経済変動に即応しつつ総合的、一体的に実施していくとの観点から雇用安定事業に統合する、といったものであった。

　1994（平成6）年改正では、急速な高齢化や女性の職場進出が一層進み、産業構造の転換や技術革新がますます進展するとともに、中長期的には労働力の供給制約が見込まれるなかで、雇用保険制度における雇用に関する総合的な機能を一層発揮できるようにするとの見地から改正が行われた。具体的には、①目的規定に「雇用の継続が困難となる事由が生じた場合」を失業に準じた職業生活上の保険事故として規定し、保険給付の目的として「労働者の雇用の安定を図る」ことを掲げたうえで、②新たな失業給付の類型として

雇用継続給付を創設し（このため従来の「失業給付」を「失業等給付」と改める）、高齢期における労働能力の低下や通常勤務の困難化等にともなう賃金収入の低下を「失業」に準じた職業生活上の事故ととらえ、こうした高齢者に対し、雇用の継続を援助、促進することを目的として、被保険者であった期間が5年以上ある60歳以上65歳未満の被保険者について、各月に支払われた賃金の額が60歳時点の賃金額の85％未満となる場合に支給される高年齢雇用継続給付（60歳から65歳までの各月において支払われた賃金額の原則25％相当額）と、労働者が育児休業のために働くことができず賃金収入の全部または一部を喪失する状態を「失業」に準じた職業生活上の事故としてとらえ、雇用の継続を援助、促進するための給付を行うことにより雇用の安定を図るため、満1歳未満の子を養育するため育児休業をした被保険者について、育児休業開始前2年間にみなし被保険者期間（賃金支払の基礎となった日数が11日以上ある月）が12か月以上ある場合、賃金収入の全部または一部の喪失に対処する育児休業給付（育児休業開始前6か月間の月平均賃金額の25％相当額[15]）を設ける、③一般求職者給付につき、所定給付日数の変更（従来の55歳以上65歳未満の区分につき、60歳未満と60歳以上の区分に分け、60歳以上65歳未満の所定給付日数を引き上げる一方、55歳以上60歳未満の者は45歳以上55歳未満の区分と同一日数とし、被保険者期間20年以上の者につき所定給付日数を300日に引き上げるなど）、賃金日額の年齢別上限額の設定（従来一律の取扱いであったのを、45歳以上60歳未満の者につき引き上げ、30歳未満の者につき引き下げる）、基本手当日額の算定方法の変更（60歳以上65歳未満の者の最初の失業につき、60歳時点の賃金を基礎として賃金日額および基本手当日額を算定するなど）、④高年齢求職者給付金の改善、⑤再就職手当の改善などが行われた。

---

15) 育児休業後の円滑な職場復帰を促進する（給付金を受給してそのまま退職するのを防ぐ）との観点から、当初、このうち20％相当額は育児休業期間中に支給し（育児休業基本給付金）、残り5％相当額は職場復帰後6か月間経ってから支給するものとされた（育児休業者職場復帰給付金）。給付率を25％相当額としたのは、離職して求職者給付を受給する者との均衡等を考慮し、出産期の女性が失業した場合の求職者給付の平均給付額と10か月分の育児休業給付の給付額とが同程度となるよう設定したとされる。労務行政研究所編・前掲注1）146頁。

1998（平成10）年改正では、現下の厳しい雇用失業情勢に加えて、産業構造の変化や急速な高齢化の進展等に対応するための改正が行われた。具体的には、①法目的として、新たに「自ら職業に関する教育訓練を受けた場合」を保険事故として規定したうえで、②労働者個人の主体的な職業能力開発の促進を図るため、自ら負担した職業能力開発に係る費用の一部を支給する教育訓練給付を失業等給付の一環として創設する（被保険者または被保険者であった者〔直前の被保険者でなくなった日から１年以内に支給対象となる教育訓練を開始した者〕を対象とするとともに、被保険者であった期間が５年以上あることを支給要件とし、教育訓練の受講のために支払った費用の８割相当額を支給する〔上限20万円〕）、③労働者が介護休業を取得しやすくし、その後の円滑な職場復帰を援助・促進することをねらいとして、対象家族を介護するため介護休業をした被保険者であって、介護休業開始前２年間にみなし被保険者期間（賃金の基礎となった日数が11日以上ある月）が２か月以上ある者に対し、賃金の25％相当額[16]を最長３か月間支給する介護休業給付を、雇用継続給付の一環として創設する、④高年齢求職者給付金の改正（基本手当と厚生年金が併給調整されることにともなう支給額の改正）、などが行われた。これらのうち、自ら職業に関する教育訓練を受けた場合を保険事故と位置付けたことは、失業もしくは失業に準じた状態（60歳以上高齢者の継続雇用や育児休業・介護休業取得）のように賃金の喪失・減少ではなく、自らの職業能力開発のための経済的負担の軽減を目的とするものである点で、従来とは異なる性格の保険事故が雇用保険に持ち込まれたものとみることができる。

　2000（平成12）年改正は、直接的には、現下の厳しい雇用情勢を反映した雇用保険受給者の増加による保険財政の悪化を背景として、また根源的には、産業構造の変化等にともなう雇用慣行の変化、労働移動の増加、少子・高齢化の進展など、雇用を取り巻く状況の構造的な変化を背景とした失業率の高止まりがみられるなかで、給付体系の枠組みが雇用保険制度創設当時の

16）　この水準は、休業時の給付水準としてすでに定着している育児休業給付にならったとされる。同書166頁。

ままであったこと等をふまえて、雇用保険が今後とも雇用に係るセーフティネットの中核としての安定的かつ十分な役割を果たしていくようにするために、給付と負担の両面から改正を行ったものと位置づけられる。このうち給付に関しては、①早期再就職を促進するための給付体系の整備として、中高年リストラ層等への求職者給付の重点化（年齢と被保険者期間に応じて一律に給付日数が増加する所定給付日数の体系を見直し、定年退職者を含め離職前からあらかじめ再就職の準備ができると認められる者に対する所定給付日数を圧縮し〔被保険者期間に応じて90日から180日〕、年齢区分もなくす一方、中高年層を中心に倒産、解雇等により離職し「特定受給資格者」であると認定された者に対する十分な所定給付日数〔同じく90日から330日〕を確保する）と、それにともなう個別延長給付の廃止、再就職手当の見直し（支給残日数に応じて手当の額をきめ細かく設定する）による早期再就職の促進、教育訓練給付の支給上限額引上げ（20万円から30万円）、②雇用就業形態の多様化への対応策として、短時間就労者等の適用要件のうち年収90万円以上との年収要件の廃止など、③少子・高齢化の進展に対応した就業支援対策の見直しとして、育児休業給付および介護休業給付の給付率の引上げ（25％から40％へ[17]）、④雇用保険三事業のうち雇用安定事業〔中高年齢者である在職求職者に対し再就職の援助等を行う事業主に対する助成・援助〕、雇用福祉事業〔宿舎や福祉施設の設置、運営の事業の削除〕の見直しなどを行った。

　2003（平成15）年改正は、構造的摩擦的失業率の上昇が続くなかで雇用保険受給者が増加する一方、常用雇用労働者の減少、パートタイム労働者の増加、賃金水準の低下により保険料収入が減少するなど、前回改正の想定を超える構造的な変化が進んだことを背景として行われた。具体的には、①早期再就職の促進に向けた見直しとして、基本手当日額と再就職時賃金の逆転現象が生じている状況を解消するため、高賃金層を中心に賃金日額および基本手当日額の上限額を引き下げるとともに給付率を引き下げる、60歳時賃

---

17) 育児休業給付については、育児休業基本給付金30％、育児休業者職場復帰給付金10％に引き上げられた。

金日額の算定の特例を廃止する、②就職促進給付の整備として、再就職手当の対象となる安定した職業以外の職業に就いた場合に支給される就業手当の創設、再就職手当および常用就職支度金の就業促進手当への統合、同手当の支給に係る公共職業安定所紹介要件の緩和など、③多様な働き方へ対応するための見直しとして、短時間労働被保険者とそれ以外の被保険者の給付内容の一本化（一般求職者給付を見直し、特定受給資格者および就職困難者の所定給付日数を短時間労働被保険者以外の被保険者に合わせる一方、それ以外の受給資格者の所定給付日数は従来の短時間労働被保険者に合わせる。基本手当日額の算定の基礎となる賃金日額の下限額および高年齢求職者給付金の額も一本化する）、育児・介護にともなう休業・勤務時間短縮措置に係る倒産、解雇等に係る離職の場合の基本手当日額の算定の特例（休業開始前の賃金水準にもとづく）など、④再就職の困難な状況に対応した給付の重点化等（再就職の困難度に応じた壮年層〔35歳以上45歳未満〕の所定給付日数の上乗せ、訓練延長給付制度における複数回受講制度の拡充、在職者への給付である教育訓練給付および高年齢雇用継続給付の失業者への給付との均衡等を考慮した見直し（教育訓練給付につき、給付率を4割に引き下げ、上限額を20万円に引き下げる一方、支給要件期間を3年に短縮し、妊娠、出産、育児等の理由による受講開始期限を最大4年に延長する。高年齢雇用継続給付につき、支給要件としての賃金低下率を80％未満から75％未満に引き下げ、給付率を25％から15％に引き下げる等）を行った。また、不正受給への対応策として、求職者給付の受給者が職業能力の開発および向上を含め誠実かつ熱心に求職活動を行い、職業に就くよう努めなければならない旨を明文で規定するとともに（雇保10条の2）、失業認定の方法につき、求人者との面接、公共職業安定所、職業紹介事業者等から職業紹介、職業指導を受けたことその他求職活動を行ったことを確認して行うことを明文化し（同15条5項）、失業認定の的確な実施に努めることとした。

　2007（平成19）年改正は、雇用失業情勢の改善や2003（平成15）年改正の影響により保険財政状況が改善したなかにあって、行政改革推進法をふまえ、労働保険特別会計、雇用保険三事業、船員保険との統合などに係る見直しを行うとともに、雇用保険の直面する課題に対応するために所要の措置を

講ずるものであった。給付面については、①基本手当の受給資格要件等の改正として、短時間労働者の数が年々増加している等の状況のなかで、労働時間の長短により異なる取り扱いを行う合理性が薄れてきている一方、倒産、解雇など就職支援を行う緊要度の高い離職者に対して重点的な支援を行う必要があることなどをふまえ、一般被保険者および高年齢継続被保険者に係る短時間労働被保険者の区分を廃止するとともに、基本手当の受給資格要件を従来の短時間労働被保険者に合わせ、離職前２年間に12か月以上〔各月11日以上〕とする一方、倒産、解雇等に係る離職（特定受給資格者）の場合離職前１年間に６か月以上〔各月11日以上〕とする、②教育訓練給付につき、不正受給対策の一環として、返還命令等の対象として偽りの証明等をした指定教育訓練実施者を加える一方、若年者の雇用対策に係る取り組みの一環として、支給要件期間を短縮し被保険者期間が１年（従来３年）あれば支給を受けることができることとする、③少子化対策のさらなる取り組みの一環として、育児休業給付につき、育児休業者職場復帰給付金の額を暫定的に10％から20％に引き上げる（育児休業基本給付金と合わせて50％）、④いわゆる雇用三事業のうち、かつて勤労者福祉施設の整備等を行っていた雇用福祉事業を廃止する、といった改正が行われた[18]。また、④に関連して、雇用安定事業および能力開発事業の対象に「被保険者になろうとする者」（雇保62条）を加えた。このことは、保険給付本体部分ではないものの、若年者などいまだ就労に就いていない者等の就業参加の実現を目的とした雇用対策の推進を見据えた点で[19]、重要な改正と位置付けられる。

　2009（平成21）年改正は、前年のリーマンショックを受けて、現下の厳しい雇用失業情勢をふまえ、非正規労働者に対するセーフティネット機能および離職者に対する再就職支援機能の強化を重点に行われたものであった。改正内容としては、①非正規労働者に対するセーフティネット機能強化策として、期間の定めのある労働契約のいわゆる雇止めにより離職した「特定理

---

[18] このほか、船員保険に係る失業等に関する給付制度を雇用保険制度に統合する改正を行った。
[19] 長良健二「行政改革推進法への対応、雇用保険制度の安定的運営の確保、直面する諸課題への対応」時の法令1794号（2007年）46頁参照。

由離職者」の基本手当受給資格を、倒産、解雇等による離職者（特定受給資格者）と同様、離職前1年間に6か月以上で付与するとともに、給付日数も特定受給資格者にそろえる（適用基準も1年以上の雇用見込みから6か月以上の雇用見込みに短縮する）、②年齢や地域をふまえ、とくに再就職が困難な場合の支援強化策として、特定受給資格者および特定理由辞職者に対する給付日数の最大60日延長、③安定した再就職へのインセンティブ強化のための暫定措置として、再就職手当の支給要件緩和・給付率引上げ（30％から40％または50％）、常用就職支度手当金の対象範囲拡大・給付率引上げ（30％から40％）、④育児休業給付の見直し策として、育児休業基本給付金および育児休業者職場復帰給付金を統合し、育児休業給付金として全額を休業期間中に支給する（給付率は本則で40％、暫定措置として50％）等の改正を行った。

　2010（平成22）年改正は、現下の厳しい雇用失業情勢をふまえ、非正規労働者に対するセーフティネット機能の強化等を図るための改正がなされ、2009（平成21）年改正により業務取扱要領で6か月以上の雇用見込みとされた適用基準を31日以上の雇用見込みと緩和し、法律に明文化した（雇保6条3号）。

　2011（平成23）年改正は、労働者の生活の安定、再就職の促進等を図るため、失業等給付の充実などを図った改正であり、①基本手当の算定基礎となる賃金日額について直近の賃金分布等をもとに、法定の下限額等を引き上げる、②安定した再就職へのインセンティブを強化するため、早期に再就職した場合に支給される再就職手当の給付率をさらに引き上げ恒久化する（従来40％または50％である暫定措置を恒久化しそれぞれ50％または60％へ）とともに、就職困難者が安定した職業に就いた場合に支給される常用就職支度手当の給付率の暫定的な引上げ（30％から40％へ）の恒久化を行った。

　また同年、雇用保険の対象とならない、または失業等給付を受給し終えた求職者を対象とする新たな立法が制定された。すなわち、特定求職者（雇用保険の失業等給付を受給できない求職者であって、職業訓練その他の就職支援を行う必要があると認める者）に対し、職業訓練（認定職業訓練）の実施、職業訓練を受けることを容易にするための給付金（職業訓練受講給付金）の

支給その他の就職に関する支援措置を講ずることにより、特定求職者の就職を促進し、もって、その職業および生活の安定に資することを目的として、「職業訓練の実施等による特定求職者の就職の支援に関する法律」（求職者支援法）が成立した。この法律は、社会保険・労働保険（第1のセーフティネット）と生活保護（最後のセーフティネット）の間にあって、長期失業者や就職困難者を対象とするいわゆる第2のセーフティネット対策として位置付けられるものであった。特定求職者に対する職業訓練（認定職業訓練）は通所の方法によって行い、認定職業訓練を行うものに対しては、認定職業訓練実施奨励金（認定職業訓練実施基本奨励金および認定職業訓練実施付加奨励金）が支給される。国は、当該特定求職者に対する助成として、職業訓練受講手当等からなる職業訓練受講給付金を支給する。このうち職業訓練受講手当は月額10万円で原則12か月支給され、収入資産等に係る要件がある。

　求職者支援制度は、雇用保険法との関連では、被保険者であった者および被保険者になろうとする者の就職に必要な能力を開発し向上させるため、能力開発事業の一環として、認定職業訓練を行う者に対する助成および職業訓練受講給付金の支給が、同法による新事業（就職支援法事業）として位置付けられた（雇保64条）。職業訓練受講給付金の財源が、2分の1の国庫負担とともに、求職者給付等と同様、被保険者と事業主の保険料によって賄われている点が特徴的である。しかしながら、2007（平成19）年改正により、雇用安定事業および能力開発事業の対象に「被保険者になろうとする者」（同62条）が加えられたという伏線があるとはいえ、被保険者でなかった者に保険料（とりわけ被保険者負担分）を財源とした給付を行うことが正当化できるかについては疑問があり[20]、労働者の短期失業に対処する雇用保険の本来的性格に抵触しかねない限界的な改正であったということができる。

　2012（平成24）年改正は、2009（平成21）年改正による給付日数の拡充措置（①・②）を延長する等の改正を行った。

　2014（平成26）年改正では、各種給付等の拡充ならびに暫定措置の新設

---

[20] 水島郁子「長期失業・貧困と社会保険」（菊池馨実編『社会保険の法原理』法律文化社、2012年）228頁、菊池馨実「雇用社会の変化とセーフティネット」（荒木尚志編『岩波講座現代法の動態3　社会変化と法』（岩波書店、2014年）103頁。

および延長等の措置を講じた。具体的には、①育児休業給付について、1歳未満の子を養育するための育児休業をする場合の休業開始後最初の6か月につき、休業開始前賃金に対する給付割合を67％（従来50％）に引き上げる、②教育訓練給付金（従来受講費用の2割、給付上限10万円）を拡充し、中長期的なキャリア形成を支援するため、専門的・実践的な教育訓練として厚生労働大臣が指定する講座を受ける場合に給付を引き上げ（年間給付額48万円を上限として受講費用の4割）、資格取得等のうえで就職に結びついた場合には受講費用の2割を追加的に給付するとともに、教育訓練支援給付金（45歳未満離職者が上記教育訓練を受講する場合における離職前賃金にもとづき算出した額〔基本手当の半額〕の給付）を暫定的に創設する、③就業促進手当（再就職手当）の拡充（早期再就職した雇用保険受給者が離職前賃金と比べて再就職後賃金が低下した場合、6か月職場に定着することを条件に、基本手当の支給残日数の40％を上限として、低下した賃金の6か月分を一時金として支給する）、④2012（平成24）年改正による給付日数拡充措置の延長などが行われた。

　2016（平成28）年改正では、少子高齢化が進展するなかで労働者の離職の防止や再就職の促進を図るとともに、高年齢者の雇用を一層推進し、高年齢者の希望に応じた多様な就業機会の確保を図るための措置が講じられた。具体的には、①育児休業・介護休業等に係る見直しとして、（ア）多様な家族形態・雇用形態に対応するため育児休業給付金の対象となる子の範囲の拡大（特別養子縁組の監護期間にある子等）、（イ）介護離職防止に向けた介護休業の分割取得に合わせた介護休業給付金の支給回数の制限緩和（対象家族1人につき3回まで）、同給付金の額に係る賃金日額の上限額の変更、同給付金の給付率の暫定的引上げ（50％から67％へ）、②高年齢者の希望に応じた多様な就業機会の確保および就労環境の整備として、65歳以降に新たに雇用されるものを雇用保険の適用対象とし（高年齢被保険者）、失業した場合に高年齢求職者給付金をする、③就職促進手当（再就職手当）のさらなる拡充（給付率引上げなど）、④広域求職活動費の名称を求職活動支援費に改める、等の改正がなされた。

　2017（平成29）年改正では、就業促進および雇用継続を通じた職業の安

図1　失業等給付の体系

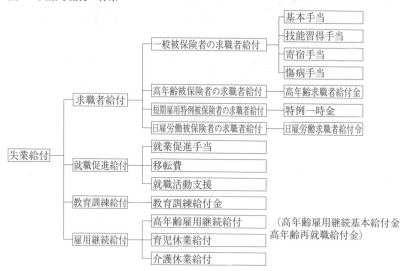

定を図るため、①雇用保険の失業等給付の拡充（（ア）リーマンショック時に創設した給付日数延長の暫定措置を終了する一方、雇用機会が不足している地域に居住する者の給付日数を60日延長する暫定措置を導入する、（イ）特定理由離職者・特定受給資格者であって心身の状況が厚生労働省令で定める基準に該当する者や災害により離職した者、ならびに特定離職者につき、給付日数を原則60日〔最大120日〕延長する仕組み（個別延長給付）を創設する、（ウ）特定受給資格者のうち30歳以上45歳未満の者の所定給付日数を引き上げる、（エ）賃金日額に係る上・下限額を引き上げる、（オ）特定理由離職者の給付日数延長に係る暫定措置の継続など）、②育児休業給付金につき、原則1歳までの育児休業を6か月延長しても保育所に入れない場合等に限り、さらに6か月（2歳まで）の再延長を可能にする、③教育訓練給付金の額につき、教育訓練の受講のために支払った費用の額に100分の20以上100分の70以下の範囲内において省令で定める率を乗じて得た額とする、等の改正がなされた。

表1　雇用保険給付状況

(単位：人、千円)

区分		平成24年度 (2012)			平成24年度 (2012)		
		初回受給者数年度合計	受給者実人員年度平均	給付額年度合計	初回受給者数年度合計	受給者実人員年度平均	給付額年度合計
失業給付計		-	-	1,572,808,553	-	-	1,492,482,455
I	一般求職者給付	-	-	943,218,558	-	-	835,857,385
	基本手当	-	-	932,561,577	-	-	826,391,457
	技能習得手当	-	-	7,266,412	-	-	6,295,234
	寄宿手当	45	22	2,967	32	19	2,450
	傷病手当	9,698	1,760	3,387,602	8,868	1,634	3,168,244
II	高年齢求職者給付	181,380	-	38,973,015	198,709	-	42,816,687
III	短期雇用特例求職者給付	132,690	-	25,410,730	127,211	-	24,424,388
IV	就職促進給付	-	-	123,333,307	-	-	124,654,811
	就業手当	13,512	36,019	1,524,730	11,488	31,340	1,327,653
	再就職手当	387,438	-	120,621,223	395,401	-	121,904,758
	常用就職支度金	10,481	-	1,127,811	11,982	-	1,379,787
	移転費	443	-	53,342	349	-	40,370
	広域求職活動費	131	-	6,201	59	-	2,243
V	雇用継続給付	435,255	-	433,099,883	446,202	-	456,331,990
	高年齢雇用継続給付	188,726	-	174,502,765	180,330	-	173,355,454
	育児休業給付	237,441	-	256,676,405	256,764	-	281,072,650
	介護休業給付	9,088	-	1,920,712	9,108	-	1,903,887
VI	日雇求職者給付	-	-	8,773,060	-	-	8,397,194
	普通給付	-	11,478	8,772,762	-	11,309	8,396,822
	第1級	-	8,913	7,250,100	-	8,723	6,866,295
	第2級	-	1,815	1,085,465	-	1,859	1,105,101
	第3級	-	795	437,917	-	764	426,019
	特例給付	1	0	298	1	0	372

出典：国立社会保障・人口問題研究所『社会保障統計年報（平成28年度）』221頁より筆者作成。

二　現行の仕組みと適用状況

　一で述べたような経過をたどってきた雇用保険制度の現行法上の仕組みを、給付面を中心に改めて確認しておくと、以下のようになる。

　主要な事業である失業等給付の体系は、図1にあるとおり、その目的、性格により求職者給付、就職促進給付、教育訓練給付、雇用継続給付に分けられる（雇保10条1項）。その給付状況は、表1にあるとおり、約1兆4925

億円に及ぶ失業給付のうち（2013〔平成25〕年度現在）、基本手当が8264億円と55％以上を占めており、中核的な役割を果たしているということができる。ただし、雇用継続給付も4563億円と30％強を占め、そのうち育児休業給付（2811億円）が高年齢雇用継続給付（1734億円）を大きく上回っている。給付のメニューのみならず、財政的にも、もはや「失業」保険ではなく、育児や高齢による所得減少といった雇用継続上のリスクに対処するための仕組みとなっていることが読み取れる。

基本手当の日額は、賃金日額（被保険者期間として計算された最後の6か月間に支払われた賃金〔臨時に支払われる賃金および3か月を超える期間ごとに支払われる賃金を除く〕総額を180で除した額〔雇保17条1項〕で、上下限〔同条4項〕、賃金スライド〔同18条〕がある）の50％から80％（60歳以上65歳未満の受給資格者の場合、45％から80％）の範囲で、賃金日額が低いほど給付率が高くなる仕組みとなっている（同16条）。また所定給付日数は、表2のとおり、2000（平成12）年改正により、中高年層を中心に特定受給資格者（離職が倒産または適用事業の縮小・廃止にともなうものである者、解雇等の理由により離職した者）に手厚くするとともに（同23条1項）、2009（平成21）年改正により、暫定措置として、特定理由離職者（期間の定めのある労働契約の期間が満了し、かつ当該労働契約の更新がないことその他のやむを得ない理由により離職した者）にも同様の扱いとし（暫定措置。同附4条1項。表2の1）、離職前からあらかじめ再就職の準備ができるとの趣旨から特定受給資格者以外の離職者に対する所定給付日数を圧縮し、さらに年齢による区分をなくしている（表2の2）。さらに障害者雇用促進法に規定する障害者などの就職困難者に対しては、より長期の所定給付日数が定められている（表2の3）。

三　歴史的展開からみた雇用保険の特徴と限界

以上、給付面を中心にとする雇用保険の歴史的展開に鑑みて、さしあたり以下の諸点を指摘できるように思われる。

まず、雇用保険には、冒頭に述べたように、雇用政策としての側面と社会

表2　基本手当の所定給付日数

1　特定受給資格者及び特定理由離職者（3．就職困難者を除く）

区分＼被保険者であった期間	1年未満	1年以上5年未満	5年以上10年未満	10年以上20年未満	20年以上
30歳未満	90日	90日	120日	180日	-
30歳以上35歳未満		120日	180日	210日	240日
35歳以上45歳未満		150日	180日	240日	270日
45歳以上60歳未満		180日	240日	270日	330日
60歳以上65歳未満		150日	180日	210日	240日

2　特定受給資格者及び特定理由離職者以外の離職者（3．就職困難者を除く）

区分＼被保険者であった期間	1年未満	1年以上5年未満	5年以上10年未満	10年以上20年未満	20年以上
全年齢	—	90日	90日	120日	150日

3　就職困難者

区分＼被保険者であった期間	1年未満	1年以上5年未満	5年以上10年未満	10年以上20年未満	20年以上
45歳未満	150日	300日			
45歳以上65歳未満		300日			

保障政策としての側面がある。社会保障政策の側面に着目した場合、基本的には所得保障制度の一環と位置づけられる。この側面を強調した場合、失業者等の生活保障を図るため、基本的には給付の一層の充実が望ましいという評価に傾きがちである。しかし、雇用政策の一環としての側面に着目した場合、稼働能力がある限りにおいて、就労による自立生活が最終目的となることから、就労インセンティブを阻害することとなりかねないほどの過剰な給付は望ましくない。さらに、所定給付日数がある限り受給しようとするモラル・ハザードを防ぐための対策がとられる必要もある。

　失業保険の時代から、雇用保険法は頻繁に改正が行われてきた。一般的にいって、法には、給付行政に関わるものであっても予測可能性および法的安定性が求められ、頻繁な改正は望ましくないといい得る。しかし、このことは、財政面からいえば、年金保険と異なり短期保険であることから許容され得る。さらに、実質的にみた場合、景気変動にともなう摩擦的失業の増減や、雇用社会の状況変化などに応じた機動的な対処が求められる雇用政策としての性格を有すること、また前述したように、制度改正が失業者等の行動に与

える影響を慎重に見極めながら微調整をせざるを得ないことにもよると考えられる。

　雇用保険の時代になると、法律の目的や要保障事由（保険事故）の拡大が図られたこともすでにみたとおりである。すなわち、失業者のみならず、雇用継続給付にみられるように、現役労働者の雇用継続上のリスクをもカバーすることになった。このことは、教育訓練給付と並んで、雇用保険制度が雇用の「質」に着目するに至ったことを示すものと評価することができる。教育訓練給付に関しては、失業に典型的にみられるように、賃金の喪失または減少という消極的な意味での「リスク」ではなく、労働者としての付加価値を高めることへの支援（そのために要する経済的負担の軽減）という積極的な意義をも有している。

　他方、雇用保険がカバーする範囲の拡大は、雇用二事業の対象に「被保険者になろうとする者」を加えたことに示されるように、労働者や失業者でない者（引きこもりなど労働市場に未だ参加した経験のない者を含む）の就労に向けた取り組みへの対応を視野に入れた点にも見て取ることができる。ただし、この点につき雇用保険での対応が適切か否かについては、慎重に検討する必要がある。すでに指摘したように、就職支援法事業として位置づけられた職業訓練受講給付金の支給が、被保険者の保険料をも財源としている点には疑義があり得る。医療保険に典型的にみられるように、保険事故の発生予防も社会保険の給付範囲に含まれ得るのであり、失業の予防も雇用保険の目的に含まれているのは十分合理性がある。また、所定の給付を受給し終えても就職に至らない長期失業者に対して、さらに一定の給付等を行うとの方策もあり得なくはない。しかし、いまだ被保険者になったことのない者に対する雇用保険での対応には限界があるといわざるを得ない。さらにいえば、雇用保険に限らず雇用政策が、摩擦的失業では片づけられない長期失業者や未就業者への対応に本格的に乗り出すとした場合、所得保障給付と従来型の職業訓練給付の組み合わせで十分に対応できるものではなく、対象者の個別的属性に即した福祉的な支援が不可欠である。このことは、直接的な就職支援の前提として、生活上の困難に対する個別的・継続的な相談支援の必要性を示唆するものであり、この点で社会保障法制との接続を意識した制度設計

が求められる。たしかに、就職困難者等に対する就職支援策は、2007（平成19）年改正以降、雇用保険二事業を通じて行われてきた。しかし、事業主の保険料により財源が賄われていることから就職困難者等には間接的な支援にとどまらざるを得ないこと、年度ごとの助成金で行われざるを得ないことから制度の継続性が不透明であり、権利性もないことなど、その法的基盤は不安定である[21]。その意味でも、雇用保険および関連制度のなかで完結する問題ではなく、他の社会保障制度との連関を常に念頭に置いた政策論議が求められるといえよう。

---

21) 菊池・前掲注20）102-103頁。

第13章
第2次世界大戦後における労働組合法立法史
総則、労働組合、団体交渉および労働協約にかかわる事項に焦点をあてて

竹内（奥野）寿

はじめに

　本稿は、（第2次世界大）戦後の労働立法史として、制定法たる労働組合法、すなわち、1945年制定の労働組合法（昭和20年法律51号。以下、本稿では、20年労組法とする）、および、これを形式的には全面改正した1949年の労働組合法（昭和24年法律174号。以下、本稿では、24年労組法とする）のうち、総則、労働組合、団体交渉および労働協約にかかわる事項－不当労働行為および労働委員会制度（並びに罰則）を除く事項について、立法史をたどるものである[1]。検討対象をこのように区分・限定するのは、労働

---

[1]　20年労組法ないし24年労組法の立法史についての主要な先行研究として、竹前栄治『アメリカ対日労働政策の研究』（日本評論社、1970年）、竹前栄治『戦後労働改革——ＧＨＱ労働政策史』（東京大学出版会、1982年）および遠藤公嗣『日本占領と労資関係政策の成立』（東京大学出版会、1989年）を、また、20年労組法ないし24年労組法の立法史料および立法史についての主要な先行研究として、労働関係法令立法史料研究会著・労働政策研究・研修機構編『労働組合法立法史料研究（条文史料篇）』（労働政策研究・研修機構、2014年）、同『労働組合法立法史料研究（解題篇）』（労働政策研究・研修機構、2014年）、同『労働組合法立法史料研究Ⅲ』（労働政策研究・研修機構、2016年）、同『労働組合法立法史料研究Ⅳ』（労働政策研究・研修機構、2017年）（以下、これら四つの文献については、それぞれ、「労働組合法立法史料研究（条文史料篇）」、「労働組合法立法史料研究（解題篇）」、「労働組合法立法史料研究Ⅲ」、「労働組合法立法史料研究Ⅳ」として引用する。なお、引用にあたり、旧字体は、適宜、新字体に改めている）、および、『労働組合法立法史の意義と課題』日本労働法学会誌125号（2015年）所収の各論文を参照。本稿は、最後に掲げた五つの文献にとくに大きく依拠するものである。

　なお、戦前の労働組合法草案についての主要な先行研究については、労働組合法立法史料研究（解題篇）2頁［渡辺章］の注1を参照。

委員会制度については、(分量が膨大であるなど)技術的な都合もあるが、他の事項とは異なり、24年労組法による改正以降も大きな改正がなされてきており、立法史の検討上、他の事項と一応区別しうること、また、不当労働行為については、こうした点では他の事項と基本的に同じであるが、労働委員会制度と密接に関係していること等を考慮したためである。

以下では、まず、上記の各事項についての検討に先立つ形で、戦後の労働組合法の立法史の全体を概観、確認する趣旨で、現在に至る労働組合法の制定および改正の経過について述べる(一)。そのうえで、一の検討をふまえ(一5参照)、1952年労組法改正までの経過、なかでも、上記の各事項にかかる現行法の主要な部分のほとんどを構築した20年労組法の制定と24年労組法による改正に焦点をあてて、目的、刑事民事免責(二)、労働組合の定義、労働者の定義、労働組合の設立や運営にかかる規定(三)、団体交渉および労働協約(四)の事項ごとに、立法の展開をたどることとする。

一 労働組合法の制定と改正の経過

1 20年労組法

20年労組法の制定に向けた作業は、一方で、ＧＨＱによる戦後労働改革の方針に基本的な影響を受けつつ、他方で、ＧＨＱとの意見交換を経つつも、個々の規定について逐一その指示等のままに作成される形で展開したわけではなく[2]、具体的な草案の作成については、幣原喜重郎内閣の下で芦田均厚生大臣の諮問機関として設けられた「労務法制審議委員会」において、学識経験者、事業主側、労働者側、帝国議会議員からなる委員および政府委員による検討が行われる形で進められた[3]。

労務法制審議委員会は、1945年10月27日の第1回総会を皮切りに、同年10月31日、11月15日、11月19日、11月21日の合計5回にわたる総

---

2) 労働組合法立法史料研究(解題篇)3頁[渡辺章]。
3) 委員構成および20年労組法起草にかかる審議経過全体の概要については、労働組合法立法史料研究(解題篇)5頁、5-24頁[渡辺章]参照。

会の開催を経て、11月24日に答申案（答申された労働組合法案）を芦田均厚生大臣に提出した。

第1回総会では、会長の委嘱（大蔵公望（帝国議会議員）に委嘱）のほか、委員の意見をまとめて原案の作成を担う「整理委員会」の設置、草案作成の基本的方向性（政府に原案をあらかじめ出す考えはなく委員会で草案を作成すること、戦前の労働組合法案は参考とはするが原案とはせず「全然新しい構想で」[4]検討すること、基礎に据える労働観（「日本的な勤労観念」等の是非）、労働組合と政治運動の関係、労働組合法のみならず団体協約法および争議調停法にわたる立法構想の必要性等の立法に関わる基礎的事項）にかかる意見の表明や議論が行われた。第2回総会では、第1回総会の最後に説明の要望があった二つの事項、すなわち、労務者ならびに失業者に関する説明とこれに対する質疑応答、産業報国会に関する説明とこれに対する質疑応答が行われた後、松岡駒吉による立法の基本的方向性にかかる意見の表明、末弘厳太郎による「労働組合立法に関する意見書」（以下、「意見書」として引用する）[5]の説明、および、これらを受けた議論が行われた。第2回総会の後、整理委員会[6]が開催され、法律案の形で答申に向けた草案（第1次案）が作成され、第3回総会に提出された。第3回総会では、大野緑一郎整理委員会委員長による同草案についての全体的な説明と末弘厳太郎による逐条形式での説明がなされたうえで、同草案にかかる質疑が行われた。第4回総会では小委員会の設置（末弘厳太郎が小委員会委員長として指名された）等、爾後の委員会の審議の進め方等が示されたうえで、第2次案について、

---

4) 労働組合法立法史料研究Ⅲ 7頁（末弘厳太郎発言）。
5) 労働組合法立法史料研究（解題篇）13-14頁［渡辺章］がすでに指摘しているとおり、当該意見書は「厚生省事務當局［の］方で労働組合法が問題になりそうだからと言はれたので［，］二、三の方と一緒に三回程労働組合法［の］問題に付て色々意見を換はした……私［の］意見と云ふよ［り］はそれを纏めたも［の］」であると説明されており（労働組合法立法史料研究Ⅲ 40頁（末弘厳太郎発言））、末弘厳太郎一個人のみの見解が述べられているものではない。
6) 第3回総会での大野緑一郎整理委員会委員長の説明によれば、11月5日と13日に整理委員会が開催された模様である（労働組合法立法史料研究Ⅲ 78頁）。労働組合法立法史料研究Ⅳ 163頁以下所収の史料は、日付が11月11日となっている点で疑義があるが、表題および内容上は第1回整理委員会の記事（議事録）と合理的に考えられることをふまえて、本稿では、第1回整理委員会の記事と位置づけて検討している。

逐条での検討が行われた。その後、第5回総会の前日（11月20日）に開催された小委員会で、逐条的に再検討が行われて第3次案が作成され、第5回総会に提出された。第5回総会では、当該草案について末弘厳太郎小委員会委員長から改めて逐条説明がなされた後、各章ごとに議論および修正等の採否がなされ、最終的な答申に向けた案が取りまとめられた。

以上の経緯を経て、労務法制審議委員会は11月24日に労働組合法案を答申した（答申案）。これを受けて政府は帝国議会提出法案を作成し、12月8日に、第89帝国議会に提出した（後述のとおり、答申案と政府作成の帝国議会提出法案には相違が少なくない）。議会では修正は行われず、法案は原案のまま可決、成立した。

2 （24年労組法による全面改正に先立つ）20年労組法の改正

20年労組法は、24年労組法による全面改正がなされるまでの間に、3回、改正がなされている。最初のものは労働関係調整法（昭和21年法律25号）制定にともなうもので、不利益取扱いの禁止について定める11条について、労働者が労働組合の組合員であること以外に、労働組合を結成しもしくはこれに加入しようとすること、労働組合の正当な行為をしたことを不利益取扱いが禁止される理由として掲げる改正が行われた[7]。第2のものは労働基準法（昭和22年法律49号）制定にともなうもので、労働委員会に対し労働条件等の実情調査および改善のための建議の権限を付与し、建議を受けた行政官庁による労働条件等にかかる規準を指示する権限を付与し、かつ、当該規準に労働協約と同一の効力を付与していた32条が削除された。第3のものは昭和22年法律223号（民法の改正に伴う関係法律の整理に関する法律）によるもので、代理人等の違反行為にかかる処罰規定を定める36条につき、「戸主、家族」の文言が削除された。

3 24年労組法[8]

20年労組法の下での諸問題について、ＧＨＱは当初教育的態度で改善を

---

[7] 労働組合法立法史料研究（解題篇）50頁［渡辺章］参照。

図ったが、1948年7月22日に発出されたマッカーサー書簡を契機として、法改正を行う方向へと向かっていったとされる。以降、ＧＨＱ内部で検討が行われ、1949年1月4日にはＧＨＱの第1回、第2回勧告の文書が、翌1月5日には第3回勧告の文書が日本側に渡された。ここから、日本側による改正法案作成の作業が本格的に進められることとなった。法案作成においては、20年労組法起草時とは異なり、「労使を混えず事務的技術的経験者としての準備委員会の構成員のみにより試案を作成すべき[9]」こととされ、その後に労使の意見を参酌するという方針が採られた[10]。

　この方針の下、労働省の内部で、第1次案（1月9日）、第2次案（1月10日）、第3次案（1月17日にＧＨＱに提出）、第4次案（1月29日）の作成作業が進められ、2月14日には第5次案（労働省試案）が公表された。この労働省試案に基づき、2月20日の東京を皮切りに各地で公聴会が行われ、公聴会における意見も参酌しつつ、第6次案（3月18日）、次いで第7次案（3月24日）が作成された。ところが、その後、ＧＨＱは、3月28日付でそれまでの法案とは関係なく、20年労組法に修正を施した形での法案（第8次案）を作成し、これを日本政府に手交する事態が生じた（以下、本稿ではこの事態を単に、法案転換と呼称する）。以降、日本側による修正の試みも種々行われたものの（第10次案（4月8日）等）、基本的には、ＧＨＱが作成した法案に基づき改正作業が進められた（第9次案（4月5日）、第11次案（4月14日）、第12次案（4月21日））。4月25日には法案の閣議決定がなされ、4月28日、第5回特別国会に法案が提出された。法案は衆議院を若干の修正が施されたうえで通過し、次いで参議院を当該衆議院による修正が施された形で通過、成立し、24年労組法は同年6月1日に公布、同月10日に施行された。大まかには、24年労組法改正は、ＧＨＱ勧告を受けて本格化し、法案転換までは、当該勧告を基礎としつつ日本側で法案の練り直しが繰り返される形で進められたが、法案転換以降は、ＧＨＱ側の主導

---

[8]　この項目の記述は、労働組合法立法史料研究（解題篇）84-86頁［竹内（奥野）寿］にもとづいている。詳細については当該文献の該当箇所を参照されたい。
[9]　賀来才二郎『改正労働組合法の詳解』（中央労働学園、1949年）42頁。
[10]　賀来・前掲注9）42-43頁。

により20年労組法を基礎としてこれに最小限の改正を加える形で作業が進められていった。

4　その後の労組法改正

24年労組法は、現在（2016年4月1日時点において施行されている労働組合法）に至るまでに、技術的なものも含めて全ての改正を数え上げると、38回の改正を経ている[11]。

24年労組法にかかる最初の改正は昭和25年法律79号によるものであり、法人である労働組合の免税を規定していた13条が削除された。第2、第3の改正（それぞれ昭和25年法律84号、昭和25年法律139号）は労働委員会の委員数と事務組織にかかるものであり、第4の改正（昭和26年法律203号）は地方公共団体の警察吏員および消防吏員の労働組合結成または加入を禁止していた4条を削除した[12]。

最初の主要な改正といいうるものは、第5の改正である1952年労組法改正（昭和27年法律288号（労働関係調整法等の一部を改正する法律）による改正）である。同改正に向けた検討作業は、1951年5月1日のリッジウェイ声明が占領下の政策について再検討する権限を日本政府に認めたことを受けて行われた同年5月から7月にかけての政令諮問委員会による検討（答申（「労働関係法令の改廃に関する意見」）は7月9日）により本格的に開始され、労働省労政局における要綱案の検討とこれに対する各方面からの反応、同年10月12日以降の労働関係法令審議委員会による「白紙委任」[13]での検討（1952年3月19日までの間に、10回の総会を開催。第9回（1951年12月18日開催）と第10回の総会の間には、8回の小委員会が開催された）、

---

[11] こうした法律等の改正履歴については、第一法規が提供するデータベースである「D1-Law.com」の「現行法規［履歴検索］」にて確認することができる。本文の記述も、このデータベースの検索結果に基づいている。
[12] 地方公共団体の警察吏員および消防吏員の労働組合（職員団体）結成または加入の禁止は、1950年制定の地方公務員法で別途すでに規定されるに至っており、4条の削除はこれにともなうものである。
[13] 賀来才二郎『改正労働関係法』（労働法令協会、1952年）163頁。それまでの検討作業とは区切りをつけ、改正のあり方につき改めて検討が行われることとなったということであると考えられる。

同審議委員会による答申（「労働関係法令の改廃に関する意見」（1952年3月25日）という形で推移していった。政令諮問委員会による1951年7月9日の労働関係法令の改廃に関する意見では、労働組合法に関連して、関係法令の整理統一、労働委員会制度の強化、交渉単位制度の導入と労働側にも団体交渉義務を負わせること（団体交渉関係）、労働委員会による事件の優先取扱いと申立て期間の制限（不当労働行為救済関係）にかかる改正を行うべきであるとされた。労働省労政局による要綱試案（労働関係法（仮称）要綱試案）では、関係法令および機構の整理統一のほか、労働争議の調整等を資格審査の対象外とすること、2条但書1号および2号は労働組合の定義とせず資格審査の要件のみとすること、基金の流用（9条）および解散（10条）の規定の廃止（労働組合関係）、労働組合にも団体交渉応諾義務を課すこと、単位制の一部採用（団体交渉関係）、14条に記名押印を加えること、期間の定めのない労働協約は一定の予告期間により解約を認めること、17条と18条の統合等、協約遵守義務の明文化、苦情処理機関設置の義務化（労働協約関係）や、不当労働行為および労働委員会にかかる規定の様々な見直しというように、24年労組法の全般にわたる大幅な改正が、労調法等の改正と併せて構想されたが、労働側、使用者側および労働委員会の側から、それぞれに批判された。労働関係法令審議委員会でも、当初、様々な事項が検討の対象とされたが、多くの事項については意見の一致が見出されず、同審議委員会の答申およびこれをふまえて作成された国会提出法案（1952年5月10日国会提出）では、現状維持を基本として必要な限度での改正にとどめることとされ、最終的には、労調法にもとづく斡旋、調停、仲裁との関係での資格審査を行わないとする旨の改正（5条）、不当労働行為にかかる7条の規定に4号を追加（改正前の労調法40条の内容を整備して移動したもの）、労働協約にかかる14条および15条の修正、労働委員会にかかる規定の整備（地方労働委員会関係の規定の整備、中央労働委員会の緊急調整についての権限を規定、不当労働行為救済申立ての期間を1年に制限、審問における証人の出頭を求め、また、質問できる権限と、証人にかかる費用弁償を規定）が行われるにとどまった[14]。

　その後の改正は、労働委員会制度についての、技術的あるいは比較的小幅

な改正を行うものが多くを占めるようになる。昭和29年法律212号は地方労働委員会の委員数に修正を加えた。昭和34年法律137号（最低賃金法）は、技術的な改正ではあるものの、労働委員会制度以外の修正にかかる数少ない例である（労組法18条に関して最低賃金を定める労働協約についての規定（4項）を整備。なお、後述のとおり同項は現在では削除されている）。昭和37年法律140号、昭和37年法律161号は、それぞれ行政事件訴訟法および行政不服審査法施行にともなう労働委員会関係の規定の整備を（前者は、改正前の27条11項が労働組合または労働者に対して棄却命令につき民事訴訟の提起を認めたものか、行政訴訟の提起を認めたものかについて争いがあった点について後者であることを明確にする等したものである[15]）、昭和41年法律64号は労働委員会の委員の任期および委員数についての改正を、昭和46年法律67号は労働委員会の委員数についての改正を、昭和46年法律130号は沖縄の復帰にともなう労働委員会にかかる技術的改正を、昭和53年法律39号は労働委員会の委員数等についての改正を、昭和55年法律85号は関係法令改正にともなう労働委員会にかかる技術的改正を、昭和58年法律78号は労働委員会の事務組織等にかかる改正を、昭和59年法律25号は関係法令改正にともなう労働委員会にかかる技術的改正を、それぞれ行っている。

　1988年労組法改正（昭和63年法律82号による改正）は、1952年労組法改正後の比較的大幅な改正の一つといいうるものであり、国営企業労働委員会を中央労働委員会に統合するための改正が行われた[16]。比較的大幅な改

---

14) 三以下で検討する事項には、1952年労組法改正の過程で検討対象とされたものも少なくないが、多くが見直しの方向性についての労使の意見が一致せず、改正対象から外されたことや、見直しが見送られたものであることのほか、史料の収集状況等を考慮し、本稿では、以下、同改正の過程における議論については、検討を見送っている。同改正にかかる立法史料の存否状況等や改正経過について述べる文献については、竹内（奥野）寿「昭和27年労働組合法改正立法史料研究の可能性ないし限界」季労262号（2018年）139頁参照。なお、同論文公刊後、労働関係法令審議委員会についての議事録が労働政策研究・研修機構の労働図書館に所蔵されている旨のご指摘を、同機構労働政策研究所長である濱口桂一郎氏からいただいた。ここに記して謝意を表する（なお、同議事録は国立国会図書館にも所蔵されている）。

15) 1962（昭和37）年の2回の労組法改正の内容の詳細については、東京大学労働法研究会編『注釈労働組合法〔下〕』（有斐閣、1982年）949-950頁参照。

正ではあるが、改正対象が労働委員会制度のみである点では、1952年労組法改正以降の改正の傾向と共通する。

　平成5年法律89号、平成11年法律87号はいずれも関係法令改正にともなう労働委員会にかかる技術的改正を行っている。平成11年法律102号は中央省庁等改革にともなうもので、労働委員会にかかる技術的改正を行うとともに、中央労働委員会の任務にかかる規定（19条の2第2項）の追加等を行っている。平成11年法律104号は独立行政法人通則法施行にともなうもので、労働委員会の委員数についての改正および労働委員会にかかる技術的改正を行っている。平成11年法律151号は民法改正にともなう労働委員会および罰則にかかる技術的改正を、平成11年法律160号は18条および労働委員会にかかる字句修正等の技術的改正を、平成14年法律45号は罰則にかかる、平成14年法律98号は郵政事業の公社化にともなう労働委員会にかかる、それぞれ技術的改正を、平成16年法律84号（平成16年法律140号により一部改正）は関係法令改正にともなう労働委員会にかかる技術的改正を、行っている。

　2004年労組法改正（平成16年法律140号による改正）は、1988年労組法改正に続く大幅かつ重要な改正であり、不当労働行為の審査の迅速化および的確化を目的とする労働委員会にかかる大幅な見直しが行われた（なお、この見直しに関係する形で、7条の規定が若干修正（技術的改正のほか、和解を勧める場合にかかる労働者の発言等を理由とする不利益取扱いも禁止）され、また、罰金額の引き上げなど、罰則の修正もなされている）[17]。

　平成16年法律147号は罰則にかかる、平成17年法律87号は法人である労働組合についての準用規定（12条）にかかる、それぞれ技術的改正を、

---

[16]　1988年労組法改正の解説として、高田正昭「労働組合法改正について——中労委と国労委の統合」ジュリ916号（1988年）57頁を、同改正の過程における、中労委の公益委員の任命にあたっての労使委員による同意をめぐる議論と意義について述べる近時の文献として、野田進「労働委員会における労使委員の役割」労委労協735号（2018年）14頁、26-28頁参照。

[17]　2004年労組法改正については、たとえば、松永久「労働組合法改正の経緯と概要」ジュリ1284号（2005年）58頁、村中孝史「不当労働行為制度の課題と労組法改正の意義」ジュリ1284号（2005年）63頁参照。

平成17年法律102号は郵政民営化にともなう労働委員会にかかる技術的改正を行っている。平成18年法律50号は、民法における社団法人および財団法人制度の見直しにともなう、法人である労働組合にかかる規定の整備およびこれに関連する罰則にかかる改正を行っている。平成19年法律129号（最賃法2007年改正）は、上述した1959（昭和34）年に追加された18条4項を削除した。平成20年法律26号は船員労働委員会廃止にともなう労働委員会にかかる技術的改正を、平成23年法律53号は法人である労働組合の清算人の解任等にかかる即時抗告の規定（13条の14）の削除を行っている。平成23年法律74号は平成18年法律50号の附則の表記修正にとどまる。平成24年法律42号は国有林野事業の見直しにともなう労働委員会にかかる技術的改正を、平成26年法律67号は特定独立行政法人の見直しにともなう労働委員会にかかる技術的改正を、平成26年法律69号は、関係法令改正にともなう労働委員会にかかる技術的改正を、それぞれ行っている。

5　小括

以上の現在に至るまでの20年労組法および24年労組法についての改正の経過をふまえると、これまでにも認識されてきていることであるとは思われるが、以下のことを指摘できる。すなわち、本稿が対象とする労働組合法の規定事項（総則、労働組合（不当労働行為を除く）および労働協約の章にかかる規定内容）については、わずかな技術的な改正を別として、法人である労働組合にかかるもの及び最低賃金法との関係での18条4項の追加と削除を除き、いずれも1952年労組法改正までの間に改正が行われ、同改正以降は改正が行われていない状況にある。1952年労組法改正以降の改正は、技術的なもの、規定内容の実質的変更をともなうもの（後者の主要なものとしては、1988年の改正、そして、とくに、2004年の改正が挙げられる）の双方を通じ、そのほとんどが労働委員会制度についての改正に集中している。

1952年労組法改正では、当初、（関連する労使関係法制を含め）全体的な改正が構想されたものの、労働委員会制度を別として、最終的には若干の規定の改正に止まっており、本稿の対象とする事項との関係では、20年労組法の制定および24年労組法の改正の過程を理解することが、立法史として

とりわけ重要である。

二　目的、刑事民事免責

1　目的[18]（1条1項）[19]

（1）20年労組法

　20年労組法の起草過程では、労務法制審議委員会の第1回総会において、松岡駒吉が、「くだらない労働紛議が、大袈裟に云ふならば跡を断つ、少くとも端なる争議は跡を断つやうな指導的な考へに立つての法制が必要」、「是等三つの法律の冒頭に指導精神を強く高く掲げて、……日本に於ける労働憲章とでも云ふやうな大文字を使つて人権の尊重を條文に規定されるやうな御心持はおありでないだらうか」[20]と述べて、労働争議の解消や人権の尊重を「指導精神」として立法化すべきことを主張していた。第2回総会で、松岡駒吉は、これに関連して、労働の神聖性、創造性を強調して、「労働組合運動と云ふものが労働者の政治的、経済的、社会的な地位を向上せしめると共に、産業の興隆に資し、進んで人類の文化に貢献し得るものでなければな」らない旨の「指導精神」を明確にすべきことを主張した[21]。同じ第2回総会で末弘厳太郎が説明した「意見書」は、基本方針の一つとして、労働者に労働条件等決定への参与を認めることが産業平和確立と労働能率高揚に寄与する経済効果が大きなものであることを考慮して労働組合を法認する旨が示されており、こちらは、労使対等での労働条件決定と、その産業興隆へ

---

18) 20年労組法および24年労組法における目的規定の立法史研究として、中窪裕也「労働組合法1条1項および憲法28条の立法過程に関する若干の素描」山田省三ほか編『労働法理論変革への模索　毛塚勝利先生古稀記念』（信山社、2015年）669頁参照。
19) 現行法たる24年労組法は、1条（全体）の表題として「目的」を掲げているが、実際には、明らかなことではあるが、目的を定める規定（1項）と、刑事免責にかかる規定（2項）が置かれている。ここでは、この実際の規定内容をふまえ、1条1項のみを目的にかかる規定として取り上げている。もちろん、刑事免責が、歴史的にみて、この目的実現に特に重要なものであることを否定する趣旨ではない。
20) 労働組合法立法史料研究Ⅲ 20頁（松岡駒吉発言）。
21) 労働組合法立法史料研究Ⅲ 34頁（松岡駒吉発言）。

の貢献により力点が置かれたものとなっていた[22]。

　第3回総会では、大野緑一郎整理委員会委員長により、「労働者の団結を認めて之を今後助長し労働者の政治的、経済的、社会的地位を向上せしむると共に産業の民主化を図り更に進んで世界文化の向上に貢献する」との意見と「等価交換の理念からして労働条件の改善を図り、団体を補助々長すべき」との意見が示されたことの説明がなされたうえで[23]、第1次案の1条として、「本法ハ団結権ノ保障ニヨッテ労働者ノ社会的並政治的地位ノ向上ヲ助ケ経済ノ興隆ト文化ノ進展トニ寄与スベキ均等ノ機会ヲ与フルコトヲ目的トス」との規定案が示された。規定の文言上、第2回総会における松岡駒吉の意見を基本的に取り入れたことがうかがわれ、松岡駒吉が示した目的を実現するための方途として団結権保障を図ることが併せて示されたものとなっている。団結「権」という表現が記録上記載されているわけではないが、目的規定に労働者の自主的団結を助成する旨を含めるべきとする趣旨の発言は、第1回整理委員会における西尾末広の発言にみられ[24]、あくまで推測にとどまるが、西尾末広の当該発言が、団結権保障の文言が加えられた少なくとも一つの契機となっていると思われる。松岡駒吉が示した地位の向上のうち、「経済的」地位の向上は、第2次案で追加され、また、答申案では「スベキ均等ノ機会」が削除され、経済興隆と文化進展に寄与する主体が不明瞭になったともいえる修正が行われている。

　答申案を受けて作成された帝国議会提出法案（かつ成立した正文）は、団結権の保障に加え、「団体交渉権ノ保護助成」の文言を加える重要な修正を行っている。これは、ＧＨＱの側の指示によるものといわれている[25]。他

---

22)　「意見書」については、労働組合法立法史料研究Ⅲ 73-76頁参照（更なる出典について同書73頁も参照）。

23)　労働組合法立法史料研究Ⅲ 78頁（大野緑一郎発言）。第1回整理委員会における目的規定をめぐる議論については、労働組合法立法史料研究Ⅳ 164頁参照。同史料の内容上、本文で引用している意見のうち前者は西尾末広の発言にかかるもの、後者は桂皋の発言によるものと推測される。

24)　労働組合法立法史料研究Ⅳ 164頁。西尾末広は「労働者の自主的団結を図り之を大部助長し以て」労働者の地位向上等を図るという規定案を述べている。なお、目的規定を含め、整理委員会での草案作成に対する西尾末広（右派社会民主主義者）の影響力は大きかったとするものとして、遠藤・前掲注1) 33-39頁参照。

25)　中窪・前掲注18) 674-675頁、および、同所で引用されている文献参照。

方で、「労働者ノ地位ノ向上ヲ図リ」として、向上が図られる地位の具体的内容は文言上削除されることとなった[26]。また、文化の進展に寄与することが削除された。

（２）24年労組法

ＧＨＱ第１回勧告及び第２回勧告では、「前文」（preamble）の形で、労働組合法の目的として、「労働争議（industrial dispute）の友好的解決にとって基本となる慣行を奨励することにより労使間の不和（industrial unrest）を最小限にすること、使用者と被用者の間における交渉力の平等を促進することにより労働者の地位を向上させること、労働者による、結社の自由、自主的団結の自由およびその雇用条件について交渉するためまたはその他の相互扶助ないし相互保護のために自ら選出する代表者を指名する自由の完全な行使を保護すること、および、団体交渉の慣行と手続を奨励すること」を宣言することが提案されていた[27]。ここでは、労働者の地位の向上は他の三つの「こと」として掲げられ並列された諸目的の一つとして位置づけられている[28]。

　第１次案以降の変遷は、大別すれば四つに区分しうるように思われる[29]。

　第１次案では、20年労組法で掲げられた労働者の地位の向上およびそれを通じた経済の興隆という二つの基本的な目的を維持したうえで、これらを

---

26) 帝国議会での審議では、答申案のように列挙されていると、経済的地位の向上が労働組合の主たる目的であることが曖昧になるので、単に労働者の地位とされたことが説明されている。もっとも、併せて、社会的政治的地位の向上も、従たるものであるが、労働組合の目的であることが確認されている。労働組合法立法史料研究（解題篇）34頁〔渡辺章〕参照。労働組合法立法史料研究Ⅳ 224-225頁（20年労組法にかかる「労働組合法質疑応答書」の、1条1項関係部分）も参照。

27) 本文で示した規定内容は、第２回勧告の原文（英文）の該当箇所（労働組合法立法史料研究Ⅳ 25頁）を竹内が改めて試訳したものである。英文史料では、目的規定にかかる第１回勧告と第２回勧告の内容は、"real[l]y elected"の表現の有無（前者にあり、後者になし）を除き、同じである（労働組合法立法史料研究Ⅳ 6-7頁、25頁参照）。なお、第３回勧告にはこうした目的規定についての言及はない。

28) 同様の指摘として、中窪・前掲注18）687頁参照。

29) 24年労組法の起草過程における目的規定の分析については、労働組合法立法史料研究（解題篇）120-121頁〔富永晃一〕も参照。

実現する手段としての具体的な目的を2号に分けて掲げる形がとられた。1号は、「労働者が自主的、民主的に、且つ、国民経済に対するその責任の自覚の上にたって、労働組合を組織し、労働条件に関して交渉するものを選出し、相互扶助又は防衛を遂行し、及び擁護し、その他労働組合を運営し団体行動すること、及び労働者が使用者と対等の立場において公共の福祉のために協力し、自己の利益と立場とを主張するとともに、相手方の権利と立場とを尊重し、友好裡に団体交渉を行うことを保護助長すること」として、20年労組法との比較でいえば、団結および団体交渉に加え団体行動を保護助成することを掲げ、また、2号は、「産業上の紛争を友好的に予防し、解決するために前号に規定する基礎的慣行と手続を促進し、経済の発展のための障害を最小限に止めること」として、20年労組法には見られない内容を掲げていた。これらは、上記のGHQ勧告で示された目的(の具体的内容)を取り込もうとしたものとみることができる側面もあるが、20年労組法の基本的な目的を維持(特に、地位の向上を基本的な目的として維持)した構造となっている点に、基本的な違いがあり、また、「国民経済に対するその責任の自覚」、「公共の福祉のために協力……相手方の権利と立場とを尊重し、友好裡に」、など、労働者の自制ないし労使協調の上に立った保護助長が念頭に置かれている点に特徴がある[30]。労使協調的側面は第2次案ではかなり後退しているが、「友好裡に」の文言が残るなど、その残滓はなおみられる。

次いで、第3次案(第4次案も同様)になると、形式上は、号別の掲記が廃され、一つの文章で目的が述べられる形に改められる。基本的な内容としては第2次案のものが維持されているが、団結等の保護助成という第2次案までの1号に相当する内容にもとづいて、産業上の不和の最小化という第2次案までの2号の内容を実現し、もって基本的な二つの目的の達成を図るという構造へと修正され、また、第1次案や第2次案でみられた「責任の自覚」や「友好裡」、「友好的」といった労働者の自制ないし労使協調を念頭に置いた表現は全て取り払われている。

---

[30] おおむね同旨の指摘として、労働組合法立法史料研究(解題篇)121頁[富永晃一]参照。

第5次案（労働省試案）では、形式上は第3次案以降と同じであるが、「労働者が自ら選んだ代表者により労働条件等に関し団体交渉をし、その他団体行動を行うための自主的な労働組合の組織を擁護すること、労働関係を規制する労働協約を締結するために団体交渉をする手続と慣行を確立すること、及びこれらのことに基いて労働者が使用者との交渉において対等の立場に立つことを促進することにより」基本的な2つの目的の達成を図るとして、一方で、産業上の不和の最小化という第2次案までの2号に掲げられた目的が規定から姿を消し、他方で、対使用者の交渉における対等性の実現が掲げられるようになる（第6次案も同様であり、英文史料に照らすと第7次案も同様と推測される）。

　法案転換後の第8次案では、「使用者とその被傭者との間の交渉力の均等を促進することにより労働者の地位を向上すること、労働者がその雇用の条件を交渉するために自ら選択した代表者を選出することを含む団体交渉[31]を行うために自主的に組織し団結する行為を擁護すること、及び労使関係を規制する包括的労働協約を齎す団体交渉の実行と手続を奨励すること」が（政策及び）目的として掲げられており、経済の興隆への寄与という20年労組法以来の目的が姿を消し[32]、また、労働者の地位の向上が、対使用者の交渉における対等性の実現と関係づける形で言及され、かつ、他の二つの手段的目的と並列されることとなった。基本的には、これが成立した24年労組法の目的規定に結実しており[33]、かつ、以降、改正を経ることなく現在

---

31) 元の英文史料に照らすと「団体行動」とされるべきことにつき、中窪・前掲注18) 691頁参照。

32) 労働組合法立法史料研究Ⅳ 109頁（第8次案についてのものではないが、基本的に第8次案の目的規定を維持した国会提出法案にかかる法律案予想質疑の1条1項関係部分）は、「本法の直接の目的ではない」ことをその理由として挙げている。

33) なお、最後の目的では、助成（奨励）される団体交渉が、労働協約を締結するためのものに限定されているようにも読みうるが、佐藤達夫関係文書に収録されている国会提出法案では（なお、国立国会図書館における、該当部分を収録するマイクロフィルムは、「行政一般・行政組織」（ここには小項目として「Ⅴ労働」が含まれている）の項目下のR（リール）28、コマ0438である）、「労働協約を締結」の横に（当該文言についてのものと解しうる手書きメモとして）、「ソレ以外ノモノヲ否認ハシテイナイ」との書き込みがあり（労働組合法立法史料研究（条文史料篇）213頁）、立法過程においては上記のような限定的な趣旨ではないものとして考えられていたことが示唆される。

に至っている。法案転換後の目的規定は、労使間の不和を最小限にすることという目的が加えられていない以外は、基本的に、ＧＨＱ勧告に沿うものとなっている。

（3）小括

20年労組法および24年労組法の制定過程全体を通じてみると、目的規定については、20年労組法において、労務法制審議委員会において初期から示された構想を基本的に取り入れて（団体交渉権の保護助成についてはＧＨＱの指示を受けて追加して）、団結権の保護および団体交渉権の保護助成を通じた、労働者の地位の向上と経済の興隆への寄与が掲げられた後、24年労組法の起草過程、とくに、法案転換においてＧＨＱより示された草案により、経済の興隆への寄与という目的が消滅し、また、労働者の地位の向上という目的も、対使用者の交渉における対等性の実現と結び付けられる形で、かつ、団結、団体交渉および団体行動の擁護、労働協約締結のための団体交渉の助成と並列する目的として位置づけられることになったという変化をたどって現在に至っていると要約できる。

規定の変遷上は、対使用者の交渉における対等性の実現、団体交渉の助成のように、団体交渉関係にかかる保護助成が前面に打ち出される方向に変化してきたといいうるように思われる。その一方で、国会審議に向けて用意されたと考えられる法律案予想質疑では、「労働組合法の目的が究極において労働者の経済的社会的地位の向上にあることはいうまでもない」とされる[34]など、日本政府としては20年労組法の目的規定との連続性をそれなりに意識した見解も示されている。こうした、20年労組法の目的規定との断絶性ないしは連続性をどの程度のものと評価するかは、現行法の目的の解釈にとっての一つの重要な視角であると考えられる。

---

34) 労働組合法立法史料研究Ⅳ 108頁。もちろん、「政治的」地位の向上は含まれていない点では（まったくの推測だが、意図して含めてないように思われる）、引用にかかる見解は完全な連続性を示すものではないことには注意が必要である。

2 刑事民事免責

(1) 刑事免責

20年労組法起草過程では、労務法制審議委員会第2回総会における、松岡駒吉による、戦前にみられたような警察の労働組合運動に対する不当な弾圧の抑止の必要性の主張[35]、および、末弘厳太郎の説明による「意見書」の内容をふまえて[36]、当初、現在の刑事免責規定に連なる規定は、団結権に対する不当な制限を課す法令の廃止と、刑罰法令および警察法令の濫用を防止する旨を定める形で構想された（第1次案2条。第2次案2条も同様）。これについては、末弘厳太郎が「法制局の方が御覧になると驚くべき形」と[37]、従来の規定の体裁とは異なることを承知で起草されたものである旨述べており、第4回総会では、高橋勤労局長から、不当な制限を課すものとして廃止される法令を列挙することとし、また、濫用防止については附帯決議とする旨の提案がなされ、その方向で検討することとされた[38]。

もっとも、第3次案では、後者はそのまま取り入れられたが、前者は、「前条規定ノ精神ニ基キ左ノ法令ハ労働組合ノ為ニスル組合員ノ正当ナル行為ニ付テハ之ヲ適用セザルコト」として、廃止ではなく不適用の形に改められた。これは、不当な制限を課す法令が逐次廃止されつつあり、労働組合そのものを対象としていない一般の法令の不当な適用がなされていることへの対応をむしろ念頭に置いたことによるものである。また、「正当ナル行為」に限ってそうした不適用の効果を受けうる形とされ、これらの法令を「普通の暴行と云ふやうなものにまで適用しない」訳ではないこととされた[39]。この第3次案については、正当な行為であれば刑罰法規等を適用しないのは当たり前で不当に適用しないとすべきである、「正当ナル」という文言は非

---

[35] 労働組合法立法史料研究Ⅲ 37-38頁（松岡駒吉発言）参照。
[36] 労働組合法立法史料研究Ⅲ 74頁参照。なお、第1次案策定にあたった第1回整理委員会での議論については、労働組合法立法史料研究Ⅳ 165頁参照。
[37] 労働組合法立法史料研究Ⅲ 82頁（末弘厳太郎発言）。
[38] 労働組合法立法史料研究Ⅲ 104-105頁。
[39] 以上の第3次案における2条の説明については、労働組合法立法史料研究Ⅲ 154-155頁（末弘厳太郎発言）参照。

常に面倒な事態が起こり得るとの意見が出され[40]、これに対しては当該文言を取ると裁判所や警察が無遠慮に適用するとの末弘厳太郎からの反論もなされたが、最終的に、「左ノ法令ノ関係條項ハ労働組合ノ為ニスル組合員ノ前條規定ノ精神ニ基ク行為ニ付テハ之ヲ適用セズ」として、「前條規定ノ精神ニ基ク行為」であれば適用しないこととされた[41]。

答申案の規定はこの線に沿って定められたが、帝国議会提出法案ひいては成立した20年労組法では、2条から1条2項に移されたうえで、答申案で列挙されていた法令を削り、刑法35条の規定は前項の目的を達成するためにした正当なものに適用があるとの形へと、大幅に改められた。刑罰法令および警察法令の濫用防止を定める附帯決議も、答申案に至るまでは維持されたが、帝国議会提出法案ひいては成立した20年労組法では、削除（附帯決議自体削除）された。

成立した20年労組法上は、法令の不当な適用による団結権等への制限を行わないという趣旨や刑罰法令等の濫用禁止は窺い難いものとなっているが[42]、「正当ナル」の文言維持を主張した上記末弘厳太郎の反論や、帝国議会向けの想定質疑書で答申案の趣旨をも尊重したとされていることに鑑みれば[43]、1条2項は、そうした趣旨を含むものとして理解すべきであろう[44]。

24年労組法起草過程では[45]、第1次案において目的規定とは独立した条文として総則中に規定された（5条）。細かな違いはあるものの、第6次案（同草案では4条に規定）までは20年労組法の1条2項の規定と同内容で

---

40) 労働組合法立法史料研究Ⅲ 163-164頁（それぞれ、桂皋発言、鮎沢厳発言）。
41) 労働組合法立法史料研究Ⅲ 167頁。
42) このことの評価について、労働組合法立法史料研究（解題篇）30頁［渡辺章］参照。
43) 労働組合法立法史料研究Ⅲ 237頁。
44) 東京大学労働法研究会編『注釈労働組合法〔上〕』（有斐閣、1980年）58頁は、24年労組法の1条2項について、刑罰法令の濫用禁止の趣旨が併せて表明されていると述べている。後述のとおり、24年労組法では、但書は加えられているが20条労組法1条2項の内容は基本的に維持されていることを併せ考えると、こうした理解は、本文で述べた立法史の理解との関係では、労務法制審議委員会（の答申）の考えに沿った、適切なものといえる。
45) なお、ＧＨＱ勧告では、刑事免責（および次に検討する民事免責）に関連するものとしては、いわゆる山猫ストの正当性を否定する規定を設けることが提案されているの

あった。第6次案に対する修正において、「前項の規定は、少くとも、人の身体又は自由を直接に侵害する行為、人の財物に対して直接且つ有形の侵害を加える行為又は、裁判所の裁判若しくは令状の執行を妨げる行為であって刑罰法規に該当するものを処罰から免れしめる趣旨に解釈されるべきでない」とする規定が第2項として加えられ[46]、現在の1条2項但書に連なる規定が登場した。以降の草案は、基本的にこの趣旨の規定（第9次案以降、但書として規定）の文言を具体的にどう定めるかをめぐって変遷し、第12次案に対する手書き修正で現在の1条2項但書の文言となるに至った。一方において戦前から見られた労働運動に対する刑罰法規の不当な適用を抑止しつつ、他方において労働運動が暴力化することがあったことにも対処するという、微妙で困難な調整を試みたものものといえよう[47]。この規定も、以降、改正を経ることなく現在に至っている。

（2）民事免責

20年労組法起草過程では、まず、労務法制審議員会第2回総会において、松岡駒吉から、（争議行為にかかる労働組合の損害賠償責任が争われた）イギリスのタフ・ヴェール事件を引き、労働組合や役員についての損害賠償責任からの保護も必要であるとの主張がなされ[48]、末弘厳太郎からも無論必要との応答がなされる[49]等した。第1次案では、こうした議論等をふまえ、「雇傭者ハ同盟罷業其ノ他ノ争議行為ニヨリ損害ヲ受ケタルノ故ヲ以テ労働組合又ハ其ノ組合員若シクハ役員ニ対シソノ賠償ヲ請求スルコトヲ得ズ」と定める一方、但書で、「但シ争議行為ガ第二十四条ノ規定ニ違反シテ為サレタル時ハコノ限リニ在ラズ」、すなわち、労働協約で調停あるいは仲裁約款がある場合に、調停あるいは仲裁に付すことなくなされた場合には損害賠償責任を免

[46) 労働組合法立法史料研究（条文史料篇）143頁。
[47) 佐藤達夫関係文書に収録されている国会提出法案では（該当部分を収録するマイクロフィルムは、前掲注33）に同じ）、「組合の行為はすべて正当ということの誤解に対す、不当弾圧に対すると共に労働運動の暴力化に対する念の為のもの」との書き込みがある（労働組合法立法史料研究（条文史料篇）214頁）。
[48) 労働組合法立法史料研究Ⅲ 36-37頁（松岡駒吉発言）。
[49) 労働組合法立法史料研究Ⅲ 41頁（末弘厳太郎発言）。

責しないとされた（11条）。この規定ぶりは答申案に至るまで同様である。

　労務法制審議委員会の議論では但書の規定の妥当性が中心となった。そこでは、一方で、調停あるいは仲裁約款がない場合はすぐに争議行為を適法になし得るように読めるが、そうした約款がなくとも必ず仲裁にかけるのが望ましいのではないかとの趣旨の意見が出されるとともに[50]、但書があるとかえって労働組合は調停あるいは仲裁約款の締結に消極となり、労議行為を予防するという法案の趣旨に反するし、とりわけ、24条違反にかかる制裁として損害賠償責任を負わせるのは酷に過ぎるという意見が出され[51]、小委員会で検討することとされたが、上記のとおり答申案に至るまで規定に変更はなかった。

　帝国議会提出法案ひいては成立した20年労組法（12条）では、刑事免責の規定にそろえるためか、争議行為ニシテ「正当ナルモノ」に限って損害賠償をなしえないとされ、また、役員の文言は削除されるとともに、但書も削除された[52]。帝国議会での議論において、（労働組合以外による争議行為と

---

[50]　労働組合法立法史料研究Ⅲ 90頁（第3回総会における三村起一発言）。

[51]　労働組合法立法史料研究Ⅲ 126-129頁（第4回総会における西尾末広発言）。西尾末広は、24条違反の制裁方法としてはむしろ同条違反に罰則を設けることを提案したが、この提案は、小委員会でも、その後の第5回総会でも採用されなかった（同書156頁、174頁参照）。これに関連して、20年労組法にかかる「労働組合法質疑応答書」では、協定違反の争議行為に罰則を設けるとすると争議中の検察権の介入を招きかえって適切ではないと述べられている（同書230頁。なお、次の注も参照）。本文で述べたような西尾末広の意見に対して、末弘厳太郎は、「苟くも付議してあと長引くやうならば『ストライキ』に入つても仕方がない。二十四條は其の程度」と応答している（同書128頁）。関連して、末弘厳太郎は、第3回総会での質疑応答において、24条違反の場合について、少なくとも仲裁条項や調停条項があるときには「それを経ずに依つてはいかんと云ふ、寧ろ労務委員会が団体交渉の斡旋及び争議の予防、是が勤労署までずつと続いて居りますから、直ぐ評判が立つので、是が発動し、自分の所で手に負へなければ地方長官に持つて行くと云ふやうなことで動くやうなことを期待して居ります」と述べており、明確でないところもあるが、違反の効果を厳密に考えるよりも、労務委員会（労働委員会）をつうじた紛争の実際的予防、解決を図ることで対応しようと考えていたことが窺われる（同書91頁）。

[52]　20年労組法にかかる「労働組合法質疑応答書」では、協定違反の争議に「直ちに」損害賠償責任を負わせるのは酷ではないか、むしろ罰則によるべきではないかとの問答がある（労働組合法立法史料研究Ⅲ 230頁）。但書を削除した帝国議会提出法案と論理的に矛盾するわけではないが、問いは、上記の「直ちに」の文言に窺われるように、むしろ、但書があることを念頭に置いて作成されたもののように思われる。

の関係という文脈ではあるが）同条は念のため規定された旨説明されている点[53]では注意を要するが、起草過程をたどる限りでは、同規定は争議行為にかかる損害賠償からの免責が念頭に置かれて起草されたといいうる。

24年労組法起草過程では[54]、第1次案において、総則中で刑事免責の規定に続く形で規定され（6条）、帝国議会提出法案の段階で削除された但書に相当する規定が復活した（なお、但書で参照されている第1次案33条は、成立した20年労組法25条の規定にそろえる形で、調停または仲裁が「成立しない」場合のほかは争議行為をなしえないと規定していた）。第3次案でこの但書は姿を消し、また、第4次案に対する修正で、刑事免責の規定にそろえる形で、「第一条に掲げる目的を達成するために行った」との文言が追加された。第6次案に対する修正では、これも刑事免責の規定（4条2項）にそろえる形で、人の身体または自由を直接に侵害する行為等の場合については損害賠償請求を妨げる趣旨ではないとの規定（5条2項）が加えられ、第7次案でも、同様に刑事免責の規定にそろえる形での修正が行われている。もっとも、法案転換後は、20年労組法と同内容の規定に復し、口語体に改める修正のみが行われて立法に至っており、刑事免責にかかる1条2項但書のような規定が盛り込まれることもなかった[55]。以降、この規定も、改正されることなく現在に至っている。

（3）小括

以上のように、刑事免責、民事免責については、前者にかかる24年労組法による規定（1条2項但書）の追加という変化はあるものの、基本的には、20年労組法の規定および趣旨が、現行法においても維持されているといいうる。

53）第89回帝国議会貴族院労働組合法案特別委員会議事速記録第1号4頁。
54）ＧＨＱ勧告に関しては、注45）参照。
55）なお、佐藤達夫関係文書に収録されている国会提出法案では（国立国会図書館における、該当部分を収録するマイクロフィルムは、前掲注33）掲記のＲのコマ0441である）、「一条Ⅱハ刑事上ノコト故但書デ明ニシタガ、之モ趣旨ハ同ジ」との書き込みがある（労働組合法立法史料研究（条文史料篇）217頁）。

三 労働組合の定義、労働者の定義、労働組合の設立や運営にかかる規定

1 20年労組法

　20年労組法起草過程ではまず、労務法制審議委員会の第1回総会において、亀山厚生次官から、過去に問題となった主な事項の1つとして、労働組合に関する規定事項（目的、組合員資格、組織構成、設立手続、法人格、組合勧誘ないし脱退の自由保障、争議に関する組合の立場、国家監督）が挙げられる旨の説明がなされ、また、労働組合の活動として政治活動を認めるべきか、クローズド・ショップとすべきかオープン・ショップとすべきか等についての意見や、組合員には職員も含まれるとの趣旨で、（「労働者」ではなく）「勤労者」との文言を採用すべきとの意見が出された[56]。第2回総会では、松岡駒吉により、労働組合に関し、①労働組合は労働者の「政治的経済的社会的地位の向上」、「並に人格或は品性の陶冶、相互扶助、共同福祉の増進を目的とする、同一若くは類似の産業に従事する被傭者を以て組織する団体又は其の連合体」とし、組合員何人以上という限定はしないこと、かつ、団結力等強化のため、相互扶助のための共済機関が労働組合に付随するようにすることが重要である（これに関連して、共済組合や信用組合的な事業について免税とすべきである）[57]、②職業別、産業別といったことについては制限せず労働組合の自由に任せ、また、連合会を労働組合として認める[58]、③労働組合と政党は異なるが、労働組合を政治運動と無関係とすることには無理があり、政治運動のための基金制を認めるべきである、④組合の解散については従来の案より慎重に裁判の手続をもってすべきである、⑤労働組合の成立については認可制ではなく届出制とし、その手続を極めて簡略にすべ

---

[56] 本文で紹介した意見については、たとえば、労働組合法立法史料研究Ⅲ 9頁（三村起一発言）、15頁（桂皋発言）、および、8頁（三村起一発言）参照。
[57] 労働組合法立法史料研究Ⅲ 35-36頁（松岡駒吉発言）。なお、議事録上は、主語が労働組合であるのかやや判断としないが、ここでは労働組合であると理解して紹介している。
[58] 労働組合法立法史料研究Ⅲ 36頁（松岡駒吉発言）。

きである[59]）、といった主張がなされた。同じく第2回総会における末弘厳太郎による「意見書」の説明においては、まず、労働組合の法認にかかる基本方針として、労働組合が本来自然発生的な団体であることに立脚し、組織機構や目的事業等については原則各労働組合の自由とし、取締的規定はなるべく必要最小限に止め、むしろ、団体交渉機能の積極的助長のための立法上の特別の考慮を払うべきこととされた。また、具体的な意見（「第1　労働組合」）として、①労働組合の定義としては、組合員が給料生活者であること[60]）、労働条件の維持等を目的とすることを表す趣旨の広範な定義を掲げるにとどめ、組合員たりうる給料生活者の種類や組合の目的事業を限定する趣旨は加えないこと、他方で、「協調組合」との区別の関係で[61]）、企業主またはその利益を代表する高級役員の加入を認めないこと、企業主より補助金を受けえないことを規定することがあるいはありうる、②団結権保護に関して、（労働組合加入を理由とする解雇等の不利益取扱い禁止と並び）一定の組合への加入を強要できないとすること（すなわちオープン・ショップとすること）、③設立と登録に関して、設立を自由としたうえで届出をさせ、一定の要件（企業単位の組合ないし産業別組合について企業ないし一定地域の当該産業の大多数の労働者を組織していること）を満たす労働組合には登録を認めて、登録した労働組合については特別の取扱い（法人格の付与および締結した労働協約につき締結組合以外の関係労働者をも拘束すること）をする考え方が示された。末弘厳太郎による説明に対しては、とくに登録要件に関して質問があり、①企業単位の組合、産業別組合について登録要件が示されているが、合同労組についてはどう取り扱うかとの問いには、「極く分かり易い意味で」、企業単位の組合と産業別組合の場合について書いたとの、②少数組合を除外する趣旨かとの問いには、そのつもりはないとの応答がな

---

59) ③から⑤については、労働組合法立法史料研究Ⅲ 38-39頁（松岡駒吉発言）。
60) これに関して、末弘厳太郎は、「所謂狭義［の］労働者だけでなしに［,］廣く使用人［も］皆入るのだと云ふ趣旨であります［。］被傭者［と］云つても宜いと思ひましたが［,］さうすると現在失業して居る者は入らない［,］又常勤でない人間もあると思つて［,］凡そ賃金給与で生きて居る人間［と］云ふ意味［の］積りで［,］給料生活［と］云ふことを書いた」（労働組合法立法史料研究Ⅲ 42頁）と述べている。
61) 労働組合法立法史料研究Ⅲ 43頁（末弘厳太郎発言）および「意見書」（同75頁）。

されるとともに、③法人格取得との関係では要件が1925（大正14）年の社会局案に比べても厳しすぎないかとの問いについては、法人格取得との関係では要件を緩やかにすることも考えられるが、「協約を奨励してしっかりやって行く」以上、「アウトサイダー」をも拘束しうることがよく、これを、（ドイツのように一般的拘束力宣言をもって行うこともありうるものの、）登録の段階で考慮した結果であるとの回答がなされた[62]。

その後開催された第1回整理委員会では、「意見書」を基に議論がなされ、「協調組合について、之を正面からしとめることをやる。先ず組合の定義を書く」として、「左に掲ぐるものは本法に依る労働組合と認めない」として国家の補助を受けるものなどを掲げるべきとの意見等が出され、また、「意見書」の、労働組合の法認にかかる基本方針（先の段落参照）は「大体之でよい」とされた[63]。具体的意見に関しては、①労働組合の定義に広く該当しうるようにすべきとの方向での議論がなされ（より広い「労働生活」を全部考えなくとも、「労働条件」のことを考えていればよいよう後者の文言を採用すべきである、「被傭者」では失業者が入らないので「給与生活者」でよい）、②オープン・ショップとすべきか、クローズド・ショップを認めるかをめぐっては議論が交わされたが、最終的に、「『オープン』でも『クローズ』でもない」として規定しないこととする、③労働組合の設立は自由とし、法人格を取得したければ届出をさせ、登録と法人格は結び付けるべきではない、協約は法人格がなくとも締結しうる等、「意見書」の登録にかかる部分については除くとの議論がなされた[64]。

こうした議論を経て起草された第1次案では、3条として、「本法ニ労働

---

[62] ①②については労働組合法立法史料研究Ⅲ 50頁（桂皋、末弘厳太郎発言）、③については同 53-54頁（西尾末広、末弘厳太郎発言）。

[63] 労働組合法立法史料研究Ⅳ 164および165頁参照。

[64] 労働組合法立法史料研究Ⅳ 166-167頁。このくだりは、松岡委員がオープン・ショップに反対し、「団結せざる自由はない。失業する理由はない。」と述べ（なお、失業する「理由」は原史料ママだが、この発言に応答する桂皋の発言は、「失業する自由まではゆかない。」となっている）、また、労働協約の効力がどこ（誰）に及ぶかをめぐる議論が交わされるなど、20年労組法の起草者たちが団結権保障や労働協約を通じた労働条件の規律についてどう考えていたかを示す、極めて興味深いものとなっている。

組合トハ労働者ガ主体トナリテ自主的ニ労働条件ノ維持改善ソノ他地位ノ向上ヲ図ル目的ヲ以テ組織スル団体又ハソノ聯合ヲ云フ」としたうえで、「左ノ二ニ該当スルモノハ労働組合ト認メズ」として、「一、雇傭者又ハソノ利益ヲ代表スト認ムベキモノノ参加ヲ許スモノ」、「二、主タル経費ヲ雇傭者ノ補助ニ仰グモノ」、「三、共済修養ソノ他福利事業ノミヲ目的トスルモノ」、「四、主トシテ政治運動ヲ目的トスルモノ」、「五、組合員著シク少数ニシテ団体ノ実ヲ備ヘザルモノ」の五つについては本法にいう労働組合とは取り扱わないとした。また、次項として[65]、労働組合と認めるか否かについて疑義がある場合には労務委員会の決議により地方長官が決定する旨の規定が置かれ、また、第2文で労働者（「労務者」）の定義（「本法ニ労務者トハ職業ノ種類ヲ問ハズ広ク賃金ソノ他給料ニヨッテ生活スルモノヲ謂フ」）が置かれた。そして、「労働組合」の章（第2章、但し9条から11条を除く）では、労働組合の設立や運営にかかる規定として、設立後1週間以内に規約および役員の氏名並びに住所を届け出ること（4条）、組合規約に最低限記載すべき事項（5条）、組合規約変更の場合の届出義務（6条）、組合規約が法令に違反するときの変更命令（7条）、労働組合事務所への組合員名簿の備付け（8条）、労働組合役員による共済および他の福利事業のために特設した基金の流用の原則禁止と総会決議によるこの禁止の解除（12条）、労働組合の解散事由（13条）、解散命令（14条）、登記等による法人格の取得（15条）、法人格を有する労働組合にかかる民法の準用（16条）、免税（17条）、の各規定が置かれた。

　末弘厳太郎による第1次案の説明では、まず、第3条につき、広い定義となっているが、あくまでも労働者が「主体トナリテ自主的ニ」という点に力点が置かれている（また、労働者については「広く給料生活者一般」となっている）、そのうえで、一定のものを除外することとしたとされ、1号につ

---

65) この項が第2項なのか、第3項なのか（「左ノ……」の箇所は第1項ではく第2項となる）については説明がなく（各号列挙されている箇所は「第3条の第1号」などと呼ばれている）よく分からない。ただし、第4回の総会の議論中では、第2次案におけるこの項を第3項と述べる委員の発言がある（労働組合法立法史料研究Ⅲ 110頁（三輪荘吉発言））。

いては「雇主も工場の重役と云ふものが一緒に入って居るものなどは」(「雇主も」は、雇主や、の意か) 労働者が主体となっているとはいえない、2号については、「主たる経費を雇傭主に仰ぐ、是は多少の金銭を受けることは宜いが経費の点で天下りだと云ふものは労働組合の自主性を害する」、3号および4号についてはこれらの事業を行うことはかまわないが主としてではない、そして、5号については「沢山の人数の会社の中の僅かの小人数の者がやつて居る場合などは組合と認められない。之に反して小さな所でそれだけ纏つて居れば認めても宜い」との説明がなされ、また、これら各号に該当するかどうかの疑いが生じる場合には労務委員会の議によって決めるとすることで、労使間の争いを起こさずに済むようにした旨の説明がなされた。また、労働者（「労務者」）の定義については、職業を同じにしなければならないとか、労働者はいいけれども使用人は（よくない）、とはせず、広く給料生活者一般につき労働組合を認めるのがよいとの考えにもとづく定義であるとの説明がなされた。労働組合の設立、運営に関する説明では、解散命令についてはかつての法案でも問題となったが、労働組合の目的に反することを行う組合を放置することは国家の見地から見ていけないとの理由で、戦前の法案とは異なり裁判所の判断によらせる形としつつ規定した等の説明がなされた[66]。

末弘厳太郎の説明を受けて行われた質問では、3条の労働組合の定義に関し、労働組合に入りうる職員の範囲について、争いがあれば労務委員会で決めるという程度の漠然としたものとしたとのやりとりや[67]、給料生活者に職員が入るかの確認[68]、基金の流用（12条）の是非[69]、免税（17条）の規定などについてやりとりがなされた[70]。

---

66) 以上の末弘厳太郎による説明については、労働組合法立法史料研究Ⅲ 82-83頁。
67) 労働組合法立法史料研究Ⅲ 91-92頁（三村起一、末弘厳太郎発言）。1号に関しては、船長や工場長の位置づけ（同書93頁、小泉秀吉、末弘厳太郎、桂皋発言）なども議論された。
68) 労働組合法立法史料研究Ⅲ 91頁（三村起一、末弘厳太郎発言）。なお、官業労働者の扱いにかかるやりとりもなされている（同書94頁、通信院総務局長、末弘厳太郎発言）。
69) 労働組合法立法史料研究Ⅲ 92頁（岡崎忠雄、末弘厳太郎発言）等。当該やりとりでは、末弘厳太郎より、流用する際の決議には「四分の三位要る」とすることもありうるという応答がなされている。

第4回総会に出された第2次案の3条は若干の字句修正を除き第1次案と同じであった。議論では、労働組合の定義に関して、第1項の「労働者ガ主体トナリテ自主的ニ」の次あたりに「産業ノ健全ナル発達」という趣旨の文言を加えるべきとの議論（比較的長い議論の末に否決）のほか、1号に該当する者の範囲や労務委員会による判定に関して改めて質疑がなされた[71]。そのうえで、GHQとの事前打ち合わせで、5号について何ら規準が示されていないことの関係で疑義が提示されたとの報告を受け、議論となった。議論では、①かつての法案のように10人から15人程度であれば労働組合として認めないという趣旨（絶対数で除外する趣旨（ただし、一つの工場でという趣旨ではなく工場外の組合員をも含めて考える））で存置してよい、②先の総会における先の末弘委員の説明のとおりの趣旨（たとえば、比例的にごく少数など、団体の実質を備えないものを除外する趣旨）で存置してよい、③絶対数が多ければ比例数が少なくてもよい、④労働組合の助長を妨げるので削除すべきであるとの区々の見解が表明され、最終的には、小委員会で検討することとされた[72]。労働組合の設立や運営に関しては、7条にかかる若干の修正（違反の認定は地方長官が行うのではないとの趣旨での修正）、12条にかかる趣旨の確認（流用を決議するとしても、そもそも定款（組合規約のことか）を変更しない限りは、そこに定める当該労働組合の目的による限界がある）、13条、14条に関して、解散命令の趣旨（事実として存在する団体を解散させる趣旨）、「累次」安寧秩序を乱す場合に限定したうえで、検事ではなく労務委員会の要求に基づいて裁判所が判断し解散を命令する旨の修正方針で検討することの確認がなされた。

　第3次案では、3条につき、「自主的ニ」の後に（労働組合が行う事業は

---

70) 労働組合法立法史料研究Ⅲ 93-94頁（篠原三千郎、末弘厳太郎、大野緑一郎発言）。末弘厳太郎は、「成べく組合が困らぬやうに宥して戴いて、大蔵省が是はいかんと云ふところまで退却するのが宜い」と思って書いた旨述べている。

71) 前者は労働組合法立法史料研究Ⅲ 106-110頁（関桂三発言に端を発する）、後者は同書110-111頁。

72) 労働組合法立法史料研究Ⅲ 112-117頁。①は西尾末広（西尾末広は、②のような比例的あるいは団体の実質に照らして考える考え方には絶対反対と強く主張）、②は岡崎忠雄、末弘厳太郎、松岡駒吉、三輪荘吉、③は桂皋（もっとも、最終的には②に与する見解を表明）、④は鮎沢巌から表明された。

労働条件の維持改善その他地位の向上に限られないという趣旨で）「主トシテ」の文言を加え、4号につき（通常、政治運動と社会運動とは分けて考えられているとの理解に基づき）「社会運動」を加え、5号については、1項本文で団体性を要求しており、団体の実を備えないということについては特に書かなくてもよいとの理由で削除することとされた。9条から11条を除く労働組合の章の規定については、第2次案の7条や13条、14条について出された意見をふまえた修正を施した[73]ほか、免税を法人たる労働組合に限る等の修正がなされた。第5回総会の議論では、3条の「主トシテ」の文言の位置の移動（「目的」の前に移動）が行われ、また、14条に関して趣旨の確認がなされたほかは、第3次案の形で答申案とすることとされた[74]。

　帝国議会提出法案ひいては成立した20年労組法は、労働組合の定義（2条）につき「経済的」地位の向上との文言が追加され、おそらくは6条を新設したこととの関係で、労働組合か否かについて疑義がある場合の規定が削除され（6条では、届出にあたり（または届出後に）、2条に該当しない（しなくなった）ときには労働委員会の決議により行政官庁がこれを決定する旨が規定された）、また、3条に独立させたことの関係で、労働者にかかる規定が削除された。この労働者の定義規定（3条）については、第1次案以来答申案に至るまで、「広ク」との文言が「賃金其ノ他給料ニヨリ生活スル者」の前に存したが、帝国議会提出法案かつ成立した20年労組法では削除されている点、および、「賃金其ノ他給料」が、「賃金、給料其ノ他之ニ準ズル収入」と修正された点に主な違いがある。労務法制審議委員会での議論

---

73) 労働組合立法史料簿冊（「簿冊」の意味については、労働組合立法史料研究（条文史料篇）の「条文史料篇刊行に当たって」参照）①収録の第3次案（「第5回労務法制審議委員会提出労働組合法草案」）の14条は、労働組合立法史料研究（条文史料篇）10頁にあるとおり、「労働組合法令ニ違反シ安寧秩序ヲ……」と、「累次」の趣旨の文言がない一方、法令に違反するとの限定が付されているが、第5回総会で議事に付されている第3次草案（速記録に現れている第3次草案。労働組合立法史料簿冊②収録、労働組合立法史料研究Ⅲ 172頁）は、「屡々法令ニ違反シ安寧秩序ヲ……」となっており、「屡々」と「法令ニ違反」との二つの観点から限定する規定となっている。

74) なお、労働組合立法史料研究（条文史料篇）15頁にある答申案14条の、「労働組合ノ申立ニ基キ」は、労働組合立法史料簿冊①収録の原史料ママである（「労働委員会」の誤記と思われる）。

において、給料生活者として、(職員、使用人ないし失業者が入ること以上に)どこまでの労務供給者を含む趣旨であったかは必ずしも明確ではないところはあるものの、すでに指摘されているとおり、3条の労働者の解釈にあたっては、立法史の観点からは、帝国議会における審議で、手工業的な請負業者についても団結権や団体交渉権が認められるとの質疑およびこれに対する答弁がなされていること[75]を認識しておく必要があろう。以上のほか、上述したところで検討してきた労働組合の章の規定については、文言の修正等は種々あるが、内容上は概ね答申案のものが維持されている[76]。

---

[75] 第89回帝国議会衆議院労働組合法案委員会議録(速記)第3回38-39頁。長い引用となるが、当該箇所におけるやりとりは以下のとおりである(会議録原文上はカタカナ。引用は帝国議会会議録検索システム(http://teikokugikai-i.ndl.go.jp/)の電子データによった)。
　「○山崎(常)委員　……其の手工業とはどんなものか、例へて言へば下駄の鼻緒を作る、或は婦人の頭の道具を作ると云ふのは、一つの大きな製造業者があつて、それから一箇幾らづつに請合つて来て、妻もやれば自分もやる、子供にも手伝はす、斯う云ふ業者が将来うんと殖えて来ます、さう云ふのが一つの部落或は一つの町に何十人、何百人と云ふ工合に殖えて行く、それが一つの海外貿易品となつて現はれて来ると私は斯う確信をして居ります、さう云ふものが十軒或は二十軒、百軒と云ふやうな工合に組合を作つた場合に、其の関係はどうなるかと云ふことを御聴きして居るのです
　○芦田国務大臣　それを先程御答へしたのでありまして、一つの工場で鼻緒を作つても、多数の家で作つても、其の関係はちつとも違はないのでありまして、それがどう云ふ譯で違ふと御考へになるか、それを寧ろ私は聴きたいと思ひます
　○山崎(常)委員　是は斯うなります、一つの工場で日給幾ら、月給幾らと云ふやうに一つの工場内に立籠つて働く、此の手工業の請負と云ふものは、一箇幾らで請合つて来て家でやる仕事です、品物の製造を出す所は一つなのです、だが併し是は時間も制限せられずに一箇幾らで請合つて来てやる所の請負業者です、其の點御分りでせうか
　○芦田国務大臣　それは必ずしも小さな工業ばかりではありませぬ、大工場でも出来高拂と云ふのがあります、石炭山に於てもありませうし、軍需工場に於てもあつた、出来高拂であるとか、時間拂であるとか云ふことに依つて、組合法の適用が変るとは考へられないのであります
　○山崎(常)委員　それでは最後に止めを刺して置きますが、さう云ふ個々の請負業者が物を作つて交渉する場合には団結権も認めて下さる、交渉権も認めて下さる、斯う云ふ工合にはつきり考へて居て差支へございませぬでせうね
　○芦田国務大臣　御解釋の通りであります」
　芦田均国務大臣(厚生大臣)の答弁は出来高給であるところに注目したものとみる余地もあろうが、家族も従事させ「時間も制限」されていない等の状況にある請負業者も団結権や団体交渉権の享受主体となると答弁したものであると理解することは十分可能と考えられる。

2　24年労組法

　労働組合に関しては、24年労組法の起草過程では、労働組合の民主性、自主性の「強化」等が特に重視された。労働省は、起草作業に先立ち、あるいは並行しつつ、これらの点に関する通牒[77]を発出し、また、ＧＨＱ勧告も、「組合における民主々義」の項目で、前者にかかる見直しを提案した。ＧＨＱ勧告は、このほか、解散命令にかかる20年労組法15条の削除を提案していた。

（1）労働組合の定義

　草案の内容のうち、労働組合の定義については、第1次案では、基本的に、20年労組法の本文に、「第一条の目的に合致するもの」との文言を付加する一方で（なお、この文言は第2次案に対する手書き修正により削除され、以降見られなくなる）、但書を削除した形となっていたが、第2次案以降では但書に相当する部分が2項以下で詳細に規定されるようになる。このうち、但書1号、2号についてみると、第2次案では、2項1号で、「管理又は監督の地位にある者、機密の事務を取扱う者、使用者による労働者の労働条件の決定に参画する者、その他使用者又はその利益を代表する者の参加を許すもの」として、使用者の利益代表者にかかる具体例が掲げられ、2項2号で、「その団体の事務に専ら従事する者の俸給給与等、その他［その団体の一手書き修正による追加］実質的経費につき、使用者の補助を受けるもの。但しその団体の福利事業に対する補助についてはこの限りでない」として、福利事業への補助を除き、（主たる経費との文言に代えて）実質的経費[78]につき使用者の補助を受けるものとし、かつ、その具体例として専従者が給与を受

---

[76]　内容上の変更の主なものとしては、労働組合の解散事由（14条）につき、新設された6条の規定による決定がなされた場合が追加されたこと、免税規定（18条）の内容の修正などが挙げられる。

[77]　昭和23年12月22日労発32号（「民主的労働組合及び民主的労働関係の助長に関する次官通牒」）、昭和24年2月2日労働省発労4号（「労働組合の資格審査基準について」）。これらの通牒の内容については、労働省編『資料労働運動史昭和24年』（労務行政研究所、1952年）923-930頁参照。

ける場合を明示した（第3次案も同様）。起草作業に並行して出された通牒（注77）、「労働組合の資格審査基準について」）もそうであるが、許されない経費援助としてとくに念頭に置かれていたのが組合専従役職員への賃金支払いであることが窺われる。

　第4次案では、1号につき、「使用者による労働者の労働条件の決定に直接参画する者」と「直接」との限定が加えられ（また、手書き修正で「使用者」自身が加えられた）、2号の例外として、労働協約に従い就業時間中に労働条件等に関して協議するために労働者が失う時間の賃金の補償を行うことが加えられた。この2号については、手書き修正が多くなされており、一方で「実質的経費」の「実質的」が削除され、経費援助を認めないとの趣旨をより徹底させるものと解しうる修正がなされ、他方で、上記賃金補償の例外について、労働組合の総会出席にかかる場合が追加された（実質的経費との抽象的な文言を具体化することで置き換えようとしたものとも受け止めうる）。

　第5次案では、1号の利益代表者につき、別途第3項を設け、1項の具体例をさらに詳細化するものとして、「使用者が法人その他の団体である場合においてその代表者その他の役員」（1号）、「使用者に雇用される幹部職員」（2号）、「労働者の雇入、解雇、昇進又は異動について決定をする権限を有する者」（3号）、「使用者の労働関係についての計画及び方針に関する機密の事項に接する地位にあり、そのためにその職務上の義務及び責任が労働組合の組合員としての義務及び責任と相容れない者」（4号）が掲げられた。同時に、利益代表者については、利益代表者の加入が認められない「一

---

78)　「実質的」という表現は、「実質的な財政的援助」等として、ＧＨＱ勧告に見られる（たとえば、労働組合法立法史料研究（条文史料篇）33頁）。「実質的な財政援助」に対応する元の英文は"substantial [f]inancial ...... support"であり（労働組合法立法史料研究Ⅳ 6頁）、ＧＨＱ勧告を受けて起草されたと考えられる24年労組法の草案における「実質的経費」というのは、経費としての実（実質）を備えているもの、の意味と考えられる。いかなる場合をもって「実質的」な援助と考えるかはもちろんさらに問題となるが、少なくとも、ＧＨＱ勧告は、使用者による経費援助の禁止を厳格にする文脈で、"Substantial financial contributions by the employer whether or not they amount to "major" support should be prohibited ...."（労働組合法立法史料研究Ⅳ 6頁）と述べており、草案は、（おそらくは、経費の実を備えないものであれば差支えないという例外の余地を残しつつ、）経費の実を備える援助である限り「主タル」経費の援助でなくとも禁止する（20年労組法よりも広く禁止する）という趣旨と理解できる。

般労働組合」とは別に「幹部労働組合」を結成しうることとされた（4項）。経費援助にかかる2号については、第4次案の手書き修正の内容が反映されたものとなっている（例外を列挙するかっこ内を省略して規定を示すと、「その団体の事務にもっぱら従事する者の賃金、給料等のその団体の経費についての補助その他使用者による金銭上の援助……を受けるもの」となっている）。第6次案では、基本的に第5次案の3項までの構造を維持しつつ、利益代表者にかかる2項1号については、具体例を挙げる部分を3号に委ねる趣旨で削除し、同2号については、（第5次案の上記引用に対応する部分について）、「その団体の事務にもっぱら従事する者の賃金、給料等を使用者から受けるもの、その他使用者による実質的な金銭上の援助……を受けるもの」として、組合専従役職員の給与は別として、その他の金銭的援助については「実質的」の文言を復活させる一方、（引用を省略したかっこ内の文言の修正として）使用者との協議や労働組合の総会出席にかかる例外を削除した。また、4項の幹部労働組合の規定が削除され、かつ、3項2号として「幹部職員」の文言に代わり「事業の運営の方針の決定に直接参画する権限を有する者」と規定された（下記理由書によれば、簡素化された2項1号に第5次案の時点であった「管理若しくは監督の地位にある者」と幹部職員とを一括したものとされる）。第6次案とほぼ同内容であったと推測される[79]第7次案と第5次案の相違にかかる理由書によれば、これらは、基本的に公聴会での労使の意見等をふまえたものであるとされているが、第4項については、削除したものの「趣旨を替える積りはない」として、解釈上なお同じことが妥当するとの考え方を示唆していた[80]。

　法案転換後は、20年労組法の構造に復したうえで、但書1号と2号について、ＧＨＱの側から、それまでの草案の内容をも適宜盛り込みつつ、具体的に規定が示された。すなわち、第8次案では、但書1号につき、「役員及び会社の幹部職員、雇入、解雇、昇進若しくは異動の直接の権限を有する監督的被用者又は会社の労働関係の計画及び政策に関する機密の情報に接触し、

---

79) 労働組合法立法史料研究（解題篇）98-99頁の説明［竹内（奥野）寿］参照。
80) 労働組合法立法史料研究（条文史料篇）170頁参照。

そのためにその職務上の義務と責任が会社の一般的被用者によって組織される労働組合の組合員としての忠誠と責任とに直接にてい触するような監督的被用者を含む使用者の利益を代表する者の参加を許すもの」とされ、但書2号につき、「その団体の経費を支払うことにつき財政的援助を受けるもの、但し、この規定は、使用者が被用者に労働時間中に時間又は賃金を失うことなく使用者と協議又は交渉することを許すことを妨げるものではなく、及び経済的不幸又は災厄を防止し、若しくは救済するための慈善的支出に実際に用いられる福利は若しくは類似の基金の為の使用者による寄附、又は事務所の為の最少限の場所若しくは備品消耗品（Supplies）の供給については、適用しない」とされた。但書1号は、第5次案ないし第6次案と比較すると、とくに、機密を取り扱う者を一般的に掲げていた文言が落とされており、但書2号については、第6次案と比べ、組合専従役職員についての言及が消えるとともに、「実質的」との文言も消え、他方で、使用者との協議または交渉にかかる部分が復活し、かつ、事務所の場所および備品消耗品の供給の例外が加わった点に相違がある。この第8次案には労働省からＧＨＱに意見と質問がなされ、例外として認められるもの以外は使用者から1円でも受けると労働組合としての資格を失うのは酷に過ぎないか、受けてはならないのは「実質的な経費」のみとすべきではないか、他方で、組合専従役職員の給与支払い禁止については明示が望ましいのではないか、合理的な回数の組合大会への出席に要した時間についての賃金の補償は許容される例外に含めるべきではないかとの意見が述べられたが、受け入れられることはなかった[81]。以降、第9次案で、但書1号の幹部職員および但書2号の備品消耗品にかかる文言が削除され、現行の2条の規定がほぼ固まることとなった。

---

[81] 労働組合法立法史料研究Ⅳ 55-56頁（Clause 2の(2)、(3)および(5)）。なお、労働省は、最小限の事務所用の場所あるいは事務用品の供与に関しては、何をもって最小限かが客観的に明確ではなく問題となるので不適切と述べている（同(4)）。「備品消耗品」（事務用品）の文言は9次案では削除されており、この意見の一部に限っては受け入れられたとみることも可能である（ただし、削除された原因が那辺にあったかは、史料上は分からない）。

（2）労働者の定義

　労働者の定義については、第1次案および第2次案において「賃金、給料その他これに準ずる収入」の前に「労働の対償として」との修辞が加えられたが、第3次案でこの修辞が除かれ、口語体に改められた以外は20年労組法と同一内容かつほぼ現在の文言となった。以降、わずかな表記の修正を除き変更なく（第11次案で「より」が「よって」となった。なお、第5次案では、労働者の前後のかぎかっこが抜けているが、手書き修正で加えられている）、現行の3条の規定となった。

（3）労働組合の章の規定

　労働組合の章の規定（現行法の6、7、8条に相当する規定を除く）については、基本的な内容に絞って述べると、以下のような起草過程をたどった[82]。

　労働組合の設立については、20年労組法では、届け出ることとしたうえで、2条の定義に合致しないと決定された場合には解散することとされていた（6条、14条）。これに対して、24年労組法においては、基本的に、労働組合の定義に合致しない場合または組合規約が法規定に合致しない場合、法所定の保護や手続に与れないとすることとした。第1次案から第4次案までは、2条の定義への合致と組合規約の法規定への合致を都道府県知事による登録を受ける条件とすることで上記のことを実現することとした。第5次案および第6次案では、一方で20年労組法の届出制度を復活させつつ、登録制度は採用せず、上記の条件に合致しない場合は（なお、第5次案では、合致するか否かの判定は労働委員会がなし得るとしたうえで、都道府県知事に合致しない場合の勧告権限を認めていたが、第6次案では、申請等があった場合、地方労働委員会が判定しなければならないとされた）、端的に、法所定の保護や手続に与れないこととされた[83]。また、法案転換前の草案では、第5

---

82) これらの規定の起草過程のより詳細な検討については、労働組合法立法史料研究（解題篇）134-139頁［野川忍］参照。
83) なお、第6次案では、法人たる労働組合について、労働組合の定義に合致しないまたは組合規約が法規定に合致しない場合、解散することとされていた（16条2項2号、7条）。

次案を除き、登録拒否など、上記の条件に合致しないとの判断についての不服申立て等にかかる規定が詳細化されていった。法案転換以降は、届出制度も廃止され、上記の条件に合致しない場合（なお、第9次案以降、合致することの証明については労働委員会に対してなすべきことが明確にされた）、法所定の保護や手続に与れないとする規制のみが存する形となり、これが、成立した24年労組法5条1項となるに至った。その後、同規定は1952年労組法改正により修正され、現行の形となった[84]。

　上記の労働組合の設立（設立された労働組合の取扱い）に関係する組合規約についての規制は、ＧＨＱ勧告の「組合における民主々義」の項目を受け、法案転換以前の草案では、1項で規約に少なくとも含められるべき事項を掲げたうえで、2項において、当該事項で規定されるべき内容を詳細に定めることとされた。法案転換後は、5条2項に含められるべき事項とその内容を一括して掲げる形とされた（なお、第8次案と第9次案では、第3項が置かれ、組合規約は組合員の過半数の投票による場合を除き変更してはならない旨が定められていたが、11次案以降は、規約に含められるべき事項として、2項に整理統合された）。なお、第1次案および第2次案では、組合役員の規約違反の行為につき、組合員が、規約所定の手続を尽くしたうえで、裁判所に当該行為の取消し等、違反の是正を求めうる規定が存在した（11条）が、その後の草案では、この規定は姿を消している。

　基金の流用については、法案転換以前は、総会の決議につき「無記名投票による」ことが第1次案以来要求されていたが、第8次案でこの文言が除かれ、20年労組法と同内容で現行の規定に至った。

　解散については、20年労組法に存在した解散処分の規定（同15条）がＧＨＱ勧告に沿って当初から除かれ、解散事由を定める規定のみが置かれた。解散事由については、20年労組法14条4号所定の、届出の際に2条の定義に該当しないとの決定がなされた場合および上記の解散処分がなされた場合が当初から除かれた[85]。破産の場合は規定の変遷があり、第4次案への手

84）1952年労組法改正による修正内容については、一4参照。
85）なお、前掲注83）にあるとおり、第6次案については、法人たる労働組合について、20年労組法14条4号に類似する解散事由が置かれていた。

書き修正以降、法人である労働組合の追加の解散事由として別途規定されるようになった。法案転換後は20年労組法14条1号および3号（規約所定の解散事由の発生と総会決議があった場合）に該当する場合のみとされ、第11次案および第12次案への手書き修正においては上記の第4次案への手書き修正および第6次案（注85）参照）と同様の修正が試みられたものの、国会提出法案で破産を法人である労働組合の解散事由とすることはなくなり、現行の規定となった。

　法人格の取得については、第2次案までは20年労組法16条と同様であるが、第3次案で、登録された労働組合、すなわち、労働組合の定義に合致かつ組合規約が法規定に合致する労働組合のみが法人格を取得しうるという、現行法11条1項に連なる形とされた。第5次案では規定上、それ以前の状態に復した形となるが、第6次案ではこの第3次案に相当する内容に改められた。法案転換後は再び一旦20年労組法どおりとなるが（第8次案、第9次案）、第11次案および第12次案への修正で、ほぼ、現行法のように、この法律の規定に適合する旨の労働委員会の証明を受けた労働組合のみが法人格を取得しうる形となった。

　免税については、口語化された以外、20年労組法と一貫して同じである。

　なお、すでに述べたとおり（一4）、上述した労働組合の章にかかる規定は、24年労組法改正の後、免税規定の削除（1950年）、資格審査の規定の修正（1952年）、法人である労働組合にかかる規定の整備（2006年）等の若干の改正を経て現行法に至っている。

3　小括

　ここでは、検討してきた事項のうち、労働組合の定義および労働者の定義、特に前者について述べておきたい。

　1および2で検討したように、24年労組法の制定過程では、2条が定める労働組合の定義につき、基本的には、但書1号と2号の規定をどうするかについて、変遷がみられた。これらは、大まかにいえば、起草作業に並行して出された通牒（前掲注77）参照）の内容に沿うものであるが、（但書1号については、労働組合の自主的判断に容喙するものとの批判を仮に措くとし

て、20年労組法の利益代表者の単なる詳細化とみる余地がなくはないものの)、但書2号については、20年労組法で「主タル」経費の援助を受けるものとされていたのが（上記通牒もまた、このことを前提とするものであったが)、この文言が、成立した24年法では除かれ、明示されている以外の経費援助は認められないと解しうる[86]こととなった点で、重要な相違が存する。規定の変遷をたどる限り、こうした厳格な解釈は、立法史の理解にもとづく一つの考え方としてはありうるものと思われる。もっとも、この2条但書2号をどう解釈すべきについては、以下のことを指摘しておきたい。第1に、すでに紹介したように、法案転換前においても基本的にそうであるが、法案転換として示された第8次案に対しても、労働省は、受けてはならないものを「実質的」経費の援助に止める考え方をなお有しており、こうした経緯をどう参酌するか（あるいはしないか）を、解釈にあたって吟味する余地はあろう。第2に、成立した24年労組法2条の規定は、法案転換後にGHQが提示した規定案に基づくものであるが、GHQ勧告との関係では、必ずしも適切に対応していないことである。GHQ勧告は、「D　使用者の組合支配（会社御用組合）」の項目で実質的な経費援助の禁止を提案しており、たしかに2条にも言及している（そして、この箇所を受けて日本側が2条但書2号の見直しを行っていったと推測される）が、当該言及は、20年労組法が、「主タル」ものでなければ使用者が経費援助をすることを許していることを指摘する文脈で述べられており、また、こうした経費援助等による使用者の組合支配についての提案として述べられているのは、被用者の権利を宣言する前文と、使用者による不当労働行為を禁止する規定を設けることであり、2条の規定の修正そのものが提案されていたわけではない[87]。少なくとも2条の規定の解釈においては、こうした、ある種ねじれた経緯が起草にあたりもともと存在したことを考慮するべきではないかと思われる[88]。

　労働者の定義については、24年労組法改正による変化はなく、20年労組法における3条の趣旨が24年労組法の下でもふまえられるべきである。

---

86)　行政解釈は、こうした解釈を採っているようである（厚生労働省労政担当参事官室編『六訂新版労働組合法労働関係調整法』（労務行政、2015年）278頁（7条にかかる同482頁も参照）。

四　団体交渉、労働協約[89]

1　20年労組法

　20年労組法の制定過程では、団体交渉および労働協約につき、すでに述べたとおり、労務法制審議委員会の第1回総会において松岡駒吉が「団体協約法」の必要性を主張していた。第2回総会では、末弘厳太郎が、「意見書」の説明中、罷業権に関連して（「意見書」の基本方針四（ロ））、罷業防止のために仲裁調停機関の介入により団体交渉が円滑に行われるようにすることの必要性を述べ、また、労働協約について、違反につき損害賠償とするのではなく、

---

87)　労働組合法立法史料研究（条文史料篇）32-33頁。なお、ＧＨＱ勧告は、御用組合について、「労働委員会は更にこのような組織については永久に労働組合としての特権を剥奪すべきである」として、労働組合としての保護を享受しえないと読みうることを述べているが（同書35頁）、これも、被用者の団結権等の保護の関係で、使用者による御用組合育成に対する労働委員会の権限として（不当労働行為にかかる救済命令権限の文脈で）述べているものであることに注意する必要がある。なお、併せて、GHQ側の発想の背景にあったと思われるアメリカ全国労働関係法では、労働組合よりも広義の「労働団体（labor organization）」（同法2条（5））を対象として支配等を禁止しており（同法8条（a）（2））、使用者による支配等の禁止の対象が日本の労働組合法とは一致していないことにも注意する必要がある。

　本文で述べた観点からは、但書（1号および）2号が、労働組合に対する保護を否定する形で作用することを問題視する見解（東京大学労働法研究会編『注釈労働組合法〔上〕』（有斐閣、1980年）141-142頁等。同書はこうした検討をふまえて但書1号および2号について例示説を採る）は、正当である。

88)　なお、立法史の観点ではないが、7条における経理上の援助についても一言述べておくと、アメリカの全国労働関係法8条（a）（2）でも、（労働団体に対する）「財政上その他の援助」が使用者の不当労働行為として禁止されているが（「実質的な」といった修辞があるわけではない）、排他的交渉代表たる労働組合との関係では、事案の事実の全体を検討して違法な「援助」にあたるか、適法な「協力」に過ぎないかが個別的に判断されており、時間中に賃金を失うことなく組合活動を行うことなども、「協力」にすぎないとされることがありうる（*See, e.g.,* Douglas E. Ray et. al., UNDERSTANDING LABOR LAW 128-129 (4th ed., LexisNexis, 2014).）。一律に一切の援助が許されないとされているわけではない。

89)　この項目（とくに24年労組法に関する部分）については、竹内（奥野）寿「団体交渉過程の制度化、統一的労働条件決定システム構築の試みと挫折―昭和24年労働組合法改正における団体交渉、労働協約の適用にかかる規定の検討を中心に」日本労働法学会誌125号（2015年）24頁を基礎としている。

実際的効果を確保するため、規範的効力を認めること[90]、「内容がはっきりして居ることが大事」であるとして書面で作成し届出させること、協約の有効期間につき、協約期間中はやたらにストライキをさせないためには期間があまり長いといけない、（期間があまり長いと）事情が変わって後に協約の内容が不当ということになりかねないとして、協約に有効期間を定め、その間は協約を遵守させること、協約事項について紛争が生じたら仲裁や調停等に委ねることとすべきこと等を述べた。また、すでに述べたとおり（三1）、登録組合が締結する協約は組合以外の関係労働者をも拘束するとする考えが述べられた[91]。

第3回総会では、こうした議論をふまえて起草された第1次案の説明として、団体交渉権者についての規定である9条について、不利益取扱いの禁止、民事免責と並んで「特に大事」な規定であり、労働組合の代表者の団体交渉権限の存在を否定する使用者があり、このため労使の紛争が悪化する傾向があったことをふまえて、代表者等に団体交渉権限があることを明確にするものであるとの説明がなされ、また、使用者が団体交渉に応じない場合については労務委員会（労働委員会）の斡旋（27条）をつうじて行う（「労務委員会を中に入れてなだらかにやる」）との説明がなされている[92]。質疑応答では、9条につき、労働組合の委任を受ける者は組合員に限られるのではないかとの問いがあり、法律では制限しない、詳細には規定せず斡旋の中で対応

---

90) 「意見書」およびその説明では、いずれも、協約に違反する「労働協約」は無効（で協約の規定で補充される）とされているが（労働組合法立法史料研究Ⅲ 75頁および44頁。いずれも、典拠の史料のママである）、「労働協約」は、「労働契約」の誤りと思われる。
91) 以上につき、労働組合法立法史料研究Ⅲ 41-42頁、44-45頁（末弘厳太郎発言）。説明の後の質疑応答では労働協約締結の（労働者側）主体についてのやりとりがあり、登録組合のみが締結しうるように読みうる箇所（労働組合法立法史料研究Ⅲ 50-51頁の桂皐と末弘厳太郎のやりとり）もあるが、登録組合以外の労働組合には一般的拘束力のない労働協約の締結を認める考えのようである（同書54頁の桂皐と末弘厳太郎のやりとり）。なお、「意見書」においては、「協調組合」の存在をも認める考え方が示されており、これに関連した団体交渉権や労働協約の効力にかかる説明（やその後の質疑応答）があるが、これについては省略した。
92) 労働組合法立法史料研究Ⅲ 84頁。斡旋に関連するものと思われるが、使用者がどうしても団体交渉に応じない場合には、労働委員会による使用者等の出頭要求権限等（29条）の行使が念頭に置かれていた。なお、第3回総会に先立つ第1回整理委員会の議論において、末弘厳太郎により、「労務調停委員会」（労働委員会に相当する機関と思われる）に団体交渉の斡旋権限等を持たせ、かつ、労働争議調停法における仕組みよりも「もっと強力なもの」にする必要性が主張されていた（労働組合法立法史料研究Ⅳ 168頁）。

するとの応答と、むしろ整理委員会では誰でなければならないとの議論はなかった、あるいは、誰でも構わないという意見であったとの応答がなされており[93]、基本的には制限がないことが確認されている。また、一つの工場に二つ以上の組合を認めるかとの問いがなされ、(職種ごとに別の組合ができるのは当然として)主義の異なる二つの組合がありどれを相手にしたらよいか分からないのは好ましくないが、法律でこの組合しか認めないとするのは行き過ぎで、触れないこととしたとの応答がなされている[94]。労働協約については、第1次案では、効力発生要件(19条。全文の届出)、期間(20条。期間の定めを要し、3年を超ええない)、規範的効力(21条)、工場事業場単位の一般的拘束力(22条)、地域単位の一般的拘束力(23条)という、現行法に連なる規定のほか、協約が締結された場合の当事者の実現、協力義務(18条)、協約に協約事項にかかる調停または仲裁約款がある場合の調停または仲裁を経ない争議行為の禁止(24条)、労働組合の介入がない労働争議の解決協定への準用(25条)の規定が置かれていた。18条、22条、23条および25条以外は第2回総会の「意見書」の説明においてその基本的内容が示されていたものである。18条は、労働協約が産業平和維持等を趣旨とするものであることを謳い、当事者に、協約事項の実現、産業平和維持等の道義的義務があることを示すもの、25条は、労働組合ではない争議団と雇主の(労働争議解決)協定について労働協約と同じように扱うものであるとの説明がなされている。22条及び23条は、明確には説明がないが、「意見書」で示されていた登録組合制度が採用されなかったことに代わるものと推測される。末弘厳太郎による説明では、両規定は、第2次世界大戦中の統制法規の下での「アウトサイダー」のような問題に対応するもので、拡張される労働協約を締結した労働組合に加入していない者も「『アウトサイダー』として協約に違反出来ないことにしてしまふ」ものとの説明がなされている[95]。質疑応答は24条に関連するもの[96]がある程度であった。

　第4回総会における第2次案の議論では、団体交渉権限の規定(9条。

---

93) 労働組合法立法史料研究Ⅲ 96-97頁(運輸省鉄道総局勤労局長による問い。前者の応答は末弘厳太郎、後者の応答は大野緑一郎および桂皋)。
94) 労働組合法立法史料研究Ⅲ 90-91頁(三村起一と末弘厳太郎のやりとり)。

「労働組合ノ代表者又ハ其ノ委任ヲ受ケタル者ハ組合員ニ代リテ雇傭者ト交渉スル権限ヲ有ス」。第1次案と同一）について、委任を受けるのは労働組合からである旨の修正、および、労働組合自体の行為としてなしうるとの趣旨で、交渉の対象として労働協約の締結を明示的に含め、また、組合員の「為ニ」交渉をなし得るとする趣旨での修正が行われた[97]。労働協約については、一括して議論がなされ、ＧＨＱからの申入れ事項（19条につき、当事者双方による全文の届出に代えて調印を効力発生要件とし、そのうえで届出義務を課す、地域単位の一般的拘束力（23条）につき、拡張適用決定にあたり既存の基準を低下しえないことを追加する、24条につき、禁止の対象にロックアウトも含める、25条は労働協約の章から削除する（労務委員会の章に移動させる））こと等を小委員会で検討することが決定された。

第3次案では、9条が、「労働組合ノ代表者又ハ労働組合ノ委任ヲ受ケタル者ハ組合又ハ組合員ノ為使用者又ハ其ノ団体ト労働協約ノ締結其ノ他ノ事項ニ関シ交渉スル権限ヲ有ス」と、上記の修正をふまえた規定となり、併せて、「組合又ハ」として、組合員のために加え組合のためにも交渉しうることが明示され、表記を別として成立した20年労組法10条の規定となった。労働協約の章の規定については、効力発生要件につき、書面作成によるとし（第5回総会における口頭での説明では、加えて記名押印させるとしている）、地域単位の一般的拘束力（23条）につき、既存の基準の低下の禁止に代え、「労働委員会前項ノ決定ヲ為スニ付当該労働協約ノ定ニ不適当ナル事項アリト認ムルトキハ之ヲ修正スルコトヲ得」とし[98]、また、24条および25条については上記の

---

95) 労働組合法立法史料研究Ⅲ 87頁（労働協約にかかる規定全般の説明は86-88頁で行われている）。なお、末弘厳太郎は、こうした問題は、労働協約について当然起こりうる問題であるとも述べており、もっぱら統制法規下の状況を念頭に置いたものではないことを読み取れる。

96) 労働組合法立法史料研究Ⅲ 90-91頁（三村起一による、調停または仲裁約款がない場合は直ぐに争議を行ってよいのかとの問い。末弘厳太郎は、ないときはこうだという趣旨ではなく、そうした場合にも労働委員会等の機関が関与することを念頭に置いている旨の応答をしている）。

97) 労働組合法立法史料研究Ⅲ 118-120頁。「為ニ」というのは、本文で述べた趣旨のほか、組合員から都度委任状を取らずとも、当然に組合員のことについて交渉をなしうるとする趣旨のようである。

GHQからの申入れ内容に沿って修正がなされた。このほか、22条につき、拡張適用を受けるのは、他の「同種ノ」労働者であるとする修正等がなされた（この段階では、「労働者ノ四分ノ三」の箇所には「同種ノ」は追加されなかった）。第5回総会での第3次案についての議論では、有効期間の上限を3年とするのは長すぎないかという問題提起や、23条にかかる労働委員会の修正権限の内容（広い修正権限があること）の確認がなされたが[99]、規定自体は原案どおりとされた（表記の違い等を除き、答申案は第3次案と同じである）。

　労働協約の章の規定は、答申案と帝国議会提出法案ひいては成立した正文とで規定の順序が入れ替わる等ある程度の修正がなされている。19条は成立要件および届出の規定とされ、同規定が章の冒頭の規定となったことにともない、労働協約の意義を説明する文言が当事者の実現、協力義務の規定から修正しつつ移されるなどした（「労働条件ニ関スル協定ソノ他労使関係ノ調整ニ関スル協約」が、「労働条件其ノ他ニ関スル労働協約」と、「労使関係ノ調整」との文言が明示されなくなった）。20条は期間の規定のままであるが、有効期限を定めることを要する旨の第1文が削除され、3年を超える有効期間は定められない旨のみを定めるという大きな変更がなされており、有効期間を定めない労働協約にかかる問題を生ぜしめることになったものと考えられる。21条には協約遵守義務（それまでの18条）の規定がおかれ、22条から24条には規範的効力および一般的拘束力の規定がおかれた。22条については、労働契約に定めがない部分の規律効が追加される等の修正がなされ、23条については、4分の3の要件に関し、常時使用される、同種の労働者のそれであることを追加する修正がなされ、また、24条については、一の労働協約の適用を受ける大部分の労働者につき、答申案では、同種の「産業又ハ職業ニ従事スル」労働者との限定があったのを、削除する等の修正がなされている（23条、24条については、「一定ノ労働協約」の文言を「一ノ

---

98)　これは、23条が、各々の業者が自己の利益のために労働条件を制約することで生じる不正競争を除去する、「謂はば凸凹をなくすること」を目的としていることをふまえ、有利だから残すということには当然しない一方、労働委員会による調査をふまえてある程度の修正をする余地を残すことでGHQの申入れも考慮したものと説明されている（労働組合法立法史料研究Ⅲ158頁（末弘厳太郎発言））。
99)　労働組合法立法史料研究Ⅲ175-176頁。

労働協約」とする修正も行われている）。

2　24年労組法

（1）ＧＨＱ勧告

24年労組法改正の直接の契機となったＧＨＱ勧告は、団体交渉に関し、「真の団体交渉を確立すること」、すなわち、誠実交渉義務を労使双方について規定すること、および、少数代表（少数組合）との協定を許容することは使用者が労働者をいくつかの対立する団体に分断したままにすることを可能にするものであるとして、「多数支配の原則」、すなわち、交渉単位制度と排他的交渉代表制度（単位内労働者の過半数の支持により排他的交渉代表が選出された場合には、当該代表が単位内労働者を排他的に代表して団体交渉を行うが、排他的交渉代表が選出されていない場合には、自らが代表する労働者のために団体交渉を行いうるとするもの）の導入を提案し、団体交渉の手続、過程について制度を整備すべきとしていた。労働協約に関しては、「労働協約の無期限延長」の禁止、すなわち、労使双方の同意がない場合の労働協約の延長禁止と、労働協約の有効期間中は苦情処理機関を利用するよう義務づけることが提案されていた。

（2）団体交渉

24年労組法の草案起草過程では、団体交渉につき、法案転換に至るまで（第7次案まで）、「団体交渉」の章が存在し、誠実交渉義務、交渉単位および交渉代表制度にかかる規定の具体化が進められていったが、法案転換以降は「団体交渉」の章がなくなり、若干の引き続いての規定化の試みはなされたようであるものの（第10次案）、最終的には、目的規定（1条1項）を別として、20年労組法の10条と同内容の規定（6条）のほかは、団体交渉拒否の不当労働行為を規定する7条2号が追加されるにとどまった。以下、法案転換までの団体交渉の章の規定内容について確認しておく。

誠実交渉義務については、第1次案から第7次案まで一貫して、使用者および労働組合双方についての義務として規定されていた[100]。そのうえで、誠実交渉（あるいは団体交渉を打ち切りうる、不誠実な交渉）の具体的内容

を定めることがなされた。すなわち、第1次案、第2次案（手書き修正前）では、提案に対する回答付与の義務が規定され、第4次案から第7次案までは、各草案において内容は若干相違するが、団体交渉を打ち切ることができる場合として、相手方が労働協約所定の手続によらないで団体交渉をしようとする、代表者やその委任を受けた者等が不当に多数である、団体交渉が著しくけん騒、連続して長時間にわたる、または、著しく業務の運営を阻害する、団体交渉が不必要に個人の生活をおびやかすような行為をともなう、提案に対して相手方が故なく対案を提出しない、等の場合が挙げられていた[101]。ＧＨＱ側は草案作成の途中で誠実団体交渉の内容を定義する規定を加えるべきことを勧告しているが[102]、その内容は、合理的な時期に合理的な条件の下議論に応じること等の基本的なものであり、いわゆる大衆団交への対応を念頭に置いたものと推測される草案の具体的内容とは隔たりがあった。法案転換後は、こうした規定は団体交渉の章ごと姿を消すこととなった（第8次案では、団体交渉拒否の不当労働行為の禁止として、「誠実に」団体交渉をすることを拒むことが規定されていたが、第9次案以降は、当該規定からも「誠実に」の文言は姿を消した）。

　交渉単位および交渉組合制度については、第1次案から第7次案まで、種々複雑な修正が加えられているが、制度の基本的骨格をなす①交渉単位の決定方法、②交渉組合の決定方法、③交渉組合の権限（および交渉組合が存在しない場合の団体交渉権限）、④交渉組合が締結した労働協約の適用範囲についていえば、以下のような変遷をたどった。

　交渉単位の決定については、第1次案では、団体交渉を行うにあたって、単位の決定を必須とするものと解しうる規定となっていたが、第2次案以降は、基本的に、単位が決定された場合、交渉組合の排他的な権限が生じる仕

---

100)　ただし、団体交渉拒否の不当労働行為の規定では、一貫して使用者のみが禁止の名宛人とされており、労働組合の誠実交渉義務違反の効果は明確にされていなかった。
101)　なお、第3次案（および第2次案）では、団体交渉の章にはかかる規定は置かれなかったが、不当労働行為の章で、団体交渉を拒否しうる場合として、代表者が不当に多数である場合等が例示されていた。
102)　労働組合法立法史料研究Ⅳ 39-40頁（Paul D. Jacksonによる第3次案15条4号へのコメント）。

組みへと改められた（ＧＨＱ勧告との関係では、第２次案以降の方が忠実である）。交渉単位の決定主体については、第一義的には労使であり、労使では決定に至らず争いがある等の場合にはじめて労働委員会が一定の事項を考慮して決定する仕組みが採られていた。

　交渉組合の決定については、第１次案から第７次案までの草案をつうじ、単位内の労働者の過半数の同意により決定されることとされていた。過半数の同意を得ているかどうかは、基本的には単位内に含まれる労使により決定されることとされているが、その具体的な確認手続については草案をつうじて規定を欠いていた。労使により決定されない場合には労働委員会が決定するが、アメリカ法とは異なり、選挙は特別の必要がある場合の例外とされていた点に特徴がある。

　交渉組合の権限等については、まず、第２次案では、ＧＨＱ勧告に従う形で、①単位が決定された場合には交渉組合のみが団体交渉をなしうる、②交渉組合が決定されない場合には各々の労働組合が自己の組合員のために団体交渉をなしうるとされた（いずれの場合でも単位内労働者による苦情申立ては妨げられないこととされた）（22条）。①の交渉組合の排他的権限については、第３次案では、「単位内の労働者の全部又は一部のために」団体交渉なしうるとされ（22条１項）、常にすべての単位内労働者を代表しなくてもよいと解しうる規定へと改められた。第４次案以降は、第３次案が「人」単位での交渉組合の権限範囲を規定していたのに対し、基本的に、「事項」ごとに交渉組合の権限の範囲を画定する形へとさらに改められた。たとえば、第５次案では、単位決定の際に団体交渉をする事項が明示された場合には当該事項についての排他的権限を、明示がない場合には労働条件その他の労働者の待遇の基準に関する事項についての排他的権限を有するとされた（25条２項）。具体的内容についてはこのように変遷があるが、交渉組合の排他的権限は、第３次案以降（より正確には第２次案への手書き修正以降）、限定の可能性があるものとして規定されていた。②については、第４次案、第５次案では対応する明文の規定がなかったが、第６次案で同様の規定が復活した。

　交渉組合が締結した労働協約の適用範囲については、第１次案から第３次

案では、労働条件その他の労働者の待遇に関する基準について、単位内のすべての労働者に適用するとされていた（第3次案は、上述の交渉組合の権限との関係が未整理となっている）。第4次案への手書き修正以降の草案では、上述の交渉組合の権限事項にかかる労働協約が単位内のすべての労働者に適用されることとされた。

（3）労働協約

労働協約の効力発生要件および届出にかかる規定のうち、効力発生要件については、若干の文言の追加等はあるが、法案転換に至るまで、20年労組法と同様に書面に作成されることのみが規定された[103]。2項の届出については、第1次案で、都道府県知事に（20年労組法の下での1週間以内とは異なり）2週間以内に届け出ることとされ、また、第4次案で、変更の場合にも同様に届出が義務づけられた。法案転換後の第8次案において1項のみが20年労組法19条1項どおりとされて維持されて、2項の届出制度は削除された。第12次案の手書き修正に至って、効力発生要件として両当事者の署名が追加され、成立した24年労組法14条に至ることとなった。同規定については、1952年労組法改正により、署名のほかに記名押印でもよいとする旨の修正が行われ、現在の形となった。

労働協約の期間については、当時、有効期間経過後も新協約成立まで効力を延長する旨の自動延長条項の下、新協約が成立せず当事者が既存の協約に拘束され続ける事態が多く生じていたことについて不合理であるとの考え方が政府側にあり[104]、ＧＨＱ勧告でも見直しが提案されていた点である。第1次案では、有効期間の上限を3年とする20年労組法の20条の規定を1項として維持したうえで、2項として、協約の期間満了後新協約締結までの間従前の協約を延長する規定がある場合でも、2か月を超えて延長できない旨の規定が置かれた。ＧＨＱ勧告は、労使双方の同意がない場合の延長禁止を提案しており、当該提案とは異なるものであった。第2次案では、2項本文

---

103) なお、後述する協約遵守義務の箇所も参照。
104) 賀来・前掲注9）157頁。

として、期限が到来した協約について当事者の一方の意思に反してなお有効とすることはできないとする規定が置かれ、上記ＧＨＱ勧告に沿う形とされた。なお、同時に、２項に但書が置かれ、上記意思の表示については、予告期間に関する定めがある場合には、それに沿ってなされなければならないとされ、２項についてはこの形が法案転換前まで維持された。第４次案では、有効期間の上限を３年とするそれまでの内容を維持していた１項に手書きの修正が加えられ、有効期間を定めなければならないとするのみの規定に改められ、法案転換前まで維持された。法案転換後の第８次案では、ＧＨＱ側から規定が示され、１項として、「労働協約は、確定期限を定めた条項を含まなければならず、いかなる場合にも三年を越えて有効に存続することができない」として、第４次案までの規定と第４次案への手書き修正後の規定とを合わせたような規定が置かれ、第２項で、「前項の確定期限が満了したときは、いかなる労働協約も使用者及び労働組合の権限を有する代表者の同意なしには、有効に存続することができない。但し、この法律において両当事者の協約更新の希望を予告することができる協約の条項を妨げるものと解釈さるべきではない」として、期間満了後の労使の同意なき延長（効力存続）を認めない規定が置かれた。この第８次案により、期限の定めのない労働協約が認められず、また、期限の定められた労働協約について双方の同意なくして延長ができない形となった。その後、第11次案への手書き修正において、２項につき、「合意がなければ」の箇所を「一方の表示した意思に反して」有効とできないとする形で改められるとともに、但書について、「この規定は、労働協約の当事者のいずれか一方が反対の意思[105]を表示しない限り、労働協約の効力が更新される旨の労働協約の規定が排除される趣旨に解釈されてはならない」として、自動更新条項を排除しないと解される修正が施され、これが、成立した24年労組法15条の規定となった。当事者の同意なき無期限延長を認めないというＧＨＱ勧告の提案に沿った改正がなされるとともに、有効期限の定めのない労働協約も認めない（とはいえ、有効期限の定め

---

[105] 労働組合法立法史料研究（条文史料篇）195頁では、「更新」となっているが、底本とした労働組合立法史料簿冊の複写データでは、当該箇所は、「意思」となっている。

を置かなかった場合の帰結は明確ではない）として、ＧＨＱ勧告の提案内容を超える見直しがなされたものといえる。同規定については、1952年労組法改正により、3年を超える有効期間の定めの取扱いが定められ（2項の修正）、また、有効期間の定めのない労働協約を再び法的に有効と認めたうえで、期限を定めない自動延長の場合と併せて、長期拘束防止の趣旨で一方的解約権を認め（1項の修正および3項の新設）、また、意思表示の明確化と即時解約による労使の混乱防止を目的に、それぞれ、方式（3項）と予告期間の定め（4項）が加えられて、現在の形となった。

　規範的効力については、体裁（第4次案への手書き修正以前は2項に分けて規定されていた）や、若干の文言の修正を別として、20年労組法22条のかっこ書き部分（労働協約所定の規準決定機関があるときにかかる部分）が第3次案において一時的に、また、第9次案以降削除された以外変化はなく、20年労組法の基本的内容が維持されている（第8次案では、そもそも20年労組法22条は削除されているが、単純なミスと考えられる）。

　一般的拘束力については、法案転換前までの草案においては、20年労組法が定めていた工場事業場単位の一般的拘束力および地域単位の一般的拘束力の規定は基本的に存在せず[106]、これに代わる形で交渉組合が締結した労働協約の適用範囲についての規定が存在していた（第2次案までは労働協約の章で、第3次案から法案転換までは団体交渉の章で規定）。法案転換後は、交渉単位および交渉組合制度が削除されたことにともない交渉組合が締結した労働協約の適用範囲の規定も削除され、他方で、工場事業場単位の一般的拘束力および地域単位の一般的拘束力の規定が20年労組法と同じ形で復活した[107]。

　労働協約に関しては、このほか、労働協約の遵守義務（20年労組法21条）について、第1次案で当該規定が維持されたうえで（32条1項）、2項が新設され、協約の解釈および適用についての苦情または紛争処理のための

---

[106]　第2次案および第3次案には、工場事業場単位の拡張適用の規定が存した。
[107]　地域単位の一般的拘束力の規定については、第12次案への手書き修正により、労働協約の当事者の申立てによらず拡張適用の決定をなしうるとする部分を削除する修正が加えられている。

苦情処理機関を設けることが義務付けられ、かつ、苦情処理機関を欠く労働協約は効力を生じないとされた。苦情処理機関の設置は、労働協約の有効期間中は苦情処理機関を利用するよう義務付けるべきとするＧＨＱ勧告をふまえたものである。もっとも、この２項の内容は、第４次案への手書き修正で削除され、第５次案では20年労組法21条と同様の形となり、第６次案への手書き修正では苦情処理にかかる規定が復活したものの、努力義務にとどめられた。法案転換後は20年労組法21条に該当する部分を含め完全に姿を消し、24年労組法には引き継がれなかった。調停または仲裁約款がある場合の調停または仲裁を経ない争議行為の禁止（20年労組法25条）についても、第４次案までは規定が存在したが、第４次案への手書き修正で削除されて草案から姿を消し、24年労組法には引き継がれなかった。

（４）小括

20年労組法においては、団体交渉については、団体交渉権の具体的内容について定め、あるいは、団体交渉の過程について制度を整備することはせず、まずは団体交渉権限者を明確にすることで団結否認的な団体交渉拒否の是正を図るとともに、団体交渉拒否をめぐる紛争の解決については、労働委員会の権限行使をつうじて調整的に解決を図ることとしたものと考えられる。労働協約については、規範的効力という重要な効力が規定されるなど、現行法に基本的に連なる規定がすでに定められることと並んで、道義的な義務の規定ではあるが協約遵守義務が規定され、また、調停または仲裁約款がある場合の規定が置かれるなど、労働争議の予防、産業平和の実現を念頭に置いた定めがなされている点に特徴がある。労働条件の決定、規律の側面からは、今日的にいうところの併存組合（あるいは組合競合）の状況下における団体交渉関係については、起草者の評価はともかく、明文では規定することは行われず、また、そうした状況下における労働協約の拘束力（一般的拘束力）の及び方についても、必ずしも明確に説明が与えられなかったことを読み取ることができる。

24年労組法の草案起草過程における交渉単位および交渉組合制度は、誠実交渉義務についての規定と同様に、立法により団体交渉過程の制度化を図

るものであり、基本的には、ＧＨＱ勧告に従い、使用者による労働者の分断を防ぐべく、単位内労働者につき多数決原理にもとづく統一的な労働条件決定システムを構築しようとするものであった。もっとも、第1次案を除き、団体交渉を行うにあたり必ず単位及び交渉組合を決定しなければならないわけではなく、交渉組合（ないし単位）が決定されない場合には、各々の労働組合が自己の組合員のために団体交渉をなしうる余地が残されており（なお、これはＧＨＱ勧告に忠実に従ったものである）、また、第2次案への手書き修正以降の草案では、交渉組合の権限および交渉組合が締結する労働協約の効力につき、排他性が貫徹されていないか交渉事項との関係で限定がありうる制度設計となっているなど、限定的な側面が存した。いずれにせよ、立法化には至らず、団体交渉については、24年労組法は、20年労組法の団体交渉権限の規定が維持されたほかは、不当労働行為の観点からの規制が加わる（このこと自体は重要なことであるが）にとどまった。労働協約の規定についても、期間にかかる規定はＧＨＱ勧告以上に大幅に修正されたものの、主要な規定である効力にかかる規定については最終的に20年労組法と基本的に同様の規定が維持された。また、道義的な義務を定めるものとしての性質が強かった規定等については単純に削除されるなど、章全体としては、むしろ20年労組法よりも簡素化された。こうして、団体交渉および労働協約にかかる規定全体としては、基本的に、20年労組法の下での制度設計が維持されている状況にある。上述したとおり、20年労組法は、団体交渉について、団体交渉の権利があることを承認したうえで、団体交渉に関係して生じる紛争については、規定を種々定めておくよりも、労働委員会が適宜対応することを念頭に置いており、こうした制度設計が、現行法の下でも維持されることとなったといえる[108]。

むすび

本稿では、戦後の労働組合法立法史のある程度の部分として、20年労組

---

[108] こうしたままでよいのか否かについての検討が必要と考えられることについては、すでに指摘した（竹内（奥野）・前掲注89）37-41頁）。

法の制定と24年労組法による改正を中心に、総則、労働組合、団体交渉および労働協約にかかわる事項を取り上げた。これらの事項すべてをつうじた分析は容易ではないが、本稿における検討からは、以下のことを指摘しうる。

第1に、一の箇所で述べたことであるが、本稿で取り上げた上記の各事項（および不当労働行為の禁止規定）については——裏からいえば、労働委員会制度を除き——、そのほとんどについて、1949年以降、あるいは、1952年以降、改正を経ることなく現在にまで至っていることである。必要がないために改正が行われてきていないということであれば問題視をすることではないものの、労働組合組織率の低下等の状況のなか、そうした必要がないかについては、十分に検討することが求められる。団体交渉ないし労働協約にかかわる事項については、とくにこうしたことが妥当すると考えられる。

第2に、現行の労働組合法のうち、本稿で取り上げた事項のほとんどが、20年労組法の制定と24年労組法による改正によりもたらされていることとの関係では、双方の立法過程理解と並んで、20年労組法と24年労組法との連続性あるいは断絶性（20年労組法からの変化）の考察が、立法史の検討をつうじた規定の趣旨の理解にあたって重要と考えられる。起草過程のどのような出来事をどう考慮するかによって評価が左右されることではあろうが、本稿における検討では、取り上げた項目について、20年労組法の制定と24年労組法による改正の双方にわたる起草過程を通覧したうえで、こうした視点からの考察として、目的規定（1条1項）については、団体交渉関係にかかる保護助成により力点を置くようになったとの変化を、労働組合の定義のうち経費援助にかかる2条但書2号については、列挙されているもの以外の例外を認めないと読みうる規定ぶりの明確な変化の一方で、起草過程におけるそうした考え方への逡巡と、ＧＨＱ勧告とのある種の齟齬があり、規定文言の変化どおりに趣旨を理解することに疑問を呈しうることを論じた。刑事免責、民事免責や、労働者の定義については、20年労組法の趣旨が現行法においても妥当していると考えられる。

本稿の検討は、不当労働行為と労働委員会制度について検討の対象の外に置いている点で、また、1952年労組法改正についての検討等が限定的である点などで、戦後の労働組合法立法史の全体的な素描と考察には未だ及ぶも

のではない（もちろん、検討している事項についても、不十分な点があろう）。こうした点については、引き続き、研究を重ねることとしたい。

第14章
労働紛争処理法
個別労働紛争を対象とした労働紛争処理法の生成と課題

浜村　彰

はじめに

　労使間で発生する個別労働（民事）紛争[1]を解決するシステムとしては、戦後長らく通常の司法裁判所がその中心的役割を担ってきた。もとより裁判所以外の紛争処理制度が存在しなかったわけではなく、とりわけ企業と正規従業員である労働者との間で発生した個別労働紛争の多くは、企業別組合を担い手とする労使協議制や苦情処理制度または団体交渉などにおける自主的交渉を通じて解決されてきた。また、パートや有期雇用などの非正規労働者に係る個別労働紛争についても、コミュニティユニオンなどの地域一般労働組合と使用者との間の団体交渉で解決されるほか、そこで解決できない場合には、いわゆる「駆け込み訴え」として、労働関係調整法12条にもとづく地方（現在は都道府県）労働委員会によるあっせんや、場合によっては団体交渉拒否の不当労働行為の救済手続のなかで紛争が解決されてきた。

---

[1]　本稿で検討対象とする「労働紛争処理法」という名称の法律は存在しないが、ここでは後掲の個別労働関係紛争解決促進法や労働審判法をはじめとした集団的労使関係を除く個別的労働（労使）関係で発生する紛争の解決に関わる法律群の総称として「労働紛争処理法」という用語を用いる。
　　また、個別労働関係紛争解決促進法1条は、その対象とする紛争を「労働条件その他労働関係に関する事項についての個々の労働者と事業主との間の紛争」と定義し、また労働審判法1条は、「労働契約の存否その他の労働関係に関する事項について個々の労働者と事業主との間に生じた民事に関する紛争」と定義しているから、おなじ個別労使間の紛争を対象としつつも、前者の方は民事紛争に限定されていない（したがって、労働基準法等の法令違反に係る紛争もそこに含まれる）。しかし、本稿では、主に「労使間で発生する個別的民事紛争」を個別労働紛争と呼び、それを対象とする法律の総称として、「労働紛争処理法」という用語を用いる。

しかし、後に触れるようにとくにバブル景気崩壊以降のリストラの進行や日本的雇用慣行の変化、あるいは労働組合の組織率の低下にともなう労使の自主的交渉機能の低下などにより、個別的労働紛争の増加傾向が顕著となり、90年代に入ってから、学会においても、先の伝統的システムとは別個の新たな個別労働紛争解決システムを構想する議論が盛んに行われるようになった。そして、そうした議論の盛り上がりがみられるなかで、2001年に「個別労働関係紛争の解決の促進に関する法律」（以下、個別労働関係紛争解決促進法）が成立・施行された。さらには、1999年の司法制度改革審議会の設置以降に本格化した司法制度改革をめぐる論議の一つとして、雇用関係に関する特別な裁判制度や訴訟手続を導入することが大きな検討課題とされ、それを受けた活発な論議の末に2004年に労働審判法が制定（2006年に施行）されるにいたった。

　本稿では、戦後労働立法史の一つとして、せいぜい今から30年余前まで遡るにすぎないが、労働審判制度の導入に至るまでの労働紛争処理法の生成過程を振り返りことにする。具体的には、なぜ労働法学において個別労働紛争処理システムが大きな立法課題として浮上してきたのか、それをめぐって学界や実務界においてどのような議論がなされてきたのか、そうしたなかでどのような経緯で個別労働関係紛争解決促進法が制定されたのか、また、それにとどまらずなぜ労働審判法が制定されたのか、という点について立法史的考察を行う。そして、そうした作業を踏まえたうえで、一見完備したかのように思われる労働紛争処理法が今日においてもなお抱えている課題や問題点を析出し、その解決に向けた若干の検討を行うことにしたい[2]。

2）　なお、以下で引用する文献以外に、労働紛争処理法を総論的に取り上げたものとして、山川隆一「日本における労働紛争の解決」日本労働研究雑誌548号（2006年）59頁、村中孝史「労働紛争解決制度の現状と問題点」同581号（2008年）4頁、中窪裕也「労使紛争の現状と政策課題」同631号（2013年）19頁以下などがある。

一　なぜ個別的労働紛争処理システムが立法課題となったのか

1　90年代以降における個別的労働紛争の増加

　労働法学界で個別的労働紛争処理システムをめぐって盛んに議論されるようになったのは、1980年代後半から90年代にかけてである。その背景にはなによりも個別的労働紛争がその頃から顕著に増加したことがある。全体の数値としては少ないとはいえ、1990年における労働関係民事通常訴訟事件の新受件数（地方裁判所）は647件であったのに対し、2000年には2063件まで激増している[3]。また、全国の都道府県労政主幹事務所などが行っている労働相談件数[4]は、1991年に7万7785件であったのに対して、1999年には12万2102件までに増えている[5]。そのなかで最も活発に個別的労働紛争に関する労働相談とあっせんを行っている東京都に限ってみると、1988年の労働相談件数は3万229件、あっせんが575件[6]であるのに対し、2000年には相談件数が4万8045件、あっせん件数は2002年には1175件まで増加した[7]。

　それと対照的に集団的労働紛争（争議）の件数は、1970年代中盤をピークとして一貫して減り続け、1992年に争議行為をともなう争議件数が788件となったのが2002年には304件と半数以下に減っている[8]。集団的労働紛争に代わって個別労働紛争が表舞台に躍り出たのである。

---

[3]　JLTPの統計情報（http://www.jil.go.jp/kokunai/statistics/timeseries/html/g0703_01.html）。による。
[4]　この点について詳しくは、村田毅之『労使紛争処理制度』（晃洋書房、2007年）120頁以下参照。
[5]　浜村彰「労働契約と紛争処理制度」日本労働法学会誌82号（1993年）138頁、厚生労働省大臣官房地方課労働紛争処理業務室編『個別労働関係紛争解決促進法』（2001年）17頁。
[6]　東京都労働経済局「労働相談及びあっせんの概要」（昭和63年度）。
[7]　村田毅之『日本における労使紛争処理制度の現状』（晃洋書房、2008年）102-103頁。
[8]　厚労省「労働争議統計調査」による。

2　日本的雇用慣行の変化と集団的労使自治の後退

では、なぜ個別的労働紛争がこのように急増したのであろうか[9]。周知のように労働判例を遡ってみると、1970年代まではその多くは、不当労働行為をはじめとした集団的労働紛争に関わる事案であり、個別労働紛争をめぐる裁判例は秋北バス事件（最大判昭和43.12.25民集22巻13号3459号）などの一部に限られていた。つとに指摘されるように、それまでは労働者の労働条件等をめぐる個別的苦情や不満の多くは、長期雇用システムを前提とした企業社会の中で上司や労使協議制等の自主的紛争処理システムによって、非公式に処理されていたのである[10]。

しかし、1990年代初めのバブル景気崩壊後の失われた10年の間に人員削減などのリストラが断行され、雇用管理の方式も年功的なものから能力・成果主義的雇用管理へシフトしていくにつれて個別労働紛争が次第に顕在化していくことになった。また、パートタイマーや派遣労働者などの非正規雇用で働く労働者の割合が高まったことにともない、日本的雇用慣行の有する紛争抑制効果が後退し、非正規雇用をめぐる個別紛争が増加することになる[11]。

他方、労働組合による紛争処理能力も減退していく。企業内紛争処理システムとして労働組合の苦情処理能力はもともとさして高くはなかった[12]が、組織率の凋落と組合空白領域の拡大がそれに拍車をかけた。1980年には30.8％であった組合の組織率は、90年には25.2％まで後退し、2000年には21.5％まで下がった。とくに99人以下の事業所では1.4％というあり様である[13]。もっとも80年代に入ってから企業別組合とは別に、地域を単位とし

[9) 背景全体について詳しくは、村中孝史「個別労働紛争解決制度の展開と課題」日本労働法学会編『講座労働法の再生〔第1巻〕』（日本評論社、2017年）182頁以下。
[10) 菅野和夫「司法制度改革と労働裁判」日本労働法学会誌98号（2001年）81頁など。
[11) 山川隆一『労働紛争処理法』（弘文堂、2012年）20頁以下など。
[12) 旧労働省「平11年労使コミュニケーション調査」によると、不平・不満を述べた一般労働者のうち、「直接上司へ」が74.9％に対して「労働組合を通して」が16.0％、「苦情処理委員会等の機関へ」にいたっては1.5％という状況であった。最近においてもこの傾向は変わらないようである（労働政策研究報告書№98「企業内紛争処理システムの整備支援に関する調査研究」〈2008年〉75頁以下）。
[13) 旧労働省「平成12年労働組合基礎調査」。

て結成されたいわゆるコミュニティユニオンがとくに非正規労働者の個別労働紛争を「駆け込み訴え」としてすくい上げてきた[14]が、組合組織全体の後退と空白領域の拡大による集団的労使自治の後退を押しとどめるにはあまりにも非力であった。

3　裁判所と既存の調整的解決制度の限界

もちろん、裁判所をはじめとしたそのほかの既存の紛争処理システムが十分に機能していれば問題はないが、裁判所の訴訟の遅延や高コストは従来から深刻な問題となっていた。1988年における労働関係民事通常訴訟事件に関する地方裁判所の平均審理期間は22.4か月[15]とされており、それに高裁、最高裁の審理期間を上乗せすると、確定判決を獲得するまで気の遠くなるほどの時間と金銭と労力が必要とされていた[16]。また、労働契約に関わって配転・出向や就業規則の不利益変更などのように権利紛争としての形式をとりながらも、実質的には新たな規範の設定や変更に関わる利益紛争としての性格を持つ事案が裁判所に次第に提起されるようになり、白黒決着の判定的解決を行う司法的紛争処理の限界も自覚されるようになった[17]。

こうした判定的解決ではなく簡易・迅速な利益調整的解決を行う紛争処理制度としては、従来から都道府県の労政主幹事務所等による労働相談・あっせんサービスがあり、先に指摘したようにその件数が急増していたが、東京都などの一部の都道府県を除いて十分に整備・提供されておらず、都道府県によってばらつきが大きかった。また、このあっせんという行政的紛争処理サービスは、手続の開始も解決案の受諾も当事者、とくに使用者の任意に委ねられているという限界があった。

---

14)　浜村彰・長峰登記夫編著『組合機能の多様化と可能性』（法政大学出版、2003年）、呉学殊「労使紛争の現状と政策課題」日本労働研究雑誌631号（2013年）37頁。
15)　最高裁事務総局行政局「平成元年労働関係民事・行政事件の概況」法曹時報42巻8号（1990年）126頁。
16)　詳しくは、村中・前掲注9）186頁以下。
17)　浜村彰「紛争処理制度と労働法学」労旬1250号（1990年）8頁。

二　90年代からどのような議論がなされてきたのか

1　学界における議論の活発化——利益調整的解決制度の導入論

　このような状況のなかで、学界において1980年代後半から個別的労働紛争処理システムについての関心が高まりを見せ始める。その嚆矢となったのは、男女雇用機会均等法の制定や労働基準法の改正に関わってその実効性をどのようにして確保するかという観点からこの問題に取り組んだ論稿である[18]。そして、90年代に入ってから、個別的労働紛争に関して裁判制度以外の紛争処理システムを積極的に構想する議論が本格化した[19]。

　まず1990年に裁判所を頂点とする既存の個別的労働紛争処理システムが実は多様な重畳的構造を有していることを指摘したうえで、従業員代表制度などの自主的紛争処理制度と行政機関としての労働委員会による調整的紛争処理制度の整備を提唱するものが現れた[20]。次いで1992年の労働法学会において、「労使紛争の解決システム」というテーマで統一シンポが開催され、当事者の合意に基礎をおいた紛争解決や労働契約紛争に関するあっせん制度の導入を提案する報告がなされ、活発な議論が行われた[21]。

---

[18]　いずれも行政的紛争処理制度の新たな構想モデルを提唱するものであるが、男女雇用機会均等法の実効性確保に関して調停権限と救済命令権限を有する行政委員会を構想した石田眞「雇用における男女差別の撤廃と実効性確保制度」日本労働法学会誌65号（1985年）53頁以下、労働基準法の実効性確保に関して調停・判定（是正命令）機能をもつ紛争調停委員会を提言した浅倉むつ子「実効性確保・紛争解決制度の立法的検討」労旬1170号（1987年）14頁以下が先駆的業績である。また、当時いち早く労働裁判所制度構想の必要性を説いたものとして中山和久「『労働関係と法』についての比較研究のために」労旬1215号（1989年）13頁以下が特筆される。

[19]　個別労働関係紛争解決促進法が制定されるまでの経緯と論議について、道幸哲也「個別労使紛争の増加と処理システム」季労195号（2001年）56頁以下が、また労働審判法制定までの議論の経緯については、村中孝史「個別労働紛争処理をめぐる議論と政策」日本労働法学会誌104号（2004年）84頁以下が詳しい。

[20]　浜村・前掲注17）8頁以下。

[21]　このシンポジウムにおいては、安枝英伸「労使紛争解決システムの現状と課題」、小嶌典明「企業内における紛争解決」、西村健一郎「労使紛争の解決と和解」などの報告がなされ、日本労働法学会誌80号（1992年）に掲載されている。

そして、翌年には浜村彰「労働契約と紛争処理制度」(日本労働法学会誌82号〈1993年〉131頁以下)が、個別労働紛争の増加と既存の紛争処理制度の限界をふまえたうえで、その適正な解決をはかるための新たな労働紛争処理制度を具体的に構想し、労使の自律的対等交渉を促進・援助する低コストの調整的手続として、労働委員会と都道府県労働相談センターを統合した行政型紛争処理モデルと労使代表参加型の雇用関係調停手続を内容とする司法型紛争処理モデルを提示した。

ついで、この著者も参加していた研究会の報告書である毛塚勝利編『個別紛争処理システムの現状と課題』(日本労働研究機構調査研究報告書No.65、1995年)が公刊された。そのなかの「終章　個別紛争処理システムの現状と課題―中間的課題―」(毛塚担当執筆)では、浜村前掲論文と同様に利益調整的紛争処理制度として、労働委員会を改編して労働相談部と雇用関係部(個別紛争処理部)を設け、相談内容が紛争事案であるときは、雇用関係部に事件を移管して、ラウンド・テーブル方式による審問を実施したうえで和解の手法により労使双方を説得して紛争解決を図る行政処理モデル案を提示すると同時に、個別労働紛争の処理により適合した民事調停モデル案を提示し、当事者の一方の申立てがあれば他方当事者の出頭が義務づけられる参加強制的処理手続とすることや調整的処理による当事者間の調停合意について執行力を付与するとともに、調停が成立しない場合には調停委員会が調停前の措置や調停に代わる決定を行うことなどを提言していた。その後、これをベースに毛塚勝利「労働紛争処理法」(ジュリ1066号〈1995年〉210頁以下)や同「新たな個別労使紛争処理システムの構築」(季労184号〈1997年〉10頁以下)においてより掘り下げた検討がなされており、とくに後者では労働委員会改編論に対する批判に答えるとともに、企業内紛争処理システムについて詳論し、労働契約法制の整備の必要性を説いている[22]。

しかし、その当時においてすでにこうした妥協調整的な紛争解決制度の構想に対しては強い疑問が出されていた。たとえば西谷敏「権利保障システム

---

[22]　そのほか新しい紛争処理システムとして調整的解決を目指すのが妥当とするものとして山川隆一「個別労働紛争処理のシステム設計」季労180号(1996年)24頁以下がある。

の課題」(片岡曻・萬井隆令・西谷敏編『労使紛争と法』〈有斐閣、1995年〉265頁以下)は、公的権利保障システムの確立が必要としつつも、本来、権利紛争として明確に処理されるべき問題が利益紛争としてあいまいに処理されることは問題であり、今日における紛争処理システムの課題としては、何よりも労使の権利・義務を確定し紛争を終局的に解決しうる労働裁判を中核に据えて、訴訟費用の低廉化、訴訟費用援助制度の充実、労働事件の特質に適合した独自の訴訟手続き、労働専門部の設置・拡充など、その機能回復をはかるための整備が重要であるとしている[23]。

また、村中孝史「個別的労使紛争処理システムの検討」(日本労働研究機構雑誌436号〈1996年〉2頁以下)も、同様に権利紛争に限定してのことだが、調整的解決が契約や労働法の諸規定がもつ保護機能を衰弱させる可能性があることなどから、それを権利紛争に関する中心的手続と位置づけることには賛成できないとして、権利紛争については判定的手続を中心としつつ調整的手続を補足的に利用できる環境が望ましいとして、労働委員会等による行政型の調整的解決には消極的立場をとっていた[24]。

このように90年代における個別労働紛争解決システムの立法政策をめぐる議論は、行政型、司法型を問わず、権利義務関係の判定的解決よりも、利益調整的解決制度の導入を目指す傾向が強かった。労働契約関係をめぐる個別的労働紛争が権利紛争ばかりではなく、将来に向けての新たな労働条件の形成や変更という利益紛争的性格を持つものが少なくないことのほかに、こうした紛争処理制度の近い将来における実現可能性や新しい紛争処理制度の設置と運営に必要とされるコスト面を考慮すると、そうした方向の制度構想こそがリアリティのある政策選択であったといえる[25]。実際にその当時の

---

23) ただし、新たな労働民事紛争解決システムとしての独自の機関設置の困難さや労働委員会の存在意義が問われている今日の状況を考えると、労働委員会に調整的解決をさせるのが現実的であるとして、労働委員会による調整的解決を全面的に否定しているわけではない(同書280頁)。

24) そのほか労働委員会の調整的解決機能を個別的労働紛争にも拡張することについて、自主的解決の担い手である組合機能の低下をもたらすことや都道府県の労働相談サービスと労働委員会の調整機能を統合することの困難さなどの点から消極的立場をとるものとして、秋田成就「労働委員会の労働争議調整としての『個別的紛争』取扱いの問題点」季労180号(1996年)6頁があった。

論議の状況を思い起こすと、個人的な実感として、ヨーロッパにおけるような判定的解決を行う司法上の特別手続や特別な裁判制度として、労働裁判所的制度を近い将来に日本にも導入できるとは思っていなかったというのが正直なところである[26]。

2 比較法研究の進展——労使参加型の調整前置的紛争処理制度

90年代の学界の論議としてもう一つ注目すべきことは、個別的労働紛争処理システムに関する比較法研究が飛躍的に進んだことである。その代表的研究は、毛塚編著・前掲『個別紛争処理システムの現状と課題』であり、そこではイギリス、アメリカ、ドイツ、フランス、ケベック州（カナダ）の5か国における個別紛争処理システムの紹介がなされていた。そして、その比較法研究部分を独立させイタリアを追加したうえで改めて公刊されたのが毛塚勝利編『個別的労働紛争処理システムの国際比較』（日本労働研究機構、2002年）である。本書では、イギリス（山下幸司）、アメリカ（山川隆一）、ドイツ（毛塚勝利）、フランス（浜村彰）、カナダ（石井保雄）、イタリア（大内伸哉）の個別的労働紛争解決制度の比較研究が行われており、システムとして多様であるが、共通点として通常の裁判所以外の公的処理システムがあること、紛争処理制度に労使の代表や市民を参加させていること、判定的処理の前段階に調整的手続をおいていることなどが指摘されていた（終章：毛塚担当）。

そのほかの貴重な比較法研究として、表田充生「イギリスにおける労働審判所」（同志社法学47巻6号〈1996年〉322頁以下）や菅野和夫「米国企業における苦情処理ADRと社会オンブズパーソン」（『労働関係法の国際潮流』新山社、2000年、147頁以下）などがあり、これらのさまざまな業績は個別的労働紛争処理システムをめぐる議論に対して大きな示唆を与えた。

---

25) 毛塚・前掲「労働紛争処理法」214頁、浜村・前掲「労働契約と紛争処理制度」143頁以下。
26) 角田邦重「司法制度改革と労働裁判」日本労働法学会誌98号（2001年）68頁も、当時、裁判所改革の現実的可能性を想定するのは困難との認識が一般的であったと指摘している。

とくに後でふれるように、菅野・前掲注10)「司法制度改革と労働裁判」82頁によれば、ドイツの労働裁判所やイギリスの雇用審判所などの労働裁判制度の特色として、①労働事件を専門とする職業裁判官が手続の運営や判断の中核を担うこと、②これに労使裁判官が参加して、雇用労使関係に関する専門的知見を注入すること、③手続が口頭主義、集中審理を基本とした簡易・迅速・低廉なものとして設計され運営されていること、④大量の事件を処理するうえで和解による解決を優先していることなどの点が注目されるとされており、実際、後に日本に導入された労働審判制度は、このドイツとイギリスの労働裁判所に関する比較制度的な視点を入れて検討・構想された日本独特の司法システムであるとされている[27]。

このように個別労働紛争処理システムに関する比較法研究は、戦後日本の労働立法史において、比較法研究が日本の法制度に関する論議や具体的な制度の立案・設計作業にダイレクトな影響を与えた典型的な例ともいうべきであり、労働法における比較法研究の重要さを改めて認識させたものといってよい。

3 労使の見解の対立──労働委員会活用案か労働調停活用案か

こうした学界における活発な議論は、実務界の議論を引き起こし、その評価の是非はともかくとして、最終的には個別労働関係紛争解決促進法の制定に結びついていくことになる。その口火を切ったのは、連合の労働委員会活用提案であり、最終的には『新しい労使紛争解決システムの研究―「労働委員会制度のあり方研究会」の最終まとめ』（労旬1435号〈1998年〉48頁以下）に取りまとめられた。ここでは、公労使三者構成による労働委員会の50年の実績と紛争処理のノウハウの蓄積を活かして、集団的労働紛争のみならず、個別的労働紛争の解決機関として再構成すべきことが提案されている。すなわち、労働委員会に新たに労働相談部と雇用関係部を設置し（従来の集団的労働紛争処理組織は労使関係部とする）、第1段階として労働相談員が助言と紛争の振り分けを行う。第2段階としての調停手続を参加強制的

---

27) 菅野和夫「司法制度改革と労働検討会」自由と正義55巻6号（2004年）21頁。

とし、調停人が単独で3回程度の期日で紛争の調整的解決を図る。第3段階として三者構成の雇用調停委員会が調整・仲裁手続により紛争処理を行うという、労働委員会の改編モデルが提案されていた。とりわけ、ここでは権利紛争のみならず、配転・出向、労働条件の不利益変更などに関する利益紛争も扱うことが予定されていた。

　これに対して、労働調停制度の導入を対抗的に提言したのが使用者団体である旧日経連「労働委員会制度の今後の在り方について」（労旬1435号〈1998年〉56頁以下）である。この報告書は、労働委員会の判断は司法上の権利義務を無視すべきでないし、確立した最高裁判例には従うべきであるにもかかわらず、労委命令はしばしば組合に傾きすぎていると批判し、このような不信感の拭えない労働委員会[28]に対して個別的労働紛争を処理する機能をもたせることに真っ向から反対した。そして、個別労働紛争の当事者が調整的解決を求めるとしても、すでに司法制度内に存置されている民事調停を活用すべきとし、必要があればその専門性を確保するために、民事調停制度のなかに労使問題の特別調停である雇用関係調停を創設すべきと提唱している。

4　ワン・ストップ・サービスの導入提案——労働省・労使関係法研究会報告

　このように新たな個別労働紛争解決制度の導入の必要性を認める点では一致しつつも、その制度構想のあり方については労使が激しく対立していた。そうしたなかで、労働省・労使関係法研究会が「我が国の経済社会状況の変化に対応した労使紛争処理の在り方について（中間的取りまとめ）」（季労184号〈1997年〉59頁）を出し、次いで最終報告として『我が国における労使紛争の解決と労働委員会制度の在り方に関する報告』（労旬1445号〈1998年〉28頁以下）を出した。

　この長大な報告書は、個別的労働紛争の処理制度として、まずなによりも労働者のあらゆる苦情・紛争について相談に応じ、問題点や解決方法・機関

---

[28]　こうした使用者側の労働委員会に対する不信感を述べるものとして、中山慈夫「経営法曹としての労働委員会再考」季労184号（1997年）49頁以下。

等について窓口整理的な情報を提供してくれるワン・ストップ・サービスの提供が必要であるとし、しかも、それは状況しだいで簡易なあっせんも行う全国的に整合的な公的サービスとすべきとする。

次いで報告書は、こうした公的サービスを提供する制度として、それまでの学界などの議論をふまえ、①労働委員会活用案、②雇用関係委員会案、③労政主管事務所活用案、④民事調停制度活用案、⑤都道府県労働局案、⑥雇用関係相談センター案の六つの選択肢を提示し、それぞれのメリット・デメリットを詳細に検討したが、そのいずれを採用すべきか結論を示さずに、早急に活発な議論を行うべきであると指摘するにとどまった。ただし、報告書の最後において、個別的労使紛争を処理するための基本的サービスとして、ワン・ストップ・サービスとしての相談機能と簡易なあっせん機能を整備する必要性が高く、これらについて公的機関によるサービス体制を整えるべきことをあらためて強調していた。

この報告書の最後の指摘が、この後にみる個別労働関係紛争解決促進法の制定に決定的な影響を与えたといってよい。ただし、後でみるようにこの翌年の1999年に司法制度改革審議会がスタートし、そして、この頃すでに個別労働紛争処理制度として、裁判所の専門性を強化し、労働事件裁判について労使参与委員制度を検討すべきことを提言する菅野和夫「労使紛争と裁判所の役割」(法曹時報52巻7号〈2000年〉29頁)が現れていた。

三　個別労働関係紛争解決促進法の制定

1　都道府県労働局による紛争解決援助制度の導入

個別労働関係紛争解決促進法が制定されるに先立って、1997年に中央労働基準審議会は、「労働時間法制及び労働契約等法制の整備について(建議)」[29]において、当時の学界・実務界の活発な論議をふまえ、将来的には

---

29)　中央労働基準審議会「労働時間法制及び労働契約等法制の整備について〈建議〉」労旬1423・24号(1998年)111頁。

労働条件に関する紛争を調整するためのシステムについて総合的に検討することが必要であるとしつつ、「当面の措置として」、労働基準監督署における相談、情報提供等の機能を強化するとともに、都道府県労働基準局が助言や指導により個別労働紛争の迅速な解決を促すシステムを創設することが必要であるとの提言を行った。そして、この建議にもとづき 99 年 9 月の労働基準法の改正に際して、都道府県労働基準局長による紛争解決援助制度が導入されることになった[30]。

このように個別的労働紛争処理システムの導入論議は、当面の措置としての都道府県労働基準局長による紛争解決援助制度の設置をもって一息ついた。とはいえ、労使双方はむろんのこと労働省（当時）もこれでこの問題が解決したとは考えていなかった。この制度は、労働基準監督署が労働基準相談員などの形ですでに一部実施していた労働相談サービス[31]を制度化したにすぎず、個別的労使紛争を本格的に取り扱う紛争解決システムの制度構想については、これとは別に引き続き論議されるべきものと一般的に認識されていた。

2　個別労働関係紛争解決促進法制定に際しての政労使の攻防

その後、1999 年 8 月の第 9 次雇用対策基本計画において、ワン・ストップ・サービスおよび簡易なあっせんサービスの必要性も勘案し、セイフティ・ネットの一環として、総合的な個別労使紛争処理制度の在り方について検討を進めることとするとされる一方、2000 年 7 月には全国労働委員会連絡協議会「労働委員会制度のあり方に関する検討委員会報告」が、地方労働委員会が個別的労働紛争全般について、組合の関与の有無を問わず、労使の相談・情報提供のほか簡易あっせんを行うべきとする提言をしていた[32]。しかし、個別労働関係紛争解決促進法の制定に向けての動きが本格化するの

---

[30]　これについて詳しくは、浜村彰「改正労働基準法の論点——労働者過半数代表・紛争解決の援助」労旬 1457 号（1999 年）37 頁以下参照。
[31]　これに先立ち 1998 年に総合経済対策「緊急雇用開発プログラム」にもとづき、労働省が社団法人全国労働基準関係団体連合会に委託して労働条件相談センターを開設し、労働条件相談アドバイザーや相談専門家を配置して、労働者が平日の 17 時以降や土曜日にも労働相談や情報提供を受けることができる公的サービスが提供されていた。

は、2000年9月に学識経験者・労使関係者からなる個別的労使紛争処理問題検討会議が設置され、そこで審議が始まってからである。

ここでは労働側が労働委員会活用案を、使用者側が民事調停活用案をそれぞれ持ち寄って参加したが、労働省は、この会議で新たに①あらゆる労働相談に応じ情報提供を行うワンストップの「総合労働相談コーナー」の設置、②都道府県労働局長による簡易・迅速な紛争解決を図る紛争解決援助制度の拡大、③機会均等調停委員会の紛争調整委員会への改組などを内容とする労働局案[33]を提示するにいたった。そのため、この会議は労働省が推進する労働局案について労使から承認を求める手続を踏むための会議という性格が強かったといわれる[34]。実際、この会議は9月に開始されてから12月までの短期間に9回も開催され、12月末に早々と報告書「個別的労使紛争処理システムの在り方について（報告）」（労旬1515号〈2001年〉55頁）をまとめて、個別的労使紛争の性質や紛争当事者の望む解決の多様性を理由に、複線的システムを構築することが適切であるとし、あらためて労働局案を他の案と並んで制度化すべき紛争処理システムと位置づけた。

そして、この検討会議の報告を受けて、厚生労働省は2001年1月に早々と「個別労働関係紛争の解決等に関する法律案要綱」を作成し、労働政策審議会（個別的労使紛争処理対策部会）の審議に委ねたが、この部会の審議は当初から荒れ模様であった。労働側は先の検討会議で労働委員会が相談・あっせん等を行うことできる旨を法律上明記すべきであると主張したが、使

---

32) こうした個別労働関係紛争解決促進法の制定経緯について詳しくは、厚労省大臣官房地方課労働紛争処理業務室編『個別労働関係紛争解決促進法』（労務行政研究所、2001年）34頁以下、熊谷謙一「個別的労働関係紛争解決促進法の成立と課題」月刊労委労協543号（2001年）16頁以下参照。

33) 労働省はこれに先立ち2000年8月に労働省労政局労政課個別労使紛争処理対策準備室「簡易・迅速な個別的労使紛争処理システムの整備について」を発表し、対象とする紛争の範囲を労働問題に関するあらゆる紛争に拡大し、都道府県労働局による総合力を発揮することにより、紛争の未然防止のための相談、情報提供から紛争の簡易・迅速な解決のための都道府県労働局長による紛争解決援助、調停委員会による調停までの一貫した総合的な紛争処理システムを整備することとし、「必要な立法措置を講ずる」としていた。

34) 毛塚勝利「二一世紀の労働委員会と個別的労使紛争解決」月刊労委労協539号（2001年）15頁。

用者側の反対もあって、結局、前記報告書では継続検討課題とされた経緯があった。にもかかわらず、この部会ではその点の議論を抜きにいきなり労働局案を具体化した法律案要綱が諮問され、しかもこの法案は労働委員会についてまったく触れるところがなかったことから、労働側はこの法案の実質審議に入ることに強く抵抗した。しかし、労働側が了承しないままにこの部会での審議は3回で終了し、議会に上程されることとなった。

　このように本法は、（厚生）労働省が強力に推進し、労働側の強い異議にもかかわらず強引に押し切って議会に上程されたという経緯がある。衆議院厚生労働委員会で、廃案を視野においたギリギリの政治的交渉により、労働委員会があっせんを行うことができる旨の法案修正が行われて2001年6月にようやく成立したといえ、（厚生）労働省の押し切り勝ちとの印象は否めない[35]。使用者側は、もっぱら労働委員会活用案を阻止するために民事調停活用案を主張していたふし[36]があるし、また、そのように労使が激しく対立するなかで、（厚生）労働省が労働委員会活用案を棚上げしながら強引に労働局案を実現させた経緯をふり返ると、労使対立に乗じて厚生労働省がしたたかにその権益を確保した、という印象をもつのはゲスの勘ぐりであろうか。

　とはいえ、後で触れるように個別的労働関係紛争に関して全国250か所にワン・ストップ・サービスとしての総合労働相談コーナーを設置するとともに、都道府県労働局に新たに設けられた紛争調整委員会のあっせんにより、調整の手法による紛争解決サービスを全国一律的に提供する点で、この紛争解決制度が大きな意義をもつことは率直に評価すべきであろう。

---

[35]　この点につき、菅野和夫「新たな労使紛争処理システム—戦後システムの再編成として」ジュリ1275号（2004年）は、検討会議で「当事者が期待する解決方法に即して選択できる複線的なシステムとする」との妥協が成立したとしている。

[36]　ただし、石嵜信憲「使用者側代理人から見た労働検討部会の成果」自由と正義55巻6号（2004年）44頁は、一貫して使用者側は労働委員会を活用することには消極的であり、都道府県労働局を活用することには全面反対であったとしている。

四 司法制度改革と労働審判制度の登場

1 司法制度改革から吹く新しい風

　これまでみてきたように90年代に入ってからの実務界も巻き込んだ個別的労働紛争システムをめぐる活発な議論は、2001年の個別労働関係紛争解決促進法の制定により、それをどのように評価するかは別として、一応の立法論的結末をみたかのようであった。しかし、この問題をめぐる論議はこれで決着したわけではなかった。

　この法律の制定に係る論議と並行して、1999年に司法制度改革審議会が設置され、そこでの審議がスタートしてから、議論の流れが大きく変わりはじめる。先に指摘したように、それまでの個別労働紛争解決制度の導入をめぐる議論は、主に行政機関を念頭においた利益調整的システムが構想され、裁判上の紛争処理手続としてはせいぜい労働調停手続の導入が唱えられていたにとどまり、通常の司法裁判所の枠組みのなかで労働事件を専門的に扱いかつ判定的機能をもつような労働裁判制度が設置できるとはほとんど思われていなかった。ところが、労働法学界の議論とは直接関係のない司法制度改革という風が吹き始めるやいなや、それまでの議論の状況が一変されることになった[37]。

　もちろん、これまでみてきたように従来の議論においても、労働調停制度の導入がさまざまな局面で提案され、この後にみる司法制度改革審議会の意見書においても、その導入が早急な検討課題として挙げられているから、そこに議論の連続性があることは否定できない。しかし、従来の行政モデルに係る議論とヨーロッパの労働参審制に類似した労働審判制度に結実する司法制度改革に関わっての議論との間に断絶性があることも確かにである。

---

37) 村中・前掲注19) 90頁。

2　司法制度改革審議会の設置と意見書

　もともと司法制度改革の議論は、これまでみた労働法学界の議論とは関係なく、司法制改革審議会の設置趣旨やその意見書にも謳われているように、バブル景気崩壊後に長期低迷状態に陥っていた日本経済を再生させるための規制緩和策の推進にともない、日本社会が「事前規制型から事後チェック型」の社会に移行することから、事後チェックシステムとしての司法制度の整備が必要となるとの認識にもとづいている。その意味で、なにかと労働法制の規制撤廃に結びついていた規制緩和政策が、労働法制の「改革」につながった珍しい例であるといえるかもしれない[38]。

　それはともかく司法制度改革審議会の審議の当初においては、労働関係についてほとんど関心がもたれなかったようである。そうしたなかで、高木剛委員（当時ゼンセン同盟会長）の孤軍奮闘により2000年12月の第40回審議会が労働関係事件についての検討会とされ、そこに菅野和夫東大教授（当時）などからさまざまな意見書が提出されるとともに、労働事件の専門性、労働参審制の導入、訴訟手続の整備などをめぐって激しい議論がなされたようである[39]。最終的には2001年6月に『司法制度改革審議会意見書』[40]が取りまとめられ、そこでは、①国民の期待に応える司法制度＝民事司法制度の改革、②法曹の強化、③国民の訴訟手続きへの参加が3本の柱とされ、①の一環として、「4　労働関係事件への総合的な対応強化」が掲げられた。そして、個別労働紛争解決システムに関わっては、労働調停制度の導入と雇用・労使関係に関する専門的な知識経験を有する者の関与する裁判制度の導入の当否について、早急に検討を開始すべきこととされ、司法制度改革推進

---

[38] 司法制度改革審議会の審議から労働審判制度の導入に至る経緯について詳しくは、菅野和夫・山川隆一・齊藤友嘉・定塚誠・黒澤聡子著『労働審判制度〔第2版〕』（有斐閣、2007年）13頁以下参照。

[39] この検討会に提出されたさまざまな意見書については労旬1499号（2001年）36頁以下参照。なお、主な意見として、労働関係事件の専門性をふまえ裁判官だけではなく労使実務家も参与する参審制または参与制の導入を提案する菅野意見書や高木意見書に対し、日経連意見書は簡易裁判所に雇用関係調停部を創設することを提案して、労働裁判所や労働参審制の設置に強く反対していた。

[40] https://www.kantei.go.jp/jp/sihouseido/report/ikensyo/pdf-dex.html

本部に設置された菅野教授を座長とする労働検討会での審議に舞台が移されることになった。

3 労働検討会での激しい議論の応酬と妥協的解決

高木委員と菅野座長の努力の末にようやく 2002 年 2 月にスタートした労働検討会は、その後 32 回にわたって開催され[41]、司法制度改革審議会で基本方針が定まっていた労働調停については相当検討が進んだが、それ以外のとくに労働事件の専門性にもとづく労使代表者が評決権限を持つ労働参審制の導入については激しい議論の応酬がなされた[42]。労働参審制や労働訴訟の特別手続の導入について、使用者・裁判所側が素人の労使が裁判に関与することに強く反対し、労働調停で対応すればよいという主張を行っていたからである[43]。そうしたなかで、学者委員から裁判官・労使委員の合議体により和解と異議申立可能な判定を行うことのできる裁判手続を導入したらどうかという中間的制度の提案がなされ、なんとか対立の収集がはかられて 2003 年 8 月に中間とりまとめとして労使代表者が参加する新制度（労働審判）設立の基本的合意が形成された[44]。

その後も、最終案に集約されていくまで労働調停との関係や新しい裁判制度の基本的性質が調停か審判かなどの点で何度も意見の対立をみることになるが、2003 年 11 月に菅野座長から骨子案が提示され、新しい「労働審判制度（仮称）」は、当事者の申立てにより強制的に労働審判手続が開始され、調停により解決または解決案を定めること、解決案に不服ある当事者が異議申立てをすれば解決案が効力を失うこと、その場合、労働審判の申立てがな

---

41) 労働検討会の審議録は、http://www.kantei.go.jp/jp/singi/sihou/kentoukai/01roudou.html に掲載されている。
42) 労働検討部会での議論と取りまとめられるに至った経緯について詳しくは、菅野・前掲注 27) 14 頁以下、髙木剛「司法制度改革と『労働』」日本労働法学会誌 102 号（2003 年）3 頁以下参照。
43) 村中・前掲注 9) 91 頁、鵜飼良昭「労働側弁護士から見た労働検討会の成果」自由と正義 55 巻 6 号 33 頁以下。とくに日経連は法律的素養に欠ける労使代表が参加する労働参審制に強く反対していた（石嵜信憲「使用者側代理人から見た労働検討会の成果」同 42 頁）。
44) 菅野・前掲注 27) 17 頁以下。

されたときに訴えの提起があったとみなされることなどを基本的内容とする合意が成立することになった。そして、国会審議を経て2004年4月に労働審判法が成立するにいたった。

結局、使用者側が一貫して労働参審制度の導入に反対し、労働調停の導入にとどめることを主張していたために、労働審判という妥協的な内容となったことは否めない[45]。実際、労働検討会で合意が成立しうる中間的な案として、民事調停における調停に代わる決定（裁判官が調停委員の意見を聴いて決定）を手がかりとして、これを裁判官と労使専門家の三者が合議して決定するものにアレンジし、調停案ではなく、権利義務関係について判断したうえで労働審判という解決案を提示する制度が構想されたとされている[46]。したがって、労働審判制度は、使用者側が主張していた労働調停をそのなかに組み込むと同時に、異議申立てにより失効するとはいえ法的権利義務関係についても裁判官と労使委員が合議して判定を行う、いわば労働調停と労働参審制（労働裁判所）の間の中間的性格をもつ特別な裁判手続としての性格をもっている[47]。

4　労働審判制度の特徴とその評価

つとに指摘されてきたように、個別労働紛争の終局的解決のためには、労使の合意による調整的解決だけでは限界があるのであって、とくに権利紛争の終局的解決制度としての重要性やそのルール形成機能をふまえると、労働裁判を紛争解決制度の扇の要と位置づけて、その特別な裁判手続の導入を本格的に議論する必要があること[48]は、学界においてほぼ異論はなかった。とはいえ、だからといって労働審判制度がただちに実現しえたわけではなく、司法制度改革という風が吹いたからこそ、国民の期待に応える司法制度改革の一環として、とりわけ労働審判手続への労使経験者の参加は、司法への国

---

45)　毛塚勝利「労働審判制度」法教285号（2004年）2頁。
46)　菅野他・前掲注38) 20頁。
47)　石嵜・前掲注43) 44頁は、労働審判制度を裁判官だけではなく労使関係の専門家も参加した合議体による解決手段として、労働調停をパワーアップした形で成立したものであるとしている。
48)　菅野・前掲注10) 73頁。

民参加の一方式としてはじめて日の目を見ることができたということができる。

また、労働審判は、前述したように妥協的性格を有するとはいえ、①権利関係を審理しその結果を踏まえるが、権利関係に必ずしもとらわれない実際的解決を図ること、②3回以内の期日で迅速に処理するのを原則とすること、③そのためには集中的で直接主義・口頭主義を駆使した審理の手続とすること、④職業裁判官に労使実務家が参加して手続を主宰する側の専門性を高めること、⑤当事者に対し手続への参加は強制するが、解決案の受諾は強制しないこと、⑤解決案に異議がある場合は民事訴訟手続に自動的に移行させ、紛争の最終的決着を可能とすることなどの特徴を有している[49]。その意味で、当時労働裁判制度に寄せられたであろう期待にほぼ応え、立場を超えて受け入れられるものとして、優れた制度設計が施されていることから、労働審判制度が導入されたことについて、これまで正面から反対する声は出ておらず、学界・実務界の双方においてもおおむね高い評価を受けているといってよい[50]。

五　労働紛争処理システムの実情と課題

以上みたように、実務界も巻き込んで90年前後から始まった個別労働紛争解決システムをめぐる活発な論議は、2001年個別労働関係紛争解決促進法と2004年労働審判法の制定によって、大きな果実を獲得することができた。最初にみたように個別労働紛争が構造的要因にもとづいて増加すると見込まれ、労働紛争における権利義務関係の判定が終局的には裁判によるほかないとするならば、調整型の解決システムの整備だけではなく、裁判制度の機能強化は不可欠なのであり、とくに個別労働関係事件の専門性をふまえれ

---

[49] 菅野和夫「雇用労使関係の変化と労働審判制度の意義」菅野和夫・仁田道夫・佐藤岩夫・水町勇一郎編著『労働審判制度の利用者調査』(有斐閣、2013年) 8-9頁。

[50] 労働審判法が制定されたときに組まれた法律雑誌の特集の各論文や座談会等をみるとおおむね高い評価をもって受け入れられていた。たとえば労働審判制度の特集としてジュリ1275号 (2004年)、季労205号 (2004年)、労旬1567・68号 (2004年) 参照。

ば、簡易迅速で利用しやすくかつ労使代表者が参加する特別な裁判システムの構築が求められるのは当然のことであったといえる[51]。

それでは、これらの個別労働紛争解決システムが一応の法制度的な整備をみた2004年からおよそ15年弱を経過した今日からみて、こうした労働紛争処理法は、どのような課題や問題点を抱えているのであろうか。また、その解決に向けてどのような議論をしなければならないのであろうか。以下では、労働紛争処理法による個別労働紛争の処理状況を概観したうえで、これらの点について若干の検討を行うことにしたい。

1 行政型紛争処理システムの現状と課題
―― 労政主幹事務所、労働局および労働委員会の役割と課題

(1) 行政型紛争処理システムの現状

2001年の個別労働関係紛争解決促進法が制定されて以降の都道府県労政主幹事務所、都道府県労働局および都道府県労働委員会によるそれぞれの紛争処理制度の実情[52]をみると、まず労政主幹事務所の相談件数には大きな変化がみられない。もっとも多くの件数を扱っている東京都の労働相談件数でみると、個別労働関係紛争解決促進法が施行された2001年以降もほぼ5万件前後の数字で推移している（2016年で5万3019件）。しかし、あっせん件数は、2004年の969件が2016年には446件までに半減している[53]。

これに対し、個別労働関係紛争解決促進法にもとづく当道府県労働局総合労働相談センターの相談件数は、2002年に62万5572件だったものが、2016年度には113万741件まで倍増している。また、都道府県労働局紛争調整委員会のあっせん件数は、2002年の3036件から2008年には8457件まで増えたが、2016年には5123件と若干落ち込んでいる[54]。これだけの数字

---

51) 菅野・前掲注10) 85頁。
52) これらの紛争処理制度の現状を分析したものとして村田・前掲注7) 75頁以下、とくに労働委員会による個別的労働紛争処理に関しては、同「労働委員会における個別的労使紛争処理のフロンティア」山田省三・青野覚・鎌田耕一・浜村彰・石井保雄編『労働法理論への模索』(信山社、2015年) 799頁以下参照。
53) 東京都産業労働局『労働相談及びあっせんの概要』(平21年度) および同 (平成28年度) による。

では正確な判断ができないが、2008年以降は、都のあっせん件数と同様に紛争調整委員会のあっせん件数も同様に減少する傾向をみせているから、それまで労政主幹事務所が扱っていたあっせん案件の多くが紛争調整委員会に流れたとは一概にはいえないようである。

この二つに対して、東京都、兵庫県、福岡県を除いて個別労働関係紛争解決促進法20条にもとづき全国の都道府県労働委員会が行っている労働相談・助言とあっせんサービスは低調である。相談・助言件数は2005年の678件から2016年には3789件まで増えているが、あっせん件数は2005年の288件（新規）から2016年には310件と微増にとどまっている[55]。また、全体の件数も労政主幹事務所や都道府県労働局の紛争解決制度と比べるとかなり少ない。

（2）行政紛争処理システムの役割と課題

2006年に労働審判制度が施行されてから、こうした行政紛争処理システムの存在意義があらためて問われることになったが、処理件数からみると、その存在意義はいささかも衰えていない。とくに労働審判事件を取り扱っている地方裁判所の数が各地方裁判所本庁、東京地裁立川支部および福岡地裁小倉支部の他に、2017年から静岡地裁浜松支部、長野地裁松本支部および広島地裁福山支部が加わるなど年々増えているとはいえ、やはりアクセスの面で敷居が高いことは否めない。したがって、労使当事者の合意がなければ終局的に紛争解決しないという調整的解決の限界を免れないとはいえ、労働相談・助言・あっせんなどの役割を果たすこれらの行政紛争処理機関は、個別労働紛争を解決するための貴重なサービス供給源となっている。

とはいえ、その抱える問題点も少なくない。労政主幹事務所については、なによりも東京、神奈川などの一部の都道府県を除いて相談等のサービスに大きなばらつきがある。こうした当道府県間のサービスの量と質の格差のほかに、東京や神奈川のように相対的にレベルの高いサービスを提供しているところでも、定期的人事異動により担当職員が短期間に異動するなどして当

---

54) 厚労省「平成20年度個別労働紛争解決制度施行状況」および同「平成28年度個別労働紛争解決制度の施行状況」による。
55) 中労委「平成21年労働委員会年報」および同「平成28年労働委員会年報」による。

該業務の専門職化が進まないことから、均質なサービスを常態的に提供することが困難となっている。都道府県労働委員会の行う相談・助言やあっせんについても同様のことが当てはまるが、それよりも複数の出張所等がある労政主幹事務所と比べて各都道府県に1か所しか設置されていない労働委員会のアクセスの悪さは如何ともしがたい。

これに対し、個別労働関係紛争解決促進法[56]にもとづく都道府県労働局の紛争処理制度の場合は、総合労働相談コーナーが全国の労働基準監督署内などの380か所に設置されているから、アクセスの良さの点では優れている。労働相談サービスをほとんど行っていない自治体があることを考えると、国がこうした行政サービスを全国均一に展開していることの意義は大きい。

しかし、こうした行政的紛争処理制度が行政取締機関である労働基準監督署を指揮監督する都道府県労働局長の下に置かれかつその窓口である総合労働相談コーナーの多くが労働基準監督署内に置かれている（たとえば東京都の場合には全20か所のうち、18か所が東京労働局と労働基準監督署に置かれている）ことから、利用者からみて取締機関が民事紛争を取り扱っているという印象を受け、本来、性格の異なった二つの機能が混同されるおそれが構造的に存在する[57]。また、労働局長の助言・指導で解決しない紛争は紛争調整委員会にあっせん申請することができるが、労働局長があっせんの必要性なしと判断すればあっせん手続が開始されないことから、紛争調整委員会はいわば労働局長の下請機関的な存在となっている。また、紛争調整委員会がもっぱら学識経験者によって構成されていることも問題である。個別労働紛争が権利紛争だけではなく利益紛争的性格をもちかつ労働紛争の適切な解決をはかるためには、複雑な労使関係の実情に精通した労使委員の参与が求められるはずである。

---

[56] 本法の意義と問題点について詳しくは、浜村彰「『個別労働関係紛争の解決の促進に関する法律』の検討」労旬1515号（2001年）4頁以下参照。

[57] 日経連は、この点について、都道府県労働局の監督権限の影響力を考えれば、労働局に設置された調停委員会（現在の紛争調整委員会）が出す調停案に対して使用者は事実上従わざるを得ない結果となりかねず、「独立行政委員会ではない、純粋な行政機関である労働局が新たに司法機関的な役割を持つことは極めて問題がある」と指摘していた（日経連「司法制度改革に関する最終意見書」労旬1499号〈2000年〉52頁以下）。

このようなことをふまえれば、やはり個別労働紛争を処理する行政型モデルとしては、二で提言されていたように都道府県労働委員会の下に労働相談サービスを統合するモデルの方が適切であったように思われる。都道府県労働局の総合労働相談コーナーと都道府県労政事務所の相談サービスを都道府県労働委員会の下に一本化し、そこで行う助言・あっせんで紛争が解決しない場合には公労使三者構成の労働委員会が調整的紛争処理を行う方式である[58]。と同時に、この相談窓口が、そこに寄せられた個別的労働紛争について労働基準監督や労働審判も含む多様な紛争処理制度のなかでどの制度が最も適切な解決手続であるか、情報提供と水先案内の機能を果たすことが必要であろう[59]。もちろん、国の機関である総合労働相談コーナーと都道府県の機関である労働委員会や労政主幹事務所を統合することの難しさや財政負担などの大きな問題があるが、今後の検討課題として議論をすべきと思われる。

2 司法型紛争処理システムの現状と課題

(1) 司法型紛争処理システムの現状

地方裁判所における労働関係民事通常訴訟事件の新受件数をみると、2000年で2063件であったのに対し、2009年に3000件を超えてから（3218件）、それ以降コンスタントに3000件台を維持している（2016年で3392件）。他方、同じ地裁の労働審判事件の新受件数は、スタートした2006年は877件であったものが、これまた2009年に3000件を超えてから（3468件）、3000件台で推移している（2016年で3524件）[60]。

労働審判制度が設けられてからとくに通常の裁判手続に係る労働関係民事

---

[58] 最近では、野田進『労働紛争解決ファイル——実践から理論へ』（労働開発協会、2011年、314頁以下）が、労働委員会を労組法から切り離して、労働紛争の総合的な解決手続を定める労働委員会法を制定し、労働委員会が統一的にあっせんと調停を行うべきと提言している。

[59] 村中・前掲注9）195頁以下参照。

[60] JILのデータ（http://www.jil.go.jp/kokunai/statistics/timeseries/html/g0703_01.html）と最高裁事務総局行政局「平成28年度労働関係民事・行政事件の概況」法曹時報69巻8号37頁による。

通常訴訟事件数が減っているわけではないから、この両者の数字に取り立てて相関関係はないようである。しかし、労働審判制度が開始してから、急速に事件数が増加したものの3000件台で頭打ちとなっている現状は、ドイツ、フランス、イギリスの労働裁判所が扱う一桁から二桁違う事件数と比べるといかにも少ないとの印象は否定できない。

（2）司法型紛争処理システムの役割と課題

　個別労働紛争の解決について通常裁判所をはじめとした司法型紛争処理システムの役割が最も重要であることはいうまでもない。それが個別労使間の民事紛争の終局的解決をはかるだけではなく、行政モデルによる調整的解決も結局は労働裁判が定立するルールに準拠して行われる面が大きいからである。まして、個別労働紛争の法的判定にあたって、企業社会の制度・慣行・技術・規範と労働法を中心とした普遍的な法規範とを適正に調和させるという専門的判断を必要とするから、そのような専門的判断を担うための判断主体の強化[61]として、労働審判手続が制度化された意義は極めて大きいといってよいであろう。

　また、労使当事者には、特に権利義務関係の存否を争う権利紛争について利益調整的解決ではなく、真実を明らかにしたうえで白黒決着を求めるというニーズ[62]があるし、それを迅速・低廉な手続でかつ裁判官と労使委員からなる労働審判委員会が実情に即して適切に解決するという点でも、労働審判手続の登場は画期的な意義を有する。その登場から10年余を経過するなかで、労働審判の果たしてきた役割について、おおむね高い評価がなされているのは故なしとしない[63]。

　これに関連し一点だけ指摘すると、行政処理モデルにおいても、労働審判手続においても、結局のところ、個別労働紛争の多くが金銭解決で終結して

---

61) 菅野・前掲注10）85-6頁。
62) 前掲注49）『労働審判制度の利用者調査』64頁。
63) たとえば特集「労働審判10年」ジュリ1480号（2015年）に掲載された論文や座談会、また、労働審判の利用者調査を行った前掲注49）『労働審判制度の利用者調査』参照。

いるのであるが、その解決金の水準が前者よりも後者の方が総じて高いという点である[64]。その要因として、前者の調整的解決の場合には、あっせん案等で示された解決金額が高ければ使用者はそれを拒否することができるが、労働審判の場合には高額と思われる調停案を拒否してもそれとほぼおなじ金額の労働審判が下されたり、それに異議をとなえてもコストの高い訴訟に移行したりすることから、比較的高額でも合意による迅速な解決を選択するのではないかと分析されている[65]。それも一因となって、労働審判手続の方が労働者側の満足度が高い傾向にある[66]。

とはいえ、労働審判制度に検討すべき課題がないわけではない。その最も大きい問題は、先ほど指摘した労働審判事件の新受件数が伸び悩んでいることの原因の一つだと思われるが、労働審判手続を備えている地方裁判所およびその支部が全国で52か所しかないというアクセスの悪さである。そうである以上、労働審判制度が登場したからといって直ちに行政紛争処理モデルが不要となるわけではない。そのほかいくつか問題点があるが、ここでは労働審判制度に関する主な検討課題として次の三つの点を指摘して置くにとどめる。

その第1は、労働審判が簡易な手続を謳っている割に弁護士依頼のコストが高く、それが労働審判事件の受件数を抑えていると思われることである。手続的には代理人弁護士を立てることは義務づけられていないが、3回の期日で迅速に処理するという迅速性の原則から代理人として弁護士を立てることが事実上必須となっている[67]。しかし、それが労働審判制度の利用の大きなハードルとなっているとするならば、補佐人の活用など本人申立てに対

---

64) この点について詳しくは、高橋陽子「金銭的側面から見た労働審判制度」前掲注49)『労働審判制度の利用者調査』101頁以下参照。
65) 村中・前掲注9) 199-200頁、濱口桂一郎「これからの個別労働紛争の解決システムのあり方」ジュリ1480号（2015年）70頁。
66) 前掲注49)『労働審判制度の利用者調査』では、そうした傾向が繰り返し指摘されている。
67) 清水響「労働事件の現状と労働審判・労働訴訟の課題」法の支配179号（2015年）116頁は、労働審判制度が成功したのは、代理人弁護士が主張・証拠などについて周到な準備をしてきた結果であり、本人申立ての場合には、労働審判委員会はできるだけ丁寧に主張を聴取するなど配慮しているが、主張立証が不十分なため本人に不利な審判を受ける危険性があるとしている。

する支援制度を整えるとともに、弁護士以外の専門家の活用を検討すべきである。労働審判手続は、当事者本人が容易に手続にアクセスできるという簡易性よりも、紛争解決の迅速性に重点を置いたもの[68]と割り切るのではなく、労働審判法4条1項但書の許可代理制度（これによれば、裁判所は当事者の権利利益の保護および労働審判手続の円滑な進行のために必要かつ相当と認めるときは、弁護士以外の者を代理人とすることを許可することができる）を積極的に活用して弁護士以外の社会保険労務士や労働組合の活動家などの代理人[69]を柔軟に認めるべきであろう。

　第2に労働審判は、簡易な権利紛争の解決に最も適していることは論を待たないが、就業規則の不利益変更などの利益調整的解決が必要とされる紛争も扱うべきである。法の文言上は利益紛争も対象とするかは明らかではなく、権利関係をふまえた審判を行う制度であること（労働審判法20条1項）や、審判に異議が申し立てられた場合には通常訴訟に移行する（22条1項）などの点から、制度の対象となるのは権利紛争であるとする見解[70]が多いが、配転・出向や成果主義的賃金制度などにおける成績評価などの契約内容の形成や変更をめぐる実質的な利益紛争としての性格を有する場合でも、権利義務関係の存否を争う形式をとっている限りは取り扱わなければならないことになる。また、権利紛争の形式をとっている場合でも、整理解雇や就業規則の不利益変更などは一般的に労働審判に適さないとされているが、十分な事前準備と主張立証活動がなされ、3回以内で労働審判委員会の心証が取れるなら取り扱うべきとされているし、また、こうした紛争については労働審判員の貢献が期待されるから、3回以内の期日にとらわれずに、時間がかかっても調停による和解を働きかけ[71]、それができない場合には、後述するように利益調整的判断を労働審判として示すことができると解すべきであろう。

　第3に労働審判の内容としていかなる判断を示せるのか、という審判内容

---

68)　前掲注38)『労働審判制度〔第2版〕』33頁。
69)　水町勇一郎「労働審判制度の意義と課題」前掲注49)『労働審判制度の利用者調査』186頁、毛塚・前掲注45)3頁。
70)　前掲注38)『労働審判制度〔第2版〕』26頁。
71)　菅野和夫・水口洋介・佐々木宗啓・和田一郎・品田幸男「座談会―労働審判創設10年」ジュリ1480号（2015年）23-24頁（水口・品田発言）、毛塚・前掲注45)3頁。

の限界に関して議論があるが、労働審判委員会の裁量を広く認めるべきである。権利義務の確定ではなく法律関係の形成を目的とする非訟事件手続としての労働審判制度の大きな特徴であるが、労働審判委員会は、「紛争の実情に応じた迅速、適正かつ実効的解決を図ることを目的」（同法1条）に、「当事者間の権利関係及び手続の経過を踏まえて」、紛争解決のために相当と認められる限り、その内容を柔軟に定めることができる[72]（同法20条1項および2項）とされている。

ただし、解雇の無効が争われている事件で、労働者が現職復帰を望みかつ解雇無効と判断される場合でも、なおも労働審判委員会が金銭補償をして労働契約関係が終了する旨の審判を出せるのかという点については、見解の対立がある[73]。すなわち、「労働審判手続の経過を踏まえて」、労働者が必ずしも原職復帰を望んでいない意向とみられる場合に限ってできるという見解[74]と、解雇が無効だと判断される場合であっても、なおその事案の紛争を解決するため相当であると労働審判官と労働審判員が判断した場合には金銭補償による審判を出せるという見解[75]に分かれている。

この問題については、労働者の意向に沿わない金銭補償を内容とする労働審判が出されたとしても、それに異議を申し立てれば失効し、訴え提起の擬制（同法22条1項）にもとづいて民事訴訟で解雇無効を獲得することができることを考慮すると、肯定的に考えるべきと思われる。労働審判手続には、前述したように純然たる権利紛争ばかりではなく、労働条件（就業規則）の不利益変更問題のように、実質的に利益調整的解決が求められる紛争も申し立てられるのであり、このような事案の場合には、当事者のいずれかの主張に軍配を上げる白黒決着の判定ではなく、当事者の主張とは異なる利益調整的判断が求められる場合があるから、必ずしも当事者の意向に縛られる必要

[72) 前掲注38）『労働審判制度〔第2版〕』30頁。
[73) 詳しくは笠井正俊「労働審判手続」土田道夫・山川隆一編『労働法の争点』（2014年）226頁参照。
[74) 前掲注38）『労働審判制度〔第2版〕』31頁、竹内（奥野）寿「労働審判事例の分析」ジュリ1480号（2015年）65頁、笠井・前掲注73）227頁。
[75) 座談会「労働審判制度」判タ1194号（2006年）4頁以下における三代川判事と難波判事（23-24頁）の発言。

はないと思われる。その審判内容に不満な当事者は異議申立てをし、本訴で白黒決着を求めればよいであろう。

むすびにかえて——行政型紛争処理システムと司法型紛争処理システムの関係

　以上述べてきたように、日本の個別労働紛争処理制度は、個別労働関係紛争解決促進法と労働審判法の制定により、主に行政型と司法型の２本立てから構成される紛争処理システムとして一応の完成をみた。とはいえ、それぞれのシステムには今なお検討を要する課題が内包されているから、不断の手直しが必要とされるし、そもそもこうした紛争の最終的法解決を担う民事訴訟手続の解決も不可欠である。これらの行政型紛争処理システムや司法型紛争処理システムをいくら整備しても、労使当事者の合意が成立しない場合には、民事訴訟手続で解決するほかなく、この訴訟手続の敷居が高ければ、結局はこれらのシステムの利用が進まない可能性があるからである[76]。

　とはいえ、この二つの行政型と司法型の紛争処理システムは、無理をして統合する必要はないし、しばらくは並走させて様子をみることが適切と思われる。この二つのシステムの連携がないことが個別労働紛争全体の新受件数の伸び悩みの原因となっているのではないかとの指摘[77]がなされているが、本当のところはわからない。また、先に指摘したように労働審判手続が設置されている地裁の数が全国でわずか52か所しかない現状をそのままにして、行政型紛争処理システムと労働審判制度を直接手続的に連携させることは、あっせんと調停という調整的手続の二重化や労働者の負担を考慮すると実際には難しいであろう。したがって、当面は、労働者がどのような紛争解決の仕方を望んでいるのか（権利義務の関係の白黒決着か、金銭解決か、金銭解決の場合の価格はどのくらいか）、どのくらいのコストをかけることができるのか、どのような紛争処理システムがアクセスしやすいのか、その紛争を解決するのにどのシステムがより適しているのか、といった点について、総合労働相談コーナーや労政主幹事務所等による労働者からの丁寧な聴取りと

---

76)　村中・前掲注9）202頁。
77)　野田進「個別的労働委関係紛争解決システムの連携的運用」日本労働法学会誌120号（2012年）48-49頁。

情報提供等による水先案内の機能を整備し、労働者が自ら適切な選択をしていずれかのシステムにアクセスできるような体制をまずは整えるべきであろう。

第15章
労働基本権制約理論の歴史的検討
「全体の奉仕者論」を中心に

清水　敏

はじめに

　本稿は、敗戦直後の労働法制形成期において公務員の労働基本権を制約する論理がどのように生成してきたかを1945年の労働法の制定から48年の改正国家公務員法の成立までの時期に限定して考察しようとするものである。

　この時期における立法政策上の主たる論拠としては、「全体の奉仕者論」および「公共の福祉論」を挙げることができよう。とくに、「全体の奉仕者論」[1]は、今日においても、実務上、国家公務員法（以下、国公法）および地方公務員法（以下、地公法）において公務員の労働基本権のみならず、その政治活動を制限する主たる論拠と解されている[2]。また、最高裁判例は、公務員が「全体の奉仕者」であることを理由に労働基本権をすべて否認することは許されないとしつつも、公務員の「地位の特殊性論」および「職務の公共性論」に鑑みれば必要やむを得ない限度の労働基本権を制約する立法政

---

1) ここで「全体の奉仕者論」とは、公務員の使用者が国であり、そこにおける国とは、民主国家においては、公務員自身を包含した全国民の統合体に外ならないことを前提として、公務員と国民全体との関係は、信託奉仕の関係であって、単なる労働力の取引もしくは労使の対抗の関係ではないとの認識にもとづき、公務員が民間の労働者とは異なる「特殊な地位」にあることを根拠に、労働三法を適用除外し、その労働基本権に対する制約を正当化する考え方を意味する。これに対して「公共の福祉論」は、公務員の争議行為を制約する論拠とはなりうるが、その労働基本権をトータルに制約する論拠たりえない。また、職務の公共性を考慮する余地があるため、法令違反の争議行為に対する制裁措置も弾力的に検討できる余地が生じうる。
2) 森園・吉田・尾西編『逐条国家公務員法〔全訂版〕』852-853頁および894頁、橋本勇『新版　逐条地方公務員法〔第4次改訂版〕』701頁および726-726頁。

策も合憲性を有するとしてきた[3]。この最高裁の論理は、とりわけ、公務員が私企業労働者とは異なる「特殊な地位」にあることを主たる根拠として、その従事する職務の別なく争議行為を禁止する政策を肯定する限りにおいて、1966（昭和 41）年の全逓中郵事件判決[4]以前の全体の奉仕者論を実質的に承継していると解することができよう。いわば、全体の奉仕者という「特殊な地位」を根拠に労働基本権の制約、とりわけ争議権の否認を肯定していると解することができよう。その意味で、全体の奉仕者論は、現在でも実務上大きな影響力を有している。

しかし、これまで必ずしも全体の奉仕者論の生成過程に関する詳細な検討がなされているとはいえないのみならず、国際的にみると、公務員の労働基本権を、とくに団結権まで含めて、公務員が具体的に担う職務の公共性を重視することなく、全体の奉仕者たる「地位」にあることを主たる論拠に包括的に制限する国は、少なくとも先進国においては稀であるといってもよいであろう。公務員の労働基本権の制約、とりわけ争議行為を禁止する国は先進国においても稀ではないが、その論拠は、多くの場合、公務員が従事する具体的職務との関係を重視している[5]。

そこで本稿では、全体の奉仕者論という、今日では国際的にも稀な労働基本権制約の論拠が敗戦直後の立法政策において、何時、いかなる趣旨で登場したのかを、関連する従来の研究成果[6]に依拠しつつ、客観的に考察しよ

---

[3] 全農林警職法事件・最高裁判決昭和 48.4.25 刑集 27 巻 4 号 547 頁。
[4] 最大判昭和 41.10.26 判時 460 号 10 頁。
[5] たとえば、ＩＬＯの結社の自由委員会の報告では、「不可欠業務に従事する職員」に対する争議行為の制限・禁止は肯定されている。清水敏「ＩＬＯ条約と公務における団体交渉」西谷敏先生古稀記念論集（下巻）109 頁以下、および「ＩＬＯにおける公務員のストライキ権」季労 221 号（2008 年）106 頁以下。
[6] このテーマに関しては、すでに関連する膨大な成果が存在する。本稿執筆にあたり、とくに参照した文献としては、竹前栄治『戦後労働改革』（東京大学出版会、1982 年）、遠藤公嗣『日本占領と労使関係政策の成立』（東京大学出版会、1989 年）、東京大学社会科学研究所編『戦後改革 5』（東京大学出版会、1974 年）の第 5 章および第 6 章、松岡三郎・石黒拓爾『日本労働行政』（勁草書房、1955 年）、中山和久『官公労働法と労働者の権利』（労働旬報社、1964 年）29 頁以下、島田信義「占領政策の転換と労働基本権」法時 1976 年 7 月号（臨時増刊）『ストライキ権』12 頁以下、および片岡曻「官公労法の形成とその現代的意義」法時 1989 年 9 月号（臨時増刊）『労働基本権──4・2 判決の 20 年』4 頁以下など。

うとするものである。この作業は、全体の奉仕者論が今日においても労働基本権を制約する論拠となりうるかを検討するための一助となるのではないかと考える。

一　旧労働組合法制定過程における公務員の労働基本権

戦後の立法政策において、公務員の労働基本権を制約しようとする最初の政府の動きは労組法の制定過程にみることができる。周知のように、旧労組法は労務法制審議会の答申をふまえて政府原案が作成され、1945年12月22日に公布され、翌年3月1日より施行されるに至った。この旧労組法には、官公吏の労働基本権を制限する規定が設けられていた[7]。すなわち、まず、4条1項は、「警察官吏、消防職員及監獄ニ勤務スル者」が、労働組合を結成又は加入することを禁止した。また、同条2項は、「官吏、待遇官吏及公吏其ノ他国又ハ公共団体ニ使用セラルル者ニ関シテハ本法ノ適用ニ付命令ヲ以テ別段ノ定ヲ為スコトヲ得」と定めつつも、「但シ労働組合ノ結成及之ニ加入スルコトノ禁止又ハ制限ニ付テハ此ノ限ニ在ラズ」との但書規定を設けた。この4条の規定は、労務法制審議会の答申には含まれておらず、政府原案において盛り込まれたものであった。その内容は、官公吏の労働基本権に重大な影響を及ぼすおそれのある規定であり、とりわけ同条第2項は、第1項に該当しない官公吏の労働基本権を包括的に制限する余地を残す規定であった。

ところで、同条2項が設けられるにいたった経緯については、ＧＨＱとの関係で、次のような事情が存在したといわれている。すなわち、まず、1945年12月5日に作成された旧労組法の政府原案では、「団結権を保障する。但

---

[7] このような規定が設けられた背景には、労務法制審議会において、労組法の適用に関する強い懸念が運輸省鉄道局などの現業官庁から示されたことがあったと想定される。現業官庁の強い懸念の存在について、手塚和彰「戦前の労働組合問題と旧労組法の形成と展開（二）」社会科学研究（東京大学社会科学研究所）23巻2号139頁以下。労働関係法令立法史料研究会編『労働関係法令の立法史料研究（労働組合法関係）』（労働問題リサーチセンター、2013年）「第1章　昭和20年労働組合法」40-42頁参照［渡辺章執筆部分］。また、遠藤・前掲注6）参照。

し官公吏については勅令で定める」との文言であった。しかしこの但書については、GHQにより、官公吏にも団結権の保障を法律に明記すべきことおよび法律にもとづいて勅令を制定するにあたってはGHQの事前の承認を受けるべき旨の示唆がなされたという[8]。第2項の但書の規定は、このような経緯から挿入されたものと想定される。

さてGHQは、前記のように、官公吏の団結権保障の明記に関しては言及したものの、彼らの労働基本権に関して勅令で別段の定めを設けること自体については、特別な言及をしなかったように推測される。そのためか、政府は、1945年12月27日、第6回労務法制審議会において「労働組合法施行令案要綱」(勅令)を提示した[9]。それによれば、4条2項にもとづき「官公吏」の労働基本権に関して、次のような「別段ノ定」が用意された。

「第一　労働組合法(以下法ト称ス)第四条第二項ノ者(同条第一項ノ者ヲ除キ以下官公吏ト称ス)ハ主トシテ官公吏ヲ以テ組織スル労働組合以外ノ労働組合ヲ結成シ又ハ之ニ加入スルコトヲ得ザルコト但其ノ労働組合ガ他ノ労働組合ト連合団体ヲ結成シ又ハ連合団体ニ加入スルコトヲ妨ゲザルコト

　　第二　官公吏ヲ主タル組合員トスル労働組合ノ争議行為ハ地方労働委員会ノ調停ノ成ラザル場合ノ外之ヲ為スコトヲ得ザルコト

　　官公吏ヲ主タル組合員トスル労働組合争議行為ヲ為サントスル虞アル場合又ハ為シタル場合ニ於テ地方労働委員会ノ決議ニ依リ関係地方長官ハ当該労働組合ニ対シ争議行為ノ禁止、中止又ハ制限ニ関スル命令ヲ為スコトヲ得ルコト

　　第三　厚生大臣ハ中央労働委員会ノ決議ニ依リ官公吏ヲ主タル組合員トスル労働組合ニ対シ政治運動ノ禁止又ハ制限ニ関スル命令ヲ為スコトヲ得ルコト(以下略)」

この要綱は、旧労組法制定時において官公吏の労働基本権を広範に制約しようとする政府の意図を具体的に表している。第1に、団結権に対する制約

---

[8]　松岡三郎ほか「座談会　労働法の内幕(上)」(松岡発言)季労8号(1953年)55頁。
[9]　労働関係法令立法史料研究会『労働組合法立法史料研究Ⅲ』(JILPT 国内労働情報) 193-194頁。

である。すなわち、官公吏は、主として官公吏をもって組織されている労働組合以外の労働組合を結成し、またはそれに加入することができないとされた。この規定に違反した場合、いかなる制裁が課せられるのは明らかではないが、官公吏の団結（組合）選択の自由を制限するものであることは明らかである。これは、文言上も２項但書に違反し[10]、したがって、またＧＨＱの前記示唆にも反する虞があったように思われる。この団結に対する規制は、この当時から官公吏が民間労働者と同一の組織を結成し、組合活動を展開することに対する政府の強い警戒感を窺わせるものである。この警戒感は、現在の国公法および地公法における公務員の団結規制に通底するところがあるように思われる。

　第２に、官公吏の争議権の行使に重大な制約を設けようとしたことである。すなわち、主として官公吏を以って組織された労働組合は、争議行為の実施にあたっては地方労働委員会への調停手続きに参加することを義務づけるとともに、調停が不調に終わった場合にのみ争議行為を開始できることとされた。さらに、地労委の決議が条件とされていたとはいえ、関係地方長官の命令による当該争議行為の禁止、中止または制限を可能にする規定が用意されていたことである。ただし、この規制は、争議行為それ自体をあらかじめ全面一律に禁止するものではなかったこと、制約規定の名宛人は個々の組合員ではなく、労働組合であったことおよびその違反に対する制裁が設けられていなかったこと等に着目すれば、現在の公務員法における規制とは異なるものであった。

　第３に、官公吏組合の政治活動に重大な制約を設けようとしたことである。すなわち、厚生大臣は、中労委の決議を前提としていたが、公務員労働組合の政治活動を禁止または制限できる旨の規定を設けた。政府は、公務員組合の政治活動についてこの当時から警戒していたことが窺える。

　その後、最終的に施行令の政府案が作成されたが、そこでは上記の第２（争議行為の制限）は削除され、第１および第３のみが含まれていたとい

---

10) 要綱の第一は、明らかに法４条２項但書にいう「労働組合ノ結成及之ニ加入スルコトノ禁止又ハ制限」に該当すると解せられるが、当時の政府はこのような認識を欠いていたと推測される。

う[11]。そして、この政府案についてのGHQとの協議が1946年2月8日にもたれたが、GHQにより第1および第3の項目も削除を命じられたという[12]。こうして、公務員の団結権および労働組合の政治活動規制の意図は、GHQによって挫折を余儀なくされた。しかし労組法の立法過程において、政府が執拗に公務員等の労働基本権を制限せんとする意思を有していたことは注目されるところである。

では、このような官公吏の団結権および官公吏を主たる構成員とする労働組合の争議権の行使を制約する理論的根拠はどこにあったのであろうか。

まず、1945年12月16日の貴族院労働組合法案特別委員会において、4条2項にもとづく前記政府案（勅令）において政府が制限しようとしている争議行為の禁止措置によって争議行為を禁止された官公吏に対して何らかの救済措置を考慮しているか否かの質問に対して、当時の芦田国務大臣は、「斯様ナ制限ハ矢張リ官吏服務紀律、其ノ他ノ身分ニ依ッテ制約ヲ受ケルノデアリマスカラ政府ガ官吏服務紀律ニ於テ是ダケノ服従義務ヲドウシテモ負ハセル必要ガアルト認メタモノニツイテハ、法律又ハ命令ニ依ッテ救済ヲ認メルコトハ出来ナイデアラウト思ヒマス。」と答えている[13]。これに対して、同月27日の第6回労務法制審議会にいて、労政局長は、答申にはなかった第4条が挿入された理由について、「官公吏の職務上の地位の特殊性に鑑みまして斯う云ふ風な條文が出来た」と説明している[14]。

争議行為の規制のみに着目するならば、官公吏なるがゆえに一律に禁止する政策が採用されておらず、規制にあたって労働委員会の関与を前提としていることを考慮すれば、職務の公共性を重視する公共の福祉論が採用されているように見える。他方、組合結成・加入の自由を制限する規定を設けようとした趣旨について、勅令を設けないことが決定された後の帝国憲法改正案委員会において次のように述べている。

---

11) 松岡・石黒・前掲注5) 105-106頁。
12) 同上107頁。
13) 貴族院労働組合法案特別委員会速記録第2号（昭和20年12月16日) 4頁。
14) 労働関係法令立法史料研究会・前掲注8) 193頁。なお、労働関係法令立法史料研究会『労働組合法立法史料研究（解題篇）』25頁参照［渡辺章執筆］。

「此ノ趣旨ハ、最初立案致シマシタ當時ノ気持ト致シマシテハ、組合ハ加入自由デゴザイマスノデ、色々ナ組合ガ一緒ニナルコトモ出来ルノデアリマスガ、官公吏ニツキマシテハ、其ノ特質ニ鑑ミマシテ、官吏ハ官吏ノミノ組合ヲ作ラセヨウト云フ趣旨ヲモ考エタノデアリマス─」15)。

　このように、官公吏の団結権に対する制限の論拠は、「其ノ特質」としているだけで、必ずしも明確とはいえない。しかし、団結権に対する規制の論拠としては、職務の公共性および特殊性を挙げることは理論的に困難であろうと思われる。したがって、ここでは官吏の身分、地位を理由とするものであったといえよう。

　こうして、4条2項にもとづく勅令によって政府が企図した団結権制限の論拠と争議行為に対する制限の論拠との間にはズレがあり、統一的に捉えることは難しいと思われる。

二　旧労働関係調整法と公務員の労働基本権

　旧労組法に続いて、労務法制審議会の答申を受けて旧労調法案が策定され、1946年9月27日に公布、10月15日に施行された。同法は、その第38条において、警察官吏、消防職員および監獄において勤務する者と国および公共団体の現業以外の行政または司法の事務に従事する官吏その他の者の争議行為を禁止した。この規定に違反に対する制裁は、「その違反行為について責任のある使用者若しくはその団体又はその他の者若しくはその団体」に対して1万円以下の罰金という刑事罰が用意された（39条1項）。この制裁規定は、「違反行為を為した個々の人を罰するのが目的ではなく、違反行為は結局争議当事者の団体責任なりとする考に基づき、それぞれその役員幹部に処罰を加え」るものと解された16)。また、この違反に対する罪は、「労働委員会の請求を待ってこれを論ずる。」（42条）とされた17)。したがって、38条

---

15) 帝国憲法改正委員会会議録第6類第1号（第16回　昭和21年7月18日）306頁。
16) 末弘厳太郎『労働関係調整法解説』（日本評論社、1947年）112頁。
17) なお、これに関する手続きは、「その違反行為のあった地を管轄する地方労働委員会の決議により、会長から書面で検事に対してこれをなす。」と定められた（旧労働関係調整法施行令11条）。

違反の争議行為に責任のある「役員幹部の中誰を何人処罰すべきかは、実情に応じて労働委員会がこれを決定する。」と解されていた[18]。

こうして占領下において、いわゆる非現業の公官吏等の争議行為を禁止する規定が初めて設けられたが、注目すべきことは、政府案が確定する前段階において、労務法制審議会の小委員会においてほぼ意見の一致をみた原案では官公吏全体の争議行為を禁止することになっていたが、これもＧＨＱの示唆により現業部門に関しては争議行為禁止の対象から除かれたという[19]。

その後、1946年7月6日の閣議において政府案が決定されたが、この政府案には当時の文部大臣（田中耕太郎）の意見を容れて、官公立学校における教育職員の争議行為禁止規定が突如挿入された。しかしこの規定も、教員の争議行為が国家の存立を脅かすものではないことおよび教員の争議行為は、日常生活に著しい影響を与えるものではないこと等を理由にＧＨＱによりその削除を指示されたという[20]。

そしてこのようなＧＨＱの意向を受けたことにより、旧労調法施行期日の前日の1946年10月14日に各都道府県知事宛てに発せられた「厚生次官通牒」（厚生省発44号通牒）によれば、本法38条に関して、争議行為禁止の対象から除外される現業労働者の範囲は次のように決定された。

「二四、法第三十八条関係
官公庁従業員で本条の禁止から除外されるものは次の者であること。
（イ）鉄道、通信、電車、バス、水道等所謂公企業に従事する者
（ロ）現業ではないが、直接行政司法の事務に従事しない給仕、小使、守衛等の如き者
（ハ）行政司法事務でもなく現業でもない職務に従事する者、例えば官公立学校職員。官公立各種試験所の従業員。」

こうして、旧労調法においては教育職員に対する争議行為の制限は、実現されなかった。

ところで、旧労調法は非現業公務員の争議行為をその職務の別なく禁止の

---

18) 末弘・前掲注15) 112頁。
19) 松岡三郎ほか「座談会　労働法の内幕（中）」［松岡発言］季労9号（1953年）104頁。
20) 松岡ほか・前掲注18)。

対象にしたが、その理論的根拠はどこに求められていたのであろうか。

旧労調法の立案を諮問された労務法制審議会における「審議の経過に関する委員長の報告」によれば、公益事業における争議行為の制限（17条）および非現業の官公吏に関する争議行為禁止（18条）は、当時審議過程にあった憲法改正法案26条（労働基本権の保障＝現28条）に抵触しないかとの質問に対し、政府は、以下のように答えたと報告している。すなわち、「官公吏、公益事業についての制限は、公益擁護のための必要最少限度の制限である。凡そ如何なる権利と雖も公共の福祉のために又これを害しない範囲において行使すべきであり、このことは既に憲法改正案第十一条第十二条に規定しているところであるから、従って第二十六条と抵触するものではない—」と。また、非現業の官公吏等に関する争議行為禁止規定の理論的根拠について、政府は、「国民全体から見れば、極く少数である官吏の同盟罷業は、国家枢要の業務を阻害して、国家公共の福祉安寧をみだる（ママ）ものであるとともに、多数国民の支持を受くる政府を危殆に陥入らしめるおそれがあり、そのことは結局民主主義に反することともなるからこれを禁止した」と答弁したとされている[21]。この政府答弁を全体としてみる限り、非現業官公吏の争議行為禁止の根拠は、主として「公共の福祉」論にあったと解される[22]。なお、末弘教授も、38条の趣旨について、「官公吏等の争議行為によって官庁事務が渋滞に陥ることは『公共の福祉』を保全する見地から考えて、無制限にこれを放置すべきものとは考えられないから、本条は特に官公吏その他官公署従業員の種類を限り、例外としてその争議行為を全面的に禁止することとしたのである。」と解説している[23]。制約の根拠との関係で注目されるのは、争議行為を為し得ない者の範囲について「現業以外の行政又は司法の業務に従事する官吏」のほかに、「その他の者」が加えられている点である。これについては、「国又は公共団体－都道府県市町村等－の事務に従事する者は、官吏公吏たる身分を有すると否とに関係なく、本条の

---

[21] 労働省編『資料労働運動史』（昭和20・21年）834頁。
[22] なお、非現業公務員の争議行為が「結局民主主義に反することになる」との見解も含まれており、これは、後述する「地位の特殊性論」の萌芽をみてとることもできよう。
[23] 末弘・前掲注15) 106頁。

適用を受けるのが原則である。」と解されていた。また、これに関連して、「国の行政司法並に之に準ずべき公共団体の行政事務が、争議行為の為停頓することは安寧秩序その他公共の福祉を保護する見地から考えて、これを放置し難いとゆうのが、本条の趣旨であるから、此種の事務に従事する者は、その地位の高下、職務の性質等に関係なく、争議権なきものと解せねばならない。ただし、小使、給仕の如き下級傭人にして不可欠の補助事務者と考えられないものは除外せらるべきこと勿論である。」と解されていた[24]。これは、旧労調法38条の争議行為禁止規定は、非現業の官公吏のみならず、官公吏たる身分を有しない傭人も不可欠な事務に従事している限り適用されることを意味する。したがって、争議行為禁止の趣旨が官公吏の「地位」または「身分」ではなかったことを意味しているといえよう。

なお、旧労調法制定時には、明治憲法下において制定された官吏服務紀律がなお存続しており、禁止された争議行為に参加した官公吏は、官吏服務紀律違反を理由に解雇等の不利益な取扱いの対象となる虞があった。たとえば、官吏服務紀律2条は、「官吏ハ其職務ニ付本属長官ノ命令ヲ遵守スベシ」と定め、また、6条は、「本属長官ノ許可ナクシテ徒ニ職務ヲ離レ」ることを禁止していたからである。しかし、旧労調法40条は、労働委員会の同意なしに争議行為参加者に不利益措置をとることを禁止していた。これは、旧労調法のもとにおいては、非現業の官公吏にも労組法の適用は、なお排除されておらず、38条違反の争議行為といえども、なお組合活動として「正当なもの」と解する余地があり、「正当」であるか否かの判断は労働委員会の委ねられていると解されていた。したがって、38条違反の争議行為であっても、公共の福祉に与える影響が著しくない場合には、労働委員会により、なお当該争議行為の正当性は失われていないと解される余地があったといえよう。

このように、非現業官公吏の争議行為は、その職務の別なく禁止の対象とされるにいたったが、その論拠は、公共の福祉論であり、包括的とはいえ、あくまでも非現業官吏の職務に着目した規制であった。教育職員を争議行為禁止の対象から除外したことはその証の一つといえよう。また、非現業官吏

---

[24] 同上107頁。

に対しても労組法の適用は排除されておらず、労働法の世界における制限であった。したがって、同法38条の規定は、後述する政令201号以降の労働基本権制約の論拠とは著しく性格を異にし、その制裁措置の発動の有無および加えられる制裁措置の程度についても弾力性を有していたといえよう。その意味では、争議行為の禁止にもかかわらず、非現業官公吏の「労働者性」は色濃く残されていた。

三　官吏法案要綱

日本国憲法は、1946年11月3日に公布され、翌年の5月3日から施行されたが、それに先立つ1946年7月に、政府は臨時法制調査会を設置し、新憲法の制定にともなって必要となる官吏制度の改革を諮問した。同調査会は、同年10月26日に「官吏法案要綱」[25]を答申したが、そのうち服務及び給与についての概略を抜き出せば以下のとおりである。

「六．服務
　現行官吏服務規律は、これを全面的に改め、大要次の事項を規定すること。
（1）官吏は、全体の奉仕者たることを本分とすること。
（2）～（5）略
（6）官吏は、上司に対する服従義務を有すること。……
（7）官吏は、秘密を守る義務があること。
（8）官吏は、みだりに職場を離るべからざること。
（9）官吏の勤務時間、服制、居住地その他服務上必要な事項は、これを政令で定めることができるものとすること。

以下略
七．給与
（1）官吏の俸給については、政令を以て、これを定めること。
……
（2）俸給の外、手当その他の官吏に関する給与について必要な事項は、

---

[25]　人事院『国家公務員法沿革史（資料編Ⅰ）』（1971年）5-6頁。

これを政令で以て定めることができるものとすること。(以下略)」

この官吏法案要綱においては、憲法15条2項の「全体の奉仕者」を官吏の服務規律の根底に置いたこと、および俸給は「政令」をもって定めるべきこと、ならびに俸給以外の給与ならびにその他の勤務条件は「政令」で定めることができるとされた。こうして服務規律の根幹に「全体の奉仕者」が据えるべきものとされたが、官吏の労働基本権に対する制約には言及されておらず、「全体の奉仕者」は、この段階では労働基本権制約の論拠として一般的に認識されていなかったといえよう[26]。

なお、明治20年に制定された官吏服務紀律は明治憲法下において一度も改正されることはなかったが、1946年5月の日本国憲法の施行にともない、その一部改正が同月2日の勅令により実施された。この結果、第1条の規定は、上記の要綱をふまえて、天皇およびその政府に対する忠実勤勉を旨とすべき官吏から、「凡ソ官吏ハ国民全体ノ奉仕者トシテ誠実・勤勉ヲ主トシ法令ニ従ヒ各其職務ヲ尽スベシ」と改正された[27]。こうして、官吏服務規律に「全体の奉仕者」という文言が挿入された。しかし、このほかにはみるべき改正はなされなかった。

四　教育基本法および教員身分法案要綱案

1　教育基本法

政府・文部省が旧労調法に教員の争議行為禁止規定を設けることに「失敗」した1946年秋は、戦後教育改革に関連する法案が検討された時期でもあった。まず、教育基本法は、1947年3月に公布されるが、初期の構想においては、私立学校に勤務する教員も含めてその地位を特殊な公務員とする案が提起された。たとえば、当時の文部省が1947年1月15日に提示した「教育基本法案要綱案」[28]では、10条に「教員の身分」に関する定めが設け

---

26)　官吏の政治活動に対する規制も定められていなかった。
27)　人事院『国家公務員法沿革史（記述編）』(1975年) 41頁。
28)　鈴木英一『教育行政　戦後日本の教育改革3』(東大出版会、1970年) 291-295頁。

られ、そこでは「学校教育法に掲げる学校の教員は、公務員としての性格をもつものであって、自己の使命を自覚して、その職責の遂行に努めなければならない。これがため、教員の身分は保障され、待遇の適正が図られなければならない。」との規定が考えられていた。しかし最終的に成立した教育基本法（旧法）は、6条2項において、教員の身分について次のような定めを設けた。すなわち、「法律に定める学校の教員は、全体の奉仕者であって、自己の使命を自覚し、その職責の遂行に努めなければならない。このためには、教員の身分は、尊重され、その待遇の適正が期せられなければならない。」と。

このように教育基本法においては、教育職員を特殊な公務員と見なすことは回避されたが、私立学校の教員職員も含めて教育職員を「全体の奉仕者」として規定したことが注目される。しかし、この段階の教育基本法においては、教育職員が「全体の奉仕者」である旨の規定は、教育職員の労働基本権の制限の根拠づけるものではなかった。しかし、後年、「全体の奉仕者」であることが労働基本権制約の根拠とされたにもかかわらず、私立学校の教育職員の労働基本権は制約されることがなかったため、立法政策上の矛盾が生ずることとなった[29]。しかし、2006年の同法の改正によって「全体の奉仕者」の文言は削除された（改正教育基本法9条）。

2　教員身分法案要綱案

前記の教育基本法においては、教育職員の地位もしくは身分が必ずしも明確ではなかったこともあり、当時の文部省では教育基本法案の検討と並行して教育職員の身分に関する立法構想の検討が開始されていた。この検討過程で1946年末もしくは1947年初頭に文部省高官によって作成されたと推測されている「教員身分法案要綱案」なる文書[30]は、文部省高官の間に、「教員

---

[29]　1949年に制定された教育公務員特例法1条には、「国民全体に奉仕する教育公務員」と文言が盛り込まれている。

[30]　永井憲一「資料　教員身分法案要綱案・学校教師身分法に関する問題点」立正法学8巻3・4号87頁以下、また、「教員身分法案要綱案」の詳細な分析として、羽田貴史「教育公務員特例法の成立過程その1、その2、その3」福島大学教育学部32号の337頁、34号21頁、37号29頁。

身分法」の制定を契機に、再度、教員の争議権のみならず、労働基本権全体に制約を課そうとする意図があったことを窺がわせるものである。この要綱案は、その後の幾多の検討・修正を経て政令201号発出後の1949年に教育公務員特例法として成立する[31]が、ここでは前述の要綱案に着目したい。この要綱案における教育職員の労働基本権制約に関連する項目を抜粋すれば、以下のとおりである。

「第一　総則的規定

　一、本法の目的

　　教員の身分が特殊なることに鑑み官公私立学校に通じて、教員の種類、任用、資格、分限、服務、懲戒、給与その他の待遇、団結権、団体交渉権等について一般公務員に対する特則を設けること。

　二、教員の定義及び身分

　　右の教員は学校教育法の定める学校の教員いうのであって、官公私立の学校を通じて教員はすべて特殊の公務員としての身分を有するものとすること。

　三、（略）

第二、任用（略）

第三、分限（略）

第四、服務

　一一、教員服務規律

　教員の服務については左の趣旨の規定を設けること。

　（一）教員は、その崇高な使命を自覚し、全体の奉仕者として、国民に対しその責任を果たさなければならないこと。

　（二）（略）

　（三）（略）

　（四）教員は、その職務と両立しないような活動に従事することができない。

　一二、研究の自由（略）

31）羽田・前掲注29）。

一三、再教育又は研修
第五、懲戒（略）
第六、俸給その他の待遇
　　一五、俸給（略）
　　一六、昇給（略）
　　一七、恩給（略）
　　一八、労働基準法の適用排除
　教員については労働基準法の規定は適用されないものとすること。
第七、教員の団結権及び団体交渉権
　　一九、教員連盟
　教員は、左の目的を達成するため、その自発的な自治的団体として教員連盟を組織することができるものとすること。
　　（一）知能の研磨、徳操の涵養及び社会奉仕の向上。
　　（二）教育制度の改革、教育内容の充実及び学校運営の民主化。
　　（三）福祉の増進及び相互扶助
　　　教員連盟は一定地域内の各級の学校に勤務する教員を以て組織し、縦横の聯合会を組織できるものとすること。
　　二〇、労働組合法の適用排除
　教員は、労働組合法による労働組合を結成し又はこれに加入することはできないものとすること。
　　二一、団体交渉権
　教員連盟はその目的を達成するため、団体交渉をなし又は団体協約を締結することができるものとすること。
　団体協約によってその目的を達成することができないときは、教育委員会の調停又は仲裁を請求することができるものとすること。但し教育を停廃せしめる争議行為をすることはできないものとすること。
　　二二、労働関係調整法の適用排除
　教員については、労働関係調整法の規定は適用されないものとすること。」
以上のように、本要綱案は教育職員のみを対象とするものではあったが、

私立学校の教育職員を含め、教育職員の労働基本権に重大な制約を課そうとするものであった。すなわち、労働三法を適用除外とし、労組法上の労働組合の結成または加入を禁止する一方、「教員連盟」という特定の教育職員組織の結成を促すものであった。そのため「教員連盟」に限定して、団体交渉権及び団体協約締結権が認められることになっていたが、争議行為は禁止されることとされていた。

この要綱案の特徴の一つは、それ以前の公務員の労働基本権の制約が労組法および労調法の適用を前提にしていたのに対して、労働三法を適用除外することとしたところにある。すなわち、教育職員の労働基本権問題を全体として労働法の世界の外側で処理しようとしていることである。たしかに、労働基本権が全面的に否定されるわけではないが、団結権の主体を「教員連盟」という特定の教員団体に限定した。また、団交権および労働協約締結権を保障するものの、労組法および労調法が適用除外されているため、その権利内容は疑問が生ずるものであった。そして、労働三法の適用除外は、教育職員の「労働者性」を著しく希薄にする虞があったといえよう。

ところで、この要綱案において教育職員の労働基本権を制約する論拠はどこにあったのであろうか。ここで注目すべきことは、明確に、教育職員を「特殊な公務員としての身分」を有する者ととらえていることであろう。この「身分」は、前記の旧労調法が非現業公務員の争議権否認の論拠を「公共の福祉」としていたことと対照的である。これは、おそらく旧労調法の制定に際して、教員の携わる職務は、その停廃が生じても、「公共の福祉」を害することがないとの理由で争議行為の禁止の対象たり得ないとされたことを意識して構想されたものであろう。すなわち、あくまでも教育職員の労働基本権を制約せんとする文部省内において、新たに「特殊な公務員としての『身分』」という論拠にもとづき、労働三法を適用除外したうえで、教育職員の争議行為のみならず団体交渉権および団結権の行使をも制約せんとするものであったといえよう。こうして、対象が教育職員に限定され、いまだ要綱案の段階にとどまるものであったとはいえ、教育職員の従事する職務内容ではなく、その「特殊な身分」を理由として労働基本権を包括的に制約する構想が存在していたのである。しかしながら、この「特殊な身分」とは、具体

的に何を意味するのかは明らかとはいえなかった。

　このような「身分」にもとづき団結権の行使まで制約せんとする構想は、現行の国公法および地公法に通ずるところがあり、きわめて興味深い。さらに、この要綱案は、文部省または文部省高官の文書とはいえ、後述する「フーバー勧告」（1947年6月/後述）以前に、身分または地位を根拠に労働基本権を包括的に制限しようとする構想が政府の一部に存在していたことを示すものであり、大変興味深い。

　ただし、ここで留意すべきことは、この要綱案においても、教育職員が「全体の奉仕者」である旨の規定が服務規律の根幹に置かれていたにもかかわらず、それは教育職員の労働基本権制約の論拠とされていないことに留意する必要があろう。

　なお、前記のように、旧労組法の制定過程において、政府は公務員が民間労働者と同一の労働組合を結成することおよびこのような組織に参加することを極度に警戒し、それを規制しようとの試みを繰り返していたが、この要綱案では、さらに厳格に、組織対象を教育職員のみに限定することによって教育職員の団結権（「組合選択の自由」）に対し、より徹底した制限を課そうとしていたことも注目されるところである。

五　マッカーサー書簡と国家公務員法の制定

1　フーバー勧告と旧国公法

　戦後の我が国の公務員制度改革の使命を帯びて1946年12月にフーバーを団長とする「対日合衆国人事行政顧問団」（以下、フーバー顧問団）が来日したが、フーバー顧問団の活動は、我が国の現在の公務員制度に大きな影響を及ぼしたことは周知のとおりである[32]。フーバー顧問団は、来日後、積極的な活動を展開し、1947年6月11日に公務員の労働基本権に重大な制約を課す内容の「勧告案」（以下、フーバー勧告）が片山首相に手渡された。

---

32)　以下の記述は、竹前・前掲注6）212頁に依拠している。

それは、①団体交渉権を否認し、②争議行為の実施に関係した公務員は、雇用上の権利をすべて失うこと、③公務員の活動は、非政治的でなければならないことを内容とするものであった。

　この「勧告案」は、当時の政府（社会党首班内閣）に衝撃を与えたのみならず、ＧＨＱ内部においても深刻な対立を惹起した。しかし、その後、ＧＨＱ内部の一時的な妥協が成立し、1947年10月21月に旧国家公務員法（以下、旧国公法）が公布され、翌1947年7月1日に施行されることとなった。旧国公法は、「職員が政党又は政治的目的のために、寄附金その他の利益を求め、若しくは受領し、又は何らかの方法を以てするを問わず、これらの行為に関与してはならない。」（102条）として一定の政治活動を制限する規定が設けられたものの、職員の労働基本権の制約、とりわけ争議行為を禁止する規定を設けることは回避された。しかし、服務の根本基準として、「すべて職員は、国民全体の奉仕者として、公共の利益のために、勤務しなければならず、且つ、職務の遂行に当たっては、全力を挙げてこれに専念しなければならない。」（95条）旨の規定が設けられ、また、職務専念義務（100条）も明記された[33]。また、勤務条件法定主義、とりわけ給与法定主義の原則が採用されていた。すなわち、給与に関しては、「職員の給与は、法律により定められる給与規程に基づいてなされ、これに基づかずには、いかなる金銭又は有価物も支給されない。」とされ（63条）、給与規程には、給与表が規定されなければならないとされた（64条）。また、「給与の改訂」については、「人事委員会は、給与規程に関し、常時、必要な調査研究を行い、給与額を引き上げ、又は引き下げる必要を認めたときは、遅滞なく改訂案を作成して、これを内閣総理大臣に提出しなければならない。」（67条）と定められた。また、給与以外の勤務条件についても、「必要な事項は人事委員会規

---

33)　旧国公法における服務規律と労働基本権の関係について論ずる文献は少ないが、行政調査部職員であった小出栄一氏は、この点について次のように述べている。「公務員の労働組合結成権および罷業権について、必要な法制は、それぞれ先に、労働組合法および労働関係調整法において規定されており、その適否の批判およびその改善の要否は、今後の運用、社会の進展にまたねばならないので、今直ちに、国家公務員法の中に規定することをしなかったのである」。小出栄一『国家公務員法』（日本経済新聞社、1947年）61頁。

則でこれを定めることができる」（106条1項）とされた。

　このように旧国公法は、職員の服務規律の基本に「全体の奉仕者」を据えながらも、その労働基本権を制約する規定を設けることはなかった。したがって、この段階でも労働基本権制約の論理としての「全体の奉仕者」論は登場していない。ただ、給与法定主義の原則が採用され、それにもとづき人事委員会の権限が明記されたため、理論的には、職員の団体交渉権および労働協約締結権と給与法定主義ならびに給与規程の改訂手続との関係につき何らかの調整をなすべき課題があったといえよう[34]。

　さて、フーバー勧告は、ＧＨＱ内部の対立を惹起したが、この対立は、フーバーの属する民生局（ＧＳ）公務員制度課とキレンの属する経済科学局（ＥＳＳ）労働課との対立であった。この対立のなかで、ＧＳが公務員の団交権および争議権をはく奪する理論的根拠は、1947年4月の段階で示唆されている。すなわち、ＧＳによれば、ＥＳＳ労働課は「労調法38条により、すでに公務員のストライキ権は制限されているから新たな制限立法は不要という。しかし労調法38条は、特定の職務についている公務員のスト制限（立法における目的上の制限）であり、われわれの公務員法103条の立場は公務員という地位の特殊性からのスト制限なのである」。「公務員の労働条件を団交で決定するのは、公務員でありながら地域、職務、職場によってそれに違いが出てくるのはおかしい。したがって統一的協約は困難であること。……」「国民主権の侵害になること。雇用者である国民に対してストライキをするのは非民主的であり、専制を導くおそれがある。」と[35]。

　このようにフーバー勧告が公務員の争議権を否認する論拠は、「公務員という地位の特殊性」論であり、「公共の福祉」を制約根拠とする旧労調法とは明らかに論拠を異にしていた。

---

[34]　旧国公法においては、給与等の決定にあたって、労働組合と政府、人事委員会及び国会の関係が問題となる可能性があった。この点につき、小出栄一氏は、次のように述べている。「給与準則は法律で定められ、従って国会の取扱うところであるが、今後官庁労働組合は、交渉の相手方として、国会と政府の何れを選ぶべきかとしては、やはり、政府が相手方である。人事委員会は、職員や組合の主張や要求を審議し、法律の範囲内において必要な措置をとり、法律改正を要するものは、案を内閣総理大臣に提出するのである。」。小出・前掲注32）43頁。

[35]　竹前・前掲注5）。

2 マッカーサー書簡

フーバーは、旧国公法において公務員の労働基本権に何らの変更が加えられなかったこと等を不満として、成立したばかりの旧国公法の改正を求めて激しい巻き返しを展開した。その結果、1948年春以降、ＧＨＱ内部の対立が再び激化することとなり、ついにマッカーサー元帥の裁断を仰ぐこととなる。同年7月22日にマッカーサーは、最終的にＧＳの意向を受け入れ、芦田首相あてのマッカーサー書簡（以下、マ書簡）となった。これを受けた日本政府は、12月31日付で政令201号を発し、公務員の争議行為を全面一律に禁止するとともに、争議行為の実行行為者に1年以下の懲役または5千円以下の罰金を科すこととした。さらに、公務員は争議行為に裏付けられた拘束力ある団体交渉権を有しないとされた。

ところで、マ書簡が公務員の争議権および団交権を否認する論拠は、どこにあったのか。

まず、争議行為について、マ書簡は公務に従事する者と民間企業に従事する者の相違を強調し、「前者は国民の主権に基礎を持つ政府によってされる手段そのものであって、その雇用せられる事実によって与えられた公共の信託に対し無条件の忠誠の義務を負う」と述べる。続いてルーズベルトの言葉を引用した後に、以下のように述べる。

「雇用もしくは任命により日本の政府機関……に地位を有する者は何人といえども争議行為……その他の紛争戦術に訴えてはならない。何人といえどもかかる地位を有しながら日本の公衆に対しかかる行動に訴えて公共の信託を裏切るものは雇用せられているために有するすべての権利と特権を放棄するものである」。

この見解こそは、前記ＧＳによって主張された公務員の争議権を否認する論拠たる「公務員としての地位の特殊性」であったといえよう。

次に、マ書簡は公務員の団体交渉権の制約の論拠について、再度ルーズベルトの言葉を引用して、次のように述べる。

公務員の「団体交渉は国家公務員制度に適用せられるにあたっては明確なそして変更しえない制限を受ける。政府の性質ならびに目的それ自体が行政

運営に当る官吏をして政府職員の団体との間の協議もしくは交渉において使用主を代表し、またはこれを拘束することを不可能ならしめている。使用主は全国民である。国民は国会における代表者により制定せられた法律によってその意志を表明する。従って行政運営に当る官吏も雇用せられているものも等しく人事権に関して方針、手続ならびに規則を定める法律により支配せられ指導せられまた少なからざる場合においても制約を受けている」。

このように、マ書簡は団体交渉権の制約の論拠として勤務条件法定主義に依拠していたといえよう。

以上のように、マ書簡は、公務員の争議権を全面一律に禁止する主たる論拠として、「公務員としての地位の特殊性」を、団体交渉権の制約の論拠としては「勤務条件法定主義」を掲げていた。ここで注目されるのは、マ書簡における争議行為禁止の論拠は、教育職員が「特殊な公務員としての身分」を有することを根拠として労働基本権を制限せんとしていた前記文部省策定の「教員身分法案要綱案」と部分的にせよ、共通する側面を有していることであろう。すなわち、争議行為の禁止に関する限り、教員もしくは国家公務員が従事する職務またはその機能の如何にかかわらず、それらが有する「身分」または「地位」を理由に争議行為を全面的に禁止しようとする点において共通点を見出すことができるからである。

3　国公法の改正

マ書簡を受けた日本政府は、前記のように、1948年7月30日にいわゆる政令201号を発し、とりあえず公務員の団体交渉権を否認し、また争議行為を全面的に禁止した。さらに、禁止された争議行為の実行行為者は国等に対して「その保有する任命又は雇用上の権利をもって対抗できない」とするのみならず、処罰規定を設けた。そして間もなく政令201号を国内法化する措置が取られ、国公法改正案は、1948年11月30日に、衆参両院で可決され、12月3日公布、即日施行となった。また、同年、12月20日に公共企業体労働関係法が成立し、いわゆる戦後の「官公労法」の基本的枠組みが形成された。

国公法に関しては、国家公務員に対して労働三法を適用除外とし、労働協約締結権を含む団体交渉権を否定した。また、争議行為を全面的に禁止し、

違反者の身分保障をはく奪するとともに、争議行為の遂行をあおり、そそのかした者に対する刑事罰を設けたほか、公務員の政治活動を罰則つきでほぼ全面的に禁止した。

国公法は、マ書簡の精神と内容にもとづいて改正されたといわれるが、厳密にはいくつかの相違点がある。その一つは、マ書簡においては公務員の団結権の制限には言及されていなかったが、改正国公法およびそれにもとづく人事院規則において団結権を制限する登録制度が導入されたことである。すなわち、改正国公法98条にもとづく人事院規則（14－2）において、職員団体の登録制度が導入され、職員以外の者は職員団体の構成員になることはできず、職員以外の者の加入を許す団体は登録を受けることができないこととなった。そして、登録されない職員団体は法的に当局と交渉できないものとされた。

このような公務員が民間労働者と同一の労働組合を結成することを規制しようとする政府の試みは、敗戦直後の旧労組法制定時から繰り返されていたことは前述のとおりである。また、1946年末から47年初頭に作成されたと推測されている文部省作成の「教員身分法案要綱案」においても、労組法を適用除外し、教育職員については労働組合にかわって教育職員のみで組織される「教員連盟」の組織化を促す規定が構想されていた。前者は、ＧＨＱから削除を命じられて実現には至らず、後者も構想にとどまっていた。このような従来からの政府の立法構想は、占領政策の転換にもとづく国公法の改正によってようやく実現に至ったといえよう。

ところで、改正国公法が国家公務員について労働三法を適用除外とし、その労働基本権に重大な制約を課す根拠は、実務上、服務の根本基準を定める改正国公法96条1項に求められた[36]。すなわち、「すべて職員は、国民全体の奉仕者として、公共の利益のために勤務し……なければならない」との規定である。ここにおける「全体の奉仕者」は、いうまでもなく、憲法15条2項の全体の奉仕者を意味する。しかしながら、政令201号発出以前の段階においては、憲法15条2項は、必ずしも公務員の労働基本権を制約する

---

36) 浅井清『国家公務員法精義』（学陽書房、1960年）11-16頁。

根拠規定とは解されていなかったことは前述のとおりである。したがって、政府としても、少なくとも旧国公法の制定時までは服務規律の根幹に「全体の奉仕者」の規定が設けられても、それは公務員の労働基本権を制約する論拠とは解していなかったといえよう。

では、政府は、いつから憲法15条2項を公務員の労働基本権を制約する論拠と解するようになったのであろうか。参照しうる資料をみる限り、それは、政令201号に対して、学者、研究者から違憲論が巻き起こるが、それに対する1948年8月の政府の「違憲論に対する反駁」のなかに見て取れるように思われる。以下、少々長きにわたるが、引用してみたい。

「一、　公務員の団結権、団体交渉その他団体行動をする権利を制限することは、違憲であるか。

公務員も、国や地方公共団体に使用されて、労務を提供し、この対償として報酬を受ける点で、憲法二十八条、所謂勤労者である。しかし、公務員の使用者は、国であり、民主国家においては、実質的には自己をも含む国民統合体であって、私企業の労働者の場合のような対等な私人である資本家ではない。憲法第15条第1項（ママ）も、『すべて公務員は、全体の奉仕者であって、一部の奉仕者ではない』と規定している。公務員が自己の勤労条件に関してストライキ、怠業等の争議行為をすることは、自己の利益の奉仕者として、使用者としての全体に対抗することになって憲法の規定する公務員の性格に反する態度である。したがって、勤労者としての一般的権利も、この公務員の性格によって、制限を受けることは、憲法自体が既に予定しているところといわなければならない。又公務員の一般的勤務条件殊に俸給その他の給与は、予算との関係上国会によって、法律の形式で定められている。法律は、国民代表による意思決定として全国民を拘束するもので、私的な労働協約はその制限内においてのみ許されるものに過ぎない。したがって、公務員の勤労条件の変更もこの限度で、法律の改正の方法によらなければ実現できない。このためには、公務員も国民の一員として認められた方法で国会に対してはたらきかける以外に方法はない。政府は法律の定める基準にしたがって、公務員を使用監督するに過ぎないから、当然には、公務員と団体協約を締結し、これによって自己並びに国民を拘束する権限をもたない。この

意味で、法律的には公務員は団体交渉をする相手方をもたないことになる。したがって、公務員の団体交渉権は、一般の私企業の労働者のそれと自から性格を異にするものである[37]」。

こうして、マ書簡にしたがって政令201号を発し、その国内法化を目前にして、急遽、労働基本権制約の憲法上の論拠を模索する必要に迫られた政府は、この段階に至ってはじめて公式に憲法15条2項にその論拠を求めたものといえよう。しかし、この「反駁」における「全体の奉仕者」論は、公務員の争議行為を禁止するための論拠とされているにすぎず、団体交渉権に対する制約の論拠は、いわゆる勤務条件法定主義の原則におかれている。加えて、ここでは団結権の制限に対する言及を欠いている。これに対して、その後まもなく表明された法務庁の文書においては、「全体の奉仕者」は、争議行為の禁止の論拠にとどまらず、団交権及び団結権を制約する論拠に変化している[38]。

「四、公務員の団結権、団体交渉権の問題
　（問題）
　本案においては、すべての公務員について、争議権を否認し、団体交渉権を制限しており、又、公務員の組織に関し、労働組合法の適用を排除しているが、これは憲法が一般勤労者に保障している団結権及び団体交渉権を制限する点で、憲法違反ではないかとの問題がある」。

「国家公務員は、国に使用されて、労務を提供し、その対価として俸給その他の給与を受けるものであるから、その大部分は、憲法二十八条にいういわゆる勤労者に一応該当するということができる。しかし、公務員は、その任用形式又は職務内容がどうであっても、均しく国の事務について使用される者であり、その使用者である国とは、民主国家においては、公務員自身を包含した全国民の統合体に外ならない。したがって、公務員の被用関係は、私企業の労働者におけるような、企業者又は資本家との間の対等な私的関係とは異なっている。憲法十五条第二項は、『すべて公務員は

---

37)　「違憲論に対する反駁」（二三、八、三　総審）人事院・前掲注24）309頁。
38)　法務庁「公務員法改正に関する憲法上の問題について」（1948年8月18日）同前393-395頁。

全体の奉仕者であって、一部の奉仕者ではない。』と規定していることは、公務員とその使用者である国民全体との関係は、信託奉仕の関係であって、単なる労働力の取引若しくは労資の対抗の関係ではないことを示すものである。若し、公務員が、団結してその勤務条件の改善等を要求して、その貫徹のために争議をするならば、専ら国民の一部に過ぎない自己の奉仕者として、使用者としての国民全体に対抗することになるから、憲法の要求する公務員の性格と相容れない態度をとることになる。したがって、一般勤労者に憲法が保障している権利も、公務員については、その特殊な性格から、制限されることのあることは、憲法自体が既に予定しているところというべきである。故に、法律を以て、公務員の性格にふさわしくその勤務関係を規律することは、憲法に違反するものではない」。

このように法務庁の文書では、「全体の奉仕者論」は、公務員の争議権のみならず、団体交渉権および団結権の制限をも包摂しうるような概念に変容しているようにみえる。

こうして、憲法15条2項の政府解釈によれば、「全体の奉仕者」は、当初、労働基本権制約の論拠として解釈されていなかったが、政令201号を契機に、急遽、まず公務員の争議権を否認する論拠として登場し、次いで、国公法の改正にともない、団結権を含めて公務員の労働基本権全体を制約する論拠となったといえよう[39]。その意味で、憲法15条2項の政府解釈は、国公法の改正にともなって変容してきたことが窺われるのである。すなわち、憲法規定の政府解釈が下位規範の変化にともなって変容したことを意味するものといえよう。

まとめにかえて

さて、以上において、「全体の奉仕者論」が誕生する経緯を概観したが、争議行為禁止の論拠としては、他に「公共の福祉論」等も考えられる。しかし、当時の状況をから政府としては憲法15条2項にもとづいて「全体の奉仕者論」による規制論理が適切なものとして選択されたと推測される。

---

39) 政治活動に対する規制の契機はやや異なるが、本稿では触れない。

その理由は、第1に、国や地方公共団体の組織に属するあらゆる職員の労働基本権、とくに争議権を、その職務内容の相違や地位の高下に関係なく、全面一律に禁止する必要があったからである。公務員の定義に関して、ある論者によれば、当時の公務員の職務（公務）には、立法、司法、検察、警察、消防、徴税等のように民間企業にはない職が含まれる一方で、医療、会計、人事管理、土木、建築などのように公務にも、民間企業組織にも存在する職務もあった。これら民間企業にも存在する職務が公務とされるのは、これらの職が国や地方公共団体の組織の中にあるからであって、その職務内容によるものではないという[40]。この論理によれば、職務内容の如何にかかわらず、公務員組織の所属しているものが公務員ということになろう。このような公務員の争議行為を禁止しようとする場合、旧労調法制定時における教育職員の争議行為規制に関する経験を考慮するならば、「公共の福祉論」では、全面一律禁止措置を実現することは困難だと認識されていたのではなかろうか[41]。

第2に、争議権の否認のみならず、団体交渉権および団結権の制限をも視野に入れた制約論理としては、「公共の福祉論」ではなく、「全体の奉仕者論」こそが適切であったといえるであろう。いうまでもなく、公共の福祉論は、争議行為を制限する論拠としてはふさわしい性格を有するが、労働基本権全体を包括的に制約する論拠としてはふさわしくないと思われるからである。

前述したように、マ書簡では、争議行為禁止の論拠を主として「地位の特殊性論」によって、団体交渉権を勤務条件法定主義論によって制限しようとしていた。これに対して、改正国公法は、マ書簡では示唆されていない公務員の団結権に対する制約を設けていたが、団結権を含めて、公務員の労働基本権を全面的に制限するためには、「公共の福祉論」では論拠として無理があったことも否めない。公務員の労働基本権を包括的に制限するための論拠

---

[40] 浅井清『公務員入門』（ダイヤモンド社、1962年）7頁。
[41] この場合、前記の「教員身分法案要綱案」またはフーバー勧告のように、「地位の特殊性」を理由とすることも考えられるが、これは憲法上の根拠が必ずしも明確ではないという問題があろう。

としては、「全体の奉仕者論」こそが適切であったのではなかろうか。この結果、労働基本権を制限する論拠の一つとして示唆されていた勤務条件法定主義論や財政民主主義論は、最高裁判例からはしばらく消えてしまい、その再登場は全農林事件の最高裁判決を待つことになる。

　さて、上記のように「全体の奉仕者論」は、きわめて短期間のうちに公務員の労働基本権制約の論拠として誕生した。それは、憲法15条2項の政府解釈の変更が契機となっていた。それにもかかわらず、この変更をめぐって、時間的にも、内容的にも、到底十分な論議が展開されたとはいえない。そして、これに基因するのであろうか、「全体の奉仕者論」の意味内容が今日に至っても必ずしも明らかではない。一例を挙げれば、全農林事件最高裁判決は、公務員が「全体の奉仕者」であることを理由にその労働基本権をすべて否定することは許されないとしつつも、公務員の「地位の特殊性」および「職務の公共性」にかんがみるときは、これを根拠として必要やむを得ない限度の制限を加えることは十分合理性があると述べる。この場合、「全体の奉仕者」であることと「地位の特殊性」および「職務の公共性」はいかなる関係にあるのかは、必ずしも明らかではない。しかし、これまでの検討から明らかなように、歴史的経緯をふまえれば、「全体の奉仕者」が公務員の労働基本権制約の論拠として登場する以前は、フーバー勧告および「教員身分法案要綱案」にみられるように、「地位の特殊性」が労働基本権を制約する根拠とされていた。したがって、「全体の奉仕者論」は公務員の「地位の特殊性論」と同義だと解することもできる。

　いずれにせよ、このように「全体の奉仕者論」の意味内容は、現在でも曖昧であり、公務員の労働基本権を制約する論理として盤石とはいえない。あらためて公務員の労働基本権制約の憲法上の論拠を検討する必要があるように思われる。

　最後に、これまでの考察から公務員の労働基本権制約立法の制定にあたってのGHQ果たした役割について私見を述べておきたい。

　以上の考察からも明らかなように、マ書簡が発出される以前、具体的には旧労組法制定時から、政府部内には公務員の争議権の制限のみならず、団結権を制限せんとする意図が存在していた。その意図は、旧労調法によって非

現業公務員の争議行為が禁止され、公益事業に関する争議行為規制が設けられることによっておおむね実現されたようにみえる。しかし、政府にとっては、なお解決すべき課題が残されていた。すなわち、旧労組法の制定時における公務員の労働組合結成・参加に対する規制および旧労調法の制定過程において除外された教育職員の争議行為禁止という課題である。とりわけ、前記のように、教育公務員の労働基本権については、かなり具体的な構想として検討され、フーバー勧告以前に、労働三権を適用除外し、その労働基本権を包括的に制限する構想が存在していたことに注目する必要がある。この構想は、当時の占領政策および世論を前提とすれば、制度化される可能性は小さかったといえよう。しかし、ＧＨＱの労働政策の転換は、この構想を公務員全体に拡張する形で法制化する条件を形成したと解することができる。したがって、マ書簡－政令201号－国公法改正は、日本政府の意思に逆行して、ＧＨＱの意向によって一方的に導入されたものと解することは、やや一面的にすぎるように思われる。

労働立法史年表

岡田俊宏

年	雇用関係法	労働市場法
1872 （明5）	8・27　太政官布告240号 －労働関係における契約の自由 10・2　太政官布告295号 －労働関係における人身の自由	
1873 （明6）	7・17　太政官布告247号 －労働関係における当事者の訴権の対等性 7・20　太政官布告259号（日本坑法） －鉱山業における災害予防に関する規定等	
1875 （明8）		
1879 （明12）	2・19　西洋形商船海員雇入雇止規則（太政官布告9号） －海員の雇入・雇止（解雇）、虐待・給料不払等に関する規制等	
1882 （明15）		
1884 （明17）		
1887 （明20）		
1890 （明23）	9・26　鉱業条例（法87号） －鉱山の保安に関する法規制の整備、「鉱業人」と「鉱夫」との間の雇用関係についての規律と鉱夫の保護（鉱夫の定義、使役規則・鉱夫名簿・救恤規則の作成義務、雇傭（雇役）契約規制、労働条件（賃金）の保護等	
1899 （明32）	3・8　船員法（法47号）	

労使関係法	公共部門労働法
	4・9　官役人夫死傷手当規則（太政官達 54 号） －官庁における業務上の死傷に療養・扶助および埋葬料を支給
	2・1　各庁技術工芸ノ者就業上死傷ノ節手当内規（太政官達 4 号）
	7・27　行政官吏服務紀律（太政官達 44 号）
	1・4　官吏恩給令（太政官達 1 号）
	7・30　官吏服務紀律（勅令 39 号）
	6・21　官吏恩給法（法 43 号）
	3・28　文官分限令（勅令 62 号） 3・28　文官懲戒令（勅令 63 号）

労働立法史年表　659

年	雇用関係法	労働市場法
1900 (明33)		
1905 (明38)	3・8　鉱業法（法45号） －鉱業条例における不備の修正、災害扶助制度等 ※鉱業条例廃止（法45号）	
1907 (明40)		
1911 (明44)	3・29　工場法（法46号） －幼年者（12歳未満）の就業原則禁止、保護職工（女工および15歳未満の男工）に対する就業時間規制と就業制限（原則1日12時間、深夜業の禁止等）、職工一般に対する保護的規制（災害扶助、契約保護）、ただし小規模工場（15人未満）は適用除外	
1913 (大2)		
1918 (大7)		
1921 (大10)		4・9　職業紹介法（法55号） －国の監督下での市町村による無料職業紹介所の運営等
1922 (大11)	4・22　健康保険法（法70号） －事業主の扶助義務の一部を保険化（工場法および鉱業法上の療養扶助料、休業扶助料および埋葬料を代行）	4・11　船員職業紹介法（法38号）
1923 (大12)	3・30　工場法一部改正（法33号） －適用範囲の拡大（職工10人以上）、保護職工の年少者の年齢を16歳未満に引上げ、保護職工の就業時間の上限を原則1日11時間に短縮、保護職工の使用を禁	

労使関係法	公共部門労働法
3・10 治安警察法（法36号） －団結活動への勧誘、同盟罷業および団体交渉に際しての暴行・脅迫・公然誹毀の禁止、同盟罷業に際しての勧誘・煽動の禁止等（17条）	
	5・10 官役職工人夫扶助令（勅令186号）
	8・1 文官任用令（勅令261号）
	11・21 傭人扶助令（勅令382号）
	4・14 恩給法（法48号）

年	雇用関係法	労働市場法
	止する深夜の時間を1時間延長等 3・30　工業労働者最低年齢法（法34号） －幼年者の就業禁止を12歳（旧工場法）から14歳に引上げ 3・30　船員ノ最低年齢及健康証明書ニ関スル法律（法35号）	
1924 （大13）		12・29　労働者募集取締令（内務省令36号） －道府県毎の「労働者募集取締規則」を全国的に統一、募集従事者を対象とする規制（居住地の地方長官からの許可、10項目の禁止事項等）
1925 （大14）		12・19　営利職業紹介取締規則（内務省令30号） －営利職業紹介事業には地方長官の許可を要すること等
1926 （大15・昭1）		
1929 （昭4）	3・28　工場法一部改正（法21号）	
1931 （昭6）	4・2　労働者災害扶助法（法54号） －工場労働者（工場法適用）および鉱山労働者（鉱業法適用）以外の土木建築事業等屋外労働者を対象とする労災扶助制度の確立 4・2　労働者災害扶助責任保険法（法55号）	

労使関係法	公共部門労働法
4・9 労働争議調停法（法57号） －公益事業における強制調停・私益事業における任意調停、公益事業における調停中の争議行為の制約、三者構成による調停委員会等 4・9 治安警察法一部改正（法58号） －労働組合運動に関する規定（17条）の削除	

年	雇用関係法	労働市場法
	－労災扶助についての政府管掌による強制保険制度（ただし、事業主が保険契約を結び、かつ事業主を保険金受取人とする制度）	
1935 （昭10）	3・30　工場法一部改正（法19号）	
1936 （昭11）	6・3　退職積立金及退職手当法（法42号） －工場法・鉱業法の適用下の事業で常時50人以上を使用するものを対象とする労働者の退職時の退職積立金および退職手当の支給制度の創設	
1938 （昭13）		4・1　職業紹介法全部改正（法61号） －民営職業紹介事業の原則禁止、職業紹介事業を政府管掌に、必要に応じた「職業補導」の実施、労務供給事業の規制等 8・24　学校卒業者使用制限令（勅令599号）
1939 （昭14）	3・31　賃金統制令（勅令128号） －厚生大臣または地方長官による未経験労働者の初給賃金の最高額および最低額の決定等 4・6　船員保険法（法73号） 10・18　賃金臨時措置令（勅令705号） －賃金の引上げの禁止、適用範囲の大幅拡大、業者間協定方式の導入等	3・31　従業者雇入制限令（勅令126号） 3・31　工場事業場技能者養成令（勅令131号） －年齢16年以上の男子労働者を常時200人以上使用する工場または事業場等における技能者養成の義務化等
1940 （昭15）	10・19　賃金統制令全部改正（勅令675号） －1939年（第1次）賃金統制令と賃金臨時措置令との統合整理、「最低賃金」規制の対象となる労	2・1　青少年雇入制限令（勅令36号） 11・9　従業者移動防止令（勅令750号）

労使関係法	公共部門労働法
4・1 国家総動員法（法55号） －争議の予防、解決に必要な命令、争議行為の制限・禁止（7条）	

労働立法史年表　665

年	雇用関係法	労働市場法
	働者の範囲を新規採用者から労働者一般に拡大等	
1941 (昭16)	3・11 労働者年金保険法(法60号)	3・7 国民労務手帳法（法48号） 11・22 国民勤労報国協力令（勅令995号） 12・8 労務調整令（勅令1063号）
1943 (昭18)	6・16 工場法戦時特例（勅令500号） －就業時間の制限廃止	
1944 (昭19)	2・16 労働者年金保険法一部改正【題名改正:厚生年金保険法】（法律21号） －廃疾年金および廃疾手当金を「障害年金」および「障害手当金」に改称、給付の対象となる障害を業務上の事由による障害と業務外の事由による障害とに区別し、前者につき被保険者期間の資格制限を撤廃 2・16 健康保険法一部改正（法21号） －業務上の傷病について、期間の制限なく治癒または死亡に至るまで療養給付をなし、かつその期間中は傷病手当金を支給する旨の改正 2・16 工場法一部改正（法21号）	8・23 学徒勤労令（勅令518号） 8・23 女子挺身勤労令（勅令519号）
1945 (昭20)		1・20 船員動員令（勅令22号） 3・6 国民勤労動員令(勅令94号)
1946 (昭21)		

労使関係法	公共部門労働法
	2・15　官吏功労表彰令（勅令76号）
12・22　労働組合法（法51号）	
9・27　労働関係調整法（法25号） 9・27　労働組合法一部改正（法25号） －不利益取扱いの禁止について、労働者が労働組合の組合員であること以外に、労働組合を結成しもしくはこれに加入しようとすること、労働組合の正当な行為を	

年	雇用関係法	労働市場法
1947 (昭22)	4・7　労働基準法（法49号） ※工場法廃止（法49号） ※工業労働者最低年齢法廃止（法49号） ※労働者災害扶助法廃止（法49号） 4・7　労働者災害補償保険法（法50号） －健康保険法、厚生年金保険法および労働者災害扶助責任保険法に分かれて存在していた労災補償に関する保険制度を統一、政府を保険者として労基法上の災害補償を使用者に代わって実施 ※労働者災害扶助責任保険法廃止（法50号） 9・1　船員法全部改正（法100号）	11・30　職業安定法（法141号） －職業選択の自由を根本的理念とする新たな法制度へ、公共職業安定機関による職業紹介および職業指導を原則とする仕組み、有料職業紹介の厳格な規制、労働組合以外の労働者供給事業の禁止、職業補導の実施（職業補導所の整備等） ※職業紹介法廃止（法141号） 12・1　失業保険法（法146号） 12・1　失業手当法（法145号） －失業保険の被保険者であり失業保険給付開始日(1948年5月1日)までの間に離職した者に対して失業手当金を支給
1948 (昭23)	6・30　労働者災害補償保険法一部改正（法71号）	6・30　職業安定法一部改正（法72号） －労務供給事業を利用する者に対する処罰規定の追加、行政庁に利用企業に対する調査権限の付与等 7・10　船員職業安定法(法130号)
1949 (昭24)	5・19　労働者災害補償保険法一部改正（法82号）	5・20　失業保険法一部改正（法87号） －適用範囲拡大、給付率固定、保険料率引下げ、日雇失業保険制度の創設等 ※失業手当法廃止（法87号） 5・20　職業安定法一部改正（法88号）

労使関係法	公共部門労働法
したことを理由として掲げる改正	
4・7　労働組合法一部改正（法49号） －労働委員会に対し労働条件等の実情調査・改善のための建議の権限等を付与していた規定の削除 12・22　労働組合法一部改正（法223号） －民法改正に伴い、代理人等の違反行為にかかる処罰規定につき、「戸主、家族」の文言を削除	5・2　官吏服務紀律一部改正（勅令206号） －日本国憲法の施行に伴う改正 10・21　国家公務員（法120号）－職業補導の充実化
	6・30　国家公務員共済組合法（法69号） 7・31　政令201号 12・3　国家公務員法一部改正（法222号） －政令201号の国内法化（労働三法の適用除外、団体交渉権の制限、争議行為の全面禁止）、職員団体の登録制度等 12・20　公共企業体労働関係法（法257号） 12・21　国家公務員法一部改正（法258号）
6・1　労働組合法全部改正（法174号） －目的規定の変更、労働組合の設立につき届出主義から自由設立主義への変更、裁判所による労働組合の解散命令に関する規定の削除、不当労働行為類型の拡大、刑罰主義から行政救済制度への変更、労働協約の届出義務・遵守義務等の規定の削除、調停・仲裁約款がある場合の調停・仲裁を経ない争議行為の禁止規定の削除等	1・12　教育公務員特例法（法1号） 3・30　国家公務員法一部改正（法2号） 3・31　公共企業体労働関係法一部改正（法16号） 5・31　国家公務員法一部改正（法125号）

労働立法史年表　669

年	雇用関係法	労働市場法
		－職業補導の充実化 5・20　緊急失業対策法（法89号）
1950 （昭25）		
1951 （昭26）	3・29　労働者災害補償保険法一部改正（法46号） －いわゆるメリット制の採用	
1952 （昭27）	6・25　漁船乗組員給与保険法（法212号） 7・31　労働基準法一部改正（法287号） －手続の簡素化（貯蓄金管理、賃金の一部控除および年休で支払う賃金についての労使協定制度の導入等）、女子の時間外労働の制限・深夜業の禁止の例外の拡大、16歳以上の年少者男子の技能者養成のための坑内労働の法認等 7・31　労働者災害補償保険法一部改正（法287号） －休業補償給付について自動スライド制を導入	
1953 （昭28）		
1954 （昭29）	6・10　労働基準法一部改正（法171号）	
1955 （昭30）	7・29　けい肺及び外傷性せき髄障害に関する特別保護法（法91号）	8・5　失業保険法一部改正（法132号）

労使関係法	公共部門労働法
6・1　労働関係調整法一部改正（法175号）	
3・31　労働組合法一部改正（法79号） －法人である労働組合の免税規定の削除 4・1　労働組合法一部改正（法84号） 5・4　労働組合法一部改正（法139号） －労働委員会の委員数及び事務組織に関する改正	3・31　国家公務員法一部改正（法49号） 4・3　一般職の職員の給与に関する法律（法95号） 12・13　地方公務員法（法261号）
6・7　労働組合法一部改正（法203号） －地方公務員法制定に伴う、警察吏員・消防吏員の労働組合結成・加入を禁止していた規定の削除	6・2　国家公務員災害補償法（法191号）
7・31　労働関係調整法一部改正（法288号） 7・31　労働組合法1部改正（法288号） －不当労働行為（7条）に4号を追加、労働協約にかかる14条（効力発生要件）・15条（期間）の修正、労働委員会にかかる規定の整備等	6・10　地方公務員法一部改正（法175号） 7・31　公共企業体労働関係法一部改正（法288号）【題名改正：公共企業体等労働関係法】 －適用対象の拡大（日本電信電話公社の追加・五現業の追加、三公社五現業体制に） 7・31　地方公営企業労働関係法（法289号） 8・1　地方公営企業法（法292号）
8・7　電気事業及び石炭鉱業における争議行為の方法の規制に関する法律(法171号)	8・8　国家公務員等退職手当暫定措置法（法182号）
12・8　労働組合法一部改正（法212号） －地方労働委員会の委員数の修正	6・22　地方公務員法一部改正(法192号)

年	雇用関係法	労働市場法
	－療養3年を経過して打切補償費の支給が行われた後においても、けい肺またはせき髄損傷によって療養を要する労働者に対しては、さらに2年間、療養給付および休業給付を行う 8・5　労働者災害補償保険法一部改正（法131号）	－適用範囲拡大、被保険者期間の長短に応じて給付日数を4段階に
1956 （昭31）	6・4　労働保険審査官及び労働保険審査会法（法126号）	
1957 （昭32）	5・20　労働福祉事業団法（法126号）	
1958 （昭33）	5・2　労働基準法一部改正（法133号） －第7章「技能者の養成」のうち職業訓練に関する部分の職業訓練法への移行 5・7　けい肺及び外傷性せき髄障害の療養等に関する臨時措置法（法143号）	5・2　職業訓練法（法133号） －公共職業訓練の推進、事業内職業訓練の振興、技能検定制度の創設等
1959 （昭34）	4・15　最低賃金法（法137号） －業者間協定に基づく最低賃金、業者間協定に基づく地域別最低賃金、労働協約に基づく最低賃金、最低賃金審議会の調査審議に基づく最低賃金の4つの方式（業者間協定方式と労働協約方式が中心、審議会方式は補完的位置づけ） 4・15　労働基準法一部改正（法137号）	12・18　炭鉱離職者臨時措置法（法199号）

労使関係法	公共部門労働法
	5・21 公共企業体等労働関係法一部改正（法108号） －交渉単位制および交渉委員制の廃止等 6・30 地方教育行政の組織及び運営に関する法律（法162号）
	5・1 国家公務員共済組合法全部改正（法128号）
4・15 労働組合法一部改正（法137号） －18条（地域的一般的拘束力）に関して最低賃金を定める労働協約についての規定の整備	5・15 国家公務員等退職手当暫定措置法一部改正（法164号）【題名改正：国家公務員等退職手当法】

年	雇用関係法	労働市場法
	－最低賃金法制定に伴う最低賃金に関する規定の削除等 5・9　中小企業退職金共済法（法160号）	
1960 （昭35）	3・31　労働者災害補償保険法一部改正（法29号） －国庫負担の導入、長期傷病者補償および年金である第1種障害補償費の新設 ※けい肺及び外傷性せき髄障害に関する特別保護法廃止（法29号） 3・31　じん肺法（法30号）	3・31　失業保険法一部改正（法18号） －公共職業訓練等受講中の給付日数延長制度の創設、広域職業紹介活動命令地域に係る給付日数制度の創設、就職支度金制度の創設等 7・25　身体障害者雇用促進法（法123号）
1961 （昭36）		6・6　雇用促進事業団法（法116号）
1962 （昭37）	5・12　船員法一部改正（法130号）	
1963 （昭38）		3・29　炭鉱離職者臨時措置法一部改正（法33号） 7・8　緊急失業対策法一部改正（法121号） 7・8　職業安定法一部改正（法121号） 8・1　失業保険法一部改正（法162号） －一般失業保険金日額の最高限度額の引上げ、扶養加算の実施、技能習得手当・寄宿手当制度の創設、傷病給付金制度の創設、雇用期間の通算による給付日数

労使関係法	公共部門労働法
5・16　労働組合法一部改正（法140号） －行政事件訴訟法施行に伴う労働委員会関係の規定の整備 9・15　労働組合法一部改正（法161号） －行政不服審査法施行に伴う労働委員会関係の規定の整備	9・8　地方公務員共済組合法（法152号） 6・22　国家公務員法一部改正（法111号）

年	雇用関係法	労働市場法
		決定の仕組みの導入等
1964 (昭39)	4・6 労働保険審査官及び労働保険審査会法一部改正（法56号） 6・29 労働災害防止団体等に関する法律（法118号）	
1965 (昭40)	6・3 港湾労働法（法120号） 6・11 労働者災害補償保険法一部改正（法130号） －保険給付の大幅な年金化（障害補償における年金範囲の拡大と遺族補償の年金化）、労災保険事業に要する費用の一部につき国庫補助を可能に（国庫負担から国庫補助への改称）、事業主の責に帰すべき事由による給付制限規定の削除（事業主からの費用徴収制度の創設）、特別加入制度の導入等	
1966 (昭41)		7・21 雇用対策法（法132号） －積極的労働市場政策の採用
1967 (昭42)	6・13 沖縄居住者等に対する失業保険に関する特別措置法（法37号） 7・28 炭鉱災害による一酸化炭素中毒症に関する特別措置法（法92号） 8・16 石炭鉱業年金基金法（法135号）	
1968 (昭43)	6・3 最低賃金法一部改正（法90号） －業者間協定方式の廃止、労働協約に基づく最低賃金と最低賃金審議会の調査審議に基づく最低賃金の2方式に	
1969 (昭44)	12・9 労働者災害補償保険法一部改正（法83号） －全事業に対する全面強制適用に（ただし任意適用事業を暫定的に残置）	7・18 職業訓練法（法64号） －職業訓練体系の整備（養成訓練・向上訓練・能力再開発訓練の3種類を中心に系統化） ※旧職業訓練法廃止（法64号）

労使関係法	公共部門労働法
	7・6　地方公務員共済組合法一部改正（法152号）【題名改正：地方公務員等共済組合法】
	5・18　公共企業体等労働関係法一部改正（法68号） －逆締め付け条項の廃止 5・18　国家公務員法一部改正（法69号） －在籍専従を3年に制限 5・18　地方公営企業労働関係法一部改正（法70号） －逆締め付け条項の廃止等 5・18　地方公務員法一部改正（法71号） －在籍専従を3年に制限
4・30　労働組合法一部改正（法64号） －労働委員会の委員の任期および委員数についての改正	
	8・1　地方公務員災害補償法（法121号）

労働立法史年表　677

年	雇用関係法	労働市場法
	12・9　労働保険の保険料の徴収等に関する法律（法84号） －労災保険料と失業保険料の一元的徴収	12・9　失業保険法一部改正（法85号） －5人未満事業所等への適用範囲の拡大、長期被保険者の給付日数引上げ等
1970 （昭45）	5・15　船員法一部改正（法58号） 5・16　家内労働法（法60号） 5・22　労働者災害補償保険法一部改正（法88号） －障害補償年金・遺族補償年金の額の引上げ、遺族補償一時金の額の引上げ等	5・21　勤労青少年福祉法（法98号）
1971 （昭46）	6・1　勤労者財産形成促進法（法92号）	5・25　中高年齢者等の雇用の促進に関する特別措置法（法68号）
1972 （昭47）	6・8　労働安全衛生法（法57号） 6・8　労働基準法一部改正（法57号） －第5章「安全及び衛生」の規定の労働安全衛生法への移行 7・1　勤労婦人福祉法（法113号）	
1973 （昭48）	9・21　労働者災害補償保険法一部改正（法85号） －通勤災害給付制度創設 9・26　厚生年金保険法一部改正（法92号） －年金額の物価スライド制導入	
1974 （昭49）	12・28　労働者災害補償保険法一部改正（法115号） －障害補償年金・遺族補償年金の	12・28　雇用保険法（法116号） －従来の失業保険制度の全面改正（雇用に関する総合的な機能をも

労使関係法	公共部門労働法
	12・17 国際機関等に派遣される一般職の国家公務員の処遇等に関する法律（法117号）
5・25 労働組合法一部改正（法67号） －労働委員会の委員数についての改正 12・31 労働組合法一部改正（法130号） －沖縄の復帰に伴う労働委員会にかかる技術的改正	5・28 国及び公立の義務教育諸学校等の教育職員の給与等に関する特別措置法（法77号）
	2・25 学校教育の水準の維持向上のための義務教育諸学校の教育職員の人材確保に関する特別措置法（法2号）

年	雇用関係法	労働市場法
	額の引上げ、特別支給金制度の創設等	つ雇用保険制度へ)、失業給付として求職者給付と就職促進給付の創設、3事業（雇用改善事業、能力開発事業および雇用福祉事業）の創設、職業訓練の財源を労使拠出の失業保険から事業主拠出の附帯事業に転換等 ※失業保険法廃止（法116号） 12・28　職業訓練法一部改正（法117号） －事業主の努力義務について「その労働者が職業訓練を受けることを容易にするために必要な配慮をする」ことを追加、「職業訓練の種類」について養成訓練に特別高等訓練課程を追加、「職業訓練施設」について職業訓練短期大学校と技能開発センターを追加等
1975 (昭50)	6・21　勤労者財産形成法一部改正（法42号） －財形持家融資制度の拡充等 7・11　義務教育諸学の女子教育職員及び医療施設、社会福祉施設等の看護婦、保母等の育児休業に関する法律（法62号）	
1976 (昭51)	5・27　労働者災害補償保険法一部改正（法32号） －傷病補償年金の創設（長期傷病補償給付の廃止）、労働福祉事業の実施等 5・27　建設労働者の雇用の改善等に関する法律（法33号） 5・27　賃金の支払の確保等に関する法律（法34号） －未払賃金立替払事業の創設	5・28　中高年齢者等の雇用の促進に関する特別措置法一部改正（法36号） －高年齢者雇用率の設定 5・28　身体障害者雇用促進法一部改正（法36号） －身障者雇用義務の強化、納付金徴収制度の創設

労使関係法	公共部門労働法
	3・31 公共企業体等労働関係法一部改正（法11号）

年	雇用関係法	労働市場法
1977 (昭52)	7・1　労働安全衛生法一部改正（法76号） －職業病対策の充実強化等	5・20　雇用保険法一部改正（法43号） －雇用調整給付金の拡充強化、雇用安定事業の創設等（3事業から4事業へ） 12・26　特定不況業種離職者臨時措置法（法95号）
1978 (昭53)	5・16　勤労者財産形成促進法一部改正（法47号） －国の援助の創設、進学融資	5・8　職業訓練法一部改正（法40号） －職業訓練・技能検定の基本理念の明確化、職業訓練施設の役割の整備、公共職業訓練中心から公共・民間一体となった訓練受講機会の提供への転換、法定職業訓練（準則訓練）中心から多様な職業訓練の実施への転換、技能系職種中心から幅広い職業能力の開発向上への転換等
1979 (昭54)		6・8　雇用保険法一部改正（法40号） －中高年齢者雇用開発給付金等の創設、訓練延長給付の充実等
1980 (昭55)	6・2　労働安全衛生法一部改正（法78号） －建設業の特殊性に対応した総合的施策	12・25　身体障害者雇用促進法一部改正（法110号）
1981 (昭56)		
1982 (昭57)	5・25　勤労者財産形成促進法一部改正（法55号）	
1983 (昭58)		6・30　特定不況業種離職者臨時措置法失効
1984 (昭59)		6・26　身体障害者雇用促進法一部改正（法50号） 7・13　雇用保険法一部改正（法

労使関係法	公共部門労働法
	11・8　地方公務員法一部改正（法78号）
5・2　労働組合法一部改正（法39号） －労働委員会の委員数についての改正	
11・19　労働組合法一部改正（法85号） －行政管理庁設置法改正に伴う労働委員会にかかる技術的改正	
	6・11　国家公務員法一部改正（法77号） 11・20　地方公務員法一部改正（法92号）
12・2　労働組合法一部改正（法78号） －労働委員会の事務組織等についての改正	
5・8　労働組合法一部改正（法25号） －運輸省設置法改正に伴う労働委員会にかかる技術的改正	

年	雇用関係法	労働市場法
		54号） －被保険者の範囲や失業給付の仕組みについての大規模な改正
1985 （昭60）	6・1　勤労婦人福祉法一部改正（法45号）【題名改正：雇用の分野における男女の均等な機会及び待遇の確保等女子労働者の福祉の増進に関する法律】 －募集・採用、配置・昇進についての均等取扱いの努力義務、教育訓練、福利厚生、定年・退職・解雇についての差別的取扱いの禁止（いずれも片面的規制）、紛争解決の援助（助言、指導、勧告、調停）等 6・1　労働基準法一部改正（法45号） －男女雇用機会均等法の制定に伴う女子保護規定の見直し 6・11　船員法一部改正（法57号）	6・8　職業訓練法一部改正（法56号）【題名改正：職業能力開発促進法】 －職業訓練の中心を公共職業訓練から企業内職業訓練へと転換（事業主の行う「多様な職業訓練」を最重要視した法的枠組みへ）、事業主の行う職業能力開発の強化（OJTの明文化、訓練基準の大幅な弾力化）等 7・5　労働者派遣事業の適正な運営の確保及び派遣労働者の就業条件の整備等に関する法律（法88号） 7・5　職業安定法一部改正（法89号）
1986 （昭61）		4・30　中高年齢者等の雇用の促進に関する特別措置法一部改正（法43号）【題名改正：高年齢者等の雇用の安定等に関する法律】
1987 （昭62）	9・26　労働基準法一部改正（法99号） －労働時間制度の改正（法定労働時間の短縮、1か月単位・3か月単位・1週間単位の変形労働時間制、フレックスタイム制、事業場外労働・裁量労働に関するみなし労働時間制の導入）、短時間	6・1　身体障害者雇用促進法一部改正（法41号）【題名改正：障害者の雇用の促進等に関する法律】

労使関係法	公共部門労働法
	12・21　一般職の職員の給与に関する法律一部改正（法97号）【題名改正：一般職の職員の給与等に関する法律】
	12・4　公共企業体等労働関係法一部改正（法93号）【題名改正：国営企業労働関係法】－電電公社・専売公社・国鉄の民営化に伴う改正 12・4　国家公務員等退職手当法一部改正（法93号）【題名改正：国家公務員退職手当法】
	6・12　外国の地方公共団体の機関等に派遣される一般職の地方公務員の処遇等に関する法律（法78号）

年	雇用関係法	労働市場法
	労働者に対する年休の比例的付与制度、計画年休制度の導入等	
1988 (昭63)	5・17　労働安全衛生法一部改正（法37号） －安全衛生管理体制の充実、機械の安全化のための措置、労働者の健康の保持増進のための措置等 5・17　船員法一部改正（法39号）	
1989 (昭64・平1)		6・28　雇用保険法一部改正（法36号） －パートタイム労働者への適用拡大、4事業の見直し（雇用改善事業を雇用安定事業に統合、3事業へ）
1990 (平2)	6・22　中小企業退職金共済法一部改正（法39号） －短時間労働者についての掛金月額下限の特例	6・29　高年齢者等の雇用の安定等に関する法律一部改正（法60号） －65歳までの継続雇用措置を企業の努力義務として規定
1991 (平3)	5・15　育児休業等に関する法律（法76号） －育児休業制度の法制化など	
1992 (平4)	5・22　労働安全衛生法一部改正（法55号） －中小規模の建設現場における安全衛生管理体制の強化、元方事業者・注文者による労働災害防止のための措置、計画段階での安全性の確保措置、労働災害の再発防止対策の充実、快適な職場環境の形成促進等 5・22　船員法一部改正（法59号） 7・2　労働時間の短縮の促進に関する臨時措置法（法90号）	3・31　炭鉱離職者臨時措置法一部改正（法23号）【題名改正：炭鉱労働者等の雇用の安定等に関する臨時措置法】 6・3　職業能力開発促進法一部改正（法67号） －国・都道府県の情報提供等の努力義務の対象に労働者を明記、公共職業訓練の体系を対象者別の体系から訓練内容の程度（普通・高度）と訓練期間の長さ（長期・短期）による弾力的な体系に再編、国及び都道府県による事業主等の行う職業能力検定に対する援助等

労使関係法	公共部門労働法
6・14 労働組合法一部改正（法82号） －国営企業労働委員会を中央労働委員会に統合	
	12・24 国家公務員の育児休業等に関する法律（法109号） 12・24 地方公務員の育児休業等に関する法律（法110号）

年	雇用関係法	労働市場法
		6・3　障害者の雇用の促進等に関する法律一部改正（法68号）
1993 (平5)	6・18　短時間労働者の雇用管理の改善等に関する法律（法76号） 7・1　労働基準法一部改正（法79号） －労働時間制度の改正（週40時間制の実施、1年単位の変形労働時間制の導入、時間外・休日労働の割増賃金率を政令で定める旨の変更、裁量労働制の対象業務を省令で列挙する方式への変更）、年休の権利発生までの期間の短縮等	
1994 (平6)	6・29　船員法一部改正（法75号）	6・17　高年齢者等の雇用の安定等に関する法律一部改正（法34号） 6・22　障害者の雇用の促進等に関する法律一部改正（法38号） 6・29　雇用保険法一部改正（法57号） －新たな失業給付の類型として雇用継続給付の創設（従来の「失業給付」を「失業等給付」に改正）、高年齢雇用継続給付・育児休業給付の創設等
1995 (平7)	3・23　労働者災害補償保険法一部改正（法35号） －介護（補償）給付の創設 6・9　育児休業等に関する法律一部改正（法107号）【題名改正：育児休業、介護休業等育児又は家族介護を行う労働者の福祉に関する法律】 －介護休業制度の法制化など	3・31　緊急失業対策法廃止（法54号）

労使関係法	公共部門労働法
11・12 労働組合法一部改正（法89号） －行政手続法施行に伴う労働委員会にかかる技術的改正	
	6・15 一般職の職員の給与等に関する法律一部改正（法33号）【題名改正：一般職の職員の給与に関する法律】 6・15 一般職の職員の勤務時間、休暇等に関する法律（法33号）

年	雇用関係法	労働市場法
1996 (平8)	6・19　労働安全衛生法一部改正（法89号） －労働衛生管理体制の充実、職場における労働者の健康管理の充実等	5・15　高年齢者等の雇用の安定等に関する法律一部改正（法37号）
1997 (平9)	3・31　労働時間の短縮の促進に関する臨時措置法一部改正（法17号） 6・18　雇用の分野における男女の均等な機会及び待遇の確保等女子労働者の福祉の増進に関する法律一部改正（法92号）【題名改正：雇用の分野における男女の均等な機会及び待遇の確保等に関する法律】 －「婦人」を「女性」に変更、法的性格の変更（福祉法としての性格の払拭）、募集・採用、配置・昇進に関する努力義務規定を差別禁止規定に強化、実効性確保の強化（調停委員会の開始要件の緩和、企業名公表制度の導入）、事業主に対する「職場における性的な言動に起因する雇用管理上の配慮」義務規定の新設、ポジティブ・アクションを講じる企業に対する国の援助等 6・18　労働基準法一部改正（法92号） －女性労働者の時間外・休日労働および深夜業の規制の廃止、多胎妊娠の産前休暇を10週間から14週間に延長 6・18　育児休業、介護休業等育児又は家族介護を行う労働者の福祉に関する法律一部改正（法92号） －家族的責任をもつ男女労働者の深夜業免除請求権の新設	4・9　障害者の雇用の促進等に関する法律一部改正（法32号） 5・9　職業能力開発促進法一部改正（法45号） －公共職業訓練の高度化、個人主導の職業能力開発への切替え

労使関係法	公共部門労働法
	3・26 国家公務員法一部改正（法3号） 3・28 地方公務員法一部改正（法8号） 6・4 一般職の任期付研究員の採用、給与及び勤務時間の特例に関する法律（法65号）

年	雇用関係法	労働市場法
1998 (平10)	9・30　労働基準法一部改正（法112号） －労働時間制度の改正（労働時間の延長限度等の「基準」制定に関する大臣権限の明記、変形労働時間制の導入要件の緩和、企画業務型裁量労働制の新設）、労働契約に関する改正（一定の労働者についての契約期間の上限延長、退職時証明における退職事由（解雇の場合には解雇理由）の追加）、適用事業の列挙方式の廃止、都道府県労働基準局長による紛争解決援助制度の導入等	3・31　雇用保険法一部改正（法19号） －失業等給付の一環として教育訓練給付を創設、雇用継続給付の一環として介護休業給付を創設等
1999 (平11)	5・21　労働安全衛生法一部改正（法45号） －深夜業に従事する労働者の健康管理の充実、化学物質等による労働者の健康障害を防止するための措置の充実等	3・31　雇用促進事業団法廃止（法20号） 7・7　労働者派遣事業の適正な運営の確保及び派遣労働者の就業条件の整備等に関する法律一部改正（法84号） －労働者派遣事業の規制緩和（ポジティブ・リスト方式からネガティブ・リスト方式へ） 7・7　職業安定法一部改正（法85号）
2000 (平12)	5・31　会社の分割に伴う労働契約の承継等に関する法律（法103号）	3・31　炭鉱労働者等の雇用の安定等に関する臨時措置法廃止（法16号）

労使関係法	公共部門労働法
7・16　労働組合法一部改正（法87号） －地方分権一括法による労働委員会にかかる技術的改正 7・16　労働組合法一部改正（法102号） －中央省庁等改革に伴う労働委員会にかかる技術的改正、中央労働委員会の任務に関する規定（19条の2第2項）の追加 7・16　労働組合法一部改正（法104号） －独立行政法人通則法施行に伴う労働委員会の委員数についての改正、労働委員会にかかる技術的改正 12・8　労働組合法一部改正（法151号） －民法改正に伴う労働委員会および罰則にかかる技術的改正 12・22　労働組合法一部改正（法160号） －18条および労働委員会にかかる字句修正等の技術的改正	7・16　国営企業労働関係法一部改正（法104号）【題名改正：国営企業及び特定独立行政法人の労働関係に関する法律】 －独立行政法人通則法の施行に伴う改正 8・13　国家公務員倫理法（法129号） 12・22　国と民間企業との間の人事交流に関する法律（法224号）
	4・26　公益法人等への一般職の地方公務員の派遣等に関する法律（法50号） 4・26　地方公共団体の一般職の任期付研

年	雇用関係法	労働市場法
	11・22　労働者災害補償保険法一部改正（法124号） －二次健康診断および特定保健指導の給付の導入	5・12　雇用保険法一部改正（法59号） －中高年リストラ層等への求職者給付の重点化、短時間就労者等の年収要件の廃止、育児休業給付・介護休業給付の給付率の引上げ、雇用安定事業・雇用福祉事業の見直し等 5・12　高年齢者等の雇用の安定等に関する法律一部改正（法60号）
2001 （平13）	3・31　労働時間の短縮の促進に関する臨時措置法一部改正（法25号） 7・11　個別労働関係紛争の解決の促進に関する法律（法112号） 11・16　育児休業、介護休業等育児又は家族介護を行う労働者の福祉に関する法律一部改正（法118号） －時間外労働の制限制度創設など	4・25　雇用対策法一部改正（法35号） －労働者の募集および採用について年齢に関わりなく均等な機会を与える努力義務の創設等 4・25　職業能力開発促進法一部改正（法35号） －労働者の職業生活の設計に即した自発的な職業能力開発の促進、職業能力評価制度の整備（技能検定試験業務を行わせることができる民間試験機関の範囲および当該機関に行わせることができる業務の範囲の拡大）
2002 （平14）	12・13　労働福祉事業団法廃止（法171号）	5・7　障害者の雇用の促進等に関する法律一部改正（法35号）
2003 （平15）	7・4　労働基準法一部改正（法104号） －有期労働契約の上限延長（原則3年、例外5年）、解雇権濫用法理の法文化、解雇事由を就業規則の記載事項として明確化、専門	4・30　雇用保険法一部改正（法31号） －早期再就職の促進に向けた見直し、就職促進給付の整備、多様な働き方へ対応するための見直し、再就職の困難な状況に対応

労使関係法	公共部門労働法
	究員の採用等に関する法律（法51号） 11・27　一般職の任期付職員の採用及び給与の特例に関する法律（法125号）
5・29　労働組合法一部改正（法45号） －罰則にかかる技術的改正 7・31　労働組合法一部改正（法98号） －郵政事業の公社化に伴う労働委員会にかかる技術的改正	5・29　地方公共団体の一般職の任期付職員の採用に関する法律（法48号） 7・31　国営企業及び特定独立行政法人の労働関係に関する法律一部改正（法98号）【題名改正：特定独立行政法人等の労働関係に関する法律】 －郵政事業の公社化に伴う改正
	7・16　国立及び公立の義務教育諸学校等の教育職員の給与等に関する特別措置法一部改正（法117号）【題名改正：公立の義務教育諸学校等の教育職員の給与等に関する特別措置法】

労働立法史年表　695

年	雇用関係法	労働市場法
	業務型裁量労働制・企画業務型裁量労働制の導入要件の緩和等	した給付の重点化等 6・13　労働者派遣事業の適正な運営の確保及び派遣労働者の就業条件の整備等に関する法律一部改正（法82号） －労働者派遣事業の規制緩和（26業務以外につき1年の派遣可能期間を最大3年に延長、物の製造業務の解禁等） 6・13　職業安定法一部改正（法82号）
2004 （平16）	5・12　労働審判法（法45号） 6・18　公益通報者保護法（法122号） 12・8　育児休業、介護休業等育児又は家族介護を行う労働者の福祉に関する法律一部改正（法160号） －有期契約労働者への適用・育休の延長・子の看護休暇制度創設など	6・11　高年齢者等の雇用の安定等に関する法律一部改正（法103号） －定年の廃止、65歳以上への定年の延長、65歳までの継続雇用のいずれかの措置を企業の義務として規定
2005 （平17）	7・26　会社の分割に伴う労働契約の承継等に関する法律一部改正（法87号）【題名改正：会社分割に伴う労働契約の承継等に関する法律】 11・2　労働安全衛生法一部改正（法108号） －危険性・有害性の低減に向けた事業者の措置の充実（事業者による自主的な安全衛生活動の促進、化学物質の容器・包装への表示・文書交付制度の改善、発注者等による請負人への危険有害情報の	7・6　障害者の雇用の促進等に関する法律一部改正（法81号）

労使関係法	公共部門労働法
	7・16　地方公営企業労働関係法一部改正（法119号）【題名改正：地方公営企業等の労働関係に関する法律】
6・9　労働組合法一部改正（法84号） －労働委員会にかかる技術的改正（平16法140号により一部改正） 11・17　労働組合法一部改正（法140号） －不当労働行為の審査の迅速化および的確化を目的とする労働委員会にかかる大幅な見直し 12・1　労働組合法一部改正（法147号） －罰則にかかる技術的改正	
7・26　労働組合法一部改正（法87号） －法人である労働組合についての準用規定にかかる技術的改正 10・21　労働組合法一部改正（法102号） －郵政民営化に伴う労働委員会にかかる技術的改正	

年	雇用関係法	労働市場法
	提供、製造業の元方事業者による作業間の連絡調整等)、過重労働・メンタルヘルス対策の充実等 11・2　労働者災害補償保険法一部改正（法108号） －通勤災害の範囲の拡大等 11・2　労働時間の短縮の促進に関する臨時措置法一部改正（法108号）【題名改正：労働時間等の設定の改善に関する特別措置法】	
2006 (平18)	4・1　労働審判法（法45号） 6・21　雇用の分野における男女の均等な機会及び待遇の確保等に関する法律一部改正（法82号） －「性別」を理由とする差別の禁止へ（片面性の払拭）、差別となる対象範囲の拡大、間接差別禁止規定の新設、妊娠・出産等を理由とする不利益取扱い禁止規定の新設、セクハラに関する事業主の義務を「配慮」から「措置」に強化、実効性確保の強化等 6・21　労働基準法一部改正（法82号） －均等法改正に伴う女性の坑内労働に関する規制の緩和等	6・21　職業能力開発促進法一部改正（法81号） －実習併用職業訓練に関する規定の新設、労働者による熟練技能等の習得に関する事業主の努力義務等
2007 (平19)	4・23　労働者災害補償保険法一部改正（法30号） －労働福祉事業を「社会復帰促進等事業」に改称 6・1　短時間労働者の雇用管理の改善等に関する法律一部改正（法72号） －労働条件の明示と説明に関する	4・23　雇用保険法一部改正（法30号） －基本手当の受給資格要件等の改正、教育訓練給付の改正、育児休業者職場復帰給付金の暫定的引上げ、雇用3事業のうち雇用福祉事業を廃止（2事業へ）、雇用安定事業および能力開発事業の対象拡大（「被保険者になろう

労使関係法	公共部門労働法
6・2　労働組合法一部改正（法50号） －民法における社団法人および財団法人制度の見直しに伴う法人である労働組合にかかる規定の整備等	6・2　公益法人等への一般職の地方公務員の派遣等に関する法律一部改正（法50号） 【題名改正：公益的法人等への一般職の地方公務員の派遣等に関する法律】
12・5　労働組合法一部改正（法129号） －最低賃金法改正（労働協約に基づく地域的最低賃金の廃止）に伴う18条4項の削除	5・16　地方公務員法一部改正（法46号） 7・6　国家公務員法一部改正（法108号）

労働立法史年表　699

年	雇用関係法	労働市場法
	使用者の義務の強化、差別的取扱いの禁止、均衡待遇の推進、通常の労働者への転換の促進、紛争解決手続の新設 12・5　労働契約法（法128号） 12・5　労働基準法一部改正（法128号） －労働契約法制定に伴う解雇権濫用法理の規定（18条の2）の削除、就業規則の強行的直律的効力の規定（93条）の労働契約法への移行 12・5　最低賃金法一部改正（法129号） －地域別最低賃金を制度の中心に（従前の産業別最低賃金は「特定最低賃金」として罰則のない上積み基準に）、適用除外規定の見直し、労働協約方式の廃止、生活保護に係る施策との整合性への配慮、刑事罰の強化等	とする者」の追加）等
2008 （平20）	12・12　労働基準法一部改正（法89号） －月60時間を超える時間外労働の割増賃金の引上げ、年休の時間単位取得の法認等	12・26　障害者の雇用の促進等に関する法律一部改正（法96号）
2009 （平21）	7・1　育児休業、介護休業等育児又は家族介護を行う労働者の福祉に関する法律一部改正（法65号） －パパママ育休プラス・所定外労働の制限制度の創設・看護休暇の付与日数の変更など	3・30　雇用保険法一部改正（法5号） －非正規労働者に対するセーフティネット機能の強化、再就職が困難な場合の支援の強化、安定した再就職へのインセンティブ強化、育児休業給付の見直し等
2010 （平22）		2・3　雇用保険法一部改正（法2号） －非正規労働者に対するセーフティネット機能の強化等

労使関係法	公共部門労働法
5・2 労働組合法一部改正（法26号） －船員労働委員会廃止に伴う労働委員会にかかる技術的改正	12・26 国家公務員退職手当法一部改正（法95号）

労働立法史年表　701

年	雇用関係法	労働市場法
2011 (平23)		5・20　雇用保険法一部改正（法46号） －失業等給付の充実（賃金日額の引上げ、安定した再就職へのインセンティブ強化）等 5・20　職業訓練の実施等による特定求職者の就職の支援に関する法律（法47号） －特定求職者（雇用保険の失業等給付を受給できない求職者であって、職業訓練その他の就職支援を行う必要があると認める者）に対する職業訓練の実施、職業訓練受講給付金の支給等
2012 (平24)	8・10　労働契約法一部改正（法56号） －通算契約期間が5年を超える場合の無期労働契約への転換、雇止め法理の法定化、期間の定めがあることによる不合理な労働条件の相違の禁止 9・12　船員法一部改正（法87号）	3・31　雇用保険法一部改正（法9号） －2009（平成21）年改正による給付日数拡充措置（暫定措置）の延長等 4・6　労働者派遣事業の適正な運営の確保及び派遣労働者の就業条件の整備等に関する法律一部改正（法27号）【題名改正：労働者派遣事業の適正な運営の確保及び派遣労働者の保護等に関する法律】 －日雇派遣の原則禁止、派遣労働者の待遇につき派遣先の同種労働者との均衡配慮規定の新設、マージン率の情報公開、違法派遣の場合の直接雇用申込みなし制度の新設等 9・5　高年齢者等の雇用の安定等に関する法律一部改正（法78号） －希望者全員につき65歳までの雇用を確保すべき義務を規定

労使関係法	公共部門労働法
5・25　労働組合法一部改正（法53号） －法人である労働組合の清算人の解任等にかかる即時抗告の規定（13条の14）の削除 6・24　労働組合法一部改正（法74号） －平18法50号の附則の表記修正	
6・27　労働組合法一部改正（法42号） －国有林野事業の見直しに伴う労働委員会にかかる技術的改正	6・27　特定独立行政法人等の労働関係に関する法律一部改正（法42号）【題名改正：特定独立行政法人の労働関係に関する法律】 －国有林野事業が一般会計事業化され、対象が特定独立行政法人のみとなったことに伴う改正

年	雇用関係法	労働市場法
2013 (平25)		6・19　障害者の雇用の促進等に関する法律一部改正（法46号） －障害者に対する差別の禁止、合理的配慮の提供義務、法定雇用率の算定基礎の見直し等
2014 (平26)	4・23　短時間労働者の雇用管理の改善等に関する法律一部改正（法27号） －均等・均衡待遇の確保（「不合理な待遇の相違の禁止」と、無期契約要件を削除した「差別的取扱いの禁止」の2本立てに）、労働者の納得性の向上、法の実効性の確保 6・25　労働安全衛生法一部改正（法82号） －化学物質管理のあり方の見直し、ストレスチェック制度の創設、受動喫煙防止対策の推進、重大な労働災害を繰り返す企業への対応（特別安全衛生改善計画）等 6・27　過労死等防止対策推進法（法100号） 11・28　専門的知識等を有する有期雇用労働者等に関する特別措置法（法137号）	3・31　雇用保険法一部改正（法13号） －育児休業給付の充実、教育訓練給付金の拡充・教育訓練支援給付金の創設、就業促進手当（再就職手当）の拡充、2012（平成24）年改正による給付日数拡充措置（暫定措置）の延長等
2015 (平27)	9・4　女性の職業生活における活躍の推進に関する法律（法64号） －常時雇用労働者300人を超える民間事業主に対する「一般事業主行動計画」の策定義務等 9・16　労働者の職務に応じた待	9・18　勤労青少年福祉法一部改正（法72号）【題名改正：青少年の雇用の促進等に関する法律】 －円滑な就職実現等に向けた取組みの促進 9・18　職業能力開発促進法一部

労使関係法	公共部門労働法
	11・22　地方公務員法一部改正（法79号）
6・13　労働組合法一部改正（法67号） －特定独立行政法人の見直しに伴う労働委員会にかかる技術的改正 6・13　労働組合法一部改正（法69号） －行政不服審査法施行に伴う労働委員会にかかる技術的改正	4・18　国家公務員法一部改正（法22号） 5・14　地方公務員法一部改正（法34号） 6・13　特定独立行政法人の労働関係に関する法律一部改正（法67号）【題名改正：行政執行法人の労働関係に関する法律】 －独立行政法人通則法が改正され、特定独立行政法人が行政執行法人となったことに伴う改正

労働立法史年表　705

年	雇用関係法	労働市場法
	遇の確保等のための施策の推進に関する法律（法69号）	改正（法72号） －ジョブ・カード及びキャリアコンサルティング制度に関する規定の新設等 9・18 労働者派遣事業の適正な運営の確保及び派遣労働者の保護等に関する法律1部改正（法73号） －一般労働者派遣事業と特定労働者派遣事業の区別の廃止、業務単位の派遣可能期間の制限の廃止（事業所ごとの期間制限と同1の派遣労働者に係る期間制限に）、派遣元による派遣労働者に対する教育訓練等の実施・派遣可能期間に達する見込みのある派遣労働者に対する雇用安定措置、派遣先の教育訓練・福利厚生施設・同種労働者の賃金水準の情報提供に関する配慮義務等
2016 （平28）	5・28 漁船乗組員給与保険法廃止（法39号） 3・31 雇用の分野における男女の均等な機会及び待遇の確保等に関する法律一部改正（法17号） －妊娠・出産等をした女性労働者の就業環境悪化防止に関する事業主の措置義務規定の新設 3・31 育児休業、介護休業等育児又は家族介護を行う労働者の福祉に関する法律一部改正（法17条） －育児・介護休業者等の就業環境悪化防止に関する事業主の措置義務規定の新設 12・2 育児休業、介護休業等育	3・31 雇用保険法一部改正（法17号） －育児休業・介護休業等に係る制度の見直し、高年齢者の希望に応じた多様な就業機会の確保及び就労環境の整備、就職促進給付の拡充等 11・28 外国人の技能実習の適正な実施及び技能実習生の保護に関する法律（法89号）

労使関係法	公共部門労働法

年	雇用関係法	労働市場法
	児又は家族介護を行う労働者の福祉に関する法律一部改正（法95号） －子の看護休暇の半日単位の取得・育児休業の対象となる子の範囲の拡大など	
2017 （平29）		3・31　雇用保険法一部改正（法14号） －失業等給付の拡充、育児休業給付の支給期間の延長等 3・31　職業安定法一部改正（法14号） －求人情報の適正化等
2018 （平30）	7・6　労働基準法一部改正（法71号） －時間外労働の上限規制の導入、中小企業における月60時間超の時間外労働に対する割増賃金の見直し、一定日数の年休の確実な取得、フレックスタイム制の見直し（清算期間の延長）、高度プロフェッショナル制度の創設等 7・6　労働安全衛生法一部改正（法71号） －労働時間の把握義務、産業医・産業保健機能の強化 7・6　労働時間等の設定の改善に関する特別措置法一部改正（法71号） －勤務間インターバル制度の普及促進（事業主の努力義務）等 7・6　短時間労働者の雇用管理の改善等に関する法律一部改正（法71号）【題名改正：短時間労働者	7・6　雇用対策法一部改正（法71号）【題名改正：労働施策の総合的な推進並びに労働者の雇用の安定及び職業生活の充実等に関する法律】 －目的規定の改正（労働生産性の向上促進を追加）、国の講ずべき施策の追加、基本方針（閣議決定）の策定等 7・6　労働者派遣事業の適正な運営の確保及び派遣労働者の保護等に関する法律一部改正（法71号） －派遣労働者について、派遣先労働者との均等・均衡待遇か、一定の要件を満たす労使協定による待遇のいずれかを確保することの義務化、派遣先の派遣元に対する説明義務、派遣元の派遣労働者に対する説明義務等

労使関係法	公共部門労働法
	5・17　地方公務員法一部改正（法29号） －会計年度任用職員制度の創設等

年	雇用関係法	労働市場法
	及び有期雇用労働者の雇用管理の改善等に関する法律】 －短時間・有期雇用労働者と正規雇用労働者との間の不合理な待遇差を解消するための規定の整備、労働者に対する待遇に関する説明義務の強化等 7・6　労働契約法一部改正（法71号） －短時間労働者の雇用管理の改善等に関する法律の一部改正に伴う20条の削除	

※法令の日付は公布日
※労働紛争処理法のうち、個別労働関係紛争解決促進法及び労働審判法は「雇用関係法」に、労働関係調整法は「労使関係法」にそれぞれ分類。

労使関係法	公共部門労働法

編著者

島田陽一（しまだ　よういち）早稲田大学教授
菊池馨実（きくち　よしみ）早稲田大学教授
竹内（奥野）寿（たけうち（おくの）ひさし）早稲田大学教授

著者（執筆順）

石田　眞（いしだ　まこと）早稲田大学名誉教授
中窪裕也（なかくぼ　ひろや）一橋大学教授
和田　肇（わだ　はじめ）名古屋大学教授
大木正俊（おおき　まさとし）早稲田大学准教授
唐津　博（からつ　ひろし）中央大学教授
藤本　茂（ふじもと　しげる）法政大学教授
浅倉むつ子（あさくら　むつこ）早稲田大学教授
水町勇一郎（みずまち　ゆういちろう）東京大学教授
鈴木俊晴（すずき　としはる）茨城大学准教授
有田謙司（ありた　けんじ）西南学院大学教授
矢野昌浩（やの　まさひろ）名古屋大学教授
浜村　彰（はまむら　あきら）法政大学教授
清水　敏（しみず　さとし）早稲田大学名誉教授
岡田俊宏（おかだ　としひろ）弁護士

戦後労働立法史

2018年12月25日 初版第1刷発行

編 著 者	島田陽一・菊池馨実・竹内（奥野）寿
装　　丁	佐藤篤司
発 行 者	木内洋育
発 行 所	株式会社　旬報社
	〒162-0041 東京都新宿区早稲田鶴巻町544
	TEL 03-5579-8973　FAX 03-5579-8975
	ホームページ http://www.junposha.com/
印刷製本	モリモト印刷株式会社

Ⓒ Makoto Ishida, et al., 2018, Printed in Japan
ISBN978-4-8451-1555-6